吉林人民出版社

简体字本二十六史

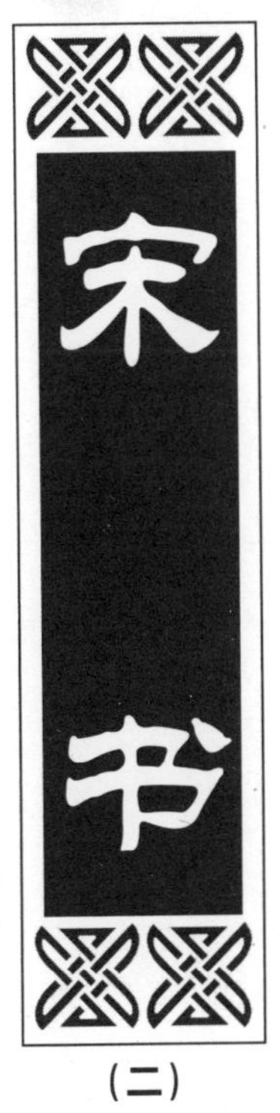

卷四一——卷一〇〇

（二）

[梁]沈约 撰

陈苏镇等 标点

宋书卷四一
列传第一

后妃

孝穆赵皇后　孝懿萧皇后
武敬臧皇后　武张夫人
少帝司马皇后　文元袁皇后
潘淑妃　文路淑媛
孝武文穆王皇后　宣贵妃
前废帝何皇后　文沈婕妤
明恭王皇后　后废帝江皇后
顺陈太妃　顺谢皇后

帝祖母号太皇太后，母号皇太后，妃号皇后，汉旧制也。

晋武帝采汉、魏之制，置贵嫔、夫人、贵人，是为三夫人，位视三公。淑妃、淑媛、淑仪、修华、修容、修仪、婕妤、容华、充华，是为九嫔，位视九卿。其余有美人、中才人、才人，爵视千石以下。高祖受命，省二才人，其余仍用晋制。贵嫔，魏文帝所制。夫人，魏武帝初建魏国所制。贵人，汉光武所制。淑妃，魏明帝所制。淑媛，魏文帝所制。淑仪、修华，晋武帝所制。修容，魏文帝所制。修仪，魏明帝所制。婕妤、容华，前汉旧号。充华，晋武帝所制。美人，汉光武所制。世祖孝建三年，省夫人、修华、修容，置贵妃，位比相国，进贵嫔，位比丞相，贵人位比三司，以为三夫人。又置昭仪、昭容、昭华，以代修华、修仪、修容。又中才人、充衣，以为散位。昭仪，汉元帝所制。昭容，世祖所制。昭华，魏明帝所制。中才人，晋武帝所制。充衣，前汉旧制。太宗泰始元年，省淑妃、昭华、中才人、充衣，复置修仪、修容、才人、良人。三年，又省贵人，置贵姬，以备三夫人之数。又置昭华，增淑容、承徽、列荣。以淑媛、淑仪、淑容、昭华、昭仪、昭容、修华、修仪、修容为九嫔。婕妤、容华、充华、承徽、列荣凡五职，班亚九嫔。美人、中才人、才人三职为散役。其后太宗留心后房，拟外百官，备位置内职。列其名品于后：

后宫通尹，准录尚书。

紫极户主。

光兴户主。

官品第一。各置一人，并铨六宫。

后宫列叙，准尚书令，铨六宫。

紫极中监尹，铨六宫。

光兴中监尹，铨六宫。

宣融户主，铨六宫。

紫极房帅，置一人。

光兴房帅，置一人。

官品第二。各置一人。

后宫司仪，准左仆射，铨人士。

后宫司政，准右仆射，铨人士。

参议女林，准银青光录，铨人士。

中台侍御尹，铨六宫。

宣融便殿中监尹，铨六宫。

采艺房主，铨六宫。

南房主，铨六宫。

中藏女典，铨六宫。

典坊，铨六宫。

乐正，铨六宫。

内保，铨人士。

学林祭酒，铨人士。

昭阳房帅，置一人。

徽音房帅，置一人。

宣融房帅，置一人。

官品第三。各置一人。

后宫都掌治职，置二人。准左右丞，位比尚书，铨人士。

后宫殿中治职，置一人。准左民尚书，铨人士。

后宫源典治职，置一人。准祠部尚书，铨人士。

后宫谷帛治职，置一人。准度支尚书。

中傅，置一人。铨人士。

后宫校事女史，置一人。铨人士。

紫极中监女史，置一人。铨人士。

光兴中监女史，置一人。铨人士。

紫极房参事，置人无定数。铨人士。有限外。

宣融房参事，置人无定数。铨人士。有限外。

中台侍御奏案女史，置一人。铨人士。

赞乐女史，置一人。铨人士。

中训女史，置一人。铨人士。

女祝史，置一人。

紫极中监典，置一人。

光兴中监典，置一人。

典乐帅，置人无定数。有限外。

紫极房廉帅祭酒，置一人。

光兴房廉帅祭酒，置一人。

宣融房廉帅祭酒，置一人。

官品第四。

后宫通关参事,置一人。

景德房参事,置人无定数。铨人士。

采艺房参事,置人无定数。铨人士。

南房参事,置人无定数。铨人士。

内房参事,置一人。铨人士。

校学女史,置一人。铨人士。

后宫中房帅,置二人。

后宫源典帅,置二人。

后宫谷帛帅,置二人。

中台帅,置一人。

中台侍御起居帅,置二人。

中台侍御诏诰帅,置二人。

斯男房帅,置一人。

宣豫房帅,置一人。

景德房帅,置一人。

采艺房帅,置一人。

中藏帅,置一人。

内坊帅,置一人。

南房帅,置一人。

外华房帅,置一人。

招庆房帅,置一人。

紫极诸房廉帅,置人无定数。有限外。

紫极中监省帅,置一人。

紫极殿帅,置六人。

光兴殿帅,置四人。

徽音监帅,置一人。

徽章监帅,置一人。

宣融便殿中监典,置一人。

清商帅,置人无定数。

总章帅，置人无定数。
左西章帅，置人无定数。
右西章帅，置人无定数。
中厨帅，置一人。

官品第五。

中台侍御执卫，置人无定数。
中台侍御监闺帅，置二人。
中台侍御监司帅，置二人。
宣融便殿帅，置一人。
永巷帅，置一人。
后宫都掌内史，置二人。
后宫殿中内史，置一人。
后宫源典内史，置一人。
后宫谷帛内史，置二人。
后宫监临内史，置二人。
中台侍御执法内史，置一人。
中台侍御典内史，置二人。
中台侍御节度内史，置二人。
中台侍御应内史，置六人。
紫极房内史，置一人。
光兴房内史，置一人。
助教，置一人。
彩制帅，置人无定数。
装饰帅，置人无定数。
绣帅，置人无定数。
织帅，置人无定数。
学林馆帅，置一人。
宫闺帅，置一人。
教堂帅，置人无定数。有限外。

监解帅，置人无定数。

累室帅，置人无定数。

行病帅，置人无定数。

官品第六。

合堂帅，置二人。

御清帅，置一人。

监夜帅，置一人。

诸房禁防，置人无定数。

三厢禁防，置三人。

诸房厨帅，各置一人。

中厨廉，置三人。

应闺，置六人。

诸应阁，置人无定数。

宫闺史，置一人。

官品第七。

诸房中掾，各置一人。

中藏掾，各置二人。

比五品敕吏。

紫极供殿直伥。

光兴供殿直伥。

总章伎伥。

侍御扶侍。

主衣。

准二卫五品，敕吏比六品。

供殿左右。紫极置二十人，光兴置十人。

左右守藏，置四人。

典乐人。

比诸房禁防。

作伥。

比王官。

供殿给使。紫极置二十人,光兴置十人。

典殿,置人无定数。

比官人。

紫极三厢给事,置十人。

全堂给使,置五人。

宫闱给使,置六人。

比房。

孝穆赵皇后讳安,下邳僮人也。祖彪,字世范,治书侍御史。父裔,字彦胄,平原太守。

后以晋穆帝升平四年嫔孝皇,晋哀帝兴宁元年四月二日生高祖。其日,后以产疾殂于丹徒官舍,时年二十一。葬晋陵丹徒县东乡练壁里雩山。宋初追崇号谥,陵曰兴宁。永初二年,有司奏曰:“大孝之德,盛于荣亲。一人有庆,光被万国。是以灵文宠于西京,寿张显于隆汉。故平原太守赵裔、故洮阳令萧卓,并外属尊戚,不逮休宠。臣等仰述圣思,远稽旧章,并可追赠光禄大夫,加金章紫绶。裔命妇孙可豫章郡建昌县君,卓命妇赵可吴郡寿昌县君。”孙氏,东莞人也。其年又诏曰:“推恩之礼,在情所同。故内树宗子,外崇后属,爰自汉、魏,咸遵斯典。外祖赵光禄、萧光禄,名器虽隆,茅土未建,并宜追封开国县侯,食邑五百户。”于是追封裔临贺县侯。

裔长子宣之,仕至江乘令,蚤卒,无子,以弟孙袭之继宣之绍封。袭之卒,子祖怜嗣。齐受禅,国除。宣之弟伦之,自有传。

孝懿萧皇后讳文寿,兰陵兰陵人也。祖亮,字保祚,侍御史。父卓,字子略,洮阳令。

孝穆后殂,孝皇帝娉后为继室,生长沙景王道怜、临川烈武王道规。义熙七年,拜豫章公太夫人。高祖为宋王,又加太妃之号。高祖以十二年北伐,仍停彭城、寿阳,至元熙二年入朝,因受晋禅。在外凡五年，后常留东府。高祖践阼，有司奏曰："臣闻道积者庆流，德洽者礼备。故祗敬表于崇高，嘉号彰于盛典。伏惟太妃母仪之德，化穆不言，保翼之训，光被洪业。虽幽明同庆，而称谓未穷。稽之前代，礼有恒准，宜式遵旧章，允副群望。臣等参受宋王太后号。"故有司奏犹称太妃也。

上以恭孝为行，奉太后素谨，及即大位，春秋已高，每旦入朝太后，未尝失时刻。少帝即位，加崇曰太皇太后。景平元年，崩于显阳殿，时年八十一。遗令曰："孝皇背世五十余年，古不祔葬。且汉世帝后陵皆异处，今可于茔域之内别为一圹。孝皇陵坟本用素门之礼，与王者制度奢俭不同，妇人礼有所徒，可一遵往式。"乃开别圹，与兴宁陵合坟。初，高祖微时，贫约过甚，孝皇之殂，葬礼多阙，高祖遗旨，太后百岁后不须祔葬。至是故称后遗旨施行。

卓初与赵裔俱赠金紫光禄大夫，又追封封阳县侯，妻下邳赵氏封吴郡寿昌县君。卓子源之袭爵，源之见子思话传。

武敬臧皇后讳爱亲，东莞人也。祖汪，字山甫，尚书郎。父字俊宣义，郡功曹。

后适高祖，生会稽宣长公主兴弟。高祖以俭正率下，后恭谨不违。及高祖兴复晋室，居上相之重，而后器服粗素，不为亲属请谒。义熙四年正月甲午，殂于东城，时年四十八。追赠豫章公夫人，还葬丹徒。高祖临崩，遗诏留葬京帅，于是备法驾，迎梓宫祔葬初宁陵。

宋初追赠俊金紫光禄大夫，妻高密叔孙氏封永陵平乡君。俊子焘，焘弟熹，熹子质，自有传。

武帝张夫人讳阙，不知何郡县人也。义熙初，得幸高祖，生少帝，又生义兴恭长公主惠媛。永初元年，拜为夫人。少帝即位，有司奏曰："臣闻严亲敬始，所因者本，充孝之道，由中被外。伏惟夫人德并坤元，徽音光劭，发祥兆庆，诞启圣明。宜崇极徽号，允备盛则。从《春秋》母以子贵之义，遵汉、晋推爱之典，谨上尊号为皇太后，宫曰永乐。”少帝既废，太后还玺绂，随居吴县。太祖元嘉元年，拜营阳王太妃。三年，薨。

少帝司马皇太妃讳茂英，河内温人，晋恭帝女也。初封海盐公主，少帝以公子尚焉。宋初，拜皇太子妃。少帝即位，立为皇后。元嘉元年，降为营阳王妃，又为南丰王太妃。十六年，薨，时年四十七。

武帝胡婕妤讳道女，淮南人。义熙初，为高祖所纳，生文帝。五年，被谴赐死，时年四十二，葬丹徒。高祖践阼，追赠婕妤。太祖即位，有司奏曰：“臣闻德厚者礼尊，庆深者位极。故闷宫既构，咏歌先妣，园陵崇卫，聿追来孝。伏惟先婕妤柔明塞渊，光备六列，德昭坤范，训洽母仪。用能启祚圣明，奄宅四海。严亲莫逮，天逯永违。臣等远准《春秋》，近稽汉、晋，谨上尊号曰章皇太后，陵曰熙宁。”立庙于京帅。

太后兄子元庆，位至奉朝请。

文帝袁皇后讳齐妫，陈郡阳夏人，左光禄大夫敬公湛之庶女也。母本卑贱，后年五六岁，方见举。后适太祖，初拜宜都王妃，生子劭、东阳献公主英娥。上待后恩礼甚笃，袁氏贫薄，后每就上求钱帛以赡与之，上性节俭，所得不过三五万、三五十匹。后潘淑妃有宠，爱倾后宫，咸言所求无不得。后闻之，欲知信否，乃因潘求三十万钱与家，以观上意，信昔便得。因此恚恨甚深，称疾不复见上。上每入，必他处回避。上数掩伺之，不能得。始兴王浚诸庶子问讯，后未尝视也。后遂愤恚成疾。元嘉十七年，疾笃，上执手流涕问所欲，不言，后视上良久，乃引被覆面。崩于显阳殿，时年三十六。上甚相悼痛，诏前永嘉太守颜延之为哀策，文甚丽。其辞曰：

龙轼缅绋，容翟结骖。皇涂昭列，神路幽严。皇帝亲临祖馈，躬瞻宵载。饰遗仪于组旒，想徂音乎珩佩。悲黼筵之移御，痛翚褕之重晦。降舆客位，撤奠殡阶。乃命史臣，诔德述怀。其辞曰：

偷昭俪升，有物有凭。圆精初铄，方祇始凝。昭裁世族，祥发庆膺。秘仪景胃，图光玉绳。昌辉在阴，柔明将进。率礼蹈和，称诗纳顺。爰自待年，金声夙振。亦既有行，素章增绚。

象服是加，言观惟则。俾我王风，始基嫔德。蕙问川流，芳猷渊塞。方江泳汉，再谣南国。伊昔不造，洪化中微。用集宝命，仰陟天机。释位公宫，登耀紫闱。钦若皇姑，允迪前徽。孝达宁亲，敬行宗祀。进思才淑，傍综图史。发音在咏，动容成纪。壶政穆宣，房乐昭理。坤则顺成，星轩润饰。德之所届，惟深必测。下节震腾，上清朓侧。有来斯雍，无思不极。谓道辅仁，司化莫晰。

象物方臻，视祲告沴。大和既融，收华委世。兰殿长阴，椒涂弛卫。呜呼哀哉！

戒凉在律，杪秋即穸。霜夜流唱，晓月升魄。八神警引，五辂迁迹。噭噭储嗣，哀哀列辟。洒零玉墀，雨泗丹掖，抚存悼亡，感今怀昔。呜呼哀哉！

南背国门，北首山园。仆人案节，服马顾辕。遥酸紫盖，眇泣素轩。灭彩清都，夷体寿原。邑野沦藹，戎夏悲谨。来芳可述，往驾弗援。呜呼哀哉！

策既奏，上自益"抚存悼亡，感今怀昔"八字，以致其意焉。有司奏谥宣皇后，上特诏曰"元"。

初，后生劭，自详视之，驰白太祖："此儿形貌异常，必破国亡家，不可举。"便欲杀之。太祖狼狈至后殿户外，手拨幔禁之，乃止。

后亡后，常有小小灵应。沈美人者，太宗所幸也。尝以非罪见责，应赐死。从后昔所住徽音殿前度。此殿有五间，自后崩后常闭。美人至殿前，流涕大言曰："今日无罪就死，先后若有灵，当知之！"殿诸窗户应声豁然开。职掌遽白太祖，太祖惊往视之，美人乃得释。

大明五年，世祖诏曰："昔汉道既灵，博平辉绝，魏国方安，嘉宪启策，皆因心所弘，酌典沿诰。亡外祖亲王夫人柔德淑范，光启坤载。属内位阙正，摄馈闺庭，仪被芳闱，问宣戚里。永言感远，思追荣秩，宜式傍鸿则，敬登徽序。”乃追赠豫章郡新淦县平乐乡君。后之所生母也。又诏：“赵、萧、臧光禄、袁敬公、平乐郡君墓，先未给茔户。加世数已远，胤嗣衰陵。外戚尊属，不宜使坟茔芜秽。可各给蛮户三，以供洒扫。

后父湛之自有传。

文帝路淑媛讳惠男，丹阳建康人也。以色貌选入后宫，生孝武帝，拜为淑媛。年既长，无宠，常随世祖出蕃。世祖入讨元凶，淑媛留寻阳。上即位，遣建平王宏奉迎。有司奏曰：“臣闻历集周邦，徽音充嗣，气淳汉国，沙麓发祥。昔在上代，业隆胙远，未有不敷阴教以阐洪基，膺淑庆以载圣哲者也。伏惟淑媛柔明内昭，徽仪外范，合灵初迪，则庶姬仰耀；引训蕃闱，则家邦被德。民应惟和，神属惟祉，故能诞钟睿躬，用集大命，固灵根于既殒，融盛烈乎中兴。载厚化深，声咏允缉，宜式谐旧典，恭享极号。奉尊号曰皇太后，宫曰崇宪。”太后居显阳殿。

上于闺房之内，礼敬甚寡，有所御幸，或留止太后房内，故民间喧然，咸有丑声。宫掖事秘，莫能辨也。

孝建二年，追赠太后父兴之散骑常侍，兴之妻徐氏余杭县广昌乡君。大明四年，太后弟子抚军参军琼之上表曰：“先臣故怀安令道庆赋命乖辰，自违明世。敢缘卫戍请名之典，特乞云雨，微垂洒润。”诏付门下。有司承旨，奏赠给事中。琼之及弟休之、茂之并超显职。太后颇豫政事，赐与琼之等财物，家累千金，居处服器，与帝子相侔。

琼之宅与太常王僧达并门，尝盛车服卫从造僧达，僧达不为之礼。琼之以诉太后，太后大怒，告上曰：“我尚在，而人皆陵我家，死后乞食矣！”欲罪僧达。上曰：“琼之年少，自不宜轻造诣。王僧达，贵公子，岂可以此事加罪。”

大明五年，太后随上巡南豫州，妃主以下并从。废帝即位，号太皇太后。太宗践阼，号崇宪太后。

初，太宗少失所生，为太后所摄养，世祖尽心祗事，而太后抚爱亦笃。及上即位，供奉礼仪不异旧日。有司奏曰："夫德敷于内，典章必远；化覃于外，徽号宜宣。伏惟皇太后懿圣自天，母仪允著，义明八远，道变九围。圣明登御，景胙攸改，皇太后宜即前号，别居外宫。"诏曰："朕备丁艰罚，蚤婴孤苦，特蒙崇宪太后圣训抚育。昔在蕃阃，常奉药膳，中迫凶威，抱怀莫遂。今泰运初启，情典获申，方欲亲奉晨昏，尽欢闺禁。不得如所奏。"寻崩，时年五十五。迁殡东宫，门题曰崇宪宫。上又诏曰："朕幼集荼蓼，夙凭德训，龛虣定业，实资仁范，恩著屯夷，有兼常慕。夫礼沿情施，义循事立，可特齐衰三月，以申追仰之心。"谥曰昭皇太后，葬世祖陵东南，号曰修宁陵。

先是，晋安王子勋未卒，巫者谓宜开昭太后陵以为厌胜。修复仓卒，不得如礼。上性忌，虑将来致灾。泰始四年夏，诏有司曰："崇宪昭太后修宁陵地，大明之世，久所考卜。前岁遭诸蕃之难，礼从权宜。奉营仓卒，未暇营改。而茔隧之所，山原卑陋。顷年颓坏，日有滋甚，恒费修整，终无永固。且详考地形，殊乖相势。朕蚤蒙慈遇，情礼兼常，思使终始之义，载彰幽显。史官可就岩山左右，更宅吉地。明番龟筮，须选令辰，式尊旧典，以礼创制。今中宇虽宁，边虏未息，营就之功，务在从简。举言寻悲，情如切割。"有司奏："北疆未绥，戎役是务，礼之详略，各沿时宜。臣等参议，修宁陵玄宫补治毁坏，权施油殿，暂出梓宫，事毕即窆，于事为允。"诏可。

琼之为衡阳内史，先后卒。废帝景和中，以休之为黄门侍郎，茂之左军将军，并封开国县侯，邑千户。又追赠兴之侍中、金紫光禄大夫，谥曰孝侯；道庆散骑常侍、光禄大夫、开府仪同三司，谥曰敬侯。立道庆女为皇后，以休之为侍中，茂之黄门郎。太宗废幼主，欲说太后之心，乃下令书曰："太皇太后蚤垂爱遇，沿情即事，同于天属。前车骑咨议参军路休之、前丹阳丞路茂之，崇宪密戚，蚤延荣贯，并怀所勋，宜殊恒饰。休之可黄门侍郎，领步兵校尉；茂之可中书侍郎。"太宗未即位，故称令书。茂之又迁司徒从事中郎，休之桂阳王休范镇北咨议参军。太宗杀世祖诸子,因此陷休之等,宥其诸子。

孝武文穆王皇后讳宪嫄,琅邪临沂人。元嘉二十年,拜武陵王妃。生废帝、豫章王子尚、山阴公主楚玉、临淮康哀公主楚佩、皇女楚琇、康乐公主修明。世祖在蕃,后甚有宠。上入伐凶逆,后留寻阳,与太后同还京都,立为皇后。

大明四年,后率六宫躬桑于西郊,皇太后观礼。上下诏曰:“朕卜祥大昕,测辰拂羽,爰诏六宫,亲蚕川室。皇太后降銮从御,伫跸观礼。绿蘧既具,玄纮方修,庶仪发椒,闱化动中。县妃主以下,可量加班锡。”

废帝即位,尊曰皇太后,宫曰永训。其年,崩于含章殿,时年三十八。祔葬景灵陵。

后父偃,字子游,晋丞相导玄孙,尚瑕之子也。母晋孝武帝女鄱阳公主,宋受禅,封永成君。偃尚高祖第二女吴兴长公主讳荣男,少历显官,黄门侍郎,秘书监,侍中。元嘉末,为散骑常侍、右卫将军。世祖即位,以后父,授金紫光禄大夫,领义阳王师,常侍如故。迁右光禄大夫,常侍、王师如故。偃谦虚恭谨,不以世事关怀。孝建二年卒,时年五十四。追赠开府仪同三司,本官如故,谥曰恭公。

长子藻,位至东阳太守。尚太祖第六女临川长公主讳英媛。公主性妒,而藻别爱左右人吴崇祖,前废帝景和中,主谗之于废帝,藻坐下狱死,主与王氏离婚。太始初,以主适豫章太守庾冲远,未及成礼而冲远卒。

宋世诸主,莫不严妒,太宗每疾之。湖孰令袁慆妻以妒忌赐死,使近臣虞通之撰《妒妇记》。左光禄大夫江湛孙敩当尚世祖女,上乃使人为敩作表让婚,曰:

伏承诏旨,当以临海公主降嫔,荣出望表,恩加典外。顾审辅蔽,伏用忧惶。臣寒门颚族,人凡质陋,闾阎有对,本隔天姻。如臣素流,室贫业寡,年近将冠,皆已有室,荆钗布裙,足得成礼。每不自解,无偶迄兹,谋访莫寻,素族弗问。自惟门庆,属降公主，天恩所覃，容及丑末。怀忧抱惕，虑不获免，征命所当，果膺兹举。虽门泰宗荣，于臣非幸，仰缘圣贷，冒陈愚实。

自晋氏以来，配尚王姬者，虽累经美胄，亟有名才，至如王敦慑气，桓温敛威，真长佯愚以求免，子敬灸足以违诏，王偃无仲都之质，而倮露于北阶，何瑀阙龙工之姿，而投躯于深井，谢庄殆自同于矇室，殷冲几不免于强鉏。数人者，非无才意，而势屈于崇贵，事隔于闻览，吞悲茹气，无所逃诉。制勒甚于仆隶，防闲过于婢妾。往来出入，人理之常，当宾待客，朋从之义。而令埽辙息驾，无窥门之期，废筵抽席，绝接对之理。非唯交友离异，乃亦兄弟疏阔。第令受酒肉之赐，制以动静；监子荷钱帛之私，节其言笑。姆奶争媚，相劝以严；妮媪竞前，相谄以急。第令必凡庸下才，监子皆葭萌愚竖，议举止则未闲是非，听言语则谬于虚实。姆奶敢恃耆旧，唯赞妒忌，尼媪自倡多知，务检口舌。其间又有应答问讯，卜筮师母，乃至残余饮食，诘辩与谁，衣被故敝，必责头领。又出入之宜，繁省难衷，或进不获前，或入不听出。不入则嫌于欲疏，求出则疑有别意，召必以三晡为期，遣必以日出为限，夕不见晚魄，朝不识曙星。至于夜步月而弄琴，昼拱袂而披卷，一生之内，与此长乖。又声影裁闻，则少婢奔迸，裾袂向席，则老丑丛来。左右整刷，以疑宠见嫌，宾客未冠，以少容致斥。礼则有列媵，象则有贯鱼，本无嫚嫡之嫌，岂有轻妇之诮。况今义绝傍和，虔恭正匹，而每事必言无仪适，设辞辄言轻易我。又窃闻诸主集聚，唯论夫族。缓不足为急者法，急则可为缓者师，更相扇诱，本其恒意，不可贷借，固实常辞。或言野败去，或言人笑我，虽家曰私理，有甚王宪，发口所言，恒同科律。王藻虽复强佷，颇经学涉，戏笑之事，遂为冤魂。褚暖忧愤，用致夭绝。伤理害义，难以具闻。

夫螽斯之德，实致克昌，专妒之行，有妨繁衍。是以尚主之门，往往绝嗣，驸马之身，通离衅咎。以臣凡弱，何以充堪。必将毁族沦门，岂伊身眚。前后婴此，其人虽众，然皆患彰遐迩，事融天朝，故吞言咽理，无敢论诉。臣幸属圣明，矜照由道，弘物以典，处亲以公，臣之鄙怀，可得自尽。如臣门分，世荷殊荣，足守前基，便预提拂。清官显宦，或由才升，一叨婚戚，咸有恩假。是以仰冒非宜，披露丹实。非唯止陈一己，规全身愿，实乃广申诸门忧患之切。伏愿天慈照察，特赐蠲停，使燕雀微群，得保丛蔚，蠢物含生，自己弥笃。若恩诏难降，披请不申，便当刊肤剪发，投山窜海。

太宗以此表遍示诸主。于是临川长公主上表曰："妾遭随奇薄，绝于王氏，私庭嚣戾，致此分异。今孤疾茕然，假息朝夕，情寄所钟，唯在一子。契阔荼炭，持兼怜愍，否泰枯荣，系以为命。实愿申其门衅，还为母子，推迁僶俛，未及自闻。先朝慈爱，鉴妾丹衷。若赐使息彻归第定省，仰揆天旨，或有可寻。今事迫成切，不顾典宪，敢缘思悆，触冒披闻。特乞还身王族，守养弱嗣。虽死之日，实甘于生。"许之。

藻弟懋，升明末贵达。懋弟攸，太宰从事中郎，蚤卒，追赠黄门侍郎。弟臻，升明末显宦。

前废帝何皇后讳令婉，卢江灊人也。孝建三年，纳为皇太子妃，大明五年，薨于东宫徽光殿，时年十七。葬□□，谥曰献妃。上更为太子置内职二等，曰保林，曰良娣。纳南中郎长史太山羊瞻女为良娣，宜都太守袁僧惠女为保林。废帝即位，追崇献妃曰献皇后。太宗践阼，迁后与废帝合葬龙山北。

后父瑀，字稚玉，晋尚书左仆射澄曾孙也。祖融，大司农。瑀尚高祖少女豫章康长公主讳欣男。公主先适徐乔，美容色，聪敏有智数，太祖世，礼待特隆。瑀豪竞于时，与平昌孟灵休、东海何勖等，并以舆马骄奢相尚。公主与瑀情爱隆密，何氏外姻疏戚，莫不沾被恩纪。瑀历位清显，至卫将军。大明八年，公主薨，瑀墓开，世祖追赠金紫光禄大夫，加散骑常侍。

子迈，尚太祖第十女新蔡公主讳英媚。迈少以贵戚居显宦，好犬马驰逐，多聚才力之士。有墅在江乘县界，去京师三十里。迈每游履，辄结驷连骑，武士成群。大明末，为豫章王子尚抚军咨议参军，加宁朔将军、南济阴太守。废帝纳公主于后宫，伪言薨殒，杀一婢送出迈第殡葬行丧礼。常疑迈有异图，迈亦招聚同志，欲因行幸废立。事觉，废帝自出讨迈诛之。太宗即位，追封建宁县侯，食邑五百户。子曼倩嗣，齐受禅，国除。

瑀兄子亮，孝建初，为桂阳太守。丞相南郡王义宣为逆，遣参军王师寿断桂阳道，似防广州刺史宗悫，收亮斩之。官至新安内史。亮弟恢，废帝元徽初，为广州刺史，未之镇，坐国哀期晦不到，免官。复起为都官尚书，未拜，卒。恢弟诞，司徒右长史。诞弟衍，最知名。性躁动。太宗初，为建安王休仁司徒从事中郎，仍除黄门郎。未拜竟，求转司徒司马。得司马，复求太子右率。拜右率一二日，复求侍中。旬日之间，求进无已。不得侍中，以怨詈赐死。

文帝沈婕妤讳容□□□□□□人也。纳于后宫，为美人。生明帝，拜为婕妤。元嘉三十年，卒，时四十。葬建康之莫府山。世祖即位，追赠湘东国太妃。太宗即位，有司奏曰："昔豳都追远，正邑缠哀，缅慕德义，敬奉园陵。先太妃德履端华，徽景明峻，风光宸掖，训流国闱，鞠圣诞灵，蚤捐鸿祚。臣等远模汉册，近仪晋典，谨上尊号为皇太后。"下礼官议谥，谥曰宣太后，陵号曰崇宁。

以太后弟道庆为给事中。泰始三年，卒，追赠通直散骑常侍，赐爵县侯。又追赠太后父散骑常侍，母王氏成乐乡君。

明恭王皇后讳贞风，琅邪临沂人也。元嘉二十五年，拜淮阳王妃。太宗改封湘东王妃。生晋陵长公主伯姒、建安长公主伯媛。太宗即位，立为皇后。

上常宫内大集，而裸妇人观之，以为欢笑。后以扇障面，独无所言。帝怒曰："外舍家寒乞，今共为笑乐，何独不视？"后曰："为乐之事，其方自多。岂有姑姊妹集聚，而裸妇人形体，以此为乐。外舍之为欢适，实与此不同。"帝大怒，遣后令起。后兄扬州刺史景文以此事语从舅陈郡谢纬曰:"后在家为仁弱妇人,不知今段遂能刚正如此。"

废帝即位,尊为皇太后,宫曰弘训。废帝失德,太后每加勖譬,始者犹见顺从,后狂慝转甚,渐不悦。元徽五年五月五日,太后赐帝玉柄毛扇,帝嫌其毛柄不华,因此欲加鸩害,已令太医煮药,左右人止之曰:"若行此事,官便应作孝子,岂复得出入狡狯?"帝曰:"汝语大有理。"乃止。

顺帝即位,齐王秉权,宗室刘晃、刘绰、卜伯兴等有异志,太后颇与相关。顺帝禅位,太后与帝逊于东邸,因迁居丹阳宫,拜汝阴王太妃。顺帝殂于丹阳,更立第京邑。建元元年,薨于第,时年四十四。追加号谥,葬以宋后礼。

父僧朗,事别见《景文传》。

明帝陈贵妃讳妙登,丹阳建康人,屠家女也。世祖常使尉司采访民间子女有姿色者。太妃家在建康县界,家贫,有草屋两三间。上出行,问尉曰:"御道边那得此草屋,当由家贫。"赐钱三万,今起瓦屋。尉自送钱与之,家人并不在,唯太妃在家,时年十二三。尉见其容质甚美,即以白世祖,于是迎入宫。在路太后房内,经二三年,再呼,不见幸。太后因言于上,以赐太宗。始有宠,一年许衰歇,以乞李道儿。寻又迎还,生废帝,故民中皆呼废帝为李氏子。废帝后每自称李将军,或自谓李统。

太宗即位,拜贵妃,礼秩同皇太子妃。废帝践阼,有司奏曰:"臣闻河龙启圣,理浃民神;郊电基皇,庆烁天地。故资敬之道,粹古铭风,沿贵之谊,眇代凝则。伏惟贵妃含和日晷,表淑星枢,徽音峻古,柔光照世,声华帝掖,轨秀天嫔,景发皇明,祚昌睿命。而备物之章,未换彝策。远酌前王,允陟鸿典,臣等参议,谨上尊号曰皇太妃。舆服一如晋孝武帝太后故事。置家令一人。改诸国太妃曰太妃。妃音怡。宫曰弘化。"追赠太妃父金宝散骑常侍,金宝妻王氏永世县成乐乡君。升明初,降为苍梧王太妃。

伯父照宗，中书通事舍人。叔佛念，步兵校尉。兄敬元，通直郎，南鲁郡太守。佛念大通货贿，侵乱朝政，升明初，赐死。

后废帝江皇后讳简珪，济阳考城人，北中郎长吏智渊孙女。太始五年，太宗访求太子妃，而雅信小数，名家女多不合。后弱小，门无强荫，以卜筮最吉，故为太子纳之。讽朝士州郡令献物，多者将直百金。始兴太守孙奉伯止献琴书，其外无余物。上大怒，封药赐死，既而原之。太子即帝位，立为皇后。帝既废，降为苍梧王妃。智渊自有传。

明帝陈昭华讳法容，丹阳建康人也。太宗晚年，痿疾不能内御，诸弟姬人有怀孕者，辄取以入宫，及生男，皆杀其母，而以与六宫所爱者养之。顺帝，桂阳王休范子也，以昭华为母焉。明帝崩，昭华拜安成王太妃。顺帝即位，进为皇太妃。顺帝禅位，去皇太妃之号。

顺帝谢皇后讳梵境，陈郡阳夏人，右光禄大夫庄孙女也。升明二年，立为皇后。顺帝禅位，降为汝阴王妃。庄自有传。

史臣曰：饮食男女，民之大欲存焉。故圣人顺民情而为之度，王宫六列，士室二等，皆司事设防，典文曲立。若夫义笃阃闱，化形邦国，古先哲王有以之致治者矣。夫后妃专夕，配以德升，姬嫱并御，进非色幸。欲使情有覃被，爱罔偏流，专贞内表，妖蛊外息。至于降班在四，簪珥成行，同列者三，环佩系响，乃可以燮理阴教，辅佐君德。宋氏藉晋世令典，娉纳有章，伣天作俪，必四岳之后。虽正位天闺，礼亢尊极，而衰怏易兆，恩宴难留，一谢属车之尘，永隔青蒲之地。是故元后愤终，良有以也。自元嘉以降，内职稍繁，椒庭绮观，千门万户，而淫妆怪饰，变炫无穷。自汉氏昭阳之轮奂，魏室九华之照曜，曾不能概其万一。徒以所选止于军署之内，征引极乎厮皂之间，非若晋氏采择滥及冠冕也。且爱止帷房，权无外授，戚属饩赉，岁时不过肴浆，斯为美矣。及太祖之倾惑潘妪，谋及妇人；大明之沦溺殷姬，并后正嫡，至使多难起于肌肤，并命行于同产，又况进于此者乎。以斯言之，三代、二汉之亡于淫嬖，非不幸也。

宋书卷四二
列传第二

刘穆之　王弘

刘穆之，字道和，小字道民，东莞莒人，汉齐悼惠王肥后也。世居京口。少好书传，博览多通，为济阳江敳所知。敳为建武将军、琅邪内史，以为府主簿。

初，穆之尝梦与高祖俱泛海，忽值大风，惊惧。俯视船下，见有二白龙夹舫。既而至一山，峰崿耸秀，林树繁密，意甚悦之。及高祖克京城，问何无忌曰："急须一府主簿，何由得之？"无忌曰："无过刘道民。"高祖曰："吾亦识之。"即驰信召焉。时穆之闻京城有叫噪之声，晨起出陌头，属与信会。穆之视不言者久之。既而反室，坏布裳为绔，往见高祖。高祖谓之曰："我始举大义，方造艰难，须一军吏甚急，卿谓谁堪其选？"穆之曰："贵府始建，军吏实须其才，仓卒之际，当略无见逾者。"高祖笑曰："卿能自屈，吾事济矣。"即于坐受署。

从平京邑，高祖至始，诸大处分，皆仓卒立定，并穆之所建也。遂委以腹心之任，动止咨焉。穆之亦竭节尽诚，无所遗隐。时晋纲宽弛，威禁不行，盛族豪右，负势陵纵，小民穷蹙，自立无所。重以司马元显政令违舛，桓玄科条繁密。穆之斟酌时宜，随方矫正，不盈旬日，风俗顿改。迁尚书祠部郎，复为府主簿，记室录事参军，领堂邑太守。以平桓玄功，封西华县五等子。

义熙王季，杨州刺史王谧薨，高祖次应入辅，刘毅等不欲高祖入，议以中领军谢混为扬州。或欲令高祖于丹徒领州，以内事付尚书仆射孟昶。遣尚书右丞皮沉以二议咨高祖。沉先见穆之,具说朝议。穆之伪起如厕,即密疏白高祖曰:“皮沉始至,其言不可从。”高祖既见沉,且令出外,呼穆之问曰:“卿云沉言不可从,其意何也?”穆之曰:“昔晋朝失政,非复一日,加以桓玄篡夺,天命已移。公兴复皇胙,勋高万古。既有大功,便有大位。位大勋高,非可持久。公今日形势,岂得居谦自弱,遂为守蕃之将邪?刘、孟诸公,与公俱起布衣,共立大义,本欲匡主成勋,以取富贵耳。事有前后,故一时推功,非为委体心服,宿定臣主之分也。力敌势均,终相吞沮。扬州根本所系,不可假人。前者以授王谧,事出权道,岂是始终大计必宜若此而已哉。今若复以他授,便应受制于人。一失权柄,无由可得。而公功高勋重,不可直置,疑畏交加,异端互起,将来之危难,可不熟念。今朝议如此,宜相酬答,必云在我,厝辞又难。唯应云‘神州治本,宰辅崇要,兴丧所阶,宜加详择。此事既大,非可悬论,便暂入朝,共尽同异’。公至京,彼必不敢越公更授余人明矣。”高祖从其言,由是入辅。

从征广固,还拒卢循,常居幕中画策,决断众事。刘毅等疾穆之见亲,每从容言其权重,高祖愈信仗之。穆之外所闻见,莫不大小必白,虽复闾里言谑,涂陌细事,皆一二以闻。高祖每得民间委密消息以示聪明,皆由穆之也。又爱好宾游,坐客恒满,布耳目以为视听,故朝野同异,穆之莫不必知。虽复亲昵短长,皆陈奏无隐。人或讥之,穆之曰:“以公之明,将来会自闻达。我蒙公恩,义无隐讳,此张辽所以告关羽欲叛也。”高祖举止施为,穆之皆下节度。高祖书素拙,穆之曰:“此虽小事,然宣彼四远,愿公小复留意。”高祖既不能厝意,又禀分有在,穆之乃曰:“但纵笔为大字,一字径尺无嫌。大既足有所包,且其名亦美。”高祖从之,一纸不过六七字便满。凡所荐达,不进不止,常云:“我虽不及荀令君之举善,然不举不善。”穆之与朱龄石并便尺牍,常于高祖坐与龄石答书。自旦至中,穆之得百函,龄石得八十函,而穆之应对无废也。转中军太尉司马。八年,加丹阳尹。

高祖西讨刘毅,以诸葛长民监留府,总摄后事。高祖疑长民难独任,留穆之以辅之。加建威将军,置佐吏,配给实力。长民果有异谋,而犹豫不能发,乃屏人谓穆之曰:“悠悠之言,皆云太尉与我不平,何以至此?”穆之曰:“公溯流远伐,而以老母稚子委节下,若一毫不尽,岂容如此邪?”意乃小安。高祖还,长民伏诛。十年,进穆之前将军,给前军府年布万匹,钱三百万。十一年,高祖西伐司马休之,中军将军道怜知留任,而事无大小,一决穆之。迁尚书右仆射,领选,将军、尹如故。十二年,高祖北伐,留世子为中军将军,监太尉留府。转穆之左仆射,领监军、中军二府军司,将、尹、领选如故,甲仗五十人,入居东城。

穆之内总朝政,外供军旅,决断如流,事无拥滞。宾客辐辏,求诉百端,内外谘禀,盈阶满室,目览辞讼,手答笺书,耳行听受,口并酬应,不相参涉,皆悉赡举。又数客昵宾,言谈赏笑,引日亘时,未尝倦苦。裁有闲暇,自手写书,寻览篇章,校定坟籍。性奢豪,食必方丈,旦辄为十人馔。穆之既好宾客,未尝独餐,每至食时,客止十人以还者,帐下依常下食,以此为常。尝白高祖曰:“穆之家本贫贱,赡生多阙。自叨忝以来,虽每存约损,而朝夕所须,微为过丰。自此以外,一毫不以负公。”

十三年,疾笃,诏遣正直黄门郎问疾。十一月,卒,时年五十八。高祖在长安,闻问惊恸,哀惋者数日。本欲顿驾关中,经略赵、魏。穆之既卒,京邑任虚,乃驰还彭城,以司马徐羡之代管留任,而朝廷大事常决穆之者,并悉北谘。穆之前军府文武二万人,以三千配羡之建威府,余悉配世子中军府。追赠穆之散骑常侍、卫将军、开府仪同三司。

高祖又表天子曰:“臣闻崇贤旌善,王教所先,念功简劳,义深追远。故司勋秉策,在勤必书,德之休明,没而弥著。故尚书左仆射、前军将军臣穆之,爰自布衣,协佐义始,内端谋猷,外勤庶政,密勿军国,心力俱尽。及登庸朝右,尹司京畿,翼新王化,敷赞百揆。顷戎车远役,居中作扞,抚寄之勋,实洽朝野。方宣赞盛猷,缉隆圣世,志绩未究，远迩悼心。皇恩褒述，班同三事，荣哀兼备，宠灵已厚。臣伏思寻，自义熙草创，艰患未弭，外虞既殷，内难弥结，时屯世故，靡岁暂宁。岂臣以寡乏负荷国重，实赖穆之匡翼之益。岂唯谠言嘉谋，溢于民听，若乃忠规远画，潜虑密谟，造膝诡辞，莫见其际。功隐于视听，事隔于皇朝，不可称记。所以陈力一纪，克遂有成，出征入辅，幸不辱命，微夫人之左右，未有宁济其事者矣。履谦居寡，守之弥固，每议及封赏，辄深自抑绝。所以勋高当年，而未沾茅社，抚事永伤，胡宁可昧。谓宜加赠正司，追甄土宇，俾大赉所及，永秩于善人，忠正之烈，不泯于身后。臣契阔屯泰，旋观始终，金兰之分，义深情密。是以献其乃怀，布之朝听。"于是重赠侍中、司徒，封南昌县侯，食邑千五百户。

高祖受禅，思佐命元勋，诏曰："故侍中、司徒南昌侯刘穆之，深谋远猷，肇基王迹，勋造大业，诚实匪躬。今理运惟新，蕃屏并肇，感事怀人，实深凄悼。可进南康郡公，邑三千户。故左将军、青州刺史王镇恶，荆、郢之捷，克翦放命，北伐之勋，参迹方叔。念勤惟绩，无忘厥心。可进龙阳县侯，增邑千五百户。"谥穆之曰文宣公。太祖元嘉九年，配食高祖庙庭。二十五年四月，车驾行幸江宁，经穆之墓，诏曰："故侍中、司徒南康文宣公穆之，秉德佐命，翼亮景业，谋猷经远，元勋克茂，功铭鼎彝，义彰典策，故已嗣徽前哲，宣风后代者矣。近因游践，瞻其茔域，九原之想，情深悼叹。可致祭墓所，以申永怀。"

穆之三子，长子虑之嗣，仕至员外散骑常侍。卒，子邕嗣。先是，郡县为封国若自史相并于国主称臣，去任便止。至世祖孝建中，始革此制，为下官致敬。河东王歆之尝为敕康相，素经邕。后歆之与邕俱豫元会，并坐。邕性嗜酒，谓歆之曰："卿昔尝见臣，今不能见斟一杯酒乎？"歆之因学孙皓歌答之曰："昔为汝作臣，今与汝比肩。既不劝汝酒，亦不愿汝年。"邕所致嗜食疮痂，以为味似鳆鱼。尝诣孟灵休，灵休先患灸疮，疮痂落床上，因取食之。灵休大惊。答曰："性之所嗜。"灵休疮痂未落者，悉褫取以饴邕。邕既去，灵休与何勖书曰:“刘邕向顾见啖,遂举体流血。”南康国史二百许人,不问有罪无罪,递互与鞭,鞭疮痂常以给膳。卒,子肜嗣。大明四年,坐刀斫妻,夺爵土,以弟彪绍封。齐受禅,降为南康县侯,食邑千户。

穆之中子式之,字延叔,通易好士。累迁相国中兵参军,太子中舍人,黄门侍郎,宁朔将军、宣城淮南二郡太守。在任赃货狼藉,扬州刺史王弘遣从事检校。从事呼摄吏民,欲加辨覆。式之召从事谓曰:“治所还白使君,刘式之于国家耗石发分,偷数百万钱何有,况不偷邪!吏民及文章之玄往。”促事还具白弘,弘曰:“刘式之辩如此奔!”一曰也待停。还为太子右率,左卫将军,吴郡太守。卒,追赠征虏将军。从征关、洛有功,封德阳县三等侯,谥曰泰侯。长子敳,世祖初,黄门侍郎。敳弟衍,大明末,以为黄门郎,出为豫章内史。晋安王子勋称伪号,以为中护军。事败伏诛。

衍弟瑀,字伐琳,少有才气,为太祖所知。始兴王浚为南徐州,以瑀补别驾从事史,为浚所遇。瑀性陵物护前,不欲人居己上。时浚征北府行参军吴郡顾迈轻薄而有才能,浚待之甚厚,深言密事,皆与参之。瑀乃折节事迈,深布情款,家内妇女间事,言语所不得至者,莫不倒写备说。迈以瑀与之款尽,深相感信。浚所言密事,悉以语瑀。瑀与迈共进射堂下,瑀忽顾左右索单衣帻,迈问其所以,瑀曰:“公以家人待卿,相与言无所隐,而卿于外宣泄,致使人无不知。我是公吏,何得不启。”因而白之。浚大怒,启太祖徙迈广州。迈在广州,值萧简为乱,为之尽力,与简俱死。

瑀迁从事中郎,领淮南太守。元嘉二十九年,出为宁远将军、益州刺史。元凶弑立,以为青州刺史。瑀闻问,即起义遣军,并送资实于荆州。世祖即位,召为御史中丞。还至江陵,值南郡王义宣为逆,瑀陈其不可,言甚切至。义宣以为丞相左司马,俱至梁山。瑀犹乘其蜀中船舫,又有义宣故部曲潜于梁山洲外下投官军。除司徒左长史。明年,迁御史中丞。瑀使气尚人,为宪司甚得志。弹王僧达云:“荫籍高华,人品冗末。”朝士莫不畏其笔端。寻转右卫将军。瑀愿为侍中,不得,谓所亲曰:“人仕宦不出当入,不入当出,安能长居户限上。"因求益州。世祖知其此意,许之。孝建三年,除辅国将军、益州刺史。既行,甚不得意。至江陵,与颜竣书曰:"朱脩之三世叛兵,一旦居荆州,青油幕下,作谢宣明面见向,使齐师以长刀引吾下席。于吾何有,政恐匈奴轻汉耳。"其年坐夺人妻为妾,免官。大明元年,起为东阳太守。明年,迁吴兴太守。侍中何偃尝案云:"参伍时望"。瑀大怒曰:"我于时望何参伍之有!"遂与偃绝。及为吏部尚书,意弥愤愤。族叔秀之为丹阳尹,瑀又与亲故书曰:"吾家黑面阿秀,遂居留安众处,朝廷不为多士。"其年疽发背,何偃亦发背痈。瑀疾已笃,闻偃亡,欢跃叫呼,于是亦卒。谥曰刚子。子卷,南徐州别驾。卷弟藏,尚书左丞。

穆之少子贞之,中书、黄门侍郎,太子右卫率,宁朔将军、江夏内史。卒官。子裒,始兴相,以赃货系东冶内。

穆之女适济阳蔡祐,年老贫穷。世祖以祐子平南参军孙为始安太守。

王弘字休元,琅邪临沂人也。曾祖导,晋丞相。祖洽,中领军。父珣,司徒。

弘少好学,以清恬知名,与尚书仆射谢混善。弱冠,为会稽王司马道子骠骑参军、主簿。时农务顿息,末役繁兴,弘以为宜建屯田,陈之曰:"近面所谘立屯田事,已具简圣怀。南亩事兴,时不可失,宜早督田畯,以要岁功。而府资单刻,控引无所,虽复厉以重劝,肃以严威,适足令囹圄充积,而无救于事实也。伏见南局诸冶,募吏数百,虽资以廪赡,收入甚微。愚谓若回以配农,必功利百倍矣。然军器所须,不可都废。今欲留铜官大冶及都邑小冶各一所,重其功课,一准扬州,州之求取,亦当无乏,余者罢之,以充东作之要。又欲二局田曹,各立典军募吏,依冶募比例,并听取山湖人。此皆无损于私,有益于公者也。其中亦应畴量,分判番假,及给廪多少,自可一以委之本曹。亲局所统,必当练悉,且近东曹板水曹参军纳之领此任,其人颇有干能,自足了其事耳。顷年以来,斯务弘废,田芜廪虚,实亦由此。弘过蒙饰擢，志输短效，岂可相与寝默，有怀弗闻邪！至于当否，尊自当裁以远鉴。若所启谬允者，伏愿便以时施行，庶岁有务农之勤，仓有盈廪之实，礼节之兴，可以垂拱待也。”道子欲以为黄门侍郎，珣以其年少固辞。

珣颇好积聚，财物布在民间。珣薨，弘悉燔烧券书，一不收责。余旧业悉以委付诸弟。未免丧，后将军司马元显以为谘议参军，加宁远将军，知记室事，固辞不就。道子复以为谘议参军，加建威将军，领中兵，又固辞。时内外多难，在丧者皆不终其哀，唯弘固执得免。桓玄克京邑，收道子付廷尉，臣吏畏恐，莫敢瞻送。弘时尚在丧，独于道侧拜，攀车涕泣，论者称焉。

高祖为镇军，召补谘议参军。以功封华容县五等侯，迁琅邪王大司马从事中郎，出为宁远将军、琅邪内史，尚书吏部郎中，豫章相。卢循寇南康诸郡，弘奔寻阳。高祖复命为中军谘议参军，迁大司马右长史，转吴国内史。义熙十一年，征为太尉长史，转左长史。从北征，前锋已平洛阳，而未遣九锡，弘衔使还京师，讽旨朝廷。时刘穆之掌留任，而旨反从北来，穆之愧惧，发病遂卒。而高祖还彭城，弘领彭城太守。

宋国初建，迁尚书仆射，领选，太守如故。奏弹谢灵运曰：“臣闻闲厥有家，垂训《大易》，作威专戮，致诫《周书》。斯典或违，刑兹无赦。世子左卫率康乐县公谢灵运，力人桂兴淫其嬖妾，杀兴江涘，弃尸洪流。事发京畿，播闻遐迩。宜加重劾，肃正朝风。案世子左卫率康乐县公谢灵运过蒙恩奖，频叨荣授，闻礼知禁，为日已久，而不能防闲阃闱，致兹纷秽，罔顾宪轨，忿杀自由。此而勿治，典刑将替。请以见事免灵运所居官，上台削爵土，收付大理治罪。御史中丞都亭侯王淮之，显居要任，邦之司直，风声噂喈，曾不弹举。若知而弗纠，则情法斯挠；如其不知，则尸昧已甚。岂可复预班清阶，式是国宪！请免所居官，以侯还散辈中。内台旧体，不得用风声举弹，此事彰赫，曝之朝野，执宪蔑闻，群司循旧，国典既颓，所亏者重。臣弘忝承人乏，位副朝端，若复谨守常科，则终莫之纠政。所以不敢拱默，自同秉彝。违旧之愆，伏须准裁。”高祖令曰：“灵运免官而已，余如奏。端右简正风轨，诚副所期，岂拘常仪。自今为永制。”

十四年，迁监江州豫州之西阳新蔡二郡诸军事、抚军将军、江州刺史。至州，省赋简役，百姓安之。永初元年，加散骑常侍。以佐命功，封华容县公，食邑二千户。三年，入朝，进号卫将军、开府仪同三司。高祖因宴集，谓群公曰：“我布衣，始望不至此。”傅亮之徒并撰辞欲盛称功德。弘率尔对曰：“此所谓天命，求之不可得，推之不可去。”时人称其简举。

少帝景平二年，徐羡之等谋废立，召弘入朝。太祖即位，以定策安社稷，进位司空，封建安郡公，食邑千户。上表固辞曰：“臣闻赵武称随会夫子之家事治，言于晋国无隐情。臣千载幸会，谬荷荣遇，虽以智能虚薄，政绩蔑闻，而言无隐情，窃所庶几。向令无启其心，预定大策，而名编司勋，功不见纪，固将请不赏之罪，悬龙蛇之书，岂当稽违成命，苟修小节。但无功勤，暴之四海，进阙君子劳心之谋，退微小人劳力之效，而圣朝僭赏于上，愚臣苟忝于下，则为厚诬当时，永贻口实。窃财之诮，比此为轻，惟尘盛猷，亏玷为大。微躬所惜，一朝亦尽，非唯仰尘国纪，实亦俯畏友朋。忧心弥疹，胡颜靡托。且凡人之交，尚申知己，况在明主，可用理干。所以敢遂愚狷，守之以死。”乃见许。加使持节、侍中，改监为都督，进号车骑大将军，开府、刺史如故。

徐羡之等以废弑之罪将见诛，弘既非首谋，弟昙首又为上所亲委，事将发，密使报弘。羡之等诛，征弘为侍中、司徒、扬州刺史，录尚书，给班剑三十人。上西征谢晦，弘与骠骑彭城王义康居守，入住中书下省，引队仗出入。司徒府权置参军。

五年春，大旱，弘引咎逊位，曰：“臣闻三才虽殊，其致则一。故世道休明，五福攸应，政有失德，咎征必显。臣抑又闻之，台辅之职，论道赞契，上佐人主燮理阴阳。位以德授，则和气淳穆，寇窃非据，则谪见于天。是以陈平有辞，不滥主者之局，邴吉停驾，大惧牛喘之由。斯固有国之所同，天人之远旨。陛下圣哲御世，光隆宜休征表祥，醴泉踊涌。而顷阴阳隔并，亢旱成灾，秋无严霜，冬无积雪，疾厉之气，弥历四时。此岂非任失其人，覆餗之咎。臣以庸短，自毕凡流，谬逢嘉运，叨恩在昔。陛下忘其不腆，又重之以今任，正位槐鼎，统理神州，珥貂衣衮，总录朝端，内外要重，顿萃微躬，穷极宠贵，人臣莫比。令德居之，犹或难称，矧伊陋昧，何以充任。此之易了，不俟明识。但受命之始，属值时艰，六戎亲戒，忧及社稷，诚是臣下致节忘身之时，当有何心，尘挠圣听。所以僶俛从事，循墙驰驱，志在宣力，虑不及远。既鲸鲵折首，西夏底定，便宜诉其本怀，避贤谢拙。而常人偷安，日甘一日，实亦仰佩天眷，未能自已。荏苒推迁，忽及三载。遂令负乘之衅，彰著幽明，愆伏之灾，患缠氓庶。上缺皇朝缉熙之美，下增官谤覆折之灾。伏念惶赧，五情飞散，虽曰厚颜，何以宁处。不远而复，《大易》攸称，小惩大戒，细人之福。近复之美，非所敢觖，惩戒之幸，窃怀庶几。今履端惟始，朝庆礼毕，辄还私门，思愆家巷，庶微塞天谴，少弭谤讟。伏愿鉴其所守，即而许之。临启愧塞，不自宣尽。”

先是，彭城王义康为荆州刺史，镇江陵。平陆令河南成粲与弘书曰：“仆闻轨物设教，必随时制宜，世代盈虚，亦与之消息。夫势之所处，非亲不居。是以周之宗盟，异姓为后。权轴之要，任归二南。斯前代之明谟，当今之显辙。明公位极台鼎，四海具瞻，劬劳夙夜，义同吐握。而总录百揆，兼牧畿甸，功实盛大，莫之与俦。天道福谦，宜存挹损。骠骑彭城王道德昭备。上之懿弟，宗本归源，所应推先。宜出据列蕃，齐光鲁、卫。明公高枕论道，燮理阴阳，则天下和平，灾害不作，福庆与大宋升降，享年与松、乔齐久，名垂万代，岂不美欤！”弘本有退志，挟粲言，由是固自陈请，乃降为卫将军、开府仪同三司。

六年，弘又上表曰：“臣闻异姓为后，宗周之明义；亲不在外，有国之所先。故鲁长滕君，《春秋》所美，楚出弃疾，前史垂诫。矧乃茂亲明德，道光一时，述职侯甸，朝政弗及，而以庶族庸陋浮华之臣，超逾先典，居中赞契，岂所以宪章古式，缉熙治道？骠骑将军臣义康，徽猷渊邈，明德弥劭，敷政江汉，化被荆南，搢绅属情，想乐当务，周旦之寄，不谋同词，分陕虽重，比此为轻。臣实空暗，阶恩逾越，俯积素餐，仰玷盛化，公私二三，无一而可。昔孙叔未进，优孟见弢；展季在下，臧文贻讥。况道隆地昵，义兼前礼。臣于古人，无能为役，负乘窃位，万物谓何。虽曰厚颜，胡宁以处。斯亡之惧，实疚其心。乞解州、录，以允民望。伏愿陛下远存至公，近鉴丹款，俯顺朝野，改授亲贤。岂唯下臣获免大戾，凡厥众隶，孰不庆幸。若天眷罔已，脱复迟回，请出臣表，还闻外内，朝议舆诵，或有可择。”诏曰：“省表，远拟隆周经国之体，近述《大易》卑牧之志，三复冲旨，良用怃然。公体道渊虚，明识经远，毗翼艰难，勋猷光茂，俾朕获辰居垂拱，司契委成。岂容高逊总录，固辞神州，使成务有亏，以重朕之不德邪！深存体国，所望寅亮。骠骑亲贤之寄，地均旦、奭，还入内辅，参赞机务，辄敬从所执。”义康由是代弘为司徒，与之分录。

弘又表曰：“近冒表闻，披陈愚管，实冀天鉴，体其至诚。而奉被还诏，未蒙酬察，徒尘圣览，仰延优旨，顾影惭惶，罔识攸厝。臣忝荷要重，四载于今，既违前史量力之诫，又微古人进贤之美，尸位固宠，日积官谤，旋观周行，兴愧已厚。况在亲贤，朝野归德，甫思引身，曷云能补，惟尘大典，亏丧已多。不悟天眷之隆，复垂恩奖，名器弗改，蒙宠如旧，感愚自揆，茫若无涯。臣义康既总录百揆，毗赞盛化，忝厕下风，谘凭有所。内朝细务，庶可免竭，神州任重，望实兼该，臣何人斯，寇窃不已。为尔推迁，覆败将及，就无人事之愆，必有阴阳之患。伏念惟忧，疹如疾首，不知何理，可以自安。但成旨已决，涣汗难反，加臣懦劣，少无此志，进不能抗言陈辞，以死自固，退不能重玺置冰，鲜食为瘠，祗畏天威，遂复俯仰。至于摄督所部，料综文案，曹局吏役，所须不多，其余文武，皆为冗长。相府初建，或有未充，请留职僚同事而已，自此以外，及诸资实，一送司徒。臣受恩深重，休戚是预，义无虚饰，苟自贬损。伏愿圣察，特垂许顺，不令诚诉，其见抑夺。”上又诏曰：“卫军表如此，司徒宜须事力，可顺公雅怀，割二千人配府。资储不烦事送。”

弘博练治体，留心庶事，斟酌时宜，每存优允。与八座、丞、郎疏曰："同位犯，法无士人不罪之科，然每至诘谪，辄有请诉。若垂恩宥，则法废不可行，依事纠责，同物以为苦怨。宜更为其制，使得忧苦之衷也。又主守偷五匹，常偷四十匹，并加大辟。议者咸以为重，宜进主偷十匹、常偷五十匹死，四十匹降以补兵。既得小宽民命，亦足以有惩也。想各言所怀。"

左丞江奥议："士人犯盗赃不及弃市者，刑竟，自在赃污淫盗之目，清议终身，经赦不原。当之者足以塞愆，闻之者足以鉴诫。若复雷同群小，谪以兵役，愚谓为苦。符伍虽比屋邻居，至于士庶之际，实自天隔，舍藏之罪，无以相关。奴客与符伍交接，有所藏蔽，可以得知，是以罪及奴客。自是客身犯愆，非代郎主受罪也。如其无奴，则不应坐。"

右丞孔默之议："君子、小人，既杂为符伍，不得不以相检为义。士庶虽殊，而理有闻察，譬百司居上，所以下不必躬亲而后同坐。是故犯违之日，理自关。今罪其养子、典计者，盖义存戮仆。如此，则无奴之室，岂得宴安。但既云复士，宜令输赎。常盗四十匹，主守五匹，降死补兵。虽大存宽惠，以纾民命，然官及二千石及失节士大夫，时有犯者，罪乃可戮，恐不可以补兵也。谓此制可施小人，士人自还用旧律。"

尚书王准之议："昔为山阴令，士人在伍，谓之押符。同伍有愆，得不及坐，士人有罪，符伍纠之。此非士庶殊制，实使即刑当罪耳。夫束脩之胄，与小人隔绝，防检无方，宜及不逞之士，事接群细，既同符伍，故使纠之。于时行此，非唯一处，左丞议奴客与邻伍相关，可得检察，符中有犯，使及刑坐。即事而求，有乖实理。有奴客者，类多使役，东西分散，住家者少。其有停者，左右驱驰，动止所须，出门甚寡，典计者在家十无其一。奴客坐伍，滥刑必众，恐非立法当罪本旨。右丞议士人犯偷，不及大辟者，宥补兵。虽欲弘士，惧无以惩邪。乘理则君子，违之则小人。制严于上，犹冒犯之，以其宥科，犯者或众。使畏法其心，乃所以大宥□□□庶异制，意所不同。"

殿中郎谢元议谓:"□□□□其本,然后其末可□。本所以探士大夫于符□□□以检小人邪?□使受检于小人邪?□□□□士庶天隔,则士无弘庶之由,以不知而押之于伍,则是受检于小人也。然则小人有罪,士人无事,仆隶何罪,而令坐之。若以实相交关,贵其闻察,则意有未因。何者?名实殊章,公私异令,奴不押符,是无名也,民之赀财,是私贱也。以私贱无名之人,豫公家有实之任,公私混淆,名实非允。由此而言,谓不宜坐。还从其主,于事为宜。无奴之士,不在此例。若士人本检小人,则小人有过,已应获罪,而其奴则义归戮仆,然则无奴之士,未合宴安,使之输赎,于事非谬。二科所附,惟制之本耳。此自是辩章二本,欲使各从其分。至于求之管见,宜附前科,区别士庶,于义为美。盗制,按左丞议,士人既终不为兵革,幸可同宽宥之惠,不必依旧律,于议咸允。"

吏部郎何尚之议:"按孔右丞议,士人坐符伍为罪,有奴罪奴,无奴输赎。既许士庶缅隔,则闻察自难,不宜以难知之事,定以必知之法。夫有奴不贤,无奴不必不贤。今多僮者傲然于王宪,无仆者怵迫于时网,是为恩之所沾,恒在程、卓,法之所设,必加颜、原。求之鄙怀,窃所未惬。谢殿中谓奴不随主,于名分不明,诚是有理。然奴仆实与闾里相关,今都不问,恐有所失。意同左丞议。"

弘议曰:"寻律令既不分别士庶,又士人坐同伍罹谪者,无处无之,多为时恩所宥,故不尽亲谪耳。吴及义兴适有许、陆之徒,以同符合给,二千石论启丹书。己未问,会稽士人云,十数年前,亦有四族坐比被责,以恃恩获停。而王尚书云,人旧无同伍坐,所未之解。恐莅任之日,偶不值此事故邪。圣明御世,士人诚不忧至苦,然要须临事论通,上干天听为纷扰,不如近为定科,使轻重有节也。又寻甲符制,蠲士人不传符耳,令史复除,亦得如之。共相押领,有违纠列,了无等衰,非许士人闾里之外也。诸议云士庶缅绝,不相参知,则士人犯法,庶民得不知。若庶民不许不知,何许士人不知?小民自非超然简独,永绝尘秕者,比门接栋,小以为意,终自闻知,不必须日夕来往也。右丞百司之言,粗是其况。如衰陵士人,实与里巷关□,

相知情状，乃当于冠带小民。今谓之士人，便无小人之坐；署为小民，辄受士人之罚。于情于法，不其颇欤！且都令不及士流，士流为轻，则小人令使征预其罚，便事至相纠，闾伍之防，亦为不同。谓士人可不受同伍之谪耳，罪其奴客，庸何伤邪？无奴客，可令输赎，又或无奴僮为众所明者，官长二千石便当亲临列上，依事遣判。偷五匹、四十匹，谓应见优量者，实以小吏无知，临财易昧，或由疏慢，事蹈重科，求之于心，常有可悯，故欲小进匹数，宽其性命耳。至于官长以上，荷蒙禄荣，付以局任，当正己明宪，检下防非，而亲犯科律，乱法冒利，五匹乃已为弘矣。士人无私相偷四十匹理，就使至此，致以明罚，固其宜耳，并何容复加哀矜？且此辈士人，可杀不可谪，有如诸论，本意自不在此也。近闻之道路，聊欲共论，不呼乃尔难精。既众议纠纷，将不如其已。若呼不应停寝，谓宜集议奏闻，决之圣旨。”太祖诏：“卫军议为允。”

弘又上言：“旧制：民年十三半役，十六全役。当以十三以上，能自营私及公，故以充役。而考之见事，犹或未尽。体有强弱，不皆称年。且在家自随，力所能堪，不容过苦。移之公役，动有定科。循吏隐恤，可无其患；庸宰守常，已有勤剧；况值苛政，岂可称言！乃有务在丰役，增进年齿，孤远贫弱，其敝尤深。至令依寄无所，生死靡告，一身之切，逃窜求免，家人远讨，胎孕不育，巧避罗宪，实亦由之。今皇化惟新，四方无事，役召之应存乎消息。十五至十六，宜为半丁，十七为全。”从之。

其后，弘寝疾。弘表屡乞骸骨，上辄优诏不许。九年，进位太保，领中书监，余如故。其年，薨。时年五十四。即赠太保、中书监，给节，加羽葆、鼓吹，增班剑为六十人，侍中、录尚书、刺史如故。谥曰文昭公，配食高祖庙廷。其年，诏曰：“乃者三逆煽祸，实繁有徒，爰初遵养，暨于明罚，外虞内虑，实惟艰难。故大保华容县公弘、故卫将军华、故左光禄大夫昙首，抱义□忠，乃情同至，筹谋庙堂，竭尽智力，经□□险，简自朕心，国耻既雪，尤膺茅土，而并执谦挹，志不命逾，故用伫朝典，将有后命。盛业不究，相系殒落，永怀伤叹，痛恨无已。弘可增封千户,华、昙首封开国县侯,食邑各千户。护军将军建昌公彦之,深诚密谟,比踪齐望,其复先食邑,以酬忠勋。"又诏:"闻王太保家便已匮乏,清约之美,同规古人。言念始终,情增凄叹。可赐钱百万,米千斛。"

世祖大明五年,车驾游幸,经弘墓,下诏曰:"故侍中、中书监、太保、录尚书事、扬州刺史华容文昭公弘,德猷光劭,鉴识明远。故散骑常侍、左光禄大夫、太子詹事豫章文侯昙首,夙尚恬素,理心贞正。并绸缪先眷,契阔屯夷,内亮王道,外流徽誉。以国图令勋,民思茂惠。朕薄巡都外,瞻览坟茔,永言想慨,良深于怀。便可遣使致祭墓所。"

弘明敏有思致,既以民望所宗,造次必存礼法,凡动止施为,及书翰仪体,后人皆依仿之,谓为王太保家法。虽历任藩翰,不营财利,薨亡之后,家无余业。而轻率少威仪,性又褊隘,人忤意者,辄面加责辱。少时尝樗蒲公城子野舍,及后当权,有人就弘求县,辞诉颇切。此人尝以蒲戏得罪,弘诘之曰:"君得钱会戏,何用禄为!"答曰:"不审公城子野何在?"弘默然。

子锡嗣。少以宰相子起家为员外散骑,历清职,中书郎,太子左卫率,江夏内史。高自位遇。太尉江夏王义恭当朝,锡箕踞大坐,殆无推敬。卒官,子僧亮嗣。齐受禅,降爵为侯,食邑五百户。弘少子僧达,别有传。

弘弟虞,廷尉卿。虞子深,有美名,官至新安太守。虞弟抑,光禄大夫。抑弟孺,侍中。孺弟昙首,别有传。

弘从父弟练,晋中书令珉子也。元嘉中,历显官,侍中,度支尚书。练子钊,世祖大明中,亦经清职,黄门郎,临海王子顼、晋安王子勋征虏、前军长史,左民尚书。太宗初,为司徒左长史。随司徒建安王休仁出赭圻,时居母忧,加冠军将军。忤犯休仁,出为始兴相。休仁恚之不已,太宗乃收付廷尉,赐死。

史臣曰:晋纲弛紊,其渐有由,孝武守文于上,化不下及,道子昏德居宗，宪章坠矣。重之以宝国启乱，加之以元显嗣虐，元祖宗之遗典，群公之旧章，莫不叶散冰离，扫地尽矣。主威不树，臣道专行，国典人殊，朝纲家异，编户之命，竭于豪门，王府之蓄，变为私藏。由是祸基东妖，难结天下，荡荡然王道不绝者若綖。高祖一朝创义，事属横流，改乱章，布平道，尊主卑臣之义，定于马棰之间。威令一施，内外从禁，以建武、永平之风，变太元、隆安之俗，此盖文宣公之为也。为一代宗臣，配飨清庙，岂徒然哉。

宋书卷四三
列传第三

徐羡之　傅亮　檀道济

徐羡之字宗文，东海郯人也。祖宁，尚书吏部郎，江州刺史，未拜卒。父祚之，上虞令。

羡之少为王雅太子少傅主簿，刘牢之镇北功曹，尚书祠部郎，不拜，桓脩抚军中兵曹参军。与高祖同府，深相亲结。义旗建，高祖版为镇军参军、尚书库部郎，领军司马。与谢混共事，混甚知之。补琅邪王大司马参军，司徒左西属，徐州别驾从事史，太尉咨议参军。义熙十一年，除鹰扬将军、琅邪内史，仍为大司马从事中郎，将如故。高祖北伐，转太尉左司马，掌留任，以副贰刘穆之。

初，高祖议欲北伐，朝士多谏，唯羡之默然。或问何独不言，羡之曰："吾位至二品，官为二千石，志愿久充。今二方已平，拓地万里，唯有小羌未定，而公寝食不忘。意量乖殊，何可轻豫。"刘穆之卒，高祖命以羡之为吏部尚书、建威将军、丹杨尹，总知留任，甲仗二十人出入。转尚书仆射，将军、尹如故。

十四年，大司马府军人朱兴妻周，坐息男道扶年三岁，先得痫病，周因其病发，掘地生埋之，为道扶姑女所告，正周弃市刑。羡之议曰："自然之爱，虎狼犹仁。周之凶忍，宜加显戮。臣以为法律之外，故尚弘物之理。母之即刑，由子明法，为子之道，焉有自容之地。虽伏法者当罪，而在宥者靡容。愚谓可特申之遐裔。"从之。

高祖践阼，进号镇军将军，加散骑常侍。上初即位，思佐命之功，诏曰："散骑常侍、尚书仆射、镇军将军、丹杨尹徐羡之，监江州豫州之西阳新蔡诸军事、抚军将军、江州刺史华容侯王弘，散骑常侍、护军将军作唐男檀道济，中书令、领太子詹事傅亮，侍中、中领军谢晦，前左将军、江州刺史宜阳侯檀韶，使持节、雍梁南北秦四州荆州之河北诸军事、后将军、雍州刺史关中侯赵伦之，使持节、督北徐兖青三州诸军事、征虏将军、北徐州刺史南城男刘怀慎，散骑常侍、领太子左卫率新淦侯王仲德，前冠军将军、北青州刺史安南男向弥，左卫将军滠阳男刘粹，使持节、南蛮校尉佷山子到彦之，西中郎司马南郡宜阳侯张劭，参西中郎将军事、建威将军、河东太守资中侯沈林子等，或忠规远谋，扶赞洪业；或肆勤树绩，弘济艰难。经始图终，勋烈惟茂，并宜与国同休，飨兹大赉。羡之可封南昌县公，弘可华容县公，道济可改封永修县公，亮可建城县公，晦可武昌县公，食邑各二千户；韶可更增邑二千五百户，仲德可增邑二千二百户；怀慎、彦之各进爵为侯，粹改封建安县侯，并增邑为千户；伦之可封霄城县侯，食邑千户；劭可封临沮县伯，林子可封汉寿县伯，食邑六百户。开国之制，率遵旧章。"

羡之迁尚书令、扬州刺史，加散骑常侍，进位司空、录尚书事，常侍、刺史如故。羡之起自布衣，又无术学，直以志力局度，一旦居廊庙，朝野推服，咸谓有宰臣之望。沉密寡言，不以忧喜见色。颇工弈棋，观戏常若未解，当世倍以此推之。傅亮、蔡廓常言："徐公晓万事，安异同。"高祖不豫，加班剑三十人。宫车晏驾，与中书令傅亮、领军将军谢晦、镇北将军檀道济同被顾命。少帝诏曰："平理狱讼，政道所先。朕哀荒在疚，未堪亲览。司空、尚书令可率众官月一决狱。"

帝后失德，羡之等将谋废立，而庐陵王义真轻动多过，不任四海，乃先废义真，然后废帝。时谢晦为领军，以府舍内屋败应治，悉移家人出宅，聚将士于府内。镇北将军、南兖州刺史檀道济先朝旧将，威服殿省，且有兵众，召使入朝，告之以谋。事将发，道济入宿领军府。中书舍人邢安泰、潘盛为内应，其日守关。道济领兵居前，羡之等继其后，由东掖门、云龙门入。宿卫行受处分，莫有动者。先是，帝于华林园为列肆，亲自酤卖，又开渎聚土，以像破岗，率左右唱呼引船为乐。是夕寝于龙舟，在天渊池。兵士进杀二人，又伤帝指。扶帝出东阁，收玺绶。群臣拜辞，卫送故太子宫，迁于吴郡。侍中程道惠劝立第五皇弟义恭，羡之不许。遣使杀义真于新安，杀帝于吴县。时为帝筑宫未成，权居金昌亭，帝突走出昌门，追者以门关击之倒地，然后加害。

太祖即阼，进羡之司徒，余如故。改封南平郡公，食邑四千户。固让加封。有司奏车驾依旧临华林园听讼，诏曰："政刑多所未悉，可如先二公推讯。"元嘉二年，羡之与左光禄大夫傅亮上表归政，曰："臣闻元首司契，运枢成务，臣道代终，事尽宣翼。冕旒之道，理绝于上皇，拱己之事，不行于中古。故高宗不言，以三龄为断；冢宰听政，以再期为节。百王以降，罔或不然。陛下圣德绍兴，负荷洪业，亿兆颙颙，思陶盛化。而圣旨谦挹，委成群司。自大礼告终，钻燧三改，大明仁照，远迩倾属。臣等虽率诚屡闻，未能仰感，敢藉品物之情，谨因苍生之志。伏愿陛下远存周文日昃之道，近思皇室缔构之艰，时揽万机，躬亲朝政，广辟四聪，博询庶业，则雍熙可臻，有生幸甚。"上未许。羡之等重奏曰："近陈写下情，言为心罄，奉被还诏，鉴许未回。岂惟愚臣，秉心有在，询之朝野，人无异议。何者？形风四方，实系王德，一国之事，本之一人。虽世代不同，时殊风异，至于主运臣赞，古今一揆。未有浑心委任，而休明可期。此之非宜，布自遐迩。臣等荷遇二世，休戚以均，情为国至，岂容顺默。重披丹心，冒昧以请。"上犹辞。羡之等又固陈曰："比表披陈，辞诚俱尽，诏旨冲远，未垂听纳，三复屏营，伏增忧叹。臣闻克隆先构，干蛊之盛业；昧旦丕显，帝王之高义。自皇宋创运，英圣有造，殷忧未阙，艰患仍缠。赖天命有底，圣明承业，时屯国故，犹在民心。太山之安，未易可保，昏明隆替，系在圣躬。斯诚周诗夙兴之辰，殷王待旦之日，岂得无为拱己，复玄古之风，逡巡虚挹，徇匹夫之事？伏愿以宗庙为重，百姓为心，弘大业以嗣先轨，隆圣道以增前烈。愚瞽所献，情尽于此。"上乃许之。羡之仍逊位，退还私第。兄子佩之及侍中程道惠、吴兴大守王韶之等并谓非宜，敦劝甚苦，复奉诏摄任。

三年正月，诏曰："民生于三，事之如一，爱敬同极，岂惟名教，况乃施侔造物，义在加隆者乎。徐羡之、傅亮、谢晦，阶因缘之才，荷恩在昔，擢自无闻，超居要重，卵翼而长，未足以譬。永初之季，天祸横流，大明倾曜，四海遏密，实受顾托，任同负图。而不能竭其股肱，尽其心力，送往无复言之节，事居阙忠贞之效，将顺靡记，匡救蔑闻，怀宠取容，顺成失德。虽末因惧祸，以建大策，而逞其悖心，不畏不义。播迁之始，谋肆鸩毒，至止未几，显行怨杀，穷凶极虐，荼酷备加，颠沛皂隶之手，告尽逆旅之馆，都鄙哀愕，行路饮涕。故庐陵王英秀明远，徽风夙播，鲁卫之寄，朝野属情。羡之等暴蔑求专，忌贤畏逼，造构贝锦，成此无端，罔主蒙上，横加流屏，矫诬朝旨，致兹祸害。寄以国命，而翦为仇雠，旬月之间，再肆丑毒，痛感三灵，怨结人鬼。自书契以来，弃常安忍，反易天明，未有如斯之甚者也。昔子家从弑，郑人致讨；宋肥无辜，荡泽为戮。况逆乱倍于往衅，情痛深于国家。此而可容，孰不可忍！即宜诛殛，告谢存亡。而于时大事甫尔，异同纷结，匡国之勋实著，莫大之罪未彰。是以远酌民心，近听舆讼，虽欲讨乱，虑或难图，故忍戚含哀，怀耻累载。每念人生实难，情事未展，何尝不顾影恸心，伏枕泣血。今逆臣之衅，彰暴遐迩，君子悲情，义徒思奋，家仇国耻，可得而雪，便命司寇，肃明典刑。晦据有上流，或不即罪，朕当亲率六师，为其遏防。可遣中领军到彦之即日电发，征北将军檀道济络驿继路，符卫军府州以时收翦。已命征虏将军刘粹断其走伏。罪止元凶，余无所问。感惟永往，心情崩绝。氛雾既祛，庶几治道。"

尔日诏召羡之。行至西明门外，时谢晦弟皭子肖反。为黄门郎，正直，报亮云："殿内有异处分。"亮驰报羡之。羡之回还西州，乘内人问讯车出郭，步走至新林，入陶灶中自刭死。时年六十三。羡之初不应召，上遣中领军到彦之、右卫将军王华追讨。羡之死，野人以告，载尸付廷尉。子乔之，尚高祖第六女富阳公主，官至竟陵王文学。乔之及弟乞奴从诛。

初，羡之年少时，尝有一人来，谓之曰："我是汝祖。"羡之因起拜之。此人曰："汝有贵相，而有大厄，可以钱二十八文埋宅四角，可以免灾。过此可位极人臣。"后羡之随亲之县，住在县内，常暂出，而贼自后破县。县内人无免者，鸡犬亦尽，唯羡之在外获全。随从兄履之为临海乐安县，尝行经山中，见黑龙长丈余，头有角，前两足皆具，无后足，曳尾而行。及拜司空，守关将入，慧星晨见危南。又当拜时，双鹤集太极东鸱尾鸣唤。

兄子佩之，轻薄好利，高祖以其姻戚，累加宠任，为丹阳尹，吴郡太守。景平初，以羡之秉权，颇豫政事。与王韶之、程道惠、中书舍人刑安泰、潘盛相结党与。时谢晦久病，连灸，不堪见客。佩之等疑其托疾有异图，与韶之、道惠同载诣傅亮，称羡之意，欲令亮作诏诛之。亮答以为，己等三人，"同受顾命，岂可相残戮。若诸君果行此事，便当角巾步出掖门耳。"佩之等乃止。羡之既诛，太祖特宥佩之，免官而已。其年冬，佩之又结殿中监茅亨谋反，并告前宁州刺史应袭，以亨为兖州，袭为豫州。亨密以闻，袭亦告司徒王弘。佩之聚党百余人，杀牛犒赐，条牒时人，并相署置，期明年正会，于殿中作乱。未及数日，收斩之。

傅亮字季友，北地灵州人也。祖咸，司隶校尉。父瑗，以学业知名，位至安成太守。瑗与郗超善，超尝造瑗，瑗见其二子迪及亮。亮年四五岁，超令人解亮衣，使左右持去，初无吝色。超谓瑗曰："卿小儿才名位宦，当远逾于兄。然保家传胙，终在大者。"迪字长猷，亦儒学，官至五兵尚书。永初二年卒，追赠太常。

亮博涉经史，尤善文词。初为建威参军，桓谦中军行参军。桓玄篡位，闻其博学有文采，选为秘书郎，欲令整正秘阁。未及拜，而玄败。义旗初，丹杨尹孟昶以为建威参军。义熙元年，除员外散骑侍郎，直西省，典掌诏命。转领军长史，以中书郎滕演代之。亮未拜，遭母忧。服阕，为刘毅抚军记室参军，又补领军司马。七年，迁散骑侍郎，复代演直西省。仍转中书、黄门侍郎，直西省如故。高祖以其久直勤劳，欲以为东阳郡，先以语迪，迪大喜告亮。亮不答，即驰见高祖曰："伏闻恩旨，赐拟东阳，家贫忝禄，私计为幸。但凭荫之愿，实结本心，乞归天宇，不乐外出。"高祖笑曰："谓卿之须禄耳，若能如此，甚协所望。"会西讨司马休之，以为太尉从事中郎，掌记室。以太尉参军羊徽为中书郎，代直西省。

亮从征关、络，还至彭城。宋国初建，令书除侍中，领世子中庶子。徙中书令，领中庶子如故。从还寿阳，高祖有受禅意，而难于发言，乃集朝臣宴饮，从容言曰："桓玄暴篡，鼎命已移，我首唱太义，复兴皇室，南征北伐，平定四海，功成业著，遂荷九锡。今年将衰暮，崇极如此，物戒盛满，非可久安。今欲奉还爵位，归老京师。"群臣唯盛称功德，莫晓此意。日晚坐散，亮还外，乃悟旨，而宫门已闭，亮于是叩扉请见，高祖即开门见之。亮入便曰："臣暂宜还都。"高祖达解此意，无复他言，直云："须几人自送？"亮曰："须数十人便足。"于是即便奉辞。亮既出，已夜，见长星竟天。亮拊髀曰："我常不信天文，今始验矣。"至都，即征高祖入辅。

永初元年，迁太子詹事，中书令如故。以佐命功，封建城县公，食邑二千户。入直中书省，专典诏命。以亮任总国权，听于省见客。神虎门外，每旦车常数百两。高祖登庸之始，文笔皆是记室参军滕演，北征广固，悉委长史王诞。自此后至于受命，表策文诰，皆亮辞也。演字彦将，南阳西鄂人，官至黄门郎，秘书监。义熙八年卒。二年，亮转尚书仆射，中书令、詹事如故。明年，高祖不意，与徐羡之、谢晦并受顾命，给班剑二十人。

少帝即位，进为中书监、尚书令。景平二年，领护军将军。少帝废，亮率行台至江陵，奉迎太祖。既至，立行门于江陵城南，题曰"大司马门"，率行台百僚诣门拜表，威仪礼容甚盛。太祖将下，引见亮，哭恸甚，哀动左右。即而问义真及少帝薨废本末，悲号呜咽，侍侧者莫能仰视。亮流汗沾背，不能答。于是布腹心于到彦之、王华等，深自结纳。太祖登阼，加散骑常侍、左光禄大夫、开府仪同三司，本官悉如故。司空府文武即为左光禄府。又进爵始兴郡公,食邑四千户。固让进封。

元嘉三年,太祖欲诛亮,先呼入见,省内密有报之者,亮辞以嫂病笃,求暂还家。遣信报徐羡之,因乘车出郭门,骑马奔□迪墓。屯骑校尉郭泓收付廷尉,伏诛。时年五十三。初至广莫门,上遣中书舍人以诏书示亮,并谓曰:“以公江陵之诚,当使诸子无恙。”

初,亮见世路屯险,著论名曰《演慎》,曰:

大道有言,慎终如始,则无败事矣。《易》曰:“括囊无咎。”慎不害也。又曰:“藉之用茅,何咎之有。”慎之至也。文王小心,《大雅》咏其多福;仲由好勇,冯河贻其苦箴。《虞书》著慎身之誉,周庙铭陛坐之侧。因斯以谈,所以保身全德,其莫尚于慎乎。

夫四道好谦,三材忌满,祥萃虚室,鬼瞰高屋。丰屋有蔀家之灾,鼎食无百年之贵,然而徇欲厚生者,忽而不戒;知进忘退者,曾莫之惩。前车已摧,后銮不息,乘危以庶安,行险而徼幸。于是有颠坠覆亡之祸,残生夭命之衅。其故何哉?流弱忘反,而以身轻于物也。

故昔之君子,同名爵于香饵,故倾危不及;思忧患而豫防,则针石无用。洪流壅于涓涓,合拱挫于纤蘖,介焉是式,色斯而举,悟高鸟以风逝,鉴醴酒而投绂。夫岂敝著而后谋通,患结而后思复云尔而已哉!故《诗》曰:“慎尔侯度,用戒不虞。”言防萌也。

夫单以营内丧表,张以治外失中,齐、秦有守一之败,偏恃无兼济之功,冰炭涤于胸心,岩墙绝于四体。夫然,故形神偕全,表里宁一,营魄内澄,百骸外固,邪气不能袭,忧患不能及,然可以语至而言极矣。

夫以嵇子之抗心希古,绝羁独放,五难之根既拔,立生之道无累,人患殆乎尽矣。徒以忽防于钟、吕,肆言于禹、汤,祸机发于豪端,逸翩铩于垂举。观夫贻书良友,则匹厚味于甘鸩,

□□□□□□□□□其惧患也，若无辔而乘奔，其慎祸也，犹履冰而临谷。或振褐高栖，揭竿独往，或保约违丰，安于卑位。故漆园外楚，忌在龟牺；商洛遐遁，畏此驷马。平仲辞邑，殷鉴于崔、庆，张临挹满，灼戒乎桑、霍。若君子览兹二涂，则贤鄙之分既明，全丧之实又显。非知之难，慎之惟艰，慎也者，言行之枢管乎。

夫据图挥刃，愚夫弗为，临渊登峭，莫不惴栗。何则？害交故虑笃，患切而惧深。故《诗》曰："不敢暴虎，不敢冯河。"慎微之谓也。故庖子涉族，怵然为戒，差之一毫，弊犹如此。况乎触害犯机，自投死地。祸福之具，内充外斥，陵九折于邛僰，泛冲波于吕梁，倾侧成于俄顷，性命哀而莫救。呜呼！呜呼！故语有之曰："诚能慎之，福之根也；曰是何伤，祸之门尔。"言慎而已矣。

亮布衣儒生，侥幸际会，既居宰辅，兼总重权。少帝失德，内怀忧惧，作《感物赋》以寄意焉。其辞曰：

余以暮秋之月，述职内禁，夜清务隙，游目艺苑。于时风霜初戒，蛰类尚繁，飞蛾翔羽，翩翾满室，赴轩幌，集明烛者，必以燋灭为度。虽则微物，矜怀者久之。退感庄生异鹊之事，与彼同迷而忘反鉴之道，此先师所以鄙智，及齐客所以难日论也。怅然有怀，感物兴思，遂赋之云尔。

在西成之暮晷，肃皇命于禁中。聆蜻蛚于前庑，鉴朗月于房栊。风萧瑟以陵幌，霜皑皑而被墉。怜鸣蜩之应节，惜落景之怀东。嗟劳人之萃感，何夕永而虑充。眇今古以遐念，若循环之无终。咏倚相之遗短，希董生之方融。钻光灯而散帙，温圣哲之遗踪。坟素杳以难暨，九流纷其异封。领三百于无邪，贯五千于有宗。考旧闻于前史，访心迹于污隆。岂夷阻之在运，将全丧之由躬。游翰林之彪炳，嘉美手于良工。辞存丽而去秽，旨既雅而能通。虽源流之深浩，且扬榷而发蒙。

习习飞蚋，飘飘纤蝇，缘幌求隙，望焰思陵。糜兰膏而无悔，赴朗烛而未惩。瞻前轨之既覆，忘改辙于后乘。匪微物之足悼，怅永念而捬膺。彼人道之为贵，参二仪而比灵。禀清旷以授气，修缘督而为经。照安危于心术，镜纤兆于未形。有徇末而舍本，或耽欲而忘生。碎随侯于微爵，捐所重而要轻。矧昆虫之所昧，在智士其犹婴。悟雕陵于庄氏，几鉴浊而迷清。仰前修之懿轨，知吾迹之未并。虽宋元之外占，曷在予之克明。岂知反之徒尔，喟投翰以增情。

初，奉迎大驾，道路赋诗三首，其一篇有悔惧之辞，曰："夙棹发皇邑，有人祖我舟。饯离不以币，赠言重琳球。知止道攸贵，怀禄义所尤。四牡倦长路，君辔可以收。张邴结晨轨，疏董顿夕辀。东隅诚已谢，西景逝不留。性命安可图，怀此作前修。敷衽铭笃诲，引带佩嘉谋。迷宠非予志，厚德良未酬。抚躬愧疲朽，三省惭爵浮。重明照蓬艾，万品同率由。忠诰岂假知，式微发直讴。"亮自知倾覆，求退无由，又作辛有、穆生、董仲道赞，称其见微之美。

长子演，秘书郎，先亮卒。演弟悝、湛逃亡。湛弟都，徙建安郡。世祖孝建之中，并还京师。

檀道济，高平金乡人，左将军韶少弟也。少孤，居丧备礼。奉姊事兄，以和谨致称。

高祖创义，道济从入京城，参高祖建武军事，转征西。讨平鲁山，禽桓振，除辅国参军、南阳太守。以建义勋，封吴兴县五等侯。卢循寇逆，群盗互起，郭寄生等聚作唐，以道济为扬武将军、天门太守讨平之。又从刘道规讨桓谦、荀林等，率厉文武，身先士卒，所向摧破。及徐道覆来逼，道规亲出拒战，道济战功居多。迁安远护军、武陵内史。复为太尉参军，拜中书侍郎，转宁朔将军、参太尉军事。以前后功，封作唐县男，食邑四百户。补太尉主簿，谘议参军。豫章公世子为征虏将军，镇京口，道济为司马、临淮太守，又为世子西中郎司马、梁国内史，复为世子征虏将军司马，加冠军将军。

义熙十二年，高祖北伐，道济为前锋，出淮、肥，所至诸城戍望风降服。进克许昌，获伪宁朔将军、颍川太守姚坦及大将杨业。至成皋，伪兖州刺史韦华降。迳进洛阳，伪平南将军陈留公姚沉归顺。凡拔城破垒，俘四千余人。议者谓应悉戮以为京观，道济曰："伐罪吊民，正在今日。"皆释而遣之。于是戎夷感悦，相率归之者甚众。进据潼关，与诸军共破姚绍。长安既平，以为征虏将军、琅邪内史。世子当镇江陵，复以道济为西中郎司马、持节、南蛮校尉。又加征虏将军。迁宋国侍中，领世子中庶子、兖州大中正。

高祖受命，转护军，加散骑常侍，领石头戍事，听直入殿省。以佐命功，改封永修县公，食邑二千户。徙为丹阳尹，护军如故。高祖不豫，给班剑二十人。

出监南徐兖之江北淮南诸郡军事、镇比将军、南兖州刺史。景平元年，虏围青州刺史竺夔于东阳城，夔告急。加道济使持节、监征讨诸军事，与王仲德救东阳。未及至，虏烧营、焚攻具遁走。将追之，城内无食，乃开窖取久谷，窖深数丈，出谷作米，已经再宿，虏去已远，不复可追，乃止。还镇广陵。

徐羡之将废庐陵王义真，以告道济，道济意不同，屡陈不可，不见纳。羡之等谋欲废立，讽道济入朝，既至，以谋告之。将废之夜，道济入领军府就谢晦宿。晦其夕竦动不得眠，道济就寝便熟，晦以此服之。太祖未至，道济入守朝堂。上即位，进号征北将军，加散骑常侍，给鼓吹一部，进封武陵郡公，食邑四千户。固辞进封。又增督青州、徐州之淮阳、下邳、琅邪、东莞五郡诸军事。

及讨谢晦，道济率军继到彦之。彦之战败，退保隐圻，会道济至。晦本谓道济与羡之等同诛，忽闻来上，人情凶惧，遂不战自溃。事平，迁都督江州之江夏豫州之西阳新蔡晋熙四郡诸军事、征南大将军、开府仪同三司、江州刺史，持节、常侍如故，增封千户。

元嘉八年，到彦之伐索虏，已平河南，寻复失之，金墉、虎牢并没，虏逼滑台。加道济都督征讨诸军事，率众北讨。军至东平寿张县，值虏安平公乙旃眷。道济率宁朔将军王仲德、骁骑将军段宏奋击，大破之。转战至高梁亭，虏宁南将军、济州刺史寿昌公悉颊库结前后邀战，道济分遣段宏及台队主沈虔之等奇兵击之，即斩悉颊库结。道济进至济上，连战二十余日，前后数十交，虏众盛，遂陷滑台。道济于历城全军而反。进位司空，持节、常侍、都督、刺史并如故。还镇寻阳。

道济立功前朝，威名甚重，左右腹心，并经百战，诸子又有才气，朝廷疑畏之。太祖寝疾累年，屡经危殆，彭城王义康虑宫车晏驾，道济不可复制。十二年，上疾笃，会索虏为边寇，召道济入朝。既至，上间。十三年春，将遣道济还镇，已下船矣，会上疾动，召入祖道，收付廷尉。诏曰："檀道济阶缘时幸，荷恩在昔，宠灵优渥，莫与为比。曾不感佩殊遇，思答万分，乃空怀疑贰，履霜日久。元嘉以来，猜阻滋结，不义不昵之心，附下罔上之事，固已暴之民听，彰于遐迩。谢灵运志凶辞丑，不臣显著，纳受邪说，每相容隐。又潜散金货，招诱剽猾，逋逃必至，实繁弥广，日夜伺隙，希冀非望。镇军将军仲德往年入朝，屡陈此迹。朕以其位居台铉，豫班河岳，弥缝容养，庶或能革。而长恶不悛，凶慝遂遘，因朕寝疾，规肆祸心。前南蛮行参军庞延祖具悉奸状，密以启闻。夫君亲无将，刑兹罔赦。况罪衅深重，若斯之甚。便可收付廷尉，肃正刑书。事止元恶，余无所问。"于是收道济及其子给事黄门侍郎植、司徒从事中郎粲、太子舍人隰、征北主簿承伯、秘书郎遵等八人，并于廷尉伏诛。又收司空参军薛彤，付建康伏法。又遣尚书库部郎顾仲文、建武将军茅亨至寻阳，收道济子夷、邕、演及司空参军高进之诛之。薛彤、进之并道济腹心，有勇力，时以比张飞、关羽。初，道济见收，脱帻投地曰："乃复坏汝万里之长城！"邕子孺乃被宥，世祖世，为奉朝请。

史臣曰：夫弹冠出里，结组登朝，道申于夷路，运艰于险辙，是以古人裴回于出处，交战乎临岐。若其任重于身，恩结自主，虽复据鼎承剑，悠然不以存殁为怀。当二公受言西殿，跪承顾托，若使死而可再，固以赴蹈为期也。及逢权定之机，当震主之地，甫欲攘抑后祸，御蔽身灾，使桐宫有卒迫之痛，淮王非中雾之疾。若以社稷为存亡，则义异于此。但彭城无燕剌之衅，而有楚英之戮。若使一昆延历，亦未知定终所在也。谢晦言不以贼遗君父，岂徒言哉！

宋书卷四四
列传第四

谢晦

谢晦字宣明，陈郡阳夏人也。祖朗，东阳太守。父重，会稽王道子骠骑长史。兄绚，高祖镇军长史，蚤卒。

晦初为孟昶建威府中兵参军。昶死，高祖问刘穆之："孟昶参佐谁堪入我府？"穆之举晦，即命为太尉参军。高祖尝讯囚，其旦刑狱参军有疾，札晦代之，于车中一鉴讯牒，催促便下。相府多事，狱系殷积，晦随问酬辩，曾无违谬。高祖奇之，即日署刑狱贼曹，转豫州治中从事。义熙八年，土断侨流郡县，使晦分判扬、豫民户，以平允见称。入为太尉主簿，从征司马休之。时徐逵之战败见杀，高祖怒，将自被甲登岸，诸将谏，不从，怒愈甚。晦前抱持高祖，高祖曰："我斩卿！"晦曰："天下可无晦，不可无公，晦死何有！"会胡蕃已得登岸，贼退走，乃止。

晦美风姿，善言笑，眉目分明，鬓发如点漆。涉猎文义，朗赡多通。高祖深加爱赏，群僚莫及。从征关、洛，内外要任悉委之。刘穆之遣使陈事，晦往往措异同，穆之怒曰："公复有还时不？"高祖欲以为从事中郎，以访穆之，坚执不与。终穆之世不迁。穆之丧问至，高祖哭之甚恸。晦时正直，喜甚，自入阁内参审穆之死问。其日教出，转晦从事中郎。

宋台初建，为右卫将军，寻加侍中。高祖受命，于石头登坛，备法驾入宫。晦领游军为警备，迁中领军，侍中如故。以佐命功，封武昌县公，食邑二千户。二年，坐行玺封镇西司马、南郡太守王华大封，而误封北海太守球，版免晦侍中。寻转领军将军、散骑常侍，依晋中军羊祜故事，入直殿省，总统宿卫。三月，高祖不豫，给班剑二十人，与徐羡之、傅亮、檀道济并侍医药。少帝即位，加领中书令，与羡之、亮共辅朝政。少帝既废，司空徐羡之录诏命，以晦行都督荆湘雍益宁南北秦七州诸军事、抚军将军、领诸南蛮校尉、荆州刺史，欲令居外为援，虑太祖至或别用人，故遽有此授。精兵旧将，悉以配之，器仗军资甚盛。太祖即位，加使持节，依本位除授。晦虑不得去，甚忧遑，及发新亭，顾望石头城，喜曰："今得脱矣。"寻进号卫将军，加散骑常侍，进封建平郡公，食邑四千户。固让进封。又给鼓吹一部。

初为荆州，甚有自矜之色。将之镇，诣从叔光禄大夫澹别。澹问晦年，晦答曰："三十三。"澹笑曰："昔荀中郎年二十七为北府都督，卿比之，已为老矣。"晦有愧色。至江陵，深结侍中王华，冀以免祸。二女当配彭城王义康、新野侯义宾，元嘉二年，遣妻曹及长子世休送女还京邑。先是景平中，索虏为寇，覆没河南。至是，上欲诛羡之等，并讨晦，声言北伐，又言拜景陵，治装舟舰。傅亮与晦书曰："薄伐河朔，事犹未已，朝野之虑，忧惧者多。"又言："朝士多谏北征，上当遣外监万幼宗往相谘访。"时朝廷处分异常，其谋颇泄。三年正月，晦弟黄门侍郎曒驰使告晦，晦犹谓不然，呼谘议参军何承天，示以亮书，曰："计幼宗一二日必至，傅公虑我好事，故先遣此书。"承天曰："外间所闻，咸谓西讨已定，幼宗岂有上理。"晦尚谓虚妄，使承天豫立答诏启草，伐虏宜须明年。江夏内史程道惠得寻阳人书，言："朝廷将有大处分，其事已审。"使其辅国府中兵参军乐冏封以示晦。晦又谓承天曰："幼宗尚未至，若复二三日无消息，便是不复来邪？"承天答曰："诏使本无来理，如程所说，其事已判，岂容复疑。"

晦欲焚南蛮兵籍，率见力决战。士人多劝发兵，乃立幡戒严，谓司马庾登之曰："今当自下，欲屈卿以三千人守城，备御刘粹。"登之曰："下官亲老在都，又素无旅，情计二三，不敢受此旨。"晦仍问诸佐："战士三千，足守城不？"南蛮司马周超对曰："非徒守城而已，若有外寇，可以立勋。"登之乃曰："超必能办，下官请解司马、南郡以授。"即于坐命超为司马、建威将军、南义阳太守，转登之为长史，南郡如故。

太祖诛羡之等及晦子新除秘书郎世休，收嚼、嚼子世平、兄子著作佐郎绍等。乐冏又遣使告晦："徐、傅二公及嚼等并已诛。"晦先举羡之、亮哀，次发子弟凶问。既而自出射堂，配衣军旅。数从高祖征讨，备睹经略，至是指麾处分，莫不曲尽其宜。二三日中，四远投集，得精兵三万人。乃奉表曰：

臣阶缘幸会，蒙武皇帝殊常之眷，外闻政事，内谋帷幄，经纶夷险，毗赞王业，预佐命之勋，膺河山之赏。及先帝不豫，导扬末命，臣与故司徒臣羡之、左光禄大夫臣亮、征北将军臣道济等，并升御床，跪受遗诏，载贻话言，托以后事。臣虽凡浅，感恩自厉，送往事居，诚贯幽显。逮营阳失德，自绝宗庙，朝野岌岌，忧及祸难，忠谋协契，徇国忘己，援登圣朝，惟新皇祚。陛下驰传乘流，曾不惟疑，临朝殷懃，增崇封爵。此则臣等赤心，已亮于天鉴，远近万邦，咸达于圣旨。若臣等志欲专权，不顾国典，便当协翼幼主，孤背天日，岂复虚馆七旬，仰望鸾旗者哉？故庐陵王于营阳之世，屡被猜嫌，积怨犯上，自贻非命。天祚明德，属当昌运，不有所废，将何以兴？成人之美，《春秋》之高义，立帝清馆，臣节之所司。耿弇不以贼遗君父，臣亦何负于宋室邪？况衅结阋墙，祸成畏逼，天下耳目，岂伊可诬！

臣忝居蕃任，乃诚匪懈，为政小大必先启闻。纠剔群蛮，清夷境内，分留弟侄，并侍殿省。陛下聿遵先志，申以婚姻，童稚之目，猥荷齿召，荐女迁子，合门相送。事君之道，义尽于斯。臣羡之总录百揆，翼亮三世，年耆乞退，屡抗表疏，优旨绸缪，未垂顺许。臣亮管司喉舌，恪虔夙夜，恭谨一心，守死善道。此皆皇宋之宗臣，社稷之镇卫，而谗人倾覆，妄生国衅，天威震怒，加以极刑，并及臣门，同被孥戮。虽未知臣道济问，推理即事，不容独存。先帝顾托元臣翼命之佐，剿于佞邪之手，忠贞匪躬之辅，不免夷灭之诛。陛下春秋方富，始览万机，民之情伪，未能鉴悉。王弘兄弟，轻躁昧进，王华猜忌忍害，规算威权，先除执政，以逞其欲。天下之人，知与不知，孰不为之痛心愤怨者哉！

臣等见任先帝垂二十载，小心谨慎，无纤介之愆，伏事甫尔，而婴若斯之罪。若非先帝谬于知人，则为陛下未察愚款。臣去岁末使反，得朝士及殿省诸将书，并言嫌隙已成，必有今日之事。臣推诚仰期，罔有二心，不图奸回潜遘，理顺难恃，忠贤陨朝，愚臣见袭。到彦之、萧欣等在近路。昔白公称乱，诸梁婴胄，恶人在朝，赵鞅入伐。臣义均休戚，任居分陕，岂可颠而不扶，以负先帝遗旨。辄率将士，缮治舟甲，须其自送，投袂扑讨。若天祚大宋，卜世灵长，义师克振，中流清荡，便当浮舟东下，戮此三竖，申理冤耻，谢罪阙庭，虽伏锧赴镬，无恨于心。伏愿陛下远寻永初托付之旨，近存元嘉奉戴之诚，则微臣丹款，犹有可察。临表哽慨，言不自尽。

太祖时已戒严，诸军相次进路。尚书符荆州曰：

祸福无门，逆顺有数，天道微于影响，人事鉴于前图，未有蹈义而福不延，从恶而祸不至也。故智计之士，审败以立功，守正之臣，临难以全节。徐羡之、傅亮、谢晦，安忍鸩杀，获罪于天，名教所极，政刑所取，已远暴四海，宣于圣诏。羡之父子、亮及晦息，电断之初，并即大宪。复王室之仇，摅义夫之愤，国典澄明，人神感悦。三姓同罪，既擒其二，晦之室属，缧仆狱户，苟幽明所怨，孤根易拔，以顺讨逆，虽厚必崩。然归死难图，兽困则噬，是以爰整其旅，用为过防。京师之众，天下云集，士练兵精，大号响震。

使持节、中领军佷山县开国侯到彦之，率羽林选士果劲二万，云旂首路，组甲曜川。使持节、散骑常侍、都督南徐兖之江北淮南青州徐州之淮阳下邳琅邪东莞七郡诸军事、征北将军、南兖州刺史永修县开国公檀道济，统劲锐武卒三万，戈船蔽江，星言继发，千帆俱举，万棹遄征。散骑常侍、骁骑将军段宏，铁马二千，风驱电击，步自竟陵，直至鄢郢。又命征虏将军、雍州刺史刘粹控河阴之师，冲其巢窟。湘州刺史张劭提湘川之众，直据要害。巴、蜀杜荆门之险，秦、梁绝丹圻之径，云网四合，走伏路尽。然后銮舆效驾，六军鹏翔，警跸前临，五牛整旆。虽以英布之气，彭宠之资，登陴无名，授兵谁御？加以西土之人，咸沐皇泽，东吴将士，怀本首丘，必不自陷罪人之党，横为乱亡之役。置军则鱼溃，婴城则鸟散，其势然矣。

圣上殷勤哀愍，其罪由晦，士民何辜。是用一分前麾，宣示朝旨。符到，其即共收擒晦身，轻舟护送。若已猖蹶，先事阻卫，宜翻然背乱，相率归朝。顷大刑所加，洪恩旷洽，傅亮三息，特蒙全宥，晦同产以下，羡之诸侄，咸无所染。况彼府州文武，并列王职，荷国荣任，身虽在外，乃心辰极。夫转祸贵速，后机则凶，遂使王师临郊，雷电皆至，噬脐之恨，亦将何及。

时益州刺史萧摹之、巴西太守刘道产被征还，始至江陵，晦并系絷，没其财货，以充军资。竟陵内史殷道鸾未之郡，以为谘议参军。以弟遁为冠军、竟陵内史，总留任，兄子世猷为建威将军、南平太守。刘粹若至，周超能破之者，即以为龙骧将军、雍州刺史。晦率二万发自江陵，舟舰列自江津至于破冢，旍旆相照，蔽夺日光。晦乃叹曰："恨不得以此为勤王之师！"自领湘州刺史，以张劭为辅国将军，劭不受命。

晦檄京邑曰：

王室多故，祸难荐臻。营阳失德，自绝宗庙。庐陵王构阋有本，屡被猜嫌，且居丧失礼，遏迩所具，积怨犯上，自贻非道。群后释位，爰登圣明，乱之未乂，职有所系。按车骑大将军王弘、侍中王昙首，谬蒙时私，叨窃权要。弘于永初之始，实荷不世之恩，元嘉之让，自谓任遇浮浅，进诬先皇委诚之寄，退长嫌隙异同之端。昙首往因使下，访以今上起居，不能光扬令德，彰于朝听，其言多诬，故不具说。王华贼亡之余，赏擢之次，先帝常见访逮，庶有一分可取，而华禀性凶猜，多所忍害，曩者纵人入城，托疾辞事，此都士庶，咸所闻知。以其所启及上手答示宗叔献，又令宣告徐、傅二公。及周纠使下，又令见咨，云："欲自揽政事，求离任还都，并令昙首具述此意。"又惠观道人说，外人告华及到彦之谋反，不谓无之。城内东将，数日之内，操戈相待。华说数为秋当所谮，常不自安。凡此诸事，岂有忠诚冥契若此者邪。自以父亡道侧，情事异人，外绝酒醴，而宵饮是恣。靦貌□□□□□□□凡厥士庶，谁不侧目。又常叹宰相顿有数人，是何愦愦，规总威权，不顾国典。保祐皇家者，罹屠戮之诛，效勤社稷者，致歼夷之祸。搢绅之徒，孰不慷慨。遂矫违诏旨，遣到彦之、萧欣之轻舟见袭。即日监利左尉露檄众军已至扬子。

虽以不武，忝荷蕃任，国家艰难，悲愤兼集。若使小人得志，君子道消，凡百有殄瘁之哀，苍生深横流之惧。辄纠勒义徒，缮治舟甲，舳舻亘川，驷介蔽野，武夫鸷勇，人百其诚。今遣南蛮司马、宁远将军庾登之统参军事、建武将军建平太守安泰，宣威将军昭弘宗，参军事、宣威将军王绍之等，精锐一万，前锋致讨。南蛮参军、振武将军魏像统参军事、宣威将军陈珍虎旅二千，参军事、建威将军、新兴太守贺愔甲卒三千，相系取道。南蛮参军、振威将军郭卓铁骑二千，水步齐举。大军三万，骆驿电迈。行冠军将军、竟陵内史、河东太守谢遁，建威将军、南平太守谢世猷，骁勇一万，留守江陵。分命参军、长宁太守窦应期步骑五千，直出义阳。司马、建威将军、行南义阳太守周超之统军司马、振武将军胡崇之精悍一万，北出高阳，长兼行参军、宁远将军朱澹之步骑五千，西出雁塞，同讨刘粹，并趋襄阳。奇兵尚速，指景齐奋。诸贤并同国恩，情兼义烈，今诚志士忘身之日，义夫著绩之秋，见机而动，望风而不待勖。

晦至江口，到彦之已至彭城洲。庾登之据巴陵，畏懦不敢进。会霖雨连日，参军刘和之曰：“彼此共有雨耳，檀征北寻至，东军方强，唯宜速战。”登之恇怯，使小将陈祐作大囊，贮茅数千斛，县于𩙺樯，云可以焚舰，用火宜须晴，以缓战期。晦然之，遂停军十五日，乃攻萧欣于彭城洲。中兵参军孔延秀率三千人进战，甚力，欣于陈后拥楯自卫，又委军还船，于是大败。延秀又攻洲口栅陷之，彦之退保隐圻。

晦又上表曰：

臣闻凶邪败国，先代成患，谗竖乱朝，异世齐祸。故赵高矫逼，秦氏用倾，董卓阶乱，汉胙伊覆。虽哲王宰世，大明照临，未能使其渐弗兴，兹害不作。奸臣王弘等窃弄威权，兴造祸乱，遂与弟华内外影响，同恶相成，忌害忠贤，图希非望。故司徒臣羡之、左光禄大夫臣亮横被酷害，并及臣门。虽未知征北将军臣道济存亡，不容独免。遂遣萧欣、到彦之等轻舟见袭，奸伪之甚，一至于斯。羡之及亮，或宿德元臣，姻娅皇极，或任总文武，位班三事，道济职惟上将，捍城是司，皆受遇先朝，栋梁一代。臣昔因时幸，过蒙先眷，内闻政事，外经戎旅，与羡之、亮等同被齿盼。即经启王基，协济大业，爰自权舆，暨于揖让，诚积虽微，仍见纪录，并蒙丹书之誓，各受山河之赏，欲使与宋升降，传之无穷。及圣体不预，穆卜无吉，召臣等四人，同升御床，顾命领遗，委以家国。仰奉成旨，俯竭股肱，忠贞不效，期之以死。但营阳勃德，日绝于天，社稷之危，忧在托付，不有所废，将焉以兴。乃远稽殷、汉，用升圣德。陛下顺流乘传，不听张武之疑，入邸龙飞，非俟宋昌之议，斯乃主臣相信，天人合契，九五当阳，化形四海。羡之及亮，内赞皇猷，臣与道济，分翰于外，普天之下，孰曰不宜。遂蒙宠授，来镇此方，分留弟侄，以侍台省。到任以来，首尾三载，虽形在远外，习系本朝，事无大小，动皆咨启，八州之政，罔一专辄，尊上之心，足贯幽显。陛下远述先旨，申以婚姻，大息世休，复蒙引召，是以去年送女遣儿，阖家俱下，血诚如此，未知所愧。而凶狡无端，妄生衅祸，羡之内诛，臣受外伐，顾省诸怀，不识何罪？天听遐邈，陈诉靡由。弘等既蒙宠任，得侍左右，自谓势擅狐鼠，理隔熏掘。又以陛下富于春秋，始览政事，欲冯陵恩幸，窥望国权，亲从磐跱，规自封殖。不除臣等，罔得专权，所以交结谗慝，成是乱阶。又惟弘等所构，当以营阳为言，庐陵为罪。又以臣等位高功同，内外胶固，陛下信其厚貌，忘厥左道，三至下机，能为暂惑。

伏自寻省，废昏立明，事非为己。庐陵之事，不由傍人，内积萧墙之衅，外行叔段之罚，既制之有主，臣何预焉。然庐陵为性轻险，悌顺不足，武皇临崩，亦有口诏，比虽发自营阳，实非国祸。至于羡之、亮等，周旋同体，心腹内外，政欲戮力皇家，尽忠报王。若令臣等颇欲执权，不专为国，初废营阳，陛下在远，武皇之子，尚有童幼，拥以号令，谁敢非之。而溯流三千，虚馆三月，奉迎銮驾，以遵下武，血心若斯，易为可鉴。且臣等奉事先朝，十有七年，并居显要，世称恭谨，不图一旦致兹衅罚。夫周公大贤，尚有流言之谤，伯奇至孝，不免谮诉之祸。慈父非无情于仁子，明君岂有志于贞臣。奸邁所移，势回山岳，况乃精诚微浅，而望求信者哉！《诗》不云乎："谗人罔极，交乱四国。恺悌君子，无信谗言。"陛下躬览篇籍，研核是非，衅兆之萌，宜应深察。臣窃惧王室小有皇甫之患，大有阎乐之祸，夙夜殷忧，若无首领。夫周道浸微，桓文称伐，君侧乱国，赵鞅入诛。况今凶祸滔天，辰极危逼，台辅拏戮，岳牧倾陷。臣才非绛侯，安汉是职，人愧博陆，厕奉遗旨。国难既深，家痛亦窃。辄简徒缮甲，军次巴陵，萧欣窘慑，望风奔进。臣诚短劣，在国忘身，仰凭社稷之灵，俯厉义勇之气，将长驱电扫，直入石头，枭翦元凶，诛夷首恶，吊二公之冤魂，写私门之祸痛。然后分归司寇，甘赴鼎镬，虽死之日，犹生之年。

伏惟陛下德合乾元，道侔玄极，鉴凶祸之无端，察贞亮之有本，回日月之照，发霜电之威，枭四凶于庙廷，悬三监于绛阙，申二台之匪辜，明两蕃之无罪，上谢祖宗，下告百姓，遣一乘之使，赐咫尺之书，臣便勒众旋旗，还保所任。须次近路，寻复表闻。

初，晦与徐羡之、傅亮谋为自全之计，晦据上流，而檀道济镇广陵，各有强兵，以制持朝廷；羡之、亮于中秉权，可得持久。及太祖将行诛，王华之徒咸云："道济不可信。"太祖曰："道济止于胁从，本非事主。杀害之事，又所不关。吾召而问之，必异。"于是诏道济入朝，授之以众，委之西讨。晦闻羡之等死，谓道济必不独全，及闻率众来上，惶惧无计。

道济既至，与彦之军合，牵盘缘岸，晦始见舰数不多，轻之，不即出战。至晚，因风帆上，前后连咽，西人离阻，无复斗心。台军至忌置洲尾，列舰过江，晦大军一时溃散。晦夜出，投巴陵，得小船还江陵。初，雍州刺史刘粹遣弟竟陵太守道济与台军主沈敞之袭江陵，至沙桥，周超率万余人与战，大破之。俄而晦败问至。晦至江陵，无它处分，唯愧谢周超而已。超其夜舍军单舸诣到彦之降。众散略尽，乃攉其弟遁、兄子世基等七骑北走。遁肥壮不能骑马，晦每待之，行不得速。至安陆延头，为戍主光顺之所执。顺之，晦故吏也。槛送京师，于路作《悲人道》，其词曰：

悲人道兮，悲人道之实难，哀人道之多险，伤人道之寡安。懿华宗之冠胄，固清流而远源。树文德于庭户，立操学于衡门。应积善之余祐，当履福之所延。何小子之凶放，实招祸而作愆。

值革变之大运，遭一顾于圣皇。参谋猷于创物，赞帝制于宏纲。出治戎于禁卫，入关言于帷房。分河山之圭组，继文武之龟章。禀顾命于西殿，受遗寄于御床。伊懦劣其无节，实怀此而不忘。荷隆遇于先主，欲报之于后王。忧托付之无效，惧愧言于存亡。谓继体其嗣业，能增辉于前光。居遏密之未几，越礼度而湎荒。普天壤而殒气，必社稷之沦丧。矧吾侪之体国，实启处而匪遑。藉亿兆之一志，固昏极而明彰。谅主尊而民晏，信卜祚之无疆。国既危而重构，家已衰而载昌。获扶颠而休否，冀世道之方康。

朝褒功以疏爵，祗命服于西蕃。奏箫管之嘈囋，拥朱旄之赫煌。临八方以作镇，响文武之桓桓。厉薄弱以为政，实忘食于日旰。岂申甫之敢慕，庶惟宋之屏翰。甫逾历其三稔，实周回其未再。岂有虑于内□□□□其云裁。痛夹辅之二宰，并加辟而靡贷。哀弱息之从祸，悲发中而心痗。

伊荆汉之良彦，逮文武之子民。见忠贞而弗亮，睹理屈而莫申。皆义概而同愤，咸荷戈而竞臻。浮舳舻之弈弈，陈车骑之辚辚。观人和与师整，谓兹兵其谁陈。庶亡魂之雪怨，反泾渭于彝伦。齐轻舟于江曲，殄锐敌其皆湮。勒陆徒于白水，寇无反于只轮。气有捷而益壮，威既肃而弥振。嗟时哉之不与，迮风雨以逾旬。我谋战而不克，彼继奔其蹑尘。乏智勇之奇正，忽孟明而是遵。苟成败其有数，岂怨天而尤人。恨矢石之未竭，遂摧师而覆陈。诚得丧之所遭，固当之其无吝。痛同怀之弱子，横遭罹之殃衅。智未穷而事倾，力未极而莫振。誓同尽于锋镝，我怯劣而愆信。悯弟侄之何辜，实吾咎之所婴。谓九夷其可处，思致免以全生。嗟性命之难遂，乃窘绁于边亭。亦何忤于天地，备艰危而是丁。

我闻之于昔诰，功弥高而身蹙。霍芒刺而幸免，卒倾宗而灭族。周叹贵于狱吏，终下蕃而靡鞠。虽明德之大贤，亦不免于残戮。怀今惮而忍人，忘向惠而莫复。续无赏而震主，将何方以自牧。非砃石之圜照，孰违祸以取福。著殷鉴于自古，岂独叹于季叔。能安亲而扬名，谅见称于先哲。保归全而终孝，伤在余而皆缺。辱历世之平素，忽盛蒲而倾灭。惟忝尝与洒埽，痛一朝而永绝。问其谁而为之，实孤人之险戾。罪有逾于丘山，虽百死其何雪。

羁角偃兮衡闾，亲朋交兮平义。虽履尚兮不一，隆分好兮情寄。俱惮耕兮从禄，睹世道兮艰诐。规志局兮功名，每谓之兮为易。今定谥兮阖棺，惭明智兮昔议。虽待尽兮为耻，嗟厚颜兮靡寘。长揖兮数子，谢尔兮明智。百龄兮浮促，终焉兮斟克。卧尽兮斧斤，理命兮同得。世安彼兮非此，岂晓分兮辨惑。御庄生之达言，请承风以为则。

周超既降，到彦之以参府事，刘粹遣参军沈敞之告彦之沙桥之败，事由周超，彦之乃执之。先系嚼等，犹未即戮，于是与晦、遁、兄子世基、世猷及同党庾登之、孔延秀、周超、费愔、窦应期、蒋虔、严千斯等并伏诛。世基，绚之子也，有才气，临死为连句诗曰："伟哉横海鳞，装矣垂天翼。一旦失风水，翻为蝼蚁食。"晦续之曰："功遂侔昔人，保退无智力。既涉太行险，斯路信难陟。"晦死时，年三十七。庾登之、殷道鸾、何承天，并皆原免。

初，河东人商玄石为晦参军，晦为逆，玄石密欲推西人庾田夫及到彦之从弟为主，田夫等不敢许。知玄石独谋不立，遂为晦领幢。事既平，恨本心之不遂，投水死。太祖嘉之，以其子怀福为衡阳王义季右军参军督护。晦走，左右皆弃之，唯有延陵盖追隋不舍。太祖嘉之，后以盖为长沙王义欣镇军功曹督护。

史臣曰：谢晦坐玺封违谬，遂免侍中，斯有以见高祖之识治，宰臣之称职也。夫拿戮所施，事行重衅，左黜或用，义止轻愆。轻愆，物之所轻，重衅，人之所重。故斧钺希行于世，徽简日用于朝，虽贵臣细故，不以作隆弛法，至乎下肃上尊，用此道也。自太祖临务，兹典稍违，网以疏行，法为恩息，妨德害美，抑此之由。降及大明，倾诐愈甚，自非许窃深私，陵犯密讳，则左降之科，不行于权戚。若有身触盛旨，衅非国刑，免书裁至，吊客固望其门矣。由是律无恒条，上多弛行，纲维不举，而网目随之。所以吉人防著在微，慎大由小，盖为此云。

宋书卷四五
列传第五

王镇恶 檀韶 向靖 刘怀慎 刘粹

王镇恶，北海剧人也。祖猛，字景略，苻坚僭号关中，猛为将相，有文武才，北土重之。父休，伪河东太守。

镇恶以五月五日生，家人以俗忌，欲令出继疏宗。猛见奇之，曰："此非常儿，昔孟尝君恶月生而相齐，是儿亦将兴吾门矣。"故名之为镇恶。年十三而苻氏败亡，关中扰乱，流寓崤、渑之间。尝寄食渑池人李方家，方善遇之。谓方曰："若遭遇英雄主，要取万户侯，当厚相报。"方答曰："君丞相孙，人才如此，何患不富贵。至时愿见用为本县令足矣。"后随叔父曜归晋，客居荆州。颇读诸子兵书，论军国大事，骑乘非所长，关弓亦甚弱，而意略纵横，果决能断。

广固之役，或荐镇恶于高祖，时镇恶为天门临澧令，即遣召之，既至与语，甚异焉。因留宿。明旦谓诸佐曰："镇恶，王猛之孙，所谓将门有将也。"即以为青州治中从事史，行参中军、太尉军事，署前部贼曹。拒卢循于查浦，屡战有功，寺博陆县五等子。

高祖谋讨刘毅，镇恶曰："公若有事西楚，请赐给百舸为前驱。"义熙八年，刘毅有疾，求遣从弟兖州刺史藩为副贰，高祖伪许之。九月，大军西讨，转镇恶参军事，加振武将军。高祖至姑熟，遣镇恶率龙骧将军蒯恩百舸前发，其月二十九日也。戒之曰："若贼知吾上，比军至，亦当少日耳。政当岸上作军，未办便下船也。卿至彼，深加筹量，可击便烧其船舰，且浮舸水侧，以待吾至。慰劳百姓，宣扬诏旨并赦文、及吾与卫军府文武书。罪止一人，其余一无所问。若贼都不知消息，未有备防，可袭便袭。今去，但云刘兖州上。”镇恶受命，便昼夜兼行，于鹊洲、寻阳、河口、巴陵守风凡四日，十月二十二日，至豫章口，云江陵城二十里。自镇恶进路，扬声刘兖州上，毅谓为信然，不知见袭。镇恶自豫章口舍船步上。蒯恩军在前，镇恶次之。舸留一二人，对舸岸上竖六七旗，下辄安一鼓。语所留人：“计我将至城，便长严，令后有大军状。”又分队在后，令烧江津船舰。镇恶迳前袭城，语前军：“若有问者，但云刘兖州至。”津戍及百姓皆言刘蕃实上，晏然不疑。

未至城五六里，逢毅要将朱显之，与十许骑，步从者数十，欲出江津。问是何人，答云：“刘兖州至。”显之驰前问蕃在所，答云：“在后。”显之既见军不见蕃，而见军人担彭排战具，望见江津船舰已被烧，烟焰张天，而鼓严之声甚盛，知非蕃上，便跃马驰去告毅：“外有大军，似从下上，垂已至城，江津船悉被火烧矣。”行令闭诸城门。镇恶亦驰进，军人缘城得入，门犹未及下关，因得开大城东门。大城内，毅凡有八队，带甲千余，已得戒严。蒯恩入东门，便北回击射堂，前攻金城东门。镇恶入东门，便直击金城西门。军分攻金城内东从旧将，犹有六队千余人，西将及能细直吏快手，复有二千余人。食时就斗，至中晡，西人退散及归降略尽。镇恶入城，便因风放火，烧大城南门及东门。又遣人以诏及赦文并高祖手书凡三函示毅，毅皆烧不视。金城内亦未信高祖自来。有王桓者，家在江陵，昔手斩桓谦，为高祖所赏拔，常在左右。求还西迎家，至是率十余人助镇恶战。下晡间，于金城东门北三十步凿城作一穴，桓便先众入穴，镇恶自后继之，随者稍多，因短兵接战。镇恶军人与毅东将，或有是父兄子弟中表亲亲者，镇恶令且斗且共语，众并知高祖自来，人情离懈。一更许，听事前阵散溃，斩毅勇将赵蔡。毅左右兵犹闭东西阁拒战，镇恶虑暗夜自相伤犯，乃引军出，绕金城，开其南面以为退路。毅虑南有伏兵，三更中，率左右三百许人开北门突出。初，毅常所乘马在城外不得入，苍卒无马，毅便就子肃民取马，肃民不与，朱显之谓曰："人取汝父，而惜马不与，汝今自走，欲何之？"夺马以授毅。初出，政值镇恶军，冲之不得去；回冲蒯恩军，军人斗已一日，疲倦，毅得从大城东门出，奔牛牧佛寺，自缢死。镇恶身被五箭，射镇恶手所执槊，于手中破折。

江陵平后二十日，大军方至。署中兵，出为安远护军、武陵内史。以讨刘毅功，封汉寿县子，食邑五百户。蛮帅向博抵根据阮头，屡为凶暴，镇恶讨平之。初行，告刺史司马休之，求遣军以为声援，休之遣其将朱襄领众助镇恶。会高祖西讨休之，镇恶乃告诸将曰："百姓皆知官军已上，朱襄等复是一贼，表里受敌，吾事败矣。"乃率军夜下，江水迅急，倏忽行数百里，直据都尉治。既至，乃以竹笼盛石，堙塞水道，襄军下，夹岸击之，斩襄首，杀千余人。镇恶性贪，既破襄，因停军抄掠诸蛮，不时反。及至江陵，休之已平，高祖怒，不时见之。镇恶笑曰："但令我一见公，无忧矣。"高祖寻登城唤镇恶，镇恶为人强辩，有口机，随宜酬应，高祖乃释。休之及鲁宗之奔襄阳，镇恶统蒯恩诸军水路追之，休之等奔羌，镇恶追蹑，尽境而还。除游击将军。

十二年，高祖将北伐，转镇恶为谘议参军，行龙骧将军，领前锋。将发，前将军刘穆之见镇恶于积弩堂，谓之曰："公愍此遗黎，志荡逋逆。昔晋文王委伐蜀于邓艾，今亦委卿以关中，想勉建大功，勿孤此授。"镇恶曰："不克咸阳，誓不复济江而还也！"

镇恶入贼境，战无不捷，邵陵、许昌望风奔散，破虎牢及柏谷坞，斩贼帅赵玄。军次洛阳，伪陈留公姚洸归顺。进次渑池，造故人李方家，升堂见母，厚加酬赉，即版授方为渑池令。遣司马毛德祖攻伪弘农太守尹雅于蠡城，生擒之。仍行弘农太守。方轨长驱，径据潼关。伪大将军姚绍率大众拒险，深沟高垒以自固。镇恶悬军远入，转输不充，与贼相持久，将士乏食，乃亲到弘农督上民租，百姓竞送义粟，军食复振。初，高祖与镇恶等期，若克洛阳，须大军至，未可轻前。既而镇恶等迳向潼关，为绍所拒不得进，而军又乏食，驰告高祖,求遣粮援。时高祖沿河,索虏屯据河岸,军不得前。高祖呼所遣人开舫北户,指河上虏示之曰:“我语令勿进,而轻佻深入。岸上如此,何由得遣军?”镇恶既得义租,绍又病死,伪抚军姚赞代绍守险,众力犹盛。高祖至湖城,赞引退。

大军次潼关,谋进取之计,镇恶请率水军自河入渭。伪镇北将军姚强屯兵泾上,镇恶遣毛德祖击破之,直至渭桥。镇恶所乘皆蒙冲小舰,行船者悉在舰内,羌见舰溯渭而进,舰外不见有乘行船人,北士素无舟楫,莫不惊惋,咸谓为神。镇恶既至,令将士食毕,便弃船登岸。渭水流急,倏忽间,诸舰悉逐流去。时姚泓屯军在长安城下,犹数万人。镇恶抚慰士卒曰:“卿诸人并家在江南,此是长安城北门外,去家万里,而舫乘衣粮,并已逐流去,岂复有求生之计邪!唯宜死战,可以立大功,不然,则无遗类矣。”乃身先士卒,众亦知无复退路,莫不腾踊争先,泓众一时奔溃,即陷长安城。泓挺身逃走,明日,率妻子归降。城内夷、晋六万余户,镇恶宣扬国恩,抚慰初附,号令严肃,百姓安堵。

高祖将至,镇恶于灞上奉迎,高祖劳之曰:“成吾霸业者,真卿也。”镇恶再拜谢曰:“此明公之威,诸将之力,镇恶何功之有焉!”高祖笑曰:“卿欲学冯异也。”是时关中丰全,仓库殷积,镇恶极意收敛,子女玉帛,不可胜计。高祖以其功大,不问也。进号征虏将军。时有白高祖以镇恶既克长安,藏姚泓伪辇,为有异志。高祖密遣人觇辇所在,泓辇饰以金银,镇恶悉剔取,而弃辇于垣侧。高祖闻之,乃安。

高祖留第二子桂阳公义真为安西将军、雍秦二州刺史,镇长安。镇恶以本号领安西司马、冯翊太守,委以捍御之任。时西虏佛佛强盛,姚兴世侵扰北边,破军杀将非一。高祖既至长安,佛佛畏惮不敢动。及大军东还,便寇逼北地。义真遣中兵参军沈田子距之。虏甚盛,田子屯刘回堡,遣使还报镇恶。镇恶对田子使,谓长史王脩曰:“公以十岁儿付吾等,当各思竭力,而拥兵不进,寇虏何由得平。”使还,具说镇恶言,田子素与镇恶不协,至是益激怒。二人常有相图志，彼此每相防疑。镇恶率军出北地，为田子所杀，事在《序传》。时年四十六。田子又于镇恶营内，杀镇恶兄基、弟鸿、遵、渊及从弟昭、朗、弘，凡七人。是岁，十四年正月十五日也。

高祖表曰："故安西司马、征虏将军王镇恶，志节亮直，机略明举。自策名州府，屡著诚绩。荆南遘衅；势据上流，难兴强蕃，忧兼内侮。镇恶轻舟先迈，神兵电临，旰食之虞，一朝雾散。及王师西伐，有事中原，长驱洛阳，肃清湖、陕。入渭之捷，指麾无前，遂廓定咸阳，俘执伪后，克成之效，莫与为畴，实捍城所寄，国之方邵也。近北虏游魂，寇掠渭北，统率众军，耀威扑讨。贼既还奔，还次泾上，故龙骧将军沈田子忽发狂易，奄加刃害，忠勋未究，受祸不图，痛惜兼至，惋悼无已，伏惟圣怀，为之伤恻，田子狂悖，即已备宪。镇恶诚著艰难，勋参前烈，殊绩未酬，宜蒙追宠，愿敕有司，议其褒赠。"于是追赠左将军、青州刺史。高祖受命，追封龙阳县侯，食邑千五百户，谥曰壮侯。配食高祖庙廷。

子灵福嗣，位至南平王铄右军谘议参军。灵福卒，子述祖嗣。述祖卒，子睿嗣。齐受禅，国除。

镇恶弟康，留关中，及高祖北伐，镇恶为前锋，康逃匿田舍。镇恶次潼关，康将家奔之，高祖板为彭城公前将军行参军。镇恶被害，康逃藏得免，携家出洛阳，到彭城，归高祖。即以康为相国行参军。求还洛阳视母，寻值关、陕不守，康与长安徙民张旰丑、刘云等唱集义徒，得百许人，驱率邑郭侨户七百余家，共保金墉城，为守战之备。时有一人邵平，率部曲及并州乞活一千余户屯城南，迎亡命司马文荣为主。又有亡命司马道恭自东垣率三千人屯城西，亡命司马顺明五千人屯陵云台。顺明遣刺杀文荣，平复推顺明为主。又有司马楚之屯柏谷坞，索虏野坂戍主异狝公游骑在芒上，攻逼交至，康坚守六旬。宋台建，除康宁朔将军、河东太守。遣龙骧将军姜□率军救之，诸亡命并各奔散。高祖嘉康节，封西平县男，食邑三百户，进号龙骧将军。迎康家还京邑。劝课农桑，百姓甚亲赖之。永初元年，卒金墉，时年四十九，葬于偃师城西。追赠辅国将军。无子，以兄河西太守基子天祐嗣。当太祖元嘉二十七年，随刘康祖伐索虏，败没，子怀祖嗣。

檀韶字令孙，高平金乡人也。世居京口。初辟本州从事，西曹主簿，辅国司马。高祖建义，韶及弟祗、道济等，从平京城，行参高祖建武将军事。都邑既平，为镇军将军，加宁远将军、东海太守。进号建武将军，迁龙骧将军、秦郡太守，北陈留内史。以平桓玄功，封巴丘县侯，食邑五百户。复参车骑将军事，加龙骧将军，迁骑将，中军谘议参军，加宁朔将军。

从征广固，率向弥、胡蕃等五十人攻临朐城，克之。及围广固，慕容超夜烧楼当韶围分，降号横野将军。城陷之日，韶率所领先登，领北琅邪太守，进号宁朔将军、琅邪内史。从讨卢循于左里，又有战功，并论广固功，更封宜阳县侯，食邑七百户，降先封一等为伯，减户之半二百五十户，赐祗子臻。坐六门内乘舆，白衣领职。义熙七年，号辅国将军。八年，丁母忧，起为冠军将军。明年，复为琅邪内史，淮南太守，将军如故。镇姑熟。寻进号左将军，领本州大中正。十二年，迁督江州豫州之西阳新蔡二郡诸军事、江州刺史，将军如故。有罪，免官。

高祖受命，以佐命功，增八百户，并前千五百户。韶嗜酒贪横，所莅无绩，上嘉其合门从义，弟道济又有大功，故特见宠授。永初二年，卒于京邑，时年五十六。追赠安南将军，加散骑常侍。

子绪嗣。绪卒，无子，国除。祗子臻。臻卒，子遐嗣，齐受禅，国除。祗、弟道济并别有传。

向靖字奉仁，小字弥，河内山阳人也。名与高祖同，改称小字。世居京口，与高祖少旧。从平京城，参建武军事。进平京邑，板参镇军军事，加宁远将军。京邑虽平，而群寇互起，弥与刘蕃、孟龙符征破桓歆、桓石康、石绥于白茅，攻寿阳克之。义熙三年，迁建武将军、秦郡太守，北陈留内史，戍堂邑。以平京城功，封山阳县五等侯。

从征鲜卑，大战于临朐，累月不决。弥与檀韶等分军自间道攻临朐城。弥擐甲先登，即时溃陷，斩其牙旗，贼遂奔走。攻拔广固，弥又先登。卢循屯据蔡洲，以亲党阮赐为豫州刺史，攻逼姑孰。弥率谯国内史赵恢讨之，时辅国将军毛脩之戍姑孰，告急续至，弥兼行进讨，破赐，收其辎重。除中军谘议参军，将军如故。卢循退走，高祖南征，弥为前锋，于南陵、雷池、左里三战，并大捷。军还，除太尉谘议参军、下邳太守，将军如故。八年，转游击将军，寻督马头淮西诸郡军事、龙骧将军、镇蛮护军、安丰汝阴二郡太守、梁国内史，戍寿阳。以平广固、卢循功，封安南县男，食邑五百户。十年，迁冠军将军、高阳内史、临淮太守，领石头戍事。高祖西伐司马休之，以弥为吴兴太守，将军如故。明年，高祖北伐，弥以本号侍从，留戍碻磝，进屯石门、柏谷。迁督北青州诸军事、北青州刺史，将军如故。高祖受命，以佐命功，封曲江县侯，食邑千户。迁太子左卫率，加散骑常侍。二年，卒官，时年五十九。追赠前将军。弥治身俭约，不营室宇，无园田商货之业，时人称之。

子植嗣，多过失，不受母训，夺爵。更以植次弟植绍封，又坐杀人，国除。植弟柳，字玄季，有学义才能，立身方雅，无所推先，诸盛流并容之。太尉袁淑、司空徐湛之、东扬州刺史颜立皆与友善。历始兴王浚征北中兵参军，始兴内史，南康相。臧质为逆，召柳至寻阳，与之俱下。质败归降，不狱死。

弥弟劭，永初中，为宣城太守。劭弟子亮，以私忿杀弥妻施氏，托云奴客所杀，劭辄于墓所杀亮及弥妾并奴婢七八人，匿不闻官，为有司所奏，诏无所问。元嘉初，卒于义兴太守。

刘怀慎，彭城人，左将军怀肃弟也。少谨慎质直。始参高祖镇军骑将军事，振威将军、彭城内史。从征鲜卑，每战必身先士卒。及克广固，怀慎率所领先登。从高祖距卢循于石头，屡战克捷，加辅国将军。义熙八年，以本号监北徐州诸军事，镇彭城，寻加徐州刺史。为政严猛，境内震肃。九年，亡命王灵秀为寇，讨平之。十一年，进北中郎将。以平广固、卢循功，封南城县男，食邑五百户。十三年，高祖北伐，以为中领军、征虏将军，卫辇毂。坐府中相杀，免官。虽名位转优，而恭恪愈至，每所之造位任不逾已者，皆束带门外下车，其谨退类如此。宋台立，召为五兵尚书，仍督江北淮南诸军、前将军、南晋州刺史，复征为度支尚书，加散骑常侍。高祖迁都寿春，留怀慎督北徐兖青淮北诸军事、中军将军、徐州刺史。以亡命入广陵城，降号征虏将军。永初元年，以佐命功，进爵为侯，增邑千户。进号平北将军，征为五兵尚书，加散骑常侍、光禄大夫。景平元年，迁护军将军，常侍士故。特赐班于宗族，家无余财。二年，卒，时年六十一。追赠抚军，谥曰肃侯。

子德愿嗣。世祖大明初，为游击将军，领石头戍事。坐受贾客韩佛智货，下狱，夺爵土。后复为秦郡太守。德愿性粗率，为世祖所狎侮。上宠姬殷贵妃薨，葬毕，数与群臣至殷墓。谓德愿曰："卿哭贵妃若悲，当加厚赏。"德原应声便号恸，抚膺擗踊，涕泗交流。上甚悦，以为豫州刺史。又令医术人羊志哭殷氏，志亦呜咽。他日有问志："卿那得此副急泪？"志时新丧爱姬，答曰："我尔日自哭亡妾耳。"志滑稽善为谐谑，上亦爱狎之。德愿善御车，尝立两柱，使其中劣通车轴，乃于百余步上振辔长驱，未至数尺，打牛奔从柱间直过，其精如此。孝武闻其能，为之乘画轮车，幸太宰江夏王义恭第。德愿岸著笼冠，短朱衣，执辔进止，甚有容状。永光中，为廷尉，与柳元景厚善。元景败，下狱诛。

怀慎庶长子荣祖，少好骑射，为武帝所知。及卢循攻逼，时贼乘小舰，入淮拔栅。武帝宣令三军，不得辄射贼，荣祖不胜愤怒，冒禁射之，所中应弦而倒，帝益奇焉。以战功参太尉军事。从讨司马休之，彭城内史徐逵之败没，诸将意沮，荣祖请战愈厉，高祖乃解所著铠以授之。荣祖率所领陷阵，身被数创，会贼破走。加振威将军，寻参世子征虏军事，领遂成令。高祖北伐，转镇西中兵参军、宁远将军。水军入河，与朱超石大破索虏于半城，又攻刘度垒，克之。高祖大飨战士，谓荣祖曰："卿以寡克众，攻无坚城，虽古名将，何以过此。”转为太尉中兵参军，加建威将军。既破长安，姚泓女婿徐众率其余众连营叛走，荣祖与檀道济等攻营破之，斩首擒馘，不可称计。十四年，除彭城内史，又补相国参军。其年，遣荣祖还都，为世子中兵参军。永初元年，除越骑校尉，寻转右军将军。索虏南寇，司州刺史毛德祖陷没，荣祖时居父艰，起为辅国将军。追论半城之功，赐爵都乡侯。荣祖为人轻财贵义，善抚将士，然性偏险褊隘，颇失士君子之心。领军将军谢晦深接待之，废立之际，要荣祖，固辞获免。及晦出镇荆楚，欲请为南蛮校尉，荣祖又固止之。其年冬，卒。德愿弟兴祖，青州刺史。

怀慎弟怀默，冠军将军、江夏内史，太中大夫。怀默子道球，巴东、建平二郡太守。道球弟孙登，武陵内史。孙登子亮，世祖大明守为武康令。时境内多盗铸钱，亮掩讨无不禽，所杀以千数。太宗泰始初，为巴陵王休若镇东中兵参军，北伐南讨，功冠诸将，封顺阳县侯，食邑六百户。历黄门郎，梁、益二州刺史。在任廉俭，不营财货，所余公禄，悉以还官。太宗嘉之，下诏褒美。亮在梁州，忽服食修道，欲致长生。迎武当山道士孙道胤，令合仙药。至益州，泰豫元年，药始成，而未出火毒。孙不听亮服，亮苦欲服，平旦开城门取井华水服，至食鼓后，心动如刺，中间便绝。后人逢见，乘白马，将数十人，出关西行，共语分明。此乃道家所谓尸解者也。追赠冠军将军，谥曰刚侯。

孙登弟道隆，元嘉二十二年，为庐江太守。世祖举义，弃郡来奔，以补南中郎参军事，加龙骧将军。时世祖分麾下以为三幢，道隆与中兵参军王谦之、马文恭各领其一。大明中，历黄门侍郎，徐、青、冀三州刺史。前废帝景和中，以为右卫将军，永昌县侯，食邑五百户，委以腹心之任。泰始初，为太宗尽力，迁卫将军，中护军，寻赐死。事在《建安王休仁传》。

王谦之字休光，琅邪临沂人。晋司州刺史胡之曾孙也。世祖初，历骁骑将军，御史中丞，吴兴太守。以南下之功，封石阳县子，食邑五百户。大明三年卒，赠前将军，谥曰肃。子应之嗣。大明末，为衡阳内史。晋安王子勋反，应之起义，拒湘州行事何慧文，为慧文所杀。事在《邓琬传》。追赠侍中。应之弟云之，顺帝升明中贵达。

马文恭，抚风人也。亦以功封泉陵县子，食邑五百户。世祖即位，为游击将军。顷之卒。

刘粹字道冲，沛郡萧人也。祖恢，持节、监河中军事、征虏将军。粹家在京口，少有志干，初为州从事。高祖克京城，参建武军事。从平京邑，转参镇军事，寻加建武将军、沛郡太守，又领下邳太守，复为车骑、中军参军。从征广固，战功居多。以义功封西安县五等侯。军还，转中军谘议参军。卢循逼京邑，京口任重，太祖时年四岁，高祖使粹奉太祖镇京城。转游击将军。

迁建威将军、江夏相。卫将军毅，粹族兄也，粹尽心高祖，不与毅同。高祖欲谋毅，众并疑粹在夏口，高祖愈信之。及大军至，粹竭其诚力。事平，封滠县男，食邑五百户。母忧去职，俄而高祖讨司马休之，起粹为宁朔将军、竟陵太守，统水军入河。明年，进号辅国将军，迁相国右司马，侍中，中军司马，冠军将军，迁左卫将军。永初元年，以佐命功，改封建安县侯，食邑千户。二年，以役使监吏，免官。寻督江北淮南郡事、征虏将军、广陵太守。三年，以本号督豫司雍并四州南豫州之梁郡弋阳马头三郡诸军事、豫州刺史，领梁郡太守，镇寿阳，治有政绩。

少帝景平二年，谯郡流离六十余家叛没虏，赵灵、秦刚等六家悔倍还投陈留襄邑县，顿谋等村，粹遣将苑纵夫讨叛户不及，因诛杀谋等三十家，男丁一百三十七人，女弱一百六十二口，收付作部。粹坐贬号为宁朔将军。时索虏南寇，粹遣将军李德元袭许昌，杀伪颍川太守库龙，于是陈留人董邈自称小黄盟主，斩伪征虏将军、广州刺史司马世贤，传首京都。

太祖即位，迁使持节、督雍梁南北秦四州荆州之南阳竟陵顺阳襄阳新野随六郡诸军事、征虏将军、领宁蛮校尉、雍州刺史、襄阳新野二郡太守。在任简役爱民，罢诸沙门二千余人，以补府史。元嘉三年，讨谢晦，遣粹弟车骑从事中郎道济、龙骧将军沈敞之就粹，自陆道向江陵。粹以道济行竟陵内史，与敞之及南阳太守沈道兴步骑至沙桥，为晦司马周超所败，士众伤死者过半，降号宁朔将军。初，晦与粹厚善，以粹子旷之为参军，粹受命南讨，一无所顾，太祖以此嘉之。晦遣送旷之还粹，亦不害也。明年，粹卒，时年五十三。追赠安北将军，持节、本官如故。

旷之嗣，官至晋熙太守。旷之卒，子琛嗣。琛卒，无子，国除。琛弟亮，顺帝升明末，尚书驾部郎。粹庶长子怀之，为临州内史，与臧质同逆，伏诛。

粹弟道济，尚书起部郎，王弘车骑从事中郎，江夏王义恭抚军司马，河东太守，仍迁振武将军、益州刺史。长史费谦、别驾张熙、参军杨德年等，并聚敛兴利，而道济委任之，伤政害民，民皆怨毒。太祖闻之，与道济诏，戒之曰："闻卿在任，未尽清省，又颇为殖货，若万一有此，必宜改之。比传人情不甚缉谐，当以法御下，深思自警，以副本望。"道济虽奉此旨，政化如初。

有司马飞龙者，自称晋之宗室，晋末走仇池。元嘉九年，闻道济绥抚失和，遂自仇池入绵竹，崩动群小，得千余人，破巴兴县，杀令王贞之。进攻阴平，阴平太守沈法兴焚城遁走。道济遣军击飞龙，斩之。初，道济以五城人帛氐奴、梁显为参军督护，费谦固执不与。远方商人多至蜀土资货，或有直数百万者，谦等限布丝绵各不得过五十斤，马无善恶，限蜀钱二万。府又立冶，一断私民鼓铸，而贵卖铁器，商旅吁嗟，百姓咸欲为乱。氐奴既怀恚忿，因聚党为盗贼。其年七月，道济遣罗习为五城令，氐奴等谋曰："罗令是使君腹心，而卿犹有作贼盗不止者，一旦发露，则为祸不测。宜结要誓，共相禁检。"乃杀牛盟誓。俄而氐奴及赵广等唱曰："官禁杀牛，而村中公违法禁，脱使罗令白使君，疑吾徒更欲作贼，则无余类矣。"因诈言司马殿下犹在阳泉山中，若能共建大事，则功名可立。不然，立灭不久。众既乐乱，因相率从之，得数千人，复向广汉。道济遣参军程展会、治中李抗之五百人击之，并为所杀。贼于是迳向涪城，巴西人唐频聚众应之。宁远将军、巴西梓潼二郡太守王怀业再遣军拒之,战败失利。怀业及司马、南汉中太守韦处伯并弃城走。涪陵太守阮惠、江阳太守杜玄起、遂宁太守冯迁闻涪城不守,并委郡出奔。蜀土侨旧,翕然并反。道济惶惧,乃免吴兵三十六营以为平民,分立宋兴、宋宁二郡,又招集商贾及免道俗奴僮,东西胜兵可有四千人。贼众数万屯城西及城北,道济婴城自守。

赵广本以谲诈聚兵,顿兵城下,不见飞龙,各欲分散。广惧,乃将三千人及羽仪,诈其众云迎飞龙。至阳泉寺中,谓道人程道养曰:“但自言是飞龙,则坐享富贵;若不从,即日便斩头。”道养惶怖许诺。道养,枹罕人也。广改名为龙兴,号为蜀王、车骑大将军、益梁二州牧,建号泰始元年,备置百官。以道养弟道助为骠骑将军、长沙王,镇涪城。广自号镇军,帛氏奴征虏将军,梁显镇北将军,同党大帅张宁秦州刺史,严遐前将军。奉道养还成都,众十余万,四面围城。就道济索费谦、张熙,曰:“但送此人来,我等自不复作贼。”道济遣中兵参军裴方明、任浪之各将千余人出西门战,皆失利。十一月,方明等复出战,破贼营,焚其积聚。贼党江阳人杨孟子领千余人屯城南,道济参军梁俊之统南楼,屡与孟子交言,因投书晓以祸福,要使入城。孟子许诺,入见道济,道济大喜,即板为主簿,遣子为任,克期讨贼。赵广知其谋,孟子惧,将所领奔晋原。晋原太守文仲兴拾合得二千余人,与孟子并力自固。广遣同党袁玄子攻晋原,为仲兴所杀。广又遣帛氏奴攻之,连战,仲兴军败,及孟子并死。方明复出东门,破贼三营,斩首数百级。贼虽败,已复还合。方明复伪出北门,仍回军击城东大营,杀千余人,斩伪仆射蔡滔。时天大雾,方明等复扬声出东门,而潜自北门出,攻城北、城西诸营,贼众大溃,于是奔散。道养收合得七千人,还广汉,赵广以别卒五千余人还涪城。

初,别驾张熙说道济,令粜太仓谷,贼以九月末围城,至十二月末,廪粮便尽。方明将二千人出城求食,为贼所败,匹马独还。贼因追之,众复大集。方明夜于城西缒上,道济为设食,馇不能餐,唯泣涕而已。道济时有疾已笃,自力慰勉之曰:“卿非丈夫,小败何苦。贼势既衰，台兵垂至，但令卿还，何忧于贼。”即减左右数十人配之。贼城外云：“方明已死，可来取丧。”城中大恐。道济夜列炬火，方明自出，众见之乃安。道济悉出财物于北射堂，令方明募人。时城中或传道济已亡，莫有至者。梁俊之说道济曰：“将军气息绵绵，而外论互有同异。今军师屡败，妖寇未殄，若一旦不虞，则危祸立至。宜称小损，听左右给使暂出，不然败矣。”道济从之，即唤右右三十余人告之曰：“吾疾久，汝等扶侍疲劳。今既小损，各听归家休息，唤复还。”给使即出，其父兄皆问：“使君亡来几日？”子弟皆言：“君渐差，谁言亡者！”传相告语，城内乃安，由是应募者一日千余人。十年正月，贼众大至，攻逼成都。道济卒，梁俊之与方明等及其故旧门生数人，共埋尸于后斋。使书与道济相似者为教命，酬答签疏，不异常日，故虽母妻不知也。

二月，道养于毁金桥升坛郊天，方就柴燎，方明将三千人出击之。贼列阵营前死战，日夕乃大败。临阵斩伪征虏将军赵石之等八百余级，道养等退保广汉。是月，平西将军临川王义庆，以扬武将军、巴东太守周籍之，即本号督巴西梓潼宕渠遂宁巴郡五郡诸军事、巴西梓潼二郡太守，率平西参军费淡、龙骧将军罗猛二千人援成都。广等屯据广汉，分守郫川，连营百数，处处屯结。籍之与方明及费淡等攻郫，克之。广等退据郡城，傍竹自固。罗猛率队主王盱等并力追讨。张寻自涪城率众二万来助广等，方明、淡斩竹开迳邀之，战败，退还郫县。广等又移营屯箭竿桥，方明等破其六营，乘胜追奔，迳至广汉。广等走还涪及五城。四月十日，发道济丧。五月，方进军向涪城。张寻、唐频渡水拒战，方明击破之，生擒伪骠骑将军、雍秦二州刺史司马龙伸，斩之。龙伸，道助也。州吏严道度斩严遐首，广等并奔散，涪、蜀皆平。俄而张寻攻破阴平，复也道养合。帛氏奴攻广汉，费淡督将军种松等与战，斩其梁州刺史杜承等百余级。九月，益州刺史甄法崇至成都，诛费谦之，道济丧及方明等并东反。道养等领二千余家逃于郪山，其余群贼，亦各拥户藏窜，出为寇盗不绝。

十三年六月,太祖遣宁朔将军萧汪之统军讨之。军次郪口,帛氏奴斩伪卫将军司马飞燕归降。汪之击破道养,道养还入郪山。十四年四月,赵广、张寻、梁显各率部曲归降,伪辅国将军王道恩斩道养,送首,余党悉平。迁赵广、张寻等于京师。十六年,广、寻复与国山令司马敬琳谋反,伏诛。

先是,道济振武司马、蜀郡太守任荟之虽不任军事,事宁,以为正员郎。裴方明,虎贲中郎将,仍为义庆平西中兵参军、龙骧将军、河东太守。费淡,太子屯骑校尉。周籍之,后为益州刺史。

粹族弟损,字子骞,卫将军毅从父弟也。父镇之,字仲德,以毅贵,历显位,闲居京口,未尝应召。常谓毅:"汝必破我家。"毅甚惮之,每还京,未尝敢以羽仪人从入镇之门。左光禄大夫征,不就。元嘉二年,年九十余,卒于家。损,无嘉中历职义兴太守。东土残饥,太祖遣扬州治中沈演之东入赈恤,以损绥抚有方,称为良守。官至吴郡太守,追赠太常。

史臣曰:帝王受命,自非以功静乱,以德济民,则其道莫由也。自三代以来,醇风稍薄,成功济务,尊出权道,虽复负扆南面,比号轩、牺,莫不自谢风,率由霸德。高祖屈起布衣,非藉民誉,义无曹公英杰之杰之响,又阙晋氏辅魏之基,亘驱乌合,不崇朝而制国命,功虽有余,而德未足也。是故王谧以内惧流奔,王绥以外侮成衅,若非树奇功于难立,震大威于四海。则不能承配天之心。义熙以后,大功仍建,自桓温旍旆所临,莫不献珍受朔。及金墉请吏,元勋将举,九命之礼既行,代终之符已及,方复观兵函、渭,用师天险,独克之举,振古难称。若使闭门反政,兵兵散地,后败责其前功,一眚亏其盛业,岂复得以黄屋朱户,为衰晋之贞臣乎!及其灵威薄震,重关莫守,故知英算所苞,先胜而后战也。王镇恶推锋直指,前无强陈,为宋方叔,壮矣哉!

宋书卷四六
列传第六

赵伦之　到彦之 阙　王懿　张劭

赵伦之字幼成，下邳僮人也。武穆皇后之弟。幼孤贫，事母以孝称。武帝起兵，以军功封阆中县五等候，累迁雍州刺史。武帝北伐，伦之遣顺阳太守傅弘之、扶风太守沈田子出峣柳，大破姚泓于蓝田。及武帝受命，以佐命功，封霄城县侯，安北将军，镇襄阳。少帝即位，征拜护军。元嘉三年，拜镇军将军，寻迁左光禄大夫，领军将军。

伦之虽外戚贵盛，而以俭素自处。性野拙，人情世务，多所不解。久居方伯，颇觉富盛，入为护军，资力不称，以为见贬。光禄大夫范泰好戏，谓曰："司徒公缺，必用汝老奴。我不言汝资地所任，要是外戚高秩，次第所至耳。"伦之大喜，每载酒肴诣泰。五年，卒。子伯符嗣。

伯符字润远，少好弓马。伦之在襄阳，伯符为竟陵太守。时竟陵蛮屡为寇，伯符征讨，悉破之，由是有将帅之称。后为宁远将军，总领义徒，以居宫城北，每有火起及贼盗，辄身贯甲胄，助郡县赴讨，武帝甚嘉之。文帝即位，累迁徐、兖二州刺史。为政苛暴，吏人畏之若豺虎。然而寇盗远窜，无敢犯境。元嘉十八年，征为领军将军。先是，外监不隶领军，宜相统摄者，自有别诏，至此始统领焉。二十一年，转豫州刺史。明年，为护军将军，复为丹阳尹。在郡严酷，吏人苦之，或至委叛被录赴水而死。典笔吏取笔不如意，鞭五十。子倩，尚文帝第四女海盐公主。初，始兴王浚以潘妃之宠，故得出入后宫，遂与公主私通。及适倩，倩入宫而怒，肆詈搏击，引绝帐带。事上闻，有诏离婚，杀主所生蒋美人，伯符惭惧发病卒。谥曰肃。传国至孙勖，齐受禅，国除。

王懿字仲德，太原祁人。自言汉司徒元弟幽州刺史懋七世孙也。祖宏，事石季龙，父苗，事符坚，皆为二千石。

仲德少沉审有意略，通阴阳，解声律。符氏之败，仲德年十七，与兄睿同起义兵，与慕容垂战败，仲德被重创走，与家属相失。路经大泽，不能前，困卧林中。忽有青衣童儿骑牛行，见仲德，问曰："食未？"仲德告饥。儿去，顷之复来，携食与之。仲德食毕欲行，会水潦暴至，莫知所如。有一白狼至前，仰天而号，号讫衔仲德衣，因渡水，仲德随之，获济，与睿相及。渡河至滑台，复为翟辽所留，使为将帅。积年，仲德欲南归，乃奔太山，辽遣骑追之急，夜行，忽有炬火前导，仲德随之，行百许里，乃免。

晋太元末，徙居彭城。兄弟名犯晋宣、元二帝讳，并以字称。睿字元德，北土重同姓，谓之骨肉，有远来相投者，莫不竭力营赡，若不至者，以为不义，不为乡里所容。仲德闻王愉在江南，是太原人，乃往依之，愉礼之甚薄，因至姑熟投桓玄。值玄篡，见辅国将军张畅，言及世事，仲德曰："自古革命，诚非一族，然今之起者，恐不足以成大事。"

元德果敢有智略，武帝甚知之，告以义举，使于都下袭玄。仲德闻其谋，谓元德曰："天下之事，不可不密，应机务速，不在巧迟。玄每冒夜出入，今若图之，正须一夫力耳。"事泄，元德为玄所诛，仲德奔窜。会义军克建业，仲德抱元德子方回出候武帝，帝于马上抱方回与仲德相对号泣，追赠元德给事中，封安复县侯，以仲德为中兵参军。

武帝伐广固，仲德为前锋，大小二十余战，每战辄克。及卢循寇逼，败刘毅于桑落，帝北伐始还，士卒创痍，堪战者可数千人。贼众十万，舳舻百里，奔败而归者，咸称其雄。众议并欲迁都，仲德正色曰："今天子当阳而治，明公命世作辅，新建大功，威震六合。妖贼豕突，乘我远往，既闻凯入，将自奔散。今自投草间，则同之匹夫，匹夫号令，何以威物？义士英豪，当自求其主尔。此谋若行，请自此辞矣。"帝悦之，以仲德屯越城。及贼自蔡洲南走，遣仲德追之。贼留亲党范崇民五十人，高舰百余，城南陵。仲德攻之，大破崇民，焚其舟舰，收其散卒，功冠诸将，封新淦县侯。

义熙十二年，北伐，进仲德征虏将军，加冀州刺史，为前锋诸军事。冠军将军檀道济、龙骧将军王镇恶向洛阳，宁朔将军刘遵考、武武将军沈林子出石门，宁朔将军朱超石、胡蕃向半城，咸受统于仲德。仲德率龙骧将军朱牧、宁远将军竺灵秀、严纲等开钜野入河，乃总众军，进据潼关。长安平，以仲德为太尉谘议参军。

武帝欲迁都洛阳，众议咸以为宜。仲德曰："非常之事，常人所骇。今暴师日久，士有归心，固当以建业为王基，俟文轨大同，然后议之可也。"帝深纳之，使卫送姚泓先还彭城。

武帝受命，累迁徐州刺史，加都督。元嘉三年，进号安北将军，与到彦之北伐，大破虏军。诸军进屯灵昌津。司、兖既定，三军咸喜，仲德独有忧色，曰："胡虏虽仁义不足，而凶狡有余，今敛戈北归，并力完聚，若河冰冬合，岂不能为三军之忧。"十月，虏于委粟津渡河，进逼金墉，虎牢、洛阳诸军相继奔走。彦之闻二城不守，欲焚舟步走，仲德曰："洛阳既陷，则虎牢不能独全，势使然也。今贼去我千里，滑台犹有强兵，若便舍舟奔走，士卒必散。且当入济至马耳谷口，更详所宜。"乃回军沿济南历城步上，焚舟弃甲，还至彭城。仲德与彦之并免官。寻与檀道济救滑台，粮尽而归。

九年，又为镇北将军、徐州刺史。明年，加领兖州刺史。仲德三临徐州，威德著于彭城，立佛寺作白狼、童子像于塔中，以河北所遇也。十三年，进号镇北大将军。十五年，卒，谥曰桓侯。亦于庙立白狼、童子坛，每祭必祠之。

子正脩嗣,为家僮所杀。

张劭字茂宗,会稽太守裕之弟也。初为晋琅邪内史王诞龙骧府功曹,桓玄徙诞于广州,亲故咸离弃之,惟邵情意弥谨,流涕追送。时变乱饥馑,又馈送其妻子。

桓玄篡位,父敞先为尚书,以答事微谬,降为廷尉卿。及武帝讨玄,邵白敞表献诚款,帝大说,命署其门曰:“有犯张廷尉者,以军法论。”后以敞为吴郡太守。王谧为扬州,召邵□□簿。刘毅为亚相,爱才好士,当世莫不幅凑,独邵不往。或问之,邵曰:“主公命世人杰,何烦多问”刘穆之闻以白,帝益亲之,转太尉参军,署长流贼曹。卢循寇迫京师,使邵守南城,时百姓临水望贼,帝怪而问邵,邵曰:“若节钺未反,奔散之不暇,亦何能观望。今当无复恐耳。”寻补州主簿。邵悉心政事,精力绝人。及诛刘藩,邵时在西州直庐,即夜诫众曹曰:“大军当大讨,可各修舟船仓库,及晓取办。”旦日,帝求诸簿署,应时即至,怪问其速,诸曹答曰:“昨夜受张主簿处分。”帝曰:“张邵可谓同我忧虑矣。”九年,世子始开征虏府,补邵录事参军,转号中军,迁谘议参军,领记室。

十二年,武帝北伐,邵请见,曰:“人生危脆,必当远虑。穆之若邂逅不幸,谁可代之?尊业如此,苟有不讳,事将如何?”帝曰:“此自委穆之及卿耳。”青州刺史檀祗镇广陵,时滁州结聚亡命,祗率众掩之。刘穆之恐以为变,将发军。邵曰:“檀韶据中流,道济为军首,若疑状发露,恐生大变。宜且遣慰劳,以观其意。”既而祗果不动。及穆之卒,朝廷恇惧,便欲发诏以司马徐羡之代之。邵对曰:“今诚急病,任终在徐,且世子无专命,宜须北咨。”信反,方使世子出命曰:“朝廷及太府事,悉咨徐司马,其余启还。”武帝重其临事不挠,有大臣体。十四年,以世子镇荆州,邵谏曰:“储贰之重,四海所系,不宜处外,敢以死请。”从之。

文帝为中郎将、荆州刺史,以邵为司马,领南郡相,众事悉决于邵。武帝受命,以佐命功,封临沮伯。分荆州立湘州,以邵为刺史。

将署府，邵以为长沙内地，非用武之国，置署妨人，乖为政要。帝从之。谢晦反，遗书要邵，邵不发函，驰使呈帝。

元嘉五年，转征虏将军，领宁蛮校尉、雍州刺史，加都督。初，王华与邵有隙，及华参要，亲旧为之危心。邵曰："子陵方弘至公，必不以私仇害正义。"是任也，华实举之。及至襄阳，筑长围，修立堤堰，开田数千顷，郡人赖之富赡。丹、淅二州蛮屡为寇，邵诱其帅，因大会诛之，悉掩其徒党。既失信群蛮，所在并起，水陆断绝。子敷至襄阳定省，当还都，群蛮伺欲取之。会蠕蠕国遣使朝贡，贼以为敷，遂执之，邵坐降号扬烈将军。

江夏王义恭镇江陵，以邵为抚军长史、持节、南蛮校尉。坐在雍州营私蓄聚，赃货二百四十五万，下廷尉，免官，削爵土。后为吴兴太守。卒，追复爵邑，谥曰简伯。邵临终，遗命祭以菜果，苇席为𫐐车，诸子从焉。

子敷、演、敬，有名于世。

敷字景胤，生而母亡，年数岁，问知之，虽童蒙，便有感慕之色。至十岁许，求母遗物，而散施已尽，唯得一扇，乃缄录之。每至感思，辄开笥流涕。见从母，悲感呜咽。性整贵，风韵端雅，好玄言，善属文。初，父邵使与南阳宗少文谈《系》、《象》，往复数番，少文每欲屈，握麈尾叹曰："吾道东矣。"于是名价日重。武帝闻其美，召见奇之，曰："真千里驹也。"以为世子中军参军，数见接引。累迁江夏王义恭抚军记室参军。义恭就文帝求一学义沙门，会敷赴假江陵，入辞，文帝令以后车载沙门往，谓曰："道中可得言晤。"敷不奉诏，上甚不说。迁正员中书郎。敷小名查，父邵小名梨，文帝戏之曰："查何如梨？"敷曰："梨为百果之宗，查何可比。"

中书舍人狄当、周赳并管要务，以敷同省名家，欲诣之。赳曰："彼恐不相容接，不如勿往。"当曰："吾等并已员外郎矣，何忧不得共坐。"敷先设二床，去壁三四尺，二客就席，敷呼左右曰："移我远客！"赳等失色而去。其自标遇如此。善持音仪，尽详缓之致。与人别，执手曰："念相闻。"余响久之不绝。张氏后进皆慕之，其源起自敷也。

迁黄门侍郎，始兴王浚后将军、司徒左长史，未拜，父在吴兴亡，成服凡十余日，方进水浆。葬毕，不进盐菜，遂毁瘠成疾。伯父茂度每譬止之，敷益更感恸，绝而复续。茂度曰："我比止汝，而乃益甚。"自是不复往来，期年而卒。孝武即位，旌其孝道，追赠侍中，改其所居为孝张里。

敷弟柬，袭父封，位通直郎。柬有勇力，手格猛兽，元凶以为辅国将军。孝武至新亭，柬出奔，坠淮死。子式嗣。

畅字少微，邵兄伟之子也。伟少有操行，为晋琅邪王国郎中令，从王至洛，还京都，武帝封药酒一罂付伟，令密加鸩毒，受命于道自饮而卒。

畅少与从兄敷、演、敬齐名，为后进之秀。起家为太守徐佩之主簿，佩之被诛，畅驰出奔赴，制服尽哀，时论美之。弟枚，尝为猘犬所伤，医者云食虾蟆可疗，枚难之。畅含笑先尝，枚因此乃食，由是遂愈。累迁太子中庶子。

孝武镇彭城，畅为安北长史、沛郡太守。元嘉二十七年，魏主托跋焘南征，太尉江夏王义恭统诸军出镇彭城。虏众近城数十里，彭城众力虽多，而军食不足，义恭欲弃彭城南归，计议弥日不定。时历城众少食多，安北中兵参军沈庆之议，欲以车营为函箱阵，精兵为外翼，奉二王及妃媛直趋历城，分城兵配护军将军萧思话留守。太尉长史何勖不同，欲席卷奔郁洲，自海道还都。二议未决，更集群僚议之。畅曰："若历城、郁洲可至，下官敢不高赞。今城内乏食，人无固心，但以关扃严密，不获走耳。若一摇动，则溃然奔散，虽欲至所在，其可得乎？今食虽寡，然朝夕未至窘乏，岂可舍万全之术，而即危亡之道。此计必行，下官请以颈血污君马迹。"孝武闻畅议，谓义恭曰："张长史言，不可违也。"义恭乃止。

魏主既至，登城南亚父冢，于戏马台立毡屋。先是，队主蒯应见执，其日晡时，遣送应至小市门，致意求甘蔗及酒。孝武遣送酒二器，甘蔗百挺，求骆驼。明日，魏主又自上戏马台，复遣使至小市门，志与孝武相见，遗送骆驼，并致杂物，使于南门受之。畅于城上与魏尚书李孝伯语。孝伯问："君何姓？"答曰："姓张。"孝伯曰："张长史乎？"畅曰："君何得见识？"孝伯曰："君名声远闻，足使我知。"城内有具思者，尝在魏，义恭使视，知是孝伯，乃开门饷物。魏主又求酒及甘桔，孝武又致螺杯杂物，南土所珍。魏主复令孝伯传语曰："魏主有诏，借博具。"畅曰："博具当为申致，有诏之言，正可施于彼国，何得施之于此？"孝伯曰："以邻国之臣耳。"孝伯又言："太尉、镇军，久阙南信，殊当忧邑。若遣信，当为护送。"畅曰："此中间道甚多，亦不须烦魏。"孝伯曰："亦知有水路，似为白贼所断。"畅曰："君著白衣，故号白贼也。"孝伯笑曰："今之白贼，亦不异黄巾、赤眉，但不在江南耳。"又求博具，俄送与。魏主又遣送毡及九种盐并胡豉，云："此诸盐，各有宜。白盐是魏主所食。黑者疗腹胀气满，刮取六铢，以酒服之。胡盐疗目痛。柔盐不用食，疗马脊创。赤盐、驳盐、臭盐、马齿盐四种，并不中食。胡豉亦中啖。"又求黄甘，并云："魏主致意太尉、安北，何不遣人来问，观我仪貌，察我为人。"畅又宣旨答曰："魏主形状才力，久为来往所见。李尚书亲自衔命，不忍彼此不尽，故不复遣。"又云："魏主恨向所送马殊不称意，安北若须大马，当送之，脱须蜀马，亦有佳者。"畅曰："安北不乏良驷，送在彼意，此非所求。"义恭又送炬烛十挺，孝武亦致锦一匹。又曰："知更须黄甘，若给彼军，即不能足；若供魏主，未当乏绝，故不复致。"孝伯又曰："君南土膏粱，何为著屩？君且如此，将士云何？"畅曰："膏粱之言，诚以为愧。但以不武，受命统军，戎阵之间，不容缓服。"魏主又遣就二王借箜篌、琵琶等器及棋子。孝伯足词辩，亦北土之美。畅随宜应答，甚为敏捷，音韵详雅，魏人美之。

时魏声云当出襄阳，故以畅为南谯王义宣司空长史、南郡太守。元凶弑逆，义宣发哀之日，即便举兵。畅为元佐，举哀毕，改服著黄裤褶，出射堂简人，音仪容止，众皆瞩目，见者皆为尽命。事平，征为吏部尚书，封夷道县侯。

及义宣有异图，蔡超等以畅人望，劝义宣留之，乃解南蛮校尉以授畅，加冠军将军，领丞相长史。畅遣门生荀僧宝下郡，因颜竣陈义宣衅状。僧宝有私货，止巴陵不时下。会义宣起兵，津路断绝，遂不得前。义宣将为逆，使嬖人翟灵宝告畅，畅陈必无此理，请以死保之。灵宝还白义宣，云畅必不可回，请杀以徇众，赖丞相司马竺超之得免。进号抚军，别立军部，以收人望。畅虽署文檄，饮酒常醉，不省其事。及义宣败于梁山，畅为军人所掠，衣服都尽。遇右将军王玄谟乘舆出营，畅已得败衣，遂排玄谟上舆，玄谟甚不悦，诸将请杀之，队主张荣救之得免。执送都下，付廷尉，见原。

起为都官尚书，转侍中。孝武宴朝贤，畅亦在坐。何偃因醉子："强畅信奇才也，与义宣作贼，而卒无咎。苟非奇才，安能致此!"畅曰："太初之时，谁黄其阁?"帝曰："何事相苦。"初，尚之为元凶司空，及义师至新林，门人皆逃，尚之父子共洗黄阁，故畅以此讥之。

孝建二年，出为会稽太守。卒，谥曰宣。畅爱弟辑，临终遗命贵辑合坟，时议非之。

弟悦，取有美称，历侍中、临海王子顼前将军长史、南郡太守。晋安王子勋建伪号，召拜为吏部尚书，与邓琬共辅伪政。及事败，悦杀琬归降，复为太子中庶子。后拜雍州刺史。泰始六年，明帝于巴郡置三巴校尉，以悦补之，加持节、辅师将军，领巴郡太守。未拜，卒。

畅子浩，官至义阳王昶征北谘议参军。浩弟淹，黄门郎，封广晋县子，太子左卫率，东阳太守。逼郡吏烧臂照佛，百姓有罪，使礼佛赎刑，动至数千拜。免官禁锢。起为光禄勋。与晋安王子勋同逆，军败见杀焉。

臣穆等案《高氏小史》,《赵伦之传》下有《到彦之传》，而此书独阙。约之史法，诸帝称庙号，而谓魏为虏。令帝称帝号，魏称魏主，与《南史》体同，而传末又无史臣论，疑非约书。然其辞差与《南史》要，故将存焉。

宋书卷四七
列传第七

刘怀肃　孟怀玉 弟龙符
刘敬宣　檀祗

刘怀肃，彭城人，高祖从母兄也。家世贫窭，而躬耕好学。初为刘敬宣宁朔府司马，东征孙恩有战功，又为龙骧司马、费令。闻高祖起义，弃县来奔。京邑平定，振武将军道规追桓玄，以怀肃为司马。玄留何澹之、郭铨等戍桑落洲，进击破之。颖川太守刘统平，除高平太守。玄既死，从子振大破义军于杨林，义军退寻阳。怀肃与江夏相张畅之攻澹之于西塞，破之。伪镇东将军冯该戍夏口东岸，孟山图据曾山城，桓仙客守月垒，皆连壁相望。怀肃与道规攻之。躬擐甲胄，陷二城，冯该走石城，生擒仙客。义熙元年正月，振败走，道规遣怀肃平石城，斩冯该及其子山靖。子月，神振复袭江陵，荆州刺史司马休之出奔，怀肃自云杜驰赴，日夜者行，七日而至。振勒兵三万，旗帜蔽野，跃马横矛，躬自突陈。流矢伤怀肃额，众惧欲奔，怀肃瞋目奋战，士气益壮。于是士卒争先，临阵斩振首。江陵既平，休之反镇，执怀肃手曰："微子之力，吾无所归矣。"伪辅国将军符嗣、马孙、伪龙骧将军金符青、乐志等屯结军夏，怀肃又讨之，枭乐志等。道规加怀肃督江夏九郡，权镇夏口。

除通直郎，仍为辅国将军、淮马历阳二郡太守。二年，又领刘毅抚军司马，军、郡如故。以义功封东兴县侯，食邑千户。其冬，桓石绥、司马国璠、陈袭于胡桃山聚众为寇，怀肃率步骑讨破之。江淮间群蛮及桓氏余党为乱，自请出讨，既行失旨，毅上表免怀肃官。三年，卒，时年四十一。追赠左将军。无子，弟怀慎以子蔚祖嗣封，官至江夏内史。

蔚祖卒，子道存嗣。太祖元嘉末，为太尉江夏王义恭谘议参军。世祖伐元凶，义军至新亭，道存出奔，元凶杀其母以徇。前废帝景和中，为义恭太宰从事中郎，义恭败，以党与下狱死。

怀肃次弟怀敬，涩讷无才能。初，高祖产而皇妣殂，孝皇帝贫薄，无由得乳人，议欲不举高祖。高祖从母生怀敬，未期，乃断怀敬乳，而自养高祖。高祖以旧恩，怀敬累见宠授，至会稽太守，尚书，金紫光禄大夫。

怀敬子真道，为钱唐令。元嘉十三年，东土饥，上遣扬州治中从事史沈演之巡行在所。演之上表曰："宰邑敷政，必以简惠成能，莅职阐治，务以利民著绩。故王奂见纪于前，叔卿流称于后。窃见钱唐令刘真道、余杭令刘道锡，皆奉公恤民，恪勤匪懈，百姓称咏，讼诉希简。又翦荡凶非，屡能擒获。灾水之初，余杭高堤崩溃，洪流迅激，势不可量，道锡躬先吏民，亲热板筑，塘既还立，县邑获全。经历诸县，访核名实，并为二邦之首最，治民之良宰。"上嘉之，各赐谷千斛，以真道为步兵校尉。

十四年，出为梁、南秦二州刺史。十八年，氐贼杨难当侵寇汉中，真道率军讨破之。而难当寇盗犹不已，太祖遣龙骧将军裴方明率禁兵五千，受真道节度。十九年，方明至武兴，率太子积弩将军刘康祖、后军参军梁坦、陈弥、裴肃之、安西参军段叔文、鲁尚期、始兴王国常侍刘僧秀、绥远将军马洗、振武将军王奂之等，进次潭谷，去皋兰数里。难当遣其建节将军符弘祖、啖元等固守皋兰，镇北将军符德义于外为游军，难当子抚军大将军和重兵继其后。方明进击，大破之于浊水，斩弘祖并三千余级。遣康祖追之，过皋兰二千余里。和又遣德义祖战，康祖又大破之，和退保修城。难当遣建忠将军杨林、振威将军姚宪领二千骑就和，方明又率诸将攻之，和败走，追至赤亭，难当席卷奔叛。方明遣康祖直趣百顷，伪丞相杨万寿等一时归降。难当第三息虎先戍阴平，难当既走，虎逃窜民间，生禽之，送京都，斩于建康市。

秦州刺史胡崇之西镇百顷，行至浊水，为索虏所邀击，败没。以真道为建威将军、雍州刺史，方明辅国将军、梁南秦二州刺史。方明辞不拜。诏曰："往年氐竖杨难当造为叛乱，俯首者众。其长史杨万寿、建节将军姚宪，情不违顺，屡进矢言。及凶丑宵遁。阖境崩扰，建忠将军吕训卫仓储以候王师。宁朔将军姜檀果烈恳到，志在宣力，浊水之捷，厥庸显然，近者协赞义奋，乃心无替。洛阳符昭，诚系本朝，亦同斯举，俘擒伪将，独克武兴，推锋致效，陨命寇手。并事著屯险，感于予怀，宜蒙旌叙，荣慰存亡。可赠万寿龙骧将军，昭武都太守，宪补员外散骑侍郎，训驸马都尉、奉朝请，檀征西大将军司马、仇池太守，宜并内徙。可符雍、梁二州，厚加赡恤。"吕训，略氐人吕先子也。又诏曰："故晋寿太守姜道盛，前讨仇池，志输诚力，即戎著效，临财能清。近先登浊水，殒身锋镝，诚节俱亮，矜悼于怀。可赠给事中，赐钱千万。"道盛注《古文尚书》，行于世。

真道、方明并坐破仇池，断割金银诸杂宝货，又藏难当善马，下狱死。刘康祖等系免各有差。方明，河东人，为刘道济振武中兵参军，立功蜀土，历颍川、南平昌太守，皆坐赃私免官。

孟怀玉，平昌安丘人也。高祖珩，晋河南尹。祖渊，右光禄大夫。父绰，义旗后为给事中，光禄勋，追赠金紫光禄大夫。世居京口。

高祖东伐孙恩，以怀玉为建武司马。豫义旗，从平京城，进定京邑。以功封鄱阳县侯，食邑千户。高祖镇京口，以怀玉为镇军参军、下邳太守。义熙三年，出为宁朔将军、西阳太守、新蔡内史，除中书侍郎，转辅国将军，领丹杨府兵，戍石头。卢循逼京邑，怀玉于石头岸连战有功，为中军谘议参军。贼帅徐道覆屡欲以精锐登岸，畏怀玉不敢上。及循南走，怀玉与众军追蹑，直至岭表。徐道覆屯结始兴，怀玉攻围之。身当矢石，旬月乃陷。仍南追循。循平，又封阳丰县男，食邑二百五十户。复为太尉谘议参军，征虏将军。八年，迁江州刺史，寻督江州豫州之西阳新蔡汝南颍川司州之松滋六郡诸军事、南中郎将，刺史如故。时荆州刺史司马休之居上流，有异志，故授怀玉此任以防之。十一年，加持节。丁父艰，怀玉有孝性，因抱笃疾，上表陈解，不许。又自陈弟仙客出继，丧主唯已，乃见听。未去任，其年卒官，时年三十一。追赠平南将军。

子元卒，无子，国除。怀玉别封阳丰男，子慧熙嗣，坐废祭祀夺爵。慧熙巳宗嗣，竟陵太守，中大夫。

龙符，怀玉弟也。骁果有胆气，干力绝人。少好游侠，结客于闾里。早为高祖所知，既克京城，以龙符为建武参军。江乘、罗落、覆舟三战，并有功。参镇军军事，封平昌县五等子，加宁远将军、淮陵太守。与刘藩、向弥征桓歆、桓石康，破斩之。除建威将军、东海太守。索虏斛兰、索度真侵边，彭、沛骚扰，高祖遣龙符、建威将军道怜北讨，一战破之，追斛兰至光水沟边，被创奔走。

高祖伐广固，以龙符为车骑将军，加龙骧将军、广川太守，统步骑为前锋。军达临朐，与贼争水，龙符单骑冲突，应手破散，即据水源，贼遂退走。龙符乘胜奔逐，后骑不及，贼数千骑围绕攻之，龙符奋槊接战，每一合辄杀数人，众寡不敌，遂见害，时年三十三。高祖深加痛悼，追赠青州刺史。又表曰："故龙骧将军、广川太守孟龙符，忠勇果毅，陨身王事，宜蒙甄表，以显贞节，圣恩嘉悼，宠赠方州。龙符投袂义初，前驱效命，推锋三捷，每为众先。及西剿桓歆，北殄索虏，朝议爵赏，未及施行。会今北伐，复统前旅，临朐之战，气冠三军。于时逆徒实繁，控弦掩泽，龙符匹马电跃，所向摧靡，奋戈深入，知死弗吝。贼超奔遁，依险鸟聚，大军因势，方轨长驱。考其庸绩，豫参济不，窃谓宜班爵土，以褒勋烈。"乃追封临沅县男，食邑五百户。无子，弟仙客以子微生嗣封。太祖元嘉中，有罪夺爵，徙广州。以微生弟彦祖子佛护袭爵。齐受禅，国除。

孝武大明初，诸流徒者悉听还本，微生已死，子系祖归京都，有筋干异力，能儋负数人。入隶羽林，为殿中将军。二年，索虏寇青、冀，世祖遣军援之，系祖自占求行。战于杜梁，挺身入陈，所杀狼籍，遂见杀。诏书追赠颍川郡太守。

刘敬宣字万寿，彭城人，汉楚元王交后也。祖建，征虏将军。父牢之，镇北将军。敬宣八岁丧母，昼夜号泣，中表异之。辅国将军桓序镇芜胡，牢之参序军事。四月八日，敬宣见众人灌佛，乃下头上金镜以为母灌，因悲泣不自胜。序叹息，谓牢之曰："卿此儿既为家之孝子，必为国之忠臣。"

起家为王恭前军参军，又参会稽世子元显征虏军事。隆安二年，王恭起兵于京口，以诛司马尚之兄弟为名。牢之时为恭前军司马、辅国将军、晋陵太守，置佐领兵。而恭以豪戚自居，甚相陵忽，牢之心不能平。及恭此举，使牢之为前锋。太傅会稽王道子与牢之书，备言祸福，使以兵反恭。牢之呼敬宣谓曰："王恭昔蒙先帝殊恩，今居伯舅之重，义心未彰，唯兵是纵。吾不能审恭事捷之日，必能奉戴天子，缉穆宰相与不。今欲奉国威灵，以明逆顺，汝以为何如？"敬宣曰："朝廷虽无成、康之隆，未有桓、灵之乱，而恭怙乱阻兵，志陵京邑。大人与恭亲无骨肉，分非君臣，虽共事少时，意好不协。今日讨之，于情何有。"牢之至竹里，斩恭大将颜延，遣敬宣率高雅之等还京袭恭，恭方出城耀军，驰骑横击之，一时散溃。元显进号后将军，以敬宣为谘议参军，加宁朔将军。

三年，孙恩为乱，东土骚扰，牢之自表东讨，军次虎疁。贼皆死战，敬宣请以骑傍南山趣其后，吴贼畏马，又惧首尾受敌，遂大败。进平会稽。寻加临淮太守，迁后军从事中郎。五年，孙恩又入浃口，高祖戍句章，贼频攻不能拔，敬宣请往为援，贼恩于是退远入海。

是时，四方云扰，朝廷微弱，敬宣每虑艰难未已。高祖既累破妖贼，功名日盛，故敬宣深相凭结，情好甚隆。元显进号骠骑，敬宣仍随府转，军、郡如故。元显骄淫纵肆，群下化之，敬宣每预燕会，未尝饮酒，调戏之来，无所酬答，元显甚不说。寻进号辅国将军，余如故。

元兴元年，牢之南讨桓玄，元显为征讨大都督，日夜昏酣，牢之骤诣门，不得相见，帝出饯行，方遇公坐而已。桓玄既至溧洲，遣信说牢之,牢之以道子昏暗,元显淫凶,虑平玄之日,乱政方始,假手于玄,诛除执政,然后乘玄之隙,可以得志于天下,将许玄降。敬宣谏曰:“方今国家乱扰,四海鼎沸,天下之重,在大人与玄。玄藉先父之基,据荆南之势,虽无姬文之德,实为参分之形。一朝纵之,使陵朝廷,威望既成,则难图也。董卓之变,将生于今。”牢之怒曰:“吾岂不知今日取玄如反覆手,但平玄之后,令我那骠骑何?”遣敬宣为任,玄板为其府谘议参军。

玄既得志,害元显,废道子,以牢之为征东将军、会稽太守。牢之与敬宣谋共袭玄,期以明旦。值尔日大雾,府门晚开,日旰,敬宣不至,牢之谓所谋已泄,率部曲向白渊,欲奔广陵。而敬宣还京口迎家,牢之寻求不得,谓已为玄所擒,乃自缢死。敬宣奔丧,哭毕,即渡江就司马休之、高雅之等,祖奔洛阳,往来长安,各以子弟为质,求救于姚兴。兴与之符信,令关东募兵,得数千人,复还至彭城间,收聚义故。玄遣孙无络讨冀州刺史刘轨,轨要敬宣、雅之等共据山阳破之,不克。又进昌平涧,战不利,众各离散,乃俱奔鲜卑慕容德。

敬宣素晓天文,知必有兴复晋室者。寻梦丸土服之,既觉,喜曰:“丸者桓也。桓既吞矣,吾复本土乎。”乃结青州大姓诸省、封,并要鲜卑大帅免逵,谋灭德,推休之为主,克日垂发。时刘轨为德司空,大被委任,雅之又欲要轨,敬宣曰:“此公年老,吾观其有安齐志,必不动,不可告也。”雅之以为不然,遂告轨,轨果不从。谋颇泄,相与杀轨而去。至淮、泗间,会高祖平京口,手书召敬宣,左右疑其诈,敬宣曰:“吾固知其然矣。下邳不诱我也。”即便驰还。既至京师,以敬宣为辅国将军、晋陵太守,袭封武冈县男。是岁,安帝元兴三年也。

桓歆率氐贼杨秋寇历阳,敬宣与建威将军诸葛长民大破之,歆单骑走渡淮,斩杨秋于练固而还。迁傧威将军、江州刺史。敬宣固辞,言于高祖曰:“仇耻既雪,四海清荡,所愿反身草泽,以终余年。恩遇不遣,遂复僶俛,即目所忝,已为优渥。且盘龙、无忌犹未遇宠,贤二弟位在尚卑,一朝先之,必贻朝野之责。”不许。敬宣既至江州,课集军粮，搜召舟乘，军戎要用，常有储拟。故□征诸军，虽失利退据，因之每即振复。其年，桓玄兄子亮自号江州刺史，寇豫章，亮又遣符宏寇庐陵，敬宣并讨破之。

初，刘毅之少也，为敬宣宁朔参军。时人或以雄杰许之，敬宣曰："人非常之才，当别有调度，岂得便谓此君为人豪邪？其性外宽而内忌，自伐而尚人，若一旦遭逢，亦当以陵上取祸耳。"毅闻之，深以为恨。及在江陵，知敬宣还，乃使人言于高祖曰："刘敬宣父子，忠国既昧，今又不豫义始。猛将劳臣，方须叙报，如敬宣之比，宜令在后。若使君不忘平生，欲相申起者，论资语事，正可为员外常侍耳。闻已授其郡，实为过优。寻知复为江州，尤所骇惋。"敬宣愈不自安。安帝反正，自表解职。于是散徹，赐给宅宇，月给钱三十万。高祖数引与游宴，恩款周洽，所赐钱帛车马及器服玩好，莫与比焉。

寻除冠军将军、宣城内史、襄城太守。宣城多山县，郡旧立屯，以供府郡费用，前人多发调工巧，造作器物。敬宣到郡，悉罢私屯，唯伐竹木，治府舍而已。亡叛多首出，遂得三千余户。

高祖方大相宠任，欲先令立功。义熙三年，表遣敬宣率众五千伐蜀。国子博士周祗书谏高祖曰："自义旗之建，所征无不必克，此可谓天人交助，信顺之征也。今大难已夷，君臣俱泰。顷五谷转丰，民无饥苦，劫盗之患，亦为弭息，此诚渐足无事，宜大宁治本。蜀贼宜平，六合宜一，非为不尔也。古人有言，天时不如地利，地利不如人和。今往伐蜀，万有余里，溯流天险，动经时岁。若此军直指成都，径禽谯氏者，复是将帅奋威，一快之举耳。然益土荒残，野无青草，成都之内，殆无孑遗。计得彼利，与今行军之费，不足相补也。而今往艰险，雨雪方降，驱三州三吴之人，投之三巴三蜀之土，其中疾病死亡，岂可称计。此一疑也。贼必不守穷城，将决力战。今我往劳困，彼来甚逸。若忽使师行不利，人情波骇，大势挫衄。此二疑也。且千里馈粮，士有饥色。况今溯险万里，所在无储。若兵不解，运漕不继，虽韩、白之将，何以成功。此三疑也。今云可征者云：'彼亲离众叛。'愚谓不然。彼以一匹夫，而能致今日之事，若众力离散，亦何以至此？官所遣兵皆乌合受募之人，亦必无千人一心，有前无退矣。为治者固先定其内而理其外，先安其近而怀其远。自顷狂狡不息，诛戮相继，未可谓人和也。天险如彼，未可谓地利也。毛脩之家仇不雪，不应以得死为恨，刘敬宣蒙生存之恩，亦宜性命仰报，今将军欲驱二死之甘心，而忘国家之重计，愚情窃所未安。阙门之外，非所宜豫，苟其有心，不觉披尽。”不从。

假敬宣节，监征蜀诸军事，郡如故。既入峡，分遣振武将军、巴东太守温祚以二千人扬声外水，自率益州刺史鲍陋、辅国将军文处茂、龙骧将军时延祖由垫江而进。敬宣率先士卒，转战而前，达遂宁郡之黄虎，去成都五百里。伪辅国将军谯道福等悉众距险，相持六十余日，大小十余战，贼固守不敢出。敬宣不得进，食粮尽，军中多疾疫，死者太半，引军还。谯纵送毛璩一门诸丧，其妻、女、文处茂母何，并诸士人丧柩，浮之中流，敬宣皆拯接致归。为有司所奏，免官，削封三分之一。

五年，高祖伐鲜卑，除中军谘议参军，加冠军将军。从至临朐，慕容超出军距战，敬宣与兖州刺史刘藩等奋击，大破之。龙骧将军孟龙符战没，敬宣并领其众，围广固，屡献规略。

庐循逼京师，敬宣分领鲜卑虎班突骑，置阵甚整，循等望而畏之。迁使持节、督马头淮西诸军郡事、镇蛮护军、淮南安丰二郡太守、梁国内史，将军如故。循既走，仍从高祖南讨，转左卫将军，加散骑常侍。

敬宣宽厚，善待士，多伎艺，弓马音律，无事不善。时尚书仆射谢混自负才地，少所交纳，与敬宣相遇，便尽礼著欢。或问混曰：“卿未尝轻交于人，而倾盖于万寿，何也？”混曰：“人之相知，岂可以一涂限。孔文举礼太史子义，夫岂有非之者邪！”

初，敬宣回师于蜀，刘毅欲以重法绳之，高祖既相任待，又何无忌明言于毅，谓不宜以私憾伤至公，若必文致为戮，己当入朝以廷议决之。毅虽止，犹谓高祖曰：“夫生平之旧，岂可孤信。光武悔之于庞萌，曹公失之于孟卓。公宜深虑之。”毅出为荆州，谓敬宣曰：

“吾忝西任,欲屈卿为长史、南蛮,岂有见辅意乎?”敬宣惧祸及,以告高祖。高祖笑曰:“但令老兄平安,必无过虑。”出为使持节、督北青州军郡事、征虏将军、北青州刺史,领清河太守,寻领冀州刺史。

时高祖西讨刘毅,豫州刺史诸葛长民监太尉军事,贻敬宣书曰:“盘龙狼戾专恣,自取夷灭,异端将尽,世路方夷,富贵之事,相与共之。”敬宣报曰:“下官自义熙以来,首尾十载,遂忝三州七郡。今此杖节,常惧福过祸生,实思避盈居损,富贵之旨,非所敢当。”遣使呈长民书,高祖谓王诞曰:“阿寿故为不负我也。”十一年正月,进号右将军。

司马道赐者,晋宗室之贱属也,为敬宣参军。至高祖西征司马休之,道赐乃阴结同府辟闾道秀及左右小将王猛子等谋反。道赐自号齐王,以道秀为青州刺史,规据广固,举兵应休之。敬宣召道秀有所论,因屏人,左右悉出户,猛子逡巡在后,取敬宣备身刀杀敬宣。时年四十五。文武佐吏即讨道赐、猛子等,皆斩之。先是,敬宣未死,尝夜与僚佐宴集,空中有放一只芒屩于坐中,坠敬宣食盘上,长三尺五寸,已经人著,耳鼻间并欲坏。顷之而败。丧至,高祖临哭甚哀。子祖嗣,宋受禅,国除。

檀祗字恭叔,高平金乡人,左将军韶第二弟也。少为孙无终辅国参军,随无终东征孙恩,屡有战功。复为王诞龙骧参军。从高祖克京城,参建武军事。至罗落,檀冯之战没之后,仍以冯之所领兵配祗。京邑既平,参镇军事,加振武将军,隶振武大将军道规追讨桓玄,每战克捷。江陵平定,道规遣祗征涢、沔亡命桓道儿、张靖、苻嗣等,皆悉平之。除龙骧将军、秦郡太守、北陈留内史,又为宁朔将军、竟陵太守,不拜。破桓亮于长沙,苻宏于湘东。武陵内史庾悦疾病,道规以祗代悦,加宁朔将军,封西昌县侯,食邑千户。五年,入为中书侍郎。

卢循逼京邑,加辅国将军,领兵屯西明门外。循退走,祗率所领步道援江陵,未发,遇疾停。八年,迁右卫将军,出为辅国将军、宣城内史,即本号督江北淮南军郡事、青州刺史、广陵相。进号征虏将军,加节。

十年,亡命司马国璠兄弟自北徐州界聚众数百,潜得过淮,因天夜阴暗,率百许人缘广陵城得入,叫唤直上听事。祇惊起,出门将处分,贼射之,伤败,乃入。祇语左右:“贼乘暗得入,欲掩我不备。但打五鼓,惧晓必走矣。”贼闻鼓鸣,谓为晓,于是奔散,追讨,杀百余人。祇降号建武将军。十一年,进号右卫将军。十二年,高祖北伐,而亡命司马□寇涂中,秦郡太守刘基求救,分军掩讨,即破斩之。

十四年,宋国初建,天子诏曰:“宋国始立,内外草创,禁旅王要,总司须才。右将军祇可为宋领军将军,加散骑常侍。”祇性矜豪,乐在外放恣,不愿内迁,甚不得志。发疾不自治,其年卒广陵,时年五十一。赠散骑常侍、抚军将军,谥曰威侯。

子献嗣,元熙中卒,无子,祇次子朗绍封。朗卒,子宣明嗣。宣明卒,子逸嗣。齐受禅,国除。

史臣曰:刘敬宣与高祖恩结龙潜,义分早合,虽兴复之始,事隔逢迎,而深期久要,未之或爽。隆赫之任,义止于人存,饰终之数,无闻于身后,恩礼之有厚薄者,将有以乎。

宋书卷四八
列传第八

朱龄石 弟超石 毛脩之 傅弘之

朱龄石字伯儿，沛郡沛人也。家世将帅。祖腾，建威将军、吴国内史。伯父宪及斌，并为西中郎袁真将佐，宪为梁国内史，斌为汝南内史。大司马桓温伐真于寿阳，真以宪兄弟与温潜通，并杀之。龄石父绰逃走归温，攻战常居先，不避矢石。寿阳平，真已死，绰辄发棺戮尸，温怒，将斩之，温弟冲苦请得免。绰为人忠烈，受冲更生之恩，事冲如父。参冲车骑军事、西阳广平太守。及冲薨，绰欧血死。冲诸子遇龄石如兄弟。

龄石少好武事，颇轻佻，不治崖检。舅淮南蒋氏，人才仧劣，龄石使舅卧于听事一头，剪纸方一寸，帖著舅枕，自以刀子悬掷之，相去八九尺，百掷百中，舅虽危惧战栗，为畏龄石，终不敢动。舅头有大瘤，龄石伺舅眠，密往割之，舅即死。

初为殿中将军，常追随桓脩兄弟，为脩抚军参军，在京口。高祖克京城，以为建武参军。从至江乘，战，龄石言于高祖曰："世受桓氏厚恩，不容以兵刃相向，乞在军后。"高祖义而许之。事定，以镇军参军，迁武康令，加宁远将军。

丧乱之后，武康人姚系祖招聚亡命，专为劫盗，所居险阻，郡县畏惮，不能讨。龄石至县，伪与系祖亲厚，召为参军。系祖恃其兄弟徒党强盛，谓龄石必不敢图己，乃出应召。龄石潜结腹心，知其居北涂径，乃要系祖宴会，叱左右斩之。乃率吏人驰至其家，掩其不备，莫有得举手者，悉斩系祖兄弟，杀数十人，自是一郡得清。

高祖又召为参军，补徐州主簿，迁尚书都官郎，寻复为参军。从征鲜卑，坐事免官。广固平，复为参军。卢循至石头，领中军。循选敢死之士数千人上南岸，高祖遣龄石领鲜卑步槊过淮击之。率厉将士，皆殊死战，杀数百人，贼乃退。龄石既有武干，又练吏职，高祖甚亲委之。卢循平，以为宁远将军、宁蛮护军、西阳太守。义熙八年，高祖西伐刘毅，龄石从至江陵。

九年，遣诸军伐蜀，令龄石为元帅，以为建威将军、益州刺史，率宁朔将军臧熹、河间太守蒯恩、下邳太守刘钟、龙骧将军朱林等，凡二万人，发自江陵。寻加节、益州诸军事。初，高祖与龄石密谋进取，曰："刘敬宣往年出黄虎，无功而退。贼谓我今应从外水往，而料我当出其不意，犹从内水来也。如此，必以重兵守涪城，以备内道。若向黄虎，正陊其计。今以大众自外水取成都，疑兵出内水，此制敌之奇也。"而虑此声先驰，贼审虚实，别有函书，全封龄石，署函边曰："至白帝乃开。"诸军虽进，未知处分所由。至白帝，发书，曰："众军悉从外水取成都，臧熹、朱林于中水取广汉，使羸弱乘高舰十余，由内水向黄虎。"众军乃倍道兼行，谯纵果备内水，使其大将谯道福以重兵戍涪城，遣其前将军秦州刺史侯辉、尚书仆射蜀郡太守谯诜等，率众万余屯彭模，夹水为城。

十年六月，龄石至彭模，诸将以贼水北城险阻众多，咸欲先攻其南。龄石曰："不然。虽寇在北，今屠南城，不足以破北；若尽锐以拔北垒，南城不麾而自散也。"七月，龄石率刘钟、蒯恩等攻城，诘朝战，至日昃，焚其楼橹，四面并登，斩侯辉、谯诜，仍回军以麾，南城即时散溃。凡斩大将十五级，诸营守以次土崩，众军乃舍船步进。

龙骧将军臧熹至广汉，病卒。朱林至广汉，复破谯道福，别军乘船陷牛脾城，斩其大将谯抚。谯纵闻诸处尽败，奔于涪城，巴西人王志斩送。伪尚书令马耽封府库以待王师。道福闻彭模不守，率精锐五千兼行来赴，闻纵已走，道福众亦散，乃逃于獠中，巴西民杜瑶缚送之，斩于军门。桓谦弟恬随谦入蜀，为宁蜀太守，至是亦斩焉。

高祖之伐蜀也，将谋元帅而难其人，乃举龄石。众咸谓自古平蜀，皆雄杰重将，龄石资名尚轻，虑不办克，谏者甚众，高祖不从。乃分大军之半，猛将劲卒，悉以配之。臧熹，敬皇后弟。咸服高祖之知人，又美龄石之善于其事。

龄石遣司马沈叔任戍涪，蜀人侯产德作乱，攻涪城，叔任击破之，斩产德。初，龄石平蜀，所戮止纵一祖之后，产德事起，多所连结，乃穷加诛剪，死者甚众。进号辅国将军，寻进监益州巴西、梓潼、宕渠、南汉中、秦州之安固、怀宁六郡诸军事。以平蜀功，封丰城县侯，食邑千户。

十一年，征为太尉谘议参军，加冠军将军。十二年，北伐，迁左将军，本号如故，配以兵力，守卫殿省，刘穆之甚加信仗，内外诸事，皆与谋焉。高祖还彭城，以龄石为相国右司马。十四年，安西将军桂阳公义真被征，以龄石持节、督关中诸军事、右将军、雍州刺史。敕龄石："若关右必不可守，可与义真俱归。"龄石亦举城奔走。龙骧将军王敬先戍曹公垒，龄石自潼关率余众就敬先，虏断其水道，众渴不能战，城陷。虏执龄石及敬先还长安，见杀，时年四十。

子景符嗣。景符卒，子祖宣嗣，坐辄之封，八年不反，及不分姑国秩，夺爵。更以祖宣弟隆绍封。齐受禅，国除。

龄石弟超石，亦果锐，善骑乘，虽出自将家，兄弟并闲尺牍。桓谦为卫将军，以补行参军。又参何无忌辅国、右军军事。徐道覆破无忌，得超石，以为参军。至石头，超石说其同舟人乘单舸走归高祖，高祖甚喜之，以为徐州主簿。超石收迎桓谦身首，躬营殡葬。迁车骑参军事，尚书都官郎，寻复补中兵参军、宁朔将军、沛郡太守。

西伐刘毅，使超石率步骑出江陵，未至而毅平。及讨司马休之，遣冠军将军檀道济及超石步军出大簿，鲁宗之闻超石且至，自率军逆之，未战而江陵平。从至襄阳，领新野太守，追宗之至南阳而还。

义熙十二年，北伐，超石前锋入河，索虏托跋嗣，姚兴之婿也，遣弟黄门郎鹅青、冀州刺史安平公乙旃眷、襄州刺史托跋道生、青州刺史阿薄干，步骑十万，屯河北，常有数千骑，缘河随大军进止。时军人缘河南岸，牵百丈，河流迅急，有漂渡北岸者，辄为虏所杀略。遣军裁过岸，虏便退走，军还，即复东来。高祖乃遣白直队主丁旿，率七百人，及车百乘，于河北岸上，去水百余步，为却月阵，两头抱河，车置七仗士，事毕，使竖一白毦。虏见数百人步牵车上，不解其意，并未动。高祖先命超石驰往赴之，并赍大弩百张，一车益二十人，设彭排于辕上。虏见营阵既立，乃进围营，超石先以软弓小箭射虏，虏以众少兵弱，四面俱至。嗣又遣南平公托跋嵩三万骑至，遂肉薄攻营。于是百弩俱发，又选善射者丛箭射之，虏众既多，不能制。超石初行，别赍大锤并千余张槊，乃断槊长三四尺，以锤锤之，一槊辄洞贯三四虏。虏众不能当，一时奔溃，临阵斩阿薄干首，虏退还平城。超石率胡蕃、刘荣祖等追之，复为虏所围，奋击尽日，杀虏千计，虏乃退走。高祖又遣振武将军徐猗之五千人向越骑城，虏围猗之，以长戟结阵，超石赴之，未至悉奔走。大军进克蒲坂，以超石为河东太守，戍守之。贼以超石众少，复还攻城，超石战败退走，数日乃及大军。

高祖自长安东还，超石常令人水道至彭城，除中书侍郎，封兴平县五等侯。关中扰乱，高祖遣超石慰劳河、洛。始至蒲坂，值龄石自长安东走至曹公垒，超石济河就之，与龄石俱没，为佛佛所杀，时年三十七。

毛脩之字敬文，荥阳阳武人也。祖虎生，伯父璩，并益州刺史。父瑾，梁、秦二州刺史。

脩之有大意，颇读史籍。荆州刺史殷仲堪以为宁远参军。桓玄克荆州，仍为玄佐，历后军、太尉、相国参军。解音律，能骑射，玄甚遇之。及篡位，以为屯骑校尉。随玄西奔，玄败于峥嵘洲，复还江陵，人情离散，议欲西奔汉川，脩之诱令入蜀，冯迁斩玄于枚回洲，脩之力也。

晋安帝反正于江陵，除骁骑将军。下至京师，高祖以为镇军谘议参军，加宁朔将军。旬月，迁右将军。既有斩玄之谋，又伯、父并有蜀土，高祖欲引为外助，故频加荣爵。及父瑾为谯纵所杀，高祖表为龙骧将军，配给兵力，遣令奔赴。又遣益州刺史司马荣期及文处茂、时延祖等西讨。脩之至宕渠，荣期为参军杨承祖所杀，承祖自称镇军将军、巴州刺史。脩之退还白帝，承祖自下攻之，不拔。脩之使参军严纲等收合兵众，汉嘉太守冯迁率兵来会，讨承祖斩之。时文处茂犹在巴郡，脩之遣振武将军张季仁五百兵系处茂等。荆州刺史道规又遣奋武将军原导之领千人受脩之节度。脩之遣原导之与季仁俱进。

时益州刺史鲍陋不肯进讨，脩之下都上表曰："臣闻在生所以重生，实有生理可保。臣之情地，生途已竭，所以未沦于泉壤，借命于朝露者，以日月贞照，有兼映之辉，庶凭天威，诛夷仇逆。自提戈西赴，备尝时难，遂使齐斧停柯，狡竖假息。诚由经路有暨，亦缘制不自已。抚影穷号，泣望西路。益州刺史陋始以四月二十九日达巴东，顿白帝，以俟庙略。可乘之机宜践，投袂之会屡愆。臣虽效死寇庭，而理绝救援，是以束骸载驰，诉冤象魏。昔宋害申丹，楚庄有遗履之愤，况忘家殉国，鲜有臣门，节冠风霜，人所矜悼。伍员不亏君义，而申包不忘国艰，俟会伫锋，因时乃发。今臣庸逾在昔，未蒙宵迈之旗，是以仰辰极以希照，眷西土以洒泪也。公私怀耻，仰望洪恩，岂宜遂享名器，比肩人伍。求情既所不容，即实又非所继，但以方仗威灵，要须综摄，乞解金紫宠私之荣，赐以鹰扬折冲之号。臣之于国，理无虚请。自臣涉道，情虑荒越，疹毒交缠，常虑性命陨越，要当躬先士卒，身驰贼庭，手斩凶丑，以摅莫大之衅。然后就死之日，即化如归，阖门灵爽，岂不谢先帝于玄宫。"高祖哀其情事，乃命冠军将军刘敬宣率文处茂、时延祖诸军伐蜀。军次黄虎，无功而退。谯纵由此送脩之父、伯及中表丧，口累并得俱还。

卢循逼京邑，脩之服未除，起为辅国将军，寻加宣城内史，戍姑孰。为循党阮赐所攻，击破之。循走，刘毅还姑孰，脩之领毅后军司马，坐长置吏僮，免将军、内史官。毅西镇江陵，以为卫军司马、辅国将军、南郡太守。脩之虽为毅将佐，而深自结高祖。高祖讨毅，先遣王镇恶袭江陵，脩之与谘议参军任集之等并力战，高祖宥之。

时遣朱龄石伐蜀，脩之固求行，高祖虑脩之至蜀，必多所诛残，士人既与毛氏有嫌，亦当以死自固，故不许。还都，除黄门侍郎，复为右卫将军。

脩之不信鬼神，所至必焚除房庙。时蒋山庙中有佳牛好马，脩之并夺取之。高祖讨司马休之，以为谘议参军、冠军将军、领南郡相。

高祖将伐羌，先遣脩之复芍陂，起田数千顷。及至彭城，又使营立府舍，转相国右司马，将军如故。时洛阳已平，即本号为河南、河内二郡太守，行西州事，戍洛阳，修治城垒。高祖既至，案行善之，赐衣服玩好，当时计直二千万。先是，刘敬宣女嫁高祖，赐钱三百万，杂彩千匹，时人并以为厚赐。王镇恶死，脩之代为安西司马，将军如故。值桂阳公义真已发长安，为佛佛虏所邀，军败。脩之与义真相失，走将免矣。始登一阪，阪甚高峻，右卫军人叛走，已上阪，尝为脩之所罚者，以戟掷之，伤额，因坠阪，逐为佛佛所擒。佛佛死。其子赫连昌为索虏托跋焘所获，脩之并没。

初，脩之在洛，敬事嵩高山寇道士，道士为焘所信敬，营护之，故得不死，迁于平城。脩之尝为羊羹，以荐虏尚书，尚书以为绝味，献之于焘，焘大喜，以脩之为太官令。稍被亲宠，遂为尚书、光禄大夫、南郡公，太官令、尚书如故。其后，朱脩之没虏，亦为焘所宠，脩之相得甚欢。脩之问南国当权者为谁，朱脩之答云："殷景仁。"脩之笑曰："吾昔在南，殷尚幼少，我得归罪之日，便应巾韝到门邪！"经年，不忍问家消息。久之乃讯访，脩之具答，并云："贤子元矫，甚能自处，为时人所称。"脩之悲不得言，直视良久，乃长叹曰："呜呼！"自此一不复及。初，荒人去来，言脩之劝诱焘侵边，并教焘以中国礼制，太祖甚疑责之。脩之后得还，具相申理，上意乃释。脩之在虏中，多畜妻妾，男女甚多。元嘉二十三年，死于虏中，时年七十二。

元矫历宛陵、江乘、溧阳令。

傅弘之字仲度，北地泥阳人。傅氏旧属灵州，汉末郡境为虏所侵，失土寄寓冯翊，置泥阳、富平二县，灵州废不立，故傅氏悉属泥阳。晋武帝太康三年，复立灵州县，傅氏还属灵州。弘之高祖晋司徒祗，后封灵州公，不欲封本县，故祗一门还复泥阳。曾祖畅，秘书丞，没胡，生子洪，晋穆帝永和中，胡乱得还。洪生韶，梁州刺史，散骑常侍。韶生弘之。

少倜傥有大志，为本州主簿，举秀才，不行。桓玄将篡，新野人庾仄起兵于南阳，袭雍州刺史冯该，该走。弘之时在江陵，与仄兄子彬谋杀荆州刺史桓石康，以荆州刺史应仄。彬从弟宏知其谋，以告石康，石康收彬杀之，系弘之于狱。桓玄以弘之非造谋，又白衣无兵众，原不罪。

义旗建，辅国将军道规以为参军、宁远将军、魏兴太守。卢循作乱，桓石绥自洛甲口自号荆州刺史，征阳令王天恩自号梁州刺史，袭西城。时韶为梁州，遣弘之讨石绥等，并斩之。除太尉行参军。从征司马休之。署后部贼曹，仍为建威将军、顺阳太守。

高祖北伐，弘之与扶风太守沈田子等七军自武关入，伪上洛太守□脱奔走，进据蓝田，招怀戎、晋。晋人庞斌之、戴养、胡人康横等各率部落归化。弘之素善骑乘，高祖至长安，弘之于姚泓驰道内，缓服戏马，或弛或骤，往反二十里中，甚有姿制，羌胡聚观者数千人，并惊惋叹息。初上马，以马鞭柄策，挽致两股内，及下马，柄孔犹存。

进为桂阳公义真雍州治中从事史，除西戎司马、宁朔将军。略阳太守徐师高反叛，弘之讨平之。高祖归后，佛佛伪太子赫连璝率众三万袭长安，弘之又领步骑五千，于池阳大破之，杀伤甚众。璝又抄掠渭南，弘之又于寡妇人渡破璝，获贼三百，掠七千余口。又义真东归，佛佛倾国追蹑，于青泥大战，弘之身贯甲胄，气冠三军。军败陷没，佛佛逼令降，弘之不为屈，时天寒，裸弘之，弘之叫骂见杀。时年四十二。

史臣曰:三代之隆,畿服有品,东渐西被,无遗遐荒。及汉氏辟土,通译四方,风教浅深,优劣已远。晋室播迁,来宅扬、越,关、朔遥阻,陇、汧遐荒。区甸分其内外,山河判其表里,而羌、戎杂合,久绝声教,固宜待以荒服,羁縻而已也。若其怀道畏威,奉王受职,则通以书轨,班以王规。若负其岨远,屈强边垂,则距险闭关,御其寇暴。桓温一世英人,志移晋鼎,自非兵屈西湖,战衄枋头,则光宅之运,中年允集。高祖无周世累仁之基,欲力征以君四海,实须外积武功,以收天下人望。止欲挂旆龙门,折冲冀、赵,跨功桓氏,取高昔人,地未旆辟于东晋,威独振于江南,然后可以变国情,惬民志,抚归运而膺宝策。岂不知秦川不足供养,百二难以传后哉!至举咸阳而弃之,非失算也。此四将藉归众难固之情,已至于俱陷,为不幸矣。

宋书卷四九
列传第九

孙处　蒯恩　刘钟　虞丘进

孙处字季高，会稽永兴人也。籍注季高，故字行于世。少任气。高祖东征孙恩，季高义乐随，高祖平定京邑，以为振武将军，封新夷县五等侯。广固之役，先登有功。

卢循之难，于石头捍栅，戍越城、查浦，破贼于新亭。高祖谓季高曰："此贼行破，应先倾其巢窟，令奔走之日，无所归投，非卿莫能济事。"遣季高率众三千，泛海袭番禺。初，贼不以海道为防，季高至东冲，去城十余里，城内犹未知。循守战士犹有数千人，城池甚固。季高先焚舟舰，悉力登岸，会天大雾，四面陵城，即日克拔。循父拟、长史孙建之、司马虞尫夫等，轻舟奔始兴。即分遣振武将军沈田子等讨平始兴、南康、临贺、始安岭表诸郡。循于左里奔走，而众力犹盛，自岭道还袭广州。季高拒战二十余日，循乃破走，所杀万余人，追奔至郁林，会病，不得穷讨，循遂得走向交州。

义熙七年四月，季高卒于晋康，时年五十三。追赠龙骧将军、南海太守，封侯官县侯，食邑千户。九年，高祖念季高之功，乃表曰："孙季高岭南之勋，已蒙褒赠。臣更思惟卢循稔恶一纪，据有全成。若令根本未拔，投奔有所，招合余烬，犹能为虞，县师远讨，方勤庙算。而季高泛海万里，投命洪流，波激电迈，指日遄至，遂奄定南海，覆其巢窟，使循进退靡依，轻舟远迸。曾不旬月，妖凶歼殄。荡涤之功，实庸为大。往年所赠，犹为未优。愚谓宜更赠一州，即其本号，庶令忠勋不湮，劳臣增厉。”重赠交州刺史，将军如故。

子宗世卒，子钦公嗣。钦公卒，子彦祖嗣。齐受禅，国除。

蒯恩字道恩，兰陵承人也。高祖征孙恩，县差为征民，充乙士，使伐马刍。恩常负大束，兼倍余人，每舍刍于地，叹曰：“大丈夫弯弓三石，奈何充马士！”高祖闻之，即给器仗，恩大喜。自征妖贼，常为先登，多斩首级。既习战阵，胆力过人，诚心忠谨，未尝有过失，甚见爱信。于娄县战，箭中左目。

从平京城，进定京邑，以宁远将军领幢。随振武将军道规西讨，虏桓仙客，克偃月垒，遂平江陵。义熙二年，贼张坚据应城反，恩击破之，封都乡侯。从伐广固，又有战功。卢循逼京邑，恩战于查浦，贼退走。与王仲德等追破循别将范宗民于南陵。循既走还广州，恩又领千余人随刘藩追徐道覆于始兴，斩之。迁龙骧将军、兰陵太守。

高祖西征刘毅，恩与王镇恶轻军袭江陵，事在《镇恶传》。以本官为太尉长兼行参军，领众二千，随益州刺史朱龄石伐蜀。至彭模，恩所领居前，大战，自朝至日昃，勇气益奋，贼破走。进平成都，擢为行参军，改封北至县五等男。高祖伐司马休之及鲁宗之，恩与建威将军徐逵之前进。逵之败没，恩陈于堤下，宗之子轨乘胜击恩，矢下如雨，呼声震地，恩整厉将士，置阵坚严。轨屡冲之不动，知不可攻，乃退。高祖善其能将军持重。江陵平定，复追鲁轨于石城。轨弃城走，恩追至襄阳，宗之奔羌，恩与诸将追讨至鲁阳关乃还。

恩自从征讨，每有危急，辄率先诸将，常陷坚破阵，不避艰险。凡百余战，身被重疮。高祖录其前后功劳，封新宁县男，食邑五百户。高祖世子为征虏将军，恩以大府佐领中兵参军，随府转中兵参军。高祖北伐，留恩侍卫世子，命朝士与之交。恩益自谦损，与人语常呼位官，而自称为鄙人。抚待士卒，甚有纪纲，众咸亲附之。迁谘议参军，转辅国将军、淮陵太守。世子开府，又为从事中郎，转司马，将军、太守如故。

入关迎桂阳公义真。义真还至青泥，为佛佛虏所追，恩断后，力战连日。义真前军奔散，恩军人亦尽，为虏所执，死于虏中。

子国才嗣。国才卒，子慧度嗣。慧度卒，无子，国除。

刘钟字世之，彭城彭城人也。少孤，依乡人中山太守刘回共居。幼有志力，常慷慨于贫贱。隆安四年，高祖伐孙恩，钟愿从余姚、浃口攻句章、海盐、娄县，皆摧坚陷阵，每有战功。为刘牢之镇北参军督护。高祖每有戎事，钟不辞艰剧，专心尽力，甚见爱信。

义旗将建，高祖版钟为郡主薄。明日，从入京城。将向京邑，高祖命曰："预是彭沛乡人赴义者，并可依刘主簿。"于是立为义队，恒在左右，通战皆捷。明日，桓谦屯于东陵，卞范之屯覆舟山西，高祖疑贼有伏兵，顾视左右，正见钟，谓之曰："此山下当有伏兵，卿可率部下稍往扑之。"钟应声驰进，果有伏兵数百，一时奔走。桓玄西奔，其夕，高祖止桓谦故营，遣钟宿据东府，转镇军参军督护。桓歆寇历阳，遣钟助豫州刺史魏咏之讨之，歆即奔进。除南齐国内史，封安县五等侯。自陈情事，改葬父祖及亲属十丧，高祖厚加资给。转骑长史，兼行参军。司马叔璠与彭城刘谧、刘怀玉等，自蕃城攻邹山，鲁郡太守徐邕失守，钟率军讨平之。

从征广固，孟龙符陷没，钟率左右直入，取其尸而反。除振武将军、中兵参军，代龙符领广川太守。卢循逼京邑，徐赤军违处分，败于南岸，钟率麾下距栅，身被重创，贼不得入。循南走，钟与辅国将军王仲德追之。循先留别帅范宗民以精兵高舰据南陵，夹屯两岸。钟自行觇贼，天雾，贼钩得其舸，钟因率左右舰攻户，贼遽闭户距之，钟乃徐还。与仲德攻崇民，崇民败走，钟追讨百里，烧其船乘。又随刘藩追徐道覆，于始兴斩之。补太尉行参军、宁朔将军、下邳太守，代孟怀玉领石头戍事。

高祖讨刘毅，钟率军继王镇恶。江陵平定，用随朱龄石伐蜀，为前锋，由外水至于彭模，去成都二百里。伪冠军、征讨督护谯亢等两岸连营，曾楼重栅，众号三万。钟于时脚疾，不能行，龄石乃诣钟谋曰："今天时盛热。而贼严兵固险，攻之未必可拔，只增疲困。计其人情恇挠，必不久安，且欲养锐息兵，以伺其隙。隙而乘之，乃可捷事。然决机两陈，公本有所委，卿意谓何？”钟曰：“不然。前扬声言大众向内水，谯道福不敢舍涪城。今重军卒至，出其不意，蜀人已破胆矣。贼今阻兵守险，是其惧不敢战，非能持久坚守也。因其凶惧，尽锐攻之，其势必克。鼓行而进，成都必不能守矣。今若缓兵相守，彼将知人虚实，涪军忽并来力距我，人情既安，良将又集，此求战不获，军食无资，当为蜀子虏耳。”龄石从之。明日进攻，陷其二城，斩其大将侯辉、谯诜，迳平成都。

以广固功，封永新县男，食邑五百户。迁给事中、太尉参军事、龙骧将军、高阳内史，领石头戍事。高祖讨司马休之，前军将军道怜留镇东府，领屯兵。冶亭群盗数百夜袭钟垒，距击破之。时大军外讨，京邑扰惧，钟以不能镇遏，降号建威将军。平蜀功，应封四百户男，以先有封爵，减户以赐次子敬顺高昌县男，食邑百户。寻复本号龙骧将军。十二年，高祖北伐，复留镇居守，增其兵力，又命府置佐史。荆州刺史道怜献名马三匹，并精丽乘具，高祖悉以赐钟三子。十四年，迁右卫将军，龙骧将军如故。元熙元年，卒，时年四十三。

子敬义嗣。敬义官至马头太守，卒。子国重嗣，齐受禅，国除。钟次子高昌男敬顺卒，子国须嗣。须卒，无子，国除。

虞丘进字豫之，东海郯人也。少时随谢玄讨苻坚有功，封关内侯。隆安中，从高祖征孙恩，戍句章城，被围数十日，无日不战，身被数疮。至余姚呵浦，破贼张骠，追至海盐故治及娄县。于蒲涛口与孙恩水战，又被重疮。追恩至郁洲，又至石鹿头，还海盐大柱，频战有功。元兴元年，又从高祖东征临海，于石步固与卢循相守二十余日。二年，又从高祖至东阳，破徐道覆。其年，又至临松穴破贼，追至永嘉千江，又至安固，累战皆有功。

三年，从平京城，定京邑，除燕国内史。义熙二年，除龙骧将军，封龙川县五等侯。从高祖伐广固，于临朐破贼。卢循逼京邑，孟昶、诸葛长民等建议奉天子过江，进廷议不可，面折昶等，高祖甚嘉之。

献计伐树,树栅石头。除鄱阳太守,将军如故。统马步十八队,于东道出鄱阳,至五亩峤。循遣将英纠为上饶令,千余人守故城,进攻破之。循又遣童敏之为鄱阳太守,据郡,进从余干步道趣鄱阳,敏之退走,追破之,斩首数百。复随刘藩至始兴,讨斩徐道覆。

八年,除宁蛮护军、寻阳太守,领文武二年从征刘毅。事平,补太尉行参军,寻加振威将军。九年,以前后功封望蔡县男,食邑五百户,加龙骧将军。讨司马休之,又有战功。军还,除辅国将军、山阳太守。宋台令书除秦郡太守,督陈留郡事,将军如故。元熙二年,宋王令书以为高祖第四子义康右将军司马。永初二年,迁太子右卫率。明年,卒官,时年六十。追论讨司马休之功,进爵为子,增邑三百户。

子耕嗣。耕卒,子袭祖嗣。袭祖卒,世宝嗣。齐受禅,国除。

史臣曰:《诗》云:"无言不酬,无德不报。"此诸将并起自竖夫,出于皂隶刍牧之下,徒以心一乎主,故能奋其鳞翼。至于推锋转战,百死而不顾一生,盖由其心一也。遂飨封侯之报,诗人之言信矣。

宋书卷五〇
列传第一〇

胡藩 刘康祖 垣护之 张兴世

胡藩字道序，豫章南昌人也。祖随，散骑常侍。父仲任，治书侍御史。

藩少孤，居丧以毁称。太守韩伯见，谓藩叔尚书少广曰："卿此侄当以义烈成名。"州府辟召，不就。须二弟冠婚毕，乃参郗恢征虏军事。时殷仲堪为荆州刺史，藩外兄罗企生为仲堪参军，藩请假还，过江陵省企生。仲堪要藩相见，接待甚厚。藩因说仲堪曰："桓玄意趣不常，每怏怏于失职。节下崇待太过，非将来之计也。"仲堪色不悦。藩退而谓企生曰："倒戈授人，必至之祸。若不早规去就，后悔无及。"玄自夏口袭仲堪，藩参玄后军军事。仲堪败，企生果以附从及祸。藩转参太尉、将军、相国军事。

义旗起，玄战败将出奔，藩于南掖门捉玄马控，曰："今羽林射手犹有八百，皆是义故西人，一旦舍此，欲归可复得乎？"玄直以马鞭指天而已，于是奔散相失。追及玄于芜湖，玄见藩，喜谓张须无曰："卿州故为多士，涂乃复见王叔治。"桑落之战，藩舰被烧，全铠入水，潜行三十许步，方得登岸。义军既迫，不复得西，乃还家。高祖素闻藩直言于殷氏，又为玄尽节，召为员外散骑侍郎，参军军事。

从征鲜卑，贼屯聚临朐，藩言于高祖曰："贼屯军城外，留守必寡，今往取其城，而斩其旗帜，此韩信所以克赵也。"高祖乃遣檀韶与藩等潜往，既至，即克其城。贼见城陷，一时奔走，还保广固累月。将拔之夜，佐史并集，忽有鸟大如鹅，苍黑色，飞入高祖帐里，皆骇愕，以为不祥。藩起贺曰："苍黑者，胡虏之色，胡虏归我，大吉之祥也。"明旦，攻城陷之。从讨卢循于左里，频战有功，封吴平县五等子，除正员郎。

寻转宁远将军、鄱阳太守，从伐刘毅。毅初当之荆州，表求东道还京辞墓，去都数十里，不过拜阙，高祖出倪塘会之，藩劝于坐杀毅，高祖不从。至是谓藩曰："昔从卿倪塘之谋，无今举也。"又从司马休之，复为参军，加建武将军，领游军于江津。徐逵之败没，高祖怒甚，即日于马头岸渡江，而江津岸峭，壁立数丈，休之临岸置阵，无由可登。高祖呼藩令上，藩有疑色，高祖奋怒，命左右录来，欲斩之。藩不受命，顾曰："藩宁前死耳！"以刀头穿岸，劣容脚指，于是径上，随之者稍多。既得登岸，殊死战，贼不能当，引退。因而乘之，一时奔散。

高祖伐羌，假藩宁朔将军，参太尉军事，统别军。至河东，暴风漂藩重舰渡北岸，索虏牵得此舰，取其器物。藩气厉心愤，率左右十二人，乘小船迳往河北。贼骑五六百见藩来，并笑之。藩素善射，登岸射贼，登岸射贼，应弦而倒者十许人。贼皆奔退，悉收所失而反。又遣藩及朱超石等追索虏于平城，虏骑数重，藩及超石所领皆割配新军，不盈五千，率厉力战，大破之。又与超石等击姚业于蒲坂，超石失利退还，藩收超石所舍资实，徐行而反，业不敢追。

高祖还彭城，参相国军事。时卢循余党与苏淫贼大相聚结，以为始兴相。论平司马休之及广固功，封阳山县男，食邑五百户。少帝景平元年，坐守东府开掖门，免官。寻复其职。四年，迁建武将军、江夏内史。七年，征为游击将军。到彦之北伐，南兖州刺史长沙王义欣进据彭城，藩出戍广陵，行府州事。转太子左卫率。十年，卒，时年六十二。谥曰壮侯。

子隆世嗣，官至西阳太守。隆世卒，子乾秀嗣。藩庶子六十人，多不遵法度。藩第十四子遵世，为臧质宁远参军，去职还家，与孔熙先同逆谋，太祖以藩功臣，不欲显其事，使江州以他事收杀之。二十四年，藩第十六子诞世、第十七子茂世率群从二百余人破郡县，杀太守桓隆之、令诸葛和之，欲奉庶人义康。值交州刺史檀和之至豫章，讨平之。诞世兄车骑参军新兴太守景世、景世弟宝世，诣廷尉归罪，并徙远州。乾秀夺国。世祖初，徙者并得还。

刘康祖，彭城吕人。世居京口。伯父简之，有志干，为高祖所知。高祖将谋兴复，收集才力之士，尝再造简之，值有宾客。简之悟其意，谓弟虔之曰："刘下邳频再来，必当有意。既不得共语，汝可试往见之。"既至，高祖已克京城，虔之即便投义。简之闻之，杀耕牛，会聚徒众，率以赴高祖。简之历官至通直常侍，少府，太尉谘议参军。简之弟谦之，好学，撰《晋纪》二十卷，义熙末，为始兴相。东海人徐道期流寓广州，无士行，为侨旧所陵侮。因刺史谢欣死，合率群不逞之徒作乱，攻没州城，杀士庶素憾者百余，倾府库，招集亡命，出攻始兴。谦之破走之，进平广州，诛其党与，仍行州事。即以为振威将军、广州刺史。后为太中大夫。虔之诞节，不营产业，轻财好施。高祖西征司马休之、鲁宗之等，遣参军檀道济、朱超石步骑出襄阳，虔之时为江夏相，率府郡兵力出溳城，屯三连，立桥聚粮以待。道济等积日不至，为宗之子轨所袭，众寡不敌。参军孙长庸流涕劝退军，虔之厉色曰："我仗顺伐罪，理无不克。如其不幸，命也。"战败见杀，追赠梁、秦二州刺史，封新康县男，食邑五百户。

康祖，虔之子也。袭封，为长沙王义欣镇军参军，转员外散骑侍郎。便弓马，膂力绝人，在闾里不治士业，以浮荡蒱酒为事。每犯法，为郡县所录，辄越屋逾墙，莫之能禽。夜入人家，为有司所围守，康祖突围而去，并莫敢追。因夜还京口，半夕便至。明旦，守门诣府州要职。俄而建康移书录之，府州执事者并证康祖其夕在京口，遂见无恙。前后屡被纠劾，太祖以勋臣子，每原贷之。为员外郎十年，再坐樗蒲戏免。

转太子左积弩将军，随射声校尉裴方明西征仇池，兴方明同下廷尉，康祖免官。顷之，世祖为豫州刺史，镇历阳，以康祖为征虏中兵参军，既被委任，折节自修。转太子翊军校尉。久之，迁南平王铄安蛮府司马。

元嘉二十七年春，索虏托拔焘亲率大众攻围汝南，太祖遣诸军救援，康祖总统为前驱。军次新蔡，与虏战，俱前百余里，济融水。虏众大至，奋击破之，斩伪殿中尚书任城公乞地真。去县瓠四十里，焘烧营退走。转左军将军。太祖欲大举北伐，康祖以岁月已晚，请待明年，上以河北义徒并起，若顿兵一周，沮向义之志，不许。其年秋，萧斌、王玄谟、沈庆之等入河，康祖率豫州军出许、洛。玄谟等败归，虏引大众南度。南平王铄在寿阳，上虏为所围，召康祖速反。康祖回军，未至寿阳数十里，会虏永昌王库仁真以长安之众八万骑，与康祖相及于尉武。康祖凡有八千人，军副胡盛之欲附山依险，间行取至。康祖怒曰："吾受命本朝，清荡河洛。寇今自送，不复远劳王师，犬羊虽多，实易摧灭。吾兵精器练，去寿阳裁数十里，援军寻至，亦何患而。"乃结军营而进。虏四面来攻，大战一日一夜，杀虏填积。虏分众为三，且休且战，以骑负草烧车营。康祖率厉将士，无不一当百，虏死者太半。会矢中颈死，于是大败，举营沦覆，为虏所杀尽，自免者裁数十人。虏传康祖首示彭城，面如生。

胡盛之为虏生禽，托跋焘宠之，常在左右。盛之有勇力，初为长沙王义欣镇军参军督护，讨劫谯郡，县西劫有马步七十，逃隐深榛，盛之挺身独进，手斩五十八级。

二十八年，诏曰："康祖班师尉武，戎律靡忒。对众以寡，歼殄太半。猛气云腾，志申力屈，没世徇节，良可嘉悼。宜加甄宠，以旌忠烈。可赠益州刺史，谥曰壮男。"传国至齐受禅，国除。

垣护之字彦宗，略阳桓道人也。祖敞，仕苻氏，为长乐国郎中令。慕容德入青州，以敞为车骑长史。德兄子超袭伪位，伯父遵、父苗复见委任。遵为尚书，苗京兆太守。高祖围广固，遵、苗逾城归降，并以为太尉行参军。太祖元嘉中，遵为员外散骑常侍，苗屯骑校尉。

护之少倜傥，不拘小节，形状短陋，而气干强果。从高祖征司马休之，为世子中军府长史，兼行参军。永初中，补奉朝请。元嘉初，为殿中将军。随到彦之北伐，彦之将回师，护之为书谏曰："外闻节下欲回师反旆，窃所不同。何者？残虏畏威，望风奔迸，八载侵地，不战克复。方当长驱朔漠，穷扫遗丑，况乃自送，无假远劳。宜使竺灵秀速进滑台，助朱脩之固守，节下大军进拟河北，则牢、洛游魂，自然奔退。且昔人有连年攻战，失众乏粮者，犹张胆争前，莫肯轻退。况今青州丰穰，济漕流通，士马饱逸，威力无损。若空弃滑台，坐丧成业，岂是朝廷受任之旨？"彦之不纳，散败而归。太祖闻而善之，以补江夏王义恭征北行参军、北高平太守。以载禁物系尚方，久之蒙宥。又补衡阳王义季征北长流参军，迁宣威将军、钟离太守。

随王玄谟入河，玄谟攻滑台，护之百舸为前锋，进据石济。石济在滑台西南百二十里。及虏救至，又驰书劝玄谟急攻，曰："昔武皇攻广固，死没者亦众。况事殊曩日，岂得计士众伤疲，愿以屠城为急。"不从。玄谟败退，不暇报护之。护之闻知，而虏悉已牵玄谟水军大艚，连以铁锁三重断河，欲以绝护之路。河水迅急，护之中流而下，每至铁锁，以长柯斧断之，虏不能禁。唯失一舸，余舸并全。留戍靡沟城。

还为江夏王义恭骠骑户曹参军，戍淮阴。加建武将军，领济北太守。率二千人复随张永攻碻磝，先据委粟津。虏壮道俊与伪尚书伏连来援碻磝，护之拒之，贼因引军东去。萧思话遣护之迎军至梁山，伪尚书韩元兴率精骑卒至，护之依险拒战，斩其都军长史，甲首数十，贼乃退。思话将引还，诳护之云："沈庆之救军垂至，可急于济口立桥。"护之揣知其意，即分遣白丁。思话复令度河戍乞活堡以防众军。三十年春，太祖崩，还屯历下。闻世祖入讨，率所领驰赴，上嘉之，以为督冀州之济南乐安太原三郡诸军事、宁远将军、冀州刺史。

孝建元年，南郡王义宣反，兖州刺史徐遗宝，护之妻弟也，远相连结，与护之书，劝使同逆。护之驰使以闻。遗宝时戍湖陆，护之留子恭祖守历城，自率步骑袭遗宝。道经邹山，破其别戍。未至湖陆六十里，遗宝焚城西走。兖土既定，征为游击将军。

随沈庆之等击鲁爽，加辅国将军。义宣率大众至梁山，与王玄谟相持。柳元景率护之及护之弟询之、柳叔仁、郑琨等诸军，出镇新亭。玄谟见贼强盛，遣司马管法济求救甚急。上遣元景等进据南州，护之水军先发。贼遣将庞法起率众袭姑熟，适值护之、郑琨等至，奋击，大破之，斩获及投水死略尽。玄谟驰信告元景曰："西城不守，唯余东城，众寡相悬，请退还姑熟，更议进取。"元景不许，将悉众赴救，护之劝分军援之。元景然其计，乃以精兵配护之赴梁山。及战，护之见贼舟舰累水，谓玄谟曰："今当以火平之。"即使队主张谈等烧贼舰，风猛水急，贼军以此奔散。梁山平，护之率军追讨，会朱脩之已平江陵，至寻阳而还。迁督徐兖二州豫州之梁郡诸军事、宁朔将军、徐州刺史，封益阳县侯，食邑千户。

弟询之，骁敢有气力，元凶夙闻其名，以副辅国将军张柬。时张超首行大逆，亦领军隶柬。询之规杀之，虑柬宿有此志，又测询之同否，互相观察。会超来论事，柬色动，询之觉之，即共定谋，遣信召超。超疑之不至，改宿他所。询之不知其移，迳斫之，杀其仆于床，因与柬南奔。柬溺淮死，询之得至。时世祖已即位，以为积弩将军。梁山之役力战，为流矢所中，死，追赠冀州刺史。

二年，护之坐论功挟私，免官。复为游击将军。俄迁大司马，辅国将军，领南东海太守。未拜，复督青冀二州诸军事、宁远将军、青冀二州刺史，镇历城。明年，进号宁朔将军，进督徐州之东莞□□二郡军事。世祖以历下要害，欲移青州并镇历城，议者多异。护之曰："青州北有河、济，又多陂泽，非虏所向，每来寇掠，必由历城。二州并镇，此经远之略也。北又近河，归顺者易，近息民患，远申王威，安边之上计也。"由是遂定。

大明二年，征为右卫将军。还，于道闻司空竟陵王诞于广陵反叛，护之即率部曲受车骑大将军沈庆之节度。事平，转西阳王子尚抚军司马、临淮太守。明年，出为使持节、督豫司二州诸军事、辅国将军、豫州刺史、淮南太守。复隶沈庆之伐西阳蛮。护之所莅多聚敛，贿货充积。七年，坐下狱，免官。明年，复起为太中大夫，未拜，其年卒，时年七十。谥曰壮侯。前废帝永光元年，追赠冠军将军、豫州刺史。

子承祖嗣。承祖卒，子显宗嗣。齐受禅，国除。护之次子恭祖，勇果有父风。太宗泰始初，以军功为梁、南秦二州刺史。

遵子阆，元嘉中，为员外散骑侍郎。母墓为东阿寺道人昙洛等所发，阆与弟殿中将军闳共杀昙洛等五人，诣官归罪，见原。阆，大明三年，自义兴太守为宁朔将军、兖州刺史，为竟陵王诞所杀。追赠征虏将军，刺史如故。

闳，顺帝升明末，右卫将军。

张兴世字文德，竟陵竟陵人也。本单名世，太宗益为兴世。少时家贫，南郡宗珍之为竟陵郡，兴世依之为客。竟陵旧置军府，以补参军督护，不就。白衣随王玄谟伐蛮，每战辄有禽获，玄谟旧部曲诸将不及也，甚奇之。兴世还都，白太祖，称其胆力。

后随世祖镇寻阳，以补南中参军督护。入讨元凶，隶柳元景为前锋，事定，转员外将军，领从队，南郡王义宣反，又随玄谟出梁山，有战功。除建平王宏中军行参军，领长刀。又隶西平王子尚为直卫。坐从子尚入台，弃仗游走，下狱免官。复以白衣充直卫。

大明末，除员外散骑侍郎，仍除宣威将军、随郡太守。未行，太宗即位，四方反叛。进兴世号龙骧将军，领水军，距南贼于赭圻。筑二城于湖口，伪龙骧将军陈庆领舸于前为游军。兴世率龙骧将军佼长生、董凯之攻克二城，因击庆，庆战大败，投水死者数千人。时台军据赭圻，南贼屯鹊尾，相持久不决。兴世建议曰："贼据上流，兵强地胜。我今虽相持有余，而制敌不足。今若以兵数千，潜出其上，因险自固，随宜断截，使其首尾周遑，进退疑沮，中流一梗，粮运自艰。制贼之奇，莫过于此。"沈攸之、吴喜并赞其计。时豫州刺史殷琰之据寿阳同逆，为刘勔所攻，南贼遣庞孟虬率军助琰，刘勔遣信求援甚急。建安王休仁欲遣兴世救之，问沈攸之，攸之曰：“孟虯蚁寇，必无能为。遣别将马步数千，足以相制。若有意外，且以江西饵之。上流若据，不忧不殄。兴世之行，是安危大机，必不可辍。”乃遣段佛荣等援勔。

兴世欲率所领直取大雷，而军旅未集，不足分张。会薛索儿平定，太宗使张永以步骑五千留戍盱眙，余众二万人悉遣南讨。山阳又寻平，征阮佃夫所领诸军悉还南伐，众军大集，乃分战士七千配兴世。兴世乃令轻舸溯流而上，旋复回还，一二日中，辄复如此，使贼不为之备。刘胡闻兴世欲上，笑之曰：“我尚不敢越彼下取扬州，张兴世何物人，欲轻据我上！”兴世谓攸之等曰：“上流唯有钱溪可据，地既险要，江又甚狭，去大众不远，应赴无难。江有洄洑，船下必来泊，岸有横浦，可以藏船舸，二三为宜。”乃夜渡湖口，至散头，因复回下疑之。其夜四更，值风，仍举帆直前。贼亦遣胡灵秀诸军，于东岸相翼而上。兴世夕住景江浦宿，贼亦不进，夜潜遣黄道摽领七十舸，径据钱溪，营立城柴。明旦，兴世与军齐集。停一宿，刘胡自领水步二十六军平旦来攻。将士欲迎击之，兴世禁曰：“贼来尚远，而气盛矢骤，骤既力尽，盛亦易衰，此曹刿之所以破齐也。”令将士不得妄动，治城如故。俄而贼来转近，舫入洄洑，兴世乃命寿寂之、任农夫率壮士数百击之，众军相继进，胡于是败走。斩级数百，投水者甚众，胡收军而下。

时兴世城垒未固，司徒建安王休仁虑贼并力更攻钱溪，欲分其形势，命沈攸之、吴喜、佼长生、刘灵遗等以皮舰二十攻贼浓湖，苦战连日，斩护千数。是日，刘胡果率众军，欲更攻兴世。未至钱溪数十里，袁颛以浓湖之急遽追之，钱溪城柴由此得立。贼连战转败，兴又世遏其粮道，寻阳遣运至南陵，不敢下，贼众渐饥。刘胡乃遣颛安北府司马、伪右军沈仲玉领千人步取南陵，迎接粮运。仲玉至南陵，领米三十万斛，钱布数十舫，竖榜为城，规欲突过。行至贵口，不敢进，遣间信报胡，令遣重军援接，兴世、寿寂之、任农夫、李安民等三千人至贵口击之，与仲玉相值。交战尽日，仲玉走还颛营，悉虏其资实，贼众大败，震胡弃军遁走，颤仍亦奔散。兴世率军追讨，与吴喜共平江陵。迁左军将军，寻为督豫司二州南豫州六郡诸军事。封作唐县侯，食邑千户。

征为游击将军。海道北伐，假辅国将军，加节置佐，无功而还。四年，迁太子右卫率，又以本官领骁骑将军，与左卫将军沈攸之参员置。五年，转左卫将军。六年，中领军刘勔当镇广陵，兴世权兼领军。泰豫元年，为持节、督雍梁南北秦郢州之竟陵随二郡诸军事、冠军将军、雍州刺史，寻加宁蛮校尉。桂阳王休范反，兴世遣军赴朝廷，未发而事平，进号征虏将军。废帝元徽三年，征为通直散骑常待、左卫将军。五年，以疾病徙光禄大夫，常侍如故。顺帝升明二年，卒，时年五十九。追赠本官。

兴世居临沔水，沔水自襄阳以下至于九江，二千里中，先无洲屿。兴世初生，当其门前水中，一旦忽生洲，年年渐大，及至兴世为方伯，而洲上遂十余顷。父仲子，由兴世致位给事。兴世欲将往襄阳，爱恋乡里，不肯去。尝谓兴世："我虽田舍老公，乐闻鼓角，可送一部，行田时吹之。"兴世素恭谨，畏法宪，譬之曰："此是太子鼓角，非田舍老公所吹。"兴世欲拜墓，仲子谓曰："汝卫从太多，先人必当惊怖。"兴世减撤而后行。

兴世子欣业，当嗣封，会齐受禅，国除。

史臣曰：兵固诡道，胜在用奇。当二帝争雄，天人之分未决，南北连兵，相厄而不得进者，半岁矣。盖乃赵壁拔帜之机，官渡潜师之日，至于鹊浦投戈，实兴世用奇之力也。建旆垂组，岂徒然哉！

宋书卷五一
列传第一一

宗　室

长沙景王道怜　临川烈武王道规
鲍照　营浦侯遵考

长沙景王道怜，高祖中弟也。初为国子学生。谢琰为徐州，命为从事史。高祖克京城，进平京邑，道怜常留家侍慰太后。桓玄走，大将军武陵王遵承制，除员外散骑侍郎。寻迁建威将军、南彭城内史。

时北青州刺史刘该反，引索虏为援，清河、阳平二郡太守孙全聚众应之。义熙元年，索虏托跋开遣伪豫州刺史索度真、大将军斛斯兰寇徐州，攻相县，执钜鹿太守贺申，进围宁朔将军羊穆之于彭城，穆之告急，道怜率众救之。军次陵栅，斩全。进至彭城，真、兰退走，道怜率宁孟龙骧将军孔隆及穆之等追，真、兰走奔相城，又追蹑至光水沟，斩刘该，虏众见杀及赴水死略尽。

高祖镇京口，进道怜号龙骧将军，又领堂邑太守，戍石头。明年，加使持节、监征蜀诸军事，率冠军将军刘敬宣等伐谯纵，而文处茂、温祚据险不得进，故不果行。以义勋封新兴县五等侯。四年，代诸葛长民为并州刺史、义昌太守，将军、内史如故，犹戍石头。

时鲜卑侵逼，自彭城以南，民皆保聚，山阳、淮阴诸戍，并不复立。道怜请据彭城，以渐修创，朝议以彭城县远，使镇山阳。进号征虏将军、督淮北军郡事、北东海太守，并州刺史、义昌太守如故。以破索度真功，封新淦县男，食邑五百户。从高祖征广固，常为军锋。及城陷，慕容超将亲兵突围走，道怜所部获之。加使持节，进号左将军。七年，解并州，加北徐州刺史，移镇彭城。

八年，高祖伐刘毅，征为都督兖青二州晋陵京口淮南诸军郡事、兖青州刺史，持节、将军、太守如故，还镇京口。九年，甲仗五十人入殿。以广固功，改封竟陵县公，食邑千户。减先封户邑之半，以赐次子义宗。十一年，进号中军将军，加散骑常侍，给鼓吹一部。明年，讨司马休之，道怜监留府事，甲仗百人入殿。江陵平，以为都督荆湘益秦宁梁雍七州诸军、骠骑将军、开府仪同三司、镇护南蛮校尉、荆州刺史，持节、常侍如故。北府文武悉配之。道怜素无才能，言音甚楚，举止施为，多诸鄙拙。高祖虽遣将军佐辅之，而贪纵过甚，畜聚财货，常若不足，去镇之日，府库为之空虚。

高祖平定三秦，方思外略，征道怜还为侍中、都督徐兖青三州扬州之晋陵诸军事、守尚书令、徐兖二州刺史，持节、将军如故。元兴元年，解尚书令，进位司空，出镇京口。高祖受命，进位太尉，封长沙王，食邑五千户，持节、侍中、都督、刺史如故。永初二年，朝正，入住殿省。先是，庐陵王义真为扬州刺史，太后谓上曰："道怜汝布衣兄弟，故宜为扬州。"上曰："寄奴于道怜岂有所惜。扬州根本所寄，事务至多，非道怜所了。"太后曰："道怜年出五十，岂当不如汝十岁儿邪？"上曰："车士虽为刺史，事无大小，悉由寄奴。道怜年长，不亲其事，于听望不足。"太后乃无言。车士，义真小字也。

三年春，高祖不豫，加班剑三十人。时道怜入朝，留司马陆仲元居守，刁逵子弥为亡命，率数十人入京城，仲元击斩之。先是，府史陈狁告弥有异谋，至是赐钱二十万，除县令。五月，宫车晏驾，道怜疾患，不堪临丧。六月，薨，年二十五。追赠太傅，持节、侍中、都督、刺史如故。祭礼依晋太宰安平王故事，鸾辂九旒，黄屋左纛，辒辌，挽歌二部，前后部羽葆、鼓吹，虎贲班剑百人。

太祖元嘉九年，诏曰："古者明王经国，司勋有典，平章以驭德刑，班瑞以畴功烈，铭徽庸于鼎彝，配祫祀于清庙。是以从飨先王，义存商诰，祭于大蒸，礼著周典。自汉迄晋，世崇其文，王猷既昭，幽显咸秩。先皇经纬天地，拨乱受终，骏命爰集，光宅区宇，虽圣明渊运，三灵允协，抑亦股肱翼亮之勤，祈父宣力之效。故使持节、侍中、都督南徐兖二州扬州之晋陵京口诸军事、太傅、南徐兖二州刺史长沙景王，故侍中、大司马临川烈武王，故司徒南康文宣公穆之，侍中、卫将军、开府仪同三司、录尚书事、扬州刺史华容县开国公弘，使持节、散骑常侍、都督江州豫州西阳新蔡晋熙四郡军事、征南大将军、开府仪同三司、江州刺史永修县开国公道济，故将军、青州刺史龙阳县开国侯镇恶，或履道广流，秉德冲邈，或雅量高劭，风鉴明远，或识唯知正，才略开迈，咸文德以熙帝载，武功以隆景业，固以侔踪姬旦，方轨伊、邵者矣。朕以寡德，纂戎鸿绪，每惟道勋，思遵令典，而太常未铭，从祀尚阙，鉴寐钦属，永言深怀。便宜敬是前式，宪兹嘉礼，勒功天府，配祭庙庭，俾示徽章，垂美长世，茂绩远猷，永传不朽。

道怜六子：义欣、义庆、义融、义宗、义宾、义綦。

义欣嗣，为员外散骑侍郎，不拜。历中领军，征虏将军、青州刺史、魏郡太守，将军如故，戍石头。元嘉元年，进号后将军，加散骑常侍。三年，以本号为南兖州刺史。七年，到彦之率大众入河，义欣进彭城，为众军声援。彦之退败，青、齐搔扰，将佐虑寇大至，劝义欣委镇还都，义欣坚志不动。迁使持节，监豫司雍并四州诸军、豫州刺史，将军如故，给鼓吹一部。镇寿阳。

于时土境荒毁，人民凋散，城郭颓败，盗贼公行。义欣纲维补缉，随宜经理，劫盗所经，立讨诛之制。境内畏服，道不拾遗，城府库藏，并皆完实，遂为盛藩强镇。时淮西、江北长吏，悉叙劳人武夫，多无政术。义欣陈之曰："江淮左右，土瘠民疏，顷年以来，荐饥相袭，百城凋弊，于今为甚。绥牧之宜，必俟良吏。劳人武士，不经政术，统内官长，多非才授。东南殷实，犹或简能，况宾接荒垂，而可辑粲顿阙。愿敕选部，必使任得其人，庶得不劳而治。”芍陂良田万余顷，堤堨久坏，秋夏常苦旱。义欣遣谘议参军殷肃循行修理。有旧沟引淠水入陂，不治积久，树木榛塞。肃伐木开榛，水得通注，旱患由是得除。十年，进号镇军将军，进监为都督。十一年夏，入朝，太祖厚加恩礼。十六年，薨，时年三十六。追赠散骑常侍、征西将军、开府仪同三司，持节、都督、刺史如故。溢曰成王。

子悼王瑾，字彦瑜，官至太子屯骑校尉，三十年，为元凶所杀。世祖即位，追赠散骑常侍。子粲早夭，粲弟纂，字元绩，嗣，官至步兵校尉。顺帝升明三年，薨，会齐受禅，国除。

瑾弟祗，字彦期，大明中为中书郎，太宰江夏王义恭领中书监，服亲不得相临，表求解职。世祖诏曰：“昔二王两谢，俱至崇礼，自今三台五省，悉同此例。”太宗初，为南兖州刺史，都官尚书，谋应晋安王子勋为逆，伏诛。

祗弟楷，秘书郎，为元凶所杀，追赠通直郎。

楷弟瞻，晋安太守，与子勋同逆，伏诛。

瞻弟韫，字彦文，步兵校尉，宣城太守。子勋为乱，大众屯据鹊尾，攻逼宣城。于时四方牧守莫不同逆，唯韫弃郡赴朝廷。太宗嘉其诚，以为黄门郎、太子中庶子、侍中，加荆、湘州、南兖州刺史，吴兴太守。侍中，领左军将军，又改领骁骑将军。抚军将军、雍州刺史。侍中，领右卫将军。改领左卫将军、散骑常侍、中领军。升明二年，谋反伏诛。韫人才凡鄙，以有宣城之勋，特为太宗所宠。在湘州及雍州，使善画者图其出行卤簿羽仪，常自披玩。尝以此图示征西将军蔡兴宗，兴宗戏之，阳若不解画者，指韫形像问曰：“此何人而在舆上？”韫曰：“此正是我。”其庸底如此。

韫弟弼，武昌太守，亦与子勋同逆，伏诛。

弟鉴，员外散骑侍郎，早卒。

鉴弟襛，字彦和，侍中，吴兴太守，后废帝元徽元年，卒。

襛弟颢，字彦明，侍中、左卫将军，冠军将军、吴兴太守，未拜。元徽四年，卒。追赠右将军。

颙弟述，东阳太守，黄门郎，与从弟秉同逆，事败，走白山，追禽伏诛。

义欣弟义庆，出继临川烈武王道规。

义庆弟义融，永初元年，封桂阳县侯，食邑千户。凡王子为侯者，食邑皆千户。义融历侍，左卫军，领太子中庶子，五兵尚书，领军。有质干，善于用短楯。元嘉十八年，卒。追赠车骑将军，谥曰恭侯。

子孝侯觊嗣，官至太子翊军校尉，为元凶所杀。世祖即位，追赠散骑常侍。无子，弟袭以子晃继封。升明二年，与员外散骑侍郎安成戢仁祖、荒人王武连、羽林副彭元俊等谋反，国除。

袭字茂德，太子舍人，安成太守。晋安王子勋为逆，袭据郡距之，勋遣军攻围不能下。太宗嘉之，以为郢州刺史，封建陵县侯，食邑五百户。建陵县属苍梧郡，以道远，改封临澧县侯。太始六年，卒于中护军。追赠护军将军，加散骑常侍，谥曰忠侯。袭亦庸鄙，在郢州，暑月露裈上听事，纲纪正伏阁，怪之，访问，乃知袭。子旻嗣，升明二年，改封东昌县侯，与兄晃俱伏诛。

袭弟彪，秘书郎，弟寔，太子舍人，并早卒。寔弟爽，海陵太守。

义融弟义宗，幼为高祖所爱，字曰伯奴，赐爵新渝县男。永初元年，进爵为侯，历黄门侍郎，太子左卫率。元嘉八年，坐门生杜德灵放横打人，还第内藏，义宗隐蔽之，免官。德灵雅有姿色，为义宗所爱宠，本会稽郡吏。谢方明为郡，方明子惠连爱幸之，为之赋诗十余首，《乘流遵归渚》篇是也。又为侍中、太子詹事，加散骑常侍、征虏将军、南兖州刺史。二十一年，卒，追赠散骑常侍、平北将军，谥曰惠侯。爱士乐施，兼好文籍，世以此称之。

子怀侯玠嗣，琅邪、秦郡太守。为元凶所杀，追赠散骑常侍。无子，弟秉以子承继封。

秉字彦节，初为著作郎，历羽林监，越骑校尉，中书、黄门侍郎。太宗泰始初，为侍中，频徙左卫将军、丹阳尹、太子詹事、吏部尚书。时宗室虽多，材能甚寡。秉少自砥束，甚得朝野之誉，故为太宗所委。五年，出为前将军、淮南宣城二郡太守，不拜，还复本任。复为侍中，守秘书监，领太子詹事。未拜，迁使持节、都督南徐徐兖豫青冀六州诸军事、后将军、南徐州刺史，加散骑常侍。后废帝即位，改都督郢州豫州之西阳司州之义阳二郡诸军事、郢州刺史，持节、常侍如故。未拜，留为尚书左仆射，参选。元徽元年，领吏部，加兵五百人，寻领卫尉，辞不拜。桂阳王休范为逆，中领军刘勔出守石头，秉权兼领军将军，所给加兵，自随入殿。二年，加散骑常侍、丹阳尹，解吏部。封当阳县侯，食邑千户。与齐王、袁粲、褚渊分日入直决机事。四年，迁中书令，加抚军将军，常侍、尹如故。顺帝即位，转尚书令、中领军，将军如故。

时齐王辅政，四海属心，秉知鼎命有在，密怀异图。袁粲镇石头，不识天命，沈攸之举兵反，齐王入屯朝堂，粲潜与秉及诸大将黄回等谋欲作乱。本期夜会石头，旦乃举兵。秉素恇怯骚动，扰不自安，再铺后，便自丹阳郡车载妇女，尽室奔石头，部曲数百，赫弈满道。既至见粲，粲惊曰："何遽便来，事今败矣！"秉曰："今得见公，万死亦何恨。"从弟中领军韫，直在省内，与直阁将军卜伯兴谋，其夜共攻齐王。会秉去事觉，齐王夜使骁骑将军王敬则收韫。韫已戒严，敬则率壮士直前，韫左右皆披靡，因杀之，伯兴亦伏诛。粲败，秉逾城出走，于额檐湖见擒，与二子承、俣并死。秉时年四十五。秉妻萧氏，思话女也。元徽中，朝廷危殆，妻常惧祸败，每谓秉曰："君富贵已足，故应为儿子作计。年垂五十，残生何足吝邪。"秉不能从。

秉弟谟，奉朝请。

谟弟遐，字彦道，亦奉朝请、员外散骑侍郎。与嫡母殷养女云敷私通，殷每禁之。殷暴病卒，未大殓，口鼻流血，疑遐潜加毒害，为有司所纠。世祖徙之始安郡。永光中得还。太宗世，历黄门侍郎、都官尚书、吴郡太守。兄秉既死，齐王遣诛之。遐人才甚凡，自讳名，常对宾客曰:“孝武无道,枉我杀母。”其顽骇若此。秉当权,遐累求方伯,秉曰:“我在,用汝作州,于听望不足。”遐曰:“富贵时则云不可相关,从坐之日,为得免不?”至是果死焉。

义宗弟义宾,元嘉二年,封新野县侯,六年,以新野荒敝,改封兴安县侯。黄门郎,秘书监,左卫将军,位至辅国将军、徐州刺史。二十五年,卒。追赠后将军,谥曰肃侯。

子惠侯综嗣。卒,子宪嗣。升明二年,齐受禅,国除。综弟琨,晋平太守。

义宾弟义綦,元嘉六年,封营道县侯。凡鄙无识知,每为始兴王浚兄弟所戏弄。浚常谓义綦曰:“陆士衡诗云:‘营道无烈心。’其何意苦阿父如此?”义綦曰:“下官初不识,何忽见苦。”其庸塞可笑类若此。历右卫将军,湘州刺史。孝建二年,卒。赠平南将军,谥曰僖侯。

子长猷嗣,官至步兵校尉。升平三年,卒。齐受禅,国除。

临川烈武王道规,字道则,高祖少弟也。少倜傥有大意,高祖奇之,与谋桓玄。时桓弘镇广陵,以为征虏中兵参军。高祖克京城,道规亦以其日与刘毅、孟昶共斩弘,收众济江,进平京邑。玄败走,晋大将军武陵王遵承制以道规为振武将军、义昌太守。

与刘毅、何无忌追玄,玄西走江陵,留郭铨、何澹之等固守盆口,义军既至,贼列舰距之。澹之空设羽仪旗帜于一舫,而别在它船,无忌欲攻羽仪所在,众悉不同,曰:“澹之必不在此舫,虽得无益也。”无忌曰:“澹之不在此舫,固不须言也。既不在此,则战士必弱,我以劲兵攻之,必可禽也。禽之之日,彼必以为失其军主,我徒咸谓已得贼帅,我勇而彼惧,惧而薄之,破之必矣。”道规喜曰:“此名计也。”因往彼攻之,即禽此舫。因鼓噪倡曰:“已斩何澹之!”贼徒及义军并以为然。因纵兵,贼众奔败,即克盆口,进平寻阳。因复驰进,遇玄于峥嵘洲。道规等兵不满万人，而玄战士数万，众并惮之，欲退还寻阳。道规曰："不可！彼众我寡，强弱异势。今若畏懦不进，必为所乘，虽至寻阳，岂能自固。玄虽窃名雄豪，内实恇怯，加已经奔败，众无固心。决机两陈，将雄者克。昔光武昆阳之战，曹操官渡之师，皆以少制多，共所闻也。今虽才谢古人，岂可先为之弱。"因麾众而进，毅等从之，大破玄军。郭铨与玄单舸走江陵，不复能守，欲入蜀，为冯迁所斩。

义军遇风不进，桓谦、桓振复据江陵，毅留巴陵，道规与无忌俱进攻桓谧于马头、桓蔚于宠洲，皆破之。无忌欲乘胜直造江陵，道规曰："兵法屈申有时，不可苟进。诸桓世居西楚，群小皆为竭力，振勇冠三军，难与争胜。且可顿兵锐，徐以计策縻之，不忧不克也。"无忌不从，果为振所败。乃退还寻阳，缮治舟甲，复进军夏口。伪镇军将军冯该戍夏口东岸，扬武将军孟山图据鲁城，辅国将军桓仙客守偃月垒。于是毅攻鲁城，道规、无忌攻偃月，并克之，生禽仙客、山图。其夕，该遁走，进平巴陵。谦、振遣使求割荆、江二州，奉归晋帝，不许。会南阳太守鲁宗之起义攻襄阳，伪雍州刺史桓蔚走江陵。宗之进至纪南，振自往距之，使桓谦留守。时毅、道规已次马头，驰往袭，谦奔走，即日克江陵城。振大破宗之而归，闻城已陷，亦走。无忌翼卫天子还京师，道规留夏口。江陵之平也，道规推毅为元功，无忌为次功，自居其末。进号辅国将军、督淮北诸军事、并州刺史，义昌太守如故。

时荆州、湘、江、豫犹多桓氏余烬，往往屯结。复以本官进督江州之武昌、荆州之江夏、随郡、义阳、绥安、豫州之西阳、汝南、颍川、新蔡九郡诸军事，随宜剪扑，皆悉平之。以义勋封华容县公，食邑三千户。迁使持节、都督荆宁秦梁雍六州司州之河南诸军事、领护南蛮校尉、荆州刺史，将军如故。辞南蛮以授殷叔文。叔文被诛，乃复还领。善于为治，刑政明理，士民莫不畏而爱之。刘敬瑄征蜀不克，道规以督统降为建威将军。

卢循寇逼京邑，道规遣司马王镇之及扬武将军檀道济、广武将军到彦之等赴援朝廷，至寻阳，为贼党苟林所破。循即以林为南蛮校尉，分兵配之，使乘胜伐江陵，扬声云徐道覆已克京邑。而桓谦自长安入蜀，谯纵以谦为荆州刺史，厚加资给，与其大将谯道福俱寇江陵，正与林会。林屯江津，谦军枝江，二寇交逼，分绝都邑之问。荆楚既桓氏义旧，并怀异心。道规乃会将士，告之曰："桓谦今在近畿，闻者颇有去就之计。吾东来文武，足以济事。若欲去者，本不相禁。"因夜开城门，达晓不闭，众咸惮服，莫有去者。

雍州刺史鲁宗之率众数千自襄阳来赴。或谓宗之未可测，道规乃单马迎之，宗之感悦。众议欲使檀道济、到彦之与宗之共击，道规曰："卢循拥隔中流，扇张同异，桓谦、苟林更相首尾。人怀危惧，莫有固心。成败之机，在此一举。非吾自行，其事不决。"乃使宗之居守，委以腹心，率诸军攻谦。诸将佐皆固谏曰："今远出讨谦，其胜难必。苟林近在江津，伺人动静。若来攻城，宗之未必能固，脱有差跌，大事去矣。"道规曰："诸君不识兵机耳。苟林愚竖，无它奇计，以吾去未远，必不敢向城。吾今取谦，往至便克，沉疑之间，已自还反。谦败则林破胆，岂暇得来。且宗之独守，何为不支数日。"解南蛮校尉印以授咨议参军刘遵。驰往攻谦，水陆齐进，谦大败，单舸走，欲下就林，追斩之。还至涌口，林又奔散。刘遵率军追林，至巴陵，斩之。初，谦至枝江，江陵士庶皆与谦书，言城内虚实，咸欲谋为内应。至是，参军曹仲宗检得之，道规悉焚不视，众于是大安。进号征西将军。先是，桓歆子道儿逃于江西，出击义阳郡，与卢循相连结，循使蔡猛助之。道规遣参军刘基破道儿于大薄，临陈斩猛。

徐道覆率众三万，奄至破冢，鲁宗之已还襄阳，追召不及，人情大震。或传循已平京师，遣道覆上为刺史，江汉士庶感焚书之恩，无复贰志。道规使刘遵为游军，自距道覆于豫章口。前驱失利，道规壮气愈厉，激扬三军，遵自外横击，大破之，斩首万余级，赴水死者殆尽。道覆单舸走还盆口。初使遵为游军，众咸云："今强敌在前，唯患众少，不应割削见力，置无用之地。"及破道覆，果得游军之力，众乃服焉。

遵字慧明，临淮海西人，道规从母兄萧氏舅也。官至右将军、宣城内史、淮南太守。义熙十年，卒，追赠抚军将军。追封监利县侯，食邑七百户。

道规进号征西大将军、开府仪同三司，加散骑常侍，固辞。俄而寝疾，改授都督豫章江二州扬州之宣城淮南庐江历阳安丰堂邑六郡诸军事、豫州刺史，持节、常侍、将军如故。以疾不拜。八年闰月，薨于京师，时年四十三。追赠侍中、司徒，加班剑二十人。谥曰烈武公。平桓谦功，进封南郡公，邑五千户。高祖受命，赠大司马，追封临川王，食邑如先。道规无子，以长沙景王第二子义庆为嗣。

初，太祖少为道规所养，高祖命绍焉，咸以礼无二继，太祖还本，而定义庆为荆州。庙主当随往江陵，太祖诏曰："褒崇道勋，经国之盛典；尊亲追远，因心之所隆。故侍中、大司马临川烈武王，体道钦明，至德渊邈，睿哲自天，孝友光备。爰始协规，则翼赞景业；陵威致讨，则克剪枭鲸。逮妖逆交侵，方难孔棘，势逾累棋，人无固志。王神谟独运，灵武宏发，辑宁内外，诛覆群凶。固已化被江、汉，勋高微管，远猷侔于二南，英雄迈于两献者矣。朕幼蒙殊爱，德荫特隆，丰恩慈训，义深情戚，永惟仁范，感莫缠怀。今当拥移寝祐，初祀西夏，思崇嘉礼，式备徽章，庶以昭宣风度，允副幽显。其追崇丞相，加殊礼，鸾辂九旒，黄屋左纛，给节钱，前后部羽葆、鼓吹、虎贲班剑百人，侍中如故。"及长沙太妃檀氏、临川太妃曹氏后薨，祭皆给鸾辂九旒，黄屋左纛，辒辌车，挽歌一部，前后部羽葆、鼓吹，虎贲班剑百人。

义庆幼为高祖所知，常曰："此我家丰城也。"年十三，袭封南郡公，除给事，不拜。义熙十二年，从伐长安，还辅国将军、北青州刺史。未之任，徙督豫州诸军、豫州刺史，复督淮北诸军事，豫州刺史、将军并如故。永初元年，袭封临川王。征为侍中。元嘉元年，转散骑常侍，秘书监，徙度支尚书，迁丹阳尹，加辅国将军、常侍并如故。

时有民黄初妻赵杀子妇，遇赦应徙送避孙仇。义庆曰："案《周礼》，父母之仇，避之海外，虽遇市朝，斗不反兵。盖以莫大之冤，理不可夺，含戚枕弋，义许必报。至于亲戚为戮，骨肉相残，故道乖常宪，记无定准，求之法外，裁以人情。且礼有过失之宥，律无仇祖之文。况赵之纵暴，本由于酒，论心即实，事尽荒耄之王母，等行路之深仇。臣谓此孙忍愧衔悲，不违子义，共天同域，无亏孝道。"

六年，加尚书左仆射。八年，太白星犯右执法，义庆惧有灾祸，乞求外镇。太祖诏譬之曰："玄象茫昧，既难可了。且史家诸占，各有异同，兵星王时，有所干犯，乃主当诛。以此言之，益无惧也。郑仆射亡后，左执法尝有变，王光禄至今平安。日蚀三朝，天下之至忌，晋孝武初有此异，彼庸主耳，犹竟无他。天道辅仁福善，谓不足横生忧惧。兄与后军，各受内外之任，本以维城，表里经之，盛衰此怀，实有由来之事，设若天必降灾，宁可千里逃避邪？既非远者之事，又不知吉凶定所，若在都则有不测，去此必保利贞者，岂敢苟违天邪？"义庆固求解仆射，乃许之，加中书令，进号前将军，常侍、尹如故。

在京尹九年，出为使持节、都督荆雍益宁梁南北秦七州诸军、平西将军、荆州刺史。荆州居上流之重，地广兵强，资实兵甲，居朝廷之半，故高祖使诸子居之。义庆以宗室令美，故特有此授。性谦虚，始至及去镇，迎送物并不受。

十二年，普使内外群官举士。义庆上表曰："诏书畴咨群司，延及连牧，旌贤仄陋，拔善幽遐。伏惟陛下惠哲光宣，经纬明远，皇阶藻曜，风猷日升，而犹询衢室之令典，遵明台之睿训，降流虑于管库，纡圣思乎版筑，故以道邈往载，德高前王。臣敢竭虚暗，祇承明旨。伏见前临沮令新野庾寔，秉真履约，爱敬淳深。昔在母忧，毁瘠过礼，今罹父疚，泣血有闻。行成闺庭，孝著邻党，足以敦化率民，齐教轨俗。前征奉朝请武陵龚祈，恬和平昔，贞洁纯素，潜居研志，耽情坟籍，亦足镇息颓竞，奖勖浮动。处士南郡师觉，才学明敏，操介清修，业均井渫，志固冰霜。臣往年辟为州祭酒，未污其虑。若朝命远暨，玉帛遐臻，异人间出，何远之有。"义庆留心抚物，州统内官长亲老，不随在官舍者，年听遣五吏饷家。先是，王弘为江州，亦有此制。在州八年，为西土所安。撰《徐州先贤传》十卷，奏上之。又拟班固《典叙》，以述皇代之美。十六年，改授散骑常侍、都督江州之西阳晋熙新蔡三郡诸军事、卫将军、江州刺史，持节如故。十七年，即本号都督南兖州徐兖青冀幽六州诸军事、南兖州刺史，寻加开府仪同三司。

为性简素，寡嗜欲，爱好文义，才词虽不多，然足为宗室之表。受任历藩，无浮淫之过，唯晚节奉养沙门，颇致费损。少善骑乘，及长以世路艰难，不复跨马。招聚文学之士，近远必至。太尉袁淑，文冠当时，义庆在江州，请为卫军谘议参军，其余吴郡陆展、东海何长瑜、鲍照等，并为辞章之美，引为佐史国臣。太祖与义庆书，常加意斟酌。

鲍照字明远，文辞赡逸，尝为古乐府，文甚遒丽。元嘉中，河、济俱清，当时以为美瑞，照为《河清颂》，其序甚工。其辞曰：

臣闻善谈天者，必征象于人；工言古者，先考绩于今。鸿、牺以降，遐哉邈乎，镂山岳，雕篆素，昭德垂勋，可谓多矣。而史编唐尧之功，载“格于上下”，乐登文王之操，称“於昭于天。”素狐玄玉，聿彰符命，朴牛大螾，爰定祥历，鱼鸟动色，禾雉兴让，皆物不盈眦，而美溢金石，诗人于是不作，颂声为之而寝，庸非惑欤。

自我皇宋之承天命也，仰符应龙之精，俯协河龟之灵，君图帝宝，粲烂瑰英，固业光曩代，事华前德矣。圣上天飞践极，迄兹二十四载。道化周流，玄泽汪涉。地平天成，上下含熙；文同轨通，表里禔福。耀德中区，黎庶知让；观英遐表，夷貉怀惠。恤勤秩礼，罢露台之金；纾国振民，倾钜桥之粟。约违迫胁，奢去泰甚。燕无留饮，畋不盘乐。物色异人，优游据正。显不失心，幽无怨气。精炤日月，事洞天情。故不劳杖斧之臣，号令不严而自肃，无辱风举之使，灵怪不召而自彰。万里神行，飙尘不起。农商野庐，边城偃柝。冀马南金，填委内府；驯象西爵，充罗外囿。阿丸綦组之饶，衣覆宗国；渔盐杞梓之利，傍赡荒遐。士民殷富，五陵既有惭德；宫宇宏丽，三川莫之能比。闾闬有盈，歌吹无绝。朱轮叠辙，华冕重肩。岂徒世无穷人，民获休息，朝呼韩，罢酤铁而已哉！是以嘉祥累仍，福应尤盛，青丘之狐，丹穴之鸟，栖阿阁，游禁园。金芝九茎，木禾六刃，秀铜池，发膏亩。宜以协调律吕，谒荐郊庙，烟霏雾集，不可胜纪。然而圣上犹昧旦夙兴，若有望而未至，闳规远图，如有追而莫及，神明之贶，推而弗居也。是以琬碑镠检，盛典芜而不治；朝神省方，大化抑而未许。崇文协律之士，蕴舞颂于外，坐朝陪宴之臣，怀揄扬于内，三灵伫眷，九壤注心，既有日矣。

岁官乾维，月躔苍陆，长河巨济，异源同清，澄波万壑，洁澜千里。斯诚旷世伟观，昭启皇明者也。语曰："影从表，瑞从德。"此其效焉。宣尼称："凤鸟不至，河不出图。"《传》曰："俟河之清，人寿几何！"皆伤不可见也。然则古人所不见者，今殚见之矣。孟轲曰："千载一圣，是旦暮也。"岂不大哉。夫四皇六帝，树声长世，大宝也。泽浸群生，国富刑清，鸿德也。制礼裁乐，惇风迁俗，文教也。殊华逋羯，束颡绛阙，武功也。鸣鸟跃鱼，涤秽河渠，至祥也。大宝鸿德，文教武功，其崇如此；幽明协赞，民祇与能，厥应如彼。唯天为大，尧实则之，皇哉唐哉，畴与为让。抑又闻之，势之所覃者浅，则美之所传者近；道之所感者深，则庆之所流者远。是以丰功韪命，润色胜策，盛德形容，藻被歌颂。察之上代，则奚斯、吉甫之徒，鸣玉銮于前；视之中古，则相如、王褒之属，施金羁于后。绝景扬光，清埃继路，班固称汉成之世，奏御者千有余篇，文章之盛，与三代同风。由是言之，斯乃臣子旧职，国家通义，不可辍也。臣虽不敏，宁不勉乎。

世祖以照为中书舍人。上好为文章，自谓物莫能及，照悟其旨，为文多鄙言累句，当时咸谓照才尽，实不然也。临海王子顼为荆州，照为前军参军，掌书记之任。子顼败，为乱兵所杀。

义庆在广陵，有疾，而白虹贯城，野麇入府，心甚恶之，固陈求还。太祖许解州，以本号还朝。二十一年，薨于京邑，时年四十二。追赠侍中、司空，谥曰康王。

子哀王烨，字景舒，嗣，官至通直郎，为元凶所杀。追赠散骑常侍。子绰，字子流，嗣，官至步兵校尉。升明三年反，伏诛，国除。绰弟绾，早卒。

烨弟衍，太子舍人。衍弟镜，宣城太守。镜弟颖，前将军。颖弟倩，南新蔡太守。

遵考，高祖族弟也。曾祖淳，皇曾祖武原令混之弟，官至正员郎。祖岩，海西令。父涓子，彭城内史。

遵考始为将军振武参军，预讨卢循，封乡侯。自建威将军、彭城内史随高祖北伐。时高祖诸子并弱，宗室唯有遵考。长安平定，以督并州司州之北河东北平阳北雍州之新平安定五郡诸军事、辅国将军、并州刺史，领河东太守，镇蒲坂。关中失守，南还，除游击将军，迁冠军将军。晋帝逊位，居秣陵宫，遵考领兵防卫。高祖初即大位，下推恩之诏，曰："遵考服属之亲，国戚未远，宗室无多，宜蒙宠爵。可封营浦县侯，食邑五百户。"以本号为彭城沛三郡太守。

景平元年，迁右卫将军。元嘉二年，出为征虏将军、淮南太守。明年，转使持节，领护军，入直殿省。出为使持节、督雍梁南北秦四州荆州之南竟陵顺阳襄阳新野随六郡诸军、征虏将军、宁蛮校尉、雍州刺史、襄阳新野二郡太守。遵考为政严暴，聚敛无节。五年，为有司所纠，上不问，赦还都。七年，除太子右卫率，加给事中。明年，督南徐兖州之江北淮南诸军事、征虏将军、南兖州刺史，领广陵太守。又征为侍中，领后军将军，徙太常。九年，迁右卫将军，加散骑常侍。十二年，坐厉疾不待对，免常侍，以侯领右卫。明年，复本官。十五年，又领徐州大中正、太子中庶子，本官如故。其年，监徐兖二州豫州之梁郡诸军事、前将军、徐兖二州刺史。未之镇，留为侍中，领左卫将军。明年，出为使持节、监豫司雍并四州南豫州之梁郡弋阳马头荆州之义阳四郡诸军事、前将军、豫州刺史，领南梁郡太守。

二十一年，坐统内旱，百姓饥，诏加赈给，而遵考不奉符旨，免官。起为散骑常侍、五兵尚书，迁吴兴太守，秩中二千石。二十五年，征为领军。二十七年，索虏南至瓜步，率军出江上，假节置。

三十年，复出为使持节、监豫州、刺史。元凶弑立，进号安西将军，遣外监徐安期、仰捷祖防守之。遵考斩安期等，起义兵应南谯王义宣，义宣加遵考镇西将军。夏侯献率众至瓜步，承候世祖，又坐免官。孝建元年，鲁爽、臧质反，起为征虏将军，率众屯临沂县，仍除吴兴太守。明年，征为湘州刺史，未行，迁尚书左仆射。三年，转丹杨尹，加散骑常侍。复为尚书右仆射，领太子右卫率。明年，又除领军将军，加散骑常侍。五年，复迁尚书右仆射、金紫光禄大夫，常侍如故。明年，转左仆射，常侍如故。又领徐州刺史、大中正、崇宪太仆。前废帝即位，迁特进、右光禄大夫，常侍、太仆如故。景和元年，出督南豫州诸军事、安西将军、南豫州刺史。太宗即位，以为侍中、特进、右光禄大夫，领崇宪太仆。给亲侍三十人。崇宪太后崩，太仆解，余如故。泰始五年，赐几杖，大官四时赐珍味，疾病太医给药。固辞几杖。后废帝即位，进左光禄大夫，余如故。元徽元年，卒，时年八十二。追赠左光禄大夫、开府仪同三司，侍中如故。谥曰元公。遵考无才能，直以宗室不远，故历朝显遇。年老有疾失明。

子澄之，顺帝升明末贵达。

澄之弟琨之，为竟陵王诞司空主簿。诞作乱，以为中兵参军，不就，执系数十日，终不受，乃杀之。追赠黄门郎。诏吏部尚书谢庄为之诔。

遵考从弟思考，亦被遇，历朝官，及清显，为豫章、会稽太守，益、徐州刺史，凡经十郡三州。泰始元年，卒于散骑常侍、金紫光禄大夫，时年七十五。追赠特进，常侍、光禄如故。

史臣曰：余妖内侮，偏众西临，荀、桓交逼，荆楚之势危矣。必使上略未尽，一算或遗，则城坏压境，上流之难方结。敌资三分有二之形，北向而争天下，则我全胜之道，未可或知。烈武王览群才扬盛策，一举磔勍寇，非曰天时，抑亦人谋也。降不永，遂不得与大业始终，惜矣哉！

宋书卷五二
列传第一二

庾悦 王诞 谢景仁 弟述
袁湛 弟豹 褚叔度

庾悦字仲豫，颍川陽陵人也。曾祖亮，晋太尉。祖义，吴国内史。父淮，西中郎将、豫州刺史。

悦少为卫将军琅邪王行参军、司马，徙主簿，转右长史。桓玄辅政，领豫州，以悦为别驾从事史。迁骁骑将军。玄篡位，徙中书侍郎。高祖定京邑，武陵王遵承制以悦为宁远将军、安远护军、武陵内史。以病去职。镇军府版咨议参军，转车骑、从事中郎。刘毅请为抚军司马，不就。迁车骑中军司马。从征广固，竭其诚力。卢循逼京都，以为督江州豫州之西阳新蔡汝南颍川司州之松滋六郡诸军事、建威将军、江州刺史，从东道出鄱阳。循遣将英纠千余人断五亩峤，悦破之，进据豫章，绝循粮援。

初，毅家在京口，贫约过常，尝与乡曲士大夫往东堂工射。时悦为司徒右长史，暂至京，要府州僚佐共出东堂。毅已先至，遣与悦相闻，曰："身久踬顿，营一游集甚难。君如意人，无处不可为适，岂能以此堂见让?"悦素豪，径前，不答毅语。众人并避之，唯毅留射如故。悦厨馔甚盛，不以及毅。毅既不去，悦甚不欢，俄顷亦退。毅又相闻曰："身今年未得子鹅，岂能以残炙见惠?"悦又不答。卢循平后，毅求都督江州，以江州内地，治民为职，不宜置军府，上表陈之曰："臣闻天以盈虚为道，治以损益为义。时否而政不革，民凋而事不损,则无以救急病于已危,拯涂炭于将绝。自顷戎车屡驾,干戈溢境,江州以一隅之地,当逆顺之冲,力弱民慢,而器运所继。自桓玄以来,驱蹙残毁,乃至男不被养,女无对匹,逃亡去就,不避幽深,自非财单力竭,无以至此。若不曲心矜理,有所改移,则靡遗之叹,奄焉必及。臣谬荷增统,伤慨兼怀。夫设官分职,军国殊用,牧民以息务为大,武略以济事为先。今兼而领之,盖出于权事,因藉既久,遂为常则。江州在腹心之中,凭接扬、豫,藩屏所倚,实为重复。昔胡寇纵逸,朔马临江,抗御之宜,盖出权计。以温峤明达,事由一己,犹觉其弊,论之备悉。今江右区区,户不盈数十万,地不逾数千里,而统司鳞次,未获减息,大而言之,足为国耻。况乃地在无军,而军府犹置,文武将佐,资费非一,岂所谓经国大情,扬汤去火者哉。具州郡边江,民户辽落,加以邮亭崄阔,畏阻风波,转输往还,常有淹废,又非所谓因其所利,以济其弊者也。愚谓宜解军府,移治豫章,处十郡之中,厉简惠之政,比及数年,可有生气。且属县凋散,亦有所存,而役调送迎,不得休止,亦谓应随宜并减,以简众费。刺史庾悦,自临州部,甚有恤民之诚,但纲维不革,自非纲目所理。寻阳接蛮,宜有防遏,可即州府千兵,以助郡戍。"于是解悦都督、将军官,以刺史移镇豫章。毅以亲将赵恢领千兵守寻阳,建威府文武三千悉入毅府,符摄严峻,数相挫辱。悦不得志,疽发背,到豫章少日卒。时年三十八。追赠征虏将军。以广固之功,追封新阳县五等男。

王诞字茂世,琅邪临沂人,太保弘从兄也。祖恬,中军将军。父混,太常。

诞少有才藻,晋孝武帝崩,从叔尚书令珣为哀策文,久而未就,谓诞曰:"犹少序节物一句。"因出本示诞。诞揽笔便益之,接其"秋冬代变"后云:"霜繁广除,风回高殿"。珣嗟叹清拔,因而用之。袭爵雉乡侯,拜秘书郎,琅邪王文学,中军功曹。

隆安四年,会稽王世子元显开后军府,又以诞补功曹。寻除尚书吏部郎,仍为后军长史,领庐江太守,加镇蛮护军。转龙骧将军、琅邪内史，长史如故。诞结事元显嬖人张法顺，故为元显所宠。元显纳妾，诞为之亲迎。随府转骠骑长史，将军、内史如故。元显讨桓玄，欲悉诛桓氏，诞固陈脩等与玄志趣不同，由此得免。脩，诞甥也。及玄得志，诞将见诛，脩为之陈请，又言脩等得免之由，乃徙诞广州。卢循据广州，以诞为其平南府长史，甚宾礼之。诞久客思归，乃说循曰："下官流远在此，被蒙殊眷，士感知己，实思报答。本非戎旅，在此无用。素为刘镇军所识，情味不浅，若得北归，必蒙任寄，公私际会，思报厚恩，愈于停此，空移岁月。"循甚然之。时广州刺史吴隐之亦为循所拘留。诞又曰："将军今留吴公，公私非计。孙伯符岂不欲留华子鱼，但以一境不容二君耳。"于是诞及隐之并得还。

除员外散骑常侍，未拜，高祖请为太尉谘议参军，转长史。尽心归奉，日夜不懈，高祖甚委仗之。北伐广固，领齐郡太守。卢循自蔡洲南走，刘毅固求追讨，高祖持疑未决，诞密白曰："公既平广固，复灭卢循，则功盖终古，勋无与二，如此大威，岂可余人分之。毅与公同起布衣，一时相推耳，今既已丧败，不宜复使立功。"高祖从其说。七年，以□为吴国内史。母忧去职。高祖征刘毅，起为辅国将军，诞固辞军号，墨绖从行，时诸葛长民行太尉留府事，心不自安，高祖甚虑之。毅既平，诞求先下，高祖曰："长民似有自疑心，卿讵宜便去？"诞曰："长民知我蒙公垂眄，今轻身单下，必当以为无虞，乃可以少安其意。"高祖笑曰："卿勇过贲育矣。"于是先还。

九年，卒，时年三十九，以南北从征，追封作唐县五等侯。子诩，宋世子舍人，早卒。

谢景仁，陈郡阳夏人，卫将军晦从叔父也。名与高祖同讳，故称字。祖据，太傅安第二弟。父允，宣城内史。

景仁幼时与安相及，为安所知。始为前军行参军，辅国参军事。会稽王世子元显嬖人张法顺，权倾一时，内外无不造门者，唯景仁不至。年三十，方为著作郎。桓玄诛元显，见景仁甚知之，谓四坐曰："司马庶人父子云何不败，遂令谢景仁三十方作著作郎。"玄为太尉，以补行参军，府转大将军，乃参军事。玄建楚台，以补黄门侍郎。及篡位，领骁骑将军。景仁博闻强识，善叙前言往行，玄每与之言，不倦也。玄出行，殷仲文、卞范之之徒，皆骑马散从，而使景仁陪辇。

高祖为桓脩抚军中兵参军，尝诣景仁谘事，景仁与语悦之，因留高祖共食。食未办，而景仁为玄所召。玄性促急，俄顷之间，骑诏续至。高祖屡求去，景仁不许，曰："主上见待，要应有方。我欲与客共食，岂当不得待。"竟安坐饱食，然后应召。高祖甚感之，常谓景仁是太傅安孙。及平京邑，入镇石头，景仁与百僚同见高祖，高祖目之曰："此名公孙也。"谓景仁曰："承制府须记室参军，今当相屈。"以为大将军武陵王遵记室参军，仍为从事中郎，迁司徒左长史。出为高祖镇军司马，领晋陵太守，复为车骑司马。

义熙五年，高祖以内难既宁，思弘以略，将伐鲜卑。朝议皆谓不可。刘毅时镇姑熟，固止高祖，以为："苻坚侵境，谢太傅犹不自行。宰相远出，倾动根本。"景仁独曰："公建桓、文之烈，应天人之心，匡复皇祚，芟夷奸逆，虽业高振古，而德刑未孚，宜推亡固存，广树威略。鲜卑密迩疆甸，屡犯边垂，伐罪吊民，于是乎在。平定之后，养锐息徒，然后观兵洛汭，修复园寝，岂有坐长寇虏，纵敌贻患者哉！"高祖纳之。及北伐，大司马琅邪王，天子母弟，属当储副，高祖深以根本为忧，转景仁为大司马司马，专总府任，右卫将军，加给事中，又迁吏部尚书。时从兄混为左仆射，依制不得相临，高祖启依仆射王彪之、尚书王劭前例，不解职。

坐选吏部令史邢安泰为都令史、平原太守，二官共除，安泰以令史职拜谒陵庙，为御史中丞郑鲜之所纠，白衣领职。八年，迁领军将军。十一年，转右仆射，仍转左仆射。

景仁性矜严整洁，居宇净丽。每唾，转唾左右人衣，事毕，即听一日浣濯，每欲唾，左右争来受。高祖雅相重，申以婚姻，庐陵王义真妃，景仁女也。十二年，卒，时年四十七。追赠金紫光禄大夫，加散骑常侍。葬日，高祖亲临，哭之甚恸。与骠骑将军道怜书曰："谢景仁殒逝，悲痛摧割，不能自胜。汝闻问惋愕，亦不可堪。其器体淹中，情寄实重，方欲与之共康时务，一旦至此，痛惜兼深。往矣奈何！当复奈何！”

子恂，鄱阳太守。恂子稚，善吹笙，官至西阳太守。

景仁弟纯，字景懋，初为刘毅豫州别驾。毅镇江陵，以为卫军长史、南平相。王镇恶率军袭毅，已至城下，时毅疾病，佐吏皆入参承。纯参承毕，已出，闻兵至，驰还入府。左右引车欲还外解，纯叱之曰：“我人吏也，逃欲何之！”乃入。及毅兵败众散，时已暗夜，司马毛脩之谓纯曰：“君但随仆。”纯不从，扶两人出，火光中为人所杀。纯孙沉，太宗泰始初，为巴陵王休若卫军录事参军、山阴令，坐事诛。

述字景先，少有志行，随兄纯在江陵。纯遇害，述奉纯丧还都。行至西塞，值暴风，纯丧舫流漂，不知所在，述乘小船寻求之。经纯妻庾舫过，庾遣人谓述曰：“丧舫存没，已应有在，风波如此，岂可小船所冒？小郎去必无及，宁可存亡俱尽邪？”述号泣答曰：“若安全至岸，当须营理。如其已致意外，述亦无心独存。”因冒浪而进，见纯丧几没，述号叫呼天，幸而获免，咸以为精诚所致也。高祖闻而嘉之，临豫州，讽中正以述为主簿，甚被知器。景仁爱其第三弟甝而憎述，尝设馔请知高祖，希命甝豫坐，而高祖召述。知景仁夙意，又虑高祖命之，请急不从。高祖驰遣呼述，须至乃欢。及景仁有疾，述尽心营视，汤药饮食，必尝而后进，不解带、不盥栉者累旬，景仁深怀感愧。

转太尉参军，从征司马休之，封吉阳县五等侯。世子征虏参军，转主簿，宋台尚书祠部郎，世子中军主簿，转太子中舍人，出补长沙内史，有惠政。

元嘉二年，征拜中书侍郎。明年，出为武陵太守，彭城王义康骠骑长史，领南郡太守。先是，述从兄曜为义康长史，丧官，述代之。太祖与义康书曰：“今以谢述代曜。其才应详练，著于历职，故以佐汝。汝始亲庶务，而任重事殷，宜寄怀群贤，以尽弼谐之美，想自得之，不俟吾言也。”义康入相，述又为司徒左长史，转左卫将军。莅官清约，私无宅舍。义康遇之甚厚。尚书仆射殷景仁、领军将军刘湛并与述为异常之交。美风姿，善举止，湛每谓人曰："我见谢道儿，未尝足。"道儿，述小字也。

雍州刺史张邵以黩货下廷尉，将致大辟，述上表陈邵先朝旧勋，宜蒙优贷，太祖手诏酬纳焉。述语子综曰："主上矜邵夙诚，将加曲恕，吾所谬会，故特见酬纳耳。若此疏迹宣布，则为侵夺主恩，不可之大者也。"使综对前焚之。太祖后谓邵曰："卿之获免，谢述有力焉。"

述有心虚疾，性理时或乖谬。除吴郡太守，以疾不之官。病差，补吴兴太守，在郡清省，为吏民所怀。十二年，卒，时年四十六。丧还京师，未至数十里，殷景仁、刘湛同乘迎赴，望船流涕。十七年，刘湛诛，义康外镇，将行，叹曰："谢述唯劝吾退，刘湛唯劝吾进，今述亡而湛存，吾所以得罪也。"太祖亦曰："谢述若存，义康必不至此。"

三子：综、约、纬。综有才艺，善隶书，为太子中舍人，与舅范晔谋反，伏诛。约亦坐死。纬尚太祖第五女长城公主，素为约所憎。免死徙广州。孝建中，还京师。方雅有父风。太宗泰始中，至正员郎中。

袁湛字士深，陈郡阳夏人也。祖耽，历阳太守，父文质，琅邪内史，并知名。

湛少为从外祖谢安所知，以其兄子玄之女妻之。初为卫军行参军，员外散骑，通直正员郎，中军功曹，桓玄太尉奉军事。入为中书、黄门侍郎，出补桓脩抚军长史。

义旗建，高祖以为镇军谘议参军。明年，转尚书吏部郎，司徒左长史，侍中。以从征功，封晋宁县五等男。出为高祖太尉长史，迁左民尚书，徙掌吏部，出为吴兴太守，秩中二千石。莅政和理，为吏民所称。入补中书令，又出为吴国内史，秩中二千石。义熙十二年，转尚书右仆射、本州大中正。时高祖北伐，湛兼太尉，与兼司空、散骑常侍、尚书范泰奉九命礼物，拜授高祖。高祖冲让，湛等随军至洛阳，住柏谷坞。泰议受使未毕，不拜晋帝陵，湛独至五陵致敬，时人美之。初，陈郡谢重，王胡之外孙，于诸舅礼敬多阙。重子绚，湛之甥也，尝于公座陵湛，湛正色谓曰："汝便是两世无《渭阳》之情。"绚有愧色。

十四年，卒官，时年四十。追赠左光禄大夫，加散骑常侍。太祖即位，以后父追赠侍中、以左光禄大夫、开府仪同三司，谥曰敬公。世祖大明三年，幸藉田，行经湛墓，下诏曰："故侍中、左光禄大夫、开府仪同三司晋宁敬公，外氏尊戚，素风简正，岁纪稍积，坟茔浸远。朕近巡览千亩，遥瞻松隧，缅惟徽尘，感慕增结。可遣使祭，少申永怀。"又增守墓五户。

子淳，淳子桓卒。

湛弟豹，字士蔚，亦为谢安所知。好学博闻，多览典籍。初为著作佐郎，卫军桓谦记室参军。大将军武陵王遵承制，复为记室参军。其年，丹阳尹孟昶以为建威司马。岁余，转司徒左西属，迁刘毅抚军谘议参军，领记室。毅时建议大田，豹上议曰：

国因民以为本，民资食以为天。修其业则教兴，崇其本则末理。实为治之要道，致化之所阶也。不敦其本，则末业滋章；饥寒交凑，则廉耻不立。当今接篡伪之末，值凶荒之余，争源既开，凋薄弥启，荣利荡其正性，赋敛罄其所资，良畴无侧趾之耦，比屋有困喂之患，中间多故，日不暇给。自卷甲却马，甫一二年，积弊之黎，难用克振，实仁怀之所矜恤，明教之所爰发也。

然斯业不修，有自来矣。司牧之官，莫或为务，俗吏庸近，犹秉常科，依劝督之故典，迷民情之屡变。譬犹修堤以防川，忘渊丘之改易，胶柱于昔弦，忽宫商之乖调，徒有考课之条，而无豪分之益。不悟清流在于澄源，止轮由乎高闲，患生于本，治之于末故也。夫设位以崇贤，疏爵以命士，上量能以审官，不取人于浮誉，则比周道息，游者言归，游子既归，则南亩辟矣。分职以任务，置吏以周役，职不以无任立，吏必以非用省，冗散者废，则莱荒垦矣。器以应用，商以通财，剿靡丽之巧，弃难得之货，则雕伪者贱，谷稼重矣。耕耨勤悴，力殷收寡，工商逸豫，用浅利深，增贾贩之税，薄畴亩之赋，则末技抑而田畯喜矣。居位无义从之徒，在野靡并兼之党，给赐非可恩致，力役不入私门，则游食者反本，肆勤自劝，游食省而肆勤众，则东作繁矣。密勿者甄异，怠慢者显罚，明劝课之令，峻纠违之官，则懒惰无所容，力田有所望，力者欣而惰者惧，则穑人劝矣。凡此数事，亦务田之端趣也。莅之以清心，镇之以无欲，勖之以弗倦，翼之以廉谨，舍日计之小成，期远致于莫岁，则浇薄自淳，心化有渐矣。豹善言雅俗，每商较古今，兼以诵咏，听者忘疲。

寻转抚军司马，迁御史中丞。鄱阳县侯孟怀玉上母檀氏拜国太夫人，有司奏许。豹以为妇人从夫之爵，怀玉父大司农绰见居列卿，妻不宜从子，奏免尚书右仆谢刘柳、左丞徐羡之、郎何邵之官，诏并赎论。孟昶卒，豹代为丹阳尹。义熙七年，坐使徙上钱，降为太尉咨议参军，仍转长史。从讨刘毅。

高祖遣益州刺史朱龄石伐蜀，使豹为檄文，曰：

夫顺德者昌，逆德者亡。失仁与认，难以求安，冯阻负衅，鲜克有成。详观自古，隆替有数，故成都不世祀，华阳无兴国。

日者，王室多故，夷羿遘纷，波振尘骇，覃及遐裔。蕞尔谯纵，编户黔首，同恶相求，是崇是长，肆反噬于州相，播毒害于民黎，俾我西服，隔阂皇泽。自义风电靡，天光反辉，昭晢旧物，烟煴区宇。以庶务草创，未遑九伐，自尔以来，奄延十载。而野心不革，伺隙乘间，招聚逋叛，共相封殖，侵扰我蛮獠，摇荡我疆垂。我是以有治洲之役，丑类尽殪，匹马无遗，桓谦折首，谯福鸟逝，奔伏窠穴，引颈待戮。

当今北狄露晞，南寇埃埽，朝风载韪，庶绩其凝，康哉之歌日熙，比屋之隆可咏。孤职是经略，思一九有，眷彼禹迹，愿言载怀，奉命西行，途戾荆、郢，瞻望巴、汉，愤慨交深。清江源于滥觞。澄氛祲于井络，诛叛柔远，今也其时。即命河间太守蒯恩、下邳太守刘钟，精勇二万，直指成都。龙骧将军臧熹，戎卒二万，进自垫江。益州刺史朱龄石，舟师三万，电曜外水。分遣辅国将军索恳，总汉中之众，济自剑道。振威将军朱客子，提宁州之锐，渡泸而入。神兵四临，天纲宏掩，衡翼千里，金鼓万张，组甲贝胄，景焕波属，华夷百濮，云会雾臻，以此攻战，谁与为敌，况又奉义而行，以顺而动者哉！

今三陕之隘，在我境内，非有岑彭荆门之险。弥入其阻，平衢四达，实无邓艾绵竹之艰。山川之形，抑非曩日，攻守难易，居然百倍。当全蜀之强，士民之富，子阳不能自安于庸、僰，刘禅不敢窜命于南中，荆邯折谋，伯约挫锐。故知成败有数，非可智延。此皆益土前事，当今元龟也。盛如卢循，强如容超，陵威南海，跨制北岱，楼船万艘，掩江盖汜，铁马千群，充原塞隰。然广固之攻，陆无完雉，左里之战，水靡全舟，或显戮京畿，或传首万里。故知逆顺有势，难以力抗。斯又目前殷鉴，深切著明者也。

梁、益人士，焉明王化，虽驱迫一时，本非奥主。从之淫虐，日月增播，刑杀非罪，死以泽量。而待命寇仇之戮，餀呕豺狼之吻，岂不逆诚南凯，延首东云，普天有来苏之幸，而一方怀后予之怨。王者之师，以仁为本，舍逆取顺，爰自三驱，齐斧所加，纵身而已。其有衿甲反接，自投军门者，一无所问。士子百姓，列肆安堵，审择吉凶，自求多祐。大信之明，皦若朝日，如其迷复奸邪，守愚不改，火燎孟诸，芝艾同烂，河决金堤，渊丘同体，虽欲悔之，亦将何及！

九年，卒官，时年四十一。次年，以参伐蜀之谋，追封南昌县五等子。

子洵，元嘉中，历显官，庐陵王绍为南中郎将、江州刺史，年少未亲政，洵为长史、浔阳太守，行府州事。元嘉末，为吴郡太守。元凶弑立，加洵建威将军，置佐史。会安东将军随王诞起义，檄洵为前锋，加辅国将军。事平，顷之卒。追赠征虏将军，谥曰贞子。长子颛，别有传。少子觊,好学善属文,有清誉于世,官至司徒从事中郎,武陵内史,早卒。

洵弟濯,扬州秀才,早卒。濯弟淑,濯子粲,并有别传。

褚叔度,河南阳翟人也。曾祖裒,晋太傅。祖歆,秘书监。父爽,金紫光禄大夫。

长兄秀之,字长倩,历大司马琅邪王从事中郎、黄门侍郎、高祖镇西长史。秀之妹,恭帝后也,虽晋氏姻戚,而尽心于高祖。迁侍中,出补大司马右司马。恭帝即位,为祠部尚书、本州大中正。高祖受命,徙为太常。元嘉元年,卒官,时年四十七。

秀之弟淡之,字仲源,亦历显官,为高祖车骑从事中郎、尚书吏部郎、廷尉卿、左卫将军。高祖受命,为侍中。淡之兄弟并尽忠事高祖,恭帝每生男,辄令方便杀焉,或诱赂内人,或密加毒害,前后非一。及恭帝逊位,居秣陵宫,常惧见祸,与褚后共止一室,虑有鸩毒,自煮食于床前。高祖将杀,不欲遣人入内,令淡之兄弟视褚后。褚后别室相见,兵人乃逾垣而入,进药于恭帝,帝不肯饮,曰:"佛教自杀者不得复人身。"乃以被掩杀之。后会稽郡缺,朝议欲用蔡廓,高祖曰:"彼自是蔡家佳儿,何关人事,可用佛。"佛,淡之小字也。乃以淡之为会稽太守。

景平二年,富阳县孙氏聚合门宗,谋为逆乱,其支党在永兴县,潜相影响。永兴令羊恂觉其奸谋,以告淡之,淡之不信,乃以诬人之罪,收县职局。于是孙法亮号冠军大将军,与孙道庆等攻没县邑,即用富阳令顾粲为令,加辅国将军。遣伪建威将军孙道仲、孙公喜、法杀攻永兴。永兴民漏恭期初与贼同,后反善就羊恂,率吏民拒战,力少退败。贼用县人许祖为令,恂逃伏江唐山中,寻复为贼所得,使还行县事。贼遂盘据,更相树立,遥以鄮令司马文寅为征西大将军,孙道仲为征西长史,孙道覆为左司马,与公喜、法杀等建旗鸣鼓,直攻山阴。

淡之自假凌江将军,以山阴令陆邵领司马,加振武将军,前员外散骑常侍王茂之为长史，前国子博士孔欣、前员外散骑常侍谢苓之并参军事，召行参军七十余人。前镇西谘议参军孔宁子、左光禄大夫孔季恭子山士在艰中，皆起为将军。遣队主陈愿、郡议曹掾虞道纳二军过浦阳江。愿等战，贼遂摧锋而前，去城二十余里。淡之遣陆邵督带戟公石綝、广武将军陆允，以水军拒之，又别遣行参军漏恭期率步军与邵合力，淡之率所领出次近郊。恭期等与贼战于柯亭，大破之，贼走还永兴。遣伪宁朔将军孙伦领五百人攻钱唐，与县戍军建武将军战于琦，伦败走，还富阳。伦因反善，杀法步帅等十余人，送首京都。诏遣殿中员外将军徐卓领千人，右将军彭城王义康遣龙骧将军丘显率众五百东讨，司空徐羡之版扬州主簿沈嗣之为富阳令，领五百人于吴兴道东出，并未至而贼平。吴郡太守江夷，轻行之职，停吴一宿，进至富阳，分别善恶，执送愿徙贼余党数百家于彭城、寿阳、青州诸处。二年，淡之卒，时年四十五。谥曰质子。

叔度名与高祖同，故以字行。初为太宰琅邪王参军，高祖车骑参军事，司徒左西属，中军咨议参军，署中兵，加建威将军。从伐鲜卑，尽其诚力。卢循攻查浦，叔度力战有功。循南走，高祖版行广州刺史，仍除都督交广二州诸军事、建威将军、领平越中郎将、广州刺史。桓玄族人开山聚众，谋掩广州，事觉，叔度悉平之。义熙八年，卢循余党刘敬道窘迫，诣交州归降。交州刺史杜慧度以事言统府，叔度以敬道等路穷请命，事非款诚，报使诛之。慧度不加防录，敬道招集亡命，攻破九真，杀太守杜章民，慧度讨平之。叔度辄贬慧度号为奋扬将军，恶不先上，为有司所纠，诏原之。

高祖征刘毅，叔度遣三千人过峤，荆州平，乃还。在任四年，广营贿货，家财丰积，坐免官，禁锢终身。还至都，凡诸旧及有一面之款，无不厚加赠遗。寻除太尉咨议参军，相国右司马。高祖受命，为右卫将军。高祖以其名家，而能竭尽心力，甚嘉之，乃下诏曰："夫赏不遗勤，则劳臣增劝，爵必畴庸，故在功咸达。叔度南北征讨，常管戎要，西夏不虔，诚著岭表。可封番禺县男，食邑四百户。"寻加散骑常侍。永初三年，出为使持节、监雍梁南北秦四州之南阳竟陵顺阳义阳新野随六郡诸军事、征虏将军、雍州刺史，领宁蛮校尉、襄阳义成太守。在任每以清简致称。景平二年，卒，时年四十四。

子恬之嗣，官至南琅邪太守。恬之卒，子昭嗣。昭卒，子瑄嗣。齐受禅，国除。叔度第二子寂之，著作佐郎，早卒。子授，尚太祖第六女琅邪贞长公主，太宰参军，亦早卒。

秀之弟湛之，字休玄，尚高祖第七女始安哀公主，拜驸马都尉、著作郎。哀公主薨，复尚高祖第五女吴郡宣公主。诸尚公主者，并用世胄，不必皆有才能。湛之谨实有意干，故为太祖所知。历显位，扬武将军、南彭城沛二郡太守，太子中庶子，司徒左长史，侍中，左卫将军，左民尚书，丹阳尹。元凶弑逆，以为吏部尚书，复出为辅国将军、丹阳尹，统石头戍事。世祖入伐，劭自攻新亭垒，使湛之率水师俱进。湛之因携二息渊、澄轻船南奔。渊有一男始生，为劭所杀。世祖即位，以为尚书右仆射。孝建元年，为中书令，丹阳尹。坐南郡王义宣诸子逃藏郡堺，建康令王兴之、江宁令沈道源下狱，湛之免官禁锢。其年，复为散骑常侍、左卫将军，俄迁侍中，左卫如故。以久疾，拜散骑常侍、光禄大夫，加金章紫绶。顷之，复为丹阳尹，光禄如故。寻为尚书左仆射。以南奔赐爵都乡侯。大明四年，卒，时年五十。追赠侍中、特进、骠骑将军，给鼓吹一部，左仆射如故。谥曰敬侯。

子渊庶生，宣公主以渊有才，表为嫡嗣。渊，升明末为司空。

史臣曰：高祖虽累叶江南，楚言未变，雅道风流，无闻焉尔。凡此诸子，并前代名家，莫不望尘请职，负羁先路，将由庇民之道邪。

宋书卷五三
列传第一三

张茂度 子永 庾登之 弟炳之 谢方明 江夷

张茂度，吴郡吴人，张良后也。名与高帝讳同，故称字。良七世孙为长沙太守，始迁于吴。高祖嘉，曾祖澄，晋光禄大夫。祖彭祖，广州刺史。父敞，侍中、尚书、吴国内史。

茂度，郡上计吏，主簿，功曹，州命从事史，并不就。琅邪王卫军参军，员外散骑侍郎，尚书度支郎，父忧不拜。服阕，为何无忌镇南参军。顷之，出补晋安太守。卢循为寇，覆没江州，茂度及建安太守孙蚪之并受其符书，供其调役。循走，俱坐免官。复以为始兴相，郡经贼寇，廨宇焚烧，民物凋散，百不存一。茂度创立城寺，吊死抚伤，收集离散，民户渐复。在郡一周，征为太尉参军，寻转主簿、扬州治中从事史。高祖西伐刘毅，茂度居守，留州事悉委之。军还，迁中书侍郎。出为司马休之平西司马、河南太守。高祖将讨休之，茂度闻知，乘轻船逃下，逢高祖于中路，以为录事参军，太守如故。江陵平，骠骑将军道怜为荆州，茂度仍为咨议参军，太守如故。还为扬州别驾从事史。高祖北伐关、洛，复任留州事。出为使持节、督广交二州诸军事、建武将军、平越中郎将、广州刺史，绥静百越，岭外安之。以疾求还，复为道怜司马。丁继母忧，服阙，除廷尉，转尚书吏部郎。

太祖元嘉元年，出为使持节、督益宁二州梁州之巴西梓潼宕渠南汉中秦州之怀宁安固六郡诸军事、冠军将军、益州刺史。三年，太祖讨荆州刺史谢晦,诏益州遣军袭江陵,晦已平而军始至白帝。茂度与晦素善,议者疑其出军迟留,时茂度弟劭为湘州刺史,起兵应大驾,上以邵诚节,故不加罪,被代还京师。七年,起为廷尉,加奉车都尉,领本州中正。入为五兵尚书,徙太常。以脚疾出为义兴太守,加秩中二千石。上从容谓茂度曰:“勿复以西蜀介怀。”对曰:“臣若不遭陛下之明,墓木拱矣。”

顷之,解职还家。征为都官尚书,加散骑常侍,固辞以疾。就拜光禄大夫,加金章紫绶。茂度内足于财,自绝人事,经始本县之华山以为居止,优游野泽,如此者七年。十八年,除会稽太守。素有吏能,在郡县,职事甚理。明年,卒官,时年六十七。谥曰恭子。

茂度同郡陆仲元者,晋太尉玩曾孙也。以事用见知,历清资,吏部郎,右卫将军,侍中,吴郡太守。自玩洎仲元,四世为侍中,时人方之金、张二族。弟子真,元嘉十年,为海陵太守。中书舍人狄当为太祖所信委,家在海陵,死还葬,桥路毁坏,不通丧车,县求发民修治,子真不许。司徒彭城王义康闻而善之,召为国子博士,司徒左西掾,州治中,临海东阳太守。

茂度子演,太子中舍人。演弟镜,新安太守。皆有盛名,并早卒。镜弟永。

永字景云,初为郡主簿,州从事,转司徒士曹参军,出补余姚令,入为尚书中兵郎。先是,尚书中条制繁杂,元嘉十八年,欲加治撰,徙永为删定郎,掌其任。二十二年,除建康令,所居皆有称绩。又除广陵王诞北中郎录事参军。永涉猎书史,能为文章,善隶书,晓音律,骑射杂艺,触类兼善,又有巧思,益为太祖所知。纸及墨皆自营造,上每得永表启,辄执玩咨嗟,自叹供御者子不及也。二十三年,造华林园、玄武湖,并使永监统。凡诸制署,皆受则于永。徙为江夏王义恭太尉中兵参军、越骑校尉、振武将军、广陵南沛二郡太守。二十八年,又除江夏王义骠骑中兵参军,沛郡如故。

永既有才能,所在每尽心力,太祖谓堪为将。二十九年,以永督冀州青州之济南乐安太原三郡诸军事、扬威将军、冀州刺史，督王玄谟、申坦等诸将，经略河南。攻碻磝城，累旬不能拔。其年八月七日夜，虏开门烧楼及攻车，士卒烧死及为虏所杀甚众，永即夜撤围退军，不报告诸将，众军惊扰，为虏所乘，死败涂地。永及申坦并为统府抚军将军萧思话所收，系于历城狱。太祖以屡征无功，诸将不可任，责永等与思话诏曰："虏既乘利，方向盛冬，若脱敢送死，兄弟父子，自共当之耳。言及增愤，可以示张永、申坦。"又与江夏王义恭书曰："早知诸将辈如此，恨不以白刃驱之，今者悔何所及。"

三十年，元凶弑立，起永督青州之东安东莞二郡诸军事、辅国将军、青州刺史。司空南谯王义宣起义，又板永为督冀州青州之济南安乐太原三郡诸军事、辅国将军、冀州刺史。永遣司马崔勋之、中兵参军刘则二军驰赴国难。时萧思话在彭城，义宣虑二人不相谐缉，与思话书，劝与永坦怀。又使永从兄长史张畅与永书曰："近有都信，具汝刑网之源，可谓虽在缧绁，而复心无愧矣。萧公平厚，先无嫌隙，见汝翰迹，言不相伤，何其滔滔称人意邪。当今世故艰迫，义气云起，方藉群贤，共康时难。当远慕廉、蔺在公之德，近效平、勃忘私之美，忽此蒂芥，克申旧情。公亦命萧示以疏达，兼令相执，共遵此旨。"事平，召为江夏王义恭大司马从事中郎，领中兵。

时使百僚献谠言，永以为宜立谏官，开不讳之路，讲师旅，示安不忘危。世祖孝建元年，臧质反，遣永辅武昌王浑镇京口。其年，出为扬州别驾从事史。明年，召入为尚书左丞。时将士休假，年开三番，纷纭道路。永建议曰："臣闻开兵从稼，前王以之兼隙，耕战递劳，先代以之经远。当今化宁万里，文同九服，捐金走骥，于焉自始。伏见将士休假，多蒙三番，程会既促，装赴在早。故一岁之间，四驰遥路，或失遽春耜，或违要秋登，致使公替常储，家阙旧粟，考定利害，宜加详改。愚谓交代之限，以一年为制，使正上之念，劳未及积，游农之望，收功岁成。斯则王度无骞，民业斯植矣。"从之。

大明元年，迁黄门侍郎，寻领虎贲中郎将、本郡中正。三年，迁廷尉。上谓之曰："卿既与释之同姓，欲使天下须无冤民。"加宁朔将军，尚书吏部郎，司徒右长史，寻阳王子房冠军长史。四年，立明堂，永以本官兼将作大匠。事毕，迁太子右卫率。七年，为宣贵妃殷氏立庙，复兼将作大匠。转右卫将军。其年，世祖南巡，自宣城候道东入，使永循行水路。是岁旱，涂迳不通，上大怒，免。时上宠子新安王子鸾为南徐州刺史，割吴郡度属徐州。八年，起永为别驾从事史。其年，召为御史中丞。前废帝永光元年，出为吴兴太守，迁度支尚书。

太宗即位，除吏部尚书，未拜。会四方反叛，复以为吴兴太守，加冠军将军、假节。未拜，以将军、假节，徙为吴郡太守，率军东讨。又为散骑常侍、太子詹事。未拜，迁使持节、监青冀幽并四州诸军事、前将军、青冀二州刺史，统诸将讨徐州刺史薛安都，累战克捷，破薛索儿等。事在《安都传》。又迁散骑常侍、镇军将军、太子詹事，权领徐州刺史。又都督徐、兖、青、冀四州诸军事，又为使持节、都督南兖徐二州诸军事、南兖州刺史，常侍、将军如故。时薛安都据彭城请降，而诚心不款，太宗遣永与沈攸之以重兵迎之，加督前锋军事，进军彭城。安都招引索虏之兵既至，士卒离散，永狼狈引军还，为虏所追，大败。复值寒雪，士卒离散，永脚指断落，仅以身免，失其第四子。

三年，徙都督会稽东阳临海永嘉新安五郡诸军事、会稽太守，将军如故。以北讨失律，固求自贬，降号左将军。永痛悼所失之子，有兼常哀，服制虽除，犹立灵座，饮食衣服，待之如生。每出行，常别具名车好马，号曰侍从，有事辄语左右报郎君。以破薛索儿功，封孝昌县侯，食邑千户。在会稽，宾客有谢方童等坐赃下狱死，永又降号冠军将军。四年，迁使持节、督雍梁南北秦四州郢之竟陵随二郡诸军事、右将军、雍州刺史。未拜，停为太子詹事，加散骑常侍、本州大中正。六年，又加护军将军，领石头戍事，给鼓吹一部。七年，迁金紫光禄大夫，寻复领护军。后废帝即位，进右光禄大夫，加侍中，领安成王师，加亲信二十人，又领本州中正。出为吴郡太守，秩中二千石，侍中、右光禄如故。

元徽二年，迁使持节、都督南兖徐青冀益五州诸军事、征北将军、南兖州刺史，侍中如故。永少便驱驰，志在宣力，年虽已老，至气未衰，优游闲任，意甚不乐，及有此授，喜悦非常，即日命驾还都。未之镇，值桂阳王休范作乱，永率所领出屯白下。休范至新亭，大桁不守，前锋遂攻南掖门。永遣人觇贼，既返，唱云"台城陷矣"。永众于此溃散，永亦弃军奔走，还先所住南苑。以永旧臣不加罪，止免官削爵，永亦愧叹发病。三年，卒，时年六十六。顺帝升明二年，追赠侍中、右光禄大夫。子瓌，升明末，达官。

永弟辩，太宗亦见任遇，历尚书吏部郎，广州刺史，大司农。辩弟岱，升明末，吏部尚书。

庾登之字元龙，颍川隔陵人也。曾祖冰，晋司空。祖蕴，广州刺史。父廓，东阳太守。

登之少以强济自立。初为晋会稽王道子太傅参军，义旗初，又为高祖镇军参军。以预讨桓玄功，封曲江县五等男。参大司马琅邪王军事，豫州别驾从事史，大司马主簿，司徒左西曹属。登之虽不涉学，善于世事，王弘、谢晦、江夷之徒，皆相知友。转太尉主簿。义熙十二年，高祖北伐，登之击节驱驰，退告刘穆之，以母老求郡。于时士庶咸惮远役，而登之二三其心，高祖大怒，除吏名。大军发后，乃以补镇蛮护军、西阳太守。入为太子庶子，尚书左丞。出为新安太守。谢晦为抚军将军、荆州刺史，请为长史、南郡太守，仍为卫军长史，太守如故。登之与晦俱曹氏婿，名位本同，一旦为之佐，意甚不惬。到厅笺，唯云"即日恭到"，初无感谢之言。每入觐见，备持箱囊几席之属，一物不具不坐。晦常优容之。晦拒王师，欲使登之留守，登之不许，语在《晦传》。晦败，登之以无任免罪，禁锢还家。

元嘉五年，起为衡阳王义季征虏长史。义季年少，未亲政，众事一以委之。寻加南东海太守。入为司徒右长史，尚书吏部郎，司徒左长史，南东海太守。府公彭城王义康专览政事，不欲自下厝怀，而登之性刚，每陈己意，义康甚不悦，出为吴郡太守。州郡相临，执意无改,因其莅任赃货,以事免官。弟炳之时为临川内史,登之随弟之郡,优游自适。俄而除豫章太守,便道之官。登之初至临川,吏民咸相轻侮,豫章与临川接境,郡又华大,仪迓光赫,土人并惊叹焉。十八年,迁江州刺史。疾笃,征为中护军,未拜。二十年,卒,时年六十二,即以为赠。

子冲远,太宗镇姑熟,为卫军长史。卒于豫章太守,追赠侍中。

炳之字仲文,初为秘书,太子舍人,刘粹征北长史、广平太守。兄登之,为谢晦长史,炳之往省之。晦时位高权重,朝士莫不加敬,炳之独与抗礼,时论健之。为尚书度支郎,不拜。出补钱唐令,治民有绩。转彭城王义康骠骑主簿,未就,徙为扬丞。炳之既未到府,疑于府公礼敬,下礼官博议。中书侍郎裴松之议曰:"案《春秋》桓八年,祭公逆王后于纪。《公羊传》曰'女在国称女,此其称王后何?王者无外,其辞成矣。'推此而言,则炳之为吏之道,定于受命之日矣,其辞已成,在无外,名器既正,则礼亦从之。且今宰牧之官,拜不之职,未接之民,必有其敬者,以既受王命,则成君民之义故也。吏之被敕,犹除者受拜,民不以未见阙其被礼,吏安可以未到废其节乎?愚怀所见,宜执吏礼。"从之,迁司徒左西属。左将军竟陵王义宣未亲府板炳之为咨议参军,众务悉委焉。后将军长沙王义欣镇寿阳,炳之为长史、南梁郡太守,转镇军长史,太守如故。出为临川内史。后将军始兴王浚镇湘州,以炳之为司马,领长沙内史。浚不之任,除南太山太守,司马如故。

于时领军将军刘湛协附大将军彭城王义康,而与仆射殷景仁有隙,凡朝士游殷氏者,不得入刘氏之门,独炳之游二人之间,密尽忠于朝廷。景仁称疾不朝见者历年,太祖常令炳之衔命去来,湛不疑也。义康出藩,湛伏诛,以炳之为尚书吏部郎,与右卫将军沈演之俱参机密。顷之,转侍中,本州大中正。迁吏部尚书,领义阳王师。内外归附,势倾朝野。

炳之为人强急,而不耐烦,宾客干诉非理者,忿詈形于辞色。素无术学，不为众望所推。性好洁，士大夫造之者，去未出户，辄令人拭席洗床。时陈郡殷冲亦好净，小史非净浴新衣，不得近左右。士大夫小不整洁，每容接之。炳之洁反是，冲每以此讥焉。领选既不缉众谕，又颇通货贿。炳之请急还家，吏部令史钱泰、主客令史周伯齐出炳之宅谘事。泰能弹琵琶，伯齐善歌，炳之因留停宿。尚书旧制：令史谘事，不得宿停外，虽有八座命，亦不许。为有司所奏。上于炳之素厚，将恕之，召问尚书右仆射何尚之，尚之具陈炳之得失，又密奏曰："夫为国为家，何尝不谨用前典。今苟欲通一人，虑非哲王御世之长术。炳之所行，非暧昧而已，臣所闻既非一旦，又往往眼见，事如丘山，彰彰若此，遂纵而不纠，不知复何以为治。晋武不曰明主，断鬲令事，遂能奋发，华廙见待不轻，废锢累年，后起，止作城门校尉耳。若言炳之有诚于国，未知的是何事？政当云与殷景仁不失其旧，与刘湛亦复不疏。且景仁当时事意，岂复可蔑，朝士两边相推，亦复何限，纵有微诚，复何足掩其恶。今贾充勋烈，晋之重臣，虽事业不胜，不闻有大罪，诸臣进说，便远出之。陛下圣睿，反更迟迟于此。炳之身上之衅，既自藉藉，交结朋党，构扇是非，实足乱俗伤风。诸恶纷纭，过于范晔，所少贼一事耳。伏愿深加三思，试以诸声传，普访诸可顾问者。群下见陛下顾遇既重，恐不敢苦相侵伤，顾问之日，宜布嫌责之旨。若不如此，亦当不辩有所得失。臣蠢，既有所启，要欲尽其心，如无可纳，伏愿宥其触忤之罪。"

时炳之自理："不谙台制，令史并言停外非嫌。"太祖以炳之信受失所，小事不足伤大臣。尚之又陈曰："炳之呼二令史出宿，令史谘都令史骆宰，宰云不通，吏部曹亦咸知不可，令史具向炳之说不得停之意，炳之了不听纳。之非为不解，直是苟相留耳。由外悉知此，而诬于信受，群情岂了，陛下不假为之辞。虽是令史，出乃远亏朝典，又不得谓之小事。谢晦望实，非今者之畴，一事错误，免侍中官。王珣时贤小失，桓胤春搜之谬，皆白衣领职。况公犯宪制者邪？不审可有同王、桓白衣例不？于任使无损，兼可得以为肃戒。孔万祀居左丞之局，不念相当，语骆宰云：'炳之贵要，异他尚书身，政可得无言耳。'又云:'不痴不聋,不成姑公。'敢作此言,亦为异也。"

太祖犹优游之,使尚之更陈其意。尚之乃备言炳之愆过,曰:"尚书旧有增置干二十人,以元、凯丞郎干之假疾病,炳之常取十人私使,询处干阙,不得时补。近得王师,犹不遣还,臣令人语之,'先取人使,意常未安,今既有手力,不宜复留'。得臣此信,方复遣耳。大都为人好率怀行事,有诸纭纭,不悉可晓。臣思张辽之言,关羽虽兄弟,曹公父子,岂得不言。观今人忧国实寡,臣复结舌,日月之明,或有所蔽。然不知臣者,岂不谓臣有争竞之迹,追以怅怅。臣与炳之周旋,俱被恩接,不宜复生厚薄。太尉昨与臣言,说炳之有诸不可,非唯一条,远近相崇畏,震动四海,凡短人办得致此,更复可嘉。虞秀之门生事之,累味珍肴,未尝有乏,其外别贡,岂可具详。炳之门中不问大小,诛求张幼绪,幼绪转无以堪命。炳之先与刘德愿殊恶,德愿自持琵琶甚精丽,遗之,便复款然。市令盛馥进数百口材助营宅,恐人知,作虚买卷。刘道锡骤有所输,倾南俸之半。刘雍自谓得其力助,事之如父,夏中送甘庶,若新发于州。国吏运载樵荻,无辍于道。诸见人有物,鲜或不求,闻刘遵考有材,便乞材,见好烛盘,便复乞之。选用不平,不可一二。太尉又云,炳之都无共事之体,凡所选举,悉是其意,政令太尉知耳。论虞秀之作黄门,太不政若和,故得停。太尉近与炳之疏,欲用德愿儿作州西曹,炳之乃启用为主簿,即语德愿,德愿谢太尉。前后漏泄卖恩,亦复何极。纵不加罪,故宜出之。士庶忿疾之,非直项羽楚歌而已也。自从裴、刘刑罚以来,诸将陈力百倍,今日事实好恶可问。若赫然发愤,显明法宪,陛下便可闲卧紫闼,无复一事也。"

太祖欲出炳之为丹杨,又以问尚之,尚之答曰:"臣既乏贾生应对之才,又谢汲公犯颜之直,至于侍坐仰酬,每不能尽。昨出伏复深思,只有愚滞,今之事迹,异口同音,便是彰著,政未测得物之数耳。可为蹈罪负恩,无所复少。且居官失和,未有此比。陛下迟迟旧恩,未忍穷法,为弘之大,莫复过此。方复有尹京赫赫之授,恐悉心奉国之人,于此而息,贪狼恣意者,岁月滋甚。非但亏点王化,乃治乱所由。如臣所闻天下论议，炳之常尘累日月，未见一豪增辉。今曲阿在水南，恩宠无异，而协首郡之荣，乃更成其形势，便是老王雅也。古人云：‘无赏罚，虽尧、舜不能为治也。’陛下岂可坐损皇家之重，迷一凡人。事若复在可否之间，亦不敢苟陈穴管。今之枉直，明白灼然，而睿王令王，反更不悟，今贾谊、刘向重生，岂不慷慨流涕于圣世邪！臣昔启范晔，当时亦惧犯触之尤，苟是愚怀所挹，政自不能舒达，所谓虽九死而不悔者也。谓炳之且外出，若能修改，在职著称，还亦不难，而可得少明国典，粗酬四海之诮。今愆衅如山，荣任不损，炳之若复有彰大之罪，谁复敢以闻述。且自非殊勋异绩。亦何足塞今日之尤。历观古今，未有众过藉藉，受货数百万，更得高官厚禄如今者也。臣每念圣化中有此事，未尝不痛心疾首。设令臣等数人纵横狼藉复如此，不审当复云何处之。近启贾充远镇，今亦何足分。外出恐是策之良者。臣知陛下不能采臣言，故是臣不能尽己之愚至耳。今蒙恩荣者不少，臣何为独恳恳于斯，实是尊主乐治之意。伏愿试更垂察。”又曰：“臣见刘伯宠大慷慨炳之所行，云有人送张幼绪，幼绪语人，吾虽得一县，负三十万钱，庾冲远乃当送至新林，见缚束，犹未得解手。荀万秋尝诣炳之，值一客姓夏侯，主人问：‘有好牛不？’云：‘无，’问：‘有好马不？’又云：‘无，政有佳驴耳。’炳之便答：‘甚是所欲。’客出门，遂与相闻索之。刘道锡云是炳之所举，就道锡索嫁女具及祠器，乃当百万数。犹谓不然。选令史章龙向臣说，亦叹其受纳之过，言‘实得嫁女具，铜炉四人举乃胜，细葛斗帐等物，不可称数。’在尚书中，令奴酤鄢酒，利其百十，亦是立台阁所无，不审少简圣听不？恐仰伤日月之明，臣窃为之叹息。”

太祖乃可有司之奏，免炳之官。是岁，元嘉二十五年也。二十七年，卒于家。时年六十三。太祖录其宿诚，追复本官。二子季远、弘远。

谢方明，陈郡阳夏人，尚书仆射景仁从祖弟也。祖铁，永嘉太守。父冲，中书侍郎。家在会稽，谢病归，除黄门侍郎，不就。为孙恩所杀，追赠散骑常侍。

方明随伯父吴兴太守邈在郡，孙恩寇会稽，东土诸郡皆响应，吴兴民胡桀、郜骠破东迁县，方明劝邈避之，不从，贼至被害，方明逃窜遂免。初，邈舅子长乐冯嗣之及北方学士冯翊仇玄达，俱往吴兴投邈，并舍之郡学，礼待甚简。二人并忿愠，遂与恩通谋。恩尝为嗣之等从者，夜入郡，见邈众，遁，不悟。本欲于吴兴起兵，事趣不果，乃迁于会稽。及郜等攻郡，嗣之、玄达并豫其谋。刘牢之、谢琰等讨恩，恩走入海，嗣之等不得同去，方更聚合。方明结邈门生义故得百余人，掩讨嗣之等，悉禽□手刃之。

于时荒乱之后，吉凶礼废，方明合门遇祸，资产无遗，而营举凶事，尽其力用，数月之间，葬送并毕，平世备礼，无以加也。顷之，孙恩重没会稽，谢琰见害。恩购求方明甚急。方明于上虞载母妹奔东阳，由黄蘖峤出鄱阳，附载还都，寄居国子学。流离险厄，屯苦备经，而贞立之操，在约无改。元兴元年，桓玄克京邑，丹杨尹卞范之势倾朝野，欲以女嫁方明，使尚书吏部郎王腾譬说备至，方明终不回。桓玄闻而赏之，即除著作佐郎，补司徒王谧主簿。

从兄景仁举为高祖中兵主簿。方明事思忠益，知无不为。高祖谓之曰："愧未有瓜衍之赏，且当与卿共豫章国禄。"屡加赏赐。方明严恪，善自居遇，虽处暗室，未尝有堕容。无他伎能，自然有雅韵。从兄混有重名，唯岁节朝宗而已。丹杨尹刘穆之权重当时，朝野辐辏，不与穆之相识者，唯有混、方明、郗僧施、蔡廓四人而已，穆之甚以为恨。方明、廓后往造之，大悦，白高祖曰："谢方明可谓名家驹。直置便自是台鼎人，无论复有才用。"顷之，转从事中郎，仍为左将军道怜长史，高祖命府内众事，皆谘决之。随府转中军长史，寻更加晋陵太守。复为骠骑长史、南郡相，委任如初。

尝年终，江陵县狱囚事无轻重，悉散听归家，使过正三日还到。罪应入重者有二十余人，纲纪以下，莫不疑惧。时晋陵郡送故主簿弘季盛、徐寿之并随在西，固谏以为："昔人虽有其事，或是记籍过言。且当今民情伪薄，不可以古义相许。"方明不纳，一时遣之。囚及父兄皆惊喜涕泣，以为就死无恨。至期，有重罪二人不还，方明不听讨捕。其一人醉不能归，逮二日乃反，余一囚十日不至，五官朱千期请见，欲白讨之，方明知为囚事，使左右谢五官不须入，囚自当反。囚逡巡墟里，不能自归，乡村责让之，率领将送，遂竟无逃亡者。远近咸叹服焉。遭母忧，去职。服阕，为宋台尚书吏部郎。

高祖受命，迁侍中。永初三年，出为丹杨尹，有能名。转会稽太守。江东民户殷盛，风俗峻刻，强弱相陵，奸吏蜂起，符书一下，文摄相续。又罪及比伍，动相连坐，一人犯吏，则一村废业，邑里惊扰，狗吠达旦。方明深达治体，不拘文法，阔略苛细，务存纲领。州台符摄，即时宣下，缓民期会，展其办举。郡县监司，不得妄出，贵族豪士，莫敢犯禁。除比伍之坐，判久系之狱。前后征伐，每兵运不充，悉发倩士庶，事既宁息，皆使还本。而属所刻害，或即以补吏。守宰不明，与夺乖舛，人事不至，必被抑塞。方明简汰精当，各慎所宜，虽服役十载，亦一朝从理。东土至今称咏之。性尤爱惜，未尝有所是非，承代前人，不易其政。有必宜改者，则以渐移变，使无迹可寻。元嘉三年，卒官，年四十七。

子惠连，幼而聪敏，年十岁，能属文，族兄灵运深相知赏，事在《灵运传》。本州辟主簿，不就。惠连先爱会稽郡吏杜德灵，及居父忧，赠以五言诗十余首，文行于世，坐被徙废塞，不豫荣伍。尚书仆射殷景仁爱其才，因言次白太祖："臣小儿时，便见世中有此文，而论者云是谢惠连，其实非也。"太祖曰："若如此，便应通之。"元嘉七年，方为司徒彭城王义康法曹参军。是时，义康治东府城，城堑中得古冢，为之改葬，使惠连为祭文，留信待成，其文甚美。又为《雪赋》，亦以高丽见奇。文章并传于世。十年，卒，时年三十七。既早亡，且轻薄多尤累，故官位不显。无子。

弟宣，竟陵王诞司徒从事中郎、临川内史。

江夷字茂远，济阳考城人也。祖，晋护军将军。父敳，骠骑谘议参军。

夷少自藻厉，为后进之美。州辟主簿，不就。桓玄篡位，以为豫章王文学。义旗建。高祖板为镇军行参军，寻行大司马琅邪王军事，转以公事免。顷之，复补主簿。豫讨桓玄功，封南郡州陵县五等侯，孟昶建威府司马，中书侍郎，中军、太尉从事中郎，征西大将军道规长史、南郡太守，寻转太尉谘议参军，领录事，迁长史，入为侍中，大司马。从府公北辟，拜洛阳园陵，进至潼关。还领宁远将军、琅邪内史、本州大中正。高祖受命大司马府、琅邪国事，一以委焉。

宋台初建，为五兵尚书。高祖受命，转掌度支。出为义兴太守，加秩中二千石，以疾去职。寻拜吏部尚书，为吴郡太守。营阳王于吴县见害，夷临哭尽礼。又以兄疾去官。复为丹阳尹，吏部尚书，加散骑常侍，迁右仆射。夷美风仪，善举止，历任以和简著称。出为湘州刺史，加散骑常侍。未之职，病卒，时年四十八。遗命薄敛蔬奠，务存俭约。追赠前将军，本官如故。子湛，别有传。

史臣曰：为国之道，食不如信，立人之要，先质后文。士君子当以体正为基，蹈义为本，然后饰以艺能，文以礼乐，苟或难备，不若文不足而质有余也。是以小心翼翼，可祗事于上帝，啬夫喋喋，终不离于虎圈。江夷、谢方明、谢弘微、王惠、王球，学义之美，未足以成名，而贞心雅体，廷臣所罕及。《诗》云“温温恭人，惟德之基”，信矣。

宋书卷五四
列传第一四

孔季恭　羊玄保　沈昙庆

孔靖字季恭，会稽山阴人也。名与高祖祖讳同，故称字。祖愉，晋车骑将军。父訚，散骑常侍。

季恭始察郡孝廉，功曹史，著作佐郎，太子舍人，镇军司马，司徒左西掾。未拜，遭母忧。隆安五年，于丧中被起建威将军、山阴令，不就。高祖东征孙恩，屡至会稽，季恭曲意礼接，赡给甚厚。高祖后讨孙恩，时桓玄篡形已著，欲于山阴建义讨之。季恭以为："山阴去京邑路远，且玄未居极位，不如待其篡逆事彰，衅成恶稔，徐于京口图之，不忧不克。"高祖亦谓为然。虞啸父为征东将军、会稽内史，季恭初求为府司马，不得。及帝定桓玄，以季恭为内史，使赍封板拜授，季恭相值，季恭便舟夜还。至即叩扉告啸父，并令扫拂别斋，即便入郡。啸父本为桓玄所授，闻玄败，震惧，开门请罪。季恭慰勉，使且安所住，明旦乃移。季恭到任，务存治实，敕止浮华，翦罚游惰，由是寇盗衰止，境内肃清。

征为右卫将军，加给事中，不拜。寻除侍中，领本国中正，徙琅邪王大司马司马。寻出为吴兴太守，加冠军。先是，吴兴频丧太守，云项羽神为下山王，居郡听事，二千石至，常避之。季恭居听事，竟无害也。迁尚书右仆射，固让。义熙八年，复督五郡诸军、征虏、会稽内史。修饰学校，计课调习。十年，复为尚书右仆射，加散骑常侍，又让不拜。顷之，除领军将军，加散骑常侍，本州大中正。十二年，致仕，拜金紫光禄大夫，常侍如故。

是岁，高祖北伐，季恭求从，以为太尉军谘祭酒、后将军。从平关、洛。高祖为相国，又随府迁。宋台初建，命书以为尚书令，加散骑常侍，又让不受。乃拜侍中、特进、左光禄大夫。辞事东归，高祖饯之戏马台，百僚咸赋诗以述其美。及受命，加开府仪同三司，辞让累年，终以不受。永初三年，薨，时年七十六。追赠侍中、左光禄大夫、开府仪同三司。

子山士，历显位，侍中，会稽太守，坐小弟驾部郎道穰逼略良家子女，白衣领郡。元嘉二十七年，卒官。

弟灵符，元嘉末，为南谯王义宣司空长史、南郡太守，尚书吏部郎。世祖大明初，自侍中为辅国将军、郢州刺史。入为丹阳尹。山阴县土境褊狭，民多田少，灵符表徙无赀之家于余姚、鄞、鄮三县界，垦起湖田。上使公卿博议，太宰江夏王义恭议曰："夫训农修本，有国所同，土著之民，习玩日久，如京师无田，不闻从居他县。寻山阴豪族富室，顷亩不少，贫者肆力，非为无处。耕起空荒，无救灾歉。又缘湖居民，鱼鸭为业，及有居肆，理无乐徙。"尚书令柳元景、右仆射刘秀之、尚书王瓒之、顾凯之、颜师伯、嗣湘东王讳议曰："富户温房，无假迁业，穷身寒室，必应徙居。葺宇疏皋，产粒无待，资公则公未易充，课私则私卒难具。生计既完，畬功自息，宜募亡叛通邮及与乐田者，其往经创，须粗修立，然后徙居。"侍中沈怀文、王景文、黄门侍郎刘𢿙、郄颙议曰："百姓虽不亲农，不无资生之路，若驱以就田，则坐相违夺。且鄞等三县，去治并远，既安之民，忽徙他邑，新垣未立，旧居已毁，去留两困，无以自资。谓宜适任民情，徙其所乐，开宥逋亡，且令就业，审审成腴壤，然后议迁。"太常王玄谟议曰："小民贫匮，远就荒畴，去旧即新，粮种俱阙，习之既难，劝之未易。谓宜微加资给，使得肆勤，明力田之赏，申怠惰之罚。"光禄勋王升之议曰："远废之畴，方翦荆棘，率课穷乏，其事弥难，资徒粗立，徐行无晚。"上违议，从其徙民，并成良业。

灵符自丹阳出为会稽太守，寻加豫章王子尚抚军长史。灵符家本丰，产业甚广，又于永兴立野，周回三十三里，水陆地二百六十五顷，含带二山，又有果园九处。为有司所纠，诏原之，而灵符答对不实，坐以免官。后复旧官，又为寻阳王子房右军长史，太守如故。悫实有才干，不存华饰，每所莅官，政绩修理。前废帝景和中，犯忤近臣，为所谗构，遣鞭杀之。二子湛之、渊之，于都赐死。太宗即位，追赠灵符金紫光禄大夫。

渊之，大明中为尚书比部郎。时安陆应城县民张江陵与妻吴共骂母黄令死，黄忿恨自经死，值赦。律父子贼杀伤殴父母，枭首，骂詈，弃市，谋杀夫之父母，亦弃市。值赦，免刑补冶。江陵骂母，母以之自裁，重于伤殴。若同杀科，则疑重，用殴伤及骂科，则疑轻。制唯有打母，遇赦犹枭首，无骂母致死值赦之科。渊之议曰："夫题里逆心，而仁者不入，名且恶之，况乃人事。故殴伤咒诅，法所不原，詈之致尽，则理无可宥。罚有从轻，盖疑失善，求之文旨，非此之谓。江陵虽值赦恩，故合枭首。妇本以义，爱非天属，黄之所恨，情不在吴，原死补冶，有允正法。"诏如渊之议，吴免弃市。

羊玄保，太山南城人也。祖楷，尚书都官郎。父绥，中书侍郎。

玄保起家楚台太常博士，遭母忧。服阕，右将军何无忌、前将军诸葛长民俱板为参军，并不就。除临安令。刘穆之举为高祖镇军参军，库部郎，永世令。复为高祖太尉参军，转主簿，丹阳丞。少帝景平二年，入为尚书右丞，转左丞，司徒长史。府公王弘甚知重之，谓左长史庾登之、吏部尚书王淮之曰："卿二贤明美朗识，会悟多通，然弘懿之望，故当共推羊也。"顷之，入为黄门侍郎。

善弈棋，棋品第三。太祖与赌郡戏，胜，以补宣城太守。先是，刘式之为宣城，立吏民亡叛制，一人不禽，符伍里吏送州作部，若获者赏位二阶。玄保以为非宜，陈之曰："臣伏寻亡叛之由，皆出于穷逼，未有足以推存而乐为此者也。今立殊制，于事为苦。臣闻苦节不可贞，惧致流弊。昔龚遂譬民于乱绳，缓之然后可理，黄霸以宽和为用，不以严刻为先。臣愚以谓单身逃役，便为尽户。今一人不测，坐者甚多，既惮重负，各为身计，牵挽逃窜，必致繁滋。又能禽获叛身，类非谨惜，既无堪能，坐陵劳吏，名器虚假，所妨实多，将阶级不足供赏，服勤无以自劝。又寻此制，施一邦而已，若其是邪，则应与天下为一，若其非邪，亦不宜独行一郡。民离忧患，其弊将甚。臣忝守所职，惧难遵用，致率管穴，冒以陈闻。"由此此制得停。

玄保在郡一年，为廷尉。数月，迁尚书吏部郎，御史中丞，衡阳王义季右军长史、南东海太守，加辅国将军。入为都官尚书，左卫将军，加给事中，丹阳尹，会稽太守。又徙吴郡太守，加秩中二千石。太祖以玄保廉素寡欲，故频授名郡。为政虽无干绩，而去后常见思。不营财利，处家俭薄。太祖尝曰："人仕宦非唯须才，然亦须运命，每有好官缺，我未尝不先忆羊玄保。"

元凶弑立，为吏部尚书，领国子祭酒，寻加光禄大夫。及世祖入讨，朝野多南奔，劭集群僚，横刀怒曰："卿等便可去矣！"众战惧莫敢言，玄保容色不异，徐曰："臣以死奉朝。"劭乃解。世祖即位，以为散骑常侍，领崇宪卫尉。寻迁金紫光禄大夫。又以谨敬见知，赐赉甚厚。大明初，进位光禄大夫。五年，迁散骑常侍，特进。玄保自少至老，谨于祭奠，四时珍新，未得祠荐者，口不妄尝。八年，卒，时年九十四。谥曰定。

子戎，有才气，而轻薄少行检。玄保尝云："此儿必亡我家。"官至通直郎。与王僧达谤议时政，赐死。死后世祖引见玄保，玄保谢曰："臣无日磾之明，以此上负。"上美其言。戎二弟，太祖并赐名，曰咸，曰粲。谓玄保曰："欲令卿二子有林下正始余风。"

玄保既善棋，而何尚之亦雅好棋。吴郡褚胤，年七岁，入高品。及长，冠绝当时。胤父荣期与臧质同逆，胤应从诛。何尚之请曰："胤弈棋之妙，超古冠今。魏犨犯令，以才获免。父戮子宥，其例甚多。特乞与其微命，使异术不绝。"不许。时人痛惜之。

玄保兄子希，字泰闻，少有才气。大明初，为尚书左丞。时扬州刺史西阳王子尚上言："山湖之禁，虽有旧科，民俗相因，替而不奉，熂山封水，保为家利。自顷以来，颓弛日甚，富强者兼岭而占，贫弱者薪苏无托，至渔采之地，亦又如兹。斯实害治之深弊，为政所宜去绝，损益旧条，更申恒制。"有司捡壬辰诏书："占山护泽，强盗律论，赃一丈以上，皆弃市。"希以"壬辰之制，其禁严刻，事既难遵，理与时弛。而占山封水，渐染复滋，更相因仍，便成先业，一朝顿去，易致嗟怨。今更刊革，立制五条。凡是山泽，先常熂爈种养竹木杂果为林，及陂湖江海鱼梁鳅鮆场，常加功修作者，听不追夺。官品第一、第二，听占山三顷；第三、第四品，二顷五十亩；第五、第六品，二顷；第七、第八品，一项五十亩；第九品及百姓，一顷。皆依定格，条上赀簿。若先已占山，不得更占；先占阙少，依限占足。若非前条旧业，一不得禁。有犯者，水土一尺以上，并计赃，依常盗律论。停除咸康二年壬辰之科。"从之。

益州刺史刘瑀，先为右卫将军，与府司马何季穆共事不平。季穆为尚书令建平王宏所亲待，屡毁瑀于宏。会瑀出为益州，夺士人妻为妾，宏使羊希弹之，瑀坐免官。瑀恨希切齿。有门生谢元伯往来希间，瑀令访讯被免之由。希曰："此奏非我意。"瑀即日到宏门奉笺陈谢，云闻之羊希。希坐漏泄免官。

大明末，为始安王子真征虏司马，黄门郎，御史中丞。泰始三年，出为宁朔将军、广州刺史。希初请女夫镇北中兵参军萧惠徽为长史，带南海太守，太宗不许。又请为东莞太守。希既到镇，长史、南海太守陆法真丧官，希又请惠徽补任。诏曰："希卑门寒士，累世无闻，轻薄多衅，备彰历职。徒以清刻一介，擢授岭南，干上逞欲，求诉不已，可降号横野将军。"

初，李万周、刘嗣祖籍略广州，事在《邓琬传》。太宗以万周为步兵校尉，加宁朔将军，权行广州事。希既至，而万周等并有异图，希诛之。希以沛郡刘思道行晋康太守，领军伐俚。思道违节度，失利，希遣收之。思道不受命，率所领攻州，希遣平越长史邹琰于朝亭拒战，军败见杀。思道进攻州城，司马邹嗣之拒之西门，战败又死。希逾城走，思道获而杀之。府参军邹曼率数十人袭思道，已得入城，力不敌，又败。东莞太守萧惠徽率郡文武千余人攻思道，战败，又见杀。时龙骧将军陈伯绍率军伐俚，还击思道，定之。赠希辅国将军，惠徽中书郎，嗣之越骑校尉。

希子崇，字伯远，尚书主客郎。丁母忧，哀毁过礼。及闻广州乱，即日便徒跣出新亭，不能步涉，顿伏江渚。门义以小船致之，于是进路。父葬毕，不胜哀，卒。

沈昙庆，吴兴武康人，侍中怀文从父兄也。父发，员外散骑侍郎，早卒，吴兴太守王韶之为之诔焉。

昙庆初辟主薄，州从事，西曹主簿，长沙王义欣后军、镇军主簿。遭母忧，哀毁致称，本县令诸葛阐之公解言上。服释，复为主簿。义欣又请为镇军记室参军，出为余杭令，迁司徒主簿，江夏王义恭太尉录事参军，尚书右丞。时岁有水旱，昙庆议立常平仓，以救民急，太祖纳其言，而事不行。领本邑中正，少府，扬州治中从事史，始兴王浚卫军长史。元凶弑立，世祖入讨，劭遣昙庆还东募人，安东将军随王诞收付永兴县狱，久之被原。

世祖践阼，除东海王祎抚军长史，入为尚书吏部郎，江夏王义恭大司马长史，南东海太守，左卫将军。大明元年，督徐兖二州及梁郡诸军事、辅国将军、徐州刺史。时殿中员外将军裴景仁助戍彭城，本伧人，多悉戎荒事。昙庆使撰《秦记》十卷，叙苻氏僭伪本末，其书传于世。明年，复征为左卫将军，加给事中，领本州大中正。三年，迁祠部尚书。其年，卒，时年五十七。追赠本官。

昙庆谨实清正，所莅有称绩。常谓子弟曰："吾处世无才能，政图作大老子耳。"世以长者称之。

史臣曰：江南之为国盛矣，虽南包象浦，西括邛山，至于外奉贡赋，内充府实，止于荆、扬二州。自汉氏以来，民户凋耗，荆楚四战之地，五达之郊，井邑残亡，万不余一也。自元熙十一年马休之外奔，至于元嘉末，三十有九载，兵车勿用，民不外劳，役宽务简，氓庶繁息，至余粮栖亩，户不夜扃，盖东西之极盛也。既扬部分析，境极江南，考之汉域，淮丹阳会稽而已。自晋氏迁流，迄于太元之世，百许年中，无风尘之警，区域之内晏如也。及孙恩寇乱，歼亡事极，自此以至大明之季，年逾六纪，民户繁育，将曩时一矣。地广野丰，民勤本业，一岁或稔，则数郡忘饥。会土带海傍湖，良畴亦数十万顷，膏腴上地，亩直一金，鄠、杜之间，不能比也。荆城跨南楚之富，扬部有全吴之沃，鱼盐杞梓之利，充仞八方，丝绵布帛之饶，覆衣天下。而田家作苦，役难利薄，亘岁从务。无或一日非农，而经税横赋之资，养生送死之具，莫不咸出于此。穰岁粜贱，粜贱则稼苦；饥年籴贵，籴贵则商倍。常平之议，行于汉世。元嘉十三年，东土潦浸，民命棘矣。太祖省费减用，开仓廪以振之，病而不凶，盖此力也。大明之末，积旱成灾，虽敝同往困，而救非昔主，所以病未半古，死已倍之，并命比室，口减过半。若常平之计，兴于中年，遂切扶患，或不至是。若笼以平价，则官民忧，议屈当时，盖由于此。

宋书卷五五
列传第一五

臧焘　徐广　傅隆

臧焘字德仁，东莞莒人，武敬皇后兄也。少好学，善三《礼》。贫约自立，操行为乡里所称。晋孝武帝太元中，卫将军谢安始立国学，徐、兖二州刺史谢玄举焘为明教。

孝武帝追崇庶祖母宣太后，议者或谓宜配食中宗。焘议曰："《阳秋》之义，母以子贵，故仲子、成风，咸称夫人。《经》云：'考仲子之宫。'若配食惠庙，则宫无缘别筑。前汉孝文、孝昭太后，并系子为号，祭于寝园，不配于高祖、孝武之庙。后汉和帝之母曰恭怀皇后，安帝祖母曰恭悯皇后，虽不系子为号，亦祭于陵寝，不配章、安二帝。此则二汉虽有太后、皇后之异，至于并不配食，义同《阳秋》。唯光武追废吕后，故以薄后配高祖庙。又卫后既废，霍光追尊李夫人为皇后，配孝武庙，此非母以子贵之例，直以高、武二庙无配故耳。夫汉立寝于陵，自是晋制所异。谓宜远准《阳秋》考宫之义，近摹二汉不配之典，尊号既正，则罔极之情申，别建寝庙，则严祢之义显，系子为称，兼明母贵之所由，一举而允三义，固哲王之高致也。"议者从之。

顷之去官，以母老家贫，与弟熹俱弃人事，躬耕自业，约已养亲者十余载。父母丧亡，居丧六年，以毁瘠著称。服阕，除临沂令。义旗建，为太学博士。参右将军何无忌军事，随府转镇南将军。高祖镇京口，与焘书曰："顷学尚废弛，后进颓业，衡门之内，清风辍响。

良由戎车屡警，礼乐中息，浮夫近志，情与事染，岂可不敷崇坟籍，敦厉风尚。此境人士，子侄如林，明发搜访，想闻令轨。然荆玉含宝，要俟开莹，幽兰怀馨，事资扇发，独习寡悟，义著周典。今经师不远，而赴业无闻，非唯志学者鲜，或是劝诱未至邪。想复弘之。"参高祖中军军事，入补尚书度支郎，改掌词部。袭封高陵侯。

时太庙鸱尾灾，焘谓著作郎徐广曰："昔孔子在齐，闻鲁庙灾，曰必桓、僖也。今征西、京兆四府君，宜在毁落，而犹列庙飨，此其征乎。"乃上议曰："臣闻国之大事，在祀与戎。将营宫室，宗庙为首，古先哲王，莫不致肃恭之诚心，尽崇严乎祖考，然后能流淳化于四海，通幽感于神明。固宜详废兴于古典，循情礼以求中者也。礼：天子七庙，三昭三穆，与太祖而七。自考庙以至祖考五庙，皆月祭之，远庙为祧，有二祧，享尝乃止。去祧为坛，去坛为墠，有祷然后祭之。此宗庙之次，亲疏之序也。郑玄以为，祧者文王、武王之庙。王肃以为，五世、六世之祖。寻去祧之言，则祧非文、武之庙矣。周之祖宗，何云去祧为坛乎？明远庙为祧者，无服之祖也。又远庙则有享尝之礼，去祧则有坛、墠之殊，明世远者，其义弥疏也。若祧是文、武之庙，宜同月祭于太祖，虽推后稷以配天，由功德之所始，非尊崇之义每有差降也。又礼有以多贵者，故《传》称'德厚者流光，德薄者流卑'。又云'自上以下，降杀以两，礼也'。此则尊卑等级之典，上下殊异之文。而云天子、诸侯俱祭五庙，何哉？又王祭嫡殇，下及来孙，而上祀之礼，不过高祖，推隆恩于下流，替诚敬于尊属，亦非圣人制礼之意也。是以泰始建庙，从王氏议，以礼父为士，子为天子、诸侯，祭以天子、诸侯，其尸服以士服。故上及征西，以备六世之数，宣皇虽为太祖，尚在子孙之位。至于敬祭之日，未申东向之礼。所谓子虽齐圣，不先父食者矣。今京兆以上既迁，太祖始得居正，议者以昭穆未足，欲屈太祖于卑坐，臣以为非礼典之旨。所与太祖而七，自是昭穆既足，太祖在六世之外，非为须满七庙，乃得居太祖也。议者又以四府君神主宜永同于殷祫，臣又以为不然。《传》所谓'毁庙之主，陈乎太祖'，谓太祖以下先君之主也。故《白虎通》云："禘祫祭迁庙者，以其继君之体,持其统而不绝也。'岂如四府君在太祖之前。非继统之主,无灵命之瑞,非王业之基,昔以世近而及,今则情礼已远,而当长飨殷祫,永虚太祖之位,求之礼籍,未见其可。昔永和之初,大议斯礼,于时虞喜、范宣并以渊儒硕学,咸谓四府君神主无缘永存于百世,或欲瘗之两阶,或欲藏之石室,或欲为之改筑,虽所秉小异,而大归是同。若宣皇既居群庙之上,而四主禘祫不已,则大晋殷祭,长无太祖之位矣。夫理贵有中,不必过厚,礼与世迁,岂可顺而不断。故臣子之情虽笃,而灵厉之谥弥彰;追远之怀虽切,而迁毁之礼为用。岂不有心于加厚,顾礼制不可逾尔。石室则藏于庙北,改筑则未知所处,虞主所以依神,神移则有瘗埋之礼。四主若飨祀宜废,亦神之所不依也,准傍事例,宜同虞主之瘗埋。然经典难详,群言纷错,非臣卑浅所能折中。"时学者多从焘议,竟未施行。

迁通直郎,高祖镇军、车骑、中军、太尉谘议参军。高祖北伐关、洛,大司马琅邪王同行,除大司马从事中郎,总留府事。义熙十四年,除侍中。元熙元年,以脚疾去职。高祖受命,征拜太常。虽外戚贵显,而弥自冲约,茅屋蔬飡,不改其旧,所得奉禄,与亲戚共之。永初三年,致仕,拜光禄大夫,加金章紫绶。其年卒,时年七十。少帝追赠左光禄大夫,加散骑常侍。

长子邃,护军司马,宜都太守。少子绰,太子中舍人,新安太守。邃长子谌之,尚书都官郎,乌程令。谌之弟凝之,学涉有当世才具,与司空徐湛之为异常之交。年少时,与北地傅僧祐俱以通家子始为太祖所引见,时上与何尚之论铸钱事,凝之便干其语,上因回与论之。僧祐引凝之衣令止,凝之大言谓僧祐曰:"明主难再遇,便应正尽所怀。"上与往复十余反,凝之词韵铨序,兼有理证,上甚赏焉。历随王诞后军记室录事,欲以为青州,其事不果。迁尚书右丞,以徐湛之党,为元凶所杀。子寅,尚书主客郎,徐羡之征西功曹,为攸之尽节,事在《攸之传》。凝之弟潭之,亦以美誉。太宗世,历尚书吏部郎,御史中丞。后为帝元徽中,为左民尚书,卒官。潭之弟澄之,太子左积弩将军。元嘉二十七年,领军于盱眙,为索虏所破,见杀。追赠通直郎。绰子焕,顺帝升明中,为武昌太守。沈攸之攻郢城,焕弃郡赴之,攸之败,伏诛。

傅僧祐,祖父弘仁,高祖外弟也。以中表历显官,征虏将军、南谯太守,太常卿。子邵,员外散骑侍郎。妻,焘女也,生僧祐,有吏才,再为山阴令,甚有能名,末世令长莫及。亦以徐湛之党,为元凶所杀。

徐广字野民,东莞姑幕人也。父藻,都水使者。兄邈,太子前卫率。

家世好学,至广尤精,百家数术,无不研览。谢玄为州,辟广从事西曹。又谯王司马恬镇北参军。晋孝武帝以广博学,除为秘书郎,校书秘阁,增置职僚。转员外散骑侍郎,领校书如故。隆安中,尚书令王珣举为祠部郎。

李太后薨,广议服曰:"太皇太后名位允正,体同皇极,理制备尽,情礼弥申。《阳秋》之义,母以子贵,既称夫人,礼服从正,故成风显夫人之号,僖公服三年之丧。子于父之所生,体尊义重。且祖不厌孙,固宜遂服无屈。而缘情立制,若嫌明文不存,则疑斯从重。谓应同于为祖母后,齐衰三年。"服从其议。

时会稽王世子元显录尚书,欲使百僚致敬,台内使广立议,由是内外并执下官礼,广常为愧恨焉。元显引为中军参军,迁领军长史。桓玄辅政,以为大将军文学祭酒。

义熙初,高祖使撰《车服仪注》,乃除镇军咨议参军,领记室。封乐成县五等侯。转员外散骑常侍,领著作郎。二年,尚书奏曰:"臣闻左史述言,右官书事,《乘》、《志》显于晋、郑,《阳秋》著乎鲁史。自皇代有造,中兴晋祀,道风帝典,焕乎史策。而太和以降,世历三朝,玄风圣迹,倏为畴古。臣等参详,宜敕著作郎徐广撰成国史。"诏曰:"先朝至德光被,未著方策,宜流风缅代,永贻将来者也。便敕撰集。"

六年,迁散骑常侍,又领徐州大中正,转正员常侍。时有风雹为灾，广献书高祖曰："风雹变未必为灾，古之圣贤辄惧而修己，所以兴政化而隆德教也。尝忝服事，宿眷未忘，思竭尘露，率诚干习。明公初建义旗，匡复宗社，神武应运，信宿平夷。且恭谦俭约，虚心匪懈，来苏之化，功用若神。顷事故既多，刑德并用。战功殷积，报叙难尽，万机繁凑，固应难速，且小细烦密，群下多惧。又谷帛丰贱，而民情不劝，禁司互设，而劫盗多有，诚由俗弊未易整，而望深未易炳。追思义熙之始，如有不同，何者？好安愿逸，万物之大趣，习旧骇新，凡识所不免。要当俯顺群情，抑扬随俗，则朝野欢泰，具瞻允康矣。言无可采，愿矜其愚款之志。"又转大司农，领著作郎皆如故。十二年，《晋纪》成，凡四十六卷，表上之。迁秘书监。

初，桓玄篡位，安帝出宫，广陪列悲恸，哀动左右。及高祖受禅，恭帝逊位，广又哀感，涕泗交流。谢晦见之，谓之曰："徐公将无小过？"广收泪答曰："身与君不同。君佐命兴王，逢千载嘉运；身世荷晋德，实眷恋故主。"因更歔欷。

永初元年，诏曰："秘书监徐广，学优行谨，历位恭肃，可中散大夫。"广上表曰："臣年时衰耄，朝敬永阙，端居都邑，徒增替怠。臣坟墓在晋陵，臣又生长京口，恋旧怀远，每感暮心。息道玄谬荷朝恩，忝宰此邑，乞相随之官，归终桑梓，微志获申，殒没无恨。"许之，赠赐甚厚。性好读书，老犹不倦。元嘉二年，卒，时年七十四。《答礼问》百余条，用于今世。广子豁，在《良吏传》。

傅隆字伯祚，北地灵州人也。高祖咸，晋司隶校尉。曾祖晞，司徒属。父、祖早亡。

隆少孤，又无近属，单贫有学行，不好交游。义熙初，年四十，始为孟昶建威将军，员外散骑侍郎。坐辞兼，免。复为会稽征虏参军。家在上虞，及东归，便有终焉之志。历佐三军，首尾八年。除给事中。尚书仆射、丹阳尹徐羡之置威府，以为录事参军，寻转尚书祠部郎、丹阳丞，入为尚书左、右丞。以族弟亮为仆射，缌服不得相临，徙太子率更令，卢陵王义真车骑咨议参军，出补山阴令。太祖元嘉初，除司徒右长史，迁御史中丞，当官而行，甚得司直之体。转司徒右长史。

时会稽剡县民黄初妻赵打息载妻王死亡，遇赦，王有父母及息男称、息女叶，依法徙赵二千里外。隆议之曰："原夫礼律之兴，盖本之自然，求之情理，非从天堕，非从地出也。父子至亲，分形同气，称之于载，即载之于赵，虽云三世，为体犹一，未有能分之者也。称虽创巨痛深，固无仇祖之义。若称可以杀赵，赵当何以处载？将父子孙祖，互相残戮，惧非先王明罚，咎繇立法之本旨也。向使日磾之孙，砥锋挺锷，不与二祖同戴天日，则石碏、秺侯何得流名百代，以为美谈者哉？旧令云，'杀人父母，徙之二千里外'。不施父子孙祖明矣。赵当避王期功千里外耳。令亦云，'凡流徙者，同籍亲近欲相随者，听之'。此又大通情体，因亲以教爱者也。赵既流移，载为人子，何得不从。载从而称不行，岂名教所许？如此，称、赵竟不可分。赵虽内愧终身，称当沉痛没齿，孙祖之义，自不得永绝，事理固然也。"从之。

又出为义兴太守，在郡有能名。征拜左民尚书，坐正直受节假，对人未至，委出，白衣领职。寻转太常。

十四年，太祖以新撰《礼论》付隆，使下意，隆上表曰："臣以下愚，不涉师训，孤陋闾阎，面墙靡识，谬蒙询逮，愧惧流汗。原夫礼者，三千之本，人伦之至道。故用之家国，君臣以之亲，用之婚冠，少长以之仁爱，夫妻以之义顺。用之乡人，友朋以之三益，宾主以之敬让。所谓极乎天，播乎地，穷高远，测深厚，莫尚于礼也。其乐之声，《易》之八象，《诗》之《风》、《雅》，《书》之《典》、《诰》，《春秋》之微婉劝惩，无不本乎礼而后立也。其源远流广，其体大而义精，非夫睿哲大贤，孰能明乎此哉。况遭暴秦焚亡，百不存一。汉兴，始征召故老，搜集残文，其体例纰缪，首尾脱落，难可详论。幸高堂生颇识旧义，诸儒各为章句之说，既明不独达，所见不同，或师资相传，共枝别干。故闻人、二戴，俱事后苍，俄已分异；卢值、郑玄，偕学马融，人各名家。又后之学者，未逮曩时，而问难星繁，充斥兼两，摘文列锦，焕烂可观，然而五服之本或差，哀敬之制舛杂，国典未一于四海，家法参驳于缙绅。诚宜考详远虑，以定皇代之盛礼者也。伏惟陛下钦明玄圣，同规唐、虞，畴咨四岳，兴言三《礼》。而伯夷未登，微臣窃位，所以大惧负乘，形神交恶者，无忘夙夜矣。而复猥充博采之数，与闻爰发之求，实无以仰酬圣旨万分之一。不敢废嘿，谨率管穴所见五十二事上呈。蚩鄙茫浪，伏用竦赧。”

明年，致仕，拜光禄大夫。归老在家，手不释卷，博学多通，特精三《礼》。谨于奉公，常手抄书籍。二十八年，卒，时年八十三。

史臣曰：选贤于野，则治身业弘；求士于朝，则饰智风起。六经奥远，方轨之正路；百家浅末，捷至之偏道。汉世登士，闾党为先，崇本务学，不尚浮诡，然后可以俯拾青组，顾蔑籯金。于是人厉从师之志，家竞专门之术，艺重当时，所居一旦成市，黉舍暂启，著录或至万人。是故仕以学成，身由义立。自魏氏膺命，主爱雕虫，家弃章句，人重异术。又选贤进士，不本乡闾，铨衡之寄，任归台阁。以一人之耳目，究山川之险情，贤否臆断，万不值一。由是仕凭借誉，学非为已，崇诡遇之巧速，鄙税驾之迟难，士自此委笥植经，各从所务，早往晏退，以取世资。庠序黉校之士，传经聚徒之业，自黄初至于晋末，百余年中，儒教尽矣。高祖受命，议创国学，宫车早晏，道未及行，迄于元嘉，甫获克就，雅风盛烈，未及曩时，而济济焉，颇有前王之遗典。天子鸾旗警跸，清道而临学馆，储后冕旒黼黻，北面而礼先师。后生所不尝闻，黄发未之前睹，亦一代之盛也。臧焘、徐广、傅隆、裴松之、何承天、雷次宗，并服膺圣哲，不为雅俗推移，立名于世，宜矣。颍川庾蔚之、雁门周野王、汝南周王子、河内向琰、会稽贺道养，皆托志经书，见称于后学。蔚之略解《礼记》，并注贺循《丧服》行于世云。

宋书卷五六
列传第一六

谢瞻　孔琳之

谢瞻字宣远，一名檐，字通远，陈郡阳夏人，卫将军晦第三兄也。年六岁，能属文，为《紫石英赞》、《果然诗》，当时才士莫不叹异。初为桓伟安西参军，楚台秘书郎。瞻幼孤，叔母刘抚养有恩纪，兄弟事之同于至亲。刘弟柳，为吴郡，将姊俱行，瞻不能违，解职随从，为柳建威长史。寻为高祖镇军、琅邪王大司马参军，转主簿，安成相，中书侍郎，宋国中书、黄门侍郎，相国从事中郎。

弟晦时为宋台右卫，权遇已重，于彭城还都迎家，宾客辐辏，门巷填咽。时瞻在家，惊骇谓晦曰："汝名位未多，而人归趣乃尔。吾家素以退为业，不愿干豫时事，交游不过亲朋，而汝遂势倾朝野，此岂门户之福邪?"乃篱隔门庭，曰："吾不忍见此。"及还彭城，言于高祖曰："臣本素士，父、祖位不过二千石。弟年始三十，志用凡近，荣冠台府，位任显密，福过灾生，其应无远。特乞降黜，以保衰门。"前后屡陈，高祖以瞻为吴兴郡，又自陈请，乃为豫章太守，晦或以朝廷密事语瞻，瞻辄向亲旧陈说，以为笑戏，以绝其言。晦遂建佐命之功，任寄隆重，瞻愈忧惧。

永初二年，在郡遇疾，不肯自治，幸于不永。晦闻疾奔往，瞻见之曰："汝为国大臣，又总戎重，万里远出，必生疑谤。"时果有诉告晦反者。瞻疾笃还都，高祖以晦禁旅，不得出宿，使瞻居于晋南郡公主婿羊贲故第，在领军府东门。瞻曰："吾有先人弊庐，何为于此!"

临终遗晦书曰："吾得启体幸全，归骨山足，亦何所多恨。弟思自勉厉，为国为家。"遂卒，时年三十五。

瞻善于文章，辞采之美，与族叔混、弟灵运相抗。灵运父奂，无才能，为秘书郎，早年而亡。灵运好臧否人物，混患之，欲加裁折，未有方也，谓瞻曰："非汝莫能。"乃与晦、曜、弘微等共游戏，使瞻与灵运登车，使商较人物，瞻谓之曰："秘书早亡，谈者亦互有同异。"灵运默然，言论自此衰止。

弟皭，字宣镜，幼有殊行。年数岁，所生母郭氏久婴痼疾，晨昏温凊，河药捧膳，不阙一时，勤容戚颜，未尝暂改，恐仆役营疾懈倦，躬自执劳。母为病畏惊，微践过甚，一家尊卑，感皭至性，咸纳屦而行，屏气而语，如此者十余年。初为州主簿，中军行参军，太子舍人，俄迁秘书丞。自以兄居权贵，己蒙超擢，固辞不就。徐羊之请为司空长史，黄门郎。元嘉三年，从坐伏诛，时年三十一。有诏宥其子世平，又早卒，无后。

孔琳之字彦琳，会稽山阴人。祖沉，晋丞相掾。父殿，光禄大夫。

琳之强正有志力，好文义，解音律，能弹棋，妙善草隶。郡命主簿，不就，后辟本国常侍轻之尉。桓玄时议欲废钱用谷帛，琳之议曰："《洪范》八政，以货次食，岂不以交易之资，为用之至要者乎。若使不以交易，百姓用力于为钱，则是妨其为生之业，禁之可也。今农自务谷，工自务器，四民各肆其业，何尝致勤于钱。故圣王制无用之货，以通有用之财，既无毁败之费，又省运置之苦，此钱所以嗣功龟贝，历代不废者也。谷帛为宝，本充衣食，今分以为货，则致损甚多。又劳毁于商贩之手，耗弃于割截之用，此之为敝，著于自曩。故钟繇曰：'巧伪之民，竞蕴湿谷以要利，制薄绢以充资。'魏世制以严刑，弗能禁也。是以司马芝以为用钱非徒丰国，亦所以省刑。钱之不用，由于兵乱积久，自至于废，有由而然，汉末是也。今既用而废之，则百姓顿亡其财。今括囊天下谷，以周天下之食，或仓庾充衍，或粮靡斗储，以相资通，则贫者仰富，致之之道，实假于钱。一朝断之，便为弃物，是有钱无粮之民，皆坐而饥困，此断钱之立敝也。且据今用钱之处不为贫，用谷之处不为富。又民习来久，革之必惑。语曰：'利不百，不易业。'况又钱便于谷邪？魏明帝时，钱废谷用，三十年矣，以不便于民，乃举朝大议。精才达治之士，莫不以宜复用钱，民无异情，朝无异论。彼尚舍谷帛而用钱，足以明谷帛之弊，著于已试。世谓魏氏不用钱久，积累巨万，故欲行之，利公富国。斯殆不然。昔晋文后舅犯之谋，而先成季之信，以为虽有一时之勋，不如万世之益。于时名贤在列，君子盈朝，大谋天下之利害，将定经国之要术。若谷实便钱，义不昧当时之近利，而废永用之通业，断可知矣。斯实由困而思革，改而更张耳。近孝武之末，天下无事，时和年丰，百姓乐业，便自谷帛殷阜，几乎家给人足，验之事实，钱又不妨民也。顷兵革屡兴，荒馑荐及，饥寒未振，实此之由。公既援而拯之，大革视听，弘敦本之教，明广农之科，敬授民时，各顺其业，游荡知反，务末自休，固以南亩竞力，野无遗壤矣。于是以往，升平必至，何衣食之足恤。愚谓救弊之术，无取于废钱。"

玄又议复肉刑，琳之以为："唐、虞象刑，夏禹立辟，盖淳薄既异，致化实同，宽猛相济，惟变所适。《书》曰'刑罚世轻世重'，言随时也。夫三代风纯而事简，故罕蹈刑辟。季末俗巧而务殷，故动陷宪网。若三千行于叔世，必省踊贵之尤，此五帝不相循法，肉刑不可悉复者也。汉文发仁恻之意，伤自新之路莫由，革古创制，号称刑厝，然名轻而实重，反更伤民。故孝景嗣位，轻之以缓。缓而民慢，又不禁邪，期于刑罚之中，所以见美在昔，历代详论而未获厥中者也。兵荒后，罹法更多。弃市之刑，本斩右趾，汉文一谬，承而弗革，所以前贤恨恨，议之而未辩。钟繇、陈群之意，虽小有不同，而欲右趾代弃市。若从其言，则所活者众矣。降死之生，诚为轻法，然人情慎显而轻昧，忽远而惊近，是以盘盂有铭，韦弦作佩，况在小人，尤其所惑，或目所不睹，则忽而不戒，日陈于前，则惊心骇瞩。由此言之，重之不必不伤，轻之不必不惧，而可以全其性命，蕃其产育，仁既济物，功亦益众。又今之所患，逋逃为先，屡叛不革，逃身靡所，亦以肃戒未犯,永绝恶原。至于余条,宜依旧制。岂曰允中,贵献管穴。”

玄好人附悦,而琳之不能顺旨,是以不见知。迁楚台员外散骑侍郎。遭母忧,去职。服阕,除司徒左西掾,以父致仕自解。时司马休之为会稽内史、后将军,仍以琳之为长史。父忧,去官。服阙,补太尉主簿,尚书左丞,扬州治中从事史,所居著绩。

众官献便宜,议者以为宜修痒序,恤典刑,审官方,明黜陟,举逸拔才,务农简调。琳之于众议之外,别建言曰:“夫玺印者,所以辩章官爵,立契符信。官莫大于皇帝,爵莫尊于公侯。而传国之玺,历代迭用,袭封之印,弈世相传,贵在仍旧,无取改作。今世唯尉一职,独用一印,至于内外群官,每迁悉改,讨寻其义,私所未达。若谓官各异姓,与传袭不同,则未若异代之为殊也。若论其名器,虽有公卿之贵,未若帝王之重。若以或有诛夷之臣,忌其凶秽,则汉用秦玺,延祚四百,未闻以子婴身戮国亡,而弃之不佩。帝王公侯之尊,不疑于传玺,人臣众僚之卑,何嫌于既印。载籍未闻其说,推例自乖其准。而终年刻铸,丧功消实,金银铜炭之费,不可称言,非所以因循旧贯易简之道。愚谓众官即用一印,无烦改作。若有新置官,又官多印少,文或零失,然后乃铸,则仰裨天府,非唯小益。”

又曰:“凶门柏装,不出礼典,起自末代,积习生常,遂成旧俗。爰自天子,达于庶人,诚行之有由,卒革必骇。然苟无关于情,而有愆礼度,存之未有所明,去之未有所失,固当式遵先典,厘革后谬,况复兼以游费,实为民患者乎。凡人士丧仪,多出闾里,每有此须,动十数万,损民财力,而义无所取。至于寒庶,则人思自竭,虽复室如悬磬,莫不倾产殚财,所谓葬之以礼,其若此乎。谓宜谨遵先典,一罢凶门之式,表以素扇,足以示凶。”

又曰:“昔事故饥荒,米谷绵绢皆贵,其后米价登复,而绢于今一倍。绵绢既贵,蚕业者滋,虽懃厉兼倍,而贵犹不息。愚谓致此,良有其由。昔事故之前,军器正用铠而已,至于袍袄裲裆,必俟战陈,实在库藏,永无损毁。今仪从直卫及邀罗使命,有防卫送迎,悉用裲裆之属，非唯一府，众军皆然。绵帛易败，势不支久。又昼以御寒，夜以寝卧，曾未周年，便自败裂。每丝绵新登，易折租以市，又诸府竞收，贿有千万，积贵不已，实由于斯，私服为之难贵，官库为之空尽。愚谓若侍卫所须，固不可废，其余则依旧用铠。小小使命送迎之属，止宜给仗，不烦铠裆。用之既简，则其价自降。”

又曰：“夫不耻恶食，唯君子能之。肴馔尚奢，为日久矣。今虽改张是弘，而此风未革。所甘不过一味，而陈必方丈，适口之外，皆为说目之费，富者以之示夸，贫者为之单产，众所同鄙，而莫能独异。愚谓宜粗为其品，使奢俭有中，若有不改，加以贬黜，则德俭之化，不日而流。”

迁尚书吏部郎。义熙六年，高祖领平西将军，以为长史，大司马琅邪王从事中郎，又除高祖平北、征西长史，迁侍中。宋台初建，除宋国侍中。出为吴兴太守，公事免。

永初二年，为御史中丞，明宪直法，无所屈桡。奏劾尚书令徐羡之曰：“臣闻事上以奉宪为恭，临下以威严为整。然后朝典惟明，莅众必肃。斯道或替，则宪纲其颓。臣以今月七日，预皇太子正会。会毕车去，并猥臣停门待阙。有何人乘马，当臣车前，收捕驱遣命去。何人骂詈收捕，谘审欲录。每有公事，臣常虑有纷纭，语令勿问，而何人独骂不止，臣乃使录。何人不肯下马，连叫大唤，有两威仪走来，击臣收捕。尚书令省事倪宗又牵威仪手力，击臣下人。宗云：‘中丞何得行凶，敢录令公人。凡是中丞收捕，威仪悉皆缚取。’臣敕下人一不得斗，凶势辀张，有顷乃散。又有群人就臣车侧，录收捕樊马子，互行筑马子顿伏，不能还台。臣自录非，本无对校，而宗敢乘势凶恣，篡夺罪身。尚书令臣羡之，与臣列车，纷纭若此，或云羡之不禁，或云羡之禁而不止。纵而不禁，既乖国宪；禁而不止，又不经通。陵犯监司，凶声彰赫，容纵宗等，曾无纠问，亏损国威，无大臣之体，不有准绳，风裁何寄。羡之内居朝右，外司辇毂，位任隆重，百辟所瞻。而不能弘惜朝章，肃是风轨。致使宇下纵肆，凌暴宪司，凶赫之声，起自京邑，所谓己有短垣，而自逾之。又宗为篡夺之主，纵不纠问，二三亏违，宜有裁贬。请免羡之所居官，以公还第。宗等篡夺之愆，已属掌故御史随事检处。”诏曰：“小人难可检御，司空无所问，余如奏。”羡之任居朝端，不欲以犯宪示物。时羡之领扬州刺史，琳之弟璩之为治中，羡之使璩之解释琳之，停寝其事。琳之不许，璩之固陈，琳之谓曰：“我触忤宰相，正当罪止一身尔，汝必不应从坐，何须勤勤邪！”自是百僚震肃，莫敢犯禁。高祖甚嘉之，行经兰台，亲加临幸。又领本州大中正，迁祠部尚书。不治产业，家尤贫素。景平元年，卒，时年五十五。追赠太常。

子邈，有父风，官至扬州治中从事史。邈子觊，别有传。觊弟道存，世祖大明中，历黄门、吏部郎，临海王子顼前军长史、南郡太守。晋安王子勋建伪号，为侍中，行雍州事。事败自杀。

史臣曰：民生所贵，曰食与货。货以通币，食为民天。是以九棘播于农皇，十朋兴于上代。昔醇民未离，情嗜疏寡，奉生赡己，事有易周。一夫躬稼，则余食委室；匹妇务织，则兼衣被体。虽懋迁之道，通用济乏，龟贝之益，为功盖轻。而事有讹变，隆敝代起，昏作役苦，故穑人去而从商，商子事逸，末业流而浸广，泉货所通，非复始造之意。于是竞收罕至之珍，远蓄未名之货，明珠翠羽，无足而驰，丝罽文犀，飞不待翼，天下荡荡，咸以兼本为事。丰衍则同多稌之资，饥凶又减田家之蓄。钱虽盈尺，既不疗于尧年，贝或如轮，信无救于汤世，其蠹病亦已深矣。固宜一罢钱货，专用谷帛，使民知役生之路，非此莫由。夫千匹为货，事难于怀璧，万斛为市，未易于越乡，斯可使末伎自禁，游食知反。而年世推移，民与事习，或库盈朽贯，而高廪未充，或家有藏镪，而良畴罕辟。若事改一朝，废而莫用，交易所寄，旦夕无待，虽致乎要术，而非可卒行。先宜削华止伪，还淳反古，抵璧幽峰，捐珠清壑。然后驱一世之民，反耕桑之路，使缣粟羡溢，同于水火。既而荡涤圜法，销铸勿遗，立制垂统，永传于后，比屋称仁，岂伊唐世。桓玄知其始而不览其终，孔琳之睹其末而不统其本，岂虑有开塞，将一往之谈可然乎。

宋书卷五七
列传第一七

蔡廓 子兴宗

蔡廓字子度，济阳考城人也。曾祖谟，晋司徒。祖系，抚军长史。父綝，司徒左西属。

廓博涉群书，言行以礼。起家著作佐郎。时桓玄辅晋，议复肉刑，廓上议曰："夫建封立法，弘治稽化，必随时置制，德刑兼施。贞一以闲其邪，教禁以检其慢，洒湛露以膏润，厉严霜以肃威，晞风者陶和而安恬，畏戾者闻宪而警虑。虽复质文迭用，用斯道莫革。肉刑之设，肇自哲王。盖由曩世风淳，民多惇谨，图像既陈，则机心冥戢，刑人在涂，则不逞改操，故能胜残去杀，化隆无为。季末浇伪，法网弥密，利巧之怀日滋，耻畏之情转寡，终身剧役，不足止其奸，况乎黥劓，岂能反其善，徒有酸惨之声，而无济治之益。至于弃市之条，实非不赦之罪，事非王杀，考律同归，轻重均科，减降路塞，钟、陈以之抗言，元皇所为留悯。今英辅翼赞，道邈伊、周，虽闭否之运甫开，而遐遗之难未已。诚宜明慎用刑，爱民弘育，申哀矜以革滥，移大辟于支体，全性命之至重，恢繁息于将来。使将断之骨，荷更荣于三阳，干时之华，监商飙而知惧。威惠俱宣，感畏偕设，全生拯暴，于是乎在。"

迁司徒主簿，尚书度支、殿中郎，通直郎，高祖太尉参军，司徒属，中书、黄门郎。以方鲠闲素，为高祖所知。及高祖领兖州，廓为别驾从事史，委以州任。寻除中军谘议参军，太尉从事中郎。未拜，遭母忧。性至孝，三年不栉沐，殆不胜丧。服阕，相国府复板为从事中郎，领记室。宋台建，为侍中。建议以为："鞫狱不宜令子孙下辞明言父祖之罪，亏教伤情，莫此为大。自今家人与囚相见，无乞鞫之诉，使民以明伏罪，不须责家人下辞。"朝议咸以为允，从之。

世子左卫率谢灵运辄杀人，御史中丞王准之坐不纠免官，高祖以廓刚直，不容邪枉，补御史中丞。多所纠奏，百僚震肃。时中书令傅亮任寄隆重，学冠当时，朝廷仪典，皆取定于亮，每谘廓然后施行。亮意若有不同，廓终不为屈。时疑扬州刺史庐陵王义真朝堂班次，亮与廓书曰："扬州自应著刺史服耳。然谓坐起班次，应在朝堂诸官上，不应依官次坐下。足下试更寻之。《诗序》云：'王姬下嫁于诸侯，衣服礼秩，不系其夫，下王后一等。'推王姬下王后一等，则皇子居然在王公之上。陆士衡《起居注》，式乾殿集，诸皇子悉在三司上。今抄疏如别。又海西即位赦文，太宰武陵王第一，抚军将军会稽王第二，大司马第三。大司马位既最高，又都督中外，而次在二王之下，岂非下皇子邪。此文今具在也。永和中，蔡公为司徒，司马，简文为抚军开府，对录朝政。蔡为正司，不应反在仪同之下，而于时位次，相王在前，蔡公次之耳。诸例甚多，不能复具疏。扬州反乃居卿君之下，恐此失礼，宜改之邪。"廓答曰："扬州位居卿君之下，常亦惟疑。然朝廷以位相次，不以本封，复无明文云皇子加殊礼。齐献王为骠骑，孙秀来降，武帝欲优异之，以秀为骠骑，转齐王为镇军，在骠骑上。若如足下言，皇子使在公右，则齐王本次自尊，何改镇军令在骠骑上？明知故依见位为次也。又齐王为司空，贾充为太尉，俱录尚书，署事常在充后。潘正叔奏《公羊》事，于时三录，梁王肜为卫将军，署在太尉陇西王泰、司徒王玄冲下。近太元初，贺新宫成，司马太傅为中军，而以齐王柔之为贺首。立安帝为太子，止礼，徐邈为郎，位次亦以太傅在诸王下。又谒李太后，宗正尚书符令以高密王为首，时王东亭为仆射。王、徐皆是近世识古今者。足下引式乾公王，吾谓未可为据。其云上出式乾，古传中彭城王植、荀组、潘岳、嵇绍、杜斌，然后道足下所疏四王，在三司之上，反在黄门郎下，有何义？且四王之下，则云大将军梁王肜、车骑赵王伦，然后云司徒王戎耳。梁、赵二王亦是皇子，属尊位齐，在豫章王常侍之下，又复不通。盖书家旨疏时事，不必存其班次；式乾亦是私宴，异于朝堂。如今含章西堂，足下在仆射下，侍中在尚书下耳。来示又云曾祖与简文对录，位在简文下。吾家故事则不然，今写如别。王姬身无爵位，故可得不从夫而以王女为尊。皇子出任则有位，有位则依朝，复示之班序。唯引泰和赦文，差可为言。然赦文前后，亦参差不同。太宰上公，自应在大司马前耳。简文虽抚军，时已授丞相殊礼，又中外都督，故以本任为班，不以督中外便在公右也。今护军总方伯，而位次故在持节都督下，足下复思之。”

迁司徒左长史，出为豫章太守，征为吏部尚书。廓因北地傅隆问亮：“选事若悉以见付，不论；不然，不能拜也。”亮以语录尚书徐羡之，羡之曰：“黄门郎以下，悉以委蔡，吾徒不复厝怀，自此以上，故宜共参同异。”廓曰：“我不能为徐干木署纸尾也。”遂不拜。干木，羡之小字也。选案黄纸，录尚书与吏部尚书连名，故廓云“署纸尾”也。羡之亦以廓正直，不欲使居权要，徙为祠部尚书。

太祖入奉大统，尚书令傅亮率百僚奉迎，廓亦俱行。至寻阳，遇疾，不堪前。亮将进路，诣廓别，廓谓曰：“营阳在吴，宜厚加供奉。营阳不幸，卿诸人有弑主之名，欲立于世，将可得邪。”亮已与羡之议害少帝，乃驰信止之。信至，已不及，羡之大怒曰：“与人共计议，云何裁转背，便卖恶于人。”及太祖即位，谢晦将之荆州，与廓别，屏人问曰：“吾其免乎？”廓曰：“卿受先帝顾命，任以社稷，废昏立明，义无不可。但杀人二昆，而以北面，挟震主之威，据上流之重，以古推今，自免为难也。”

廓年位并轻，而为时流所推重，每至岁时，皆束带到门。奉兄轨如父，家事小大，皆谘而后行，公禄赏赐，一皆入轨，有所资须，悉就典者请焉。从高祖在彭城，妻郗氏书求夏服，廓答书曰：“知须夏服，计给事自应相供，无容别寄。”时轨为给事中。元嘉二年，廓卒，时年四十七。高祖尝云：“羊徽、蔡廓，可平世三公。”少子兴宗。

兴宗年十岁失父，哀毁有异凡童。廓罢豫章郡还，起二宅，先成东宅，与轨，廓亡而馆宇未立，轨罢长沙郡还，送钱五十万以补宅直。兴宗年十岁，白母："且家由来丰俭必共，今日宅价不宜受也。"母悦而从焉。轨有愧色，谓其子淡曰："我年六十，行事不及十岁小儿。"寻丧母。

少好学，以业尚素立见称。初为彭城王义康司徒行参军，太子舍人，南平穆王冠军参军，武昌太守。又为太子洗马，义阳王友，中书侍郎。中书令建平王宏、侍中王僧绰并与兴宗厚善。元凶弑立，僧绰被诛，凶威方盛，亲故莫敢往，兴宗独临哭尽哀。出为司空何尚之长史，又迁太子中庶子。

世祖践阼，还先职，迁临海太守，征为黄门郎，太子中庶子，转游击将军，俄迁尚书吏部郎。时尚书何偃疾患，上谓兴宗曰："卿详练清浊，今以选事相付，便可开门当之，无所让也。"转司徒左长史，复为中庶子，领前军将军，迁侍中。每正言得失，无所顾惮，由是失旨。竟陵王诞据广陵城为逆，事平，兴宗奉旨慰劳。州别驾范义与兴宗素善，在城内同诛。兴宗至广陵，躬自收殡，致丧还豫章旧墓，上闻之，甚不悦。卢陵内史周朗以正言得罪，锁付宁州，亲戚故人，无敢瞻送，兴宗在直，请急，诣朗别。上知尤怒。坐属疾多日，白衣领职。寻左迁司空沈庆之长史，行兖州事，还为廷尉卿。

有解士先者，告申坦昔与丞相义宣同谋。时坦已死，子令孙时作山阳郡，自系廷尉。兴宗议曰："若坦昔为戎首，身今尚存，累经肆眚，犹应蒙宥。令孙天属，理相为隐。况人亡事远，追相诬讦，断以礼律，义不合关。若士先审知逆谋，当时即应闻启，苞藏积年，发因私怨，况称风声路传，实无定主，而干黩欺罔，罪合极法。"又有讼民严道恩等二十二人，事未洗正，敕以当讯，权系尚方。兴宗以讼民本在求理，故不加械，即若系尚方，于事为苦。又司徒前劾送武康令谢沉及郡县尉还职司十一人，坐仲良铸钱不禽，久已判结。又送郡主簿丘元敬等九人，或下疾假，或去职已久。又加执启，事悉见从。

出为东阳太守，迁安陆王子绥后军长史、江夏内史，行郢州事。征还，未拜，留为左民尚书。顷之，转掌吏部。时上方盛淫宴，虐侮群臣，自江夏王义恭以下，咸加秽辱，唯兴宗以方直见惮，不被侵媟。尚书仆射颜师伯谓议曹郎王耽之曰："蔡尚书常免昵戏，去人实远。"耽之曰："蔡豫章昔在相府，亦以方严不狎，武帝宴私之日，未尝相召，每至官赌，常在胜朋。蔡尚书今日可谓能负荷矣。"

大明末，前废帝即位，兴宗告太宰江夏王义恭，应须策文，义恭曰："建立储副，本为今日，复安用此。"兴宗曰："累朝故事，莫不皆然。近永初之末，营阳王即位，亦有文策，今在尚书，可检视也。"不从。兴宗时亲奉玺绶，嗣主容色自若，了无哀貌。兴宗出谓亲故曰："鲁昭在戚而有嘉容，终之以衅结大臣，昭子请死。国家之祸，其在此乎。"时义恭录尚书事，受遗辅政，阿衡幼主，而引身避事，政归近习。越骑校尉戴法兴、中书舍人巢尚之专制朝权，威行近远。兴宗职管九流，铨衡所寄，每至上朝，辄与令录以下，陈欲登贤进士之意，又箴规得失，博论朝政。义恭素性恇桡，阿顺法兴，常虑失旨，闻兴宗言，辄战惧无计。先是，大明世，奢侈无度，多所造立，赋调烦严，征役过苦。至是发诏，悉皆削除，由此紫极殿南北驰道之属，皆被毁坏，自孝建以来至大明末，凡诸制度，无或存者。兴宗于都坐慨然谓颜师伯曰："先帝虽非盛德主，要以道始终。三年无改，古典所贵。今殡宫始彻，山陵未远，而凡诸制度兴造，不论是非，一皆刊削。虽复禅代，亦不至尔。天下有识，当以此窥人。"师伯不能用。

兴宗每陈选事，法兴、尚之等辄點定回换，仅有在者。兴宗于朝堂谓义恭及师伯曰："主上谅闇，不亲万机，而选举密事，多被删改，复非公笔，亦不知是何天子意。"王景文、谢章等迁授失序，兴宗又欲为美选。时薛安都为散骑常侍、征虏将军，太子左率殷常为中庶子。兴宗先选安都为左卫将军，常侍如故；殷常为黄门，领校。太宰嫌安都为多，欲单为左卫，兴宗曰："率、卫相去，唯阿之间。且已失征虏，非乃超越，复夺常侍，顿为降贬。若谓安都晚达微人，本宜裁抑，令名器不轻，宜有贯序。谨依选体，非私安都。"义恭曰："官宜加超授者，殷常便应侍中，那得为黄门而已。”兴宗又曰：“中庶、侍中，相去实远。且安都作率十年，殷常中庶百日，令又领校，不为少也。”使选令史颜祎之、薛庆先等往复论执，义恭然后署案。

既中旨以安都为右卫，加给事中，由是大忤义恭及法兴等，出兴宗吴郡太守。固辞郡，执政愈怒，又转为新安王子鸾抚军司马、辅国将军、南东海太守，行南徐州事。又不拜，苦求益州。义恭于是大怒，上表曰：“臣闻慎节言语，《大易》有规，铨序九流，无取裁□。若乃结党连群，讥诉互起，街谈巷议，罔顾听闻，乃撤实宪制所宜禁经之巨蠹。侍中、秘书监臣彧，自表父疾，必求侍养，圣旨矜体，特顺所陈，改授臣府元僚，兼带军、郡。虽臣驽劣，府任非轻，准之前人，不为屈后。亦郡本以为禄，不计户之少多，遇缺便用，无关高下。抚军长史庄滞府累朝，每陈危苦，内职外守，称未堪依。唯王球昔比，赐以忧养，恩慈之厚，不近于薄。前新除吴郡太守兴宗，前居选曹，多不平允，鸿渥含宥，恕其不闲，改任大都，宠均阿辅，仍苦请益州，雅违成命。伏寻扬州刺史子尚、吴兴太守休若，并国之茂戚，鲁、卫攸在，犹牧守东山，竭诚抚莅，而辞择适情，起自庶族，逮佐北藩，尤无欣荷。御史中丞永，昔岁余愆，从恩今授。光禄勋臣淹，虽曰代臣，累经降黜，后效未申，以何取进。司徒左长史孔觊，前除右卫，寻徙今职，回换之宜，不为乃少。窃外谈谓彧等咸为失分，又闻兴宗躬自怨怼，与尚书右仆射师伯疏，辞旨甚苦，臣虽不见，所闻不虚。臣以凡才，不应机务，谬自幸会，受任三朝，进无古人举贤之美，退无在下献替之绩，致兹纷纭，伏增惭悚。然此源不塞，此风弗变，将亏正道，尘秽盛猷。伏愿圣听，赐垂览察。”诏曰：“太宰表如此，省以怃然，朕恭承洪绪，思弘盛烈，而在朝佞竞，驱扇成风，将何以式扬先德，克隆至化。公体国情深，保厘攸托，便可付外详议。”义恭因使尚书令柳元景奏曰：“臣义恭表、诏书如右。摄曹辨核尚书袁愍孙牒：‘此月十七日，诣仆射颜师伯，语次，因及尚书蔡兴宗有书固辞今授，仍出疏见公，乃者数纸，不意悉何所道，缘此因及朝士。当今圣世，不可使人以为少。今牒。’数之，朝廷处之实得所，臣等亦自谓得分，常多在门，袁愍孙无或措多，而愚意欲启更量出内之宜，刍荛管见，愿在闻彻。选令史宣传密事，故因附上闻，亦外人言此。令辞庆先列：'今月十八日，往尚书袁愍孙论选事。愍孙云，昨诣颜仆射，出蔡尚书疏见示，言辞甚苦。又云所得亦少。主上践阼始尔，朝士有此人不多，物议谓应美用，乃更恨少，使咨事便启录公。又谢庄□时未老，其疾以转差，今居此任，复为非宜，谓宜中书令才望为允。又孔觊，南士之美，所历已多，近频授即复回改，于理为屈，门下无人，此是名选。又张求人地可论，其去岁愆戾，非为深罪，依其望复门下一人。张淹替忝南下，预因休戚，虽屡经愆黜，事亦已久，谓应秘书监。'带授兴宗手迹数纸，文翰炳然，事证明白，不假核辨。愍孙任居官人，职掌铨裁，若有未久，则宜显言，而私加许与，自相选署，托云物论，终成虚诡，隐末出端，还为矛盾。臣闻九官成让，虞风垂则，诽主怨时，汉罪夙断。况义为身发，言谤朝序，乱辟害政，混秽大猷，纷纭彰谬，上延诏旨，不有霜准，轨宪斯沦。请解兴宗新附官，须事御，收付廷尉法狱治罪，免愍孙所居官。"诏曰："兴宗首乱朝典，允当明宪，以其昔经近侍，未忍尽法，可令思愆远封。愍孙窃评自己，委咎物议，可以子领职。"

除兴宗新昌太守，郡属交州，朝廷莫不嗟骇。先是，兴宗纳何后寺尼智妃为妾，姿貌甚美，有名京师，迎车已去，而师伯密遣人诱之，潜往载取，兴宗迎人不觉。及兴宗被徙，论者并云由师伯，师伯甚病之。法兴等既不欲以徙大臣为名，师伯又欲止息物义，由此停行。顷之，法兴见杀，尚之被系，义恭、师伯诛，复起兴宗为临海王子顼前军长史、辅国将军、南郡太守，行荆州事，不行。

时前废帝凶暴，兴宗外甥袁𫖮为雍州刺史，劝兴宗行，曰："朝廷形势，人所共见，在内大臣，朝夕难保。舅今出居陕西，为八州事，𫖮在襄、沔，地胜兵强，去江陵咫尺，水陆通便。若朝廷有事，可共立桓、文之功，岂与受制凶狂，祸难不测，同年而语乎。今不去虎口，而守此危逼，后求复出，岂得哉。"兴宗曰："吾素门平进，与主上甚疏，未容有患。宫省内外，人不自保，会应有变，若内难得弭，外衅未必可量。汝欲在外求全，我欲居内免祸，各行所见，不亦善乎。”时京城危惧，衣冠咸欲远徙，后皆流离外难，百不一存。

重除吏部尚书。太尉沈庆之深虑危祸，闭门不通宾客，尝遣左右范羡诣兴宗属事。兴宗谓羡曰：“公闭门绝客，以避悠悠请托耳，身非有求，何为见拒。”还造庆之，庆之遣羡报命，要兴宗令往。兴宗因说之曰：“先帝虽无功于天下，要能定平凶逆，在位十一年，以道晏驾。主上绍临，四海清谧，即位正是举止违衷，小小得失耳，亦谓春秋尚富，进德可期。而比者所行，人伦道尽。今所忌惮，唯在于公，百姓喁喁，无复假息之望，所冀正在公一人而已。若复坐视成败者，非唯身祸不测，四海重责将有所归。公威名素著，天下所服，今举朝遑遑，人人危怖，指麾之日，谁不景从，如其不断，旦暮祸及。仆不佐贵府，蒙眷异常，故敢尽言，愿公思为其计。”庆之曰：“仆皆前，虑不复自保，但尽忠奉国，始终以之，正当委天任命耳。加老罢私门，兵力顿阙，虽有其意，事亦无从。”兴宗曰：“当今怀谋思奋者，非要富贵求功赏，各欲免死朝夕耳。殿内将帅，正听外间消息，若一人唱首，则俯仰可定。况公威风先著，统戎累朝，诸旧部曲，布在宫省，宋越、谭金之徒，出公宇下，并受生成，攸之、恩仁，公家口子弟耳，谁敢不从。且公门徒义附，并三吴勇士，宅内奴僮，人有数百。陆攸之今入东讨贼，又大送铠仗，在青溪未发。攸之，公之乡人，骁勇有胆力，取其器仗，以配衣宇下，使攸之率以前驱，天下之事定矣。仆在尚书中，自当率百僚案前世故事，更简贤明，以奉社稷。昔太甲罪不加民，昌邑虐不及下，伊尹、霍光犹成大事，况今苍生窘急，祸百往代乎。又朝廷诸所行造，民间皆云公悉豫之。今若沉疑不决，当有先公起事者，公亦不免附从之祸。车驾屡幸贵第，醉酣弥留，又闻屏左右独入阁内，此万世一时，机不可失。仆荷养深重，故吐去梯之言，宜详其祸福。”庆之曰：“深感若无已。意此事大，非仆所能行，事至故当抱忠以没耳。”顷之，庆之果以见忌致祸。

时领军王玄谟大将有威名，邑里讹言，云已见诛，市道喧扰。玄谟典谶包法荣者，家在东阳，兴宗故郡民也，为玄谟所信，见使至，兴宗因谓曰："领军殊当忧惧。"法荣曰："领军此日殆不复食，夜亦不眠，常言收已在门，不保俄顷。"兴宗曰："领军忧惧，当为方略，那得坐待祸至。"初，玄谟旧部曲犹有三千人，废帝颇疑之，彻配监者。玄谟大息深怨，启留五百人岩山营墓，事犹未毕，少帝欲猎，又悉唤还城。岩兵在中堂，兴宗劝以此众举事，曰："当今以领军威名，率此为朝廷唱始，事便立克。领军虽复失脚，自可乘舆处分。祸殆不测，勿失事机。君还，可白领军如此。"玄谟遣法荣报曰："此亦未易可行，期当不泄君言。"太宗践祚，玄谟责所亲故吏郭季产、女婿韦希真等曰："当艰难时，周旋辈无一言相扣发者。"季产曰："蔡尚书令包法荣所道，非不会机，但大事难行尔，季产言亦何益。"玄谟有惭色。

右卫将军刘道隆为帝所宠信，专统禁兵，乘舆尝夜幸著作佐郎江敩宅，兴宗马车从道隆从车后过，兴宗谓曰："刘公，比日思一闲写。"道隆深达此旨，掐兴宗手曰："蔡公，勿多言。"帝每因朝宴，捶欧□臣，自骠骑大将军建安王休仁以下，侍中袁愍孙等，咸见陵曳，唯兴宗得免。

顷之，太宗定大事。是夜，废帝横尸在太医阁口，兴宗谓尚书右仆射王景文曰："此虽凶悖，要是天下之主，宜使丧粗足。若旨如此，四海必将乘人。"时诸方并举兵反，国家所保，唯丹阳、淮南数郡，其间诸县，或已应。东兵已至永世，宫省危惧，上集群臣以谋成败。兴宗曰："今普天图逆，人有异志，宜镇以静，以至信待人。比者逆徒亲戚，布在宫省，若绳之以法，则土崩立至，宜明罪不相及之义。物情既定，人有战心，六军精勇，器甲犀利，以待不习之兵，其势相万耳。愿陛下勿忧。"上从之。

加游击将军，未拜，迁尚书右仆射，寻领卫尉，又领兖州大中正。太宗谓兴宗曰："诸处未定，殷琰已复同逆。顷日人情云何？事当济不？"兴宗曰："逆之与顺，臣无以辨。今商旅断绝，而米甚丰贱。四方云合，而人情更安，以此卜之，清荡可必。但臣之所忧，更在事后，犹羊公言既平之后，方当劳圣虑耳。"尚书褚渊以手板筑兴宗，兴宗言之不已，上曰："如卿言。"赭圻平，函送袁颛首，敕从登高掖门楼观之，兴宗潸然流涕，上不悦。事平，封兴宗始昌县伯，食邑五百户，固让，不许，封乐安县伯，邑三百户，国秩吏力，终以不受。

时殷琰据寿阳为逆，遣辅国将军刘勔攻围。四方既平，琰婴城固守，上使中书为诏譬琰，兴宗曰："天下既定，是琰思过之日，陛下宜赐手诏数行以相弘慰。今直中书为诏，彼必疑谓非真，未是所以速清方难也。"不从。琰得诏，谓刘勔诈造，果不敢降。攻战经时，人乃归顺。

先徐州刺史薛安都据彭城反，后遣使归顺。天始元年冬，遣张永率军迎之。兴宗曰："安都遣使归顺，此诚不虚。今宜抚之以和，即安所莅，乃遣须单使及咫尺书耳。若以重兵迎之，势必疑惧，或能招引北虏，为患不测。叛臣衅重，必宜翦戮，则比者所宥，亦已弘矣。况安都外据强地，密迩边关，考之国计，尤宜驯养。如其遂叛，将生旰食之忧。彭城崄固，兵强将勇，围之既难，攻不可拔，疆塞之虞，二三宜虑，臣为朝廷忧之。"时张永已行，不见从。安都闻大军过淮，婴城自守，要取索虏。永战大败，又值寒雪，死者十八九，遂失淮北四州。其先见如此。初，永败问至，上在乾明，欲先召司徒建安王休仁，又召兴宗，谓休仁曰："所惭蔡仆射。"以败书示兴宗，曰："我愧卿。"

三年春，出为使持节、都督郢州诸军事、安西将军、郢州刺史。坐诣尚书切论以何始真为咨议参军，初不被许，后又重陈，上怒，贬号平西将军，寻又复号。初，吴兴丘珍孙言论常侵兴宗。珍孙子景先，人才甚美，兴宗与之周旋。及景先为鄱阳郡，值晋安王子勋为逆，转在竟陵，为吴喜所杀。母老女稚，流离夏口。兴宗至郢州，亲自临哭，致其丧柩家累，令得东还。在任三年，迁镇东将军、会稽太守，加散骑常侍，寻领兵置佐，加都督会稽、东阳、新安、永嘉、临海五郡诸军事，给鼓吹一部。会稽多诸豪右，不遵王宪，又幸臣近习，参半宫省，封略山湖，妨民害治，兴宗皆以法绳之。会土全实，民物殷阜，王公妃主，邸舍相望，桡乱在所，大为民患，子息滋长，督责无穷，兴宗悉启能省。又陈原诸逋负，解遣杂役，并见从。三吴旧有乡射礼，久不复修，兴宗行之，礼仪甚整。先是元嘉中，羊玄保为郡，亦行乡射。

太宗崩，兴宗与尚书令袁粲、右仆射褚渊、中领军刘勔、镇军将军沈攸之同被顾命。以兴宗为使持节、都督荆湘雍益梁宁南北秦八州诸军事、征西将军、开府仪同三司、荆州刺史，加班剑二十人，常侍如故。被征还都，时右军将军王道隆任参内政，权重一时，蹑履到前，不敢就席，良久方去，竟不呼坐。元嘉初，中书舍人狄当诣太子詹事王昙首，不敢坐。其后中书舍人王弘为太祖所爱遇，上谓曰："卿欲作士人，得就王球坐，乃当判耳。殷、刘并杂，无所知也。若往诣球，可称旨就席。"球举扇曰："若不得尔。"弘还，依事启闻，帝曰："我便无如此何。"五十年中，有此三事。道隆等以兴宗强正，不欲使拥兵上流，改为中书监、左光禄大夫，开府仪同三司、常侍如故，固辞不拜。

兴宗幼立风概，家行尤谨，奉宗姑，事寡嫂，养孤兄子，有闻于世。太子左率王锡妻范，聪明妇人也，有才藻学见，与锡弟僧达书，诘让之曰："昔谢太傅奉嫂王夫人如慈母，今蔡兴宗亦有恭和之称。"其为世所重如此。妻刘氏早卒，一女甚幼，外甥袁颛始生彖而妻刘氏亦亡。兴宗姊，即颛母也。一孙一侄，躬自抚养，年齿相比，欲为婚姻，每见兴宗，辄言此意。大明初，诏兴宗女与南平王敬猷婚，兴宗以姊生平之怀，屡经陈启，答曰："卿诸人欲各行己意，则国家何由得婚？且姊言岂是不可违之处邪。"旧意既乖，彖亦他娶。其后彖家好不终，颛又祸败，彖等沦废当时，孤微理尽。敬猷遇害，兴宗女无子嫠居，名门高胄，多欲结姻，明帝亦敕适谢氏，兴宗并不许，以女适彖。北地傅隆与廓相善，兴宗修父友敬。

泰豫元年，薨，时年五十八。遗令薄葬，奏还封爵。追赠后授，子景玄固辞不受，又奏还封，表疏十余上，见许。诏曰："景玄表如此。故散骑常侍、中书监、左光禄大夫、开府仪同三司、乐安县开国伯兴宗，忠恪立朝，谋猷宣著，往属时难，勋亮帷幄，锡圭分壤，实允通诰。而恳诚慊诉，备彰存没，廉概素情，有洁声轨。景玄固陈先志，良以恻然。虽彝典宜全，而哀款难夺，可特申不瞑之请，永矜克让之风。”初，兴宗为郢州府参军，彭城颜敬以式卜曰：“亥年当作公，官有大字者，不可受也。”及有开府之授，而太岁在亥，果薨于光禄大夫之号焉。文集传于世。

景玄雅有父风，为中书郎，晋陵太守，太尉从事中郎。升明末，卒。

史臣曰：世重清谈，士推素论，蔡廓虽业力弘正，而年位未高，一世名臣，风格皆出其下。及其固辞铨衡，耻为志屈，岂不知选录同礼，义无偏断乎。良以主暗时难，不欲居通塞之任也。远矣哉！

宋书卷五八
列传第一八

王惠　谢弘微　王球

王惠字令明，琅邪临沂人，太保弘从祖也。祖劭，车骑将军。父默，左光禄大夫。

惠幼而夷简，为叔父司徒谧所知。恬静不交游，未尝有杂事。陈郡谢瞻才辩有风气，尝与兄弟群从造惠，谈论锋起，文史间发，惠时相酬应，言清理远，瞻等惭而退。高祖闻其名，以问从兄诞，诞曰："惠后来秀令，鄙宗之美也。"即以为行太尉参军事，府主簿，从事中郎。世子建府，以为征虏长史，仍转中军长史。时会稽内史刘怀敬之郡，送者倾京师，惠亦造别，还过从弟球。球问："向何所见？"惠曰："惟觉即时逢人耳。"常临曲水，风雨暴至，座者皆驰散，惠徐起，姿制不异常日。世子为荆州，惠长史如故，领南郡太守，不拜。宋国初建，当置郎中令，高祖难其人，谓傅亮曰："今用郎中令，不可令减袁曜卿也。"既而曰："吾得其人矣。"乃以惠居之。迁世子詹事，转尚书，吴兴太守。

少帝即位，以蔡廓为吏部尚书，不肯拜，乃以惠代焉，惠被召即拜。未尝接客，人有与书求官者，得辄聚置阁上，及去职，印封如初时。谈者以廓之不拜，惠之即拜，虽事异而意同也。兄鉴，颇好聚敛，广营田业，惠意甚不同，谓鉴曰："何用田为？"鉴怒曰："无田何由得食？"惠又曰："亦复何用食为？"其标寄如此。元嘉三年，卒，时年四十二。追赠太常。无子。

谢弘微，陈郡阳夏人也。祖韶，车骑司马。父思，武昌太守。从叔峻，司空琰第二子也，无后，以弘微为嗣。弘微本名密，犯所继内讳，故以字行。

童幼时，精神端审，时然后言。所继叔父混名知人，见而异之，谓思曰："此儿深中夙敏，方成佳器。有子如此，足矣。"年十岁出继。所继父于弘微本缌麻，亲戚中表，素不相识，率意承接，皆合礼衷。义熙初，袭峻爵建昌县侯。弘微家素贫俭，而所继丰泰，唯受书数千卷，国吏数人而已，遗财禄秩，一不关豫。混闻而惊叹，谓国郎中令漆凯之曰："建昌国禄，本应与北舍共之，国侯既不措意，今可依常分送。"弘微重违混言，乃少有所受。

混风格高峻，少所交纳，唯与族子灵运、瞻、弘微并以文义赏会。尝共宴处，居在乌衣巷，故谓之乌衣之游，混五言诗所云"昔为乌衣游，戚戚皆亲侄"者也。其外虽复高流时誉，莫敢造门。瞻等才辞辩富，弘微每以约言服之，混特所敬贵，号曰微子。谓瞻等曰："汝诸人虽才义丰辩，未必皆惬众心，至于领会机赏，言约理要，故当与我共推微子。"常云："阿远刚躁负气，阿客博而无检，曜恃才而持操不笃；晦自知而纳善不周，设复功济三才，终亦以此为恨；至如微子，吾无间然。"又云："微子异不伤物，同不害正，若年迨六十，必至公辅。"尝因酣宴之余，为韵语以奖劝灵运、瞻等曰："康乐诞通度，实有名家韵，若加绳染功，剖莹乃琼瑾。宣明体远识，颖达且沉俊，若能去方执，穆穆三才顺。阿多标独解，弱冠纂华胤，质胜诚无文，其尚又能峻。通远怀清悟，采采摽兰讯，直辔鲜不蹶，抑用解偏吝。微子基微尚，无倦由慕蔺，勿轻一篑少，进往将千仞。数子勉之哉，风流由尔振，如不犯所知，此外无所慎。"灵运等并有诫厉之言，唯弘微独尽褒美。曜，弘微兄，多，其小字也。远，即瞻字。灵运小名客儿。

晋世名家身有国封者，起家多拜员外散骑侍郎。弘微亦拜员外散骑，琅邪王大司马参军。

义熙八年，混以刘毅党见诛，妻晋陵公主改适琅邪王练，公主虽执意不行，而诏其谢氏离绝，公主以混家事委之弘微。混仍世宰辅，一门两封，田业十余处，僮业千人，唯有二女，年数岁。弘微经纪生业，事若在公，一钱尺帛出入，皆有文簿。迁通直郎。高祖受命，晋陵公主降为东乡君，以混得罪前代，东乡君节义可嘉，听还谢氏。自混亡，至是九载，而室宇修整，仓廪充盈，门徒业使，不异平日，田畴垦辟，有加于旧，东乡君叹曰："仆射平生重此子，可谓知人。仆射为不亡矣。"中外姻亲，道俗义旧。见东乡之归者，入门莫不叹息，或为之涕流，感弘微之义也。性严正，举止必循礼度，事继亲之党，恭谨过常。伯叔二母，归宗两姑，晨夕瞻奉，尽其诚敬。内或传语通讯，辄正其衣冠。婢仆之前，不妄言笑，由是尊卑小大，敬之若神。

太祖镇江陵，宋初封宜都王，以琅邪王球为友，弘微为文学。母忧去职，居丧以孝称，服阕逾年，菜蔬不改。除镇西谘议参军。太祖即位，为黄门侍郎，与王华、王昙首、殷景仁、刘湛等号曰五臣。迁尚书吏部郎，参预机密。寻转右卫将军。诸故吏臣佐，并委弘微选拟。居身清约，器服不华，而饮食滋味，尽其丰美。

兄曜历御史中丞，彭城王义康骠骑长史，元嘉四年卒。弘微蔬食积时，哀戚过礼，服虽除，犹不啖鱼肉。沙门释慧琳诣弘微，弘微与之共食，犹独蔬素。慧琳曰："檀越素既多疾，顷者肌色微损，即吉之后，犹未复膳。若以无益伤生，岂所望于得理。"弘微答曰："衣冠之变，礼不可逾。在心之哀，实未能已。"遂废食感咽，歔欷不自胜。弘微少孤，事兄如父，兄弟友穆之至，举世莫及也。弘微口不言人短长，而曜好臧否人物，曜每言论，弘微常以它语乱之。

六年，东宫始建，领中庶子，又寻加侍中。弘微志在素官，畏忌权宠，固让不拜，乃听解中庶子。每有献替及论时事，必手书焚草，人莫之知。上以弘微能营膳羞，尝就求食。弘微与亲故经营，既进之后，亲人问上所御，弘微不答，别以余语酬之，时人比汉世孔光。八年秋，有疾，解右卫，领太子右卫率，还家。议欲解弘微侍中，以率加吏部尚书，固陈疾笃，得免。

九年，东乡君薨，资财钜万，园宅十余所，又会稽、吴兴、琅邪诸处,太傅、司空琰时事业,奴僮犹有数百人。公私咸谓,室内资财宜归二女,田宅僮仆应属弘微。弘微一无所取,自以私禄营葬。混女夫殷睿素好樗蒲。闻弘微不取财物,乃滥夺其妻妹及伯母两姑之分以还戏责,内人皆化弘微之让,一无所争。弘微舅子领军将军刘湛性不堪其非,谓弘微曰:"天下事宜有裁衷。卿此不治,何以治官。"弘微笑而不答。或有讥之曰:"谢氏累世财产,充殷君一朝戏责,理之不允,莫此为大。卿亲而不言,譬弃物江海以为廉耳。设使立清名,而令家内不足,亦吾所不取也。"弘微曰:"亲戚争财,为鄙之甚。今内人尚能无言,岂可导之使争。今分多共少,不至有乏,身死之后,岂复见关。"东乡君葬,混墓开,弘微牵疾临赴,病遂甚。十年,卒,时年四十二。

时有一长鬼寄司马文宣家,云受遣杀弘微,弘微疾增剧,辄豫告文宣。弘微既死,与文宣分别而去。弘微临终,语左右曰:"有二封书,须刘领军至,可于前烧之,慎勿开也。"书皆是太祖手敕。上甚痛惜之,使二卫千人营毕葬事。追赠太常。子庄,别有传。

王球字倩玉,琅邪临沂人,太常惠从父弟也。父谧,司徒。

球少与惠齐名,美容止。除著作佐郎,不拜。寻除琅邪王大司马行参军,转主簿,豫章公世子中军功曹。宋国建,初拜世子中舍人。高祖受命,仍为太子中舍人,宜都王友,转谘议参军,以疾去职。元嘉四年,起为义兴太守,从兄弘为扬州,服亲不得相临,加宣威将军,在郡有宽惠之美。徙太子右卫率,入为侍中,领冠军将军,又领本州大中正,徙中书令,侍中如故。

迁吏部尚书。球公子简贵,素不交游,筵席虚静,门无异客。尚书仆射殷景仁、领军刘湛并执重权,倾动内外,球虽通家姻戚,未尝往来。颇好文义,唯与琅邪颜并之相善。居选职,接客甚希,不视求官书疏,而铨衡有序,朝野称之。本多羸疾,屡自陈解。迁光禄大夫,加金章紫绶,领卢陵王师。

兄子履,进利为行,深结刘湛,委诚大将军彭城王义康,与刘斌、孔胤季等并有异志，球每训厉，不纳。自大将军从事中郎，转太子中庶子，流涕诉义康不愿违离，以此复为从事中郎，太祖甚衔之。及湛诛之夕，履徒跣告球，球命为取履，先温酒与之，谓曰："常日语汝，何如？"履怖惧不得答，球徐曰："阿父在，汝亦何忧。"命左右："扶郎还斋。"上以球故，履得免死，废于家。

十七年，球复为太子詹事，大夫、王师如故。未拜，会殷景仁卒，因除尚书仆射，王师如故。素有脚疾。录尚书江夏王义恭谓尚书何尚之曰："当今乏才，群下宜加戮力，而王球放恣如此，恐宜以法纠之。"尚之曰："球有素尚，加又多疾，应以淡退求之，未可以文案索也。"犹坐白衣领职。时群臣诏见，多不即前，卑疏者或至数十日，大臣亦有十余日不被见者。唯球辄去，未尝肯停。十八年，卒，时年四十九。追赠特进、金紫光禄大夫，加骑常侍。无子，从孙奂为后，大明末，吴兴太守。

或人问史臣曰："王惠何如？"答之曰："令明简。"又问："王球何如？"答曰："倩玉淡。"又问："谢弘微何如？"曰："简而不失，淡而不流，古之所谓名臣，弘微当之矣。"

宋书卷五九
列传第一九

殷淳 张畅 何偃 江智渊

殷淳字粹远，陈郡长平人也。曾祖融，祖允，并晋太常。父穆，以和谨致称，历显官，自五兵尚书，为高祖相国左长史。及受禅，转散骑常侍、国子祭酒，复为五兵尚书，吴郡太守。太祖即位，为金紫光禄大夫，领竟陵王师，迁护军，又迁特进、右光禄大夫，领始兴王师。元嘉十五年，卒官，时年六十。谥曰元子。

淳少好学，有美名。少帝景平初，为秘书郎，衡阳王文学，秘书丞，中书、黄门侍郎。淳居黄门为清切，下直应留下省，以父老特听还家。高简寡欲，早有清尚，爱好文义，未尝违舍。在秘书阁，撰《四部书目》凡四十卷，行于世。元嘉十一年，卒，时年三十二。朝廷痛惜之。

子孚，有父风。世祖大明末，为始兴相。官至尚书吏部郎，顺帝抚军长史。

淳弟冲，字希远，历中书、黄门郎，坐议事不当免。复为太子中庶子，尚书吏部郎，御史中丞，有司直之称。出为吴兴太守，入为度支尚书。元凶妃即淳女，而冲在东宫为劭所知遇，劭弑立，以为侍中、护军，迁司隶校尉。冲有学义文辞，劭使为尚书符，罪状世祖，亦为劭尽力。世祖克京邑，赐死。

冲弟淡，字夷远，亦历黄门、吏部郎，太子中庶子，领步兵校尉。大明世，以文章见知，为当时才士。

张畅字少微，吴郡吴人，吴兴太守劭兄子也。父祎，少有孝行，历宦州府，为琅邪王国郎中令。从琅邪王至洛，还京都，高祖封药酒一罂付祎，使密加鸩毒。祎受命，既还，于道自饮而卒。

畅少与从兄敷、演、敬齐名，为后进之秀。起家为太守徐佩之主簿，佩之被诛，畅驰出奔赴，制服尽哀，为论者所美。弟牧尝为猘犬所伤，医云宜食虾蟆脍，牧甚难之，畅含笑先尝，牧因此乃食，创亦即愈。州辟从事，衡阳王义季征虏行参军，彭城王义康平北主簿，司徒祭酒，尚书主客郎，未拜，又除度支、左民郎，江夏王义恭征北记室参军、晋安太守。又为义季安西记室参军、南义阳太守，临川王义庆卫军从事中郎，扬州治中别驾从事史，太子中庶子。

世祖镇彭城，畅为安北长史、沛郡太守。元嘉二十七年，索虏托跋焘南侵，太尉江夏王义恭总统诸军，出镇彭、泗。时焘亲率大众，已至萧城，去彭城十数里。彭城众力虽多，而军食不足，义恭欲弃彭城南归，计议弥日不定。时历城众少食多，安北中兵参军沈庆之建议，欲以车营为函箱阵，精兵为外翼，奉二王及妃媛直趋历城，分兵配护军萧思话留守。太尉长史何勖不同，欲席卷奔郁洲，自海道还京都。义恭去意已判，唯二议未决，更集群僚谋之。众咸遑扰，莫有异议。畅曰："若历城、郁洲有可致之理，下官敢不高谈。今城内乏食，百姓咸有走情，但以关扃严固，欲去莫从耳。若一旦动脚，则各自散走，欲至所在，何由可得？今军食虽寡，朝夕犹未窘罄，量其欲尽，临时更为诸宜，岂有舍万安之术，而就危亡之道。若此计必用，下官请以颈血污公马蹄！"世祖既闻畅议，谓义恭曰："阿父既为总统，去留非所敢干。道民忝为城主，而损威延寇，其为愧恧，亦已深矣。委镇奔逃，实无颜复奉朝廷，期与此城共其存没，张长史言不可异也。"畅言既坚，世祖又赞成其议，义恭乃止。

时太祖遣员外散骑侍郎徐爰，乘驿至彭城取米谷定最，爰既去，城内遣骑送之。焘闻知，即遣数百骑急追，爰已过淮，仅得免。初爰去，城内闻虏遣追，虑爰见禽，失米最，虏知城内食少，义恭忧惧无计，犹欲奔走。爰既免，其日虏大众亦至彭城。

焘始至,仍登城南亚父冢,于戏马台立毡屋。先是,焘未至,世祖遣将马文恭向萧城,为虏所破,文恭走得免,队主蒯应见执。至小市门曰:“魏主致意安北,远来疲乏,若有甘蔗及酒,可见分。”时防城队主梁法念答曰:“当为启闻。”应乃自陈萧城之败。又问应:“虏主自来不?”曰:“来。”问:“今何在?”应举手指西南。又曰:“士马多少?”答云:“四十余万。”法念以焘语白世祖,世祖遣人答曰:“知行路多乏,今付酒二器,甘蔗百挺。闻彼有骆驼,可遣送。”

明旦,焘又自上戏马台,复遣使至小市门曰:“魏主致意安北,安北可暂出门,欲与安北相见。我亦不攻此城,安北何劳苦将士在城上。又骡、驴、骆驼,是北国所出,今遣送,并致杂物。”又语小市门队主曰:“既有饷物,君可移度南门受之。”焘送骆驼、骡、马及貂裘、杂饮食,既至南门,门先闭,请钥未出。畅于城上视之,虏使问:“是张长史邪?”畅曰:“君何得见识?”虏使答云:“君声名远闻,足使我知。”畅因问虏使姓,答云:“我是鲜卑,无姓。且道亦不可。”畅又问:“君居何任?”答云:“鲜卑官位不同,不可辄道,然亦足与君相敌耳。”虏使复问:“何为匆匆柱门绝桥?”畅答曰:“二王以魏主营垒未立,将士疲劳,此精甲十万,人思致命,恐轻相凌践,故且闭城耳。待彼休息士马,然后共治战场,克日交戏。”虏使曰:“君当以法令裁物,何用发桥,复何足以十万夸人。我亦有良马逸足,若云骑四集,亦可以相拒。”畅曰:“侯王设崄,何但法令而已邪。我若夸君,当言百万。所以言十万者,政二王左右素所畜养者耳。此城内有数州士庶,二徒营伍,犹所未论。我本斗智,不斗马足。且冀之北土,马之所生,君复何以逸足见夸邪。”虏使曰:“不尔。城守,君之所长,野战,我之所长。我之恃马,犹如君之恃城耳。”城内有其思者,尝在北国,义恭遣视之,思识是虏尚书李孝伯。思因问:“李尚书,若行涂有劳?”孝伯曰:“此事应相与共知。”思答:“缘共知,所以有劳。”孝伯曰:“感君至意。”

既开门,畅屏却人仗,出对孝伯,并进饷物。虏使云:“貂裘与太尉,骆驼、骡与安北,蒲陶酒杂饮,叔侄共尝。”焘又乞酒并甘橘。畅宣世祖问："致意魏主，知欲相见，常迟面写。但受命本朝，过蒙藩任，人臣无境外之交，恨不暂悉。且城守备防，边镇之常，但悦以使之，故劳而无怨耳。太尉、镇军得所送物，魏主意，知复须甘橘，今并付如别。太尉以北土寒乡，皮绔褶脱是所须，今致魏主。螺杯、杂粽，南土所珍，镇军今以相致。"此信未去，焘复遣使令孝伯传语曰："魏主有诏，语太尉、安北，近以骑至，车两在后，今端坐无为，有博具可见借。"畅曰："博具当为申启。但向语二王，已非逊辞，且有诏之言，政可施于彼国，何得称之于此！"孝伯曰："诏之与语，朕之与我，并有何异？"畅曰："若辞以通，可如来谈。既言有所施，则贵贱有等。向所称诏，非所敢闻。"孝伯又曰："太尉、安北是人臣与非？"畅曰："是也。"孝伯曰："邻国之君，何为不称诏于邻国之臣？"畅曰："君之此称，尚不可闻于中华，况在诸王之贵，而犹曰邻国之君邪？"孝伯曰："魏主言太尉、镇军并皆年少，分阔南信，殊当犹邑。若欲遣信者，当为护送，脱须骑者，亦当以马送之。"畅曰："此方间路甚多，使命日夕往来，不复以此劳魏主。"孝伯曰："亦知有水路，似为白贼所断。"畅曰："君著白衣，故称白贼邪？"孝伯大笑曰："今之白贼，亦不异黄巾、赤眉。"畅曰："黄巾、赤眉，似不在江南。"孝伯曰："虽不在江南，亦不在青、徐也。"畅曰："今者青、徐，实为有贼，但非白贼耳。"虏使云："向借博具，何故不出？"畅曰："二王贵远，启闻难彻。"孝伯曰："周公握发吐哺，二王何独贵远？"畅曰："握发吐餐，本施中国耳。"孝伯曰："宾有礼，主则择之。"畅曰："昨见众宾至门，未为有礼。"俄顷，送博具出，因以与之。

焘又遣人云："魏主致意安北，程天祚一介常人，诚知非宋朝之美，近于汝阳身被九创，落在殿外，我手牵而出之。凡人骨肉分张，并思集聚，辄已语之，但其弟苦辞。今令与来使相见。"程天福谓使人曰："兄受命汝阳，不能死节，各在一国，何烦相见。"焘又送毡各一领，盐各九种，并胡豉："凡此诸盐，各有所宜。白盐是魏主自所食；黑盐治腹胀气懑，细刮取六铢，以酒服之；胡盐治目痛；柔盐不食，治马脊创；赤盐、驳盐、臭盐、马齿盐四种，并不中食。胡豉亦中啖。黄甘幸彼所丰，可更见分。”又云：“魏主致意太尉、安北，何不遣人来至我间。彼此之情，虽不可尽，要须见我小大，知我老少，观我为人。若诸佐不可遣，亦可使僮干来。”畅又宣旨答曰：“魏主形状才力，久为来往所见。李尚书亲自衔命，不患彼此不尽，故不复遣使信。”又云：“魏主恨向所送马，殊不称意。安北若须大马，当更送之，脱须蜀马，亦有佳者。”畅曰：“安北不乏良驷，送自彼意，非此所求。”义恭饷焘炬烛十挺，世祖亦致锦一匹，曰：“知更须黄甘，诚非所吝。但送不足周彼一军，向给魏主，未应便乏，故不复重付。”焘复求甘蔗、安石留。畅曰：“石留出自邺下，亦当非彼所乏。”孝伯又曰：“君南土膏粱，何为著屩？君而著此，使将士云何？”畅曰：“膏粱之言，诚为多愧。但以不武，受命统军，戎阵之间，不容缓服。”孝伯又曰：“长史，我是中州人，久处北国，自隔华风，相去步武，不得致尽，边皆是北人听我语者，长史当深得我。”孝伯又曰：“永昌王，魏主从弟，自复常镇长安，今领精骑八万，直造淮南，寿春久闭门自固，不敢相御。向送刘康祖头，彼之所见。王玄谟甚是所悉，亦是常才耳。南国何意作如此任使，以致奔败。自入此境七百余里，主人竟不能一相拒逆。邹山之险，君家所凭，前锋始得接手，崔邪利便藏入穴，我间诸将倒曳脚而出之，魏主赐其生命，今从在此。复何以轻脱遣马文恭至萧县，使望风退挠邪？君家民人甚相忿怨，云清平之时，赋我租帛，至有急难，不能相拯。”畅曰：“知永昌已过淮南，康祖为其所破，比有信使，无此消息。王玄谟南土偏将，不谓为才，但以人为前驱引导耳。大军未至，而河冰向合，玄谟量宜反旆，未为失机，但因夜回师，致戎马小乱耳。我家玄谟斗城，陈宪小将，魏主倾国，累旬不克。胡盛之偏裨小帅，众无一旅，始济融水，魏国君臣奔进，仅得免脱，滑台之师，无所多愧。邹山小戍，虽有微险，河畔之民，多是新附，始慕圣化，奸盗未息，亦使崔邪利抚之而已，今没虏手，何损于国？魏主自以十万师而制一崔邪利，方复足言邪？闻萧、相百姓，并依山险，聊遣马文恭以十队示之耳。文恭谓前以三队出，还走后，大营嵇玄敬以百骑至留城，魏军奔败。轻敌致此，亦非所衄。王境人民，列居河畔，二国交兵，当平加抚养，而魏师入境，肆行残虐，事生意外，由彼无道。官不负民，民何怨人。知入境七百，无相拒，此自上由太尉神算，次在镇军圣略。经国之要，虽不预闻，然用兵有机，间亦不容相语。"孝伯曰："魏主当不围此城，自率众军，直造瓜步。南事若办，彭城不待围；若不捷，彭城亦非所须也。我今当南饮江湖，以疗渴耳。"畅曰："去留之事，自适彼怀。若虏马遂得饮江，便为无复天道。各应反命，迟复更悉。"畅便回还，孝伯追曰："长史深自爱敬，相去步武，恨不执手。"畅因复谓曰："善将爱，冀荡定有期，相见无远。君若得还宋朝，今为相识之始。"孝伯曰："待此未期。"焘又遣就二王借箜篌、琵琶、筝、笛等器及棋子。义恭答曰："受任戎行，不赍乐具。在此燕会，政使镇府命妓，有弦百条，是江南之美，今以相致。"世祖曰："任居方岳，初不此经虑，且乐人常器，又观前来诸王赠别，有此琵琶，今以相与。棋子亦付。"孝伯言辞辩赡，亦北土之美也。畅随宜应答，吐属如流，音韵详雅，风仪华润，孝伯及左右人并相视叹息。

虏寻攻彭城南门，并放火，畅躬自前战，身先士卒。及焘自瓜步北走，经彭城下过，遣人语城内："食尽且去，须麦熟更来。"义恭大惧，闭门不敢追。虏期又至，议欲芟剪苗，移民堡聚，众论并不同，复更会议。镇军录事参军王孝孙独曰："虏不能复来，既自可保，如其更至，此议亦不可立。百姓闭在内城，饥馑日久，方春之月，野采自资，一入堡聚，饿死立至。民知必死，何可制邪？虏若必来，芟麦无晚。"四坐默然，莫之敢对。畅曰："孝孙之议，实有可寻。"镇军府典签董元嗣侍世祖侧，进曰："王录事议不可夺，实如来论。"别驾王子夏因曰："此论诚然。"畅敛板白世祖曰："下官欲命孝孙弹子夏。"世祖曰："王别驾有何事邪？"畅曰："芟麦移民，可谓大议，一方安危，事系于此。子夏亲为州端，曾无同异，及闻元嗣之言，则欢笑酬答，阿意左右，何以事君？"子夏大惭，元嗣亦有惭色。义恭之议遂寝。太祖闻畅屡有正议，甚嘉之。世祖犹停彭城，召畅先反，并使履行盱眙城，欲立大镇。时虏声云当出襄阳，故以畅为南谯王义宣司空长史、南郡太守。又欲畅代刘兴祖为青州及彭城都督，并不果。

三十年，元凶弑逆，义宣发哀之日，即便举兵，畅为元佐，居僚首，哀容俯仰，荫映当时。举哀毕，改服，著黄韦绔褶，出射堂简人，音姿容止，莫不瞩目，见之者皆愿为尽命。事平，征为吏部尚书，夷道县侯，食邑千户。义宣既有异图，蔡超等以畅民望，劝义宣留之，乃解南蛮校尉以授畅，加冠军将军，领丞相长史。畅遣门生荀僧宝下都，因颜竣陈义宣衅状。僧宝有私货停巴陵，不时下，会义宣起兵，津径断绝，僧宝遂不得去。义宣将为逆，遣嬖人翟灵宝谓畅："朝廷简练舟甲，意在西讨，今欲发兵自卫。"畅曰："必无此理，请以死保之。"灵宝知畅不回，劝义宣杀以殉众。即遣召畅，止于东斋，弥日不与相见，赖司马竺超民保持，故获全免。既而进号抚军，别立军部，以收民望。畅虽署文檄，而饮酒常醉，不省文书。随义宣东下，梁山战败，义宣奔走，畅于兵乱自归，为军人所掠，衣服都尽。值右将军王玄谟乘舆出营，畅已得败衣，排玄谟上舆，玄谟意甚不说，诸将欲杀之，队主张世营救得免。送京师，下廷尉，削爵土，配左右尚方。寻见原。

复起为都官尚书，转侍中，代子淹领太子右卫率。孝建二年，出为会稽太守。大明元年，卒官，时年五十。颜竣表世祖："张畅遂不救疾。东南之秀，蚤树风范，闻问凄怆，深切常怀。"谥曰宣子。畅爱弟子辑，临终遗命与辑合坟。

子浩，官至义阳王昶征北谘议参军。

浩弟淹，世祖南中郎主簿。世祖即位，为黄门郎，封广晋县子，食邑五百户，太子右卫率，东阳太守。逼郡吏烧臂照佛，民有罪使礼佛，动至数千拜，免官禁锢。起为光录勋，临川内史。太宗泰始初，与晋安王子勋同逆，率众至鄱阳，军败见杀。

畅弟说，亦有美称。历中书、吏部郎，侍中，临海王子顼前军长史、南郡太守。晋安王子勋建伪号于寻阳，召为吏部尚书，与邓琬共辅伪政。事败，杀琬归降，事在《琬传》。复为太子庶子，仍除巴陵王休若卫军长史、襄阳太守。四年，即代休若为雍州刺史、宁远将军。

复为休若征西长史、南郡太守。六年,太宗于巴郡置三巴校尉,以补之,加持节、辅师将军,领巴郡太守。未拜,卒。

何偃字仲弘,庐江灊人,司空尚之中子也。州辟议曹从事,举秀才,除中军参军,临川王义庆平西府主簿。召为太子洗马,不拜。元嘉十九年,为丹阳丞,除庐陵王友,太子中舍人,中书郎,太子中庶子。时义阳王昶任东官,使偃行义阳国事。

二十九年,太祖欲更北伐,访之群臣,偃议曰:"内干胡法宗宣诏,逮问北伐。伏计贼审有残祸,犬羊易乱,歼殄非难,诚如天旨。今虽庙算无遗,而士未精习。缘镇戍,充实者寡,边民流散,多未附业。控引所资,取给根本。亏根本以殉边患,宜动必万克。无虞往岁挫伤,续以内衅,侮亡取乱,诚为沛然。然淮、泗数州,实亦凋耗,流佣未归,创痍未起。且攻守不等,客主形异,薄之则势艰,围之则旷日,进退之间,奸虞互起。窃谓当今之弊易衄,方来之寇不深,宜含垢藏疾,以齐天道。"迁始兴王浚征北长史、南东海太守。

元凶弑立,以偃为侍中,掌诏诰。时尚之为司空、尚书令,偃居门下,父子并处权要,时为寒心,而尚之及偃善摄机宜,曲得时誉。会世祖即位,任遇无改,除大司马长史,迁侍中,领太子中庶子。时责百官谠言,偃以为:"宜重农恤本,并官省事,考课以知能否,增俸以除吏奸。责成良守,久于其职。都督刺史,宜别其任。"改领骁骑将军,亲遇隆密,有加旧臣。

转吏部尚书。尚之去选未五载,偃复袭其迹,世以为荣。侍中颜竣至是始贵,与偃俱在门下,以文义赏会,相得甚欢。竣自谓任遇隆密,宜居重大,而位次与偃等未殊,意稍不悦。及偃代竣领选,竣愈愤懑,与偃遂有隙。竣时势倾朝野,偃不自安,遂发心悸病,意虑乖僻,上表解职,告医不仕。世祖遇偃既深,备加治疗,名医上药,随所宜须,乃得瘥。时上长女山阴公主爱倾一时,配偃子戢。素好谈玄,注《庄子·消摇篇》,传于世。

大明二年,卒官,时年四十六。世祖与颜竣诏曰:"何偃遂成异世,美志长往。与之周旋,重以姻媾,临哭伤怨,良不能已。往矣如何!宜赠散骑常侍、金紫光禄大夫,本官如故。”谥曰靖子。子戢,升明末,为相国左长史。

江智渊,济阳考城人,湘州刺史夷弟子。父僧安,太子中庶子。

智渊初为著作郎,江夏王义恭太尉行参军,太子太傅主簿,随王诞后军参军。世父夷有盛名,夷子湛又有清誉,父子并贵达,智渊父少无名问,湛礼敬甚简,智渊常以为恨,自非节岁,不入湛门。及为随王诞佐,在襄阳,诞待之甚厚。时咨议参军谢庄、府主簿沈怀文并与智渊友善。怀文每称之曰:“人所应有尽有、人所应无尽无者,其江智渊乎。”元嘉末,除尚书库部郎。时高流官序,不为台郎,智渊门孤援寡,独有此选,意甚不悦,固辞不肯拜。竟陵王诞复版为骑军,转主簿,随府转司空主簿、记室参军,领南濮阳太守,迁从事中郎。诞将为逆,智渊悟其机,请假先反。诞事发,即除中书侍郎。

智渊爱好文雅,词采清赡,世祖深相知待,恩礼冠朝。上燕私甚数,多命群臣五三人游集,智渊常为其首。同侣未及前,辄独蒙引进,智渊每以越众为惭,未尝有喜色。每从游幸,与群僚相随,见传诏驰来,知当呼已,声动愧恧,形于容貌,论者以此多之。

迁骁骑将军,尚书吏部郎。上每酣宴,辄诟辱群臣,并使自相嘲讦,以为欢笑。智渊素方退,渐不会旨。尝使以王僧朗嘲戏其子景文,智渊正色曰:“恐不宜有此戏。”上怒曰:“江僧安痴人,痴人自相惜。”智渊伏席流涕,由此恩宠大衰。出为新安王子鸾北中郎长史、南东海太守,加拜宁朔将军,行南徐州事。初,上宠姬宣贵妃殷氏卒,使群臣议谥,智渊上议曰“怀”。上以不尽嘉号,甚衔之。后车驾幸南山,乘马至殷氏墓,群臣皆骑从,上以马鞭指墓石柱谓智渊曰:“此上不容有怀字!”智渊益惶惧。大明七年,以忧卒,时年四十六。

子季筠,太子洗马,早卒。后废帝即位,以后父追赠金紫光禄大夫。季筠妻王,平望乡君。

智渊兄子概,早孤,养之如子。概历黄门、吏部郎,侍中,武陵王北中郎长史、南东海太守，行南徐州事。后废帝元徽中，卒。

史臣曰：夫将帅者，御众之名；士卒者，一夫之用。坐谈兵机，制胜千里，安在乎蒙盾前驱，履肠涉血而已哉。山涛之称羊祜曰："大将虽不须筋力，军中犹宜强健。"以此为言，则叔子之干力弱矣。杜预文士儒生，射不能穿札，身未尝跨马，一朝统大众二十余万，为平原都督。王戎把臂入林，亦受专征之寄。何必山西猛士，六郡良家，然后可受脤于朝堂，荷推毂之重。及虏兵深入，徐服恇震，非张畅正言，则彭、汴危矣。岂其身捍飞镝，手折云冲，方足使穷堞假命，危城载安乎。仁者之有勇，非为臆说。

宋书卷六〇
列传第二〇

范泰 王准之 王韶之 荀伯子

范泰字伯伦,顺阳山阴人也。祖汪,安北将军、徐兖二州刺史。父宁,豫章太守。

泰初为太学博士,卫将军谢安、骠骑将军会稽王道子二府参军。荆州刺史王忱,泰外弟也,请为天门太守。忱嗜酒,醉辄累旬,及醒,则俨然端肃。泰谓忱曰:"酒虽会性,亦所以伤生。游处以来,常欲有以相戒,当卿沉湎,措言莫由,及今之遇,又无假陈说。"忱嗟久之,曰:"见规者众矣,未有若此者也。"或问忱曰:"范泰何如谢邈?"忱曰:"茂度慢。"又问:"何如殷觊?"忱曰:"伯道易。"忱常有意立功,谓泰曰:"今城池既立,军甲亦充,将欲埽除中原,以申宿昔之志。伯道意锐,当令拥戈前驱。以君持重,欲相委留事,何如?"泰曰:"百年逋寇,前贤挫屈者多矣。功名虽贵,鄙生所不敢谋。"会忱病卒。召泰为骠骑咨议参军,迁中书侍郎。时会稽王世子元显专权,内外百官请假,不复表闻,唯签元显而已。泰建言以为非宜,元显不纳。父忧去职,袭爵阳遂乡侯。桓玄辅晋,使御史中丞祖台之奏泰及前司徒左长史王准之、辅国将军司马珣之,并居丧无礼,泰坐废徙丹徒。

义旗建,国子博士。司马休之为冠军将军、荆州刺史,以泰为长史、南郡太守。又除长沙相,散骑常侍,并不拜。入为黄门郎,御史中丞。坐议殷祠事谬，白衣领职。出为东阳太守。卢循之难，泰预发兵千人，开仓给禀，高祖加泰振武将军。明年，迁侍中，寻转度支尚书。时仆射陈郡谢混，后进知名，高祖尝从容问混："泰名辈可以比谁？"对曰："王元太一流人也。"徙为太常。初，司徒道规无子，养太祖，及薨，以兄道怜第二子义庆为嗣。高祖以道规素爱太祖，又令居重。道规追封南郡公，应以先华容县公赐太祖。泰议曰："公之友爱，即心过厚。礼无二嗣，讳宜还本属。"从之。转大司马左长史，右卫将军，加散骑常侍。复为尚书，常侍如故。兼司空，与右仆射袁湛授宋公九赐，随军到洛阳。高祖还彭城，与共登城，泰有足疾，特命乘舆。泰好酒，不拘小节，通率任心，虽在公言，不异私室，高祖甚赏爱之。然拙于为治，故不得在政事之官。迁护军将军，以公事免。

高祖受命，拜金紫光禄大夫，加散骑常侍。明年，议建国学，以泰领国子祭酒。泰上表曰：

臣闻风化兴于哲王，教训表于至世。至说莫先讲习，甚乐必寄朋来。古人成童入学，易子而教，寻师无远，负粮忘艰，安亲光国，莫不由此。若能出不由户，则斯道莫从。是以明诏爰发，已成涣汗，学制既下，远近遵承。臣之愚怀，少有未达。今惟新告始，盛业初基，天下改观，有志景慕。而置生之制，取少停多，开不来之端，非一涂而已。臣以家推国，则知所聚不多，恐不足以宣大宋之风，弘济济之美。臣谓合选之家，虽制所未达，父兄欲其入学，理合开通，虽小违晨昏，所以大弘孝道。不知《春秋》，则所陷或大，故赵盾忠而书弑，许止孝而得罪，以斯为戒，可不惧哉。十五志学，诚有其文，若年降无几，而深有志尚者，何必限以一格，而不许其进邪。扬乌豫《玄》，实在弱齿，五十学《易》，乃无大过。

昔中朝助教，亦用二品。颍川陈载已辟太保掾，而国子取为助教，即太尉准之弟。所贵在于得才，无系于定品。教学不明，奖励不著，今有职闲而学优者，可以本官领之，门地二品，宜以朝请领助教，既可以甄其名品，斯亦敦学之一隅。其二品才堪,自依旧从事。

会今生到有期,而学校未立。覆篑实望其速,回辙已淹其迟。事有似赊而宜急者,殆此之谓。古人重寸阴而贱尺璧,其道然也。

时学竟不立。

时言事者多以钱货减少,国用不足,欲悉市民铜,更造五铢钱。泰又谏曰:

流闻将禁私铜,以充官铜,民虽失器,终于获直,国用不足,其利实多。臣愚意异,不宁寝默。臣闻治国若烹小鲜,拯敝莫若务本。百姓不足,君孰与足。未有民贫而国富,本不足而末有余者也。故囊漏贮中,识者不吝,反裘负薪,存毛实难。王者不言有无,诸侯不言多少,食禄之家,不与百姓争利。故拔葵所以明治,织蒲谓之不仁,是以贵贱有章,职分无爽。

今之所忧,在农民尚寡,仓廪未充,转运无已,资食者众,家无私积,难以御荒耳。夫货存贸易,不在少多,昔日之贵,今者之贱,彼此共之,其揆一也。但令官民均通,则无患不足。若使必资货广以收国用者,则龟贝之属自古所行,寻铜之为器,在用也博矣。钟律所通者远,机衡所揆者大。夏鼎负《图》,实冠众瑞,晋铎呈象,亦启休征。器有要用,则贵贱同资,物有适宜,则家国共急。今毁必资之器,而为无施之钱,于货则功不补劳,在用则君民俱困,校之以实,损多益少。陛下劳谦终日,无倦庶务,以身率物,勤素成风,而颂声不作,板、渭不至者,良由基根未固,意在远略。伏愿思可久之道,赊欲速之情,弘山海之纳,择刍牧之说,则嘉谋日陈,圣虑可广。其亡存心,然后苞桑可系。愚诚一至,用忘寝食。

景平初,加位特进。明年,致仕,解国子祭酒。少帝在位,多诸愆失,上封事极谏曰:

伏闻陛下时在后园,颇习武备,鼓鞞在宫,声闻于外,黩武掖庭之内,喧哗省闼之间,不闻将帅之臣,统御之主,非徒不足以威四，只生远近之怪。近者东寇纷扰，皆欲伺国瑕隙，今之吴、会，宁过二汉关、河，根本既摇，于何不有。如水旱成灾，役夫不息，无寇而戒，为费渐多。河南非复国有，羯虏难以理期，此臣所以用忘寝食，而干非其位者也。陛下践阼，委政宰臣，实同高宗谅闇之美。而更亲狎小人，不免近习，惧非社稷至计，经世之道。王言如丝，其出如纶，下观而化，疾于影响。伏愿陛下思弘古道，式遵遗训，从理无滞，任贤勿疑。如此则天下归德，宗社惟永。《诗》云："一人有庆，兆民赖之。"天高听卑，无幽不察，兴衰在人，成败易晓，未有政治在于上而人乱于下者也。

臣蒙先朝过遇，陛下殊私，实欲尽心竭诚，少报万分，而惛耄已及，百疾互生，便为永违圣颜，无复自尽之路，贪及视息，陈其狂瞽。陛下若能哀其所请，留心览察，则臣夕殒于地，无恨九泉。

少帝虽不能纳，亦不加谴。徐羡之、傅亮等与泰素不平，及庐陵王义真、少帝见害，泰谓所亲曰："吾观古今多矣，未有受遗顾托，而嗣君见杀，贤王婴戮者也。"

元嘉二年，表贺元正，并陈旱灾，曰：

元正改律，品物惟新。陛下藉日新以畜德，仰乾元以履祚，吉祥集室，百福来庭。顷旱魃为虐，亢阳愆度，通川燥流，异井同竭。老弱不堪远汲，贫寡单于负水。租输既重，赋税无降，百姓怨咨。臣年过七十，未见此旱。阴阳并隔，则和气不交，岂惟凶荒，必生疾疫，其为忧虞，不可备序。

雩荣之典，以诚会事，巫祝常祈，罕能有感，上天之谴，不可不察。汉东海枉杀孝妇，亢旱三年，及祭其墓，澍雨立降，岁以有年。是以卫人伐邢，师兴而雨。伏原陛下式遵远猷，思隆高构，推忠恕之爱，矜冤枉之狱，游心下民之瘼，厝思幽冥之纪。令谤木竖阙，谏鼓鸣朝，察刍牧之言，总统御之要。如此，则苞桑可系，危几无兆。斯而灾害不消，未之有也。故夏禹引百姓之罪，殷汤甘万方之过，太戊资桑谷以进德，宋景藉荧惑以修善。斯皆因败以转成,往事之昭晰也。循末俗者难为风,就正路者易为雅。臣疾患日笃,夕不谋朝,会及岁庆,得一闻达,微诚少亮,无恨泉壤,永违圣颜,拜表悲咽。

遂轻舟游东阳,任心行止,不关朝廷。有司劾奏之,太祖不问也。

时太祖虽当阳亲览,而羡之等犹秉重权,复上表曰:"伏承庐陵王已复封爵,犹未加赠。陛下孝慈天至,友于过隆,伏揆圣心,已自有在。但司契以不唱为高,冕旒以因寄成用。臣虽言不足采,诚不亮时,但猥蒙先朝忘丑之眷,复沾庐陵矜顾之末,息晏委质,有兼常款,契阔戎阵,颠狈艰危,厚德无报,授令路绝,此老臣兼不能自已者也。朽谢越扃,无所逃刑。"泰诸子禁之,表竟不奏。

三年,羡之等伏诛,进位侍中、左光禄大夫、国子祭酒,领江夏王师,特进如故。上以泰先朝旧臣,恩礼甚重,以有脚疾,起居艰难,宴见之日,特听乘舆到坐。累陈时事,上每优容之。其年秋,旱蝗,又上表曰:

陛下昧旦丕显,求民之瘼,明断庶狱,无倦政事,理出群心,泽谣民口,百姓翕然,皆自以为遇其时也。灾变虽小,要有以致之。守宰之失,臣所不能究,上天之谴,臣所不敢诬。有蝗之处,县官多课民捕之,无益于枯苗,有伤于杀害。臣闻桑谷时亡,无假斤斧,楚昭仁爱,不萦自瘳,卓茂去无知之虫,宋均囚有异之虎,蝗生有由,非所宜杀。石不能言,星不自陨,《春秋》之旨,所宜详察。

礼,妇人有三从之义,而无自专之道。《周书》,父子兄弟,罪不相及,女人被宥,由来尚矣。谢晦妇女,犹在尚方,始贵后贱,物情之所甚苦,匹妇一至,亦能有所感激。臣于谢氏,不容有情,蒙国重恩,寝处思报,伏度圣心,已当有在。

礼,春夏教诗,无一而阙也。臣近侍坐,闻立学当在入年。陛下经略粗建,意存民食,入年则农功兴,农功兴则田里辟,入秋治庠序,入冬集远生,二涂并行,事不相害。夫事多以淹稽为戒,不远为患,任臣学官,竟无微绩,徒坠天施,无情自处。臣之区区，不望目睹盛化，窃慕子囊城郢之心，庶免荀偃不瞑之恨。

臣比陈愚见，便是都无可采，徒烦天听，愧怍反侧。

书奏，上乃原谢晦妇女。

时司徒王弘辅政，泰谓弘曰："天下务广，而权要难居，卿兄弟盛满，当深存降挹。彭城王，帝之次弟，宜征还入朝，共参朝政。"弘纳其言。时旱灾未已，加以疾疫。泰又上表曰：

　　顷亢旱历时，疾疫未已，方之常灾，实为过差，古以为王泽不流之征。陛下昧旦临朝，无懈治道，躬自菲薄，劳心民庶，以理而言，不应致此。意以为上天之于贤君，正自殷勤无已。陛下同规禹、汤引百姓之过，言动于心，道敷自远。桑谷生朝而殒，荧惑犯心而退，非唯消灾弭患，乃所以大启圣明，灵雨立降，百姓改瞻，应感之来，有同影响。陛下近当仰推天意，俯察人谋，升平之化，尚存旧典，顾思与不思，行与不行耳。大宋虽揖让受终，未积有虞之道，先帝登遐之日，便是道消之初。至乃嗣主被杀，哲藩婴祸，九服徘徊，有心丧气，佐命托孤之臣，俄为戎首。天下荡荡，王道已沦，自非神英，拨乱反正，则宗社非复宋有。革命之与随时，其义尤大。是以古今异用，循方必壅，大道隐于小成，欲速或未必达。深根固蒂之术，未洽于愚心，是用猖狂妄作而不能缄默者也。臣既顽且鄙，不达治宜，加之以笃疾，重之以惛耄，言或非言，而复不能无言。陛下录其一毫之诚，则臣不知厝身之所。

泰博览篇籍，好为文章，爱奖后生，孜孜无倦。撰《古今善言》二十四篇及文集传于世。暮年事佛甚精，于宅西立祇洹精舍。五年，卒，时年七十四。追赠车骑将军，侍中、特进、王师如故。谥曰宣侯。

长子昂，早卒。次子皓，宜都太守。次晏，侍中、光禄大夫。次晔，太子詹事，谋反伏诛，自有传。少子广渊，善属文，世祖抚军谘议参军，领记室，坐晔事从诛。

王准之字元曾，琅邪临沂人。高祖彬，尚书仆射。曾祖彪之，尚书令。祖临之，父纳之，并御史中丞。彪之博闻多识，练悉朝仪，自是家世相传，并谙江左旧事，缄之青箱，世人谓之“王氏青箱学”。

准之兼明《礼》《传》，赡于文辞。起家为本国右常侍，桓玄大将军行参军。玄篡位，以为尚书祠部郎。义熙初，又为尚书中兵郎，迁参高祖车骑、中军军事，丹阳丞，中军、太尉主簿，出为山阴令，有能名。预讨卢循功，封都亭侯。又为高祖镇西、平北、太尉参军，尚书左丞，本郡大中正。宋台建，除御史中丞，为僚友所惮。准之父纳之、祖临之、曾祖彪之至准之，四世居此职。准之尝作五言，范泰嘲之曰：“卿唯解弹事耳。”准之正色答：“犹差卿世载雄狐。”坐世子右卫率谢灵运杀人不举，免官。

高祖受命，拜黄门侍郎。永初二年，奏曰：“郑玄注《礼》，三年之丧，二十七月而吉，古今学者多谓得礼之宜。晋初用王肃议，祥禫共月，故二十五月而除，遂以为制。江左以来，唯晋朝施用，缙绅之士，多遵玄义。夫先王制礼，以大顺群心。丧也宁戚，著自前训。今大宋开泰，品物遂理。愚谓宜同即物情，以玄义为制，朝野一礼，则家无殊俗。”从之。

迁司徒左长史，出为始兴太守。元嘉二年，为江夏王义恭抚军长史、历阳太守，行州府之任，绥怀得理，军民便之。寻入为侍中。明年，徙为都官尚书，改领吏部。性峭急，颇失缙绅之望。出为丹阳尹。准之究识旧仪，问无不对，时大将军彭城王义康录尚书事，每叹曰：“何须高论玄虚，正得如王准之两三人，天下便治矣。”然寡乏风素，不为时流所重。撰《仪注》，朝廷至今遵用之。十年，卒，时年五十六。追赠太常。

子兴之，征虏主簿。

王韶之休泰，琅邪临沂人也。曾祖廙，晋骠骑将军。祖羡之，镇军掾。父伟之，本国郎中令。

韶之家贫，父为乌程令，因居县境。好史籍，博涉多闻。初为卫将军谢琰行参军。伟之少有志尚，当世诏命表奏，辄自书写，泰元、隆安时事，小大悉撰录之。韶之因此私撰《晋安帝阳秋》，既成，时人谓宜居史职，即除著作佐郎，使续后事，讫义熙九年。善叙事，辞论可观，为后代佳史，迁尚书祠部郎。

晋帝自孝武以来，常居内殿，武官主书于中通呈，以省官一人管司诏诰，任在西省，因谓之西省郎。傅亮、羊徽相代领西省事，转中书侍郎。安帝之崩也，高祖使韶之与帝左右密加鸩毒。恭帝即位，迁黄门侍郎，领著作郎，西省如故。凡诸诏奏，皆其辞也。

高祖受禅，加骁骑将军，本郡中正，黄门如故。西省职解，复掌宋书。有司奏东冶士朱道民禽三叛士，依例放遣，韶之启曰："尚书金部奏事如右，斯诚检忘一时权制，惧非经国弘本之令典。臣寻旧制，以罪补士，凡有十余条，虽同异不紊，而轻重实殊。至于诈列父母死，诬罔父母淫乱，破义反逆，此四条，实穷乱抵逆，人理必尽，虽复殊刑过制，犹不足以塞莫大之罪。既获全首领，大造已隆，宁可复遂拔徒隶，缓带当年，自同编户，列齿齐民乎。臣惧此制永行，所亏实大。方今圣化惟新，崇本弃末，一切之令，宜加详改。愚谓此四条不合加赎罪之恩。"侍中褚淡之同韶之三条，却宜仍旧。诏可。又驳员外散骑侍郎王寔之请假事曰："伏寻旧制，群臣家有情事，听并急六十日。太元中改制，年赐假百日。又居在千里外，听并请来年限，合为二百日。此盖一时之令，非经通之旨。会稽虽涂盈千里，未足为难，百日归休，于事自足。若私理不同，便应自表陈解，岂宜名班朝列，而久淹私门。臣等参议，谓不合开许。或家在河、洛及岭、沔、汉者，道阻且长，犹宜别有条品，请付尚书详为其制。"从之。坐玺封谬误，免黄门，事在《谢晦传》。

韶之为晋史，序王珣货殖，王廞作乱。珣子弘，廞子华，并贵显，韶之惧为所陷，深结徐羡之、傅亮等。少帝即位，迁侍中，骁骑如故。景平之年，出为吴兴太守。羡之被诛，王弘入为相，领扬州刺史。弘虽与韶之不绝，诸弟未相识者，皆不复往来。韶之在郡，常虑为弘所绳，夙夜勤厉，政绩甚美，弘亦抑其私憾，太祖两嘉之。在任积年，称为良守，加秩中二千石。十年，征为祠部尚书，加给事中。坐去郡长取送故，免官。十二年，又出为吴兴太守。其年，卒，时年五十六。七庙歌辞，韶之制也。文集行于世。

子晔，尚书驾部、外兵郎，临贺太守。

荀伯子，颍川颍阴人也。祖羡，骠骑将军。父猗，秘书郎。

伯子少好学，博览经传，而通率好为杂戏，遨游闾里，故以此失清涂。解褐为驸马都尉，奉朝请，员外散骑侍郎。著作郎徐度重其才学，举伯子及王韶之并为佐郎，助撰晋史及著桓玄等传。迁尚书祠部郎。

义熙九年，上表曰："臣闻咎繇亡后，臧文以为深叹；伯氏夺邑，管仲所以称仁。功高可百世不泯，滥赏无崇朝宜许。故太傅钜平侯祜，明德通贤，宗臣莫二，勋参佐命，功成平吴，而后嗣阙然，烝尝莫寄。汉以萧何元功，故绝世辄绍。愚谓钜平之封，宜同酂国。故太尉广陵公陈准，党翼孙秀，祸加淮南，窃飨大国，因罪为利。值西朝政刑失裁，中兴复同而不夺。今王道惟新，岂可不大判臧否，谓广陵之国，宜在削除。故太保卫瓘，本爵菑阳县公，既被横祸，及进第秩，始赠兰陵，又转江夏。中朝公辅，多非理终，瓘功德不殊，亦无缘独受偏赏，宜复本封，以正国章。"诏付门下。前散骑常侍江夏公卫玙上表自陈曰："臣乃祖故太保瓘，于魏咸熙之中，太祖文皇帝为元辅之日，封菑阳侯，大晋受禅，进爵为公，历位太保，总录朝政。于时贾庶人及诸王用事，忌瓘忠节，故楚王玮矫诏致祸。前朝以瓘秉心忠正，加以伐蜀之勋，故追封兰陵郡公。永嘉之中，东海王越食兰陵，换封江夏，户邑如旧。臣高祖散骑侍郎璪之嫡孙，纂承封爵。中宗元皇帝以曾祖故右卫将军崇承袭，逮于臣身。伏闻祠部郎荀伯子表，欲贬降复封菑阳。夫赵氏之忠，宠延累叶，汉祖开封，誓以山河。伏愿陛下录既往之勋，垂罔极之施，乞出臣表，付外参详。"颍川陈茂先亦上表曰："祠部郎荀伯子表臣七世祖太尉准，祸加淮南，不应滥赏。寻先臣以剪除贾谧，封海陵公，事在淮南遇祸之前。后广陵虽在扰攘之际，臣祖乃始蒙殊遇，历位元、凯。后被远外，乃作平州，而犹不至除国，良以先勋深重，百世不泯故也。圣明御世，英辅系兴，曾无疑议，以为滥赏。臣以微弱，未齿人伦，加始勉视息，封爵兼嗣。伏愿陛下远录旧勋，特垂矜察。"诏皆付门下，并不施行。

伯子为世子征虏功曹，国子博士。妻弟谢晦荐达之，入为尚书左丞，出补临川内史。车骑将军王弘称之曰："沉重不华，有平阳侯之风。"伯子常自矜荫籍之美，谓弘曰："天下膏粱，唯使君与下官耳。宣明之徒，不足数也。"迁散骑常侍，本邑大中正。又上表曰："伏见百官位次，陈留王在零陵王上，臣愚窃以为疑。昔武王克殷，封神农之后于焦，黄帝之后于祝，帝尧之后于蓟，帝舜之后于陈，夏后于杞，殷后于宋。杞、陈并为列国，而蓟、祝、焦无闻焉。斯则褒崇所承，优于远代之显验也。是以《春秋》次序诸侯，宋居杞、陈之上。考之近世，事亦有征。晋太始九年，诏赐山阳公刘康子弟一人爵关内侯，卫公姬署、宋侯孔绍子一人驸马都尉。又太始三年，太常上博士刘憙等议，称卫公署于大晋在三恪之数，应降称侯。臣以零陵王位宜在陈留之上。"从之。

迁太子仆，御史中丞。莅职勤恪，有匪躬之称，立朝正色，外内惮之。凡所奏劾，莫不深相谤毁，或延及祖祢，示其切直，又颇杂嘲戏，故世人以此非之。出补司徒左长史，东阳太守。元嘉十五年，卒官，时年六十一。文集传于世。

子赤松，为尚书左丞，以徐湛之党，为元凶所杀。

伯子族弟昶，字茂祖，与伯子绝服五世。元嘉初，以文义至中书郎。昶子万秋，字元宝，亦用才学自显。世祖初，为晋陵太守，坐于郡立华林阁，置主书、主衣，下狱免。前废帝末，为御史中丞，卒官。

史臣曰：夫令问令望，诗人所以作咏；有礼有法，前谟以之垂美。荀、范、二王，虽以学义自显，而在朝之誉不弘，盖由才有余而智未足也。惜矣哉！

宋书卷六一
列传第二一

武三王

庐陵孝献王义真 江夏文献王义恭 衡阳文王义季

武帝七男:张夫人生少帝,孙修华生庐陵孝献王义真,胡婕妤生文皇帝,王修容生彭城王义康,垣美人生江夏文献王义恭,孙美人生南郡王义宣,吕美人生衡阳文王义季。义宣别有传。

□□孝献王义真,美仪貌,神情秀彻。初封桂阳县公,食邑千户。年十二,从北征大军进长安,留守柏谷坞,除员外散骑常侍,不拜。及关中平定,高祖议欲东还,而诸将行役既久,咸有归愿,止留偏将,不足镇固人心,乃以义真行都督雍凉秦三州之河东平阳河北三郡诸军事、安西将军、领护西戎校尉、雍州刺史。太尉谘议参军京兆王脩为长史,委以关中之任。高祖将还,三秦父老诣门流涕诉曰:“残民不沾王化,于今百年矣。始睹衣冠,方仰圣泽。长安十陵,是公家坟墓,咸阳宫殿数千间,是公家屋宅,舍此欲何之?”高祖为之悯然,慰譬曰:“受命朝廷,不得擅留。感诸君恋本之意,今留第二儿,令文武贤才共镇此境。”临还,自执义真手以授王脩,令脩执其子孝孙手以授高祖。义真寻除正,加节,又进督并、东秦二州、司州之东安定、新平二郡诸军事,领东秦州刺史。时陇上流人,多在关中，望因大威，复得归本。及置东秦州，父老知无复经略陇右、固关中之意，咸共叹息。而佛佛虏寇逼交至。

沈田子既杀王镇恶，王脩又杀田子。义真年少，赐与左右不节，脩常裁减之，左右并怨，因是白义真曰："镇恶欲反，故田子杀之。脩今杀田子，是又欲反也。"义真乃使左右刘乞等杀脩。脩字叔治，京兆灞城人也。初南渡，见桓玄，玄知之，谓曰："君平世吏部郎才。"脩既死，人情离骇，无相统一。高祖遣将军朱龄石替义真镇关中，使义真轻兵疾归。诸将竟敛财货，多载子女，方轨徐行。虏追骑且至，建威将军傅弘之曰："公处分亟进，恐虏追击人也。今多将辎重，一日行不过十里，虏骑追至，何以待之？宜弃车轻行，乃可以免。"不从。贼追兵果至，骑数万匹。辅国将军蒯恩断后不能禁，至青泥，后军大败，诸将及府功曹王赐悉被俘虏。义真在前，故得与数百人奔散，日暮，虏不复穷追。义真与左右相失，独逃草中。中兵参军段宏单骑追寻，缘道叫唤，义真识其声，出就之，曰："君非段中兵邪？身在此。"宏大喜，负之而归。义真谓宏曰："今日之事，诚无算略。然丈夫不经此，何以知艰难。"初，高祖闻青泥败，未得义真审问，有前至者访之，并云："暗夜奔败，无以知存亡。"高祖怒甚，克日北伐，谢晦谏，不从。及得宏启事，知义真已免，乃止。

义真寻都督司雍秦并凉五州诸军、建威将军、司州刺史，持节如故。以段宏为义真谘议参军，寻迁宋台黄门郎，领太子右卫率。宏，鲜卑人也，为慕容超尚书左仆射、徐州刺史，高祖伐广固，归降。太祖元嘉中，为征虏将军、青冀二州刺史。追赠左将军。时义真将镇洛阳，而河南萧条，未及修理，改除扬州刺史，镇石头。

永初元年，封庐陵王，食邑三千户，移镇东城。高祖始践阼，义真意色不悦，侍读学士蔡茂之问其故，义真曰："安不忘危，休泰何可恃。"明年，迁司徒。高祖不豫，以为使持节、侍中、都督南豫豫雍司秦并六州诸军事、车骑将军、开府仪同三司、南豫州刺史，出镇历阳。未之任，而高祖崩。

义真聪明，爱文义，而轻动无德业。与陈郡谢灵运、琅邪颜延之、慧琳道人并周旋异常，云得志之日，以灵运、延之为宰相，慧琳为西豫州都督。徐羡之等嫌义真与灵运、延之昵狎过甚，故使范晏从容戒之，义真曰："灵运空疏，延之隘薄，魏文帝云鲜能以名节自立者。但性情所得，未能忘言于悟赏，故与之游耳。"将之镇，列部伍于东府前，既有国哀，义真所乘舫单素，不及母孙修仪所乘者。义真与灵运、延之、慧琳等共视部伍，因宴舫内，使左右剔母舫函道以施己舫，而取其胜者。及至历阳，多所求索，羡之等每裁量不尽与，深怨执政，表求还都。而少帝失德，羡之等密谋废立，则次第应在义真，以义真轻讠少，不任主社稷，因其与少帝不协，乃奏废之，曰：

臣闻二叔不咸，难结隆周，淮南悖纵，祸兴盛汉，莫不义以断恩，情为法屈。二代之事，殷鉴无远，仁厚之主，行之不疑。故共叔不断，几倾郑国，刘英容养，衅广难深。前事之不忘，后王之成鉴也。

案车骑将军义真，凶忍之性，爰自稚弱，咸阳之酷，丑声远播。先朝犹以年在纨绮，冀能改厉，天属之爱，想闻革心。自圣体不豫，以及大渐，臣庶忧惶，内外屏气。而纵博酣酒，日夜无辍，肆口纵言，多行无礼。先帝贻阙之谋，图虑经固，亲敕陛下，面诏臣等，若遂不悛，必加放黜，至言苦厉，犹在纸翰。而自兹迄今，日月增甚，至乃委弃藩屏，志还京邑，潜怀异图，希幸非冀，转聚甲卒，征召车马。陵坟未干，情事犹昨，遂蔑弃遗旨，显违成规，整棹浮舟，以示归志，肆心专己，无复咨承。圣恩低徊，深垂隐忍，屡遣中使，苦相敦释。而亲对散骑侍郎邢安泰、广武将军茅仲思，纵其悖骂，讪主谤朝，此久播于远近，暴于人听。

臣闻原火不扑，蔓草难除，青青不伐，终致寻斧，况尤深患著，社稷虑切。请一遵晋朝武陵旧典，使顾怀之旨，不坠于武庙，全宥之德，获申于昵亲。仰寻感恸，临启悲咽。

乃废义真为庶人，徙新安郡。前吉阳令堂邑张约之上疏谏曰：

臣闻仁义之在天下，若中原之有菽，理感之被万物，故不系于贵贱。是以考叔反悔誓于及泉，壶关复冤魂于湖邑。当斯之时，岂无尊卿贤辅，或以事迫心违，或以道壅谋屈，何尝不愿闻善于舆隶，药石阿氏哉。臣虽草芥，备充黔首，少不量力，颇高殉义之风，谓蹈善于朝闻，愈徒生于白首。用敢干禁忘戮，披叙丹愚。

伏惟高祖武皇帝诞兹神武，抚运龙兴，仰清天步，则齐德有虞，俯廓九州，则侔功大夏，故虔顺天人，享有万国。虽灵祚修长，圣躬弗永，陛下继明绍统，遐迩一心，藩王哲茂，四维宁谧，倾耳康哉之咏，企踵升平之风。

窃念庐陵王少蒙先皇优慈之遇，长受陛下睦爱之恩。故在心必言，所怀必亮，容犯臣子之道，致招骄恣之愆。至于天姿夙成，实有卓然之美，宜在容养，录善奄瑕，训尽义方，进退以渐。今猥加剥辱，幽徙远郡，上伤陛下棠棣之笃，下令远近恇然失图，士庶杜口，人为身计。臣伏思大宋之兴，虽协应符纬，而开基造次，根条未繁，宜广树藩戚，敦睦以道，使兄弟之美，比辉鲁、卫，龟策告同，胙均七百，岂不善哉！陛下富于春秋，虑未重复，忽安危之远算，肆不忍于一朝。特愿留神九思，重加询采，上考前代兴亡之由，中存武皇缔构之业，下顾苍生颙颙之望，时开曲宥，反王都邑。选保傅于旧老，求四友于髦俊，引诱情性，导达聪明。凡人在苦，皆能自厉，况王质朗心聪，易加训范。且中贤之人，未能无过，过贵自改，罪愿自新。以武皇之爱子，陛下之懿弟，岂可以其一眚，长致沦弃哉。谨昧死诣阙，伏地以闻，惟愿丹诚，一经天听，退就斧镬，无愧地下矣。

书奏，以约之为梁州府参军，寻又见杀。

景平二年六月癸未，羡之等遣使杀义真于徙所，时年十八。

元嘉元年八月，诏曰："前庐陵王灵柩在远，国封堕替，感惟拱恸，情若贯割。王体自至极，地戚属尊，岂可令情礼永沦，终始无寄。可追复先封，特遣奉迎，并孙修华、谢妃一时俱还。言增摧哽。"三年正月，诛徐羡之、傅亮等。是日诏曰："故庐陵王含章履正，英哲自然，道心内昭，徽风遐被。遭时多难，志匡权逼，天未悰祸，运钟屯险，群凶肆丑，专窃国柄，祸心潜拘，衅生不图。朕每永念仇耻，含痛内结，遵养奸慝，情礼未申。今王道既李，政刑始判，宣昭国旨，于是乎在。可追崇□□大将军、王如故。为慰冤魂，少申悲愤。"又诏曰："乃者权臣陵纵，兆乱基祸，故吉阳令张约之抗疏矢言，至诚慷慨，遂事屈群丑，殒命遐疆，志节不申，感焉兼至。昔关老奏书，见纪汉策，阎纂献规，荷荣晋代。考其忠概，参迹前踪，宜加旌显，式扬义烈。可赠以一郡，赐钱十万，布百匹。

义真无子，太祖以第五子绍字休胤为嗣。元嘉九年，袭封庐陵王。少而宽雅，太祖甚爱之。二十年，出为南中郎将、江州刺史。时年十二。二十二年，入朝，加棨戟，进都督江州、豫州之西阳、晋熙、新蔡三郡诸军事。在任七年，改授左将军、南徐州刺史，给鼓吹一部。未之镇，仍迁扬州刺史，将军如故。索虏至瓜步，绍从太子镇石头。二十九年，疾患解职。其年，薨，时年二十一。遗令敛以时服，素棺周身，太祖从之。追赠散骑常侍、镇军将军、开府仪同三司，刺史如故。

无子，南平王铄第三子敬先为嗣。本名敬秀，既出继而绍妃褚秀之孙女，故改焉。景和二年，为前废帝所害。追赠中书侍郎，谥曰恭王。无子，太宗泰始元年，以世祖第二十一子晋熙王子舆字孝文为绍嗣，封庐陵王。为辅国将军、南高平临淮二郡太守，并未拜，为太宗所杀。三年，更以桂阳王休范第二子德嗣绍。为建威将军、淮陵南彭城二郡太守。后废帝元徽二年，与休范俱伏诛。国复绝。三年，复以临澧忠侯袭第三子皓字渊华继绍，为给事中。顺帝升明元年，死，谥曰元王。又无子，国除。

江夏文献王义恭，幼而明颖，姿颜美丽，高祖特所钟爱，诸子莫及也。饮食寝卧，常不离于侧。高祖为性俭约，诸子食不过五盏盘，而义恭爱宠异常，求须果食，日中无算，得未尝啖，悉以乞与傍人。庐陵诸王未尝敢求，求亦不得。

景平二年，监南豫豫司雍秦并州诸军事、冠军将军、南豫州刺史，代庐陵王义真镇历阳，时年十二。元嘉元年，封江夏王，食邑五千户。加使持节，进号抚军将军，给鼓吹一部。三年，监南徐兖二州扬州之晋陵诸军事、徐州刺史，持节、将军如故。进监为都督。未之任。太祖征谢晦，义恭还镇京口。六年，改授散骑常侍、都督荆湘雍益梁宁南北秦八州诸军事、荆州刺史，持节、将军如故。

义恭涉猎文义，而骄奢不节。既出镇，太祖与书诫之曰：

汝以弱冠，便亲方任。天下艰难，家国事重，虽曰守成，实亦未易。隆替安危，在吾曹耳，岂可不感寻王业，大惧负荷。今既分张，言集未日，无由复得动相规诲，宜深自砥砺，思而后行。开布诚心，厝怀平当，亲礼国士，友接佳流，识别贤愚，鉴察邪正，然后能尽君子之心，收小人之力。

汝神意爽悟，有日新之美，而进德修业，未有可称，吾所以恨之而不能已已者也。汝性褊急，袁太妃亦说如此。性之所滞，其欲必行，意所不在，从物回改，此最弊事。宜应慨然立志，念自裁抑。何至丈夫方欲赞世成名而无断者哉。今粗疏十数事，汝别时可省也。远大者岂可具言，细碎复非笔可尽。

礼贤下士，圣人垂训；骄侈矜尚，先哲所去。豁达大度，汉祖之德；猜忌褊急，魏武之累。《汉书》称卫青云："大将军遇士大夫以礼，与小人有恩。"西门、安于，矫性齐美；关羽、张飞，任偏同弊。行己举事，深宜鉴此。

若事异今日，嗣子幼蒙，司徒便当周公之事，汝不可不尽祗顺之理。苟有所怀，密自书陈。若形迹之间，深宜慎护。至于尔时安危，天下决汝二人耳，勿忘吾言。

今既进袁太妃供给，计足充诸用，此外一不须复有求取，近亦具白此意。唯脱应大饷致，而当时遇有所乏，汝自可少多供奉耳。汝一月日自用不可过三十万，若能省此，益美。

西楚殷旷，常宜早起，接对宾侣，勿使留滞。判急务讫，然后可入问讯，既睹颜色，审起居，便应即出，不须久停，以废庶事也。下日及夜，自有余闲。

府舍住止，园池堂观，略所谙究，计当无须改作。司徒亦云尔。若脱于左右之宜，须小小回易，当以始至一治为限，不烦纷纭，日求新异。

凡讯狱多决，当时难可逆虑，此实为难，汝复不习，殊当未有次第。讯前一二日，取讯簿密与刘湛辈共详，大不同也。至讯日，虚怀博尽，慎无以喜怒加人。能择善者而从之，美自归己。不可专意自决，以矜独断之明也。万一如此，必有大吝，非唯讯狱，君子用心，自不应尔。刑狱不可拥滞，一月可再讯。

凡事皆应慎密，亦宜豫敕左右，人有至诚，所陈不可漏泄，以负忠信之款也。古人言："君不密则失臣，臣不密则失身。"或相谗构，勿轻信受，每有此事，当善察之。

名器深宜慎惜，不可妄以假人。昵近爵赐，尤应裁量。吾于左右虽为少恩，如闻外论，不以为非也。

以贵陵物物不服，以威加人人不厌。此易达事耳。

声乐嬉游，不宜令过，捕渔猎，一切勿为。供用奉身，皆有节度，奇服异器，不宜兴长。汝嫔侍左右，已有数人，既始至西，未可匆匆复有所纳。

又诫之曰："宜数引见佐史，非唯臣主自应相见，不数则彼我不亲，不亲则无因得尽人，人不尽，复何由知其众事。广引视听，既益开博，于言事者，又差有地也。"

九年，征为都督南兖徐兖青冀幽六州豫州之梁郡诸军事、征北将军、开府仪同三司、南兖州刺史，镇广陵。时诏内外百官举才，义恭上表曰：

臣闻云和备乐，则繁会克谐，骅骝骖服，则致远斯效。陛下顺简贪化，文明在躬，玉衡既正，泰阶载一，而犹发虑英髦，人情仄陋，幽谷空同，显著扬历。是以潜虬耸鳞，伫利见之期；翔凤弭翼，应来仪之感。

窃见南阳宗炳，操履闲远，思业贞纯，砥节丘园，息宾盛世，贫约而苦，内无改情，轩冕屡招，确尔不拔。若以蒲帛之聘，感以大伦之美，庶投竿释褐，翻然来仪，必能毗燮九官，宣赞百揆。尚书金部郎臣徐森之，臣府中直兵参军事臣王天宝，并局力允济，忠谅款诚。往年逆臣叛逸，华阳失守，森之全境宁民，绩章危棘。前者经略伊、瀍，元戎丧旅，天宝北勤河朔，东据营丘，勋勇既昭，心事兼竭。虽蒙褒叙，未尽才宜，并可授以边藩，展其志力。交址辽邈，累丧藩将，政刑每阙，抚莅惟艰。南中夐远，风谣迥隔，蛮獠狡窃，边氓荼炭，实须练实，以绥其难。谓森之可交州刺史，天宝可宁州刺史，庶足威怀荒表，肃清遐服。昔魏戊之贤，功存荐士，赵武之明，事彰管库。臣识愧前良，理谢先哲，率举所知，仰酬采访，退惧瞽言，无足甄奖。

十六年，进位司空。明年，大将军彭城王义康有罪出藩，征义恭为侍中、都督扬南徐兖三州诸军事、司徒、录尚书，领太子太傅，持节如故，给班剑二十人，置仗加兵。明年，解督南兖。二十一年，进太尉，领司徒，余如故。义恭既小心恭慎，且戒义康之失，虽为总录，奉行文书而已，故太祖安之。相府年给钱二千万，它物倍此，而义恭性奢，用常不足，太祖又别给钱年千万。二十年，领国子祭酒。时有献五百里马者，以赐义恭。

二十七年春，索虏寇豫州，太祖因此欲开定河、洛。其秋，以义恭总统群帅，出镇彭城，解国子祭酒。虏遂深入，径至瓜步，义恭与世祖闭彭城自守。二十八年春，虏退走，自彭城北过，义恭震惧不敢追。其日，民有告："虏驱广陵民万余口，夕应宿安王陂，去城数十里。今追之，可悉得。"诸将并请，义恭又禁不许。经宿，太祖遣驿至，使悉力急追。义恭乃遣镇军司马檀和之向萧城。虏先已闻知，乃尽杀所驱广陵民，轻骑引去。初，虏深入，上虑义恭不能固彭城，备加诫勒，义恭答曰："臣未能临瀚海，济居延，庶免刘仲奔逃之耻。"及虏至，义恭果走，赖众议得停，事在《张畅传》。降义恭号骠骑将军、开府仪同三司，余悉如故。鲁郡孔子旧庭有柏树二十四株，经历汉、晋，其大连抱。有二株先折倒，士人崇敬，莫之敢犯，义恭悉遣人伐取，父老莫不叹息。又以本官领南兖州刺史，增督南兖、豫、徐、兖、青、冀、司、雍、秦、幽、并十一州诸军事，并前十三州，移镇盱眙。修治馆宇，拟制东城。

二十九年冬，还朝，上以御所乘苍鹰船上迎之。遭太妃忧，改授大将军、都督扬南徐二州诸军事、南徐州刺史，持节、侍中、录尚书、太子太傅如故，还镇东府，辞侍中。未拜，值元凶肆逆。其日，劭召义恭。先是，诏召太子及诸王各有常人，虑有诈妄致害者。至是，义恭求常所遣传诏，劭遣之而后入。义恭请罢兵，凡府内兵仗，并送还台。进位太保，进督会州诸军事，服侍中服，又领大宗师。

世祖入讨，劭疑义恭有异志，使入住尚书下省，分诸子并住神虎门外侍中下省。劭闻世祖已次近路，欲悉力逆之，决战中道。义恭虑世祖船乘陋小，劭豕突中流，容能为患，乃进说曰："割弃南岸，栅断石头，此先朝旧法，以逸待劳，不忧不破也。"劭从之。世祖前锋至新亭，劭挟义恭出战，恒录在左右，故不能自拔。战败，使义恭于东堂简将。义恭先使人具船于东冶渚，因单马南奔。始济淮，追骑已至北岸，仅然得免。劭大怒，遣始兴王浚就西省杀义恭十二子。

世祖时在新林浦，义恭既至，上表劝世祖即位，曰："臣闻治乱无兆，倚伏相因，乾灵降祸，二凶极逆，深酷巨痛，终古未有。陛下忠孝自天，赫然电发，投袂泣血，四海顺轨，是以诸侯云赴，数均八百，义奋之旅，其会如林。神祚明德，有所底止，而冲居或跃，未登天祚，非所以严重宗社，绍延七百。昔张武抗辞，代王顺请；耿纯陈款，光武正位。况今罪逆无亲，恶盈衅满，阻兵安忍，戮善崇奸，履地戴天，毕命俄顷，宜早定尊号，以固社稷。景平之季，实惟乐推，王室之乱，天命有在，故抱拜兆于压璧，赤龙表于霄征。伏惟大明无私，远存家国七庙之灵，近哀黔首荼炭之切，时陟帝祚，永慰群心。臣负衅婴罚，偷生人壤，幸及宽政，待罪有司，敢以漏刻视息，披露肝胆。"世祖即祚，授使持节、侍中、都督扬南徐二州诸军事、太尉、录尚书六条事、南徐徐二州刺史，给鼓吹一部，班剑二十人，又假黄钺。事宁，进位太傅，领大司马，增班剑为三十人，以在藩所服玉环大绶赐之，增封二千户。

上不欲致礼太傅，讽有司奏曰："圣旨谦光，尊师重道，欲致拜太傅，斯诚弘兹远风，敦阐盛则。然周之师保，实称三吏，晋因于魏，特加其礼。帝道严极，既有常尊，考之史载，未见兹典。故卞壶、孙楚并谓人君无降尊之义。远稽圣典，近即群心，臣等参议谓不应有加拜之礼。"诏曰："暗薄纂统，实凭师范，思尽虔恭，以承道训。所奏稽诸往代，谓无拜礼，据文既明，便从所执。"世祖立太子，东宫文案，使先经义恭。

孝建元年，南郡王义宣、臧质、鲁爽等反，加黄钺，白直百人入六门。事平，以臧质七百里马赐义恭，又增封二千户。世祖以义宣乱逆，由于强盛，至是欲削弱王侯。义恭希旨，乃上表省录尚书，曰："臣闻天地设位，三极同序，皇王化则，九官咸事。时亮之绩，昭于《虞典》，论道之风，宣于周载。台辅之设，坐调阴阳，元、凯之置，起厘百揆。所以栾针矢言，侵官是诫，陈平抗辞，匪职罔答。汉承秦后，庶僚稍改，爵因时变，任与世移。总录之制，本非旧体，列代相沿，兹仍未革。今皇家中造，事遵前文，宜宪章先代，证文古则，停省条录，以依昔典。使物竞思存，人怀勤壹，则名实靡愆，庸节必纪。臣谬典国重，虚荷崇位，兴替宜知，敢不输尽。"上从其议。

又与骠骑大将军竟陵王诞奏曰："臣闻佾悬有数，等级异仪，佩笏有制，卑高殊序。斯盖上哲之洪摹，范世之明训。而时至弥流，物无不弊，僭侈由俗，轨度非古。晋代东徙，旧法沦落，侯牧典章，稍与事广，名实一差，难以卒变，章服崇滥，多历年所。今枢机更造，皇风载新，耗弊未充，百用思约，宜备品式之律，以定损厌之条。臣等地居枝昵，位参台辅，遵正之首，请以爵先，致贬之端，宜从戚始。辄因暇日，共参愚怀，应加省易，谨陈九事。虽惧匪衷，庶竭微款。伏愿陛下听览之余，薄垂昭纳，则上下相安，表里和穆矣。"

诏付外详。有司奏曰：

车服以庸，《虞书》茂典；名器慎假，《春秋》明诫。是以尚方所制，汉有严律，诸侯窃服，虽亲必罪。降于顷世，下僭滋极。器服装饰，乐舞音容，通于王公，达于众庶。上下无辨，民志靡壹。

义恭所陈，实允礼度。九条之格，犹有未尽，谨共附益，凡二十四条。

听事不得南向坐，施帐并。藩国官，正冬不得跣登国殿，及夹侍国师传令及油戟。公主王妃传令，不得朱服。舆不得重榈。鄣扇不得雉尾。剑不得鹿卢形。槊毦不得孔雀白鹭。夹毂队不得绛袄。平乘诞马不得过二匹。胡伎不得彩衣。舞伎正冬著袿衣，不得装面。冬会不得铎舞、杯盘舞。长跻、透狭、舒剑、博山、缘大橦、升五案，自非正冬会奏舞曲，不得舞。诸妃主不得著绲带。信幡非台省官悉用绛。郡县内史、相及封内官长，于其封君，既非在三，罢官则不复追敬，不合称臣，宜止下官而已。诸镇常行，车前后不得过六队，白直夹毂，不在其限。刀不得过银铜为饰。诸王女封县主，诸王子孙袭封之王妃及封侯者夫人行，并不得卤簿。诸王子继体为王者，婚葬吉凶，悉依诸国公侯之礼，不得同皇弟皇子。车非轺车，不得油幢。平乘船皆下两头作露平形，不得拟象龙舟，悉不得朱油。帐钩不得作五花及竖笋形。

诏可。

是岁十一月，还镇京口。二年春，进督东南兖二州。其冬，征为扬州刺史，余如故。加入朝不趋，赞拜不名，剑履上殿，固辞殊礼。又解持节、都督并侍中。

义恭撰《要记》五卷，起前汉讫晋太元，表上之，诏付秘阁。时西阳王子尚有盛宠，义恭解扬州以避之，乃进位太宰，领司徒。义恭常虑为世祖所疑，及海陵王休茂于襄阳为乱，乃上表曰：

古先哲王，莫不广植周亲，以屏帝宇，诸侯受爵，亦愿永固邦家。至有管蔡、梁燕，致祸周、汉，上乖显授之思，下亡血食之业。夫善积庆深，宜享长久，而历代侯王，甚乎匹庶。岂异姓皆贤，宗室悉不贤。由生于深宫，不睹稼穑，左右近习，未值田苏，富贵骄奢，自往而至，聚毛折轴，遂乃危祸。汉之诸王，并置傅相，犹不得禁逆，七国连谋，实由强盛，晋氏列封，正足成永嘉之祸。尾大不掉，终古同疾，不有更张，则其源莫救。

日者庶人恃亲，殆倾王业。去岁西寇藉宠，几败皇基。不图襄楚，复生今衅，良以地胜兵勇，奖成凶恶。前事之不忘，后事之明兆。陛下大明绍祚，垂法万叶。臣年衰意塞，无所知解，忝皇族耆长，惭慨内深，思表管见，裨崇万一。窃谓诸王贵重，不应居边，至于华州优地，时可暂出。既以有州，不须置府。若位登三事，止乎长史、掾、属。若宜镇御，别差捍城大将。若情乐冲虚，不宜逼以戎事。若舍文好武，尤宜禁塞。僚佐文学，足充话言。游梁之徒，一皆勿许。文武从镇，以时休止，妻子室累，不烦自随。百僚修诣，宜遵晋令，悉须宣令齐到，备列宾主之则。衡泌之士，亦无烦干候贵王。器甲于私，为用盖寡，自金银装刀剑战具之服，皆应输送还本。曲突徙薪，防之有素，庶善者无惧，恶者止奸。

时世祖严暴，义恭虑不见容，乃卑辞曲意，尽礼祗奉，且便辩善附会，俯仰承接，皆有容仪。每有符瑞，辄献上赋颂，陈咏美德。大明元年，有三脊茅生石头西岸，累表劝封禅，上大悦。三年，省兵佐，加领中书监，以崇艺、昭武、永化三营合四百三十七户给府，更增吏僮千七百人，合为二千九百人。六年，解司徒府，太宰府依旧辟召。又年给三千匹布。

七年，从巡，兼尚书令，解中书监。八年闰月，又领太尉。其月，世祖崩，遗诏："义恭解尚书令，加中书监，柳元景领尚书令，入住城内。事无巨细，悉关二公。大事与沈庆之参决，若有军旅，可为总统。尚书中事委颜师伯，外监所统委王玄谟。"前废帝即位，诏曰："总录之典，著自前代。孝建始年，虽暂并省，而因革有宜，理存济务。朕茕独在躬，未涉政道，百揆庶务，允归尊德。太宰江夏王义恭新除中书监、太尉，地居宗重，受遗阿衡，实深凭倚，用康庶绩，可录尚书事，本官监、太宰、王如故。侍中、骠骑大将军、南兖州刺史、巴东郡开国公、新除尚书令元景，同禀顾誓，翼辅皇家，赞业宣风，繄公是赖，可即本号开府仪同三司，领兵置佐，一依旧准，领丹阳尹、侍中、领公如故。”又增义恭班剑为四十人,更申殊礼之命。固辞殊礼。

义恭性嗜不恒,日时移变,自始至终,屡迁第宅。与人游款,意好亦多不终。而奢侈无度,不爱财宝,左右亲幸者,一日乞与,或至一二百万,小有忤意,辄追夺之。大明时,资供丰厚,而用常不足,赊市百姓物,无钱可还,民有通辞求钱者,辄题后作“原”字。善骑马,解音律,游行或三五百里,世祖恣其所之。东至吴郡,登虎丘山,又登无锡县乌山以望太湖。大明中,撰国史,世祖自为义恭作传。及永光中,虽任宰辅,而承事近臣戴法兴等,常若不及。

前废帝狂悖无道,义恭、元景等谋欲废立。永光元年八月,废帝率羽林兵于第害之,并四子,时年五十三。断析义恭支体,分裂肠胃,挑取眼精,以蜜渍之,以为鬼目粽。

太宗定乱,令书曰:“故中书监、太宰、领太尉、录尚书事江夏王,道性渊深,睿鉴通远,树声列藩,宣风铉德,位隆姬辅,任属负图,勤劳国家,方熙托付之重,尽心毗导,永融雍穆之化。而凶丑忌威,奄加冤害,夷戮有暴,殡穸无闻,愤达幽明,痛贯朝野。朕蒙险在难,含哀莫申,幸赖宗祏之灵,克纂祈天之祚,仰惟勋戚,震恸于厥心。昔梁王征庸,警跸备礼,东平好善,黄屋在廷。况公德猷弘懋,彝典未殊者哉。可追崇使持节、侍中、都督中外诸军事、丞相、领太尉,中书监、录尚书事、王如故。给九旒鸾辂,虎贲班剑百人,前后部羽葆、鼓吹,辒辌车。”

泰始三年,又下诏曰:“皇基崇建,《屯》、《剥》维难,弘启熙载,底绩忠果,故从飨世祀,勒勋宗彝。世祖宁乱定业,实资翼亮。故使持节、侍中、都督中外诸军事、丞相、领太尉、中书监、录尚书事江夏文献王义恭,故使持节、侍中、都督南豫江豫三州军事、太尉、南豫州刺史巴东郡开国忠烈公元景,故侍中、司空始兴郡开国襄公庆之,故持节、征西将军、雍州刺史洮阳县开国肃侯悫,或体道冲玄,变化康世,或尽诚致效,庚难龛逆,宜式遵国典,陪祭庙庭。

义恭长子朗,字元明,出继少帝,封南丰县王,食邑千户。为湘州刺史、持节、侍中,领射声校尉。为元凶所杀。世祖即位,追赠前将军、江州刺史。孝建元年,以宗室祗长子歆继封。祗伏诛,歆还本。泰始三年,更以宗室韫第二子铣继封。为秘书郎,与韫俱死。顺帝升明二年,复以宗室琨子绩继封。三年,薨。会齐受禅,国除。

朗弟睿,字元秀,太子舍人。为元凶所害。追赠侍中,谥宣世子。大明二年,追封安隆王,以第四皇子子绥字宝孙继封,食邑二千户。追谥睿曰宣王。以子绥为都督郢州诸军事、冠军将军、郢州刺史,进号后军将军,加持节。太宗泰始元年,进号征南将军,改封江夏王,食邑五千户。改睿为江夏宣王。子绥未受命,与晋安王子勋同逆,赐死。七年,太宗以第八子跻字仲升继义恭为孙,封江夏王,食邑五千户。后废帝即位,督会稽东阳新安临海永嘉五郡诸军事、东中郎将、会稽太守,进号左将军。齐受禅,降为沙阳县公,食邑一千五百户。谋反,赐死。

睿弟韶,字元和,封新吴县侯,官至步兵校尉。追赠中书侍郎,谥曰烈侯。韶弟坦,字元度,平都怀侯。坦弟元谅,江安愍侯。元谅弟元粹,兴平悼侯。坦、元谅、元粹,并追赠散骑侍郎。元粹弟元仁、元方、元旒、元淑、元胤与朗等凡十二人,并为元凶所杀。

元胤弟伯禽,孝建三年生。义恭诸子既遇害,为朝廷所哀,至是世祖名之曰伯禽,以拟鲁公伯禽,周公旦之子也,官至辅国将军、湘州刺史。又为前废帝所杀,谥曰哀世子。又追赠江夏王,改谥曰愍。

伯禽弟仲容,封求修县侯。为宁朔将军、临淮济阳二郡太守。仲容弟叔子,封永阳县侯。叔子弟叔宝及仲容、叔子,并为前废帝所杀。谥仲容、叔子并曰殇侯。

衡阳文王义季,幼而夷简,无鄙近之累。太祖为荆州,高祖使随往江陵,由是特为太祖所爱。元嘉元年,封衡阳王,食邑五千户。五年,为征虏将军。八年,领石头戍事。九年,迁使持节、都督南徐州诸军事、右将军、南徐州刺史。

十六年,代临川王义庆都督荆湘雍益梁宁南北秦八州诸军事、安西将军、荆州刺史,持节如故,给鼓吹一部。先是,义庆在任,值巴蜀乱扰，师旅应接，府库空虚。义季躬行节俭，畜财省用，数年间，还复充实。队主续丰母老家贫，无以充养，遂断不食肉。义季哀其志，给丰母月白米二斛，钱一千，并制丰啖肉。义季素拙书，上听使余人书启事，唯自署名而已。二十年，加散骑常侍，进号征西大将军，领南蛮校尉。

义季素嗜酒，自彭城王义康废后，遂为长夜之饮，略少醒日。太祖累加诘责，义季引愆陈谢。上诏报之曰："谁能无过，改之为贵耳。此非唯伤事业，亦自损性命，世中比比，皆汝所谙。近长沙兄弟，皆缘此致故。将军苏徽，耽酒成疾，旦夕待尽，吾试禁断，并给药膳，至今能立。此自是可节之物，但嗜者不能立志裁割耳。晋元帝人主，尚能感王导之谏，终身不复饮酒。汝既有美尚，加以吾意殷勤，何至不能慨然深自勉厉，乃复须严相割裁，坐诸纭纭，然后少止者。幸可不至此，一门无此酣酒，汝于何得之？临书叹塞。"义季虽奉此旨，酣纵如初，遂以成疾。上又诏之曰："汝饮积食少，而素羸多风，常虑至此，今果委顿。纵不能以家国为怀，近不复顾性命之重，可叹可恨，岂复一条。本望能以理自厉，未欲相苦耳。今遣孙道胤就杨佛等令晨夕视汝，并进止汤食，可开怀虚受，慎勿隐避。吾饱尝见人断酒，无它慊吸，盖是当时甘嗜罔已之意耳。今者忧怛，政在性命，未暇及美业，复何为吾煎毒至此邪。"义季终不改，以至于终。

二十一年，为都督南兖徐青冀幽六州诸军事、征北大将军、开府仪同三司、南兖州刺史，持节、常侍如故。登舟之日，帷帐器服，诸应随刺史者，悉留之，荆楚以为美谈。二十二年，进督豫州之梁郡。迁徐州刺史，持节、常侍、都督如故。明年，索虏侵逼，北境扰动，义季惩义康祸难，不欲以功勤自业，无它经略，唯饮酒而已。太祖又诏之曰："杜骥、申恬，仓卒之际，尚以弱甲琐卒，徼寇作援。彼为元统，士马桓桓，既不怀奋发，连被意旨，犹复逡巡。岂唯大乖应赴之宜，实孤百姓之望。且匈奴轻汉，将自此而始。贼初起逸，未知指趋，故且装束，兼存观察耳。少日势渐可见，便应大有经略，何合安然，遂不敢动。遣军政欲乘际会，拯危急，以申威援，本无驱驰平原方幅争锋理。又山路易冯，何以畏首尾迴弱。若谓事理政应如此者，进大镇，聚甲兵，徒为烦耳。”

二十四年，义季病笃，上遣中书令徐湛之省疾，召还京师。未及发，薨于彭城，时年三十三。太尉江夏王义恭表解职迎丧，不许。上遣东海王祎北迎义季丧，追赠侍中、司空，持节、都督、刺史如故。

子恭王嶷，字子岐，嗣。中书侍郎，太子中庶子。世祖大明七年，薨，追赠冠军将军、豫州刺史。子伯道嗣，顺帝升明三年，薨。其年，齐受禅，国除。

史臣曰：戒惧乎其所不睹，恐畏乎其所不闻，在于慎所忽也。江夏王，高祖宠子，位居上相，大明之世，亲典冠朝。屈体降情，槃辟于轩槛之上，明其为卑约亦已至矣。得使虐朝暴主，顾无猜色，历载逾十，以尊戚自保。及在永光，幼主南面，公旦之重，属有所归。自谓践冰之虑已除，太山之安可恃，曾未云几，而磔体分肌。古人以隐微致戒，斯为笃矣。

宋书卷六二
列传第二二

羊欣 张敷 王微

羊欣字敬无，泰山南城人也。曾祖忱，晋徐州刺史。祖权，黄门郎。父不疑，桂阳太守。

欣少靖默，无竞于人，美言笑，善容止。泛览经籍，尤长隶书。不疑初为乌程令，欣时年十二，时王献之为吴兴太守，甚知爱之。献之尝夏月入县，欣著新绢裙昼寝，献之书裙数幅而去。欣本工书，因此弥善。起家辅国参军，府解还家。隆安中，朝迁渐乱，欣优游私门，不复进仕。会稽王世子元显每使欣书，常辞不奉命，元显怒，乃以为其后军府舍人。此职本用寒人，欣意貌恬然，不以高卑见色，论者称焉。欣尝诣领军将军谢混，混拂席改服，然后见之。时混族子灵运在坐，退告族兄瞻曰："望蔡见羊欣，遂易衣改席。"欣由此益知名。桓玄辅政，领平西将军，以欣为平西参军，仍转主簿，参预机要。欣欲自疏，时漏密事，玄觉其此意，愈重之，以为楚台殿中郎。谓曰："尚书政事之本，殿中礼乐所出。卿昔处股肱，方此为轻也。"欣拜职少日，称病自免，屏居里巷，十余年不出。

义熙中，弟徽被遇于高祖，高祖谓谘议参军郑鲜之曰："羊徽一时美器，世论犹在兄后，恨不识之。"即板欣补右将军刘藩司马，转长史，中军将军道怜谘议参军。出为新安太守，在郡四年，简惠著称。除临川王义庆辅国长史，庐陵王义真车骑谘议参军，并不就。太祖重之，以为新安太守，前后凡十三年，游玩山水，甚得适性。转在义兴，非其好也。顷之，又称病笃自免归。除中散大夫。

素好黄老，常手自书章，有病不服药，饮符水而已。兼善医术，撰药方十卷。欣以不堪拜伏，辞不朝觐，高祖、太祖并恨不识之。自非寻省近亲，不妄行诣，行必由城外，未尝入六关。元嘉九年，卒，时年七十三。子俊，早卒。

弟徽，字敬猷，世誉多欣。高祖镇京口，以为记室参军，掌事。八年，迁中书郎，直西省。后为太祖西中郎长史、河东太守。子瞻，元嘉末为世祖南中郎长史、寻阳太守，卒官。

张敷字景胤，吴郡人，吴兴太守邵子也。生而母没。年数岁，问母所在，家人告以死生之分，敷虽童蒙，便有思慕之色。年十许岁，求母遗物，而散施已尽，唯得一画扇，乃缄录之，每至感思，辄开笥流涕。见从母，常悲感哽咽。性整贵，风韵甚高，好读玄书，兼属文论。少有盛名。

高祖见而爱之，以为世子中军参军，数见接引。永初初，迁秘书郎。尝在省直，中书令傅亮贵宿权要，闻其好学，过候之，敷卧不即起，亮怪而去。

父邵为湘州，去官侍从。太祖版为西中郎参军。元嘉初，为员外散骑侍郎，秘书丞。江夏王义恭镇江陵，以为抚军功曹，转记室参军。时义恭就太祖求一学义沙门，此沙门求见发遣，会敷赴假还江陵，太祖谓沙门曰："张敷应西，当令相载。"及敷辞，上谓曰："抚军须一意怀道人，卿可以后艑载之，道中可得言晤。"敷不奉旨，曰："臣性不耐杂。"上甚不说。

迁正员郎。中书舍人狄当、周赳并管要务，以敷同省名家，欲诣之。赳曰："彼若不相容，便不如不往。讵可轻往邪？"当曰："吾等并已员外郎矣，何忧不得共坐。"敷先设二床，去壁三四尺，二客就席，酬接甚欢，既而呼左右曰："移我远客。"赳等失色而去。其自摽遇如此。善持音仪，尽详缓之致，与人别，执手曰："念相闻。"余响久之不绝。张氏后进至今慕之，其源流起自敷也。

迁黄门侍郎，始兴王浚后军长史，司徒左长史。未拜，父在吴兴亡，报以疾笃，敷往奔省，自发都至吴兴成服，凡十余日，始进水浆。葬毕不进盐菜，遂毁瘠成疾。世父茂度每止譬之，辄更感恸，绝而复续。茂度曰："我冀譬汝有益，但更甚耳。"自是不复往。未期而卒，时年四十一。琅邪颜延之书吊茂度曰："贤弟子少履贞规，长怀理要，清风素气，得之天然。言面以来，便申忘年之好，比虽艰隔成阻，而情问无睽。薄莫之人，冀其方见慰说，岂谓中年，奄为长往，闻问悼心，有兼恒痛。足下门教敦至，兼实家宝，一旦丧失，何可为怀。"其见重如此。世祖即位，诏曰："司徒故左长史张敷，贞心简立，幼树风规。居哀毁灭，孝道淳至，宜在追甄，于以报美。可追赠侍中。"于是改其所居称为孝张里。无子。

王微字景玄，琅邪临沂人，太保弘弟子也。父孺，光录大夫。

微少好学，无不通览，善属文，能书画，兼解音律、医方、阴阳术数。年十六，州举秀才，衡阳王义季右军参军，并不就。起家司徒祭酒，转主簿，始兴王浚后军功曹记室参军，太子中舍人，始兴王友。父忧去官。服阕，除南平王铄右军谘议参军。微素无官情，称疾不就。仍除中书侍郎，又拟南琅邪、义兴太守，并固辞。吏部尚书江湛举微为吏部郎，微与湛书曰：

弟心病乱度，非但蹇躄而已，此处朝野所共知。驺会忽扣荜门，闾里咸以为祥怪，君多识前世之载，天值何其易倾。弟受海内骇笑，不过如燕石秃鹜邪，未知君何以自解于良史邪。今虽王道鸿邕，或有激朗于天表，必欲探援潜宝，倾海求珠，自可卜肆巫祠之间，马栈牛口之下，赏剧孟于博徒，拔卜式于刍牧。亦有西戎孤臣，东都戒士，上穷范驰之御，下尽诡遇之能，兼鳞杂袭者，必不乏于世矣。且庐于承明，署乎金马，皆明察之官，又贤于管库之末。何为劫勒通家疾病人，尘秽难甚之选，将以靖国，不亦益嚣乎。《书》云"任官维贤才"。而君擢士先瘆废，芃芃棫朴，似不如此。且弟旷违兄姊，迄将十载，姊时归来，终不任舆曳入阁，兄守金城，永不堪扶抱就路，若不惫疾，非性僻而何。比君曰表里，无假长因飞耳也。

常谓生遭太公，将即华士之戮，幸遇管叔，必蒙僻儒之养。光武以冯衍才浮其实，故弃而不齿。诸葛孔明云："来敏乱郡，过于孔文举。"况无古人之才概，敢干周、汉之常刑。彼二三英贤，足为晓治与否？恐君逢此时，或亦不免高阁，乃复假名不知己者，岂欲自比卫赐邪？君欲高敩山公，而以仲容见处，徒以捶提礼学，本不参选，鄙夫瞻彼，固不任下走，未知新沓何如州陵耳。而作不师古，坐乱官政，诬饰蚯蚓，冀招神龙，如复托以真素者，又不宜居华留名，有害风俗。君亦不至期人如此，若交以为人赐，举未以已劳，则商贩之事，又连所不忍闻也。岂谓不肖易擢，贫者□诱，凡此数者，君必居一焉。虽假天口于齐骈，藉鬼说于周季，公孙碎毛发之文，庄生纵漭瀁之极，终不能举其契，为之辞矣。子将明魂，必灵哈于万里，汝、颍余彦，将拂衣而不朝。浮华一开，风俗或从此而爽。鬼谷以揣情为最难，何君忖度之轻谬。

今有此书，非敢叨拟中散，诚不能顾影负心，纯盗虚声，所以绵络累纸，本不营尚书虎爪板也。成童便往来居舍，晨省复经周旋，加有诸甥，亦何得顿绝庆吊。然生平之意，自于此都尽。君平公云："生我名者杀我身。"天爵且犹灭名，安用吏部郎哉！其举可陋，其事不经，非独搢绅者不道，仆妾皆将笑之。忽忽不乐，自知寿不得长，且使千载知弟不诈谖耳。

微既为始兴王浚府吏，浚数相存慰，微奉答笺书，辄饰以辞采。微为文古其，颇抑投，袁淑见之，谓为诉屈，微因此又与从弟僧绰书曰：

吾虽无人鉴，要是早知弟，每共宴语，前言何尝不以止足为贵。且持盈畏满，自是家门旧风，何为一旦落漠至此，当局苦迷，将不然邪！讵容都不先闻，或可不知耳。衣冠胄胤，如吾者甚多，才能固不足道，唯不倾侧溢诈，士颇以此容之。至于规矩细行，难可详料。疹疾日滋，纵恣益甚，人道所贵，废不复修。幸值圣明兼容，置之教外，且旧恩所及，每蒙宽假。吾亦自揆疾疹重侵，难复支振，民生安乐之事，心死久矣。所以解日偷存，尽于大布粝粟，半夕安寝，便以自度，血气盈虚，□复稍道，长以大散为和羹，弟为不见之邪？疾废居然，且事一己，上不足败俗伤化，下不至毁辱家门，洎尔尸居，无方待化。凡此二三，皆是事实。吾与弟书，不得家中相欺也。州陵此举，为无所因，反覆思之，了不能解。岂见吾近者诸笺邪，良可怪笑。

吾少学作文，又晚节如小进，使君公欲民不偷，每加存饰，酬对尊贵，不厌敬恭。且文词不怨思抑扬，则流澹无味。文好古，贵能连类可悲，一往视之，如似多意。当见居非求志，清论所排，便是通辞诉屈邪。尔者真可谓真素寡矣。其数旦见客小防，自来盈门，亦不烦独举吉也。此辈乃云语势所至，非其要也，弟无怀居今地，万物初不以相非，然鲁器齐虚，实宜书绅。今三署六府之人，谁表里此内，傥疑弟豫有力，于素论何如哉？则吾长厄不死，终误盛壮也。

江不过疆吹拂吾，云是岩穴人。岩穴人情所高，吾得当此，则鸡鹜变作凤皇，何为干饰廉隅，秩秩见于面目，所惜者大耳。诸舍阖门皆蒙时私，此既未易陈道，故常因含声不言。至兄弟尤为叨窃，临海频烦二郡，谦亦越进清阶，吾高枕家巷，遂至中书郎，此足以阖棺矣。又前年优旨，自弟所宣，虽夏后抚辜人，周宣及鳏寡，不足过也。语皆循检校迹，不为虚饰也。作人不阿谀，无缘头发见白，稍学谄诈。且吾何以为，足不能行，自不得出户，头不耐风，故不可扶曳。家本贫馁，至于恶衣蔬食，设使盗跖居此，亦不能两展其足，妄意珍藏也。正令选官设作此举，于吾亦无剑戟之伤，所以勤勤畏人之多言也。管子晋贤，乃关人主之轻重，此何容易哉。州陵亦自言视明听聪，而返区区饰吾，何辩致而下英俊。夫奇士必龙居深藏，与蛙虾为伍，于勋其犹难之，林宗辈不足识也。似不肯眷眷奉笺记，雕琢献文章，居家近市廛，亲戚满城府，吾犹自知袁阳源辈当平此不。饰诈之与直独，两不关吾心，又何所耿介？弟自宜以解塞群贤矣，兼悉怒此言自尔家任兄故能也。

日日望弟来，属病终不起，何意向与江书，粗布胸心，无人可写，比面乃具与弟。书便觉成，本以当半日相见，吾既恶劳，不得多语，枢机幸非所长，相见亦不胜读此书也。亲属欲见自可示，无急付手。

时论者或云，微之见举，庐江何偃亦豫其议，虑为微所咎，与书自陈。微报之曰：

卿昔称吾于义兴，吾常谓之见知，然复自怪鄙野，不参风流，未有一介熟悉于事，何用独识之也。近日何见绰送卿书，虽知如戏，知卿固不能相哀。苟相哀之未知，何相期之可论。

卿少陶玄风，淹雅修畅，自是正始中人。吾真庸性人耳，自然志操不倍王、乐。小儿时尤粗笨无好，常从博士读小小章句，竟无可得，口吃不能剧读，遂绝意于寻求。至二十左右，方复就观小说，往来者见床头有数秩书，便言学问，试就检，当何有哉。乃复持此拟议人邪。尚犹愧笑扬子之褒赡，犹耻辞赋为君子，若吾篆刻，菲亦甚矣。卿诸人亦当尤以此见议。或谓言深博，作一段意气，鄙薄人世，初不敢然。是以每见世人文赋书论，无所是非，不解处即曰借问，此其本心也。

至于生平好服上药，起年十二时病虚耳。所撰服食方中，粗言之矣。自此始信摄养有征，故门冬昌术，随时参进。寒温相补，欲以扶护危羸，见冀白首。家贫乏役，至于春秋令节，辄自将两三门生，入草采之。吾实倦游医部，颇晓和药，尤信《本草》，欲其必行，是以躬亲，意在取精。世人便言希仙好异，矫慕不羁，不同家颇有骂之者。又性知画缋，盖亦鸣鹄识夜之机，盘纡纠纷，或记心目，故兼山水之爱，一往迹求，皆仿像也。不好诣人，能忘荣以避权右，宜自密应对举止，因卷惭自保，不能勉其所短耳。由来有此数条，二三诸贤，因复架累，致之高尘，咏之清鋆。瓦砾有资，不敢轻厕金银也。

而顷年婴疾，沉沦无已，区区之情，惕于生存，自恐难复，而先命猥加，魂气褰茶，常人不得作常自处疾苦，正亦卧思已熟，谓有记自论。既仰天光，不夭庶类，兼望诸贤，共相哀体，而卿首唱诞言，布之翰墨，万石之慎，或未然邪。好尽之累，岂其如此，绰大骇叹，便是阖朝见病者。吾本伫人，加疹意惛，一旦闻此，便惶怖矣。五六日来，复苦心痛，引喉状如胸中悉肿，甚自忧。力作此答，无复条贯，贵布所怀，落漠不举。卿既不可解，立欲便别，且当笑。

微常住门屋一间，寻书玩古，如此者十余年。太祖以其善筮，赐以名蓍。弟僧谦，亦有才誉，为太子舍人，遇疾，微躬自处治，而僧谦服药失度，遂卒。微深自咎恨，发病不复自治，哀痛谦不能已，以书告灵曰：

弟年十五，始居宿于外，不为察慧之誉，独沉浮好书，聆琴闻操，辄有过目之能。讨测文典，斟酌传记，寒暑未交，便卓然可述。吾长病，或有小间，辄称引前载，不异旧学。自尔日就月将，著名邦党，方隆夙志，嗣美前贤，何图一旦冥然长往，酷痛烦冤，心如焚裂。

寻念平生，裁十年中耳，然非公事，无不相对，一字之书，必共咏读，一句之文，无不研赏。浊酒忘愁，图籍相慰，吾所以穷而不忧，实赖此耳。奈何罪酷，茕然犹坐。忆往年散发，极目流涕，吾不舍日夜，又恒虑吾羸病，岂图奄忽，先归冥冥。反覆万虑，无复一期，音颜仿佛，触事历然，弟今何在，令吾悲穷。昔仕京师，分张六旬耳，其中三过，误云今日何意不来，钟念悬心，无物能譬。方欲共营林泽，以送余年，念兹有何罪戾，见此夭酷，没于吾手，触事痛恨。吾素好医术，不使弟子得全，又寻思不精，致有枉过，念此一条，特复痛酷。痛酷奈何！吾罪奈何！

弟为志，奉亲孝，事兄顺，虽僮仆无所叱咄，可谓君子不失色于人，不失口于人。冲和淹通，内有皂白，举动尺寸，吾每咨之。常云："兄文骨气，可推英丽以自许。又兄为人矫介欲过，宜每中和。"道此犹在耳，万世不复一见，奈何！唯十纸手迹，封拆俨然，至于思恋不可怀。及闻吾病，肝心寸绝，谓当以幅巾薄葬之事累汝，奈何反相殡送！

弟由来意，谓"妇人虽无子，不宜践二庭。此风若行，便可家有孝妇"。仲长《昌言》，亦其大要。刘新妇以刑伤自誓，必留供养，殷太妃感柏舟之节，不夺其志。仆射笃顺，范夫知礼，求得左率第五儿，庐位有主。此亦何益冥然之痛，为是存者意耳。

吾穷疾之人，平生意志，弟实知之，端坐向窗，有何慰适，正赖弟耳。过中未来，已自惕望，今云何得立，自省惛毒，无复人理。比烦冤困惫，不能作刻石文，若灵响有识，不得吾文，岂不为恨。傥意虑不遂谢能思之如狂，不知所告诉，明书此数纸，无复词理，略道阡陌，万不写一。阿谦！何图至此！谁复视我，谁复忧我。他日宝者三光，割嗜好以祈年，今也唯速化耳。吾岂复支，冥冥中竟复云何。弟怀随、和之宝，未及光诸文章，欲收作一集，不知忽忽当办此不？今已成服，吾临灵，取常共饮杯，酌自酿酒，宁有仿像不？冤痛！冤痛！

元嘉二十年，卒，时年二十九。僧谦卒后四旬而微终，遗令薄葬，不设輀旐鼓挽之属，施五尺床，为灵二宿便毁。以尝所弹琴置床上，何长史来，以琴与之。何长史者，偃也。无子，家人遵之。所著文集传于世。世祖即位，诏曰："微栖志贞深，文行惇洽，生自华宗，身安隐素，足以贲兹丘园，惇是薄俗。不幸蚤世，朕甚悼之。可追赠秘书监。"

史臣曰：燕太子吐一言，田先生吞舌而死，安邑令戒屠者，闵仲叔去而之沛。良由内怀耿介，峻节不可轻干。袁淑笑谑之间，而王微吊词连牍，斯盖好名之士，欲以身为珪璋，皦皦然使尘玷之累，不能加也。

宋书卷六三
列传第二三

王华 王昙首 殷景仁 沈演之

王华字子陵，琅邪临沂人，太保弘从祖弟也。祖荟，卫将军、会稽内史。父廞，太子中庶子，司徒左长史。居在吴。晋隆安初，王恭起兵讨王国宝，时廞丁母忧在家，恭檄令起兵，廞即聚众应之，以女为贞烈将军，以女人为官属。国宝既死，恭檄廞起兵之际，多所诛戮，至是不复得已，因举兵，以讨恭为名。恭遣刘牢之击廞，廞败走，不知所在。长子泰为恭所杀。华时年十二，在军中，与廞相失，随沙门释昙永逃窜。时牢之搜检觅华甚急，昙永使华提衣幞随后，津逻咸疑焉。华行迟，永呵骂云："奴子怠懈，行不及我！"以杖捶华数十，众乃不疑，由此得免。遇赦还吴。少有志行，以父存亡不测，布衣蔬食不交游，如此十余年，为时人所称美。高祖欲收其才用，乃发廞丧问，使华制服。

服阕，高祖北伐长安，领镇西将军、北徐州刺史，辟华为州主簿，仍转镇西主簿，治中从事史。历职著称。太祖征江陵，以为西中郎主簿，迁咨议参军，领录事。太祖进号镇西，复随府转。太祖未亲政，政事悉委司马张邵。华性尚物，不欲人在己前。邵性豪，每行来常引夹毂，华出入乘牵车，从者不过二三以矫之。尝于城内相逢，华阳不知是邵，谓左右："此卤簿甚盛，必是殿下出行。"乃下牵车，立于道侧，及邵至乃惊。邵白服登城，为华所纠，坐被征，华代为司马、南郡太守，行府州事。

太祖入奉大统，以少帝见害，疑不敢下。华建议曰："羡之等受寄崇重，未容便敢背德，废主若存，虑其将来受祸，致此杀害。盖由每生情多，宁敢一朝顿怀逆志。且三人势均，莫相推伏，不过欲握权自固，以少主仰待耳。今日就征，万无所虑。"太祖从之，留华总后任。上即位，以华为侍中，领骁骑将军。未拜，转右卫将军，侍中如故。

先是，会稽孔宁子为太祖镇西咨议参军，以文义见赏，至是为黄门侍郎，领步兵校尉。宁子先为高祖太尉主簿，陈损益曰："隆化之道，莫先于官得其才；枚卜之方，莫若人慎其举。虽复因革不同，损益有物，求贤审官，未之或改。师锡佥曰，焕乎钦明之诰，拔茅征吉，著于幽《贲》之爻。晋师有成，瓜衍作赏；楚乘无入，艻贾不贺。今旧命惟新，幽人引领，《韶》之尽美，已备于振纲；《武》之未尽，或存于理目。虽九官之职，未可备举，亲民之选，尤宜在先。愚欲使天朝四品官，外及守牧，各举一人堪为二千石长吏者，以付选官，随缺叙用，得贤受赏，失举任罚。夫惟帝之难，岂庸识所易，然举尔所知，非求多人，因百官之明，孰与一识之见，执咎在己，岂容徇物之私。今非以选曹所铨，果于乖谬，众职所举，必也惟良，盖宜使求贤辟其广涂，考绩取其少殿。若才实拔群，进宜尚德，治阿之宰，不必计年，免徒之守，岂限资秩。自此以还，故当才均以资，资均以地。宰莅之官，诚曰吏职，然监观民瘼，翼化宣风，则隐厚之求，急于刀笔，能事之功，接于德心。以此论才，行之年岁，岂惟政无秕蠹，民庇手足而已，将使公路日清，私请渐塞。士多心竞，仁必由己，处士砥自求之节，仕子藏交驰之情。宁子庸微，不识治体，冒昧陈愚，退惧违谬"。

宁子与华并有富贵之颖，自羡之等秉权，日夜构之于太祖。宁子尝东归，至金昌亭，左右欲泊船，宁子命去之，曰："此弑君亭，不可泊也。"华每闲居讽咏，常诵王粲《登楼赋》曰："冀王道之一平，假高衢而骋力。"出入逢羡之等，每切齿愤咤，叹曰："当见太平时不？"元嘉二年，宁子病卒。三年，诛羡之等。华迁护军，侍中如故。

宋世惟华与南阳刘湛不为饰让，得官即拜，以此为常。华以情事异人，未尝预宴集，终身不饮酒，有燕不之诣。若宜有论事者，乘车造门，主人出车就之。及王弘辅政，而弟昙首为太祖所任，与华相埒，华尝谓己力用不尽，每叹息曰："宰相顿有数人，天下何由得治!"四年，卒，时年四十三。追赠散骑常侍、卫将军。九年，上思诛羡之之功，追封新建县侯，食邑千户，谥曰宣侯。世祖即位，配飨太祖庙庭。

子宣侯嗣，官至左卫将军，卒。子长嗣，太宗泰始二年，坐骂母夺爵，以长弟终绍封。后废帝元征徽三年，终上表，乞以封还长，许之。齐受禅，国除。

华从父弟鸿，五兵尚书，会稽太守。

王昙首，琅邪临沂人，太保弘少弟也。

幼有业尚，除著作郎，不就。兄弟分财，昙首唯取图书而已。辟琅邪王大司马属，从府公修复洛阳园陵。与从弟球俱诣高祖，时谢晦在坐，高祖曰："此君并膏粱盛德，乃能屈志戎旅。"昙首答曰："既从神武之师，自使懦夫有立志。"晦曰："仁者果有勇。"高祖悦。行至彭城，高祖大会戏马台，豫坐者皆赋诗，昙首文先成，高祖览读，因问弘曰："卿弟何如卿?"弘答曰："若但如臣，门户何寄。"高祖大笑。昙首有识局智度，喜愠不见于色，闺门之内，雍雍如也。手不执金玉，妇女不得为饰玩，自非禄赐所及，一毫不受于人。

太祖为冠军、徐州刺史，留镇彭城，以昙首为府功曹。太祖镇江陵，自功曹为长史，随府转镇西长史。高祖甚知之，谓太祖曰："王昙首沉毅有器度，宰相才也。汝每事咨之。"景平中，有龙见西方，半天腾上，荫五彩云，京都远近聚观。太史奏曰："西方有天子气。"太祖入奉大统，上及议者皆疑不敢下，昙首与到彦之、从兄华固劝，上犹未许，昙首又固陈，并言天人符应。上乃下，率府州文武严兵自卫，台所遣百官众力，不得近部伍，中兵参军朱容子抱刀在平乘户外，不解带者数旬。既下在道，有黄龙出，负上所乘舟，左右皆失色，上谓昙首曰:“此乃夏禹所以受天命,我何堪之。”及即位,又谓昙首曰:“非宋昌独见,无以致此。”以昙首为侍中,寻领右卫将军,领骁骑将军。以朱容子为右军将军。诛徐羡之等,平谢晦,昙首及华之力也。

元嘉四年,车驾出北堂,尝使三更竟开广莫门,南台云:“应须白虎幡,银字棨。”不肯开门。尚书左丞芋玄保奏免御史中丞傅隆以下,昙首继启曰:“既无墨敕,又阙幡棨,虽称上旨,不异单刺。元嘉元年、二年,虽有再开门例,此乃前事之违。今之守旧,未为非礼。但既据旧使,应有疑却本末,曾无此状,犹宜反咎其不请白虎幡、银字棨,致门不时开,由尚书相承之失,亦合纠正。”上特无所问,更立科条。迁太子詹事,侍中如故。

晦平后,上欲封昙首等,会燕集,举酒劝之,因拊御床曰:“此坐非卿兄弟,无复今日。”时封诏已成,出以示昙首,昙首曰:“近日之事,衅难将成,赖陛下英明速断,故罪人斯戮。臣等虽得仰凭天光,效其毫露,岂可因国之灭,以为身幸。陛下虽欲私臣,当如直史何?”上不能夺,故封事遂寝。时兄弘录尚书事,又为扬州刺史,昙首为上所亲委,任兼两宫。彭城王义康与弘并录,意常怏怏,又欲得扬州,形于辞旨。以昙首居中,分其权任,愈不悦。昙首固乞吴郡,太祖曰:“岂有欲建大厦而遗其栋梁者哉。贤兄比屡称疾,固辞州任,将来若相申许者,此处非卿而谁?亦何吴郡之有。”时弘久疾,屡逊位,不许。义康谓宾客曰:“王公久疾不起,神州讵合卧治。”昙首劝弘减府兵之半以配义康,义康乃悦。

七年,卒,太祖为之恸,中书舍人周起侍侧,曰:“王家欲衰,贤者先殒。”上曰:“直是我家衰耳。”追赠左光禄大夫,加散骑常侍,詹事如故。九年,以预诛羡之等谋,追封豫宁县侯,邑千户,谥曰文侯。世祖即位,配飨太祖庙庭。子僧绰嗣,别有传。少子僧虔,升明末,为尚书令。

殷景仁,陈郡长平人也。曾祖融,晋太常。祖茂,散骑常侍、特进、左光禄大夫。父道裕，蚤亡。

景仁少有大成之量，司徒王谧见而以女妻之。初为刘毅后军参军，高祖太尉行参军。建议宜令百官举才，以所荐能否为黜陟。迁宋台秘书郎，世子中军参军，转主簿，又为骠骑将军道怜主簿。出补衡阳太守，入为宋世子洗马，仍转中书侍郎。景仁学不为文，敏有思致，口不谈义，深达理体，至于国典朝仪，旧章记注，莫不撰录，识者知其有当世之志也。高祖甚知之，迁太子中庶子。

少帝即位，入补侍中，累表辞让，又固陈曰："臣志干短弱，历著出处。值皇涂隆泰，身荷恩荣，阶牒推迁，日月频积，失在饕餮，患不自量。而奉闻今授，固守愚心者，窃惟殊次之宠，必归器望，喉唇之任，非才莫居。三省诸躬，无以克荷，岂可苟顺甘荣，不知进退，上亏朝举，下贻身咎，求之公私，未见其可。顾涯审分，诚难庶几，逾方越序，易以诫惧。所以俯仰周偟，无地宁处。若惠泽广流，兰艾同润，回改前旨，赐以降阶，虽实不敏，敢忘循命。臣迕违之愆，既已屡积，宁当徒尚浮采，尘黩天听。丹情悾款，仰希照察。"诏曰："景仁退挹之怀，有不可改，除黄门侍郎，以申君子之请。"寻领射声。顷之，转左卫将军。

太祖即位，委遇弥厚，俄迁侍中，左卫如故。时与侍中右卫将军王华、侍中骁骑将军王昙首、侍中刘湛四人，并时为侍中，俱居门下，皆以风力局干，冠冕一时，同升之美，近代莫及。元嘉三年，车驾征谢晦，司徒王弘入居中书下省，景仁长直，共掌留任。晦平，代到彦之为中领军，侍中如故。太祖所生章太后早亡，上奉太后所生苏氏甚谨。六年，苏氏卒，车驾亲往临哭，下诏曰："朕夙罹偏罚，情事兼常，每思有以光隆懿戚，少申罔极之怀。而礼文遗逸，取正无所，监之前代，用否又殊，故惟疑累年，在心未遂。苏夫人奄至倾殂，情礼莫寄，追思远恨，与事而深。日月有期，将卜窀穸，便欲粗依《春秋》以贵之义，式遵二汉推恩之典。但动藉史笔，传之后昆，称心而行，或容未允。可时共详论，以求其中。执笔永怀，益增感塞。"景仁议曰："至德之感，灵启厥祥，文母伣天，实熙皇祚。主上聿遵先典，号极徽崇，以贵之义，礼尽于此。苏夫人阶缘戚属，情以事深，寒泉之思，实感圣怀，明诏爰发，询求厥中。谨寻汉氏推恩加爵，于时承秦之弊，儒术蔑如，自君作故，罔或前典，惧非盛明所宜轨蹈。晋监二代，朝政之所因，君举必书，哲王之所慎。体至公者，悬爵赏于无私，奉天统者，每屈情以申制。所以作孚万国，贻则后昆。臣豫蒙博逮，谨露庸短。”上从之。

丁母忧，葬竟，起为领军将军。固辞，上使纲纪代拜，遣中书舍人周赳舆载还府。九年，服阕，迁尚书仆射。太子詹事刘湛代为领军，与景仁素善，皆被遇于高祖，俱以宰相许之。湛尚居外任，会王弘、华、昙首相系亡，景仁引湛还朝，共参政事。湛既入，以景仁位遇本不逾己，而一旦居前，意甚愤愤。知太祖信仗景仁，不可移夺，乃深结司徒彭城王义康，欲倚宰相之重以倾之。十二年，景仁复迁中书令，护军、仆射如故，寻复以仆射领吏部，护军如故，湛愈忿怒。义康纳湛言，毁景仁于太祖，太祖遇之益隆。景仁对亲旧叹曰：“引之令入，入便噬人。”乃称疾解职，表疏累上，不见许，使停家养病，发诏遣黄门侍郎省疾。湛议遣人若劫盗者于外杀之，以为太祖虽知，当有以，终不能伤至亲之爱。上微闻之，迁景仁于西掖门外晋鄱阳主第，以为护军府，密迩宫禁，故其计不行。

景仁卧疾者五年，虽不见上，而密表去来，日中以十数，朝政大小，必以问焉，影迹周密，莫有窥其际者。收湛之日，景仁使拂拭衣冠，寝疾既久，左右皆不晓其意。其夜，上出华林园延贤堂召景仁，犹称脚疾，小床舆以就坐，诛讨处分，一皆委之。

代义康为扬州刺史，仆射、领吏部如故。遣使者授印绶，主簿代拜，拜毕，便觉其情理乖错。性本宽厚，而忽更苛暴，问左右曰：“今年男婚多？女嫁多？”是冬大雪，景仁乘舆出听事观望，忽惊曰：“当阁何得有大树？”既而曰：“我误邪？”疾转笃。太祖谓不利在州司，使还住仆射下省。为州凡月余，卒。或云见刘湛为祟。时年五十一。追赠侍中、司空，本官如故。谥曰文成公。

上与荆州刺史衡阳王义季书曰：“殷仆射疾患少日，奄忽不救。

其识具经远，奉国竭诚，周游缱绻，情兼常痛。民望国器，遇之为难，惋叹之深，不能已已。汝亦同不？往矣如何！”世祖大明五年，行幸经景仁墓，诏曰：“司空文成公景仁，德量淹正，风识明允，徽绩忠谟，夙达先照，惠政茂誉，实留民属。近瞻丘坟，感往兴悼，可遣使致祭。”

子道矜，幼而不慧，官至太中大夫。道矜子恒，太宗世为侍中，度支尚书。属父疾积久，为有司所奏。诏曰：“道矜生便有病，无更横疾。恒因愚习惰，久妨清序，可降为散骑常侍。”

沈演之字台真，吴兴武康人也。高祖充，晋车骑将军，吴国内史。曾祖劲，冠军陈祐长史，戍金墉城，为鲜卑慕容恪所陷，不屈节见杀，追赠东阳太守。祖赤黔，廷尉卿。父叔任，少有干质，初为扬州主簿，高祖太尉参军，吴、山阴令，治皆有声。朱龄石伐蜀，为龄石建威府司马，加建威将军。平蜀之功，亚于元帅，即本号为西夷校尉、巴西梓潼郡太守，戍涪城。东军既反，二郡强宗侯劢、罗奥聚众作乱，四面云合，遂至万余人，攻城急。叔任东兵不满五百，推布腹心，众莫不为用，出击大破之，逆党皆平。高祖讨司马休之，龄石遣叔任率军来会。时高祖领镇西将军，命为司马。及军还，以为扬州别驾从事史。以平蜀全涪之功，封宁新县男，食邑四百四十户。出为建威将军、益州刺史，以疾还都。义熙十四年，卒，时年五十。长子融之，蚤卒。

演之年十一，尚书仆射刘柳见而知之，曰：“此童终为令器。”家世为将，而演之折节好学，读《老子》日百遍，以义理业尚知名。袭父别爵吉阳县五等侯。郡命主簿，州辟从事史，西曹主簿，举秀才，嘉兴令，有能名。入为司徒祭酒，南谯王义宣左军主簿，钱唐令，复有政绩。复为司徒主簿。丁母忧，起为武康令，固辞不免，到县百许日，称疾去官。服阕，除司徒左□掾，州治中从事史。元嘉十二年，东诸郡大水，民人饥馑，吴义兴及吴郡之钱唐，升米三百。以演之及尚书祠部郎江邃并兼散骑常侍，巡行拯恤，许以便宜从事。演之乃开仓廪以赈饥民，民有生子者，口赐米一斗，刑狱有疑枉，悉制遣之，百姓蒙赖。

转别驾从事史，领本郡中正，深为义康所待，故在府州前后十余年。后刘湛、刘威等结党，欲排废尚书仆射殷景仁，演之雅仗正义，与湛等不同，湛因此谗之于义康。尝因论事不合旨，义康变色曰："自今而后，我不复相信！"演之与景仁素善，尽心于朝庭，太祖甚嘉之，以为尚书吏部郎。

十七年，义康出藩，诛湛等，以演之为右卫将军。景仁寻卒，乃以后军长史范晔为左卫将军，与演之对掌禁旅，同参机密。二十年，迁侍中，右卫将军如故。太祖谓之曰："侍中领卫，望实优显，此盖宰相便坐，卿其勉之。"上欲伐林邑，朝臣不同，唯广州刺史陆徽与演之赞成上意。及平，赐群臣黄金、生口、铜器等物，演之所得偏多。上谓之曰："庙堂之谋，卿参其力，平此远夷，未足多建茅土。廓清京都，鸣鸾东岱，不忧河山不开也。"二十一年，诏曰："总司戎政，翼赞东朝，惟允之举，匪贤莫授。侍中、领右卫将军演之，清业贞审，器思沉济。右卫将军晔，才应通敏，理怀清要。并美彰出内，诚亮在公，能克懋厥猷，树绩所莅。演之可中领军，晔可太子詹事。"晔怀逆谋，演之觉其有异，言之太祖，晔寻事发伏诛。迁领国子祭酒、本州大中正，转吏部尚书，领太子右卫率。虽未为宰相，任寄不异也。

素有心气，疾病历年，上使卧疾治事。性好举才，申济屈滞，而谦约自持，上赐女伎，不受。二十六年，车驾拜京陵，演之以疾不从。上还宫，召见，自勉到坐，出至尚书下省，暴卒，时年五十三。太祖痛惜之，追赠散骑常侍、金紫光录大夫，谥曰贞侯。

演之昔与同使江邃字玄远，济阳考城人，颇有文义，官至司徒记室参军，撰《文释》，传于世。

演之子睦，至黄门郎，通直散骑常侍。世祖大明初，坐要引上左右俞欣之访评殿省内事，又与弟西阳王文学勃忿阋不睦，坐徙始兴郡，勃免官禁锢。

勃好为文章，善弹琴，能围棋，而轻薄进利。历尚书殿中郎。太宗泰始中,为太子右卫率,加给事中。时欲北讨,使勃还乡里募人,多受货贿。上怒,下诏曰:“沈勃琴书艺业,口有美称,而轻躁耽酒,幼多罪愆。比奢淫过度,妓女数十,声酣放纵,无复剂限。自恃吴兴土豪,比门义故,胁说士庶,告索无已。又辄听募将,委役还私,托注病叛,遂有数百。周旋门生,竞受财货,少者至万,多者千金,考计赃物,二百余万,便宜明罚敕法,以正典刑。故光禄大夫演之昔受深遇,忠绩在朝,寻远矜怀,能无弘律,可徙勃西垂,令一思愆悔。”于是徙付梁州。废帝元徽初,以例得还。结事阮佃夫、王道隆等,复为司徒左长史。为废帝所诛。顺帝即位,追赠本官。

勃弟统,大明中,为著作佐郎。先是,五省官所给干僮,不得杂役。太祖世,坐以免官者,前后百人。统轻役过差,有司奏免,世祖诏曰:“自顷干僮,多不祗给,主可量听行杖。”得行干杖,自此始也。

演之兄融之子畅之,袭宁新县男。大明中,为海陵王休茂北中郎谘议参军,为休茂所杀。追赠黄门郎。子畔嗣,齐受禅,国除。

史臣曰:元嘉初,诛灭宰相,盖王华、孔宁子之力也。彼群公义虽往结,恩实今疏,而任即襄权,意非昔主,居上六之穷爻,当来宠之要辙,颠覆所基,非待他衅,况于废杀之重,其隙易乘乎。夫杀人而取其璧,不知在己兴累;倾物而移其宠,不忌自我难持。若二子永年,亦未知来祸所止也。有能戒彼而悟此,则所望于来哲。

宋书卷六四
列传第二四

郑鲜之　裴松之　何承天

郑鲜之字道子，荥阳开封人也。高祖浑，魏将作大匠。曾祖袭，大司农。父遵，尚书郎。袭初为江乘令，因居县境。

鲜之下帷读书，绝交游之务。初为桓伟辅国主簿。先是，兖州刺史滕恬为丁零翟辽所没，尸丧不反，恬子羡仕宦不废，议者嫌之。桓玄在荆州，使群僚博议，鲜之议曰：

名教大极，忠孝而已。至乎变通抑引，每事辄殊。本而寻之，皆是求心而遗迹。迹之所乘，遭遇或异。故圣人或就迹以助教，或因迹以成罪，屈申与夺，难可等齐，举其阡陌，皆可略言矣。天可逃乎？而伊尹废君；君可胁乎？而鬻权见善；忠可愚乎？而箕子同仁。自此以还，殊实而齐声，异誉而等美者，不可胜言。而欲令百代之下，圣典所阙，正斯事于一朝，岂可易哉？

然立言明理，以古证今，当使理厌人情。如滕羡情事者，或终身隐处，不关人事；或升朝理务，无讥前哲。通滕者则以无讥为证，塞滕者则以隐处为美。折其两中，则异同之情可见矣。然无讥前哲者，厌情之谓也。若王陵之母，见亨于楚，陵不退身穷居，终为社稷之臣，非为荣也。鲍勋蹇谔魏朝，亡身为效，观其志非贪爵也。凡此二贤，非滕之谕。夫圣人立教，独云“有礼无时，君子不行”。有礼无时，政以事有变通，不可守一故耳。若滕以此二贤为证，则恐人人自贤矣。若不可人人自贤，何可独许其证。讥者兼在于人，不但独证其事。汉、魏以来，记阙其典，寻而得者无几人。至乎大晋中朝，及中兴之后，杨臻则七年不除丧，三十余年不关人事，温公则见逼于王命，庾左丞则终身不著袷，高世远则为王右军、何骠骑所劝割，无有如滕之易者也。若以缞麻非为哀之主，无所复言矣。文皇帝以东关之役，尸骸不反者，制其子弟，不废婚宦。明此，孝子已不自同于人伦，有识已审其可否矣。若其不尔，居宗辅物者，但当即圣人之教，何所复明制于其间哉。及至永嘉大乱之后，王敦复申东关之制于中兴，原此是为国之大计，非谓训范人伦，尽于此也。

何以言之？父仇明不同戴天日，而为国不可许复仇，此自以法夺情，即是东关、永嘉之喻也。何妨综理王务者，布衣以处之。明教者自谓世非横流，凡士君子之徒，无不可仕之理，而杂以情讥，谓宜在贬裁耳。若多引前事以为通证，则孝子可顾法而不复仇矣。文皇帝无所立制于东关，王敦无所明之于中兴，每至斯会，辄发之于宰物，是心可不喻乎。

且夫求理当先以远大，若沧海横流，家国同其沦溺，若不仕也，则人有余力。人有余力，则国可至乎亡，家可至乎灭。当斯时也，匹妇犹亡其身，况大丈夫哉！既其不然，天下之才，将无所理。滕但当尽《陟岵》之哀，拟不仕者之心，何为证喻前人，以自通乎？且名为大才之所假，而小才之所荣，荣与假乘常，已有惭德，无欣工进，何有情事乎？若其不然，则工进无欣，何足贵于千载之上邪？苟许小才荣其位，则滕不当顾常疑以自居乎。所谓柳下惠则可，我则不可也。

且有生之所宗者圣人，圣人之为教者礼法，即心而言，则圣人之法不可改也。而秦以郡县治天下，莫之能变；汉文除肉刑，莫之能复。彼圣人之为法，犹见改于后王，况滕赖前人，而当必通乎？若人皆仕，未知斯事可俟后圣与不？况仕与不仕，各有其人，而不仕之所引，每感三年之下。见议者弘通情纪，每傍中庸，又云若许讥滕，则恐亡身致命之仕，以此而不尽。何斯言之过与。夫忠烈之情，初无计而后动。若计而后动，则惧法不尽命。若有不尽，则国有常法。故古人军败于外，而家诛于内。苟忠发自内，或惧法于外，复有踟蹰顾望之地邪！若有功不赏，有罪不诛，可致斯喻耳。无有名教翼其子弟，而子弟不致力于所天。不致力于所天，则王经忠不能救主，孝不顾其亲，是家国之罪人耳。何所而称乎。夫恩宥十世，非不隆也；功高赏厚，非不报也。若国宪无负于滕恬，则羡之通塞，自是名教之所及，岂是劝沮之本乎？

议者又以唐、虞邈矣，孰知所归，寻言求意，将所负者多乎。后汉乱而不亡，前史犹谓数公之力。魏国将建，荀令君正色异议，董昭不得枕苏则之膝，贾充受辱于庾纯。以此而推，天下之正义，终自传而不没，何为发斯叹哉！若以时非上皇，便不足复言多者，则夷齐于奭、望，子房于四人，亦无所复措其言矣。至于陈平默顺避祸，以权济屈，皆是卫生免害，非为荣也。滕今生无所卫，鞭塞已冥，义安在乎？昔陈寿在丧，使婢丸药，见责乡闾；阮咸居哀，骑驴偷婢，身处王朝。岂可以阮获通于前世，便无疑于后乎？且贤圣抑引，皆是究其始终，定其才行。故虽事有惊俗，而理必获申。郗诜葬母后园，而身登宦，所以免责，以其孝也。日磾杀儿无讥，以其忠也。今岂可以二事是忠孝之所为，便可许杀儿、葬母后园乎？不可明矣。既其不可，便当究定滕之才行，无所多辩也。

滕非下官乡亲，又不周旋，才能非所能悉。若以滕谋能决敌，才能周用，此自追踪古人，非议所及。若是士流，故谓宜如子夏受曾参之词，可谓善矣，而子夏无不孝之称也。意之所怀，都尽于此，自非名理，何缘多其往复，如其折中，裁之居宗。

桓伟进号安西，转补功曹，举陈郡谢绚自代，曰："盖闻知贤弗推，臧文所以窃位；宣子能让，晋国以之获宁。鲜之猥承人乏，谬蒙过眷，既恩以义隆，遂再叨非服。知进之难，屡以上请，然自退之志，未获暂申，夙夜怀冰，敢忘其惧。伏见行参军谢绚，清悟审正，理怀通美，居以端石，虽未足舒其采章，升庸以渐，差可以位拟人。请乞愚短，甘充下列，授为贤牧，实副群望。”

入为员外散骑侍郎，司徒左西属，大司马琅邪王录事参军，仍迁御史中丞。性刚直，不阿强贵，明宪直绳，甚得司直之体。外甥刘毅，权重当时，朝野莫不归附，鲜之尽心高祖，独不屈意于毅，毅甚恨焉。义熙六年，鲜之使治书侍御史丘洹奏弹毅曰：“上言传诏罗道盛辄开笺，遂盗发密事，依法弃市，奏报行刑，而毅以道盛身有侯爵，辄复停宥，按毅勋德光重，任居次相，既杀之非己，无缘生之自由。又奏之于先，而弗请于后，阃外出疆，非此之谓。中丞鲜之于毅舅甥，制不相纠，臣请免毅官。”诏无所问。

时新制长吏以父母疾去官，禁锢三年。山阴令沈叔任父疾去职，鲜之因此上议曰：“夫事有相权，故制有与夺，此有所屈，而彼有所申。未有理无所明，事无所获，而为永制者也。当以去官之人，或容诡托之事，诡托之事，诚或有之。岂可亏天下大教，以末伤本者乎。且设法盖以众苞寡，而不以寡违众，况防杜去官而塞孝爱之实。且人情趋于荣利，辞官本非所防，所以为其制者，莅官不久，则奔竞互生，故杜其欲速之情，以申考绩之实。省父母之疾，而加以罪名，悖义疾理，莫此为大。谓宜从旧，于义为允。”从之。于是自二品以上父母没者，坟墓崩毁及疾病族属辄去，并不禁锢。

刘毅当镇江陵，高祖会于江宁，朝士毕集。毅素好摴蒱，于是会戏。高祖与毅敛局，各得其半，积钱隐人，毅呼高祖并之。先掷得雉，高祖甚不说，良久乃答之。四坐倾瞩，既掷，五子尽黑，毅意色大恶，谓高祖曰：“知公不以大坐席与人。”鲜之大喜，徒跣绕床大叫，声声相续，毅甚不平，谓之曰：“此郑君何为者！”无复甥舅之礼。高祖少事戎旅，不经涉学，及为宰相，颇慕风流，时或言论，人皆依违之，不敢难也。鲜之难必切至，未尝宽假，要须高祖辞穷理屈，然后置之。高祖或有时惭恧，变色动容，既而谓人曰：“我本无术学，言义尤浅。比时言论，诸贤多见宽容，唯郑不尔，独能尽人之意，甚以此感之。”

时人谓为“格佞”。

自中丞转司徒左长史，太尉谘议参军，俄而补侍中，复为太尉谘议。十二年，高祖北伐，以为右长史。鲜之曾祖墓在开封，相去三百里，乞求拜省，高祖以骑送之。宋国初建，转奉常。

佛佛虏陷关中，高祖复欲北讨，行意甚盛。鲜之上表谏曰：“伏思圣略深远，臣之愚管无所措其意。然臣愚见，窃有所怀。虏凶狡情状可见，自关中再败，皆是帅师违律，非是内有事故，致外有败伤。虏闻殿下亲御六军，必谓见伐，当重兵潼关，其势然也。若陵威长驱，臣实见其未易；若舆驾顿洛，则不足上劳圣躬。如此，则进退之机，宜在孰虑。贼不敢乘胜过陕，远慑大威故也。今尽用兵之算，事从屈申，遣师扑讨，而南夏清晏，贼方惧将来，永不敢动。若兴驾造洛而反，凶丑更生揣量之心，必启边戎之患，此既必然。江南颙颙，倾注舆驾，忽闻远伐，不测师之深浅，必以殿下大申威灵，未还，人情恐惧，事又可推。往年西征，刘钟危殆，前年劫盗破广州，人士都尽。三吴心腹之内，诸县屡败，皆由劳役所致。又闻处处大水，加远师民敝，败散，自然之理。殿下在彭城，劫盗破诸县，事非偶尔，皆是无赖凶慝。凡顺而抚之，则百姓思安，违其所愿，必为乱矣。古人所以救其烦秽，正在于斯。汉高身困平城，吕后受匈奴之辱，魏武军败赤壁，宣武丧师枋头，神武之功，一无所损。况偏师失律，无亏于庙堂之上者邪。即之事实，非败之谓，唯龄石等可念耳。若行也，或速其祸。反覆思惟，愚谓不烦殿下亲征小劫。西虏或为河、洛之患，今正宜通好北虏，则河南安。河南安，则济、泗静。伏愿圣鉴，察臣愚怀。”

高祖践阼，迁太常，都官尚书。鲜之为人通率，在高祖坐，言无所隐，时人甚惮焉。而隐厚笃实，赡恤亲故。性好游行，命驾或不知所适，随御者所之。尤为高祖所狎，上尝于内殿宴饮，朝贵毕至，唯不召鲜之。坐定，谓群臣曰：“郑鲜之必当自来。”俄而外启：“尚书鲜之诣神兽门求启事。”高祖大笑引入，其被亲遇如此。

永初二年，出为丹杨尹，复入为都官尚书，加散骑常侍。以从征功，封龙阳县五等子。出为豫章太守，秩中二千石。元嘉三年，王弘入为相，举鲜之为尚书右仆射。四年，卒，时年六十四。追赠散骑常侍、金紫光禄大夫。文集传于世。

子愔，位至尚书郎，始兴太守。

裴松之字世期，河东闻喜人也。祖昧，光禄大夫。父珪，正员外郎。

松之年八岁，学通《论语》、《毛诗》。博览坟籍，立身简素。年二十，拜殿中将军。此官直卫左右，晋孝武太元中，革选名家以参顾问，始用琅邪王茂之、会稽谢辅，皆南北之望。舅庾楷在江陵，欲得松之西上，除新野太守，以事难不行。拜员外散骑侍郎。义熙初，为吴兴故鄣令，在县有绩。入为尚书祠部郎。

松之以世立私碑，有乖事实，上表陈之曰："碑铭之作，以明示后昆，自非殊功异德，无以允应兹典。大者道动光远，世所宗推，其次节行高妙，遗烈可纪。若乃亮采登庸，绩用显著，敷化所莅，惠训融远，述咏所寄，有赖镌勒，非斯族也，则几乎僭黩矣。俗敝伪兴，华烦已久，是以孔悝之铭，行是人非，蔡邕制文，每有愧色。而自时厥后，其流弥多，预有臣吏，必为建立。勒铭寡取信之实，刊石成虚伪之常，真假相蒙，殆使合美者不贵。但论其功费，又不可称。不加禁裁，其敝无已。"以为"诸欲立碑者，宜悉令言上，为朝议所许，然后听之。庶可以防遏无征，显彰茂实，使百世之下，知其不虚，则义信于仰止，道孚于来叶。"由是并断。

高祖北伐，领司州刺史，以松之为州主簿，转治中从事史。既克洛阳，高祖敕之曰："裴松之廊庙之才，不宜久尸边务，今召为世子洗马，与殷景仁同，可令知之。"于时议立五庙乐，松之以妃臧氏庙乐亦宜与四庙同。除零陵内史，征为国子博士。

太祖元嘉三年，诛司徒徐羡之等，分遣大使，巡行天下。通直散骑常侍袁渝、司徒左司掾孔邈使扬州，尚书三公郎陆子真、起部甄法崇使荆州，员外散骑常侍范雍、司徒主簿庞遵使南兖州，前尚书右丞孔默使南北二豫州，抚军参军王歆之使徐州，冗从仆射车宗使青、兖州，松之使湘州，尚书殿中郎阮长之使雍州，前竟陵太守殷道鸾使益州，员外散骑常侍李耽之使广州，郎中殷斌使梁州、南秦州，前员外散骑侍郎阮园客使交州，驸马都尉、奉朝请潘思先使宁州，并兼散骑常侍。班宣诏书曰："昔王者巡功，群后述职，不然则有存省之礼，聘覜之规。所以观民立政，命事考绩，上下偕通，遐迩咸被，故能功昭长世，道历远年。朕以寡暗，属承洪业，夤畏在位，昧于治道，夕惕惟忧，如临渊谷。惧国俗陵颓，民风凋伪，眚厉违和，水旱伤业。虽勤躬庶事，思弘攸宜，而机务惟殷，顾循多阙，政刑乖谬，未获具闻。岂诚素弗孚，使群心莫尽，纳隍之愧，在予一人。以岁时多难，王道未壹，卜征之礼，废而未修，眷被氓庶，无忘钦恤。今使兼散骑常侍渝等，申令四方，周行邦邑，亲见刺史二千石官长，申述志诚，广询治要，观察吏政，访求民隐，旌举操行，存问所疾。礼俗得失，一依周典，每各为书，还具条奏，俾朕昭然，若亲览焉。大夫君子，其各悉心敬事，无惰乃力。其有咨谋远图，谨言中诚，陈之使者，无或隐遗。方将敬纳良规，以补其阙。勉哉勖之，称朕意焉。"

松之反使奏曰："臣闻天道以下济光明，君德以广运为极。古先哲后，因心溥被，是以文思在躬，则时雍自洽，礼行江汉，而美化斯远。故能垂大哉之休咏，廓造周之盛则。伏惟陛下神睿玄通，道契旷代，冕旒华堂，垂心八表。咨敬敷之未纯，虑明扬之靡畅。清问下民，哀此鳏寡，涣焉大号，周爰四达。远猷形于《雅》、《诰》，惠训播乎遐陬。是故率土仰咏，重译咸说，莫不讴吟踊跃，式铭皇风。或有扶老携幼，称欢路左，诚由亭毒既流，故忘其自至，千载一时，于是乎在。臣谬蒙铨任，忝厕显列，猥以短乏，思纯八表，无以宣畅圣旨，肃明风化，黜陟无序，搜扬寡闻，惭惧屏营，不知所措。奉二十四条，谨随事为牒。伏见癸卯诏书，礼俗得失，一依周典，每各为书，还具条奏。谨依事为书，以系之后。"松之甚得奉使之义，论者美之。

转中书侍郎，司、冀二州大中正。上使注陈寿《三国志》，松之鸠集传记，增广异闻，既成奏上，上善之，曰："此为不朽矣。"出为永嘉太守,勤恤百姓,吏民便之。入补通直为常侍,复领二州大中正。寻出为南琅邪太守。十四年,致仕,拜中散大夫,寻领国子博士,进太中大夫,博士如故。续何承天国史,未及撰述,二十八年,卒,时年八十。子骃,南中郎参军。松之所著文论及《晋纪》,骃注司马迁《史记》,并行于世。

何承天,东海郯人也。从祖伦,晋右卫将军。承天五岁失父,母徐氏,广之姊也,聪明博学,故承天幼渐训义,儒史百家,莫不该览。叔父肹为益阳令,随肹之官。

隆安四年,南蛮校尉桓伟命为参军。时殷仲堪、桓玄等互举兵以向朝廷,承天惧祸难未已,解职还益阳。义旗初,长沙公陶延寿以为其辅国府参军,遣通敬于高祖,因除浏阳令,寻去职还都。抚军将军刘毅镇姑孰,版为行参军。毅尝出行,而鄢陵县史陈满射鸟,箭误中直帅,虽不伤人,处法弃市。承天议曰:"狱贵情断,疑则从轻。昔惊汉文帝乘舆马者,张释之劾以犯跸,罪止罚金。何者?明其无心于惊马也。故不以乘舆之重,加以异制。今满意在射鸟,非有心于中人。按律过误伤人,三岁刑,况不伤乎?微罚可也。"出补宛陵令。赵惔为宁蛮校尉、寻阳太守,请为司马。寻去职。

高祖以为太尉行参军。高祖讨刘毅,留诸葛长民为监军。长民密怀异志,刘穆之屏人问承天曰:"公今行济否云何?"承天曰:"不忧西不时,别有一虑耳。公昔年自左里还入石头,甚脱尔,今还,宜加重复。"穆之曰:"非君不闻此言。顷日愿丹徒刘郎,恐不复可得也。"除太学博士。义熙十一年,为世子征虏参军,转西中郎中军参军,钱唐令。高祖在寿阳,宋台建,召为尚书祠部郎,与傅亮共撰朝仪。永初末,补南台治书侍御史。

谢晦镇江陵,请为南蛮长史。时有尹嘉者,家贫,母熊自以身贴钱,为嘉偿责。坐不孝当死。承天议曰:"被府宣令,普议尹嘉大辟事,称法吏葛滕签,母告子不孝,欲杀者许之。法云,谓违犯教令,敬恭有亏,父母欲杀,皆许之。其所告惟取信于所求而许之。谨寻事原心，嘉母辞自求质钱，为子还责。嘉虽亏犯教义，而熊无请杀之辞。熊求所以生之，而今杀之，非随所求之谓。始以不孝为劾，终于和卖结刑，倚旁两端，母子俱罪，滕签法文，为非其条。嘉所存者大，理在难申，但明教爰发，矜其愚蔽。夫明德慎罚，文王所以恤下，议狱缓死，《中孚》所以垂化。言情则母为子隐，语敬则礼所不及。今舍乞宥之评，依请杀之条，责敬恭之节，于饥寒之隶，诚非罚疑从轻，宁失有罪之谓也。愚以谓降嘉之死，以普春泽之恩；赦熊之愆，以明子隐之宜。则蒲亭虽陋，可比德于盛明；豚鱼微物，不独遗于今化。"事未判，值赦并免。

晦进号卫将军，转谘议参军，领记室。元嘉三年，晦将见讨，其弟黄门郎嚼密信报之，晦问承天曰："若果尔，卿令我云何？"承天曰："以王者之重，举天下以攻一州，大小既殊，逆顺又异，境外求全，上计也。其次以腹心领兵，戍于义阳，将军率众于夏口一战，若败即趋义阳，以出北境，其次也。"晦良久曰："荆楚用武之国，兵力有余，且当决战，走不晚也。"使承天造立表檄。晦以湘州刺史张邵必不同已，欲遣千人袭之，承天以为邵意趋未可知，不宜便讨。时邵兄茂度为益州，与晦素善，故晦止不遣兵。前益州刺史萧摹之、前巴西太守刘道产去职还江陵，晦将杀之，承天尽力营救，皆得全免。晦既下，承天留府不从。及到彦之至马头，承天自诣归罪，彦之以其有诚，宥之，使行南蛮府事。

七年，彦之北伐，请为右军录事。及彦之败退，承天以才非军旅，得免刑责。以补尚书殿中郎，兼左丞。吴兴余杭民薄道举为劫，制同籍期亲补兵。道举从弟代公、道生等，并为大功亲，非应在补谪之例，法以代公等母存为期亲，则子宜随母补兵。承天议曰："寻劫制，同籍期亲补兵，大功不在例。妇人三从，既嫁从夫，夫死从子。今道举为劫，若其叔尚存，制应补谪，妻子营居，固其宜也。但为劫之时，叔父已没，代公、道生，并是从弟，大功之亲，不合补谪。今若以叔母为期亲，令代公随母补兵，既违大功不谪之制，又失妇人三从之道。由于主者守期亲之文，不辨男女之异，远嫌畏负，以生疑，惧非圣朝恤刑之旨。谓代公等母子并宜见原。”故司徒掾孔邈奏事未御，邈已丧殡，议者谓不宜仍用邈名，更以见官奏之。承天又议曰：“既没之名不合奏者，非有它义，正嫌于近不祥耳。奏事一却，动经岁时，盛明之世，事从简易，曲嫌细忌，皆应荡除。”

承天为性刚愎，不能屈意朝右，颇以所长侮同列，不为仆射殷景仁所平，出为衡阳内史。昔在西与士人多不协，在郡又不公清，为州司所纠，被收系狱，值赦免。十六年，除著作佐郎，撰国史。承天年已老，而诸佐并名家年少，颍川荀伯子潮之，常呼为“奶母”。承天曰：“卿当云凤凰将九子，奶母何言邪！”寻转太子率更令，著作如故。

时丹杨丁况等久丧不葬，承天议曰：“礼所云还葬，当时荒俭一时，故许其称财而不求备。丁况三家，数一年中，葬辄无棺榇，实由浅情薄恩，同于禽兽者耳。窃以为丁宝等同伍积年，未尝劝之以义，绳之以法。十六年冬，既无新科，又未申明旧制，有何严切，欻然相纠。或由邻曲分争，以兴此言。如闻在东诸处，比例既多，江西淮北尤为不少。若但谪此三人，殆无整肃。开其一端，则互相恐动，里伍县司，竞为奸利。财赂既逞，狱讼必繁，惧亏圣明烹鲜之美。臣愚谓况等三家，且可勿问，因此附定制旨，若民人葬不如法，同伍当即纠言，三年除服之后，不得追相告列，于事为宜。”

十九年，立国子学，以本官领国子博士。皇太子讲《孝经》，承天与中庶子颜延之同为执经。顷之，迁御史中丞。时索虏侵边，太祖访群臣威戎御远之略，承天上表曰：

伏见北藩上事，虏犯青、兖，天慈降鉴，矜此黎元，博逮群策，经纶戎政，臣以愚陋，预闻访及。窃寻猃狁告难，爰自上古，有周之盛，南仲出车，汉氏方隆，卫、霍宣力。虽饮马瀚海，扬旍祁连，事难役繁，天下骚动，委兴负海，赀及舟车。凶狡倔强，未肯受弱，得失报复，裁不相补。宣帝末年，值其乖乱，推亡固存，始获稽服。自晋丧中原，戎狄侵扰，百余年间，未暇以北虏为念。大宋启胙，两耀灵武，而怀德畏威，用自款纳。陛下临御以来，羁縻遵养，十余年中，贡译不绝。去岁三王出镇，思振远图，兽心易骇，遂生猜惧，背违信约，深构携隙。贪祸恣毒，无因自反，恐烽燧之警，必自此始。臣素庸懦，才不经武，率其管窥，谨撰《安边论》。意及浅末，惧无可采。若得询之朝列，辨核同异，庶或开引群虑，研尽众谋，短长毕陈，当否可见。其论曰：

汉世言备匈奴之策，不过二科，武夫尽征伐之谋，儒生讲和亲之约，课其所言，互有远志。加塞漠之外，胡敌掣肘，必未能摧锋引日，规自开张。当由往年冀土之民，附化者众，二州临境，三王出藩，经略既张，宏图将举，士女延望，华、夷慕义。故昧于小利，且自矜侈，外示余力，内坚伪众。今若务存遵养，许其自新，虽未可羁致北阙，犹足镇静边境。然和亲事重，当尽庙算，诚非愚短，所能究言。若追踪卫、霍瀚海之志，时事不等，致功亦殊。寇虽习战未久，又全据燕、赵，跨带秦、魏，山河之险，终古如一。自非大田淮、泗，内实青、徐，使民有赢储，野有积谷，然后分命方、召，总率虎旅，精卒十万，使一举荡夷，则不足稍勤王师，以劳天下。何以言之？今遗黎习乱，志在偷安，非皆耻为左衽，远慕冠冕，徒以残害剥辱，视息无寄，故繦负归国，先后相寻。虏既不能校胜循理，攻城略地，而轻兵掩袭，急在驱残，是其所以速怨召祸，灭亡之日。今若遣军追讨，报其侵暴，大翦幽、冀，屠城破邑，则圣朝爱育黎元，方济之以道。若但欲抚其归附，伐罪吊民，则骏马奔走，不肯来征，徒兴巨费，无损于彼。复奇兵深入，杀敌破军，苟陵患未尽，则困兽思斗，报复之役，将遂无已。斯秦、汉之末策，轮台之所悔也。

安边固守，于计为长。臣以安边之计，备在史策，李牧言其端，严尤申其要，大略举矣。曹、孙之霸，才均智敌，江、淮之间，不居各数百里。魏舍合肥，退保新城，江陵移民南涘，濡须之戍，家停羡溪。及表陵之屯，民夷散杂，晋宣王以为宜从江南以北岸，曹爽不许，果亡柤中，此皆前代之殷鉴也。何者？斥候之郊，非畜牧之地，非耕桑之邑，故坚壁清野，以俟其来，整甲缮兵，以乘其敝。虽时有古今，势有强弱，保民全境，不出此涂。要而归之有四：一曰移远就近，二曰浚复城隍，三曰篡偶车牛，四曰计丁课仗。良守疆其土田，骁帅振其风略，搜猎宣其号令，俎豆训其廉耻。县爵以縻之，设禁以威之，徭税有程，宽猛相济。比及十载，民知义方，然后简将授奇，扬旌云朔，风卷河冀，电埽嵩恒，燕弧折却，代马摧足，秦首斩其右臂，吴蹄绝其左肩，铭功于燕然之阿，飨徒于金微之曲。

寇虽乱亡有征，昧弱易取，若天时人事，或未尽符，抑锐俟机，宜审其算。若边戍未增，星居布野，勤惰异教，贫富殊资，疆场之民，多怀彼此，虏在去就，不根本业，难可驱率，易在振荡。又狡虏之性，食肉衣皮，以驰骋为仪容，以游猎为南亩，非有车舆之安，宫室之卫，栉风沐雨，不以为劳，露宿草寝，维其常性，胜则竞利，败不羞走，彼来或骤，而此已奔疲。且今春逾济，既获其利，乘胜忸忕，未虞天诛，比及秋末，容更送死。猋骑蚁聚，轻兵鸟集，并践禾稼，焚爇闾井，虽边将多略，未审何以御之。若盛师连屯，废农必众，驰车奔驲，起役必迟，散金行赏，损费必大，换土客戍，怨旷必繁。孰若因民所居，并修农战，无动众之劳，有捍卫之实，其为利害，优劣相县也。

一曰移远就近，以实内地。今青、兖旧民，冀州新附，在界首者二万家，此寇之资也。今悉可内徙，青州民移东莱、正昌、北海诸郡，太山以南，南至下邳，左沭右沂，田良野沃，西阻兰陵，北厄大岘，四塞之内，其号险固。民性重迁，暗于图始，无虏之时，喜生咨怨。今新被钞掠，余惧未息，若晓示安危，居以乐土，宜其歌抃就路，视迁如归。

二曰浚复城隍，以增阻防。旧秋冬收敛，民人入保，所以警备暴客，使防卫有素也。古之城池，处处皆有，今虽颓毁，犹可修治。粗计户数，量其所容，新徙之家，悉著城内，假其经用，为之闾伍，纳稼筑场，还在一处。妇子守家，长吏为师，丁夫匹妇，春夏佃牧。寇至之时，一城千室，堪战之士，不下二千，其余羸弱，犹能登阵鼓噪。十则围之，兵家旧说，战士二千，足抗群虏三万矣。

三曰纂偶车牛，以饰戎械。计千家之资，不下五百耦牛，为车伍伯两。参合钩连，以卫其众，设使城不可固，平行趋险，贼所不能干。既已族居，易可检括。号令先明，民知夙戒。有急征发，信宿可聚。

四曰计丁课仗，勿使有阙。千家之邑，战士二千，随其便能，各自有仗，素所服习，铭刻由己，还保输之于库，出行请以自卫。弓簳利铁，民不办得者，官以渐充之，数年之内，军用粗备矣。

臣闻军国异容，施于封畿之内；兵农并修，在于疆埸之表。攻守之宜，皆因其习，任其怯勇。山陵川陆之形，寒暑温凉之气，各由本性，易则害生。是故戍申作师远屯清济，功费既重，詹怨亦深。以臣料之，未若即用彼众之易也。管子治齐，寄令在民；商君为秦，设以耕战。终申威定霸，行其志业，非苟任强，实由有数。梁用走卒，其邦自灭；齐用技击，厥众亦离。汉、魏以来，兹制渐绝，搜田非复先王之礼，治兵徙逞耳目之欲，有急之日，民不知战，至乃广延赏募，奉以厚秩，发遽奔救，天下骚然。方伯刺史，拱手坐听，自无经略，唯望朝廷遣军，此皆忘战之害，不教之失也。今移民实内，浚治城隍，族居聚处，课其骑射，长吏简试，差品能不，甲科上第，渐就优别，明其勋才，表言州郡。如此则屯部有常，不迁其业，内护老弱，外通官涂，朋曹素定，同忧等乐，情由习亲，艺困事著，昼战见貌足相识，夜战闻声足相救，斯教战之一隅，先哲之遗术。论者必以古城荒毁，难可修复。今不谓顿便加功，整丽如旧，但欲先定民，营其闾术，墉壑存者，因而即之，其有毁缺，权时栅断。足以御彼轻兵，防遏游骑，假以方将，渐就只立。车牛之赋，课仗之宜，攻守所资，军国之要，今因民所利，导而率之。耕农之器，为府库之宝，田蚕之氓，兼城之用，千家总倍旅之兵，万户具全军之众，兵强而敌不戒，国富而民不劳，比于优复队伍，坐食廪粮者，不可同年而校矣。

今承平来久，边令弛纵，弓簳利铁，既不都断，往岁弃甲，垂二十年，课其所住，理应消坏。谓宜申明旧科，严加禁塞，诸商贾往来，幢队挟藏者，皆以军法治之。又界上严立关候，杜废间蹊。城保之境，诸所课仗，并加雕镌，别造程式。若有遗镞亡刃，及私为窃盗者，皆可立验，于事为长。又钜野湖泽广大，南通洙、泗，北连青、齐，有旧县城，正在泽内。宜立式修复旧堵，利其埭遏，给轻舰百艘，寇若入境，引舰出战，左右随宜应接，据其师津，毁其航漕。此以利制车，运我所长，亦微御敌之要也。

承天素好弈棋，颇用废事。太祖赐以局子，承天奉表陈谢，上答："局子之赐，何必非张武之金邪。"承天又能弹筝，上又赐银装筝一面。承天与尚书左丞谢元素不相善，二人竞伺二台之违，累相纠奏。太尉江夏王义恭岁给资费钱三千万，布五万匹，米七万斛。义恭素奢侈，用常不充，二十一年，逆就尚书换明年资费，而旧制出钱二十万，布五百匹以上，并应奏闻，元辄命议以钱二百万给太尉。事发觉，元乃使令史取仆射孟颉命。元时新除太尉谘议参军，未拜，为承天所纠。上大怒，遣元长归田里，禁锢终身。元时又举承天卖茭四百七十束与官属，求贵价，承天坐白衣领职。元字有宗，陈郡阳夏人，临川内史灵运从祖弟也，以才学见知，卒于禁锢。

二十四年，承天迁廷尉，未拜，上欲以为吏部。已受密旨，承天宣漏之，坐免官。卒于家，年七十八。先是，《礼论》有八百卷，承天删减并合，以类相从，凡为三百卷。并《前传》、《杂论》、《纂文》、论并传于世。又故定《元嘉历》，语在《律历志》。

史臣曰：治边之术，前世言之详矣。夫戎夷狡黠，飘迅难虞，必宜完其嶂塞，谨其烽柝，使来迳可防，去涂易梗，然后乃能禁暴止奸，养威攘寇。汉世案秦旧迹，严塞以限外夷，吴、魏交战，亦以江、淮为疆场，莫不先凭地险，却保民和，且守且耕，伺隙乘衅。高祖受命，王略未远，虽绵河作守，而兵孤援阔，盛衰既兆，用启戎心。盖由王业始基，经创多阙，先内后外，以至于此乎。自兹以降，分青置境，无围守之宜，阙耕战之略，恃寇不来，遂无其备。周、汉二策，在宋顿亡，遂致胡马横行，曾无藩落之固，使士民跼苍天，蹐厚地，系虏俘囚，而无所控告，哀哉！承天《安边论》博而笃矣，载之云尔。

宋书卷六五
列传第二五

吉翰　刘道产　杜骥　申恬

吉翰字休文，冯翊池阳人也。初为龙骧将军道怜参军，随府转征虏、左军参军，员外散骑侍郎。随道怜北征广固，赐爵建城县五等男。转道怜骠骑中兵参军，从事中郎。为将佐十余年，清谨刚正，甚为高祖所知赏。永初三年，转道怜太尉司马。

太祖元嘉元年，出督梁南秦二州诸军事、龙骧将军、西戎校尉、梁南秦二州刺史。三年，仇池氐杨兴平遣使归顺，并儿弟为质，翰遣始平太守庞谘据武兴。仇池大帅杨玄遣弟难当率众讵谘，又遣将强鹿皮向白水。谘击破，难当等并退走。其年，徙督益宁二州之巴西梓潼宕渠南汉中秦州之安固怀宁六郡诸军事、益州刺史，将军如故。在益州，著美绩，甚得方伯之体，论者称之。

六年，以老疾征还，除彭城王义康司徒司马，加辅国将军。时太祖经略河南，以翰为持节、监司雍并三州诸军事、司州刺史，持节、将军如故。会前锋诸军到彦之等败退，明年，复为司徒司马，将军如故。其年，又假节、监徐兖二州豫州之梁郡诸军事、徐州刺史，将军如故。时有死罪囚，典签意欲活之，因翰入关斋呈其事。翰省讫，语“今且去，明可便呈。”明旦，典签不敢复入，呼之乃来，取昨所呈事视讫，谓之曰：“卿意当欲宥此囚死命。昨于斋坐见其事，亦有心活之。但此囚罪重，不可全贷，既欲加恩，卿便当代任其罪。”因命左右收典签付狱杀之，原此囚生命。其刑政如此，其下畏服，莫敢犯禁。

明年，卒官，时年六十。追赠征虏将军，持节、监、刺史如故。

刘道产，彭城吕人，太尉咨议参军简之子也。简之事在弟子《康祖传》。

道产初为辅国参军，无锡令，在县有能名。高祖版为中军行参军，又为道怜骠骑参军，袭父爵晋安县五等侯。广州群盗因刺史谢道欣死为寇，攻没州城，道怜加道产振武将军，南讨，会始兴谦之已平广州，道产未至而反。

元年，除宁远将军、巴西梓潼二郡太守。郡人黄公生、任肃之、张石之等，并护纵余烬，与姻亲侯揽、罗奥等招引白水氐，规欲为乱。道产诛公生等二十一家，宥其余党。还为彭城王义康骠骑中兵参军。元嘉三年，督梁南秦二州诸军事、宁远将军、西戎校尉、梁南秦二州刺史。在州有惠化，关中流民前后出汉川归之者甚多。六年，道产表置陇西、宋康二郡，以领之。

七年，征为后军将军。明年，迁竟陵王义宣左将军咨议参军，仍为持节、督雍梁南秦三州荆州之南阳竟陵顺阳襄阳新野随六郡诸军事、宁远将军、宁蛮校尉、雍州刺史、襄阳太守。善于临民，在雍部政绩尤著，蛮夷前后叛戾不受化者，并皆顺服，悉出缘沔为居。百姓乐业，民户丰赡，由此有《襄阳乐歌》，自道产始也。十三年，进号辅国将军。十九年，卒，追赠征虏将军，谥曰襄侯。道产惠泽被于西土，及丧还，诸蛮皆备衰绖，号哭追送，至于沔口。荆州刺史衡阳王义季启太祖曰："故辅国将军刘道产，患背痈，疾遂不救。道产自镇汉南，境接凶寇，政绩既著，威怀兼举。年时犹可，方宣其用，奄至殒没，伤怨特深。伏惟圣怀，悯惜兼至。"

长子延孙，别有传。延孙弟延熙，因延孙之荫，大明中为司徒右长史，黄门郎，临海、义兴太守。泰始初，与四方同反，伏诛。

道产弟道锡，巴西、梓潼二郡太守。元嘉十八年，为氐寇所攻，道锡保城退敌，太祖嘉之，下诏曰："前者兵寇攻逼，边情波骇，广威将军、巴西梓潼二郡太守刘道锡，将率文武，尽心因守，保全之绩，厥效可书。可冠军。咨议参军、前建威将军、晋寿太守申坦，孤城弱众，厉志致果，死伤参半，壮气不衰，虽力屈陷没，在诚宜甄。可建威将军、巴西梓潼二郡太守。"初，氐寇至，城内众寡，道锡募吏民守城，复租布二十年。及贼退，朝议："贼虽攻城，一战便走，听依本要，于事为优。"右卫将军沈演之、丹阳尹羊玄保、后军长史范晔并谓："宜随功劳裁量，不可全用本誓，多者不得过十年。"从之。二十一年，迁扬烈将军、广州刺史。二十七年，坐贪纵过度，自杖治中荀齐文垂死，乘舆出城行，与阿尼同载，为有司所纠，值赦。明年散征，又以赦后余赃，收下廷尉，被宥。病卒。

杜骥字度世，京兆杜陵人也。高祖预，晋征南将军。曾祖耽，避难河西，因仕张氏。苻坚平凉州，父祖始还关中。

兄坦，颇涉史传。高祖征长安，席卷随从南还。太祖元嘉中，任遇甚厚，历后军将军，龙骧将军，青、冀二州刺史，南平王铄右将军司马。晚庶北人，朝廷常以伧燕遇之，虽复人才可施，每为清涂所隔，坦以此慨然。尝与太祖言及史籍，上曰："金日磾忠孝淳深，汉朝莫及，恨今世无复如此辈人。"坦曰："日磾之美，诚如圣诏。假使生乎今世，养马不暇，岂办见知。上变色曰："卿何量朝廷之薄也！"坦曰："请以臣言之。臣本中华高族，亡曾祖晋氏丧乱，播迁凉土，世叶相承，不殒其旧。直以南度不早，便以荒伧赐隔。日磾胡人，身为牧圉，便超入内侍，齿列名贤。圣朝虽复拔才，臣恐未必能也。"上嘿然。

北土旧法，问疾必遣子弟。骥年十三，父使候同郡韦华。华子玄有高名，见而异之，以女妻焉。桂阳公义真镇长安，辟为州主簿，后为义真车骑行参军，员外散骑侍郎，江夏王义恭抚军刑狱参军，尚书都官郎，长沙王义欣后军录事参军。

元嘉七年，随到彦之入河南，加建武将军。索虏撤河南戍悉归河北，彦之使骥守洛阳。洛阳城不治既久，又无粮食，及彦之败退，骥欲弃城走，虑为太祖所诛。初，高祖平西洛，致钟虡旧器南还，一大钟坠洛水。至是太祖遣将姚耸夫领千五百人迎致之。时耸夫政率所领牵钟于洛水，骥乃诳之曰："虏既南渡，洛城势弱，今修理城池，并已坚固，军粮又足，所乏者人耳。君率众见就，共守此城，大功既立，取钟无晚。"耸夫信之，率所领就骥。既至见城不可守，又无粮食，于是引众去。骥亦委城南奔，白太祖曰："本欲以死固守，姚耸夫及城便走，人情沮败，不可复禁。"上大怒，使建威将军郑顺之杀耸夫于寿阳。耸夫，吴兴武康人，勇果有气力，宋世扁裨小将莫及，始随到彦之北伐，与虏遇，耸夫手斩托跋焘叔父英文特勒者，焘以马百匹赎之。

以骥为通直郎，射声校尉，世祖征虏谘议参军。十七年，出督青冀二州徐州之东莞东安二郡诸军事、宁远将军、青冀二州刺史。在任八年，惠化著于齐土。自义熙至于宋末，刺史唯羊穆之及骥为吏民所称咏。二十四年，征左军将军，兄坦代为刺史，北土以为荣焉。坦长子琬，为员外散骑侍郎，太祖尝有函诏敕坦，琬辄开视。信未发，又追取之，敕函已发，大相推检。丞都答云："诸郎开视。"上遣主书诘责，骥答曰："开函是臣第四子季文，伏待刑坐。"上特原不问。二十七年，卒，时年六十四。

长子长文，早卒。

第五子幼文，薄于行。太宗初，以军功为骁骑将军，封邵阳县男，食邑三百户。寻坐巧佞夺爵。后以发太尉庐江王祎谋反事，拜黄门侍郎，出为辅国将军、梁南秦二州刺史。废帝元徽中，为散骑常侍。幼文所莅贪横，家累千金，女伎数十人，丝竹昼夜不绝，与沈勃、孙超之居止接近，常相从，□并与阮佃夫厚善。佃夫死，废帝深疾之。帝微行夜出，辄在幼文门墙之间，听其弦管，积久转不能平，于是自率宿卫兵诛幼文、勃、超之等。幼文兄叔文，为长水校尉，及诸子侄在京邑方镇者并诛。唯幼文兄季文、弟希文等数人，逃亡得免。

申恬字公休，魏郡魏人也。曾祖钟，为石虎司徒。高祖平广固，恬父宣、宣从父兄永皆得归国，并以干用见知。永历青、兖二州刺史。高祖践阼，拜太中大夫。宣，太祖元嘉初，亦历兖、青二州刺史。恬兄谟，与朱脩之守滑台，为虏所没，后得叛还。元嘉中，为竟陵太守。

恬初为骠骑道怜长兼参军。高祖践阼，拜东宫殿中将军，度还台。直省十载，不请休息。转员外散骑侍郎，出为绥远将军、下邳太守。转在北海，加宁远将军。所至皆有政绩。又为北谯、梁二郡太守，将军如故。郡境边接任榛，屡被寇抄。恬到，密知贼来，仍伏兵要害，出其不意，悉皆禽殄。元嘉十二年，迁督鲁东平济北三郡军事、泰山太守，将军如故。威惠兼著，吏民便之。临川王义庆镇江陵，为平西中兵参军、河东太守。衡阳王义季代义庆，又度安西府，加宁朔将军。召拜太子屯骑校尉，母忧去职。

二十一年，冀州移镇历下，以恬督冀州青州之济南乐安太原三郡诸军事、扬烈将军、冀州刺史。明年，加济南太守。时又迁换诸郡守，恬上表曰："伏闻朝恩当加臣济南太守，仰惟优旨，荒心散越。臣殃咎之余，遭蒙逾忝，宠私罔已，复兼今授，岂其愚迷，所能上答。臣近至止，即履行所统，究其形宜。河、济之间，应置戍捍，其中四处，急须修立，瓮口故城，又是要所，宜移太原，委以边事。缘山诸逻，并得除省，防卫绥怀，利便非一。吕绰诚效益著，深同臣意，百姓闻者，咸皆附说，急有同异，二三求宜。但房绍之莅郡经年，君民粗狎，改以带臣，有□永事。远牵太原，于民为苦。而瓮口之计，复成交互，人情非乐，容有不安。疆场威刑，患不开广，若得依先处分，公私允缉。"上从之。诏有司曰："恬所陈当是事宜，近诸除授可悉停。"

北虏入寇，恬摧击之，为虏所破，被征远都。二十七年，起为通直常侍。是岁，索虏南寇，其武昌王向青州。遣恬援东阳，因与辅国司马、齐郡太守庞秀之保城固守。萧斌遣青州别驾解荣之率垣护之还援恬等，仍傍南山得入。贼朝来胁城，日晚辄退。城内乃出车北门外，环堑为营，欲挑战，贼不敢逼。停五日，东过抄略清河郡及驿道南数迁家，从东安、东莞出下邳。下邳太守垣阆闭城距守，保全二千余家。虏退，以恬为宁朔将军、山阳太守。善于治民，所莅有绩。

世祖践阼，迁青州刺史，将军如故。寻加督徐州之东莞、东安二郡诸军事。明年，又督冀州。齐地连岁兴兵，百姓凋弊，恬初防卫边境，劝课农桑，二三年间，遂皆优实。性清约，频处州郡，妻子不免饥寒，世以此称之。进号辅国将军。

孝建二年，迁督豫州军事、宁朔将军、豫州刺史。明年，疾病征还，于道卒，时年六十九。死之日，家无遗财。子寔，南谯郡太守。子谟，早卒。

谟子元嗣，海陵、广陵太守。元嗣弟廉，太始初，以军功历军校，官至辅国将军、临川内史。

永子坦，自巴西、梓潼迁梁、南秦二州刺史。元嘉二十六年，为世祖镇军谘议参军，与王玄谟围滑台，不克，免官。青州刺史萧斌板行建威将军、济南平原二郡太守，复攻碻磝，财退，下历城。萧思话起义讨元凶，假坦辅国将军，为前锋。世祖至新亭，坦亦进克京城。孝建初，为太子右卫率，宁朔将军、徐州刺史。大明元年，虏寇兖州，世祖遣太子卫率薛安都、新除东阳太守沈法系北讨，至兖州，虏已去。坦建议："任榛亡命，屡犯边民，军出无功，宜因此翦扑。"上从之。亡命先已闻知，举村逃走，安都与法系坐白衣领职，坦弃市。群臣为之请，莫能得。将行刑，始兴公沈庆之入市抱坦恸哭，曰："卿无罪，为朝廷所枉诛，我入市亦当不久。"市官以白上，乃原生命，系尚方，寻被宥。复为骁骑将军，病卒。

子令孙，前废帝景和中，为永嘉王子仁左军司马、广陵太守。太宗以为宁朔将军、徐州刺史，讨薛安都。行至淮阳，即与安都合。弟阐，时为济阴太守，戍睢陵城，奉顺不同安都，安都攻围不能克。会令孙至，遣往睢陵令说阐降，阐既降，杀之，令孙亦见杀。

先是，清河崔諲亦以将吏见知高祖，永初末，为振威将军、东莱太守。少帝初，亡命司马灵期、司马顺之千余人围东莱，諲击之，斩灵期等三十级。太祖元嘉中，至青州刺史。

史臣曰：汉之良吏，居官者或长子孙，孙、曹之世，善职者亦二三十载，皆敷政以尽民和，兴让以存简久。及晚代风烈渐衰，非才有起伏，盖所遭之时异也。刘道产之在汉南，历年逾十，惠化流于樊沔，颇有前世遗风，故能树绩垂名，斯为美矣。

宋书卷六六
列传第二六

王敬弘　何尚之

王敬弘，琅邪临沂人也。与高祖□□，故称字。曾祖廙，晋骠骑将军。祖胡之，司州刺史。父茂之，晋陵太守。

敬弘少有清尚，起家本国左常侍，卫军参军。性恬静，乐户水。为天门太守。敬弘妻，桓玄姊也。敬弘之郡，玄时为荆州，遣信要令过。敬弘至巴陵，谓人曰："灵宝见要，正当欲与其姊集聚耳，我不能为桓氏赘婿。"乃遣别船送妻往江陵。妻在桓氏，弥年不迎。山郡无事，恣其游适，累日不回，意甚好之。转桓伟安西长史、南平太守。去官，居作塘县界。玄辅政及篡位，屡召不下。

高祖以为车骑从事中郎，徐州治中从事史，征西将军道规谘议参军。时府主簿宗协亦有高趣，道规并以事外相期。尝共酣饮致醉，敬弘因醉失礼，为外司所白，道规即更引还，重申初燕。召为中书侍郎，始携家累自作塘还京邑。久之，转黄门侍郎，不拜。仍除太尉从事中郎，出为吴兴太守。旧居余杭县，悦是举也。寻征为侍中。高祖西讨司马休之，敬弘奉使慰劳，通事令史潘尚于道疾病，敬弘单船送还都，存亡不测，有司奏免官，诏可。未及释朝服，值赦复官。宋国初建，为度支尚书，迁太常。

高祖受命，补宣训卫尉，加散骑常侍。永初三年，转吏部尚书，常侍如故。敬弘每被除召，即便祗奉，既到宜退，旋复解官，高祖嘉其志，不苟违也。复除庐陵王师，加散骑常侍，自陈无德，不可师范令王,固让不拜。又除秘书监,金紫光禄大夫,加散骑常侍,本州中正,又不就。太祖即位,又以为散骑常侍、金紫光禄大夫,领江夏王师。

元嘉三年,为尚书仆射。关署文案,初不省读。尝豫听讼,上问以疑狱,敬弘不对。上变色,问左右:"何故不以讯牒副仆射?"敬弘曰:"臣乃得讯牒读之,政自不解。"上甚不悦。六年,迁尚书令,敬弘固让,表求还东,上不能夺,改授侍中、特进、左光禄大夫,给亲信二十人。让侍中、特进,求减亲信之半,不许。及东归,车驾幸冶亭饯送。

十二年,征为太子少傅。敬弘诣京师上表曰:"伏见诏书,以臣为太子少傅,承命震惶,喜惧交悸。臣抱疾东荒,志绝荣观,不悟圣恩,猥复加宠。东宫之重,四海瞻望,非臣薄德,所可居之。今内外英秀,应选者多,且版筑之下,岂无高逸,而近私愚朽,污辱清朝。呜呼微臣,永非复大之一物矣。所以牵曳阙下者,实瞻望圣颜,贪系表之旨。臣如此而归,夕死无恨。"诏不许,表疏屡上,终以不拜。东归,上时不豫,自力见焉。十六年,以为左光禄大夫、开府仪同三司,侍中如故。又诣京师上表曰:"臣比自启闻,谓诚心已达,天鉴玄邈,未蒙在宥,不敢宴处,牵曳载驰。臣闻君子行道,忘其为身,三复斯言,若可庶勉,顾惜惛耄,志与愿违。礼年七十,老而传家,家道犹然,况于在国。伏愿陛下矜臣西夕,悯臣一至,特回圣恩,赐反其所,则天道下济,愚心尽矣。"竟不拜东归。二十三年,重申前命,又表曰:"臣躬耕南澧,不求闻达。先帝拔臣于蛮荆之域,赐以国士之遇。陛下嗣徽,特蒙眷齿,由是感激,委质圣朝。虽怀犬马之诚,遂无尘露之益。年向九十,生理殆尽,永绝天光,沦没丘壑。谨冒奉表,伤心久之。"

明年,薨于余杭之舍亭山,时年八十。追赠本官。顺帝升明二年,诏曰:"夫涂秘兰幽,贞芳载越,徽猷沉远,懋礼弥昭。故侍中、左光禄大夫、开府仪同三司敬弘,神韵冲简,识寓标峻,德敷象魏,道蔼丘园。高挹荣冕,凝心尘外,清光粹范,振俗淳风。兼以累朝延赏,声华在咏，而嘉篆阙文，猷策韬里，尚想遥芬，兴怀寝寤。便可详定辉谥，式旌追典。”于是谥为文贞公。

敬弘形状短小，而坐起端方，桓玄谓之“弹棋八势。”所居舍亭山，林涧环周，备登临之美，时人谓之王东山。太祖尝问为政得失，敬弘对曰：“天下有道，庶人不议。”上高其言。左右常使二老婢，戴五絛五辫，著青纹袴襦，饰以朱粉。女适尚书仆射何尚之弟述之，敬弘尝往何氏看女，值尚之不在，寄斋中卧。俄顷尚之还，敬弘使二婢守阁，不听尚之入，云“正热，不堪相见，君可且去。”尚之于是移于它室。子恢之被召为秘书郎，敬弘为求奉朝请，与恢之书曰：“秘书有限，故在竞；朝请无限，故无竞。吾欲使汝处于不竞之地。”太祖嘉而许之。敬弘见儿孙岁中不过一再相见，见辄克日。恢之尝请假还东定省，敬弘克日见之，至日辄不果，假日将尽，恢之乞求奉辞，敬弘呼前，既至阁，复不见。恢之于阁外拜辞，流涕而去。

恢之至新安太守，中大夫。恢之弟瓒之，世祖大明中，吏部尚书，金紫光禄大夫，谥曰贞子。瓒之弟升之，都官尚书。升之子延之，升明末，为尚书左仆射，江州刺史。

何尚之字彦德，庐江灊人也。曾祖准，高尚不应征辟。祖恢，南康太守。父叔度，恭谨有行业，姨适沛郡刘璩，与叔度母情爱甚笃，叔度母蚤卒，奉姨有若所生。姨亡，朔望必往致哀，并设祭奠，食并珍新，躬自临视。若朔望应有公事，则先遣送祭，皆手自料简，流涕对之，公事毕，即往致哀，以此为常，至三年服竟。义熙五年，吴兴武康县民王延祖为劫，父睦以告官。新制，凡劫身斩刑，家人弃市。睦既自告，于法有疑。时叔度为尚书，议曰：“设法止奸，本于情理，非一人为劫，阖门应刑。所以罪及同产，欲开其相告，以出为恶之身。睦父子之至，容可悉共逃亡，而割其天属，还相缚送，螫毒在手，解腕求全，于情可悯，理亦宜宥。使凶人不容于家，逃刑无所，乃大绝根源也。睦既纠送，则余人无应复告。”并全之。后为金紫光禄大夫，吴郡太守，加秩中二千石。太保王弘称其清身洁己。元嘉八年，卒。

尚之少时颇轻薄，好樗蒲，既长，折节蹈道，以操立见称。为陈郡谢混所知，与之游处。家贫，起为临津令。高祖领征南将军，补府主簿。从征长安，以公事免，还都。因患劳疾积年，饮妇人乳，乃得差。以从征之劳，赐爵都乡侯。少帝即位，为庐陵王义真车谘议参军。义真与司徒徐羡之、尚书令傅亮等不协，每有不平之言，尚之谏戒，不纳。义真被废，入为中书侍郎。太祖即位，出为临川内史，入为黄门侍郎，尚书吏部郎，左卫将军。父忧去职，服阙，复为左卫，领太子中庶子。尚之雅好文义，从容赏会，甚为太祖所知。十二年，迁侍中，中庶子如故，寻改领游击将军。

十三年，彭城王义康欲以司徒左长史刘斌为丹阳尹，上不许，乃以尚之为尹，立宅南郭外，置玄学，聚生徒，东海徐秀、庐江何昙、黄回、颍川荀子华、太原孙宗昌、王延秀、鲁郡孔惠宣，并慕道来游，谓之南学。女适刘湛子黯，而湛与尚之意好不笃。湛欲领丹阳，乃徙尚之为祠部尚书，领国子祭酒。尚之甚不平。湛诛，迁吏部尚书。时左卫将军范晔任参机密，尚之察其意趣异常，白太祖，宜出为广州，若在内衅成，不得不加以铁钺，屡诛大臣，有亏皇化。上曰："始诛刘湛等，方欲超升后进。晔事迹未彰，便豫相黜斥，万方将谓卿等不能容才，以我为信受谗说。但使共知如此，不忧致大变也。"晔后谋反伏诛，上嘉其先见。国子学建，领国子祭酒。又领建平王师，乃徙中书令，中护军。

二十三年，迁尚书右仆射，加散骑常侍。是岁造玄武湖，上欲于湖中立方丈、蓬莱、瀛洲三神山，尚之固谏乃止。时又造华林园，并盛暑役人工，尚之又谏，宜加休息，上不许，曰："小人常自暴背，此不足为劳。"时上行幸，还多侵夕，尚之又表谏曰："万乘宜重，尊不可轻，此圣心所鉴，岂假臣启。舆驾比出，还多冒夜，群情倾侧，实有未宁。清道而动，帝王成则，古今深诫，安不忘危。若值汲黯、辛毗，必将犯颜切谏，但臣等碌碌，每存顺嘿耳。伏愿少采愚诚，思垂省察，不以人废，适可以慰四海之望。"亦优诏纳之。

先是，患货重，铸四铢钱，民间颇盗铸，多翦凿古钱以取铜，上患之。二十四年，录尚书江夏王义恭建议，以一大钱当两，以防翦凿，议者多同。尚之议曰："伏览明命，欲改钱制，不劳采铸，其利自倍，实救弊之弘算，增货之良术。求之管浅，犹有未譬。夫泉贝之兴，以估货为本，事存交易，岂假数多。数少则币轻，数多则物重，多少虽异，济用不殊。况复以一当两，徒崇虚价者邪？凡创制改法，宜从民情，未有违众矫物而可久也。泉布废兴，骤议，前代赤仄白金，俄而罢息，六货愦乱，民泣于市。良由事不画一，难用遵行，自非急病权时，宜守久长之业。烦政曲杂，致远常泥。且货偏则民病，故先王立井田以一之，使富不淫侈，贫不过匮。虽兹法久废，不可顿施，要宜而近，粗相放拟。若今制遂行，富人赀货自倍，贫者弥增其困，惧非所以欲均之意。又钱之形或，大小多品，直去大钱，则未知其格。若止于四铢五铢，则文皆古篆，既非下走所识，加或漫灭，尤难分明，公私交乱，争讼必起，此最是其深疑者也。命旨兼虑翦凿日多，以至消尽，鄙意复谓殆无此嫌。民巧虽密，要有踪迹，且用钱货铜，事可寻检，直由属所怠纵，纠察不精，致使立制以来，发觉者寡。今虽有悬金之名，竟无酬与之实，若申明旧科，禽获即报，畏法希赏，不日自定矣。愚者之议，智者择焉，猥参访逮，敢不输尽。"

吏部尚书庾炳之、侍中太子左卫率萧思话、中护军赵伯符、御史中丞何承天、太常郗敬叔，并同尚之议。中领军沈演之以为："龟贝行于上古，泉刀兴自有周，皆所以阜财通利，实国富民者也。历代虽远，资用弥便，但铄铸久废，兼丧乱累仍，糜散漂灭，何可胜计。晋迁江南，疆境未廓，或土习其风，钱不普用，其数本少，为患尚轻。今王略开旷，声教遐暨，金镪所布，爰逮荒服，昔所不及，悉已流行之矣。用弥旷而货愈狭，加复竞窃翦凿，销毁滋繁，刑禁虽重，奸避方密，遂使岁月增贵，贫室日处，瞀作肆力之氓，徒勒不足以赡。诚由货贵物贱，常调未革，弗思厘改，为弊转深，斯实亲教之良时，通变之嘉会。愚谓若以大钱当两，则国传难朽之实，家赢一倍之利，不俟加宪，巧源自绝，施一令而众美兼，无兴造之费，莫盛于兹矣。"上从演之议，遂以一钱当两，行之经时，公私非便，乃罢。

五年，迁左仆射，领汝阴王师，常侍如故。二十八年，转尚书令，领太子詹事。二十九年，致仕，于方山著《退居赋》以明所守，而议者咸谓尚之不能固志，太子左卫率袁淑与尚之书曰："昨遣修问，承丈人已晦志山田，虽曰年礼宜遵，亦事难斯贵，俾疏、班、邴、魏，通美于前策，龚、贡、山、卫，沦惭乎曩篇。规追休告，雪涤素怀，冀寻幽之欢，毕□玄之适。但淑逸操偏回，野性梦滞，果兹冲寂，必沉乐忘归。然而已议涂闻者，谓文人徽明未耗，誉业方籍，傥能屈事康道，降节殉务，舍南濒之操，淑此行求决矣。望眷有积，约日无误。"尚之宅在南涧寺侧，故书云"南濒"，《毛诗》所谓"于以采蘋，南涧之濒"也。诏书敦劝，上又与江夏王义恭诏曰："今朝贤无多，且羊、孟尚不得告谢，尚之任遇有殊，便未宜申许邪。"义恭答曰："尚之清忠贞固，历事唯允，虽年在悬车，而体独克壮，未相申许，下情所同。"尚之复摄职。羊即羊玄保，孟即孟颛，字彦重，平昌安人。兄昶贵盛，颛不就征辟。昶死后，起家为东阳太守，遂历吴郡、会稽、丹阳三郡，侍中，仆射，太子詹事，复为会稽太守，卒官，赠左光禄大夫。子劭，尚太祖第十六女南郡公主，女适彭城王义康、巴陵哀王休若。

尚之既还任事，上待之愈隆。是时复遣军北伐，资给戎旅，悉以委之。元凶弑立，进位司空，领尚书令。时三方兴义，将佐家在都邑，劭悉欲诛之，尚之诱说百端，并得免。世祖即位，复为尚书令，领吏部，迁侍中、左光禄大夫，领护军将军。寻辞护军，加特进。复以本官领尚书令。丞相南郡王义宣、车骑将军臧质反，义宣司马竺超民、臧质长史陆展兄弟并应从诛，尚之上言曰："刑罚得失，治乱所由，圣贤留心，不可不慎。竺超民为贼既遁走，一夫可禽，若反覆昧利，即当取之，非唯免愆，亦可要不义之赏，而超民曾无此意，微足观过知仁。且为官保全城府，谨守库藏，端坐待缚。今戮及兄弟，与向始末无论者复成何异。陆展尽质复灼然，便同之巨逆，于事为重。臣豫蒙顾待，自殊凡隶，苟有所怀，不敢自默。起民坐者由此得原。

时欲分荆州置郢州，议其所居。江夏王义恭以为宜在巴陵，尚之议曰："夏口在荆、江之中，正对沔口，通接梁攻，实为津要，由来旧镇，根基不易。今分取江夏、武陵、天门、竟陵、随五郡为一州，镇在夏口，既有见城，浦大容舫。竟陵出道取荆州，虽水路，与去江夏不异，诸郡至夏口皆从流，并为利便。湘州所领十一郡，其巴陵边带长江，去夏口密迩，既分湘中，乃更成大，亦可割巴陵属新州，于事为允。”上从其议。荆、扬二州，户口半天下，江左以来，扬州根本，委荆以阃外，至是并分，欲以削臣下之权，而荆、扬并因此虚耗。尚之建言复合二州，上不许。

大明二年，以为左光禄、开府仪同三司，侍中如故。尚之在家，常著鹿皮帽，及拜开府，天子临轩，百僚陪位，沈庆之于殿廷戏之曰：“今日何不著鹿皮冠？”庆之累辞爵命，朝廷敦劝甚笃，尚之谓曰：“主上虚怀侧席，讵宜固辞。”庆之曰：“沈公不效何公，去而复还也。”尚之有愧色。爱尚文义，老而不休，与太常颜延之论议往反，传于世。立身简约，车服率素，妻亡不娶，又无姬妾。秉衡当朝，畏远权柄，亲戚故旧，一无荐举，既以致怨，亦以此见称。复以本官领中书令。四年，疾笃，诏遣侍中沈怀文、黄门侍郎王钊问疾。薨于位，时年七十九。追赠司空，侍中、中书令如故。谥曰简穆公。子偃，别有传。

尚之弟悠之，义兴太守，侍中，太常。与琅邪王徽相善，悠之卒，徽与偃书曰：“吾与义兴，直恨相知之晚，每惟君子知我。若夫嘉我小善，矜余不能，唯贤叔耳。”悠之弟愉之，新安太守。愉之弟翌之，都官尚书。悠之子颙之，尚太祖第四女临海惠公主。太宗世，官至通直常侍。

史臣曰：江左以来，树根本于扬越，任推毂于荆楚。扬土自庐、蠡以北，临海而极大江；荆部则包括湘、沅，跨巫山而掩邓塞。民户境域，过半于天下。晋世幼主在位，政归辅臣，荆、扬司牧，事同二陕。宋室受命，权不能移，二州之重，咸归密戚。是以义宣藉西楚强富，因十载之基，嫌隙既树，遂规问鼎。而建郢分扬，矫枉过直，藩城既剖，盗实人单，阃外之寄，于斯而尽。若长君南面，威刑自出，至亲在外，事不患强。若运经盛衰，时艰主弱，虽近臣怀祸，止有外惮，吕宗不竞，实由齐、楚，兴丧之源，于斯尤著。尚之言并合，可谓识治也矣。

宋书卷六七
列传第二七

谢灵运

谢灵运，陈郡阳夏人也。祖玄，晋车骑将军。父瑍，生而不慧，为秘书郎，蚤亡。灵运幼便颖悟，玄甚异之，谓亲知曰："我乃生瑍，瑍那得生灵运！"

灵运少好学，博览群书，文章之美，江左莫逮，从叔混特知爱之。袭封康乐公，食邑二千户。以国公例，除员外散骑侍郎，不就。为琅邪王大司马行参军。性奢豪，车服鲜丽，衣裳器物，多改旧制，世共宗之，咸称谢康乐也。抚军将军刘毅镇姑孰，以为记室参军。毅镇江陵，又以为卫军从事中郎。毅伏诛，高祖版为太尉参军，入为秘书丞，坐事免。

高祖伐长安，骠骑将军道怜居守，版为谘议参军，转中书侍郎，又为世子中军谘议，黄门侍郎。奉使慰劳高祖于彭城，作《撰征赋》，其序曰：

盖闻昏明殊位，贞晦异道，虽景度回革，乱多治寡，是故升平难于恒运，剥丧易以横流。皇晋□□河汾，来迁吴楚，数历九世，年逾十纪，西秦无一援之望，东周有三辱之愤，可为积祸缠衅，固以久矣。况乃陵茔幽翳，情敬莫遂，日月推薄，帝心弥远。庆灵将升，时来不爽，相国宋公，得一居贞，回乾运轴，内匡寰表，外清遐陬。每以区宇未统，侧席盈虑。值天祚攸兴，昧弱授机，龟筮元谋，符瑞景征。于是仰祗俯协，顺天从兆，兴止戈之师，躬暂劳之讨。以义熙十有二年五月丁酉，敬戒九伐，申命六军，治兵于京畿，次师于汳上。灵樯千艘，雷辎万乘，羽骑盈涂，飞旍蔽日。别命群帅，诲谟惠策，法奇于《三略》，义秘于《六韬》。所以钩棘未曜，殒前禽于金墉，威弧始彀，走钑隼于滑台。曾不逾月，二方献捷。宏功懋德，独绝古今。天子感《东山》之劬劳，废格天之光大，明发兴于鉴寐，使臣遵于原隰。余摄官承乏，谬充殊役，《皇华》愧于先《雅》，靡盬顿于征人。以仲冬就行，分春反命，涂经九守，路逾千里。沿江乱淮，溯薄泗、汳，详观城邑，周览丘坟，眷言古迹，其怀已多。昔皇祖作藩，受命淮、徐，道固苞桑，勋由仁积。年月多历，市朝已改，永为洪业，缠怀清历。于是采访故老，寻履往迹，而远感深慨，痛心殒涕。遂写集闻见，作赋《撰征》，俾事运迁谢，托此不朽。其词曰：

系烈山之洪绪，承火正之明光。立熙载于唐后，申谮事于周王。畴庸命而顺位，锡宝圭以彻疆。历尚代而平显，降中叶以繁昌。业服道而德徽，风行世而化扬。投前踪以永冀，省辖质以远伤。睽谋始于蓍蔡，违用舍于行藏。

庇常善之罔弃，凭曲成之不遗。昭在幽而偕煦，赏弥久而愈私。顾晚草之薄弱，仰青春之葳蕤。引蔓颖于松上，擢纤枝于兰逵。施隆贷而有渥，报涓尘而无期。欢太阶之休明，穆皇道之缉熙。

惟王建国，辨方定隅，内外既正，华夷有殊。惟昔《小雅》，逮于《班书》，戎蛮孔炽，是殛是诛。所以宣王用棘于猃狁，高帝方事于匈奴。然侵镐至泾，自塞及平。窥郊伺鄙，□□□□慕携王之娇处，阶丧乱之未宁。窃强秦之三辅，陷隆周之两京。雄崤、渑以制险，据绕霤而作扃。家永怀于故壤，国愿言于先茔。俟太平之旷期，属应运之圣明。坤寄通于四渎，乾假照于三辰。水润土以显比，火炎天而同人。惟上相之睿哲，当草昧而经纶。总九流以贞观，协五才而平分。时来之机，悟先于介石，纳隍之诫，一援于生民。龟筮允臧，人鬼同情。顺天行诛，司典详刑。

树牙选徒，秉钺抗旍。弧矢罄楚孝之心智，戈棘单吴子之精灵。

迅三翼以鱼丽，襄两服以雁逝。阵未列于都甸，威已振于秦、蓟。洒严霜于渭城，被和风于洛汭。就终古以比猷，考坟册而莫契。昔西怨于东徂，今北伐而南悲。岂朝野之恒情，动万乘之幽思。歌零雨于《豳风》，兴《采薇》于周诗。庆金墉之凯定，眷戎车之迁时。伫千里而感远，涉弦望而怀期。诏微臣以劳问，奉王命于河湄。夕饮饯以俶装，旦出宿而言辞。岁既晏而繁虑，日将迈而恋乖。阙敬恭于桑梓，谢履长于庭阶。冒沉云之晻蔼，迎素雪之纷霏。凌结湍而凝清，风矜籁以扬哀。情在本而易阜，物虽末而难怀。眷余勤以就路，苦忧来其城颓。

尔乃经雉门，启浮梁，眺钟岩，越查塘。览永嘉之紊维，寻建武之缉纲。于时内慢神器，外侮戎狄。君子横流，庶萌分析。主晋有祀，福禄来格。明两降览，三七辞厄。元诞德以膺纬，肇回光于阳宅。明思服于下武，兴继代以消逆。简文恩以秉道，故冲用而刑废。孝武舍己以杖贤，亦宁外而治内。观日化而就损，庶雍熙之可对。闵隆安之致寇，伤龟玉之毁碎。漏妖凶于沧洲，缠衅难而盈纪。时焉依于晋、郑，国有蹙于百里。赖英谟之经营，弘兼济以忘己。主寰内而缓虞，澄海外以渍滓。至如昏祲蔽景，鼎祚倾基。《黍离》有叹，《鸿雁》无期。瞻天命之贞符，秉顺动而履机。率骏民之思效，普邦国而同归。汤积霾之秽氛，启披阴之光晖。反平陵之杳蔼，复七庙之依稀。务役简而农劝，每劳赏而忠甄。燮时雍于祖宗，□□□□□□□扫逋丑于汉渚，涤僭逆于岷山。羁巢处于西木，引鼻饮于源渊。惠要襋而思韪，援冠弁而来处。

视冶城而北属，怀文献之收扬。匪元首之康哉，孰股肱之惟良。譬观曲而识节，似缀组以成章。业弥缠而弥微，事愈有而莫伤。

次石头之双岸，究孙氏之初基。幸汉庶之漏网，凭江介以抗维。初鹊起于富春，果鲸跃于川湄。匝三世而国盛，历五伪而宗夷。察成财之相仍，犹唇亡而齿寒。载十二而谓纪，岂蜀灭而吴安。众咸昧于谋兆，羊独悟于理端。请广武以诲情，树襄阳以作藩。拾建业其如遗，沿万里而谁难。疾鲁荒之诐辞，恶京陵之谮言。责当朝之惮贬，对曩籍而兴叹。

敦怙宠而判违，敌既勍而国圮。彼问鼎而何阶，必先贼于君子。原性分之异托，虽殊涂而归美。或卷舒以愚智，或治乱其如矢。谢昧迹而托规，卒安身以全里。周显节而犯逆，抱正情而丧己。

薄四望而尤眄，叹王路之中鲠。蠢于越之妖焻，敢凌蹈于五岭。崩双岳于中流，拟凶威于荆郢。隐雷霆于帝坐，飞芒镞于宫省。于时朝有迁都之议，人无守死之志。师旅痛于久勤，城墉阙于素备。安危势在不侔，众寡形于见事。於赫渊谋，研其神策。缓辔待机，追奔蹑迹。遇雷池而振曜，次彭蠡而歼涤。穆京甸以清晏，撤多垒而宁役。

造白石之祠坛，怼二竖之无君。践掖庭以幽辱，凌桃社而火焚。悯文康之罪己，嘉忠武之立勋。道有屈于灾蚀，功无谢于如仁。

讯落星之飨旅，索旧栖于吴余。迹阶戺而不见，横榛卉以荒除。彼生成之乐辰，亦犹今之在余。慨齐吟于爽鸠，悲唐歌于《山枢》。

吊伪孙于徐首，率君臣以奉疆。时运师以伐罪，偏投书于武王。迄西北之落纽，乏东南以振纲。诚钜平之先觉，实中兴之后祥。据左史之攸征，胡影迹之可量。

过江乘而责始，知遇雄之无谋。厌紫微之宏凯，甘陵波而远游。越云梦而南溯，临浙河而东浮。彀连弩于川上，候蛟龙于中流。

爰薄方与，乃届欧阳。入夫江都之域，次乎广陵之乡。易千里之曼曼，溯江流之汤汤。洊赤圻以经复，越二门而起涨。眷北路以兴思，看东山而洽目。林丛薄，路逶迤，石参差，山盘曲。

水激濑而骏奔，日映石而知旭。审兼照之无偏，怨归流之难濯。羡轻鲦之涵泳，观翔鸥之落啄。在飞沉其顺从，顾微躬而缅邈。

于是抑怀荡虑，扬榷易难。利涉以吉，天险以艰。于敌伊阻，在国期便。勾践行霸于琅邪，夫差争长于黄川。葛相发叹而思正，曹后愧心于千魂。登高堞以详览，知吴濞之衰盛。戒东南之逆气，成刘后之虢圣。藉盐铁之殷阜，临淮楚之剽轻。盛几杖而弭心，怒抵局而遂争。忿爰盎之扶祸，惜徒伤于家令。匪条侯之忠毅，将七国之陵正。褒汉藩之治民，并访贤以招明。侯文辩其谁在，曰邹阳与枚生。据忠辞于吴朝，执义说于梁庭。敷高才于兔园，虽正言而免刑。阙里既已千载，深儒流于末学。钦仲舒之睟容，遵缝掖于前躅。对园囿而不窥，下帷幕而论属。相端、非之两骄，遭弘、偃之双慝。恨有道之无时，步险涂以侧足。

闻宣武之大阅，反师旅于此廛。自皇运之都东，始昌业以济难。抗素旄于秦岭，扬朱旗于巴川。惧帝系之坠绪，故黜昏而崇贤。嘉收功以垂世，嗟在嗣而覆旃。德非陟而继宰，衅逾禹其必颠。

造步兵而长想，钦太傅之遗武。思嘉遁之余风，绍素履之落绪。民志应而原税，国屯难而思抚。譬乘舟之待楫，象提钓之假缕。总出入于和就，兼仁用于默语。弘九流以擽四维，复先陵而清旧宇。却西州之成功，指东山之归予。惜图南之启运，恨鹏翼之未举。

发津潭而迥迈，逗白马以憩舲。贯射阳而望邗沟，济通淮而薄甬城。城坡陁兮淮惊波，平原远兮路交过。面芜野兮悲桥梓，溯急流兮苦碛沙。复千里而无山，缅百谷而有居。被宿莽以迷径，睹生烟而知墟。□□□□□□□谓信美其可娱。身少长于乐土，实长叹于荒余。

□□□□□具瘁，值岁寒之穷节。视曾云之崔巍，聆悲飙之掩屑。弥昼夜以滞淫，怨凝阴之方结。望新晴于落日，起明光于跻月。眷转蓬之辞根，悼朔雁之赴越。披微物而疚情，此思心其可说。问徭役其几时,骇阅景于兴没。感曰归于《采薇》,予来思于雨雪。岂初征之惧对,冀鹳鸣之在垤。

□□□□□逾宿,骛吾楫于邳乡。奚车正以事夏,虺左相以辅汤。绵三代而享邑,厕践土之一匡。嗟仲几之宠侮,遂舍存以征亡。喜薛宰之善对,美士弥之能纲。

升曲垣之逶迤,访淮阴之所都。原入跨之达耻,俟遭时以远图。舍西楚以择木,迨南汉以定谟。乱孟津而魏灭,攀井陉而赵徂。播灵威于齐横,振余猛于龙且。观让通而告狶,曷始智而终愚。

迄沂上而停栧,登高圮而不进。石幽期而知贤,张揣景而示信。本文成之素心,要王子于云仞。岂无累于清霄,直有概于贞吝。始熙绩于武关,卒敷功于皇胤。处夷险以解挫,弘忧虞以时顺。矜若华之翳晷,哀飞骖之落骏。伤粒食而兴念,眷逸翮而思振。

戾臣山而东顾,美相公之前代。嗟残虏之将縻,炽余焱于海济。驱鲐稚于淮曲,暴鳏孤于泗澨。托未命□□云,冀灵武之北阅。惟授首之在晨,当盛暑而选徒。肃严威以振响,渐温泽而沾腴。既云撤于朐城,遂席卷于齐都。曩四关其奚阻,道一变而是乎。

伤炎季之崩弛,长逆布以滔天。假父子以诈爱,借兄弟以伪恩。相魏武以谲狂,宄谟奋于东藩。桴未噪于东郭,身已馘于楼门。

审贡牧于前说,证所作于旧徐。聆泗川之浮磬,玩夷水之蠙珠。草渐苞于炽壤,桐孤干于峄隅。慨禹迹于尚世,惠遗文于《夏书》。

纷征迈之淹留,弥怀古于旧章。商伯文于故服,咸征名于彭、殇。眺灵壁之曾峰,投吕县之迅梁。想蹈水之行歌,虽齐汩其何伤。启仲尼之嘉问,告性命以依方。岂苟然于迂论,聆寓言于达庄。

于是滥石桥，登戏台，策马钓渚，息辔城隅。永感四山，零泪双渠。怨物华之推驿，慨舟壑之递迁。谓徂岁之悠阔，结幽思之方根。感皇祖之徽德，爰识冲而量渊。降俊明以镜鉴，回风猷以昭宣。道既底于国难，惠有覃于黎元。士颂歌于政教，民谣咏于渥恩。兼《采芑》之致美，协《汉广》之发言。强虎氏之搏翼，漏云网于所禁。驱黔萌以蕴祟，取园陵而湮沉。锡残落于河西，序沦胥于汉阴。攻方城而折扃，优谯颍其谁任。世阙才而贻乱，时得贤而兴治。救祖考之邦壤，在幽人而枉志。体飞书之远情，悟犒师之通识。迨明达之高览，契古今而同事。拔渊谟于潜机，骋神锋于云旆。驱斥泽而风靡，蹙坑谷而鸟窜。中华免夫左衽，江表此焉缓带。既克黜于肥、六，又作镇于彭、沛。晏皇涂于国内，震天威于河外。扫东齐而已宁，指西崤而将泰。值秉均而代谢，实大业之兴废。心无忝于乐生，事有像于燕惠。抱明哲之不伐，奉宏勋而是税，捐七州以爰来，归五湖以投袂。屈盛绩于平生，申远期于暮岁。

访曩载于宋鄙，采《阳秋》于鲁经。晋申好于东吴，郑凭威于南荆。故反师于曹门，将以塞于夷庚。纳五叛以长寇，伐三邑以侵彭。美西钼之忠辞，快韩厥之奇兵。

追项王之故台，迹霸楚之遗端。挺宏志于总角，奋英势于弱冠。气盖天而倒日，力拔山而倾湍。始飙起于勾越，中电激于衡关。兴偏虑于攸吝，忘即易于所难。忌陈锦而莫照，思反乡而有叹。且夫杀义害婴，而慢丰疑，绌贤不策，夫位谁时。造理屈而愈闭，方怨天而怀悲。对骏骓以发愤，伤虞诛于末词。

陟亚父之故营，谅谋始之非托。遭衰嬴之崩纲，值威炎之结络。迄皓首于阜陵，犹谬觉于然诺。视一人于三杰，岂在已之庸弱。置丰沛而不举，故自同于俎镬。

发下口而游历，迄西山而弭辔。观终古之幽愤，怀元王之冲粹。丁战国之权争，方括心于道肆。学浮丘以就德，友三儒以成类。洁流始于初源，累仁基于前美。拔楚族之休烈，传芳素于来祀。强见誉于清虚，德致称于千里。或避宠以辞姻，或遗荣而不仕。政直言以安身，骏绝才以丧己。驱信道之成终，表昧世之亏始。悟介焉之已差，则不俟于终日。既防萌于未著，虽念德其何益。

尔乃孟陬发节，雷隐蛰惊。散叶荑柯，芳花饰萌。麦萋萋于旄丘，柳依依于高城。相睢鸠之集河，观鸣鹿之食苹。沂泗远兮清川急，秋冬近兮绪风袭。风流蕙兮水增澜，诉愁衿兮鉴戚颜。愁盈根而蓝际，戚发条而成端。嗟我行之弥日，待征迈而言旋。荷庆云之优渥，周双七于此年。陶逸豫于京甸，违险难于行川。转归弦而眷恋，望修樯而流涟。愿关邺之谧清，迟华銮之凯旋。穆淳风于六合，溥洪泽于八埏。颁贤愚于大小，顺规矩于方圆。固四民之获所，宜税稷于莱田。苦邯郸之难步，庶行迷之易痊。长守朴以终稔，亦拙者之政焉。

仍除宋国黄门侍郎，迁相国从事中郎，世子左卫率。坐辄杀门生，免官。高祖受命，降公爵为侯，食邑五百户。起为散骑常侍，转太子左卫率。灵运为性褊激，多愆礼度，朝廷唯以文义处之，不以应实相许。自谓才能宜参权要，既不见知，常怀愤愤。庐陵王义真少好文籍，与灵运情款异常。少帝即位，权在大臣，灵运构扇异同，非毁势政。司徒徐羡之等患之，出为永嘉太守。郡有名山水，灵运素所爱好，出守既不得志，遂肆意游遨，遍历诸县，动逾旬朔，民间听讼，不复关怀。所至辄为诗咏，以致其意焉。在郡一周，称疾去职。从弟晦、燿、弘微等，并与书止之，不从。

灵运父、祖并葬始宁县，并有故宅及墅，遂移籍会稽，修营别业，傍山带江，尽幽居之美。与隐士王弘之、孔淳之等纵放为娱，有终焉之志。每有一诗至都邑，贵贱莫不竞写，宿昔之间，士庶皆遍，远近钦慕，名动京师。作《山居赋》并自注，以言其事，曰：

古巢居穴处曰岩栖，栋宇居山曰山居，在林野曰丘园，在郊郭曰城傍。四者不同，可以理推。言心也，黄屋实不殊于汾阳。即事也，山居良有异乎市廛。抱疾就闲，顺从性情，敢率所乐，而以作赋。扬子云云："诗人之赋丽以则。"文体宜兼，以成其美。今所赋既非京都宫观游猎声色之盛，而叙山野草木水石谷稼之事，才乏昔人，心放俗外，咏于文则可勉而就之，求丽，邈以远矣。览者废张、左之艳辞，寻台、皓之深意，去饰取素，傥值其心耳。意实言表，而书不尽，遗迹索意，托之有赏。其辞曰：

谢子卧疾山顶，览古人遗书，与其意合，悠然而笑曰：夫道可重，故物为轻；理宜存，故事斯忘。古今不能革，质文咸其常。合宫非缙云之馆，衢室岂放勋之堂。迈深心于鼎湖，送高情于汾阳。嗟文成之却粒，原追松以远游。嘉陶朱之鼓棹，乃语种以免忧。判身名之有辨，权荣素其无留。孰如牵犬之路既寡，听鹤之涂何由哉。理以相得为适，古人遗书，与其意合，所以为笑。孙权亦谓周瑜"公瑾与孤意合"。夫能重道则轻物，存理则忘事，古今质文可谓不同，而此处不异。缙云、放勋不以天居为所乐，故合宫、衢室，皆非淹留，鼎湖、汾阳，乃是所居。之文成、张良，却料弃人间事，从赤松子游。陶朱、范蠡，临去之际，亦语文种云云。谓二贤既权荣素，故身名有判也。牵犬，李斯之叹。听鹤，陆机领成都众大败后，云"思闻华亭鹤唳，不可复得。"

若夫巢穴以风露贻患，则大壮以栋宇袪弊；宫室以瑶璇致美，则白贲以丘园殊世。惟上□于岩壑，幸兼善而罔滞。虽非市朝而寒暑均也，虽是筑构而饰朴两逝。《易》云，上古穴居周处，后世圣人易之以宫室，上栋下宇，以蔽风雨，盖取诸《大壮》。璇堂自是素，故曰白贲最是上爻也。此堂世异矣。谓岩壑道深于丘园，而不为巢穴，斯免□□得寒暑之适，虽是筑构，无妨非朝市云云。

昔仲长愿言，流水高山；应璩作书，邙阜洛川。势有偏侧，地阙周员。铜陵之奥，卓氏充铄椀之端；金谷之丽，石子致音徽之观。徒形域之荟蔚，惜事异于栖盘。至若凤、丛二台，云梦、青丘，漳渠、淇园，橘林、长洲，虽千乘之珍苑，孰嘉遁之所游。且山川之未备，亦何议于兼求。仲长子云："欲使居有良田广宅，在高山流川之畔。沟池自环，竹木周布，场圃在前，果园在后。"应据与程文信书云："故求道田，在关之西，南临洛水，北据邙山，托崇岫以为宅，因茂林以为荫。”谓二家山居,不得周员之美。扬雄《蜀都》云:“铜陵。”而卓王孙采山铸铜,故《汉书·货殖传》云:“卓氏之临邛,公擅山川。”扬雄《方言》:“梁、益之间,裁木为器曰铄,裂帛为衣曰榇。”金谷,石季伦之别庐,在河南界,有山川、林木、池沼、水碓。其镇下邳时,过游赋诗,一代盛集。谓二地虽珍丽,然制作非栖盘之意也。凤台,秦穆公时秦女所居,以致箫史。丛台,赵之崇馆。张衡谓赵筑丛台于前,楚建章华于后。楚之云梦,大中□居《长饮赋》:“楚灵王游云梦之中,息于荆台之上。前方淮之水,左洞庭之波,右顾彭蠡之涛,南望巫山之阿,遂造章华之台。”亦见诸史。淮南青丘,齐之海外,皆猎所。司马相如云:“秋田乎青丘,徬徨乎海外。”漳渠,史起为魏文侯所起,溉水之所。淇园,卫之竹园,在淇水之澳,诗人所载。橘林,蜀之园林,扬子云《蜀都赋》亦云橘林。左太冲谓户有橘柚之园。长洲,吴之苑囿,左亦谓长洲之茂苑,因江海洲渚以为苑囿□□□□□□□□□□□故□表此园之珍静。千乘燕嬉之所,非□□憩止之□,且山川亦不能兼茂,随地势所遇耳。

览明达之抚运,乘机缄而理默。指岁暮而归休,咏宏徽于刊勒。狭三间之丧江,矜望诸之去国。选自然之神丽,尽高栖之意得。余祖车骑,建大功淮、肥,江左得免横流之祸。后及太傅既薨,建图已辍,于是便求解驾东归,以避君侧之乱。废兴隐显,当是贤达之心,故选神丽之所,以申高栖之意。经始山川,宝基于此。

仰前哲之遗训,俯性情之所便。奉微躯以宴息,保自事以乘闲。愧班生之夙悟,惭尚子之晚研。年与疾而偕来,志乘拙而俱旋。谢平生于知游,捷清旷于山川。谓经始此山,遗训于后也。性情各有所便,山居是其宜也。《易》云:“向晦入宴息。”庄周云:“自事其心。”此二是其所处。班嗣本不染世,故曰夙悟。尚平未能去累,故曰晚研。想迟二人,更以年衰疾至。志寡求拙曰事,并可山居。曰与知游别,故曰谢平生。就山川,故曰栖清旷。

其居也,左湖右江,往渚还汀。面山背阜,东阻西倾。抱含吸吐,款跨纡萦。绵联邪亘,侧直齐平。枚乘曰:“左江右湖,其乐无有。”此吴客说楚公子之词。当谓江都之野,彼虽有江湖而乏山岩,此忆江湖左右与之同,而山岳形势,池城所无也。往渚还汀,谓四面有水;面山背阜,亦谓东西有山,便是四水之里也。抱含吐吸,谓中央复有川。款跨纡萦，谓边背相连带。迂回处，谓之邪亘。平正处，谓之侧直。

近东则上田、下湖，西溪、南谷，石埭、石滂、闵硎、黄竹。决飞泉于百仞，森高薄于千麓。写长源于远江，派深毖于近渎。上田在下湖之水口，名为田口。下湖在田之下下处，并有名山川。西溪、南谷分流，谷郭水畎入田口。西溪水出宁县西谷郭，是近山之最高峰者，西溪便是□之背。入西溪之里，得石埭，以石为阻，故谓为埭。石滂在西溪之东，从县南入九里，两面峻峭数十丈，水自上飞下。比至外溪，封墱十数里，皆飞流迅激，左右岩壁缘竹。闵硎，在石滂之东溪，逶迤下注良田。黄竹与其连，南界莆中也。

近南则会以双流，萦以三洲。表里回游，离合山川。崿崩飞于东峭，盘傍薄于西阡。拂青林而激波，挥白沙而生涟。双流，谓剡江及小江，此二水同会于山南，便合流注下。三洲在二水之口，排沙积岸，成此洲涨。表里合，是其貌状也。崿者谓回江岑，有其山居之南界，有石跳出，将崩江中，行者莫不骇栗。盘者是县故治之所，在江之□□用盘石竟渚，并带青林而连白沙也。

近西则杨、宾接峰，唐皇连纵。室、壁带溪，曾、孤临江。竹缘浦以被绿，石照涧而映红。月隐山而成阴，木鸣柯以起风。杨中、元宾，并小江之近处，与山相接也。唐皇便从北出。室，石室，在小江口南岸。壁，小江北岸。并在杨中之下。壁高西十丈，色赤，故曰照涧而映红。曾山之西，孤山水南，王子所经始，并临江，皆被以绿竹。山高月隐，便谓为阴；鸟集柯鸣，便谓为风也。

近北则二巫结湖，两晳通沼。横、石判尽，休、周分表。引修堤之逶迤，吐泉流之浩溔。山巇下而回泽，濑石上而开道。大小巫湖，中隔一山。外晳周回，在西圻北。边浦出江，并是美处。义熙中，王穆之居大巫湖，经始处所犹在。两晳皆长溪，外晳出山之后四五里许，里晳亦隔一山，出新埭。横山，野舍之北面。常石，野舍之西北。巫湖旧唐，故曰修堤。长溪甚远，故曰泉流。常石巇□□□□故曰下巇而回泽。里晳漫石数里，水从上过，故曰濑石上而开道。休山东北，周里山在休之南，并是北边。

远东则天台、桐柏，方石、太平，二韭、四明，五奥、三菁。表神异于纬牒，验感应于庆灵。凌石桥之莓苔，越楢溪之纡萦。天台、桐柏，七县余地，南带海。二韭、四明、五奥，皆相连接，奇地所无，高于五岳，便是海中三山之流。韭以菜为名。四明、方石，四面自然开窗也。五奥者，昙济道人、蔡氏、郗氏、谢氏、陈氏各有一奥，皆相椅角，并是奇地。三菁，太平之北。太平，天台之始。方石，直上万丈，下有长溪，亦是缙云之流云。此诸山并见图纬，神仙所居。往来要径石桥，过楢溪，人迹之艰，不复过此也。

远南则松箴、栖鸡，唐嵫、漫石。崪、嵊对岭，䏘、孟分隔。八极浦而遭回，迷不知其所适，上嵚崎而蒙笼，下深沉而浇激。栖鸡，在保口之上，别浦入其中，周回甚深，四山之里。松箴，在栖鸡之上，缘江。唐嵫，入太平水路，上有瀑布数百丈。漫石，在唐嵫下，郗景兴经始精舍，亦是名山之流。崪、嵊与分界，去山八十里，故曰远南。前岭鸟道，正当五十里高，左右所无，就下地形高，乃当不称。远望䏘山甚奇，谓白烁尖者最高，下有良田，王敬弘经始精舍。昙济道人住孟山，名曰孟埭，芋署之畷田。清溪秀竹，回开巨石，有趣之极。此中多诸浦涧，傍依茂林，迷不知所通，嵚崎深沉，处处皆然，不但一处。

远西则

远北则长江永归，巨海延纳。昆涨缅旷，岛屿绸沓。山纵横以布护，水回沉而萦浥。信荒极之绵眇，究风波之睽合。江从山北流，穷上虞埭，谓之三江口，便是大海。老子谓海为百谷王，以其善处下也。海人谓孤山为昆。薄洲有山，谓之岛屿，即洲也。涨者，沙始起将欲成屿，纵横无常，于一处回沉相萦扰也。大荒东极，故为荒极。风波不恒，为睽合也。

徒观其南术之□□□生峨□□成衍□岸测深，相渚知浅。洪涛满则曾石没，清澜减则沉沙显。及风兴涛作，水势奔壮。于岁春秋，在月朔望。汤汤惊波，滔滔骇浪。电激雷崩，飞流洒漾。凌绝壁而起岑，横中流而连薄。始迅转而腾天，终倒底而见壑。此楚贰心醉于吴客，河灵怀惭于海若。南术是其临江旧宅，门前对江，三转曾山，路穷四江，对岸西面常石。此二山之间，西南角岸孤山，此二山皆是狭处，故曰生峨。勇门以南上便大阗，故曰成衍。岸高测深，渚下知浅也。江中有孤石沉沙，随水增减，春秋朔望，是其盛时。故枚乘云："楚太子有疾，吴客问之，举秋涛之美，得以瘳病。"太子，国之储贰，故曰楚贰。河灵，河伯居河，所谓河灵。惧于海若，事见庄周《秋水篇》。

尔其旧居，曩宅今园，枌槿尚援，基井具存。曲术周乎前后，直陌矗其东西。岂伊临溪而傍沼，乃抱阜而带山。考封域之灵异，实兹境之最然。葺骈梁于岩麓，栖孤栋于江源。敞南户以对远岭，辟东窗以瞩近田。田连冈而盈畴，岭枕水而通阡。葺室在宅里山之东麓。东窗瞩田，兼见江山之美。三间故谓之骈梁。门前一栋，枕巘上，存江之岭，南对江上远岭。此二馆属望，殆无优劣也。

阡陌纵横，塍埒交经。导渠引流，脉散沟并。蔚蔚丰秋，苾苾香粳。送夏蚤秀，迎秋晚成。兼有陵陆，麻麦粟菽。候时觇节，递艺递孰。供粒食与饮，谢工商与衡牧。生何待于多资，理取足于满腹。许由云："偃鼠饮河，不过满腹。"谓人生食足则欢有余，何待多须邪。工商衡牧，似多须者，若少私寡欲，充命则足。但非田无以立耳。

自园之田，自田之湖。泛滥川上，缅邈水区。浚潭涧而窈窕，除菰洲之纡余。毖温泉于春流，驰寒波而秋徂。风生浪于兰渚，日倒景于椒涂。飞渐榭于中沚，取水月之欢娱。旦延阴而物清，夕栖芬而气敷。顾情交之永绝，觊云客之暂如。此皆湖中之美，但患言不尽意，万不写一耳。诸涧出源入湖，故曰浚潭涧。涧长是以窈窕。除菰作洲，洲言所以纡余也。

水草则萍藻蕰荚，雚蒲芹荪，蒹菰蘋蘩，蕝荇菱莲。虽备物之偕美，独扶渠之华鲜。播绿叶之郁或，含红敷之缤翻。怨清香之难留，矜盛容之易阑。必充给而后搴，岂蕙草之空残。卷《叩弦》之逸曲，感《江南》之哀叹。秦筝倡而溯游往，《唐上》奏而旧爱还。搴出《离骚》。《叩弦》是《采菱歌》。《江南》是《相和曲》，云江南采莲。秦筝倡《蒹茄篇》，《唐上》奏《蒲生诗》，皆感物致赋。鱼藻蘋蘩荇，亦有诗人之咏，不复具叙。

《本草》所载，山泽不一。雷、桐是别，和、缓是悉。参核六根，五华九实。二冬并称而殊性，三建异形而同出。水香送秋而擢茜，林兰近雪而扬猗。卷柏万代而不殒，伏苓千岁而方知。映红葩于绿蒂，茂素蕤于紫枝。既住年而增灵，亦驱妖而斥疵。

《本草》所出药处，于今不复依，随土所生耳。此境出药甚多，雷公、桐君，古之采药。医缓，古之良工，故曰别悉。参核者，双核桃杏人也。六根者，苟七根、五茄根、葛根、野葛根、□□根也。五华者，堇华、芫华、檖华、菊华、旋覆华也。九实者，连前实、槐实、柏实、免丝实、女贞实、蛇木实、蔓荆实、蓼实、□□也。二冬者，天门、麦门冬。三建者，附天、子雄、乌头。水香，兰草。林兰，支子。卷柏、伏苓，并皆仙物。凡此众药，事悉见于《神农》。

其竹则二箭殊叶，四苦齐味。水石别谷，巨细各汇。既修竦而便娟，亦萧森而蓊蔚。露夕沾而凄阴，风朝振而清气。玄捎云以拂杪，临碧潭而挺翠。蔑上林与淇澳，验东南之所遗。企山阳之游践，迟鸾鹥之栖托。忆昆园之悲调，慨伶伦之哀籥。卫女行而思归咏，楚客放而防露作。二箭，一者苦箭，大叶；一者笄箭，细叶。四苦，青苦、白苦、紫苦、黄苦。水竹，依水生，甚细密，吴中以为宅援。石竹，本科丛大，以充屋榱，巨者竿挺之属，细者无箐之流也。修竦、便娟、萧森，蓊蔚，皆竹貌也。上林，关中之禁苑，淇澳，卫地之竹园，方此皆不如。东南会稽之竹箭，唯此地最富焉。山阳，竹林之游；鸾鹥，栖食之所。昆山之竹任为笛，黄帝时，伶伦斩其厚均者吹之，为黄钟之宫。卫女思归，作《竹竿》之诗，楚人放逐，东方朔感江潭而作《七谏》。

其木则松柏檀栎，□□桐榆。檿柘穀栋，楸梓柽樗。刚柔性异，贞脆质殊。卑高沃堉，各随所如。干合抱以隐岑，杪千仞而排虚。凌冈上而乔竦，荫涧下而扶疏。沿长谷以倾柯，攒积石以插衢。华映水而增光，气结风而回敷。当严劲而葱倩，承和煦而芬腴。送坠叶于秋晏，迟含萼于春初。皆木之类，选其美者载之。山脊曰冈。冈之间下，长谷积石，各随其方。《离骚》云："青春者谢，白日昭只。"《诗》云"萼不韡韡"也。

植物既载，动类亦繁。飞泳骑透，胡可根源。观貌相音，备列山川。寒燠顺节，随宜匪敦。草、木、竹，植物。鱼、鸟、兽，动物。兽有相种，有腾者，有走者。走者骋，腾者透。谓种类既繁，不可根源，但观其貌状，相其音声，则知小川之好。兴节随宜，自然之数，非可敦戒也。

鱼则鳗鳢鲋鲌，鳟鲩鲢鳊，鲂鲔魦鳜，鲿鲤鲻鳣。辑采杂色，锦烂云鲜。唼藻戏浪，泛荇流渊。或鼓鳃而湍跃，或掉尾而波旋。鲈鲨乘时以入浦，鳡鲺沿濑以出泉。鳆音优。鳢音礼。鲋音附。鲊音叙。鳟音寸衮反。鲩音晥。鲢音连。鳊音邲仙反。鲂房。鲔音痏。鲹音沙。鳜音居缀反。鲙音上羊反。鲻音比之反。鳣音竹佡反。皆《说文》、《字林》音。《诗》云："锦衾有烂。"故云锦烂。"鲈鲨一时鱼。鳡音感。鲺音迅。皆出溪中日上，恒以为玩。

鸟则鹍鸿鶂鹄，鹙鹭鸨𫛳。鸡鹊绣质，鹤鹳绶章。晨凫朝集，时鴘山梁。海鸟违风。朔禽避凉。荑生归北，霜降客南。接响云汉，侣宿江潭。聆清哇以下听，载王子而上参。薄回涉以弁翰，映明壑而自耽。鹍音昆。鸿音洪。鶂音《左传》云"六鶂退飞"，字如此。鹄音下竺反。鹙音秋。鹭音路。鸨音保。𫛳音相。唐公之马，与此鸟色同，故谓为𫛳，音相。鸡鹊鹤鸟，见张茂先《博物志》。鹳音翟，亦雉之美者，此四鸟并美采质。凫音符，野鸭也，常待晨而飞。鴘音已消反，长尾雉也。《论语》云："山梁雌雉，时哉时哉。"海鸟爰居，臧文仲不知其鸟，以为神也。事见《左传》。朔禽，岁也，寒月转往衡阳。《礼记》，霜始降，雁来宾。岁莫云，岁北向。政是阳初生时，荑生归北，霜降客南。山□映水自玩其羽仪者。

山上则猿猈狸貛，犴獌猰猛。山下则熊罴豺虎，羱鹿麖麖。掷飞枝于穷崖，踔空绝于深硎。蹲谷底而长啸，攀木杪而哀鸣。猿音袁。猈音魂。狸音力之反。貛音火丸反。犴音立悬反。獌音曼，似貛而长，狼之属，一曰貙。猰音安黠反。猛音弋生反，狸之黄黑者，一曰似狢。豺音在皆反。羱音元，野羊大角。麖音鬼珉反。麖音京，能踔掷。虎长啸，猿哀鸣，鸣声可玩。

缗纶不投，罝罗不披。磻弋靡用，蹄筌谁施。鉴虎狼之有仁，伤遂欲之无崖。顾弱龄而涉道，悟好生之咸宜。率所由以及物，谅不远之在斯。抚鸥鲦而悦豫，杜机心于林池。八种皆是鱼猎之具。自少不杀，至乎白首，故在山中，中而此欢永废。庄周云，虎狼仁兽，岂不父子相亲。世云虎狼暴虐者，政以其如禽兽，而人物不自悟其毒害，而言虎狼可疾之甚，苟其遂欲，岂复崖限。自弱龄奉法，故得免杀生之事。苟此悟万物好生之理。《易》云："不远复，无祇悔。"庶乘此得以入道。庄周云，海人有机心，鸥鸟舞而不下。今无害彼之心，各说豫于林池也。

敬承圣诰，恭窥前经。山野昭旷，聚落膻腥。故大慈之弘誓，拯群物之沦倾。岂寓地而空言，必有贷以善成。钦鹿野之华苑，羡灵鹫之名山。企坚固之贞林，希庵罗之芳园。虽綷容之缅邈，谓哀音之恒存。建招提于幽峰，冀振锡之息肩。庶镫王之赠席，想香积之惠餐。事在而思通，理匪绝而可温。贾谊《吊屈》云："恭承嘉惠。"敬承，亦此之流。聚落是墟邑，谓歌哭诤讼，有诸喧哗，不及山野为僧居止也。经教欲令在山中，皆有成文。老子云："善贷且善成。"此道惠物也。鹿苑，说《四真谛》处。灵鹫山，说《般若法华》处。坚固林，说泥洹处。庵罗园，说不思议处。今旁林艺园制苑，仿佛在昔，依然托想，虽綷容缅邈，哀音若存也。招提，谓僧不能常住者，可持作坐处也。所谓息肩、镫王、香积，事出《维摩经》。《论语》云："温故知新。"理既不绝，更宜复温，则可待为己之日用也。

爰初经略，杖策孤征。入涧水涉，登岭山行。陵顶不息，穷泉不停。栉风沐雨，犯露乘星。研其浅思。罄其短规。非龟非筮，择良选奇。翦榛开迳，寻石觅崖。四山周回，双流逶迤。面南岭，建经台，倚北阜，筑讲堂。傍危峰，立禅室，临浚流，列僧房。对百年之高木，纳万代之芬芳。抱终古之泉源，美膏液之清长。谢丽塔于郊郭，殊世间于城傍。欣见素以抱朴，果甘露于道场。云初经略，躬自履行，备诸苦辛也。罄其浅短，无假于龟筮，贫者既不以丽为美，所以即安茅茨而已。是以谢郊郭而殊城傍。然清虚寂漠，实是得道之所也。

苦节之僧，明发怀抱。事绍人徒，心通世表。是游是憩，倚石构草。寒暑有移，至业莫矫。观三世以其梦，抚六度以取道。乘恬知以寂泊，含和理之窈窕。指东山以冥期，实西方之潜兆。虽一日以千载，犹恨相遇之不早。谓昙降、法流二法师也。二公辞恩爱，弃妻子，轻举入山，外缘都绝，鱼肉不入口，粪扫必在体，物见之绝叹，而法师处之夷然。诗人西发不胜造道者，其亦如此。往石门瀑布中路高栖之游，昔告离之始，期生东山，没存西方。相遇之欣，实以一日为千载，犹慨恨不早。

贱物重己，弃世希灵。骇彼促年，爱是长生。冀浮丘之诱接，望安期之招迎。甘松桂之苦味，夷皮褐以颓形。羡蝉蜕之匪日，抚云蜺其若惊。陵名山而屡憩，过岩室而披情。虽未阶于至道，且缅绝于世缨。指松菌而兴言，良未齐于殇彭。此一言叙仙学者虽未及佛道之高，然出世表矣。浮丘公是王子乔师，安期先生是马明生师，二事出《列仙傅》。《洞真经》云："今学仙者亦明师以自发悟，故不辞苦味颓形也。"庄周云："和以天兒。"兒者，崖也。数经历名山，遇余岩室，披露其情性，且获长生。方之松菌殇彭，邈然有间也。

山作水役，不以一牧。资待各徒，随节竞逐。陟岭刊木，除榛伐竹。抽笋自篁，擿箬于谷。扬胜所拮，秋冬畐获。野有蔓草，猎涉蘡薁。亦酝山清，介尔景福。苦以木成，甘以播熟。慕椹高林，剥芨岩椒。掘茜阳崖，擿擗阴摽。昼见搴茅，宵见索绹。芰菰蒻蒲，以荐以茭。既坭既埏，品收不一。其灰咸各有律。六月采蜜，八月朴栗。备物为繁，略载靡悉。此一章谓是山作及水役采拾诸事也。然渔猎之事皆不戴。杨，杨桃也。山间谓之木子。畐音覆，字出《字林》。诗人云："六月食郁及薁。"猎涉字出《尔雅》。木，木酒，味甘。播，播酒，味甘。并至美，兼以疗病。播治痈核，木治痰冷。椹音甚，味似菰菜而胜，刊木而作之，谓之慕。芨音及，采以为纸。旧音倩，采以为渫。擗音鲜，采以为饮。采蜜扑栗，各随其月也。

若乃南北两居，水通陆阻。观风瞻云，方知厥所。两居谓南北两处，各有居止。峰崿阻绝，水道通耳。观风瞻云，然后方知其处所。南山则夹渠二田，周岭三苑。九泉别涧，五谷异巘。群峰参差出其间，连岫复陆成其坂。众流溉灌以环近，诸堤拥抑以接远。远堤兼陌，近流开湍。凌阜泛波，水往步还。还回往匝，枉渚员峦。呈美表趣，胡可胜单。抗北顶以葺馆，殷南峰以启轩。罗曾崖于户里，列镜澜于窗前。因丹霞以赪楣，附碧云以翠椽。视奔星之府驰，顾□□之未牵。鹍鸿翻翥而莫及，何但燕雀之翩翾。氿泉傍出，潺湲于东檐；桀壁对峙，硿硥于西霤。修竹葳蕤以翳荟，灌木森沉以蒙茂。萝曼延以攀援，花芬薰而媚秀。日月投光于柯间，风露披清于崾岫。夏凉寒燠，随时取适。阶基回互，橑檽乘隔。此焉卜寝，玩水弄石。迩即回眺，终岁罔斁。伤美物之遂化，怨浮龄之如借。眇遁逸于人群，长寄心于云霓。南山是开创卜居之处也。从江楼步路，跨越山岭，绵具田野，或升或降，当三里许。途路所经见也，则乔木茂竹，缘畛弥阜，横波疏石，侧道飞流，以为寓目之美观。及至所居之处，自西山开道，迄于东山，二里有余。南悉连岭叠鄣，青翠相接，云烟霄路，殆无倪际。从迳入谷，凡有三口。方壁西南石门世□南□池东南，皆别载其事。缘路初入，行于竹迳，半路阔，以竹渠涧。既入东南傍山渠，展转幽奇，异处同美。路北东西路，因山为鄣。正北狭处，践湖为池。南山相对，皆有崖岩。东北枕壑，下则清川如镜，倾柯盘石，被隩映渚。西岩带林，去潭可二十丈许，葺基构宇，在□林之中，水卫石阶，开窗对山，仰眺曾峰，俯镜浚壑。□岩半岭，复有一楼。迥望周眺，既得远趣，还顾西馆，望对窗户。缘崖下者，密竹蒙迳，从北直南，悉是竹园。东西百丈，南北百五十五丈。北倚近峰，南眺远岭，四山周回，溪涧交过，水石林竹之美，岩岫隈曲之好，备尽之矣。刊翦开筑，此焉居处，细趣密玩，非可具记，故较言大势耳。越山列其表侧傍缅□□为异观也。

因以小湖，邻于其隈。众流所凑，万泉所回。氿滥异形，首毖终肥。别有山水，路邈缅归。氿滥、肥毖，皆是泉名，事见于《诗》。云此万泉所凑，各有形势。

求归其路，乃界北山。栈道倾亏，蹬阁连卷。复有水迳，缭绕回圆。弥弥平湖，泓泓澄渊。孤岸竦秀，长洲芊绵。既瞻既眺，旷矣悠然。及其二川合流，异源同口。赴隘入险，俱会山首。濑排沙以积丘，峰倚渚以起阜。石倾澜而稍岩，木映波而结薮。迳南漘以横前，转北崖而掩后。隐丛灌故悉晨暮，托星宿以知左右。往反经过，自非岩涧，便是水迳，洲岛相对，皆有趣也。

山川涧石，州岸草木。既摽异于前章，亦列同于后牍。山匪砠而是岵，川有清而无浊。石傍林而插岩，泉协涧而下谷。渊转渚而散芳，岸靡沙而映竹。草迎冬而结葩，树凌霜而振绿。向阳则在寒而纳煦，面阴则当暑而含雪。连冈则积岭以隐嶙，举峰则群竦以巀嶭。浮泉飞流以写空，沉波潜溢于洞穴。凡此皆异所而咸善，殊节而俱悦。土山载石曰砠。山有林曰岵。此章谓山川众美，亦不必有，故总叙其最。居山之后事，亦皆有寻求也。

春秋有待，朝夕须资。既耕以饭，亦桑贸衣。艺菜当肴，采药救颓。自外何事，顺性靡违。法音晨听，放生夕归。研书赏理，敷文奏怀。凡厥意谓，扬较以挥。且列于言，诫特此推。谓寒待绵纩，暑待绨纻，朝夕餐饮，设此诸业以待之。药以疗疾，又在其外，事之相推，自不得不然。至于听讲放生，研书敷文，皆其所好。韩非有《扬较》，班固亦云"扬较古今"，其义一也。左思曰："为左右扬较而陈之。"

北山二园，南山三苑。百果备列，乍近乍远。罗行布株，迎早候晚。猗蔚溪涧，森疏崖巘。杏坛、柰园，橘林、栗圃。桃李多品，梨枣殊所。枇杷林檎，带谷映渚。椹梅流芬于回峦，椑柿被实于长浦。庄周云："渔父见孔子杏坛之上。"《维摩诘经》柰树园。扬雄《蜀都赋》云橘林。左太冲亦云："户有橘柚之园。"桃李所殖甚多，枣梨事出北河、济之间，淮、颍诸处，故云殊所也。

畦町所艺，含蕊藉芳，蓼蕺葼荠，葑菲苏姜。绿葵眷节以怀露，白薤感时而负霜。寒葱摽倩以陵阴，春藿吐苕以近阳。葑菲见《诗柏舟》中。管子曰："北伐山戎，得寒葱。"庾阐云，寒葱挺园。灌蔬自供，不待外求者也。

弱质难恒，颓龄易丧。抚鬓生悲，视颜自伤，承清府之有术，冀在衰之可壮。寻名山之奇药，越灵波而憩辕。采石上之地黄，摘竹下之天门。摭曾岭之细辛，拔幽涧之溪荪。访钟乳于洞穴，讯丹阳于红泉。此皆住年之药，即近山之所出，有采拾，欲以消病也。

安居二时，冬夏三月。远僧有来，近众无阙。法鼓朗响，颂偈清发。散华霏蕤，流香飞越。析旷劫之微言，说像法之遗旨。乘此心之一豪，济彼生之万理。启善趣于南倡，归清畅于北机。非独惬于予情，谅佥感于君子。山中兮清寂，群纷兮自绝。周听兮匪多，得理兮俱悦。寒风兮搔屑，面阳兮常热。炎光兮隆炽，对阴兮霜雪。惕曾台兮陟云根，坐涧下兮越风穴。在兹城而谐赏，传古今之不灭。众僧冬夏二时坐，谓之安居，辄九十日。众远近聚萃，法鼓、颂偈、华、香四种，是斋讲之事。析说是斋讲之议。乘此之心，可济彼之生。南倡者都讲，北机者法师。山中静寂，实是讲说之处。兼有林木，可随寒暑，恒得清和，以为适也。

好生之笃，以我而观。惧命之尽，吝景之欢。分一往之仁心，拔万族之险难。招惊魂于殆化，收危形于将阑。漾水性于江流，吸云物于天端。睹腾翰之颃颉，视鼓鳃之往还。驰骋者傥能狂愈，猜害者或可理攀。云物皆好生，但以我而观，便可知彼之情。吝景惧命，是好生事也。能放生者，但有一往之仁心，便可拔万族之险难。水性云物，各寻其生。老子云，驰骋田猎，令人心发狂。猜害者恒以忍害为心，见放生之理，或可得悟也。

哲人不存，怀抱谁质。糟粕犹在，启滕剖帙。见柱下之经二，睹濠上之篇七。承未散之全朴，救已颓于道术。嗟夫！六艺以宣圣教，九流以判贤徒。国史以载前纪，家传以申世模。篇章以陈美刺，论难以核有无。兵技医日，龟策筮梦之法，风角冢宅，算数律历之书。或平生之所流览，并于今而弃诸。验前识之丧道，抱一德而不渝。庄周云："轮扁语齐桓公，公之所读书，圣人之糟粕。"滕者，《金滕》之流也。柱下，老子。濠上，庄子。二、七是篇数也。云此二书，最有理，过此以往，皆是圣人之教，独往者所弃。

伊昔龆龀，实爱斯文。援纸握管，会性通神。诗以言志，赋以敷陈。箴铭诔颂，咸各有伦。爰暨山栖，弥历年纪。幸多暇日，自求诸己。研精静虑，贞观厥美。怀秋成章，含笑奏理。谓少好文章，及山栖以来，别缘既兰，寻虑文咏，以尽暇日之适。便可得通神会性，以永终朝。

若乃乘摄持之告，评养达之篇。畏绝迹之不远，惧行地之多艰。均上皇之自昔，忌下衰之在旃。投吾心于高人，落宾名于圣贤。广灭景于崆峒，许遁音于箕山。愚假驹以表谷，涓隐岩以搴芳。□□□□□□□□□□□□□□□□□□□□莱庇蒙以织畚。皓栖商而颐志，卿寝茂而敷词。□□□□□□□，郑别谷而永逝。梁去霸而之会，□□□□□□□。高居唐而胥宇，台依崖而穴墀。咸自得以穷年，眇贞思于所遗。老子云："善摄生者。"庄子云："谓之不善持生。"又云："养生有无崖，达生者不务生之所无奈何。"绝迹，上皇，下衰，宾名，义亦皆出庄周。广成子在崆峒之上，黄帝之师也。许由隐于箕山，尧以天下让而不取。愚公居于欲阜，齐桓公逐鹿入山，见之。涓子隐于宕山，好饵术，告伯阳《琴心》三篇。庚桑偏得老子之道，居喂畾之山。楚狂接舆，楚王闻其贤，使使者聘之，于是遂游诸名山，在蜀峨眉山上。徐无鬼岩栖，魏侯劳之，问："先生若山林矣，乃肯见寡人。"无鬼问："君绌嗜欲，屏好恶，则耳目瘵矣。"常采茅栗。老莱子耕于蒙山之阳，著书十五篇，言道家之事，织畚为业。四皓避秦乱，入商洛深山，汉祖召不能出。司马长卿高才，而处世不乐预公卿大事，□□□□□□□□□□□□□□□□□□□□□遂与弟子别于山阿，终身不反。梁伯鸾隐霸陵山中，耕织以自娱，后复入会稽山。台孝威居武安山下，依崖为土室，采药自给。高文通居西唐山，从容自娱也。

暨其窈窕幽深，寂漠虚远。事与情乖，理与形反。既耳目之靡端，岂足迹之所践。蕴终古于三季，俟通明于五眼。权近虑以停笔，抑浅知而绝简。谓此既非人迹所求，更待三明五通，然后可践履耳。故停笔绝简，不复多云，冀夫赏音悟夫此旨也。

太祖登祚，诛徐羡之等，征为秘书监，再召不起，上使光禄大夫范泰与灵运书敦奖之，乃出就职。使整理秘阁书，补足阙。又以晋氏一代，自始至终，竟无一家之史，令灵运撰《晋书》，粗立条流。书见任遇，灵运意不平，多称疾不朝直。穿池植援，种竹树堇，驱课公役，无复期度。出郭游行，或一日百六七十里，经旬不归，既无表闻，又不请急，上不欲伤大臣，讽旨令自解。灵运乃上表陈疾，上赐假东归。将行，上书劝伐河北曰：

自中原丧乱，百有余年，流离寇戎，湮没殊类。先帝聪明神武，哀济群生，将欲荡定赵、魏，大同文轨，使久凋反于正化，偏俗归于华风。运谢事乖，理违愿绝，仰德抱悲，恨存生尽。况陵茔未几，凶虏伺隙，预在有识，谁不愤叹。而景平执事，并非其才，且遘纷京师，岂虑托付。遂使孤城穷陷，莫肯极。忠烈囚朔漠，绵河三千，翻为寇有。晚遣镇戍，皆先朝之所开拓，一旦论亡，此国耻宜雪，被于近事者也。又北境自染逆虏，穷苦备罹，征调赋敛，靡有止已，所求不获，辄致诛殒，身祸家破，阖门比屋,此亦仁者所为伤心者也。

咸云西虏舍末,远师陇外,东虏乘虚,呼可掩袭。西军既反,得据关中,长围咸阳,还路已绝,虽遣救援,停住河东,遂乃远讨大城,欲为首尾。而西寇深山重阻,根本自固,徒弃巢窟,未足相拯。师老于外,国虚于内,时来之会,莫复过此。观兵耀威,实在兹日。若相持未已,或生事变,忽值新起之众,则异于今,苟乖其时,难为经略,虽兵食倍多,则万全无必矣。又历观前代,类以兼弱为本,古今圣德,未之或殊。岂不以天时人事,理数相得,兴亡之度,定期居然。故古人云:“既见天殃,又见人灾,乃可以谋。”昔魏氏之强,平定荆、冀,乃乘袁、刘之弱;晋世之盛,拓开吴、蜀,亦因葛、陆之衰。此皆前世成事,著于史策者也。自羌平之后,天下亦谓虏当俱灭,长驱滑台,席卷下城,夺气丧魄,指日就尽。但长安违律,潼关失守,用缓天诛,假延岁月,日来至今,十有二载,是谓一纪,曩有前言。况五胡代数齐世,虏期余命,尽于来年。自相攻伐,两取其困,卞庄之形,验之今役。仰望圣泽,有若渴饥,注心南云,为日已久。来苏之冀,实归圣明,此而弗乘,后则未兆。即日府藏,诚无兼储,然凡造大事,待国富兵强,不必乘会,于我为易,责在得时。器械既充,众力粗足,方于前后,乃当有优。常议损益,久证冀州口数,百万有余,田赋之沃,著自《贡》典,先才经创,基趾犹存,澄流引源,桑麻蔽野,强富之实,昭然可知。为国长久之计,孰若一往之弗邪!

或惩关西之败,而谓河北难守。二境形势,表里不同,关西杂居,种类不一,昔在前汉,屯军霸上,通火甘泉。况乃远戍之军,值新故交代之际者乎。河北悉是旧户,差无杂人,连岭判阻,三关作隘。若游骑长驱,则沙漠风靡;若严兵守塞,则冀方山固。昔陇西伤破,晁错兴言;匈奴慢侮,贾谊愤叹。方于今日,皆为赊矣。晋武,中主耳,值孙皓虐乱,天祚其德,亦由钜平奉策,荀、贾折谋,故能业崇当年,区于一统。况今陛下聪明圣哲,天下归仁，文德兴武功并震，霜威共素风俱举，协以宰辅贤明，诸王美令，岳牧宣烈，虎臣盈朝，而天威远命，亦同敌不灭，矧伊顽虏，假日而已哉。伏惟深机志务，久定神谟。臣卑贱侧陋，窜景岩穴，实仰希太平之道，倾睹岱宗之封，虽乏相如之笔，庶免史谈之愤，以此谢病京师，万无恨矣。久欲上陈，惧在触置，蒙赐恩假，暂违禁省，消渴十年，常虑朝露，抱志愚志，昧死以闻。

灵运以疾东归，而游娱宴集，以夜续昼，复为御史中丞傅隆所奏，坐以免官。是岁，元嘉五年。灵运既东还，与族弟惠连、东海何长瑜、颍川荀雍、太山羊璇之，以文章赏会，共为山泽之游，时人谓之四友。惠连幼有才悟，而轻薄不为父方明所知。灵运去永嘉还始宁，时方明为会稽郡。灵运尝自始宁至会稽造方明，过视惠连，大相知赏。时长瑜教惠连读书，亦在郡内，灵运又以为绝伦，谓方明曰："阿连才悟如此，而尊作常儿遇之。何长瑜当今仲宣，而饴以下容之食。尊既不能礼贤，宜以长瑜还灵运。"灵运载之而去。荀雍字道雍，官至员外散骑郎。璇之字曜璠，临川内史，为司空竟陵王诞所遇，诞败坐诛。长瑜文才之美，亚于惠连，雍、璇之不及也。临川王义庆招集文士，长瑜自国侍郎至平西记室参军。尝于江陵寄书与宗人何勖，以韵语序义庆州府僚佐云："陆展染鬓发，欲以媚侧室。青青不解久，星星行复出。"如此者五六句，而轻薄少年遂演而广之，凡厥人士，并为题目，皆加剧言苦句，其文流行。义庆大怒，白太祖，除为广州所统曾城令。及义庆薨，朝士诣第叙哀，何助谓袁淑曰："长瑜便可还也。"淑曰："国新丧宗英，未宜便以流人为念。"庐陵王绍镇寻阳，以长瑜为南中郎行参军，掌记之任。行至板桥，遇暴风溺死。

灵运因父祖之资，生业甚厚。奴僮既众，义故门生数百，凿山浚湖，功役无已。寻山陟岭，必造幽峻，岩嶂千重，莫不备尽。登蹑常著木履，上山则去前齿，下山去其后齿。尝自始宁南山伐木开迳，直至临海，从者数百人。临海太守王琇惊骇，谓为山贼，徐知是灵运乃安。又要琇更进，琇不肯，灵运赠琇诗曰："邦君难地崄，旅客易山行。”在会稽亦多徒众，惊动县邑。太守孟𫖮事佛精恳，而为灵运所轻，尝谓𫖮曰：“得道应须慧业文人，生天当在灵运前，成佛必在灵运后。”𫖮深恨此言。

会稽东郭有回踵湖，灵运求决以为田。太祖令州郡履行。此湖去郭近，水物所出，百姓惜之，𫖮坚执不与。灵运既不得回踵，又求始宁岯崲湖为田，𫖮又固执。灵运谓𫖮非存利民，正虑决湖多害生命，言论毁伤之，与𫖮遂构仇隙。因灵运横恣，百姓惊扰，乃表其异志，发兵自防，露板上言。灵运驰出京都，诣阙上表曰：“臣自抱疾归山，于今三载，居非郊郭，事乖人间，幽栖穷岩，外缘两绝，守分养命，庶毕余年。忽以去月二十八日得会稽太守臣𫖮二十七日疏云：‘比日异噂喈，此虽相了，百姓不许寂默，今微为其防。’披疏骇惋，不解所由，便星言奔驰，归骨陛下。及经山阴，防卫彰赫，彭排马枪，断截衢巷，侦逻纵横，戈甲竟道。不知微臣罪为何事。及见𫖮，虽曰见亮，而装防如此，唯有罔惧。臣昔忝近侍，豫蒙天恩，若其罪迹炳明，文字有证，非但显戮司败，以正国典，普天之下，自无容身之地。今虚声为罪，何酷如之。夫自古谗谤，圣贤不免，然致谤之来，要有由趣。或轻死重气，结党聚群，或勇冠乡邦，剑客驰逐。未闻俎豆之学，欲为逆节之罪，山栖之士，而构陵上之衅。今影迹无端，假谤空设，终古之酷，未之或有。匪吝其生，实悲其痛。诚复内省不疚，而抱理莫申。是以牵曳疾病，束骸归款。仰凭陛下天鉴曲临，则死之日，犹生之年也。臣忧怖弥日，羸疾发动，尸存恍惚，不知所陈。”太祖知其见诬，不罪也。

不欲使东归，以为临川内史，□秩中二千石。在郡游放，不异永嘉，为有司所纠。司徒遣使随州从事郑望生收灵运，灵运执录望生，兴兵叛逸，遂有逆志，为诗曰：“韩亡子房奋，秦帝鲁连耻。本自江海人，忠义感君子。”追讨禽之，送廷尉治罪。廷尉奏灵运率部众反叛，论正斩刑，上爱其才，欲免官而已。彭城王义康坚执谓不宜恕，乃诏曰：“灵运罪衅累仍，诚合尽法。但谢玄勋参微管，宜宥及后嗣，可降死一等，徙付广州。”

其后，秦郡府将宗齐受至除口，行达桃墟村，见有七人下路乱语，疑非常人，还告郡县，遣兵随齐受掩讨，遂共格战，悉禽付狱。其一人姓赵名钦，山阳县人，云："同村薛道双先与谢康乐共事，以去九月初，道双因同村成国报钦云：'先作临川郡，犯事徙送广州谢，给钱令买弓箭刀盾等物，使道双要合乡里健儿，于三江口篡取谢。若得者，如意之后，功劳是同。'遂合部党要谢，不及。既还饥馑，缘路为劫盗。"有司又奏依法收治，太祖诏于广州行弃市刑。临死作诗曰："龚胜无余生，李业有终尽。嵇公理既迫，霍生命亦殒。凄凄凌霜叶，网网冲风菌。邂逅竟几何，修短非所愍。送心自觉前，斯痛久已忍。恨我君子志，不获岩上泯。"诗所称龚胜、李业，犹前诗子房、鲁连之意也。时元嘉十年，四十九。所著文章传于世。子凤，蚤卒。

史臣曰：民禀天地之灵，含五常之德，刚柔迭用，喜愠分情。夫志动于中，则歌咏外发。六义所因，四始攸系，升降讴谣，纷披风什。虽虞夏以前，遗文不睹，禀气怀灵，理无或异。然则歌咏所兴，宜自生民始也。周室既衰，风流弥著，屈平、宋玉，导清源于前，贾谊、相如，振芳尘于后，英辞润金石，高义薄云天。自兹以降，情志愈广。王褒、刘向、扬、班、崔、蔡之徒，异轨同奔，递相师祖。虽清辞丽曲，时发乎篇，而芜音累气，固亦多矣。若夫平子艳发，文以情变，绝唱高踪，久无嗣响。至于建安，曹氏基命，二祖陈王，咸蓄盛藻，甫乃以情纬文，以文被质。自汉至魏，四百余年，辞人才子，文体三变。相如巧为形似之言，班固长于情理之说，子建、仲宣以气质为体，并摽能擅美，独映当时，是以一世之士，各相慕习，原其飙流所始，莫不同祖《风》、《骚》。徒以赏好异情，故意制相诡。降及元康，潘、陆特秀，律异班、贾，体变曹、王，缛旨星稠，繁文绮合。缀平台之逸响，采南皮之高韵，遗风余烈，事极江右。有晋中兴，玄风独振，为学穷于柱下，博物止乎七篇，驰骋文辞，义单乎此。自建武暨乎义熙，历载将百，虽缀响联辞，波属云委，莫不寄言上德，托意玄珠，遒丽之辞，无闻焉尔。仲文始革孙、许之风，叔源大变太元之气。爰逮宋氏，颜、谢腾声。灵运之兴会摽举，延年之体裁明密，并方轨前秀，垂范后昆。若夫敷衽论心，商榷前藻，工拙之数，如有可言。夫五色相宣，八音协畅，由乎玄黄律吕，各适物宜。欲使宫羽相变，低昂互节，若前有浮声，则后须切响。一简之内，音韵尽殊，两句之中，轻重悉异。妙达此旨，始可言文。至于先士茂制，讽高历赏，子建函京之作，仲宣霸岸之篇，子荆零雨之章，正长朔风之句，并直举胸情，非傍诗史，正以音律调韵，取高前式。自《骚》人以来，此秘未睹。至于高言妙句，音韵天成，皆暗与理合，匪由思至。张、蔡、曹、王，曾无先觉，潘、陆、谢、颜，去之弥远。世之知音者，有以得之，知此言之非谬。如曰不然，请待来哲。

宋书卷六八
列传第二八

武二王

彭城王义康　南郡王义宣

彭城王义康，年十二，宋台除督豫司雍并四州诸军事、冠军将军、豫州刺史。时高祖自寿阳被征入辅，留义康代镇寿阳。又领司州刺史，进督徐州之钟离、荆州之义阳诸军事。永初元年，封彭城王，食邑三千户，进号右将军。二年，徙监南豫豫司雍并五州诸军事、南豫州刺史，将军如故。三年，□使持节、都督南徐兖二州扬州之晋陵诸军事、南徐州刺史，将军如故。太祖即位，增邑二千户，进号骠骑将军，加散骑常侍，给鼓吹一部。寻加开府仪同三司。元嘉三年，改授都督荆湘雍梁益南北秦八州诸军事、荆州刺史，给班剑三十人，持节、常侍、将军如故。义康少而聪察，及居方任，职事修理。

六年，司徒王弘表义康宜还入辅，征侍中、都督扬南徐兖三州诸军事、司徒、录尚书事，领平北将军、南徐州刺史，持节如故。二府并置佐领兵，与王弘共辅朝政。弘既多疾，且每事推谦，自是内外众务，一断之义康。太子詹事刘湛有经国才。义康昔在豫州，湛为长史，既素经情款，至是意委特隆，人物雅俗，举动事宜，莫不咨访之。故前后在藩，多有善政，为远近所称。九年，弘薨，又领扬州刺史。其年，太妃薨，解侍中，辞班剑。十二年，又领太子太傅，复加侍中、班剑。

义康性好吏职，锐意文案，纠剔是非，莫不精尽。既专总朝权，事决自己，生杀大事，以录命断之。凡所陈奏，入无不可，方伯以下，并委义康授用。由是朝野辐凑，势倾天下。义康亦自强不息，无有懈倦。府门每旦常有数百乘车，虽复位卑人微，皆被引接。又聪识过人，一闻必记，常所暂遇，终生不忘，稠人广席，每标所忆以示聪明，人物益以此推服之。爱惜官爵，未尝以阶级私人，凡朝士有才用者，皆引入己府，无施及忤旨，即度为台官。自下乐为竭力，不敢欺负。太祖有虚劳疾，寝顿积年，每意所想，便觉心中痛裂，属纩者相系。义康医药，尽心卫奉，汤药饮食，非口所尝不进；或连夕不寐，弥日不解衣。内外众事，皆专决施行。十六年，进位大将军，领司徒，辟召掾属。

义康素无术学，暗于大体，自谓兄弟至亲，不复存君臣形迹，率心迳行，曾无猜防。私置僮部六千余人，不以言台。四方献馈，皆以上品荐义康，而以次者供御。上尝冬月啖甘，叹其形味并劣，义康在坐曰："今年甘殊有佳者。"遣人还东府取甘，大供御者三寸。尚书仆射殷景仁为太祖所宠，与太子詹事刘湛素善，而意好晚衰。湛常欲因宰辅之权以倾之，景仁为太祖所保持，义康屡言不见用，湛愈愤。南阳刘斌，湛之宗也，有涉俗才用，为义康所知，自司徒右长史擢为左长史。从事中郎琅邪王履、主簿沛郡刘敬文、祭酒鲁郡孔胤秀，并以倾侧自入，见太祖疾笃，皆谓宜立长君。上疾尝危殆，使义康具顾命诏。义康还省，流涕以告湛及殷景仁，湛曰："天下艰难，讵是幼主所御？"义康、景仁并不答。而胤秀等辄就尚书议曹索晋咸康末立康帝旧事，义康不知也。及太祖疾豫，微闻之。而斌等既为义康所宠，又威权尽在宰相，常欲倾移朝廷，使神器有归。遂结为朋党，伺察省禁，若有尽忠奉国，不与己同志者，必构造愆衅，加以罪黜。每采拾景仁短长，或虚造异同以告湛。自是主相之势分，内外之难结矣。

义康欲以斌为丹阳尹，言次启太祖，陈其家贫。上觉其旨，义康未卒，上曰："以为吴郡。"后会稽太守羊玄保求还，义康又欲以斌代之，又启太祖曰："羊玄保欲还，不审以谁为会稽？"上时未有所，仓卒曰："我已用王鸿。"自十六年秋，不复幸东府。上以嫌隙既成，将致大祸。十七年十月，乃收刘湛付廷尉，伏诛。又诛斌及大将军录事参军刘敬文、贼曹参军孔邵秀、中兵参军邢怀明、主簿孔胤秀、丹阳丞孔文秀、司空从事中郎司马亮、乌程令盛昙泰等。徙尚书库部郎何默子、余姚令韩景之、永兴令颜遥之、湛弟黄门侍郎素、斌弟给事中温于广州，王履废于家。胤秀始以书记见任，渐预机密，文秀、邵皆其兄也。司马亮，孔氏中表，并由胤秀而进。怀明、昙泰为义康所遇。默子、景之、遥之，刘湛党也。

其日，刺义康入宿，留止中书省，其夕分收湛等，青州刺史杜骥勒兵殿内，以备非常。遣人宣旨告以湛等罪衅，义康上表逊位曰："臣幼荷国灵，爵遇逾等。陛下推恩睦亲，以隆棠棣，爱忘其鄙，宠授遂崇，任总内外，位兼台辅。不能正身率下，以肃庶僚，昵近失所，渐不自觉，致令毁誉违实，赏罚谬加，由臣才弱任重，以及倾挠。今虽罪人即戮，王猷载静，养衅贻垢，实由于臣。鞠躬栗悚，若堕溪壑，有何心颜，而安斯宠，辄解所职，待罪私第。"改授都督江州诸军事、江州刺史，持节、侍中、将军如故，出镇豫章。停省十余日，桂阳侯义融、新喻侯义宗、秘书监徐湛之往来慰视。于省奉辞，便下渚。上唯对之恸哭，余无所言。上又遣沙门释慧琳视之，义康曰："弟子有还理不？"慧琳曰："恨公不读数百卷书。"征虏司马萧斌，昔为义康所昵，刘斌等害其宠，谗斥之。乃以斌为谘议参军，领豫章太守，事无大小，皆以委之。司徒主簿谢综，素为义康所狎，以为记室参军，左右爱念者，并听随从至豫章。辞州，见许，增督广交二州、湘州之始兴诸军事。资奉优厚，信赐相系，朝廷大事，皆报示之。义康未败，东府听事前井水忽涌溢，野雉江鸥并飞入所住斋前。

龙骧参军巴东扶令育诣阙上表曰：

盖闻哲王不逆切旨之谏，以博闻为道；人臣不忌歼夷之罚，以尽言为忠。是故周昌极谏，冯唐面折，孝惠所以克固储嗣，魏尚所以复任云中。彼二臣岂好逆主干时，犯颜违色者哉。

又爰盎之谏孝文曰："淮南王若道遇死，则陛下有杀弟之名。奈何？"文帝不用，追悔无及。臣草莽微臣，窃不自揆，敢抱葵藿倾阳之心，仰慕《周易》匪躬之志，故不远六千里，愿言命侣，谨贡丹愚，希垂察纳。

伏惟陛下躬执大象，首出万物，王化咸通，三才心理，辟大人之路，开大道之门，搜殊逸于岩穴，招奇英于侧陋，穷谷无白驹之倡，乔岳无遗宝之嗟，岂特罗飞翮于垂天，网沉鳞于溟海。况于彭城王义康，先朝之爱子，陛下之次弟哉。一旦黜削，远送南垂，恩绝于内，形隔于远，躬离明主，身放圣世，草莱黔首，皆为陛下痛之。臣追惟景平、元嘉之衅，几于危殆，三公托以兴废之宜，密怀不臣之计，台辅伺隙于京甸，强楚窥窬于上流，或显逆而陵主，有生之所惴恐，神祇之所忿忌也。赖宗社灵长，庙算流远，洒涤尘埃，歼馘丑类，氛雾时靖，四门载清。当尔之时。义康岂不预参皇谋，均此休否哉。且陛下旧楚形胜，非亲勿居，遂以骠骑之号，任以藩夏之重，抚政南郢，绥民遏寇，播皇宋之泽，以洽幽荒。陛下之润，被之九有，岂直南荆之民沾渥而已焉。遂召之以宰辅，又寄之以和味，既居三事，又牧徐、扬，所以幽显齐欢，人神同抃。莫不言陛下授之为得，义康受之为是也。今如何信疑貌之似，阙兄弟之恩乎。若有迷谬之愆，可责之罪，正可数之以善恶，导之以义方。且庐陵王往事，足以知今，此乃陛下前车之殷鉴，后乘之灵龟也。夫曾子之不杀，忠臣之笃譬，二告而犹织，仁王之令范。故《诗》云："无信人之言，人实不信。"又云兄弟虽阋，不废亲也。《尚书》曰："克明俊德，以亲九族。"九族既睦，可以亲百姓。兄弟安可弃乎。

臣伏愿陛下上寻往代黜废之祸，下惟近者谗言之衅。庐陵王既申冤魂于后土，彭城王亦弭疑愆于宋京，岂徒皇代当今之计，盖乃良史万代之美也。且谄谀难辨，见非易黩，福始祸先，古人所畏。故爱身之士，自为己计，莫不结舌杜口，孰肯冒忌干主哉。臣以顽昧，独献微管，所以勤勤恳恳，必诉丹诚者，实恐义康年穷命尽，奄忽于南，遂令陛下有弃弟之责。臣虽微贱，窃为陛下羞之。况书言记事，史岂能屈典谟而讳哉。脱如臣虑，陛下恨之何益。扬子云曰："获福之大，莫先于和穆；遘祸之深，莫过于内难。"每服斯言，以为警戒。矧今睹王室大事，岂得韬笔默尔而已哉。臣将恐天下风靡，离间是惧，遂令宇内迁观，民庶革心，欲致康哉，实为难也。陛下徒云恶枝之宜伐，岂悟伐柯之伤树，乃往古之所悲，当今所宜改也。陛下若荡以平听，屏此猜情，垂讯刍荛之谋，曲察狂瞽之计，一发非意之诏，逮访博古之士，速召义康返于京甸，兄弟协和，君臣缉穆，息宇内之讥，绝多言之路，如是则四海之望塞，谗说之道消矣。何必司徒公、扬州牧，然后可以安彭城王哉。若臣所启违宪，于国为非，请即伏诛，以谢陛下。虽复分形赴镬，煮体烹尸，始愿所甘，岂不幸甚。

表奏，即收付建康狱，赐死。

会稽长公主，于兄弟为长，太祖至所亲敬。义康南上后，久之，上尝就主宴集甚欢，主起再拜稽颡，悲不自胜。上不晓其意，自起扶之。主曰："车子岁暮，必不为陛下所容，今特请其生命。"因恸哭。上流涕，举手指蒋山曰："必无此虑。若违今誓，便负初宁陵。"即封所饮酒赐义康，并书曰："会稽姊饮宴忆弟，所余酒今封送。"车子，义康小字也。

二十二年，太子詹事范晔等谋反，事逮义康，事在《晔传》。有司上曰："义康昔擅国权，恣心凌上，结朋树党，苞纳凶邪。重衅彰著，事合明罚。特遭陛下仁爱深至，敦惜周亲，封社不削，爵宠无贬。四海之心，朝野之议，咸谓皇德虽厚，实桡典刑。而义康曾不思此大造之德，自出南服，诡饰情貌，外示知惧，内实不悛。穷好极欲，干请无度。圣慈含弘，每不折旧，矜释屡加，恩畴已往。而阴敦行李，方启交通之谋，潜资左右，以要死士之命。崎岖伺隙，不忘窥窬。时犹隐忍，罚止仆侍。狂疾之性，永不惩革，凶心遂成，悖谋仍构。远投群丑，千里相结，再议宗社，重窥鼎祚。赖陛下至诚感神，宋历方永，故奸事昭露，罪人斯得。周公上圣，不辞同气之刑；汉文仁明，无隐从兄之恶。况义康衅深二叔，谋过淮南，背亲反道，自弃天地。臣等参议，请下有司削义康王爵，收付廷尉法狱治罪。”诏特宥大辟。于是免义康及子泉陵侯亢、女始宁丰城益阳兴平四县主为庶人，绝属籍，徙付安成郡。以宁朔将军沈邵为安成公相，领兵防守。义康在安成读书，见淮南厉王长事，废书叹曰：“前代乃有此，我得罪为宜也。”

二十四年，豫章胡诞世、前吴平令袁恽等谋反，袭杀豫章太守桓隆、南昌令诸葛智之，聚众据郡，复欲奉戴义康。太尉、录尚书江夏王义恭等奏曰：“投畀之言，义著《雅》篇，流极之教，事在《书》典。庶人义康负衅深重，罪不容戮。圣仁不忍，屡加迟回，宥其大辟，赐迁近甸，斯乃至爱发天，超邈终古。曾不遇愆甘引，而谗言同众，佷悖徼幸，每形辞色，内宣家人，外动民听，不逞之族，因以生心。胡诞世假窃名号，构成凶逆。杜渐除微，古今所务，况祸机骤发，庸可忽乎。臣等参议，宜徙广州远郡，放之边表，庶有防绝。”奏可。仍以安成公相沈邵为广州事。未行，值邵病卒，索虏来寇瓜步，天下扰动。止虏异志者或奉义康为乱，世祖时镇彭城，累启宜为之所，太子及尚书左仆射何尚之并以为言。二十八年正月，遣中书舍人严龙赍药赐死。义康不肯服药，曰：“佛教自杀不复得人身，便随宜见处分。”乃以被掩杀之，时年四十三，以侯礼葬安成。

六子：允、肱、珣、昭、方、昙辩。允初封泉陵县侯，食邑七百户。昭、方并早夭。允等留安成，元凶得志，遣杀之。

世祖大明四年，义康女玉秀等露板辞曰：“父凶灭无状，孤负天明，存荷优养，没蒙加礼，明罚羽山，未足敕法。乌鸟微心，昧死上诉，乞反葬旧茔，糜骨乡壤。”诏听，并加资给。前废帝永光元年，太宰江夏王义恭表曰：“臣闻忝祖远之，犹惑虑亲，降霍省序，义重令戚。故严道疾终，嗣启方字，阜陵愆屏，身遝晚恩。窃惟故庶人刘义康昔昧奸回，自贻非命，沉魂漏籍，垂诫来典。运革三朝，岁盈三纪，天地改朔，日月再升，陶形赋气，咸蒙更始。义康妻息漂没，早违盛化，众女孤弱，永沦黜首。即情原衅，本非已招，感事哀茕，俯增伤咽。敢缘陛下圣化融泰，春泽覃被，慈育群生，仁被枭草。实希洗宥，还齿帝宗，则施及陈荄，荣施污壤。臣恃凭国私，冒以诚表，尘触灵威，伏纸悲悸。”诏曰：“太宰表如此，公缘情追远，览以憯慨。昔淮、楚推恩，胙流支胤，抑法弘亲，古今成准。使以公表付外，依旨奉行。故枭侯允横罹凶虐，可特为置后。”太宗泰始四年，复绝属籍，还为庶人。

南郡王义宣，生而舌短，涩于言论。元嘉元年，年十二，封竟陵王，食邑五千户。仍拜左将军，镇石头。七年，迁使持节、都督徐兖青冀幽五州诸军事、徐州刺史，将军如故，犹戍石头。八年，又改都督南兖、兖州刺史，当镇山阳，未行。明年，迁中书监，进号中军将军，加散骑常侍，给鼓吹一部。时竟陵群蛮充斥，役刻民散，改封南谯王，又领石头戍事。十三年，出都督江州豫州之西陵晋熙新蔡三郡诸军事、镇南将军、江州刺史。

初，高祖以荆州上流形胜，地广兵强，遗诏诸子次第居之。谢晦平后，以授彭城王义康。义康入相，次江夏王义恭。又以临川王义庆宗室令望，且临川武烈王有大功于社稷，义庆又居之。其后应在义宣。上以义宣人才素短，不堪居上流，十六年，以衡阳王义季代义庆，而以义宣代义季为南徐州刺史、都督南徐州军事、征北将军，持节如故，加散骑常侍。而会稽公主每以为言，上迟回久之，二十一年，乃以义宣都督荆雍益梁宁南北秦七州诸军事、车骑将军、荆州刺史，持节、常侍如故。先赐中诏曰：“师护以在西久，比表求还，出内左右，自是经国常理，亦何必其应于一往。今欲听许，以汝代之。护虽无殊绩，洁已节用，通怀期物，不恣群下。此信未易，非唯声著西土，朝野以为美谈。在彼已有次第，为士庶所安，论者乃谓未议迁之，今之回换，更在欲为汝耳。汝与护年时一辈，各有美，物议亦互有少劣。若今向事脱一减之者，既于西夏交有巨碍，迁代之讥，必归责于吾矣。复当为护怨，非但一诮而已也。如此，则公私俱损，为不可不先共善详。此事亦易勉耳，无为使人动生评论也。”师护，义季小字也。

义宣至镇，勤自课厉，政事修理。白皙，美须眉，长七尺五寸，腰带十围，多畜嫔媵，后房千余，尼媪数百，男女三十人。崇饰绮丽，费用殷广。进位司空，改侍中，领南蛮校尉。二十七年，索虏南侵，义宣虑寇至，欲奔上明，及虏退，太祖诏之曰：“善修民务，不须营潜逃计也。”

三十年，迁司徒、中军将军、扬州刺史，侍中如故。未及就征，值元凶弑立，以义宣为中书监、太尉、领司徒，侍中如故。义宣闻之，即时起兵，征聚甲卒，传檄近远。会世祖入讨，义宣遣参军徐遗宝率众三千，助为前锋。世祖即位，以义宣为中书监，都督扬豫二州、刺史，加羽葆、鼓吹，给班剑四十人，持节、侍中如故。改封南郡王，食邑万户。进谥义宣所生为献太妃。封次子宜阳侯恺为南谯王，食邑千户。义宣固辞内任，及恺王爵。于是改授都督荆湘雍益梁宁南北秦八州诸军事、荆湘二州刺史，持节、侍中、丞相如故。降恺为宜阳县王。义宣将佐以下，并加赏秩。长史张畅，事在本传。咨议参军蔡超，专掌书记并参谋，除尚书吏部郎，仍为丞相咨议参军、南郡内史，封汝南县侯，食邑千户。司马竺超民，为黄门侍郎，仍除丞相司马、南平内史。其余各有差。

义宣在镇十年，兵强财富，既首创大义，威名著天下，凡所求欲，无不必从。朝廷所下制度，意所不同者，一不遵承。尝献世祖酒，先自酌饮，封送所余，其不识大体如此。初，臧质阴有异志，以义宣凡弱，易可倾移，欲假手为乱，以成其奸。自襄阳往江陵见义宣，便尽礼，事在《质传》。及至江州，每密信说义宣，以为“有大才，负大功，挟震主之威，自古鲜有全者，宜在人前，蚤有处分。且万物莫不系心于公，整众入朝，内外孰不欣戴。不待一旦受祸，悔无所及”。义宣阴纳质言，而世祖闺庭无礼，与义宣诸女淫乱，义宣因此发怒，密治舟甲，克孝建元年秋冬举兵。报豫州刺史鲁爽、兖州刺史徐遗宝使同。爽狂酒失旨，其年正月便反。遣府户曹送版，以义宣补天子，并送天子羽仪。遗宝亦勒兵向彭城。义宣及质狼狈起兵。二月二十六日，加都督中外诸军事，置左右长史、司马，使僚佐悉称名。遣传奉表曰：

臣闻博陆毗汉，获疑宣后；昌国翼燕，见猜惠王。常谓异姓震主，嫌隙易构；葭莩淳戚，昭亮可期。臣虽庸懦，少希忠谨。值巨逆滔天，忘家殉国，虽历算有归，微绩不树，竭诚尽愚，贯之幽显。而微疑莫监，积毁日闻；投杼之声，纷纭溢听。谅缘奸臣交乱，成是贝锦。夫浇俗之季，少贞节之臣；冰霜竞至，靡后凋之木。并寝处凶世，甘荣伪朝，皆缨冕之所弃，投畀之所取。至乃位超昔宠，任参大政，恶直丑勋，妄生邪说，疑惑明主，诬罔视听。又南从郡僚，劳不足纪，横叨天功，以为己力，同弊相扇，图倾宗社。臧质去岁忠节，勋高古贤，鲁爽协同大义，志契金石，此等猜毁，必欲祸陷。昔汲黯尚存，刘安寝志；孔父既逝，华督纵逆。臣虽不武，绩著艰难，复肆谗狡，规见诱召。宗祀之危，缀旒非所。

臣托体皇基，连晖日月，王室颠坠，咎在微躬，敢忘抵鼠之忌，甘受犯墉之责。辄征召甲卒，分命众藩，使忠勤申愤，义夫效力，戮此凶丑，谢愆阙廷，则进不负七庙之灵，退无愧二朝之遇。临表感愧，辞不自宣。

上诏答曰：

皇帝敬问。朕以不天，招罹屯难，家国阽危，翦焉将及。所以身先八百，雪清冤耻，远凭高算，共济艰难。遂登寡暗，嗣奉洪祀，尊戚酬勋，实表心事，秕政阙职，所愿匡拯。而嘉言蔑闻，末德先著，勤王之绩未终，毁冕之图已及。臧质崄躁无行，见弃人伦，以此不识，志在问鼎，凶意将逞，先借附从，扇诱欺炽，成此乱阶。如使群逆并济，众邪竞逐，将恐瞻乌之命，未识所止，构怨连祸，孰知其极。公明有不照，背本崇奸，迷昵谗丑，还谋社稷，虽履霜有日，喧议纠纷。朕以至道无私，杜遏疑议，信理推诚，暴于遐迩。不虞物变难筹，丑言遂验，是用悼心失图，忽忘寝食。

今便亲御六师，广命群牧，告灵誓众，直造柴桑，枭轘元恶，以谢天下。然后警跸清江，鸣銮郢路，投戈袭衮，面禀规勖。有宋不造，家祸仍缠，昔岁事宁，方承远训，冀以虚薄，永弭厥艰。岂谓曾未期稔，复睹斯衅，二祖之业，将坠于渊，仰瞻鸿基，但深感恸。

太傅江夏王义恭又与义宣书曰：

顷闻之道路云，二鲁背叛，致之有由，谓不然之言，绝于智者之耳。忽见来表，将兴晋阳之甲，惊愕骇惋，未譬所由。若主幼臣强，政移冢宰，或时昏下纵，在上畏逼，然后贤藩忠构，睹难赴机。未闻圣主御世，百辟顺执，称兵于言兴之初，扶危于既安之日，以此取济，窃为大弟忧之。昔岁二凶构逆，四海同奋，弟协宣忠孝，奉戴明主，元功感德，既已昭著，皇朝钦嘉，又亦优渥。丞相位极人臣，江左罕授，门两王，举世希有。表倍推诚，彰于见事，出纳之宜，唯意所欲。裒升进益，方省后命，一旦弃之，可谓运也。吾等荷先帝慈育，得及人群，思报厚恩，昊天罔极，竭力尽诚，犹惧无补。奈何妄听邪说，轻造祸难。国靡流言，遽归愆于二叔；世无晁错，仍袭辙于七藩。弃汉苍之令范，遵齐冏之败迹。

往时仲堪假兵灵宝，旋害其族，孝伯授之刘牢，忠诚逝踵，皆曩代之成事，当今之殷鉴也。臧质少无美行，弟所具悉，凭恃末戚，并有微勤，承乏推迁，遂超伦伍，藉西楚强力，图济其私。凶谋若果，恐非复池中物。鲁宗父子，世为国冤，太祖方弘遐略，故爽等均雍齿之封。今据有五州，虎兕出于匣，是须为刘渊耳。徐遗宝是垣护之妇弟，前因护之归于吾，苦求北出，不乐远西。近磐桓湖陆，示遣刘雍，其意见可。雍是徐冲舅，适有密信，誓倒戈。自虏侵境以来，公私凋弊，安以抚之，庶可宁静，弟复随而扰乱，吾恐边鄙皆为禾黍。宜远寻高祖创业艰难，近念家国比者祸衅，时息兵戈，共安社稷。责躬谢，诛除险佞，追保前勋，传美竹帛。昔梁孝悔罪，景帝垂恩，阜、质改过，肃宗降泽。忠焉之诲，聊希往言，祸福之机，明者是察。

主上神武英断，群风如林，忠臣发愤，虎士投袂，雄骑布野，舳舻盖川。吾以不才，忝权节钺，总督群帅，首戒戎先，指晨电举，式清南服。所以积行缓期，冀弟不远而悟。如其遂溺奸说者，天实为之。临书慨懑，不识次第。

义宣移檄诸州郡，加进号位。遣参军刘谌之、尹周之等率军下就臧质。雍州刺史朱脩之起兵奉顺。义宣二月十一日率众十万发自江津，舳舻数百里。是日大风，船垂覆没，仅得入中夏口。以第八子慆为辅国将军，留镇江陵。遣鲁秀、朱昙韶万余人北讨朱脩之。秀初至江陵，见义宣，既出，拊膺曰："阿兄误人事，乃与痴人共作贼，今年败矣。"义宣至寻阳，与质俱下，质为前锋。至鹊头，闻徐遗宝败，鲁爽于小岘授首，相视失色。世祖使镇北大将军沈庆之送爽首示义宣，并与书："仆荷任一方，而衅生所统。近聊率轻师，指往翦扑，军锋裁交，贼爽授首。公情契异常，或欲相见，及其可识，指送相呈。"义宣、质并骇惧。

上先遣豫州刺史王玄谟舟师顿梁山洲内，东西两岸为却月城，营栅甚固。义宣屡与玄谟书，要令降，玄谟书报曰：

频奉二诲，伏对战骇。先在彭、泗，闻诸将皆云，必有今日之事，以鄙意量，谓无此理。去年九月，故遣参军先僧瑗修书表心，并密陈入相之计，欲使周旦之美，复见于今。岂意理数难推，果至于此。昔因幸会，蒙国士之顾，思报厚德，甘起泉壤，岂谓一旦事与愿违。公崇长奸回，自放西服，信邪细之说，忘大节之重，溺流狡之志，灭君亲之恩，狎玩极宠，越希非觊，祖宗世祀，自图颠覆，瞑目行事，未有如斯之甚者也，乃复枉覃书檄，远示见招。此则丹心微款，未亮于高鉴，赤诚幽志，虚感于平日，环念周回，始悟知己之为难也。公但念提职在昔，不思善教有本，徒见徐、鲁去就，未知仗义有人，岂不惜哉！有臣则欲其忠，诱人而导诸逆，君子忠恕，其如是乎？苟不忠恕，则择木之翰，有所不集矣。夫挑妾者爱其易，求妻则敬其难。若承命如响，将焉用之。原毂存舆，无礼必及，窃恐荆郢之士，已当潜贰其怀，非皇都陋臣，秉义不徙。公虽心迷迹往，犹愿勉建良图。抑抚军忠壮慷慨，亮诚有素，新亭之勋，莫与为等，而妄信奸虚，坐相贬谤，不亦惑哉。

幸承人乏，夙诫前驱，精甲已次近路，镇军骆驿继发，太傅、骠骑嗣董元戎，乘舆亲御六师，威灵遐振。人百其气，慕义如林，舟骑云回，赫弈千里。辄属鞬秉锐，与执事周旋，授命当仁，理无所让。夫君道既尽，民礼亦绝，执笔裁答，感慨交怀。

抚军柳元景据姑熟为大统，偏帅郑琨、武念戍南浦。质迳入梁山，去玄谟一里许结营，义宣屯芜湖。五月十九日，西南风猛，质乘风顺流，攻玄谟西垒，冗从仆射胡子友等战失利，弃垒渡就玄谟。质又遣将庞法起数千兵从洲外趋南浦，仍使自后掩玄谟。与琨、念相遇，法起战大败，赴水死略尽。二十一日，义宣至梁山，质上出军东岸攻玄谟。玄谟分遣游击将军垣护之、竟陵太守薛安都等出垒奋击，大败质军，军人一时投水。护之等因风纵火，焚其舟乘，风势猛盛，烟焰覆江。义宣时屯西岸，延火烧营殆尽。诸将乘风火之势，纵兵攻之，众一时奔溃。

义宣与质相失，各单舸迸走，东人士庶并归顺，西人与义宣相随者，船舸犹有百余。女先适臧质子，过寻阳，入城取女，载以西奔。至江夏，闻巴陵有军，被抄断，回入迳口，步向江陵。众散且尽，左右唯十许人，脚痛不复能行，就民僦露车自载。无复食，缘道求告。至江陵郭外，遣人报竺超民，超民具羽仪兵众迎之。时外犹自如旧，带甲尚万余人。义宣既人城，仍出听事见客，左右翟灵宝诫使抚慰众宾以"臧质违指授之宜，用致失利，今治兵缮甲，更为后图，昔汉高百败，终成大业"，而义宣忘灵宝之言，误云"项羽千败"，众咸掩口而笑。鲁秀、竺超民等犹为之爪牙，欲收合余烬，更图一决，而义宣昏垫无复神守，入内不复出。左右腹心，相率奔叛。鲁秀北走，义宣不复自立，欲随秀去，乃于内戎服，幐囊盛粮，带佩刀，携息慆及所爱妾五人，皆著男子服相随。城内扰乱，白刃交横，义宣大惧落马，仍便步地，超民送城外，更以马与之，超民因还守城。义宣冀及秀，望诸将送北入虏。既失秀所在，未出郭，将士逃散尽，唯余慆及五妾、两黄门而已。夜还向城，入南郡空廨，无床，席地至旦。遣黄门报超民，超民遣故车一乘，载送刺奸。义宣止止狱户，坐地叹曰："臧质老奴误我。"始与五妾俱入狱，五妾寻被遣出，义宣号泣语狱吏曰："常日非苦，今日分别始是苦。"

大司马江夏王义恭、诸公、王、八座与荆州刺史朱脩之书曰："义宣反道叛恩，自陷极逆。大义灭亲，古今同准。无将之诛，犹或囚杀，况丑文悖志，宣灼遐迩，锋指绛阙，兵缠近郊，衅逼忧深，臣主旰食。赖朝略震明，祖宗灵庆，罪人斯得，七庙弗隳。司刑定罚，典辟攸在。而皇慈逮下，悯其愚迷，抑法申情，屡奏不省，人神悚遑，省心震惕。义宣自绝于天，理无容受。社稷之虑，臣子责深。便宜专行大戮，以纾国难。但加诸斧钺，有伤圣仁，示以弘恩，使自为所，上全天德，下一洪宪。临书悲慨，不复多云。"书未达，脩之至江陵，已于狱尽焉，时年四十。世祖听还葬。

义宣子惊、恺、恢、憬、惔、悏、惇、慆、伯实、业、悉达、法导、僧喜、慧正、慧知、明弥虏、妙觉、宝明凡十八人，恺、恢、惔、惇并于江宁墓所赐死，悏、悉达早卒，余并与义宣俱为朱脩之所杀。蔡超及咨议参军颜乐之、徐寿之等诸同恶，并伏诛。超，济阳考城人。父茂之，侍庐陵王义真读书，官至彭城王义康骠骑从事中郎、始兴太守。超少有才学，初为兖州主簿，时令百官举才，超与前始宁令同郡江淳之、前征南参军会稽贺道养并为兴安侯义宾所表荐。竺超民，青州刺史竺夔子也。

恢字景度，既嫡长，少而辩慧，义宣甚爱重之。年十一，拜南谯王世子，除给事中。义宣为荆州，常停都邑。太祖欲令还西，乃以为河东太守，加宁朔将军。顷之，征为黄门侍郎。元凶弑立，恢为侍中。义宣起义，劭收恢及弟恺、惔、惊、憬、悏系于外，散骑郎沈焕防守之。焕密有归顺意，谓恢等曰："祸福与诸郎同之，愿勿忧。"及臧质自白下上趋广莫门，劭令焕杀恢等，焕乃解其桎梏，率所领数十人与恢等向广莫门欲出。门者岠之，焕曰："臧公已至，凶人走矣。此司空诸郎，并能为诸君得富贵，非徒免祸而已，勿相留。"亦值质至，因以得出。恢至新亭，即除侍中。俄迁侍中、散骑常侍、西中郎将、湘州刺史。义宣并领湘州，转恢侍中，领卫尉。晋氏过江，不置城门校尉及卫尉官，孝武欲重城禁，故复置卫尉卿。卫尉之置，自恢始也。转右卫将军，侍中如故。义宣举兵反，恢与兄弟姊妹一时逃亡。恢藏江宁民陈铣家，有告之者，录付廷尉。恢子善藏，与恢俱死。

恺字景穆，生而养于宫内，宠均皇子。十岁，封宜阳县侯。仍为建威将军、南彭城沛二郡太守。迁步兵校尉，转黄门侍郎，太子中庶子，领长水校尉。元凶以恺为散骑常侍。世祖以为秘书监。未拜，迁辅国将军、南彭城下邳二郡太守。其年，转五兵尚书，进爵为王。义宣反问至，恺于尚书寺内，著妇人衣，乘问讯车，投临汝公盖诩。诩于妻室内为地窟藏之，事觉，收付廷尉，诩伏诛。

恢封临武县侯，年十八，卒，谥曰悼侯。悰封湘南县侯。憬封祁阳县侯。

徐遗宝字石俊，高平金乡人。初以新亭战功，为辅国将军、卫军司马、河东太守，不之官。迁兖州刺史，将军如故，戍湖陆。封益阳县侯，食邑二千五百户。义宣既没，遣使以遗宝为征虏将军、徐州刺史，率军出瓜步。遗宝遣长史刘雍之袭彭城，宁朔司马明胤击破之。更遣高平太守王玄楷与雍之复逼彭城。时徐州刺史萧思话未之镇，因诏安北司马夏侯祖权率五百人驰往助胤，既至，击玄楷斩之，雍之还湖陆。遗宝复遣士人檀休祖应玄楷，闻败，亦溃散。遗宝弃城奔鲁爽，爽败，逃东海郡界，士人斩送之，传首京邑。

夏侯祖权，谯人也。以功封祁阳县子，食邑四百户。大明中，为建武将军、兖州刺史，卒官。谥曰烈子。

史臣曰：襄阳庞公谓刘表曰："若使周公与管、蔡处茅屋之下，食藜藿之羹，岂有若斯之难。"夫天伦由子，共气分形，宠爱之分虽同，富贵之情则异也。追味尚长之言，以为太息。

宋书卷六九
列传第二九

刘湛　范晔

刘湛字弘仁，南阳涅阳人也。祖耽，父柳，并晋左光禄大夫、开府仪同三司。

湛出继伯父淡，袭封安众县五等男。少有局力，不尚浮华。博涉史传，谙前世旧典，弱年便有宰世情，常自比管夷吾、诸葛亮，不为文章，不喜谈议。本州辟主簿，不就，除著作佐郎，又不拜。高祖以为太尉行参军，赏遇甚厚。高祖领镇西将军、荆州刺史，以湛为功曹，仍补治中别驾从事史，复为太尉参军，世子征虏、西中郎主簿。父柳亡于江州，州府送故甚丰，一无所受，时论称之。服终，除秘书丞，出为相国参军。谢晦、王弘并称其有器干。

高祖入受晋命，以第四子义康为冠军将军、豫州刺史，留镇寿阳。以湛为长史、梁郡太守。义康弱年未亲政，府州军事悉委湛。府进号右将军，仍随府转。义康以本号徙为南豫州，湛改领历阳太守。为人刚严用法，奸吏犯赃百钱以上，皆杀之，自下莫不震肃。庐陵王义真出为车骑将军、南豫州刺史，湛又为长史，太守如故。义真时居高祖忧，使帐下备膳，湛禁之，义真乃使左右索鱼肉珍羞，于斋内别立厨帐。会湛入，因命臑酒炙车螯，湛正色曰："公当今不宜有此设。"义真曰："旦甚寒，一碗酒亦何伤。长史事同一家，望不为异。"酒既至，湛因起曰："既不能以礼自处，又不能以礼处人。"

景平元年，召入，拜尚书吏部郎，迁右卫将军。出督广交二州诸军事、建威将军、平越中郎将、广州刺史。嫡母忧，去职。服阕，为侍中。抚军将军江夏王义恭镇江陵，以湛为使持节、南蛮校尉，领抚军长史，行府州事。时王弘辅政，而王华、王昙首任事居中。湛自谓才能不后之，不愿外出，是行也，谓为弘等所斥，意甚不平，常曰："二王若非代邸之旧，无以至此，可谓遭遇风云。"湛负其志气，常慕汲黯、崔琰为人，故名长子曰黯，字长孺，第二子曰琰，字季珪。琰于江陵病卒，湛求自送丧还都，义恭亦为之陈请，太祖答义恭曰："吾亦得湛启事，为之酸怀，乃不欲苟违所请。但汝弱年，新涉庶务，八州殷旷，专断事重，畴谘委仗，不可不得其人，量算二三，未获便相顺许。今答湛启，权停彼葬。顷朝臣零落相系，寄怀转寡，湛实国器，吾乃欲引其令还，直以西夏任重，要且停此事耳。汝庆赏黜罚，豫关失得者，必宜悉相委寄。"

义恭性甚狷隘，年又渐长，欲专政事，每为湛所裁，主佐之间，嫌隙遂构。太祖闻之，密遣使诘让义恭，并使深加谐缉。义恭具陈湛无居下之礼，又自以年长，未得行意，虽奉诏旨，颇有怨言。上友于素笃，欲加酬顺，乃诏之曰："事至于此，甚为可叹。当今之才，委授已尔，宜尽相弥缝，取其可取，弃其可弃。汝疏云'泯然无际'，如此甚佳。彼多猜，不可令万一觉也。汝年已长，渐更事物，且群情瞩望，不以幼昧相期，何由故如十岁时，动止谘问。但当今所专，必是小事耳。亦恐量此轻重，未必尽得，彼之疑怨，兼或由此邪。"

先是，王华既止，昙首又卒，领军将军殷景仁以时贤零落，白太祖征湛。八年，召为太子詹事，加给事中、本州大中正，与景仁并被任遇。湛常云："今世宰相何难，此政可当我南阳郡汉世功曹耳。"明年，景仁转尚书仆射，领选，护军将军，湛代为领军将军。十二年，又领詹事。湛与景仁素款，又以其建议征之，甚相感悦。及俱被时遇，猜隙渐生，以景仁专管内任，谓为间己。时彭城王义康专秉朝权，而湛昔为上佐，遂以旧情委心自结，欲因宰相之力，以回主心，倾黜景仁，独当时务。义康屡构之于太祖，其事不行。义康寮属及湛诸附隶潜相约勒，无敢历殷氏门者。湛党刘敬文父成未悟其机，诣景仁求郡，敬文遽往谢湛曰："老父悖耄，遂就殷铁干禄。由敬文暗浅，上负生成，合门惭惧，无地自处。"敬文之奸谄无愧如此。

义康擅势专朝，威倾内外，湛愈推崇之，无复人臣之礼，上稍不能平。湛初入朝，委任甚重，日夕引接，恩礼绸缪。善论治道，并谙前世故事，叙致铨理，听者忘疲。每入云龙门，御者便解驾，左右及羽仪随意分散，不夕不出，以此为常。及至晚节，驱煽义康，凌轹朝廷，上意虽内离，而接遇不改。上尝谓所亲曰："刘班初自西还，吾与语，常看日早晚，虑其当去。比入，吾亦看日早晚，虑其不去。"湛小字班虎，故云班也。迁丹杨尹，金紫光禄大夫，加散骑常侍，詹事如故。

十七年，所生母亡。时上与义康形迹既乖，衅难将结，湛亦知无复全地。及至丁艰，谓所亲曰："今年必败。常日正赖口舌争之，故得推迁耳。今既穷毒，无复此望，祸至其能久乎！"十月，诏曰："刘湛阶藉门荫，少叨荣位，往佐历阳，奸诐夙著。谢晦之难，潜使密告，求心即事，久宜诛屏。朕所以弃瑕略瑕，庶收后效，宠秩优泰，逾越伦匹。而凶忍忌克，刚愎靡厌，无君之心，触遇斯发。遂乃合党连群，构扇同异，附下蔽上，专弄威权，荐子树亲，互为表里，邪附者荣曜九族，秉理者推陷必至。旋观奸慝，为日已久，独欲弘纳遵养，冀或悛革。自迩以来，凌纵滋甚，悖言怼容，罔所顾忌，阴谋潜计，睥睨两宫。岂唯彰暴国都，固亦达于四海。比年七曜违度，震蚀表灾，侵阳之征，事符幽显。搢绅含愤，义夫兴叹。昔齐、鲁不纲，祸倾邦国；昭、宣电断，汉祚方延。便收付廷尉，肃明刑典。"于狱伏诛，时年四十九。

子黯，大将军从事中郎。黯及二弟亮、俨，并从诛。湛弟素，黄门侍郎，徙广州。湛初被收，叹曰："便是乱邪。"仍又曰："不言无我应乱，杀我自是乱法耳。"入狱见素，曰："乃复及汝邪？相劝为恶，恶不可为；相劝为善，正见今日。如何！"湛生女辄杀之，为士流所怪。

范晔字蔚宗，顺阳人，车骑将军泰少子也。母如厕产之，额为砖所伤，故以砖为小字。出继从伯弘之，袭封武兴县五等侯。

少好学，博涉经史，善为文章，能隶书，晓音律。年十七，州辟主簿，不就。高祖相国掾，彭城王义康冠军参军，随府转右军参军，入补尚书外兵郎，出为荆州别驾从事史。寻召为秘书丞。父忧，去职。服终，为征南大将军檀道济司马，领新蔡太守。道济北征，晔惮行，辞以脚疾，上不许，使由水道统载器仗部伍。军还，为司徒从事中郎。顷之，迁尚书吏部郎。

元嘉元年冬，彭城太妃薨，将葬，祖夕，僚故并集东府。晔弟广渊，时为司徒祭酒，其日在直。晔与司徒左西属王深宿广渊许，夜中酣饮，开北牖听挽歌为乐。义康大怒，左迁晔宣城太守。不得志，乃删众家《后汉书》为一家之作。在郡数年，迁长沙王义欣镇军长史，加宁朔将军。兄皓为宜都太守，嫡母随皓在官。十六年，母亡，报之以疾，晔不时奔赴，及行，又携妓妾自随，为御史中丞刘损所奏。太祖爱其才，不罪也。服阕，为始兴王浚后军长史，领南下邳太守。及浚为扬州，未亲政事，悉以委晔。寻迁左卫将军、太子詹事。

晔长不满七尺，肥黑，秃眉须。善弹琵琶，能为新声，上欲闻之，屡讽以微旨，晔伪若不晓，终不肯为上弹。上尝宴饮欢适，谓晔曰："我欲歌，卿可弹。"晔乃奉旨。上歌既毕，晔亦止弦。

初，鲁国孔熙先博学有纵横才志，文史星算，无不兼善。为员外散骑侍郎，不为时所知，久不得调。初，熙先父默之为广州刺史，以赃货得罪，下廷尉，大将军彭城王义康保持之，故得免。及义康被黜，熙先密怀报效，欲要朝廷大臣，未知谁可动者，以晔意志不满，欲引之。而熙先素不为晔所重，无因进说。晔外甥谢综，雅为晔所知，熙先尝经相识，乃倾身事综，与之结厚。熙先藉岭南遗财，家甚富足，始与综诸弟共博，故为拙行，以物输之。综等诸年少，既屡得物，遂日夕往来，情意稍款。综乃引熙先与晔为数，晔又与戏，熙先故为不敌，前后输晔物甚多。晔既利其财宝，又爱其文艺。熙先素有词辩，尽心事之，晔遂相与异常，申莫逆之好。始以微言动晔，晔不回，熙先乃极辞譬说。晔素有闺庭论议，朝野所知，故门胄虽华，而国家不与姻娶。熙先因以此激之曰："丈人若谓朝廷相待厚者，何故不与丈人婚，为是门户不得邪？人作犬豕相遇，而丈人欲为之死，不亦惑乎？"晔默然不答，其意乃定。

时晔与沈演之并为上所知待，每被见多同。晔若先至，必待演之俱入，演之先至，尝独被引，晔又以此为怨。晔累经义康府佐，见待素厚。及宣城之授，意好乖离。综为义康大将军记室参军，随镇豫章。综还，申义康意于晔，求解晚隙，复敦往好。晔既有逆谋，欲探时旨，乃言于上曰："臣历观前史二汉故事，诸蕃王政以妖诅幸灾，便正大逆之罚。况义康奸心衅迹，彰著遐迩，而至今无恙，臣窃惑焉。且大梗常存，将重阶乱，骨肉之际，人所难言。臣受恩深重，故冒犯披露。"上不纳。

熙先素善天文，云太祖必以非道晏驾，当由骨肉相残。江州应出天子，以为义康当之。综父述亦为义康所遇，综弟约又是义康女夫，故太祖使综随从南上，既为熙先所奖说，亦有酬报之心。广州人周灵甫有家兵部曲，熙先以六十万钱与之，使于广州合兵。灵甫一去不反。大将军府史仲承祖，义康旧所信念，屡衔命下都，亦潜结腹心，规有异志。闻熙先有诚，密相结纳。丹扬尹徐湛之，素为义康所爱，虽为舅甥，恩过子弟，承祖因此结事湛之，告以密计。承祖南下，申义康意于萧思话及晔，云："本欲与萧结婚，恨始意不果。与范本情不薄，中间相失，傍人为之耳。"

有法略道人，先为义康所供养，粗被知待，又有王国寺法静尼亦出入义康家内，皆感激旧恩，规相拯拔，并与熙先往来。使法略罢道，本姓孙，改名景玄，以为臧质宁远参军。熙先善于治病，兼能诊脉。法静尼妹夫许耀，领队在台，宿卫殿省。尝有病，因法静尼就熙先乞治，为合汤一剂，耀疾即损。耀自往酬谢，因成周旋。熙先以耀胆干可施，深相待结，因告逆谋，耀许为内应。豫章胡遵世，藩之子也，与法略甚款，亦密相酬和。法静尼南上，熙先遣婢采藻随之，付以笺书，陈说图谶。法静还，义康饷熙先铜匕、铜镊、袍段、棋奁等物。熙先虑事泄，鸩采藻杀之。湛之又谓晔等："臧质见与异常，岁内当还，已报质，悉携门生义故，其亦当解人此旨，故应得健儿数百。质与萧思话款密，当仗要之，二人并受大将军眷遇，必无异同。思话三州义故众力，亦不减质。郡中文武，及合诸处侦逻，亦当不减千人。不忧兵力不足，但当勿失机耳。”乃略相署置，湛之为抚军将军、扬州刺史，晔中军将军、南徐州刺史，熙先左卫将军，其余皆有选拟。凡素所不善及不附义康者，又有别簿，并入死目。

熙先使弟休先先为檄文曰：

夫休否相乘，道无恒泰，狂狡肆逆，明哲是殛。故小白有一匡之勋，重耳有翼戴之德。自景平肇始，皇室多故，大行皇帝天诞英姿，聪明睿哲，拔自藩国，嗣位统天，忧劳万机，垂心庶务，是以邦内安逸，四海同风。而比年以来，奸竖乱政，刑罚乖淫，阴阳违舛，致使衅起萧墙，危祸萃集。贼臣赵伯符积怨含毒，遂纵奸凶，肆兵犯跸，祸流储宰，崇树非类，倾坠皇基。罪百浞、豷，过十玄、莽，开辟以来，未闻斯比。率土叨心，华夷泣血，咸怀亡身之诚，同思糜躯之报。

湛之、晔与行中领军萧思话、行护军将军臧质、行左卫将军孔熙先、建威将军孔休先，忠贯白日，诚著幽显，义痛其心，事伤其目，投命奋戈，万殒莫顾，即日斩伯符首，及其党与。虽豺狼即戮，王道惟新，而普天无主，群萌莫继。彭城王体自高祖，圣明在躬，德格天地，勋溢区宇，世路威夷，勿用南服，龙潜凤栖，于兹六稔，苍生饥德，亿兆渴化，岂唯东征有《鸱鸮》之歌，陕西有勿翦之思哉。灵祇告征祥之应，谶记表帝者之符。上答天心，下惬民望，正位辰极，非王而谁。

今遣行护军将军臧质等，赍皇帝玺绶，星驰奉迎。百官备礼，骆驿继进，并命群帅，镇戍□常。若干挠义徒，有犯无贷。昔年使反，湛之奉赐手敕，逆诫祸乱，预睹斯萌，令宣示朝贤，共拯危溺，无断谋事，失于后机，遂使圣躬滥酷，大变奄集，哀恨崩裂，抚心摧哽，不知何地，可以厝身。辄督厉厎顿，死而后已。

熙先以既为大事，宜须义康意旨，晔乃作义康与湛之书，宣示同党曰：

吾凡人短才，生长富贵，任情用己，有过不闻，与物无恒，喜怒违实，致使小人多怨，士类不归。祸败已成，犹不觉悟，退加寻省，方知自招，刻肌刻骨，何所复补。然至于尽心奉上，诚贯幽显，拳拳谨慎，惟恐不及，乃可恃宠骄盈，实不敢故为欺罔也。岂苞藏逆心，以招灰灭，所以推诚自信，不复防护异同，率意信心，不顾万物议论，遂致谗巧潜构，众恶归集。甲奸险好利，负吾事深；乙凶愚不齿，扇长无赖；丙、丁趋走小子，唯知谄进，伺求长短，共造虚说，致令祸陷骨肉，诛戮无辜。凡在过衅，竟有何征，而刑罚所加，同之元恶，伤和枉理，感彻天地。

吾虽幽逼日苦，命在漏刻，义慨之士，时有音信。每知天文人事，及外间物情，土崩瓦解，必有朝夕。是为衅起群贤，滥延国家，夙夜愤踊，心腹交战。朝之君子及士庶白黑怀义秉理者，宁可不识时运之会，而坐待横流邪。除君侧之恶，非唯一代，况此等狂乱罪孰，终古所无，加之翦戮，易于摧朽邪。可以吾意宣示众贤，若能同心奋发，族裂逆党，岂非功均创业，重造宋室乎。但兵凶战危，或致侵滥，若有一豪犯顺，诛及九族。处分之要，委之群贤，皆当谨奉朝廷，动止闻启。往日嫌怨，一时豁然，然后吾当谢罪北阙，就戮有司。苟安社稷，瞑目无恨。勉之！勉之！

二十二年九月，征北将军衡阳王义季、右将军南平王铄出镇，上于武帐冈祖道，晔等期以其日为乱，而差互不得发。于十一月，徐湛之上表曰："臣与范晔本无素旧，中忝门下，与之邻省，屡来见就，故渐成周旋。比年以来，意态转见，倾动险忌，富贵情深，自谓任遇未高，遂生怨望。非唯攻伐朝士，讥谤圣时，乃上议朝廷，下及藩辅，驱扇同异，恣口肆心，如此之事，已具上简。近员外散骑侍郎孔熙先，忽令大将军府吏仲承祖腾晔及谢综等意，欲收合不逞，规有所建。以臣昔蒙义康接盼，又去岁群小为臣妄生风尘，谓必嫌惧，深见劝诱。兼云人情乐乱，机不可失，谶纬天文，并有征验。晔寻自来，复具陈此，并说臣论议转恶，全身为难。即以启闻，被敕使相酬引，究其情状。于是悉出檄书、选事、及同恶人名、手墨翰迹，谨封上呈，凶悖之甚，古今罕比。由臣暗于交士，闻此逆谋，临启震惶，荒情无措。"诏曰："湛之表如此，良可骇惋。晔素无行检，少负瑕衅，但以才艺可施，故收其所长，频加荣爵，遂参清显。而险利之性，有过溪壑，不识恩遇，犹怨愤。每存容养，冀能悛革，不谓同恶相济，狂悖至此。便可收掩，依法穷诘。"

其夜，先呼晔及朝臣集华林东阁，止于客省。先已于外收综及熙先兄弟，并皆款服。于时上在延贤堂，遣使问晔曰："以卿粗有文翰，故相任擢，名爵期怀，于例非少。亦知卿意难厌满，正是无理怨望，驱扇朋党而已，云何乃有异谋？"晔仓卒怖惧，不即首款。上重遣问曰："卿与谢综、徐湛之、孔熙先谋逆，并已答款，独尚未死，征据见存，何不依实！"晔对曰："今宗室磐石，蕃岳张峙，设使窃发侥幸，方镇便来讨伐，几何而不诛夷。且臣位任过重，一阶两级，自然必至，如何以灭族易此。古人云：'左手据天下之图，右手刎其喉，愚夫不为。'臣虽凡下，朝廷许其粗有所及，以理而察，臣不容有此。"上复遣问曰："熙先近在华林门外，宁欲面辨之乎？"晔辞穷，乃曰："熙先苟诬引臣，臣当如何。"熙先闻晔不服，笑谓殿中将军沈邵之曰："凡诸处分，符檄书疏，皆范晔所造及治定，云何于今方作如此抵蹋邪。"上示以墨迹，晔乃具陈本末曰："久欲上闻，逆谋未著，又冀其事消弭，故推迁至今。负国罪重，分甘诛戮。"

其夜，上使尚书仆射何尚之视之，问曰："卿事何得至此？"晔曰："君谓是何？"尚之曰："卿自应解。"晔曰："外人传庾尚书见憎，计与之无恶。谋逆之事，闻孔熙先说此，轻其小儿，不以经意。今忽受责，方觉为罪。君方以道佐世，使天下无冤。弟就死之后，犹望君照此心也。"明日，仗士送晔付廷尉，入狱，问徐丹杨所在，然后知为湛之所发。熙先望风吐款，辞气不桡，上奇其才，遣人慰劳之曰："以卿之才，而滞于集书省，理应有异志。此乃我负卿也。"又诘责前吏部尚书何尚之曰："使孔熙先年将三十作散骑郎，那不作贼！"

熙先于狱中上书曰:"囚小人猖狂,识无远概,徒狗意气之小感,不料逆顺之大方。与第二弟休先首为奸谋,干犯国宪,鳌脍脯醢,无补尤戾。陛下大明含弘,量苞天海,录其一介之节,猥垂优逮之诏。恩非望始,没有遗荣,终古以来,未有斯比。夫盗马绝缨之臣,怀璧投书之士,其行至贱,其过至微,由识不世之恩,以尽躯命之报,卒能立功齐、魏,致勋秦、楚。囚虽身陷祸逆,名节俱丧,然少也慷慨,窃慕烈士之遗风。但坠崖之木,事绝升跻,覆盎之水,理乖收汲。方当身膏铁钺,诒诫方来,若使魂而有灵,结草无远。然区区丹抱,不负夙心,贪及视息,少得申畅。自惟性爱群书,心解数术,智之所周,力之所至,莫不穷揽,究其幽微。考论既往,诚多审验。谨略陈所知,条牒如故别状,原且勿遗弃,存之中书。若囚死之后,或可追存,庶九泉之下,少塞衅责。"所陈并天文占候,谶上有骨肉相残之祸,其言深切。

晔在狱,与综及熙先异处,乃称疾求移考堂,欲近综等。见听,与综等果得隔壁。遥问综曰:"始被收时,疑谁所告?"综云:"不知。"晔曰:"乃是徐童。"童,徐湛之小名仙童也。在狱为诗曰:"祸福本无兆,性命归有极。必至定前期,谁能延一息。在生已可知,来缘憴无识。好丑共一丘,何足异枉直。岂论东陵上,宁辨首山侧。虽无嵇生琴,庶同夏侯色。寄言生存子,此路行复即。"

晔本意谓入狱便死,而上穷治其狱,遂经二旬,晔更有生望。狱吏因戏之曰:"外传詹事或当长系。"晔闻之惊喜,综、熙先笑之曰:"詹事当可共畴事时,无不攘袂瞋目。及在西池射堂上,跃马顾盼,自以为一世之雄。而今扰攘纷纭,畏死乃尔。设令今时赐以性命,人臣图主,何颜可以生存。"晔谓卫狱将曰:"惜哉!薤如此人。"将曰:"不忠之人,亦何足惜。"晔曰:"大将言是也。"

将出市,晔最在前,于狱门顾谓综曰:"今日次第,当以位邪?"综曰:"贼帅为先。"在道语笑,初无暂止。至市,问综曰:"时欲至未?"综曰:"势不复久。"晔既食,又苦劝综,综曰:"此异病笃,何事强饭。"晔家人悉至市,监刑职司问:"须相见不?"晔问综曰:"家人以来，幸得相见，将不暂别。”综曰：“别与不别，亦何所存。来必当号泣，正足乱人意。”晔曰：“号泣何关人，向见道边亲故相瞻望，亦殊胜不见。吾意故欲相见。”于是呼前。晔妻先下抚其子，回骂晔曰：“君不为百岁阿家，不感天子恩遇，身死固不足塞罪，奈何枉杀子孙。”晔干笑云，罪至而已。晔所生母泣曰：“主上念汝无极，汝曾不能感恩，又不念我老，今日奈何？”仍以手击晔颈及颊，晔颜色不怍。妻云：“罪人，阿家莫念。”妹及妓妾来别，晔悲涕流涟，综曰：“舅殊不同夏侯色。”晔收泪而止。综母以子弟自蹈逆乱，独不出视。晔语综曰：“姊今不来，胜人多也。”晔转醉，子蔼亦醉，取地土及果皮以掷晔，呼晔为别驾数十声。晔问曰：“汝恚我邪？”蔼曰：“今日何缘复恚，但父子同死，不能不悲耳。”晔常谓死者神灭，欲著《无鬼论》；至是与徐湛之书云：“当相□地下。”其谬乱如此。又语人：“寄语何仆射，天下决无佛鬼。若有灵，自当相报。”收晔家，乐器服玩，并皆珍丽，妓妾亦盛饰，母住止单陋，唯有一厨盛樵薪，弟子冬无被，叔父单布衣。晔及子蔼、遥、叔蒌、孔熙先及弟休先、景先、思先、熙先子桂甫、桂甫子白民、谢综及弟约、仲承祖、许曜，诸所连及，并伏诛。晔时年四十八。晔兄弟子父已亡者及谢综弟纬，徙广州。蔼子鲁连，吴兴昭公主外孙，请全生命，亦得远徙，世祖即位，得还。

晔性精微有思致，触类多善，衣裳器服，莫不增损制度，世人皆法学之。撰《和香方》，其序之曰：“麝本多忌，过分必害。沉实易和，盈斤无伤，零藿虚燥，詹唐黏湿。甘松、苏合、安息、郁金、柰多、和罗之属，并被珍于外国，无取于中土。又枣膏昏钝，甲煎浅俗，非唯无助于馨烈，乃当弥增于尤疾也。”此序所言，悉以比类明士。“麝本多忌”，比庾炳之；“零藿虚燥”，比何尚之；“詹唐黏湿”，比沈演之；“枣膏昏钝”，比羊玄保；“甲煎浅俗”，比徐湛之；“甘松、苏合”，比慧琳道人；“沉实易合”，以自比也。

晔狱中与诸甥侄书以《自序》曰：

吾狂衅覆灭，岂复可言，汝等皆当以罪人弃之。然平生行己在怀，犹应可寻。至于能不，意中所解，汝等或不悉知。吾少懒学问，晚成人，年三十许，政始有向耳。自尔以来，转为心化，推老将至者，亦当未已也。往往有微解，言乃不能自尽。为性不寻注书，心气恶，小苦思，便愦闷，口机又不调利，以此无谈功。至于所通解处，皆自得之于胸怀耳。文章转进，但才少思难，所以每于操笔，其所成篇，殆无全称者。常耻作文士。文患其事尽于形，情急于藻，义牵其旨，韵移其意。虽时有能者，大较多不免此累，政可类工巧图缋，竟无得也。常谓情志所托，故当以意为主，以文传意。以意为主，则其旨必见；以文传意，则其词不流。然后抽其芬芳，振其金石耳。此中情性旨趣，千条百品，屈曲有成理。自谓颇识其数，尝为人言，多不能赏，意或异故也。

性别宫商，识清浊，斯自然也。观古今文人，多不全了此处，纵有会此者，不必从根本中来。言之皆有实证，非为空谈。年少中，谢庄最有其分，手笔差易，文不拘韵故也。吾思乃无定方，特能济难适轻重，所禀之分，犹当未尽。但多公家之言，少于事外远致，以此为恨，亦由无意于文名故也。

本未关史书，政恒觉其不可解耳。既造《后汉》，转得统绪，详观古今著述及评论，殆少可意者。班氏最有高名，既任情无例，不可甲乙辨。后赞于理近无所得，唯志可推耳。博赡可不及之，整理未必愧也。吾杂传论，皆有精意深旨，既有裁味，故约其词句。至于《循吏》以下及《六夷》诸序论，笔势纵放，实天下之奇作。其中合者，往往不减《过秦》篇。尝共比方班氏所作，非但不愧之而已。欲遍作诸志，前汉所有者悉令备。虽事不必多，且使见文得尽。又欲因事就卷内发论，以正一代得失，意复未果。赞自是吾文之杰思，殆无一字空设，奇变不穷，同合异体，乃自不知所以称之。此书行，故应有赏音者。《纪》、《传》例为举其大略耳，诸细意甚多。自古体大而思精，未有此也。恐世人不能尽之，多贵古贱今，所以称情狂言耳。

吾于音乐，听功不及自挥，但所精非雅声，为可恨。然至于一绝处，亦复何异邪。其中体趣，言之不尽，弦外之意，虚响之音，不知所从而来。虽少许处，而旨态无极。亦尝以授人，士庶中未有一豪似者。此永不传矣。吾书虽小小有意，笔势不快，余竟不成就，每愧此名。

晔《自序》并实，故存之。

蔼幼而整洁，衣服竟岁未尝有尘点。死时年二十。

晔少时，兄晏常云："此儿进利，终破门户。"终如晏言。

史臣曰：古之人云："利令智昏。"甚矣，利害之相倾。刘湛识用才能，实苞经国之略，岂不知移弟为臣，则君臣之道用，变兄成主，则兄弟之义殊乎。而义康数怀奸计，苟相崇说，与夫推长戟而犯魏阙，亦何以异哉！

宋书卷七〇
列传第三〇

袁 淑

袁淑字阳源，陈郡阳夏人，丹阳尹豹少子也。

少有风气，年数岁，伯湛谓家人曰："此非凡儿。"至十余岁，为姑夫王弘所赏。不为章句之学，而博涉多通，好属文，辞采遒艳，纵横有才辩。本州命主簿，著作佐郎，太子舍人，并不就。彭城王义康命为军司祭酒。义康不好文学，虽外相礼接，意好甚疏。刘湛，淑从母兄也，欲其附己，而淑不以为意，由是大相乖失，以久疾免官。补衡阳王义季右军主簿，迁太子洗马，以脚疾不拜。卫军临川王义庆雅好文章，请为谘议参军。顷之，迁司徒左西属。出为宣城太守，入补中书侍郎，以母忧去职。服阕，为太子中庶子。元嘉二十六年，迁尚书吏部郎。其秋，大举北伐，淑侍坐从容曰："今当鸣銮中岳，席卷赵、魏，检玉岱宗，今其时也。臣逢千载之会，愿上《封禅书》一篇。"太祖笑曰："盛德之事，我何足以当之。"出为始兴王征北长史、南东海太守。淑始到府，浚引见，谓曰："不意舅遂垂屈佐。"淑答曰："朝廷遣下官，本以光公府望。"还为御史中丞。

时索虏南侵，遂至瓜步，太祖使百官议防御之术，淑上议曰：

臣闻函车之兽，离山必毙，绝波之鳞，宕流则枯。羯寇遗丑，趋致畿甸，蚁萃螽集，闻已崩殪。天险岩旷，地限深遐，故全魏戢其图，盛晋辍其议，情屈力殚，气挫勇竭，谅不虞于来临，本无怵于能济矣。乃者燮定携远，阻违授律，由将有弛拙，故士少斗志。围溃之众，匪寇倾沦，攻制之师，空自班散，济西劲骑，急战蹴旅，淮上训卒，简备靡旗。是由绥整寡衷，戎昭多昧，遂使梼潞入患，枭伊来扰，纷殄姬风，泯毒禹绩，腾书有渭阴之迫，悬烽均咸阳之警。然而切揣虚实，伏匿先彰，校索伎能，谲诡既显。绵地千里，弥行阻深，表里踬硋，后先介逼。舍陵衍之习，竞湍沙之利。今虹见萍生，土膏泉动，津陆陷溢，痁祸洊兴，芻藁已单，米粟莫系，水宇衿带，进必倾陨，河隘扁固，退亦堕灭。所谓栖乌于烈火之上，养鱼于丛棘之中。

或谓损缓江右，宽缮淮内。窃谓拯扼闽城，旧史为允，弃远凉土，前言称非。限此要荒，犹弗委割。况联被京国，咫尺神甸，数州摧扫，列邑歼痍，山渊反覆，草木涂地。今丘赋千乘，井算万集，肩摩倍于长安，缔袂百于临淄，什一而籍，实慊氓愿，履亩以税，既协农和。户竞战心，人含锐志，皆欲赢粮请奋，释纬乘城。谓宜悬金铸印，要壮果之士，重币甘辞，招推决之将，举荐板筑之下，抽登台皂之间，赏之以焚书，报之以相爵，俄而昭才贺阙，异能间至。

戎贪而无谋，肆而不整，迷乎向背之次，谬于合散之宜，犯军志之极害，触兵家之甚讳。咸畜愤矣，佥策战矣，称愿影从，谣言缗命。宜选敢悍数千，鹜行潜掩，偃旗裹甲，钳马衔枚，桧稽而起，晨压未阵，旌噪乱举，火鼓四临，使景不暇移，尘不及起，无不禽镲兽耆，冰解雾散，扫洗哨类，漂卤浮山。如有决罣漏网，逡窠逗穴，命淮、汝戈船，遏其还迳，兖部劲卒，梗其归涂。必剪元雄，悬首麾下，乃将只轮不反，战辖无旋矣。于是信臣腾威，武士缮力，缇组接阴，鞞柝联响。

若其伪遁羸张，出没无际，楚言汉旆，显默如神，固已日月蔽亏，川谷荡贸。负塞残孽，阻山烬党，收险窃命，凭城借土，则当因威席卷，乘机芟剿。泗、汴秀士，星流电烛，徐、阜严兵，雨凑云集，蹶乱桑溪之北，摇溃浣海以南，绝其心根，勿使能植，衔索之枯，几何不蠹。是由涸泽而渔，焚林而狩，若浚风之舞轻箨，杲日之拂浮霜。既而尉洽荷掠之余，望吊网悲之鬼。然后天行枢运，焱举烟升，青盖西巡，翠华□□，经启州野，涤一轸策，俾高阙再勒，燕然后铭。方乃奠山沉河，创礼辑策，阐耀炎、昊之遗则，贯轶商、夏之旧文。

今众贾拳勇，而将术疏怯，意者稔泰日积，承平岁久，邑无惊赴之急，家缓馈战之勤，阙阅训之礼，简参属之饰，且亦荐采之法，庸未蒇欤。若乃邦造里选，擢论深切，躬擐尽幽，斩带寻远，设有沉明能照，俊伟自宜，诚感泉雨，流通金石，气慑飞、贲，知穷苴、起，审邪正顺逆之数，达昏明益损之宜，能睽合民心，愚睿物性，登丹墀而敷策，蹑青蒲而扬谋，上说辰鉴，下弭素言，足以安民纾国，救灾恤患。则宜拔过宠贵之上，褒升戚旧之右，别其旂章，荣其班录，出得专誉，使不禀命，降席折节，同广武之请，设坛致礼，均淮阴之授。必有要盟之功，窃符之捷。

夷裔暴很，内外侮弃，始附之众，分茷无序，蛊以威利，势必携离，首顺之徒，靡然自及。今涞绎故典，瀍土缨绥，翦焉幽播，折首凶狡。是犹眇者愿明，痿之思步，动商遄会，功终易感。劫晋在于善觇，全郑实寄良谍，多纵反间，汨惑心耳，发险易之前，抵兴丧之术，冲其猜伏，拂其嫌嗜，汩以连率之贵，饵以析壤之资，罄笔端之用，展辞锋之锐，振辩则坚围可解，驰羽而岩邑易倾。必府鬲土崩，枝干瓦裂，故燕、乐相悔，项、范交疑矣。

或乃言约功深，事迩应广，齐圉反驾，赵养还君，尽舆诵之道，毕能事之效。臣幸得出内层禁，游息明代，泽与身泰，恩随年行，无以逢迎昌运，润饰鸿法。今涂有遗镞，蚤未息蜂，敢思凉识，少酬闳施。但坐幕既乏昭文，免胄不能致果，窃观都护之边论，属国之兵谟，终、晁之抗辞，杜、耿之言事，咸云及经之棘，犹阙上算，烛邪之敬，裁收下策。自耻懦木，智不综微，敢露昧见，无会昭采。

淑憙为夸诞，每为时人所嘲。始兴王浚尝送钱三万饷淑，一宿复遣追取，谓使人谬误，欲以戏淑。淑与浚书曰："袁司直之视馆，敢寓书于上国之宫尹。日者猥枉泉赋，降委弊邑。弊邑敬事是遑，无或违贰。惧非郊赠之礼，觐飨之资，不虞君王惠之于是也，是有懵焉。弗图旦夕发咫尺之记，籍左右而请，以为胥授失旨，爰速先币。曾是附庸臣委末学孤闻者，如之何勿疑。且亦闻之前志曰，七年之中，一与一夺，义士犹或非之。况密迩旬次，何其裒益之亟也。藉恐二三诸侯，有以观大国之政。是用敢布心腹。弊室弱生，砥节清廉，好是洁直，以不邪之故，而贫闻天下。宁有昧夫嗟金者哉。不腆供赋，束马先璧以俟命。唯执事所以图之。”

迁太子左卫率。元凶将为弑逆，其夜淑在直，二更许，呼淑及萧斌等流涕谓曰：“主上信谗，将见罪废。省内无过，不能受枉。明旦便当行大事，望相与戮力。”淑及斌并曰：“自古无此，愿加善思。”劭怒变色，左右皆动。斌惧，乃曰：“臣昔忝伏事，常思效节，况忧迫如此，辄当竭身奉令。”淑叱之曰：“卿便谓殿下真有是邪？殿下幼时尝患风，或是疾动耳。”劭愈怒，因问曰：“事当克不？”淑曰：“居不疑之地，何患不克。但既克之后，为天地之所不容，大祸亦旋至耳。愿急息之。”劭左右引淑等裤褶，又就主衣取锦，截三尺为一段，又中破；分斌、淑及左右，使以缚裤。淑出环省，绕床行，至四更乃寝。劭将出，已与萧斌同载，呼淑甚急，淑眠终不起。劭停车奉化门，催之相续。徐起至车后，劭使登车，又辞不上。劭因命左右：“与手刃。”见杀于奉化门外，时年四十六。劭即位，追赠太常，赐赗甚厚。

世祖即位，使颜延之为诏曰：“夫轻道重义，亟闻其教；世弊国危，希遇其人。自非达义之至，识正之深者，孰能抗心卫主，遗身固节者哉。故太子左卫率淑，文辩优洽，秉尚贞懿。当要逼之切，意色不桡，厉辞道逆，气震凶党。虐刃交至，取毙不移。古之怀忠陨难，未云出其右者。兴言嗟悼，无废乎心。宜在加礼，永旌宋有臣焉。可赠侍中、太尉，谥曰忠宪公。”又诏曰：“袁淑以身殉义，忠烈邈古。遗孤在疚，特所矜怀。可厚加赐恤，以慰存亡。”淑及徐湛之、江湛、王僧绰、卜天与四家，于是长给禀禄。文集传于世。

子几、敳、棱、凝、摽。敳，世祖步兵校尉。凝，太宗世御史中丞，出为晋陵太守。太宗初与四方国反，兵败归降，以补刘湛冠军府主簿。淑诸子并早卒。

史臣曰：天长地久，人道则异于斯。蕣华朝露，未足以言也。其间夭遽，曾何足云。宜任心去留，不以存没婴心。徒以灵化悠远，生不再来，虽天行路崄，而未之斯遇，谓七尺常存，百年可保也。所以据洪图而轻天下，吝寸阴而败尺璧。若乃义重乎生，空炳前诰，投躯殉主，世罕其人。若无阳源之节，丹青何贵焉尔。

宋书卷七一
列传第三一

徐湛之　江湛　王僧绰

徐湛之字孝源，东海郯人，司徒羡之兄孙，吴郡太守佩之弟子也。祖钦之，秘书监。父达之，尚高祖长女会稽公主，为振威将军、彭城沛二郡太守。高祖诸子并幼，以达之姻戚，将大任之，欲先令立功。及讨司马休之，使统军为前锋，配以精兵利器，事克，当即授荆州。休之遣鲁宗之子轨击破之，于阵见害。追赠中书侍郎。

湛之幼孤，为高祖所爱，常与江夏王义恭寝食不离于侧。永初三年，诏曰："永兴公主一门嫡长，早罹辛苦。外孙湛之，特所钟爱。且致节之胤，情实兼常。可封枝江县侯，食邑五百户。"年数岁，与弟淳之共车行，牛奔车坏，左右驰来赴之。湛之先令取弟，众咸叹其幼而有识。及长，颇涉大义，善自特持。事祖母及母，并以孝谨闻。

元嘉二年，除著作佐郎，员外散骑侍郎，并不就。六年，东宫始建，起家补太子洗马，转国子博士，迁奋威将军、南彭城沛二郡太守，徙黄门侍郎。祖母年老，辞以朝直，不拜。复授二郡，加辅国将军，迁秘书监，领右军将军，转侍中，加骁骑将军，复为秘书监，加散骑常侍，骁骑如故。

会稽公主身居长嫡，为太祖所礼，家事大小，必咨而后行。西征谢晦，使公主留止台内，总摄六宫。忽有不得意，辄号哭，上甚惮之。初，高祖微时，贫陋过甚，尝自新洲伐荻，有纳布衫袄等衣，皆敬皇后手自作，高祖既贵，以此衣付公主，曰："后世若有骄奢不节者，可以此衣示之。”湛之为大将军彭城王义宣所爱,与刘湛等颇相附协。及刘湛得罪,事连湛之,太祖大怒,将致大辟。湛之忧惧无计,以告公主。公主即日入宫,既见太祖,因号哭下床,不复施臣妾之礼。以锦囊盛高祖纳衣,掷地以示上曰:“汝家本贫贱,此是我母为汝父作此纳衣,今日有一顿饱食,便欲残害我儿子。”上亦号哭,湛之由此得全也。迁中护军,未拜,又迁太子詹事,寻加侍中。

湛之善于尺牍,音辞流畅。贵戚豪家,产业甚厚。室宇园池,贵游莫及。伎乐之妙,冠绝一时。门生千余人,皆三吴富人之子,姿质端妍,衣服鲜丽。每出入行游,涂巷盈满,泥雨日,悉以后车载之。太祖嫌其侈纵,每以为言。时安成公何勖,无忌之子也,临汝公孟灵休,昶之子也,并各奢豪,与湛之共以肴膳、器服、车马相尚。京邑为之语曰:“安成食,临汝饰。”湛之二事之美,兼于何、孟。勖官至侍中,追谥荒公。灵休善弹棋,官至秘书监。

湛之迁冠军将军、丹阳尹,进号征虏将军,加散骑常侍。以公主忧不拜。过葬,复授前职,湛之表启固辞,又诣廷尉受罪,上诏狱官勿得受,然后就命。固辞常侍,许之。二十二年,范晔等谋逆,湛之始与之同,后发其事,所陈多不尽,为晔等款辞所连,乃诣廷尉归罪,上慰遣令还郡。湛之上表曰:

贼臣范晔、孔熙先等,连结谋逆,法静尼宣分往还,与大将军臣义康共相唇齿,备于鞠对。伏寻仲承祖始达熙先等意,便极言奸状,而臣儿女近情,不识大体,上闻之初,不务指斥,纸翰所载,尤复漫略者,实以凶计既表,逆事归露,又仰缘圣慈,不欲穷尽,故言势依违,未敢缕陈。情旨无隐,已昭天鉴。及群凶收禽,各有所列,晔等口辞,多见诬谤,承祖丑言,纷纭特甚。乃云臣与义康宿有密契,在省之言,期以为定,潜通奸意,报示天文。末云熙先县指必同,以诳于晔,或以智勇见称,或以愚懦为目。既美其信怀可覆,复骇其动止必启。凡诸诡妄,还自违伐,多举事端,不究源统,赍传之信,无有主名,所征之人,又已死没,首尾乖互,自为矛盾。即臣诱引之辞,以为始谋之证,衔臣纠告，并见怨咎，纵肆狂言，必见祸陷。伏自探省，亦复有由。昔义康南出之始，敕臣入相伴慰，晨夕觐对，经逾旬日。逆图成谋，虽无显然，怼容异意，颇形言旨。遗臣利刃，期以际会，臣苦相谏譬，深加距塞。以为怨愤所至，不足为虑，便以关启，惧成虚妄，思量反覆，实经愚心，非为纳受，曲相蔽匿。又令申情范晔，释中间之憾，致怀萧思话，恨婚意未申，谓此侥幸，亦不宣达。陛下敦惜天伦，彰于四海，藩禁优简，亲理咸通，又昔蒙眷顾，不容自绝，音翰信命，时相往来。或言少意多，旨深文浅，辞色之间，往往难测。臣每惧异闻，皆略而不答，惟心无邪悖，故不稍以自嫌。偻偻丹实，具如此启。至于法静所传，及熙先等谋，知实不早，见关之日，便即以闻。虽晨光幽烛，曲昭穷款，裁以正义，无所逃刑。束骸北阙，请罪司寇，乾施含宥，未加治考，中旨频降，制使还往，仰荷恩私，哀惶失守。

臣殃积罪深，丁罹酷罚，久应屏弃，永谢人理。况奸谋所染，忠孝顿阙，智防愚浅，暗于祸萌，士类未明其心，群庶谓之同恶，朝野侧目，众议沸腾，专信仇隙之辞，不复稍相申体。臣虽驽下，情非木石。岂不知丑点难婴，伏剑为易。而靦然视息，忍此余生，实非苟吝微命，假延漏刻。诚以负戾灰灭，贻恶方来，贪及视息，少自披诉。冀幽诚丹款，倘或昭然，虽复身膏草土，九泉无恨。显居官次，垢秽朝班，□颜何地，可以自处。乞蒙隳放，伏待歔镄。

上优诏不许。

二十四年，服阕，转中书令，领太子詹事。出为前军将军、南兖州刺史。善于为政，威惠并行。广陵城旧有高楼，湛之更加修整，南望钟山。城北有陂泽，水物丰盛。湛之更起风亭、月观、吹台、琴室，果竹繁茂，花药成行，招集文士，尽游玩之适，一时之盛也。时有沙门释惠休，善属文，辞采绮艳，湛之与之甚厚。世祖命使还俗，本姓汤，位至扬州从事史。二十六年，复入为丹阳尹，领太子詹事，将军如故。二十七年，索虏至瓜步，湛之领兵置佐，与皇太子分守石头。

二十八年春，鲁爽兄弟率部曲归顺，爽等，鲁轨子也。湛之以为庙算远图，特所奖纳，不敢苟申私怨。乞屏居田里，不许。

转尚书仆射，领护军将军。时尚书令何尚之以湛之国戚，任遇隆重，欲以朝政推之。凡诸辞诉，一不料省。湛之亦以《职官记》及令文"尚书令敷奏出内，事无不总，令缺则仆射总任"，又以事归尚之，互相推委。御史中丞袁淑并奏免官，诏曰："令、仆治务所寄，不共求体当，而互相推委，纠之是也。然故事残舛，所以致兹疑执。特无所问，时详正之。"乃使湛之与尚之并受辞诉。尚之虽为令，而朝事悉归湛之。初，刘湛伏诛，殷景仁卒，太祖委任沈演之、庾炳之、范晔等，后又有江湛、何瑀之。晔诛，炳之免，演之、瑀之并卒，至是江湛为吏部尚书，与湛之并居权要，世谓之江、徐焉。

上每有疾，湛之辄入侍医药。二凶巫蛊事发，上欲废劭，赐浚死。而世祖不见宠，故累出外蕃，不得停京辇。南平王铄、建平王宏，并为上所爱，而铄妃即湛妹，劝上立之。元嘉末，征铄自寿阳入朝，既至，又失旨，欲立宏，嫌其非次，是以议久不决。与湛之屏人共言论，或连日累夕，每夜常使湛之自秉烛，绕壁检行，虑有窃听者。劭入弑之旦，其夕，上与湛之屏人语，至晓犹未灭烛，湛之惊起趣北户，未及开，见害。时年四十四。世祖即位，追赠司空，加散骑常侍，本官如故。谥曰忠烈公。又诏曰："徐湛之、江湛、王僧绰门户荼酷，遗孤流寓，言念既往，感痛兼深。可令归居本宅，厚加恤赐。"于是三家长给廪。

三子：聿之、谦之，为元凶所杀；恒之，嗣侯，尚太祖第十五女南阳公主，蚤卒，无子。聿之子孝嗣绍封，齐受禅，国除。

江湛字微渊，济阳考城人，湘州刺史夷子也。居丧以孝闻。爱好文义，喜弹棋鼓琴，兼明算术。初为著作佐郎，迁彭城王义康司徒行参军，南谯王义宣左军功曹，复为义康司徒主簿，太子中舍人。司空檀道济为子求湛妹婚，不许。义康有命，又不从。时人重其立志。义康欲引与日夕，湛固求外出，乃以为武陵内史，还为司徒从事中郎，迁太子中庶子，尚书吏部郎。随王诞为北中郎将、南徐州刺史，以湛为长史，南东海太守，政事悉委之。

元嘉二十五年，征为侍中，任以机密，领本州大中正，迁左卫将军。时改选学职，以太尉江夏王义恭领国子祭酒，湛及侍中何攸之领博士。二十七年，转吏部尚书。家甚贫约，不营财利，饷馈盈门，一无所受，无兼衣余食。尝为上所召，值浣衣，称疾经日，衣成然后赴。牛饿，驭人求草，湛良久曰："可与饮。"在选职，颇有刻核之讥，而公平无私，不受请谒，论者以此称焉。

上大举北伐，举朝为不可，唯湛赞成之。索虏至瓜步，领军将军刘遵考率军出江上，以湛兼领军，军事处分，一以委焉。虏遣使求婚，上召太子劭以下集议，众并谓宜许，湛曰："戎狄无信，许之无益。"劭怒，谓湛曰："今三王在厄，讵宜苟执异议！"声色甚厉。坐散俱出，劭使班剑及左右推之，殆将侧倒。劭又谓上曰："北伐败辱，数州沦破，独有斩江湛，可以谢天下。"上曰："北伐自我意，江湛但不异耳。"劭后燕集，未尝命湛。常谓上曰："江湛佞人，不宜亲也。"上乃为劭长子伟之娉湛第三女，欲以和之。

上将废劭，使湛具诏草。劭之入弑也，湛直上省，闻叫噪之声，乃匿傍小屋中。劭遣收之，舍吏绐云："不在此。"兵士即杀舍吏，乃得湛之。湛之据窗受害，意色不挠。时年四十六。湛五子：恁、恕、憼、愻、法寿，皆见杀。初，湛家数见怪异，未败少日，所眠床忽有数升血。世祖即位，追赠左光禄大夫、开府仪同三司，加散骑常侍，本官如故，谥曰忠简公。

长子恁，尚太祖第九女淮阳长公主，为著作佐郎。

王僧绰，琅邪临沂人，左光禄大夫昙首子也。幼有大成之度，弱年众以国器许之。好学，有理思，练悉朝典。年十三，太祖引见，下拜便流涕哽咽，上亦悲不自胜。袭封豫章县侯，尚太祖长女东阳献公主。初为江夏王义恭司徒参军，转始兴王文学，秘书丞，司徒左长史，太子中庶子。元嘉二十六年，徙尚书吏部郎，参掌大选。究识流品，谙悉人物，拔才举能，咸得其分。二十八年，迁侍中，任以机密。僧绰沉深有局度，不以才能高人。先是，父昙首与王华并为太祖所任，华子嗣，人才既劣，位遇亦轻，僧绰尝谓中书侍郎蔡兴宗曰："弟名位应与新建齐，超至今日，盖由姻戚所致也。"新建者，嗣之封也。及为侍中，时年二十九，始与王浚尝问其年，僧绰自嫌蚤达，逡巡良久乃答，其谦虚自退若此。

元嘉末，太祖颇以后事为念，以其年少，方欲大相付托，朝政小大，皆与参焉。从兄徽，清介士也，惧其太盛，劝令损抑。僧绰乃求吴郡及广州，上并不许。

会二凶巫蛊事泄，上独先召僧绰具言之。及将废立，使寻求前朝旧典。劭于东宫夜飨将士，僧绰密以启闻，上又令撰汉、魏以来废诸王故事。撰毕，送与江湛、徐湛之。湛之欲立随王诞，江湛欲立南平王铄，太祖欲立建平王宏，议久不决。诞妃即湛之女，铄妃即湛妹。太祖谓僧绰曰："诸人各为身计，便无与国家同忧者。"僧绰曰："建立之事，仰由圣怀。臣谓唯宜速断，不可稽缓。当断不断，反受其乱。愿以义割恩，略小不忍，不尔便应坦怀如初，无烦疑论。淮南云：'以石投水，吴越之善没取之。'事机虽密，易致宣广，不可使难生虑表，取笑千载。"上曰："卿可谓能断大事。此事重，不可不殷勤三思。且庶人始亡，人将谓我无复慈爱之道。"僧绰曰："臣恐千载之后，言陛下唯能裁弟，不能裁儿。"上默然。江湛同侍坐，出阁，谓僧绰曰："卿向言，将不太伤切直。"僧绰曰："弟亦恨君不直。"

及劭弑逆，江湛在尚书上省，闻变，叹曰："不用僧绰言，以至于此。"劭既立，转为吏部尚书，委以事任，事在《二凶传》。顷之，劭料检太祖巾箱及江湛家书疏，得僧绰所启飨士并废诸王事，乃收害焉，时年三十一。因此陷北第诸王侯，以为僧绰有异志，并杀僧绰门客太学博士贾匪之、奉朝请司马文颖、建平国常侍司马仲秀等。世祖即位，追赠散骑常侍、金紫光禄大夫，谥曰愍侯。

初，太社西空地一区，吴时丁奉宅，孙皓流徙其家。江左初为周颉、苏峻宅，其后为袁悦宅，又为章武王司马秀宅，皆以凶终。后给臧寿，亦颇遇丧祸，故世称为凶地。僧绰常以正达自居，谓宅无吉凶，请以为第。始就造筑，未及居而败。

子俭嗣，升明末，为齐国尚书右仆射。

史臣曰：甚矣宋氏之家难也，仇衅所钟，亲地兼极，虽复倾天灭道，迹非嫌路，而灾隙内兆，邪蛊外兴，天性既离，爱敬同尽，探雀请熊，非无前衅，猜防之道，有未足乎。世祖弱年轻躁，夙无朝宠，累任边外，未尝居中。当璧之重，将由爱立，臣主回疑，事无蚤断。若使守器以长，命不待贤，则密祸自销，危机可免。圣哲之训，岂欺我哉。昔山涛举羊祜为太子太傅，盖欲以后事委之，而羊公短世。僧绰绸缪主心，将任以国重，而宫车晏驾。二臣并以道德谦冲，名高两代。胙未中年，功谢成日。惜矣哉！

宋书卷七二
列传第三二

文九王

南平穆王铄　建平宣简王宏
晋熙王昶　始安王休仁
晋平剌王休祐　鄱阳哀王休业
临庆冲王休倩　新野怀王夷父
巴陵哀王休若

文帝十九男:元皇后生劭,潘淑妃生浚,路淑媛生孝武帝,吴淑仪生南平王铄,高修仪生庐陵昭王绍,殷修华生竟陵王诞,曹婕妤生建平宣简王宏,陈修容生东海王祎,谢容华生晋熙王昶,江修仪生武昌王浑,沈婕妤生明帝,杨修仪生建安王休仁,邢美人生晋平王休祐,蔡美人生海陵王休茂,董美人生鄱阳哀王休业,颜美人生临庆冲王休倩,陈美人生新野怀王夷甫,荀美人生桂阳王休范,罗美人生巴陵哀王休若。劭、浚、诞、祎、浑、休茂、休范别有传。绍出继庐陵孝献王义真。

南平穆王铄字休玄,文帝第四子也。元嘉十七年,都督湘州诸军事、冠军将军、湘州刺史,不之镇,领石头戍事。二十二年,迁使持节、都督南豫豫司雍秦并六州诸军事、南豫州刺史。时太祖方事外略，乃罢南豫并寿阳，即铄为豫州刺史，寻领安蛮校尉，给鼓吹一部。二十六年，进号平西将军，让不拜。

索虏大帅托跋焘南侵陈、颍，遂围汝南悬瓠城。行汝南太守陈宪保城自固，贼昼夜攻围之，宪且守且战，矢石无时不交。虏多作高楼，施弩以射城内，飞矢雨下，城中负户以汲。又毁佛浮图，取金像以为大钩，施之冲车端，以牵楼堞。城内有一沙门，颇有机思，辄设奇以应之。贼多作虾蟆车以填堑，因薄攻城，宪督厉将士，固女墙而战，贼之死者，尸与城等，遂登尸以陵城，短兵相接，宪锐气愈奋，战士无不一当百，杀伤万计，汝水为之不流。相拒四十余日，铄遣安蛮司马刘康祖与宁朔将军臧质救之，虏烧攻具走。

二十七年，大举北伐，诸蕃并出师。铄遣中兵参军胡盛之出汝南，上蔡，向长社，长社戍主鲁爽委城奔走。既克长社，遣幢主王阳兒、张略等进据小索。伪豫州刺史仆兰于大索率步骑二千攻阳兒，阳兒击，大破之。到坦之等进向大索，劳杨氏郑德玄、张和各起义以应坦之，仆兰奔虎牢。会王阳兒等至，即据大索，因向虎牢，铄又遣安蛮司马刘康祖继坦之。虏永昌王宜勤仁库真救虎牢，坦之败走。虏乘胜径进，于尉氏津逢康祖，康祖战败见杀。贼进胁寿阳，因东过与焘会于江上。

二十八年夏，虏荆州刺史鲁爽及弟秀等，率部曲诣铄归顺。其年七月，铄所生吴淑仪薨，铄归京师，葬毕，还摄本任。时江夏王义恭领兖州刺史，镇盱眙。丁母忧，还京师。上以兖土凋荒，罢南兖并南徐州，当别置淮南都督住盱眙，开创屯田，应接远近，欲以授铄。既而改授散骑常侍、抚军将军，领兵戍石头。

元凶弑立，以为中军将军，护军、常侍如故。世祖入讨，劭屯兵京邑，使铄巡行抚劳。劭还立南兖，以铄为使持节、都督南兖徐衮青冀幽六州诸军事、征虏将军、开府仪同三司、南兖州刺史，常侍如故。柳元景至新亭，劭亲自攻之，挟铄自随。江夏王义恭南奔，使铄守东府，以腹心防之。进授侍中、骠骑将军、录尚书事，余如故。劭迎蒋侯神于宫内，疏世祖年讳，厌祝祈请，假授位号，使铄造策文。

及义军入宫，铄与浚俱归世祖，浚即伏法，上迎铄入营。当时仓卒失国玺，事宁，更铸给之。进侍中、司空，领兵置佐，以国哀未阕，让侍中。

铄素不推事世祖，又为元凶所任，上乃以药内食中毒杀之，时年二十三，追赠侍中、司徒。

三子：敬猷、敬渊、敬先。敬猷嗣，官至黄门郎。敬渊初封安南县侯，官至后军将军。敬先继庐陵王绍。前废帝景和末，召铄妃江氏入宫，使左右于前逼迫之，江氏不受命，谓曰："若不从，当杀汝三子。"江氏犹不肯。于是遣使于第杀敬猷、敬渊、敬先，鞭江氏一百。其夕，废帝亦殒。太宗即位，追赠敬猷侍中，谥曰怀王；追赠敬渊黄门侍郎，谥曰悼侯。改封孝武帝第十八子临贺王子产字孝仁为南平王，继铄后，未拜，被杀。泰始五年，立晋平王休祐第七子宣曜为南平王，继铄。休祐死，宣曜被废还本。后废帝元徽元年，立衡阳恭王嶷第二子伯玉为南平王，继铄后，官至给事中。升明二年，谋反诛，国除。

建平宣简王宏字休度，文帝第七子也。早丧母。元嘉二十一年，年十一，封建平王，食邑二千户。少而闲素，笃好文籍。太祖宠爱殊常，为立第于鸡笼山，尽山水之美。建平国职，高他国一阶。二十四年，为中护军，领石头戍事。出为征虏将军、江州刺史。二十八年，征为中书令，领骁骑将军。

元凶弑立，以宏为左将军、丹杨尹。又以为散骑常侍、镇军将军、江州刺史。世祖入讨，劭录宏殿内。世祖先尝以□手板与宏，宏遣左右亲信周法道赍手板诣世祖。事平，以为尚书左仆射，使奉迎太后，还加冠军将军、中书监，仆射如故。臧质为逆，宏以仗士五十人入六门。

为人谦俭周慎，礼贤接士，明晓政事，上甚信仗之。时普责百官谠言，宏议曰：

臣闻建国之道咸殊，兴王之政不一。至于开谏致宁，防口取祸，固前正同轨，后主共则。秦、殷之败，语戮刺亡，周、汉之盛，谤升箴显。陛下以至德神临，垂精思治，进儒礼而崇宽教，哀狱法而黜严刑，表忠行而举贞节，辟处士而求贤异，修废官而出滞赏，撤天膳而重农食，禁贵游而弛榷酤，通山泽而易关梁，固已海内仰道，天下知德。今复开不讳之涂，奖直辞之路，四海希风，普天幸甚。举蒙采问，敢不悉心，谨条鄙见，置陈如左。辞理违谬，伏用震耆。

夫用兵之道，自古所慎。顷干戈未戢，战备宜修，而卒不素练，兵非夙习。且戎卫之职，多非其才，或以资厚素加，或以禄薄带帖，或宠由权门，恩自私假，既无将领，虚尸荣禄。至于边城举燧，羽驿交驰，而望其擐甲推锋，立功阃外，譬缘木求鱼，不可得矣。常谓临难命师，皆出仓卒，驱乌合之众，隶造次之主，貌疏情乖，有若胡、越，岂能使其同力，拔危济难，故奔北相望，覆败继有。今欲改选将校，皆得其人，分台见将，各以配给，领、护二军，为其总统。令抚养士卒，使恩信先加，农隙校猎，以习其事，三令五申，以齐其心，使动止应规，进退中律，然后畜锐观衅，因时而动，摧敌陷坚，折冲于外。孙子曰："视卒如赤子，故可与之共死。"所以张拳效争先之心，吮痈致必尽之命，岂不由恩著者士轻其生，令明者卒毕其力。考心迹事，如或有在，妄陈肤知，追惧乖谬。

转尚书令，加散骑常侍，将军如故，给鼓吹一部，寻进号卫将军，中书监、尚书令如故。宏少而多病，大明二年，疾动，求解尚书令，以本号开府仪同三司，加散骑常侍、中书监如故。未拜，其年薨，时年二十五。追赠侍中、司徒，中书监如故，给班剑二十人。上痛悼甚至，每朔望辄出临灵，自为墓志铭并序。与东扬州刺史颜竣诏曰："宏夙情业尚，素心令绩，虽年未及壮，愿言兼申。谓天道可倚，辅仁无妄，虽寝患淹时，虑不至祸。岂图祐善虚设，一旦永谢，惊惋摧恸，五内交殒。平生未远，举目如昨，而赏对游娱，缅同千载，哀酷缠绵，实增痛切。卿情均休戚，重以周旋，乖坼少时，奄成今古，闻问伤惋，当何可言。”五年，益诸弟国各千户，先薨者不在其例，唯宏追益。

子景素，少爱文义，有父风。大明四年，为宁朔将军、南济阴太守，徙历阳南谯二郡太守，将军如故。中书侍郎，不拜。监南豫豫二州诸军事、辅国将军、南豫州刺史，又不拜。太宗初，太子中庶子，领步兵校尉，太子左卫率，加给事中，冠军将军、南兖州刺史，丹阳尹，吴兴太守，使持节、监湘州诸军事、湘州刺史，将军并如故。进号左将军。泰始六年，都督荆湘雍益梁宁南北秦八州诸军事、左将军、荆州刺史，持节如故。征为散骑常侍、后将军、太常，未拜。授使持节、都督南徐南兖兖徐青冀六州诸军事、镇军将军、南徐州刺史。桂阳王休范为逆，景素虽纂集兵众，以赴朝廷为名，而阴怀两端。及事平，进号镇北将军。齐王为南兖州，景素解都督。

时太祖诸子尽殂，众孙唯景素为长，建安王休祐诸子并废徙，无在朝者。景素好文章书籍，招集才义之士，倾身礼接，以收名誉，由是朝野翕然，莫不属意焉。而后废帝狂凶失道，内外皆谓景素宜当神器，唯废帝所生陈氏亲戚疾忌之，而杨运长、阮佃夫并太宗旧隶，贪幼少以久其权，虑景素立，不见容于长主，深相忌惮。元徽三年，景素防阁将军王季符失景素旨，怨恨，因单骑奔京邑，告运长、佃夫云“景素欲反”。运长等便欲遣军讨之，齐王及卫将军袁粲以下并保持之，谓为不然也。景素亦驰遣世子延龄还都，具自申理，运长等乃徙季符于梁州，又夺景素征北将军、开府仪同三司。自是废帝狂悖日甚，朝野并属心景素，陈氏及运长等弥相猜疑。景素因此稍为自防之计，与司马庐江何季穆、录事参军陈郡殷沵、记室参军济阳蔡履、中兵参军略阳垣庆延、左右贺文超等谋之，以参军沈颙、毌丘文子、左暄、州西曹王潭等为爪牙。季穆荐从弟豫之为参军，景素遣豫之、潭、文超等去来京邑，多与金帛，要结才力之士。由是冠军将军黄回、游击将军高道庆、辅国将军曹欣之、前军韩道清、长水校尉郭兰之、羽林监垣祗祖，并皆向附，其余武人失职不得志者，莫不归之。

时废帝单马独出，游走郊野，曹欣之谋据石头，韩道清、郭兰之欲说齐王使同，若不回者图之。候废帝出行，因众作难，事克奉景素。景素每禁驻之，未欲匆匆举动。运长密遣伧人周天赐伪投景素，劝为异计，景素知为运长所遣，即斩之，遣司马孙谦送首还台。元徽四年七月，垣祗祖率数百人奔景素，云京邑已溃乱，劝令速入。景素信之，即便举兵，负戈至者数千人。运长等常疑景素有异志，及闻祗祖叛走，便纂严备办。齐王出屯玄武湖，冠军将军任农夫、黄回、左军将军李安民各领步军，右军将军张保率水军，并北讨。冠军将军、南豫州刺史段佛荣为都统，其余众军相继进。冠军将军齐王世子镇东府城。齐王知黄回有异图，故使安民、佛荣俱行以防之。

景素欲断据竹里，以拒台军。垣庆延、祗祖、沈颙等曰："今天时旱热，台军远来疲困，引之使至，以逸待劳，可一战而克也。"殷沵等固争不能。农夫等既至，放火烧市邑，而垣庆延等各相顾望，并无斗志。景素本乏威略，恇扰不知所为。时张保水军泊西渚，景素左右勇士数十人，并荆楚快手，自相要结，击水军，应时摧陷，斩张保，而诸将不相应赴，复为台军所破。台军既薄城池，颙先众叛走，垣祗祖次之，其余诸军相系奔败。左暄骁果有胆力，欲为景素尽节，而所配兵力甚弱，犹力战不退，于万岁楼下横射台军，不能禁，然后退散。右卫殿中将军张倪奴、前军将军周盘龙攻陷京城，倪奴禽景素斩之，时年二十五，即葬京口。垣庆延、祗祖、左暄、贺文超并伏诛，殷沵、蔡履徙梁州，何季穆先迁官，故不及祸，其余皆逃亡，值赦得免。景素既败，曹欣之反告韩道清、郭兰之之谋，道清等并诛。黄回、高道庆等，齐王抚之如旧。景素子延龄及二少子，并从诛。其年冬，封长沙成王义欣子䌹第三子恬为秭归县侯，食邑千户。继宏后，顺帝升明二年，卒，国除。张倪奴以禽景素功，封筑阳县侯，食邑千户。

景素败后，故记室参军王螭、故主簿何昌宇并上书讼景素之冤。齐受禅，建元初，故景素秀才刘琎又上书曰：

臣闻曾子孝于其亲而沉乎水，介生忠于其主而焚于火。何则？仁也不必可依，信也不必可恃。昔者墨翟议云梯于荆台之下，宋人逐之。夷叔为卫军隐难于晋，公子殪之。李牧北逝强胡之旗，南拒全秦之卒，赵左不图其功，赐以利剑。陈蕃白首固义，忘生事主，汉灵不明其忠，卒被刑戮。彼数子者，皆身栖青云之上，而困于泥尘之里，诚以危行不容于衰世，孤立聚尤于众人，加谗谄蛆蛊其中，谤隙蜂飞而至故也。臣闻浸润之行，骨肉离绝，疑似一至，君臣易心，此中山所以歔欷奏乐，孟博所以慷慨囊头者也。臣每惟故举将宋建平王之祸，悲彻骨髓，气凝霜霰。今琁鼎启运，人神改物，生罪尚宥，死冤必申。臣诚不忍王之负谤而不雪，故敢明言其理。

臣闻孝悌为志者，不以犯上，曾子不逆薪而爨，知其不为暴也。秦仁获麑，知其可为传也。臣闻王之事献太妃也，朝夕不违养，甘苦不见色。帐下进珍馔，太妃未食，王投箸辍饭。太妃起居有不安，王傍行蓬发。臣闻求忠臣者于孝子之门，安有孝如王而不忠者乎？其可明一也。

当泰始、元徽中，王公贵人无谒景宁陵者，王独抗情而行，不以趋时舍义，出镇入朝，必俛拜陵所。王尚不弃先君，岂背今君乎？其可明二也。

王博闻而容众，与谏而爱士，与人言呴呴若有伤。闻人之善，誉而进之，见人之恶，掩而诲之。李蔚之，蓬庐之寒素也，王枉驾而讯之。何季穆等，宣简王之旧也，王提挈以升之。王虚己以厚天下之士，尚不欲伤一人之心，何乃亲戚图相菹脍乎？其可明三也。

臣昔以法曹参军，奉讯于听朝之末。王每断狱，降声辞，和颜色，以待士女之讼。时见夏伯以童子缧紲，王怆然改貌，用不加刑。徐州尝岁饥，王散秩粟俸帛，以继民之乏。蠲理冤疑，咸息繇务，所在皆有爱于民。臣闻善人国之纪也，安有仁于民庶，而虐其宗国者乎？其可明四也。

王修身洁行，言无近杂，内去声酌之娱，外无田弋之好。每所临践，不加穿筑，直卫不繁，第宅无改。荆州高斋，刻楹柏构，王废而不处。昔朝廷欲赐王东陵甲第，又辞而不当。两宫所遗珍玩，尘于笥箧。无它嬖私，不耽内宠，姬嫱数人，皆诏令所赐。王身食不逾一肉，器用瓦素。时有献镂玉器，王顾谓何昌宇曰："我持此安所用哉！"乃谢而反之。王恭己蹈义若此。其可明五也。

王之在荆州也，时献太妃初薨，宋明帝新弃天下，京畿诸王又相继非命，王乃征入为太常，楚下人士并劝勿下，王谓："为臣而距先皇之命，不忠；为子不奉亲之窀穸，不孝。"于是弃西州之重，而匍伏北阙。王若志欲倔强，便应高枕江汉，何为屈折而受制于人乎？其可明六也。

王名高海内，义重太山，耆幼怀仁，士庶慕德。故从昏者忌明，同枉者毁正，搦弦为钩，张一作百，行坐咳嚏，皆生风尘。会王季符负罪流谤，事会谗人之心，权丑相扇，鸱枭奋翼。王虽遘愍离凶，而诚分弥款，散情中孚，挥斥满素。虞玩之衔使归旋，世子入质京邑，续解徐州，请身东第，后求会稽，降阶外抚。虞玩、殷焕实为诠译，诚心殷勤，备留圣听。王若侜张跋扈，何事若斯？其可明七也。

自是以后，日同殊论，苍梧之衰德既彰，群小之奸慝弥广，下盈其毒，上不可依。时长王并见诛锄，公卿如蹈虎尾，众人翕翕，莫不注仰于王。厢閤诸人，同谋异志，王心不从利，忠不背本，执周天赐而斩之，以距王宜与等，遣司马孙谦归款朝廷。王若欲拟非觊，宁当如此乎？其可明八也。

又是年五月以后，道路皆谓阮佃夫等欲潜图宫禁，因兵北袭，而黄回、高道庆等傅构其事，武人奖乱，更相恐胁。至六月而京师征赋车徒，将讲众北垒，都鄙疑骇，佥言衅作。垣祗祖因民情嚣荡，扬声北奔，绐辞惑众，穷乱极祸。会州人自都还，说："掖门已闭，殊不知台中安不。"王既素籍异论，谓为信然，收率疲弱，志在投散，冰炭在怀，但恐迟后。何图兵以顺出，翻为逆动乎？夫往来之人，喧哗幻惑，皆出辇毂，非从徐州起也。且台以六月晦夜无何呼北兵已至，皆登陴抽刃，而朱方七月朔犹缓带从容，其晚闻哀都变乱，始乃鸠兵简甲耳。王岂先造祸哉！其可明九矣。

王闻京室有难，坐不安，食不甘，言及太后，未尝不交巾掩泣。又临危之际，抚槛而叹曰："吾恐三才于斯绝矣。"兹岂不诚在本朝，以天下为忧乎？自非深忠远概，孰能身灭之不恤，独眷眷国家安危哉？其可明十也。

夫王起兵之日，止在匡救昏难，放殛奸盗，非它故也。请较言之。当时君臣之道，治乱云何？杨运长、阮佃夫为有罪邪？为无罪邪？若其无罪，何故为戮？若其有罪，讨之何辜？王岂不知君亲之无将乎？顾以救火之家，岂遑先白丈人，非不恭也，徒以运属陵丧，智力无所用之，蹉跌倾覆，此乃时也，岂谓反乎！果然今日王亡，明日宋亡，王何负于社稷，何愧于天下哉！

臣闻武王克商，未及下车，而封王子之墓；汉高定天下，过大梁，蹑燕、代，修信陵之祀，存望诸之裔；晋世受命，亦追王陵之冤，而诏其孙为郎。夫比干，殷辛之罪人也；无忌，魏之疑臣也；乐毅，燕之逃将也；彦云，齐之贼而晋害也。适逢圣明之君，革运创制，昭功诚，荡嫌怨，清议以天下之善也。或殊世而相明，故四贤咸济其令问，三后驰光于万叶，君子荣其辉，小人服其义。今陛下尊英雄之高轨，振逸世之奇声，何至仍衰世之异议，以掩贤人之名哉。若王之中外不明，终始蹈德，臣惧方今之人，不复为善矣。且世之兴衰，何代无有，今齐苗裔万世之后，其能无污隆乎。苟前良可废，何以劝后之能者。伏愿上同周、汉、西晋之如彼，下为来胤垂范之如此。倘能降明诏，笺枉道，使往王得洗谤议，拯冥魂，赐以王礼反葬，则民之从义，犹若回风之卷草也。臣闻鹳鸣皋垤，则降阴吐雨，腾蛇耸跃，而沉云郁冥。但伤臣言轻落毛，身如横芥，神高听邈，终焉莫省，直欲内不负心，庶将来知王之意耳。

又不省。至今上即位，乃下诏曰："宋建平王刘景素，名父之子，少敦清尚。虽末路失图，而原心有本。年流运改，宜弘优泽。可听以王礼还葬旧墓。

晋熙王昶字休道，文帝第九子也。元嘉二十二年，年十岁，封义阳王，食邑二千户。二十七年，为辅国将军、南彭城下邳二郡太守。元凶弑立，加散骑常侍。世祖践祚，迁太常，出为东中郎将、会稽太守，寻监会稽、东阳、临海、永嘉、新安五郡诸军事。孝建元年，立东扬州，郡昶为刺史，东中郎将如故，进号后将军。大明元年，征为秘书监，领骁骑将军，加散骑常侍。迁中军将军、南彭城下邳二郡太守。又出为都督江州郢州之西阳豫州之新蔡晋熙二郡诸军事、前将军、江州刺史。三年，征为护军将军，给鼓吹一部，增邑千户。转中书令、中军将军，寻以本号开府仪同三司，加散骑常侍，太常。从世祖南巡，坐斥皇太后龙舟，免开府，寻又以加授。前废帝即位，出为使持节、都督徐兖南兖青冀幽六州豫州之梁郡诸军事、征北将军、徐州刺史，加散骑常侍，开府如故。

昶轻讣褊急，不能祗事世祖，大明中，常被嫌责，民间喧然，常云昶当有异志。永光、景和中，此声转甚。废帝既诛群公，弥纵狂悖，常语左右曰："我即大位来，遂未常戒严，使人邑邑。"江夏王义恭诛后，昶表入朝，遣典签籧法生衔使，帝谓法生曰："义阳太宰谋反，我正欲讨之，今知求还，甚善。"又屡诘问法生："义阳谋反，何故不启？"法生惧祸，叛走还彭城。帝因此北讨，亲率众过江。法生既至，昶即聚众起兵。统内诸郡，并不受命，斩昶使。将佐文武，悉怀异心。昶知其不捷，乃夜与数十骑开门北奔索虏，弃母妻，唯携爱妾一人，作丈夫服，亦骑马自随。昶家还都，二妾各生一子，时太宗已即位，名长者曰思远，小者曰怀远，寻并卒。追封怀远为池阳县侯，食邑千户。

泰始六年，以第六皇子燮字仲绥继昶，改昶封为晋熙王。燮袭爵，食邑三千户。太宗既以燮继昶，乃下诏曰："夫虎狼护子，猴猿负孙，毒性薄情，亦有仁爱，故识念气类，尚均群品，况在人伦，可忘天属。晋熙太妃谢氏，沉刻无亲，物理罕比，征北公虽孝道无替，而遭此不慈，自少及长，阙恩鞠之□，乃至休否莫关，寒温不访，晨昏屏塞，定省靡因。事无违忤，动致诮责，毒句发口，人所难闻。加恶备苦，过于仇隙，遂事愤于宗姻，义伤于行路。公故妃郗氏，妇礼无违，逢此严酷，遂以忧卒，用夭盛年。又谢氏食则丰珍，衣则文丽，奉己之余，播覃群下；而诸孙纩不温体，食不充饥，付于媪妪之手，纵以任军之路。遇其所生，弃若粪土，褴缕比于重囚，穷困过于下使。诚皇规方远，沙塞将一，公修短不讳，亦难豫图。兼妾女累弱，一弟领主，防闲之道，人理斯急。朕所以诏第六子燮奉公为胤，欲以毗整一门，为公继绍。但谢氏待骨肉至亲，尚相弃蔑，况以义合，免苦为难。患萌防渐，危机须断，便可还其本家，削绝蕃秩。”先是改谢氏为射氏。

时主幼时艰，宗室寡弱。元徽元年，燮年四岁，以为使持节、监郢州豫州之西阳司州之义阳二郡诸军事、征虏将军、郢州刺史，以黄门郎王奂为长史，总府州之任。明年，太尉、江州刺史桂阳王休范举兵逼朝廷，燮遣中兵参军冯景祖袭寻阳，休范留中兵参军毛惠连、州别驾程罕之居守，开门诣景祖降。进燮号安西将军，加督江州诸军事。复昶所生谢氏为晋熙国太妃。四年，又进燮镇西将军，加鼓吹一部。顺帝即位，征为使持节、都督扬南徐二州诸军事、抚军将军、扬州刺史。先是，齐世子为燮安西长史，行府州事，时亦被征为左卫将军，与燮俱下。会荆州刺史沈攸之举兵反，世子因奉燮镇寻阳之盆城，据中流，为内外形援。攸之平，燮还京邑。齐王为南徐州，燮解督南徐，进督南豫、江州诸军事，进号中军将军、开府仪同三司，迁司徒。齐受禅，解司徒，降封隆安县侯，食邑千五百户。谋反，赐死。

始安王休仁，文帝第十二子也。元嘉二十九年，年十岁，立为建安王，食邑二千户。孝建三年，为秘书监，领步兵校尉。寻都督南兖徐二州诸军事、冠军将军、南兖州刺史。大明元年，入为侍中，领右军将军。四年，出为湘州刺史，加散骑常侍，加号平南将军。八年，迁使持节、督江州南豫州之晋熙新蔡郢州之西阳三郡诸军事、安南将军、江州刺史，未拜。徙为散骑常侍、太常，又不拜。仍为护军将军，常侍如故。前废帝永光元年，迁领军将军，常侍如故。景和元年，又迁使持节、都督雍梁南北秦四州诸军事、安西将军、宁蛮校尉、雍州刺史。未之任，留散骑常侍、护军将军，又加特进、左光禄大夫，给鼓吹一部。

时废帝狂悖无道，诛害群公，忌惮诸父，并囚之殿内，殴捶凌曳，无复人理。休仁及太宗、山阳王休祐，形体并肥壮，帝乃以竹笼盛而称之，以太宗尤肥，号为"猪王"，号休仁为"杀王"，休佑为"贼王"。以三王年长，尤所畏惮，故常录以自近，不离左右。东海王祎凡劣，号为"驴王"，桂阳王休范、巴陵王休若年少，故并得从容。尝以木槽盛饭，内诸杂食，搅令和合，掘地为坑阱，实之以泥水，裸太宗内坑中，和槽食置前，令太宗以口就槽中食，用之为欢笑。欲害太宗及休仁、休祐，前后以十数，休仁多计数，每以笑调佞谀悦之，故得推迁。常于休仁前使左右淫逼休仁所生杨太妃，左右并不得已顺命，以至右卫将军刘道隆，道隆欢以奉旨，尽诸丑状。时廷尉刘朦妾孕临月，迎入后宫，冀其生男，欲立为太子。太宗尝忤旨，帝怒，乃倮之，缚其手脚，以杖贯手脚内，使人担付太官，曰："即日屠猪。"休仁笑谓帝曰："猪今日未应死。"帝问其故，休仁曰："待皇太子生，杀猪取其肝肺。"帝意乃解，曰："且付廷尉。"一宿出之。

帝将南游荆、湘二州，明旦欲杀诸父便发。其夕，太宗克定祸难，殒帝于华林园。休仁即日推崇太宗，便执臣礼。明旦，休仁出住东府。时南平、庐陵敬先兄弟，为废帝所害，犹未殡殓，休仁、休祐同载临之，开帷欢笑，奏鼓吹往反，时人咸非焉。

先是，废帝进休仁为骠骑大将军、开府仪同三司，常侍如故。未拜，太宗令书以为使持节、侍中、都督扬南徐二州诸军事、司徒、尚书令、扬州刺史，加班剑二十人，给三望十五乘。时刘道隆为护军，休仁请求解职，曰："臣不得与此人同朝。"上乃赐道隆死。寻诸方逆命，休仁都督征讨诸军事，增班剑三十人。出据虎槛，进据赭圻。寻领太子太傅，总统诸军，随宜应接。中流平定，休仁之力也。初行，与苏侯神结为兄弟，以求神助。及事平，太宗与休仁书曰："此段殊得苏侯兄弟力。"增休仁邑四千户，固辞，乃受千户。上流虽平，薛安都据彭城，招引索虏，复都督北讨诸军事，又增邑三千户，不受。时豫州刺史殷琰据寿阳，未平。晋平王休祐先督征讨诸军事，休祐出领江陵，休仁代督西讨诸军事。泰始五年，进都督豫司二州。

休仁年与太宗邻亚，俱好文籍，素相爱友。及废帝世，同经危难，太宗又资其权谲之力。泰初初，四方逆命，兵至近畿，休仁亲当矢石，大勋克建，任总百揆，亲寄甚隆。朝野四方，莫不辐凑。上渐不悦。休仁悟其旨，其冬，表解扬州，见许。六年，进位太尉，领司徒，固让，又加漆轮车，剑履。太宗末年多忌讳，猜害稍甚，休仁转不自安。及杀晋平王休祐，忧惧弥切。其年，上疾笃，与杨运长等为身后之计，虑诸弟强盛，太子幼弱，将来不安。运长又虑帝宴驾后，休仁一旦居周公之地，其辈不得秉权，弥赞成之。上疾尝暴甚，内外莫不属意于休仁，主书以下，皆往东府休仁所亲信，豫自结纳，其或直不得出者，皆恐惧。上既宿怀此意，至是又闻物情向之，乃召休仁入见。既而又谓曰："夕可停尚书下省宿，明可早来。"其夜，遣人赍药赐休仁死，时年三十九。

上寝疾久，内外隔绝，虑人情有同异，自力乘舆出端门。休仁死后，乃诏曰："夫无将之诛，谅维通典，知咎自引，实有偏介。刘休仁地属密亲，位居台重，朕友寄特深，宠秩兼茂。不能弘赞国猷，裨宣政道，而自处相任，妄生猜嫌，侧纳群小之说，内怀不逞之志，晦景蔽迹，无事阳愚。因近疾患沉笃，内外忧悚，休仁规逼禁兵，谋为乱逆。朕曲推天伦，未忍明法，申诏诰砺，辨核事原。休仁惭恩惧罪，遽自引决。追寻悲痛，情不自胜，思屈法科，以申矜悼。可宥其二子，并全封爵。但家国多虞，衅起台辅，永寻既往，感慨追深。"

有司奏曰："臣闻明罚无亲，情屈于司纲，国典有经，威申于义灭。是以梁、赵之诛，跣出称过，来言之罚，克入致动。谨案刘休仁苞蓄祸迹，事蔽于天明，窜匿沉奸，情宣于民听。自以属居戚近，早延恩睦，异礼殊义，望越常均。往岁授钺南讨，本非才命，启行浓湖，特以亲摄，仰遵庙略，俯藉众效，属承泰运，窃附成勋，而亟叨天功，多自臧伐。既圣明御宇，躬览万机，百司有纪，官方无越。而休仁矜勋怙贵，自谓应总朝权，遂妄生疑难，深自猜外。故司空晋平刺王休祐，少无令业，长滋贪暴，莅任陕荆，毒流西夏，编户嗟散，列邑凋虚，圣泽含弘，未明正宪。亟与休仁论其愆迹，辞意既密，不宜传广，遂饰容旨，反相劝激。休祐以休仁位居朝右，任遇优崇，必能为己力援，故深相党结。休祐于是输金荐宝，承颜接意，造膝之间，必论朝政，遂无日不俱行，无时不同宿，声酣聚集，密语清闲。休仁含奸扇惑，善于计数，说休祐使外托专慎之法，密行贪诈之心，谓朝廷不觉，人莫之悟。休祐遂乃外积怨惧，内协祸心，既得赞激，凶慝转炽，与休仁共为奸谋，潜伺机隙，图造衅变，规肆凶狡。休仁致殒仓卒，实维天诛，而晋平国太妃妾邢不能追惭子恶，上感曲恩，更怀不逞，巫蛊祝诅。休仁因圣躬不和，猥谋奸逆，灭道反常，莫斯为甚，殛肆朝市，庶申国刑，而法网未加，自引厥命。天慈矜厚，减法崇恩，赐全二息，及其爵封，斯诚弘风旷德，贯绝通古，然非所以弃恶流衅，惩惧乱臣者也。臣等参议，谓宜追降休仁为庶人，绝其属籍，见息悉徙远郡。休祐愆谋始露，亦宜裁黜，徙削之科，一同旧准。收邢付狱，依法穷治。”诏曰：“邢匹妇狂愚，不足与计。休仁知衅自引，情有追伤，可特为降始安县王，食邑千户，并停伯融等流徙，听袭封爵。伯猷先绍江夏国，令还本，赐爵乡侯。”

上既杀休仁，虑人情惊动，与诸方镇及诸大臣诏曰：

休仁致殒，卿未具悉，事之始末，今疏以相示。

休祐贪恣非政，法网之所不容。昔汉梁孝王、淮南厉王无它衅悖，正以越汉制度耳。况休祐吞嚼聚敛，为西数州之蝗，取与鄙虐，无复人情。屡得王景文、褚渊、沈攸之等启，陈其罪恶，转不可容。吾笃兄弟之恩，不欲致之以法，且每恨大明兄弟情薄，亲见休祐屯苦之时，始得宽宁，弥不忍问。所以改授徐州，冀其去朝廷近，必应能自悛革。及拜徐州，未及之任，便征动万端，暴浊愈甚，既每为民蠹，不可复全。休仁身粗有知解，兼为宰相，又吾与其兄弟情昵，特复异常，颇与休仁论休祐衅状。休祐以休仁为吾所亲，必应知吾意，又云休仁言对，能为损益。遂多与财赂，深相结事，乃寝必同宿，行必共车。休仁性软，易感说，遂成缱绻，共为一家，是吾所吐密言，一时倒写。吾与休仁，少小异常，唯虚心信之，初不措疑。虽尔犹虑清闲之时，非意脱有闻者。吾近向休祐推情，戒训严切，休祐更不复致疑。休祐死后，吾将其内外左右，问以情状，方知言语漏泄并具之由，弥日懊惋，心神萎孰。休仁又说休祐云："汝但作佞，此法自足安。我常秉许为家，从来颇得此力。但试用，看有验不。"休祐从之，于是大有献奉，言多乖实，积恶既不可恕。

自休祐殒亡之始，休仁款曲共知。休仁既无罪衅，主相本若一体，吾之推意，初无有间。休祐贪愚，为天下所疾，致殒之本，为民除患，兄弟无复多人，弥应思吊不咸，益相亲信。休祐平生，狼抗无赖，吾虑休仁往哭，或生祟祸。且吾尔日本办仗往哭，晚定不行。吾所以为设方便，呼入在省。而休仁得吾召入，大自惊疑，遂入辞杨太妃，颜色状意，甚与常异。既至省，杨太妃骤遣监子去来参察。从此日生嫌惧，而吾之推情，初不疑觉。从休祐死后，吾再幸休仁第，饮啖极日，排闼入内，初无猜防，休仁坐生嫌畏。

一日，吾春中多期射雉，每休仁清闲，多往雉场中，或敕使陪辇，及不行日，多不见之。每值宵，休仁辄语左右云："我已复得今一日。"及在房内见诸妓妾，恒语："我去不知朝夕见底，若一旦死去作鬼，亦不取汝，取汝正足乱人耳。"休祐死时，日已三晡，吾射雉，始从雉场出，休仁从骑在右，伏野中，吾遣人召之，称云："腹痛，不堪骑马。"尔时诸王车皆停在朱雀门里，日既暝，不暇远呼车，吾衣书车近在离门里，敕呼来，下油幢络，拟以载之。吾由来谙悉其体有冷患，闻腹痛，知必是冷，乃敕太医上省送供御高梁姜饮以赐之。休仁得饮，忽大惊，告左右称：

"败今日了。"左右答曰:"此饮是御师名封题。"休仁乃令左右先饮竟,犹不甚信,乃僶俛噬之,裁进一合许。安先嫌贰,事事如是。由来十日五日,一就问太妃。自休祐死后,每吾诏,必先至杨太妃问,如分别状。休仁由来自营府国兴生文书,二月中,史承祖赍文书呈之,忽语承祖云:"我得成许那,何烦将来。"吾虚心如旧,不复见信,既怀不安,大自嫌恐,惟以情理,不容复有善心。

休仁既经南讨,与宿卫将帅经习狎共事相识者,布满外内。常日出入,于厢下经过,与诸相识将帅都不交言。及吾前者积日失适,休仁出入殿省,诸卫主帅裁相悉者,无不和颜厚相抚劳。尔时吾既甚恶,意不欲见外人,悠悠所传,互言差剧。休仁规欲闻知方便,使县度道人及劳彦远屡求启,阚觇吾起居。及其所启,皆非急事,吾意亦不厝疑。吾与休仁,亲情实异,年少以来,恒相追随,情向大趣,亦往往多同,难否之日,每共契阔。休仁南讨为都统,既有勋绩,状之于心,亦何极已。但休仁于吾,望既不轻,小人无知,亦多挟背向,既生猜贰,不复自宁。夫祸难之由,皆意所不悟,如其意趣,人莫能测,事不获已,反覆思惟,不得不有近日处分。夫于兄弟之情,不能无厚薄。休祐之亡,虽复悼念,犹可以理割遣。及休仁之殒,悲愍特深,千念不能已已,举言伤心。事之细碎,既不可曲载诏文,恐物不必即解,兼欲存其儿子,不欲穷法。为诏之辞,不得不云有兵谋,非事实也。故相报卿知。

上与休仁素厚,至于相害,虑在后嗣不安。休仁既死,痛悼甚至,谓人曰:"我与建安,年时相邻,少便狎从。景和、泰始之间,勋诚实重。事计交切,不得不相除。痛念之至,不能自已。今有一事不如与诸侯共说,欢适之方,于今尽矣。"因流涕不自胜。

子伯融,妃殷氏所生。殷氏,吴兴太守冲女也。范阳祖翻有医术,姿貌又美,殷氏有疾,翻入视脉,说之,遂通好。事泄,遣还家赐死。伯融历南豫州刺史,琅邪、临淮二郡太守,宁朔将军,广州刺史,不之职。废徙丹杨县。后废帝元徽元年,还京邑,袭封始兴王。弟伯猷,初出继江夏愍王伯禽,封江夏王,邑二千户。休仁死后,还本,与伯融俱徙丹杨县。后废帝元徽元年,赐爵都乡侯。建平王景素为逆,杨运长等畏忌宗室,称诏赐伯融等死。伯融时年十九,伯猷年十一。

晋平刺王休祐,文帝第十三子也。孝建三年,年十一,封山阳王,食邑二千户。大明元年,为散骑常侍,领长水校尉,寻迁东扬州刺史,未拜。徙湘州刺史,加号征虏将军。四年,还为秘书监,领右军将军,增邑千户。迁侍中,又迁左中郎将,都官尚书,又为秘书监,领骁骑将军。出为使持节、都督豫司二州南豫州之梁郡诸军事、右将军、豫州刺史。景和元年,入朝,进号镇西大将军,仍迁散骑常侍、镇军大将军、开府仪同三司。太宗定乱,以为使持节、都督荆湘雍益梁宁南北秦八州诸军事、骠骑大将军、荆州刺史,开府、常侍如故。又改都督江郢雍湘五州、江州刺史,又改都督江南豫司州、南豫州刺史,改都督豫江司三州、豫州刺史。时豫州刺史殷琰据寿阳反叛,休祐出镇历阳,督刘勔等讨琰,琰未平,勔筑长围守之。休祐复徙都督荆湘雍益梁宁南北秦八州诸军事、荆州刺史,持节、常侍、将军、开府并如故,增封二千户,受五百户。以山阳荒敝,改封晋平王。

休祐素无才能,强梁自用。大明之世,年尚少,未得自专。至是贪淫,好财色。在荆州,裒刻所在,多营财货。以短钱一百赋民,田登,就求白米一斛,米粒皆令彻白,若有破折者,悉删简不受。民间粜此米,一升一百。至时又不受米,评米责钱。凡诸求利,皆悉如此,百姓嗷然,不复堪命。泰始六年,征为都督南徐南兖徐兖青冀六州诸军事、南徐州刺史,加侍中,持节、将军如故。上以休祐贪虐,不可莅民,留之京邑,遣上佐行府州事。

休祐佷戾强梁,前后忤上非一。在荆州时,左右苑景达善弹棋,上召之,休祐留不遣。上怒,诘责之曰:“汝刚戾如此,岂为下之义!”积不能平,且虑休祐将来难制,欲方便除之。七年二月,车驾于岩山射雉，有一雉不肯入场，日暮将反，令休祐射之，语云："不得雉，勿归。"休祐时从在黄麾内，左右从者并在部伍后，休祐便驰去，上遣左右数人随之。上既还，前驱清道，休祐人从悉分散，不复相得，上因遣寿寂之等诸将追之。日已欲暗，与休祐相及，逼令坠马。休祐素勇壮有气力，奋拳左右排击，莫得近。有一人后引阴，因顿地，即共殴拉杀之。乃遣人驰白上，行唱："骠骑落马。"上曰："骠骑体大，落马殊不易。"即遣御医络驿相系。顷之，休祐左右人至，久已绝。去车脚，舆以还第，时年二十七。追赠司空，持节、侍中、都督、刺史如故，给班剑二十人，三望车一乘。时巴陵王休若在江陵，其日即驰信报休若曰："吾与骠骑南山射雉，骠骑马惊，与直阁夏文秀马相踏，文秀堕地，骠骑失鞚，马惊，触松树堕地，落磵中，时顿闷，不识人，故驰报弟。"其年五月，追免休祐为庶人。

长子士荟，早卒。次子宣翊为世子，为宁朔将军、湘州刺史，未拜，免废。次士弘，继鄱阳哀王休业，袭封，被废还本。次宣彦，封原丰县侯，为宁朔将军、彭城太守，未拜，免废。次宣谅。次宣曜，出继南平穆王铄封，被废还本。次宣景，次宣梵，次宣觉，次宣受，次宣则，次宣直，次宣季，凡十三子，并徙晋平郡。太宗寻病，见休祐为祟，乃遣前中书舍人刘休至晋平抚慰宣翊等，上遂崩。后废帝元徽元年，听宣翊等还都。顺帝升明三年，谋反，并赐死。

鄱阳哀王休业，文帝第十五子也。孝建二年，年十一，封鄱阳王，食邑二千户。三年，薨，追赠太常。大明六年，以山阳王休祐次子士弘嗣封。被废还本，国除。

临庆冲王休倩，文帝第十六子也。孝建元年，年九岁，疾笃，封东平王，食邑二千户，未拜，薨。大明七年，立第二十七皇子子嗣为东平王，绍休倩后。太宗泰始二年，还本，国绝。六年，以第五皇子智丹为东平王，继休倩，未拜，薨。其年，追改休倩为临庆王，以临贺郡为临庆国，立第八皇子跻为临庆王，食邑二千户，继休倩后。明年，还本国。休倩，太祖所爱，故前后屡加绍门嗣。

新野怀王夷父，文帝第十七子也。元嘉二十九年，薨，时年六岁。太宗泰始五年，追加封谥。

巴陵哀王休若，文帝第十九子也。孝建三年，年九岁，封巴陵王，食邑二千户。大明二年，为冠军将军、南琅邪临淮二郡太守，徙南彭城下邳二郡太守，将军如故。四年，出为都督徐州诸军事、刺史、将军如故，增督豫州之梁郡，增邑千户。明年，征为散骑常侍、左右郎将、吴兴太守。复征为散骑常侍、太常，未拜。前废帝永光元年，迁左卫将军。太宗泰始元年，迁散骑常侍、中书令，领卫尉，未拜。复为左卫将军，常侍、卫尉如故，又未拜。出为使持节、都督会稽东阳永嘉临海新安五郡诸军事、领安东将军、会稽太守，率众东讨。进督吴、吴兴、晋陵三郡，寻加散骑常侍，进号卫将军，给鼓吹一部。又进督晋安□□二郡诸军事。

二年，迁雍梁南北秦四州荆州之竟陵随二郡诸军事、宁蛮校尉、雍州刺史，持节、常侍、将军如故，增邑二千户，受三百户。前在会稽，录事参军陈郡谢沉以谄佞事休若，多受贿赂。时内外戒严，普著裤褶，沉居母丧，被起，声乐酣饮，不异吉人，衣冠既无殊异，并不知沉居丧，尝自称孤子，众乃骇愕。休若坐与沉亵黩，致有奸私，降号镇西将军。又进卫将军。典签夏宝期事休若无礼，系狱，启太宗杀之。虑不被许，启未报，辄于狱行刑。信反，果锢送，而宝期已死。上大怒，与休若书曰："孝建、大明中，汝敢行此邪？"休若母加杖三百，降号左将军，贬使持节、都督为监，行雍州刺史，使宁蛮校尉，削封五百户。四年，迁使持节、都督湘州诸军事、行湘州刺史，如故。六年，荆州刺史晋平王休祐入，以休若监荆州事，进号征南将军、湘州刺史。仍为都督荆湘雍益梁宁南北秦八州诸军事、征西将军、荆州刺史，持节如故。寻加散骑常侍，又进号征西大将军、开府仪同三司。

七年，晋平王休祐被杀，建安王休仁见疑，京邑讹言云有至贵之表，太宗以言报之，休若内甚忧惧。会被征，代休祐为都督南徐南兖徐兖青冀六州诸军事、征北大将军、南徐州刺史，持节、常侍、开府如故。休若腹心将佐咸谓还朝必有大祸，中兵参军京兆王敬先固陈不宜入，劝割据荆楚，以距朝廷，休若伪许之。敬先既出，执录，驰使白太宗，敬先坐诛死。休若至京口，建安王休仁又见害，益怀危虑。上以休若和善，能谐缉物情，虑将来倾幼主，欲遣使杀之。虑不奉诏，征入朝，又恐猜骇，乃伪迁休若为都督江郢司广交豫州之西阳新蔡晋熙湘州之始兴四郡诸军事、车骑大将军、江州刺史，持节、常侍、开府如故。征还，召拜，手书殷勤，使赴七月七日，即于第赐死，时年二十四。赠侍中、司空，持节、都督、刺史如故，给班剑二十人，三望车一乘。

休若既死，上与骠骑大将军桂阳王休范书曰：

外间有一师，姓徐名绍之，状如狂病，自云为涂步郎所使。去三月中，忽云："神语道巴陵王应作天子，汝使巴陵王密知之。"于是师便访觅休若左右人，不能得。东宫典书姓何者相识，数去来，师解神语，东宫典书具道神语，东宫典书答云："我识巴陵间一左右，当为汝向道。"数日，东宫典书复来语师云："我已为汝语巴陵左右，道因达巴陵，巴陵具知，云莫声但听。"又顷者史官奏天文占候，颇云休若应挟异端。神道芒昧，乃不可全信，然前后相准，略亦不无仿佛。且帖肆间，自大明以来有"若好"之谣，于令未止。诏若百重章句，皆配以美辞美事，诸不逞之徒，咸云必是休若。休若且知道路有异音，里巷有"若好"之谣，在西已奇惧，致王敬先吐猖狂之言。近休祐、休仁被诛，休若弥不自安，又左右多是不相当负罪之徒，恒说以道路之言叩动之，相与唱云："万民之心，属在休若。"感激其意。

寻休若从来心迹，殊有可嫌。刘亮问高次祖，汝一应识此人，当给休若。休若在东，纵恣群下无本末，还朝被贬，爵位小退。次祖被亮使归，过问讯，大泣，语次祖云："我东行是一段功，在郡横为群小辈过失，大被贬降，我实愤怨，不解刘辅国何意不作。”次祖答云：“刘辅国蒙朝廷生成之恩，岂容有此理。”推此已是有奇意。吾使诸王在蕃，正令优游而已，本不以武事，而休若在西，广召弓马健儿，都不启闻。又戾道明等，昔亲为贼，罪应万死，休若至西，大信遇之，乃潜将往不启京。吾知汝意谓休若处奉因事事何如，心迹既不复可测，因其还朝在第与书，事事诘诮于内，许密自引分，状如暴疾致故，差得于其名位及见子悉得全也。休若既是汝弟，使其狼心得申者，汝得守冶城边作太尉公邪？非但事关计，亦于汝甚切，汝可密白荀太妃令知。

庐江王祎昔在西州，故上云冶城边也。

休若子冲始袭封。顺帝升明三年，薨，会齐受禅，国除。

史臣曰：《诗》云：“不自我先，不自我后。”古人畏乱世也。太宗晚途，疑隙内成，寻斧所加，先自至戚。晋刺以犷暴摧躯，巴哀由和良鸩体，保身之路，未知攸适。昔之戒子，慎勿为善，将远有以乎。

宋书卷七三
列传第三三

颜延之

颜延之字延年，琅邪临沂人也。曾祖含，右光禄大夫。祖约，零陵太守。父显，护军司马。

延之少孤贫，居负郭，室巷甚陋。好读书，无所不览，文章之美，冠绝当时。饮酒不护细行。年三十，犹未婚。妹适东莞刘宪之，穆之子也。穆之既与延之通家，又闻其美，将仕之，先欲相见，延之不往也。后将军、吴国内史刘柳以为行参军，因转主簿，豫章公世子中军行参军。

义熙十二年，高祖北伐，有宋公之授，府遣一使庆殊命，参起居，延之与同府王参军俱奉使至洛阳，道中作诗二首，文辞藻丽，为谢晦、傅亮所赏。宋国建，奉常郑鲜之举为博士，仍迁世子舍人。高祖受命，补太子舍人。雁门人周续之隐居庐山，儒学著称，永初中，征诣京师，开馆以居之。高祖亲幸，朝彦毕至，延之官列犹卑，引升上席，上使问续之三义，续之雅仗辞辩，延之每折以简要。既连挫续之，上又使还自敷释，言约理畅，莫不称善。徙尚书仪曹郎，太子中舍人。

时尚书令傅亮自以文义之美，一时莫及，延之负其才辞，不为之下，亮甚疾焉。庐陵王义真颇好辞义，待接甚厚，徐羡之等疑延之为同异，意甚不悦。少帝即位，以为正员郎，兼中书，寻徙员外常侍，出为始安太守。领军将军谢晦谓延之曰："昔荀勖忌阮咸，斥为始平郡，今卿又为始安，可谓二始。”黄门郎殷景仁亦谓之曰：“所谓俗恶俊异，世疵文雅。”

延之之郡，道经汨潭，为湘州刺史张纪祭屈原文以致其意，曰：

恭承帝命，建旟旧楚。访怀沙之渊，得捐佩之浦。弭节罗潭，舣舟汨渚，敬祭楚三闾大夫屈君之灵。

兰薰而摧，玉贞则折。物忌坚方，人讳明洁。曰若先生，逢辰之缺。温风迨时，飞霜急节。嬴、芊遘纷，昭、怀不端。谋折仪、尚，贞蔑椒、兰。身绝郢阙，迹遍湘干。此物荃荪，连类龙鸾。声溢金石，志华日月。如彼树芬，实颖实发。望汨心欷，瞻罗思越。藉用可尘，昭忠难阙。

元嘉三年，羡之等诛，征为中书侍郎，寻转太子中庶子，顷之，领步兵校尉，赏遇甚厚。延之好酒疏诞，不能斟酌当世，见刘湛、殷景仁专当要任，意有不平，常云：“天下之务，当与天下共之，岂一人之智所能独了！”辞甚激杨，每犯权要。谓湛曰：“吾名器不升，当由作卿家吏。”湛深恨焉，言于彭城王义康，出为永嘉太守。延之甚怨愤，乃作《五君咏》以述竹林七贤，山涛、王戎以贵显被黜，咏嵇康曰：“鸾翮有时铩，龙性谁能驯。”咏阮籍曰：“物故可不论，涂穷能无恸。”咏阮咸曰：“屡荐不入官，一麾乃出守。”咏刘伶曰：“韬精日沉饮，准知非荒宴。”此四句，盖自序也。湛及义康以其辞旨不逊，大怒。时延之已拜，欲黜为远郡，太祖与义康诏曰：“降延之为小邦不政，有谓其在都邑，岂动物情，罪过彰著，亦士庶共悉，直欲选代，今思愆里闾。犹复不悛，当驱往东土。乃志难恕，自可随事录治。殷、刘意咸无异也。”乃以光禄勋车仲远代之。延之与仲远世素不协，屏居里巷，不豫人间者七载。中书令王球名公子，遗务事外，延之慕焉，球亦爱其材，情好甚款。延之居常罄匮，球辄赡之。晋恭思皇后葬，应须百官，湛之取义熙元年除身，以延之兼持，邑吏送札，延之醉，投札于地曰：“颜延之未能事生，焉能事死！”

闲居无事，为《庭诰》之文。今删其繁辞，存其正，著于篇。曰：

《庭诰》者，施于闺庭之内，谓不远也。吾年居秋方，虑先草木，故遽以未闻，诰尔在庭。若立履之方，规鉴之明，已列通人之规，不复续论。今所载咸其素畜，本乎生灵，而致之心用。夫选言务一，不尚烦密，而至于备议者，盖以网诸情非。古语曰得鸟者罗之一目，而一目之罗，无时得鸟矣。此其积意之方。

道者，识之公，情者，德之私。公通，可以使神明加向，私塞，不能令妻子移心。是以昔之善为士者，必捐情反道，合公屏私。

寻尺之身，而以天地为心，数纪之寿，常以金石为量。观夫古先垂戒，长老余论，虽用细制，每以不朽见铭，缮筑末迹，咸以可又承志。况树德立义，收族长家，而不思经远乎。

曰身行不足遗之后人。欲求子孝必先慈，将责弟悌务为友。虽孝不待慈，而慈固植孝；悌非期友，而友亦立悌。

夫和之不备，或应以不和，犹信不足焉，必有不信。倘知恩意相生，情理相出，可使家有参、柴，人皆由、损。

夫内居德本，外夷民誉，言高一世，处之逾嘿，器重一时，体之滋冲，不以所能干众，不以所长议物，渊泰入道，与天为人者，士之上也。若不能遗声，欲人出己，知柄在虚求，不可校得，敬慕谦通，畏避矜踞，思广监择，从其远猷，文理精出，而言称未达，论问宣茂，而不以居身，此其亚也。若乃闻实之为贵，以辩画所克，见声之取荣，谓争夺可获，言不出于户牖，自以为道义久立，才未信于仆妾，而曰我有以过人，于是感苟锐之志，驰倾觖之望，岂悟已挂有识之裁，入修家之诫乎。记所云“千人所指，无病自死”者也。行近于此者，吾不愿闻之矣。

凡有知能，预有文论，不练之庶士，校之群言，通才所归，前流所与，焉得以成名乎。若呻吟于墙室之内，喧嚣于党辈之间，窃议以迷寡闻，妲语以敌要说，是短算所出，而非长见所上。适直尊明临座，稠览博论，而言不入于高听，人见弃于众视，则慌若迷涂失偶，黡如深夜撤烛，衔声茹气，腆嘿而归，岂识向之夸慢，只足以成今之沮丧邪。此固少壮之废，尔其戒之。

夫以怨诽为心者,未有达无心救得丧,多见诮耳。此盖臧获之为,岂识量之为事哉。是以德声令气,愈上每高,忿言怼议,每下愈发。有尚于君子者,宁可不务勉邪。虽曰恒人,情不能素尽,故当以远理胜之,么算除之,岂可不务自异,而取陷庸品乎。

富厚贫薄,事之悬也。以富厚之身,亲贫薄之人,非可一时处。然昔有守之无怨,安之不闷者,盖有理存焉。夫既有富厚,必有贫薄,岂其证然,时乃天道。若人厚富,是理无贫薄。然乎?必不然也。若谓富厚在我,则宜贫薄在人。可乎?又不可矣。道在不然,义在不可,而横意去就,谬生希幸,以为未达至分。

蚕温农饱,民生之本,躬稼难就,上以仆役为资,当施其情愿,庀其衣食,定其当治,递其优剧,出之休飨,后之捶责,虽有劝恤之勤,而无沾曝之苦。

务前公税,以远吏让,无急傍费,以息流议,量时发敛,视岁穰俭,省赡以奉己,损散以及人,此用天之善,御生之得也。率下多方,见情为上,立长多术,晦明为懿。虽及仆妾,情见则事通,虽在畎亩,明晦则功博。若夺其常然,役其烦务,使威烈雷霆,犹不禁其欲,虽弃其大用,穷其细瑕,或明灼日月,将不胜甚邪。故曰:“孱焉则差,的焉则暗。”是以礼道尚优,法意从刻。优则人自为厚,刻则物相为薄。耕收诚鄙,此用不忒,所谓野陋而不以居心也。

含生之氓,同祖一气,等级相倾,遂成差品,遂使业习移其天识,世服没其性灵。至夫愿欲情嗜,宜无间殊,或役人而养给,然是非大意,不可侮也。隅奥有灶,齐侯蔑寒,犬马有秩,管、燕轻饥。若能服温厚而知穿弊之苦,明周之德,厌滋旨而识寡嗛之急,仁恕之功,岂与夫比肌肤于草石方手足于飞走者同其意用哉。罚慎其滥,惠戒其偏。罚滥则无以为罚,惠偏则不如无惠。虽尔眇末,犹扁庸保之上,事思反己,动类念物,则其情得,而人心塞矣。

抃博蒲塞，会众之事，谐调哂谑，适坐之方，然失敬致侮，皆此之由。方其克瞻，弥丧端俨，况遭非鄙，虑将丑折。岂若拒其容而简其事，静其气而远其意，使言必诤厌，宾友清耳，笑不倾抚，左右悦目。非鄙无因而生，侵侮何从而入，此亦持德之管籥，尔其谨哉。

嫌惑疑心，诚亦难分，岂唯厚貌蔽智之明，深情怯刚之断而已哉。必使猜怨愚贤，则鞶笑入戾，期变犬马，则步顾成妖。况动容窃斧，束装滥金，又何足论。是以前王作典，明慎议狱，而僭滥易意；朱公论璧，光泽相如，而倍薄异价。此言虽大，可以戒小。

游道虽广，交义为长。得在可久，失在轻绝。久由相敬，绝由相狎。爱之勿劳，当扶其正性，忠而勿诲，必藏其枉情。辅以艺业，会以文辞，使亲不可亵，蔬不可间，每存大德，无挟小怨。率此往也，足以相终。

酒酌之设，可乐而不可嗜，嗜而非病者希，病而遂眚者几。既青既病，将蔑其正。若存其正性，纾其妄发，其唯善成乎。声乐之会，可简而不可违，违而不背者鲜矣，背而非弊者反矣。既弊既背，将受其殿。必能通其碍而节其流，意可为和中矣。

善施者唯发自人心，乃出天则。与不待积，取无谋实，并散千金，成不可能。赡人之急，虽乏必先，使施如王丹，受如杜林，亦可与言交矣。

浮华怪饬，灭质之具；奇服丽食，弃素之方。动人劝慕，倾人顾盼，可以远识夺，难用近欲从。若睹其淫怪，知生之无心，为见奇丽，能致诸非务，则不抑自贵，不禁自止。

夫数相者，必有之征，既闻之术人，又验之吾身，理可得而论也。人者兆气二德，禀体五常。二德有奇偶，五常有胜杀，及其为人，宁无叶沴。亦犹生有好丑，死有夭寿，人皆知其悬天；至于丁年乖遇，中身迂合者，岂可易地哉。是以君子道命愈难。识道愈坚。

古人耻以身为溪壑者，屏欲之谓也。欲者，性之烦浊，气之蒿蒸，故其为害，则熏心智，耗真情，伤人和，犯天性。虽生必有之，而生之德，犹火含烟而烟妨火，桂怀蠹而残桂，然则火胜则烟灭，蠹收则桂折。故性明者欲简，嗜繁者气惛，去明即惛，难以主言。其以中外群圣，建言所黜，儒道众智，发论是除。然有之者不患深，故药之者恒苦术浅，所以毁道多而义寡。顿尽诚难，每指可易，能易每指，亦明之末。

廉嗜之性不同，故畏慕之情或异，从事于人者，无一人我之心，不以己之所善谋人，为有明矣。不以人之所务失我，能有守矣。己所谓然，而彼定不能，弈棋之蔽；悦彼之可，而忘我不可，学颦之弊。将求去弊者，念通怍介而已。

流言谤议，有道所不免，况在阙薄，难用算防。接应之方，言必出己。或信不素积，嫌间所袭，或性不和物，尤怨所聚。有一于此，何处逃毁。苟能反悔在我，而无责于人，必有达鉴，昭其情远，识迹其事。日省吾躬，月料吾志，宽嘿以居，洁静以期，神道必在，何恤人言。

谚曰，富则盛，贫则病矣。贫之病也，不唯形色粗黡，或亦神心沮废，岂但交友疏弃，必有家人诮让。非廉深识远者，何能不移其植。故欲蠲忧患，莫若怀古。怀古之志，当自同古人，见通则忧浅，意远则怨浮。昔琴歌于编蓬之中者，用此道也。

夫信不逆彰，义必出隐，交赖相尽，明有相照。一面见旨，则情固丘岳，一言中志，则意入渊泉。以此事上，水火可蹈，以此托友，金石可弊。岂待充其荣实，乃将义报，厚之篚筐，然后图终。如或与立，茂思无忽。

禄利者受之易，易则人之所荣；蚕穑者就之艰，艰则物之所鄙。艰易既有勤倦之情，荣鄙又间向背之意，此二涂所为反也。以劳定国，以功施人，则役徒属而擅丰丽；自埋于民，自事其生，则督妻子而趋耕织。必使陵侮不作，悬企不萌，所谓贤鄙处宜，华野同泰。

人以有惜为质，非假严刑；有恒为德，不慕厚贵。有惜者，以理葬；有恒者，与物终。世有位去则情尽，斯无惜矣；又有务谢则心移，斯不恒矣。又非徒若此而已，或见人休事，则勤蕲结纳，及闻否论，则处彰离贰，附会以从风，隐窃以成衅，朝吐面誉，暮行背毁，昔同稽款，今犹叛戾，斯为甚矣。又非唯若此而已，或凭人惠训，藉人成立，与人余论，依人扬声，曲存禀仰，甘赴尘轨。衰没畏远，忌闻影迹，又蒙之毁之无度，心短彼能，私树己拙，自崇恒辈，罔顾高识。有人至此，实蠹大伦，每思防避，无通闾伍。

睹惊异之事，或无涉传；遭卒迫之变，反思安顺。若异从己发，将尸谤人，迫而又迕，愈使失度。能夷异如裴楷，处逼如裴遐，可称深士乎。

喜怒者有性所不有无，常起于褊量，而止于弘识。然喜过则不重，怒过则不威，能以恬漠为体，宽愉为器者，大喜荡心，微抑则定，甚怒烦性，小忍即歇。动无愆容，举无失度，则物将自悬，人将自止。

习之所变亦大矣，岂唯蒸性染身，乃将移智易虑。故曰："与善人居，如入芷兰之室，久而不知其芬。"与之化矣。"与不善人居，如入鲍鱼之肆，久而不知其臭。"与之变矣。是以古人慎所与处。唯夫金真玉粹者，乃能尽而不污尔。故曰："丹可灭而不能使无赤，石可毁而不可使无坚。"苟无丹石之性，必慎浸染之由。能以怀道为人，必存从理之心。道可怀而理可从，则不议贫，议所乐尔。或云："贫何由乐？"此未求道意。道者，瞻富贵同贫贱，理固得而自我丧之，未为通议，苟议不丧，夫何不乐。

或曰：温饱之贵，所以荣生，饥寒在躬，空曰从道，取诸其身，将非笃论，此又通理所用。凡生之具，岂间定实，或以膏腴天性，有以菽藿登年。中散云，所足与不由外。是以称体而食，贫岁愈嗛；量腹而炊，丰家余餐。非粒实息耗，意有盈虚尔。况心得复劣，身获仁富，明白入素，气志如神，虽十旬九饭，不能合饥，业席三属，不能为寒。岂不信然。

且以己为度者，无以自通彼量。浑四游而斡五纬，天道弘也；振河海而载山川，地道厚也。一情纪而合流贯，人灵茂也。昔之通乎此数者，不为剖判之行，必广其风度，无挟私殊，博其交道，唯怀曲异。故望尘请友，则义士轻身，一遇拜亲，则仁人投分。此伦序通允，礼俗平一，上获其用，下得其和。

世务虽移，前休未远，人之适主，吾将反本。三人至生，暂有之识，幼壮骤过，衰耗骛及。其间夭郁，既难胜言，假获存遂，又云无几。柔丽之身，亟委土木，刚清之才，遽为丘壤，回遑顾慕，虽数纪之中尔。以此持荣，曾不可留，以此服道，亦何能平。进退我生，游观所达，得贵为人，将在含理。含理之贵，惟神与交，幸有心灵，义无自恶。偶信天德，逝不上惭。欲使人沉来化，志符往哲，勿谓是赊赊，日凿斯密。著通此意，吾将忘老，如固不然，其谁与归。值怀所传，略布众修；若备举情见，顾未书一。赡身之经，别在田家节政；奉终之纪，自著燕居毕义。

刘湛诛，起延之为始兴王浚后军谘议义参军，御史中丞。在任纵容，无所举奏。迁国子祭酒，司徒左长史，坐启买人田不肯还直，尚书左丞荀赤松奏之曰："求田问舍，前贤所鄙。延之唯利是视，轻买陈闻，依傍诏恩，拒捍余直，垂及周年，犹不毕了，昧利苟得，无所顾忌。延之昔坐事屏斥，复蒙抽进，而曾不悛革，怨诽无已。交游闒茸，沉迷麯糵，横兴讥谤，诋毁朝士。仰窃过荣，增愤薄之性，私恃顾眄，成强梁之心。外示寡求，内怀奔竞，干禄祈迁，不知极已，预燕班觞，肆骂上席。山海含容，每存遵养，爱兼雕虫，未忍遐弃，而骄放不节，日月弥著。臣闻声问过情，孟轲所耻，况声非外来，问由己出，虽心智薄劣，而高自比拟，客气虚张，曾无愧畏，岂可复弼亮五教，增曜台阶。请以延之讼田不实，妄干天听，以强凌弱，免所居官。"诏持。

复为秘书监，光禄勋，太常。时沙门释慧琳以才学为太祖所赏爱，每召见，常升独榻，延之甚疾焉。因醉白上曰："昔同子参乘，袁丝正色。此三台之坐，岂可使刑余居之。"上变色。延之性既褊激，兼有酒过，肆意直言，曾无遏隐，故论者多不知云。居身清约，不营财利，布衣蔬食，独酌郊野，当其为适，傍若无人。

二十九年，上表自陈曰："臣闻行百里者半于九十，言其末路之难也。愚心常谓为虚，方今乃知其信。臣延之人薄宠厚，宿尘国言，而雪效无从，荣牒增广，历尽身凋，日叨官次，难容载有途，而妨秽滋积。早欲启请余算，屏蔽丑老。但时制行及，归慕无赊，是以怏冒愆非，简息干黩。耗歇难支，质用有限，自去夏侵暑，入此秋变，头齿眩疼，根痼渐剧，手足冷痹，左胛尤甚。素不能食，顷向减半。本犹赖服，比倦悸晚，年疾所催，顾景引日。臣班叨首卿，位尸封典，肃祗朝校，尚恧匪任，而陵庙众事，有以疾怠，宫府觐慰，转阙躬亲。息臭庸微，过宰近邑，回泽爰降，实加将监，乞解所职，随就药养。伏愿圣慈，特垂矜许。禀恩明世，负报冥暮，仰企端闱，上恋罔极。"不许。明年，致事。

元凶弑立，以为光禄大夫。先是，子竣为世祖南中郎咨议参军。及义师入讨，竣参定密谋，兼造书檄。劭召延之，示以檄文，问曰："此笔谁所造？"延之曰："竣之笔也。"又问："何以知之？"延之曰："竣笔体，臣不容不识。"劭又曰："言辞何至乃尔？"延之曰："竣尚不顾老父，何能为陛下。"劭意乃释，由是得免。

世祖登阼，以为金紫光禄大夫，领湘东王师。子竣既贵重，权倾一朝，凡所资供，延之一无所受，器服不改，宅宇如旧。常乘羸牛笨车，逢竣卤簿，即屏往道侧。又好骑马，遨游里巷，遇知旧辄据鞍索酒，得酒必颓然自得。常语竣曰："平生不喜见要人，今不幸见汝。"竣起宅，谓曰："善为之，无令后人笑汝拙也。"表解师职，加给亲信三十人。

孝建三年，卒，时年七十三。追赠散骑常侍、特进，金紫光禄大夫如故。谥曰宪子。延之与陈郡谢灵运俱以词采齐名，自潘岳、陆机之后，文士莫及也，江左称颜、谢焉。所著并传于世。

竣别有传。竣弟恻，亦以文章见知，官至江夏王傅义恭大司徒录事参军，蚤卒。太宗即位，诏曰："延之昔师训联躬，情契兼款。前记室参军、济阳太守臭伏勤蕃朝，绸缪恩旧。可擢为中书侍郎。"臭，延之第三子也。

史臣曰：出身事主，虽义在忘私，至于君亲两既事无同济，为子为臣，各随其时可也。若夫驰文道路，军政恒仪，成败所因，非系乎此。而据笔数罪，陵仇犯逆，余彼慈亲，垂之虎吻，以此为忠，无闻前诰。夫自忍其亲，必将忍人之亲，自忘其孝，期以申人之孝，□子放鹿，断可识矣。《记》云："八十者一子不从政，九十者家不从政。"岂不以年薄桑榆，忧患将及，虽有职王朝，许以辞事，况颠沛之道，虑在未测者乎。自非延年之□允而义惬，夫岂或免。

宋书卷七四
列传第三四

臧质　鲁爽　沈攸之

臧质字含文，东莞莒人。

父熹，字义和，武敬皇后弟也，与兄焘并好经籍。隆安初，兵革屡起，熹乃习骑射，志在立功。尝至溧阳，溧阳令阮崇与熹共猎，值虎突围，猎徒并奔散，熹直前射之，应弦而倒。高祖入京城，熹族子穆斩桓脩。进至京邑，桓玄奔走。高祖使熹入宫，收图书器物，封闭府库。有金饰乐器，高祖问熹："卿得无欲此乎？"熹正色曰："皇上幽逼，播越非所。将军首建大义，劬劳王家。虽复不肖，无情于乐。"高祖笑曰："聊以戏卿尔。"行参高祖镇军事，员外散骑侍郎，重参镇军军事，领东海太守。以义功，封始兴县五等侯。又参高祖车骑、中军军事。高祖将征广固，议者多不同。熹从容言曰："公若凌威北境，拯其涂炭，宁一六合，未为无期。"高祖曰："卿言是也。"及行，熹求从，不许，以为建威将军、临海太守。郡经兵寇，百不存一，熹绥缉纲纪，招聚流散，归之者千余家。孙季高海道袭广州，路由临海，熹资给发遣，得以无乏。征拜散骑常侍，母忧去职。顷之，讨刘毅，起为宁朔将军，从征。事平，高祖遣朱龄石统大众伐蜀，命熹奇兵出中水，以本号领建平、巴东二郡太守。蜀主谯纵遣大将谯抚之万余人屯牛脾，又遣谯小苟重兵塞打鼻。熹至牛脾，抚之战败退走，追斩之。小苟闻抚之死，即便奔散。成都即平，熹遇疾。义熙九年，卒于蜀郡牛脾县，时年三十九。追赠光禄勋。

质少好鹰犬，善蒲博意钱之戏。长六尺七寸，出面露口，秃顶拳发。年未二十，高祖以为世子中军行参军。永初元年，为员外散骑侍郎，从班例也。母忧去职。服阕，为江夏王义恭抚军，以轻薄无检，为太祖所知，徙为给事中。会稽宣长公主每为之言，乃出为建平太守，甚得蛮楚心。南蛮校尉刘湛还朝，称为良守。迁宁远将军、历阳太守。仍迁竟陵、江夏内史，复为建武将军、巴东建平二郡太守，吏民便之。

质年始出三十，屡居名郡，涉猎史籍，尺牍便敏，即有气干，好言兵权。太祖谓可大任，欲以为益州事，未行，征为使持节、都督徐兖二州诸军事、宁远将军、徐兖二州刺史。在镇奢费，爵命无章，为有司所纠，遇赦。与范晔、徐湛之等厚善。晔谋反，量质必与之同，会事发，复为建威将军、义兴太守。元嘉二十六年，太祖谒京陵，质朝丹徒，与何勖、檀和之并功臣子，时共上礼，太祖设燕尽欢，赐布千匹。

二十七年春，迁南谯王义宣司马、宁朔将军、南平内史。未之职，会索虏大帅拓跋焘围汝南，汝南戍主陈宪固守告急。太祖遣质轻往寿阳，即统彼军，与安蛮司马刘康祖等救宪。虏退走，因使质伐汝南西境刀壁等山蛮，大破之，获万余口。迁太子左卫率。坐前伐蛮，枉杀队主严祖，又纳面首生口，不以送台，免官。是时上大举北讨，质白衣与骠骑司马王方回等率军出许、洛，安北司马王玄谟攻滑台不拔，质请乘驿代将，太祖不许。

虏侵徐、豫，拓跋焘率大众数十万遂向彭城，以质为辅国将军、假节、置佐，率万人北救。始至盱眙，焘已过淮，冗从仆射胡崇之领质府司马，崇之副太子积弩将军毛熙祚亦受统于质。盱眙城东有高山，质虑虏据之，使崇之、澄之二军营于山上，质营城南。虏攻崇之、澄之二营，崇之等力战不敌，众散，并为虏所杀。虏又攻熙祚，熙祚所领悉北府精兵，幢主李灌率厉将士，杀贼甚多。队主周胤之、外监杨方生又率射贼，贼垂退，会熙祚被创死，军逐散乱。其日，质案兵不敢救，故二营一时覆没。初，仇池之平也，以崇之为龙骧将军、北秦州刺史，宋百顷，行至浊水，为索虏所客，举军败散，祟之及将佐以下皆为虏所执，后得叛还，至是又为虏所败焉。熙祚，司州刺史脩之兄子也。崇之、熙祚并赠正员郎。澄之事在祖父焘传。

三营既败，其夕，质军亦奔散，弃辎重器甲，单七百人投盱眙，盱眙太守沈璞完为守战之备，城内有实力三千，质大喜，因共守。虏初南出，后无资粮，唯以百姓为命。及过淮，食平越、石鳖二屯谷，至是抄掠无所，人马饥困，闻盱眙有积粟，欲以为归路之资。既破崇之等，一攻城不拔，便引众南向。城内增修守备，莫不完严。

二十八年正月初，焘自广陵北返，便悉力攻盱眙，就质求酒，质封溲便与之。焘怒甚，筑长围，一夜便合，开攻道，趣城东北，运东山土石填之。虏又恐城内水路遁走，乃引大船，欲于君山作浮桥，以绝淮道。城内乘舰逆战，大破之。明旦，贼更方舫为桁，桁上各严兵自卫。城内更击不能禁，遂于君山立桁，水、陆路并断。

焘与质书曰："吾所遣斗兵，尽非我国人，城东北是丁零与胡，南是三秦氐、羌。设使丁零死者，正可减常山、赵郡贼；胡死，正减并州贼；氐羌死，正减关中贼。卿若杀丁零、胡，无不利。"质答书曰："省示，具悉奸怀。尔自恃四脚，屡犯国疆，诸如此事，不可具说。王玄谟退于东，梁坦散于西，尔谓何以不闻童谣言邪：'虏马饮江水，佛狸死卯年。'此期未至，以二军开饮江之径尔，冥期使然，非复人事。寡人受命相灭，期之白登，师行未远，尔自送死，岂容复令生全，飨有桑乾哉！但尔往攻此城，假令寡人不能杀尔，尔由我而死。尔若有幸，得为乱兵所杀；尔若不幸，则生相锁缚，载以一驴，直送都市。我本不图全，若天地无灵，力屈于尔，齑之粉之，屠之裂之，如此未足谢本朝。尔识智及众力，岂能胜苻坚邪！顷年展尔陆梁者，是尔未饮江，太岁未卯故尔。斛兰昔深入彭城，值少日雨，只马不返，尔岂忆邪？即时春雨已降，四方大众，始就云集，尔但安意攻城莫走。粮食阙乏者告之，当出廪相饴。得所送剑刀，欲令我挥之尔身邪！甚苦，人附反，各自努力，无烦多云。"是时，虏中童谣曰："轺车北来如穿雉。不意虏马饮江水。虏主北归石济死。虏欲渡江天不徙。”故质答引。

焘大怒，乃作铁床，于其上施铁镵，云“破城得质，当坐之此上。”质又与虏众书曰：“示诏虏中诸士庶：狸伐见与书如别，等正朔之民，何为力自取如此。大丈夫岂可不知转祸为福邪！今写台格如别书，自思之。”时购斩焘封开国县侯，食邑一万户，赐布、绢各万匹。

虏以钩车钩垣楼，城内系以弧絙，数百人叫唤引之，车不能退。既夜，以木桶盛人，悬出城外，截钩能获之。明日，又以冲车攻城，城土坚密，每至，颓落不过数升。虏乃肉薄登城，分番相代，坠而复升，莫有退者，杀伤万计，虏死者与城平。又射杀高梁王。如此三旬，死者过半。焘闻彭城断其归路，京邑遣水军自海入淮，且疾疫死者甚众。二月二日，乃解围遁走。

上嘉质功，以为使持节、监雍梁南北秦四州诸军事、冠军将军、宁蛮校尉、雍州刺史，封开国子，食邑五百户。明年，太祖又北伐，使质率所统见力向潼关，质顿兵近郊，不肯时发，独遣司马柳元景屯兵境上，不时进军。质又顾恋嬖妾，弃营单马还城，散用台库见钱六七百万，为有司所纠，上不问也。

元凶弑立，以质为丹阳尹，加征虏将军。质家遣门生师颛报质，具太祖崩问。质疏颛所言，驰告司空义宣，又遣州祭酒从事田颖起衔命报世祖，率众五千，驰下讨逆，自阳口进江陵义宣。质诸子在都邑，闻质举义，并逃亡。劭欲相慰悦，乃下书曰：“臧敦等无因自骇，急便窜逸，迷昧过甚，良可怪叹。质国戚勋臣，忠诚笃亮，方当显位，赞冀京辇，而子弟波迸，伤其乃怀。可遣宣譬令还，咸复本位。”劭寻录得敦，使大将军义恭行训杖三十，厚给赐之。义宣得质报，即日举兵，驰信报世祖，板进质号征北将军。质径赴寻阳，与世祖同下。世祖至新亭即位，以质为都督江州诸军事、车骑将军、开府仪同三司、江州刺史，加散骑常侍，持节如故。使质率所领自白下步上，直至广莫门，门者不守。薛安都、程天祚等亦自南掖门入，与质同会太极殿，生禽元凶。仍使质留守朝堂，甲仗百人自防。封始兴郡公，食邑三千户。之镇，舫千余乘，部伍前后百余里，六平乘并施龙子幡。

时世祖自揽威柄，而质以少主遇之，是事专行，多所求欲。及至寻阳，刑政庆赏，不复谘禀朝廷。盆口、钩圻米，辄散用之，台符屡加检诘，质渐猜惧。自谓人才足为一世英杰，始闻国祸，使有异图，以义宣凡暗，易可制勒，欲外相推奉，以成其志。及至江陵，便致拜称名。质于义宣虽为兄弟，而年大近十岁，义宣惊曰："君何意拜弟？"质曰："事中宜然。"时义宣已推崇世祖，故其计不行。质每虑事泄，及至新亭，又拜江夏王义恭。义恭愕然，问质所以，质曰："天下屯危，礼异常日，前在荆州，亦拜司空。"会义宣有憾于世祖，事在《义宣传》，质因此密信说诱，陈朝廷得失。又谓："震主之威，不可持久，主相势均，事不两立。今专据阃外，地胜兵强，持疑不决，则后机致祸。"质女为义宣子采妻，谓质无复异同，纳其说。且义宣腹心将佐蔡超民之徒，咸有富贵之情，愿义宣得，欲倚质威名，以成其业，又劝奖义宣。义宣时未受丞相，质子敦为黄门侍郎，奉诏敦劝，道经寻阳，质令敦具更譬说，并言世祖短长，义宣乃意定。驰报豫州刺史鲁爽，期孝建元年秋同举。爽失旨，即便起兵。遣人至京邑报弟瑜，瑜席卷奔叛。瑜弟弘为质府佐，世祖遣报质，质于是执台使，狼狈举兵。上表曰：

臣闻执药随亲，非情谬于甘苦；挥斤斩毒，岂忘痛于肌肤。盖以先疑后顺，忠焉必往，忍小存大，虽爱必从。丞相臣义宣，育悊台铉，拊声联服，定主勤王之业，勋越乎齐、晋；宗戚懿亲之寄，望崇于鲁、卫。而恶直丑正，实繁有党，或染凶作伪，疾害元功，或藉劳挟宠，乘威纵戾。自知愆深衅重，必贻剿戮，乃成紫毁朱，交间忠辅。崇树私徒，招聚群恶，念旧爱老，无一而存，岂不由凶丑相扇，志肆谗惑。陛下垂慈狎达，不稍惟疑，逐令负扆席图，蔽于流议，投杼市虎，成于十夫。鉴古揆今，实怀危逼，故投袂樊、叶，立节于本朝，挥戈晋阳，务清于君侧。臣诚庸懦，奉教前朝，虽恧《缁衣》好贤之美，敢希《巷伯》恶恶之情，固已藉风听而宵愤，抚短策而驰念。况乃宏命爰格，诚系宗社，今奉旨前迈，星言启行。

臣本凡琐，少无远概，因缘际会，逐班槐鼎，素望既盈，惬心实足，岂应徼功非冀，更希异宠，直以蔓草难除，去恶宜速，是以无顾夷险，虑不及身。仰恃天眷，察亮丹款，句血诚不照，甘心罪戮。伏愿陛下先鉴元辅匪躬茂节，未录庸琐奉国微诚，不遂渶溛之情，以失四海之望，昭戮马剑，显肆市朝，则结旌向国，全锋凯归，九流凝序，三光平耀。斯则仰说宗庙，俯惬兆民。裁表感慨，涕言无已。

加鲁弘辅国将军，下戍大雷。驰报义宣，义宣遣谘议参军刘谌之万人就弘。

世祖遣抚军将军柳元景统豫州刺史王玄谟等水军，屯梁山洲内，两圻筑偃月垒，水陆待之。殿中将军沈灵赐领百舸，破其前军于南陵，生禽军主徐庆安、军副王僧。质至梁山，亦夹阵两岸。元景檄书宣告曰：

夫革道应运，基命之洪符；嗣业兴邦，绍历之明算。自非瑞积神衷，德充民极，孰能升临宝位，景属天居。大宋启期，理高中世，皇根帝叶，永流无疆。夷陂递来，遘兹凶难，国祸冤深，人纲郁灭。主上圣略聪武，孝感通神，义变草木，哀动精纬，躬幸南郢，亲扫大逆，道援横流，德模灵造，三光重照，七庙载兴。

臧质少负疵衅，衣冠不齿，昧利诬天，著于触事。受任述职，不以宣效为心，专方莅民，惟以侵剥为务。官自贿至，族以货倾。是以康周陏覆命屠宗，冤达苍昊，郭伯、西门遗出自皂隶，宠越州朝。往莅东守，鬻爵三千，率卒西讨，窃俘取黜。荷恩彭、泗，贪虐以逞，坑戮边氓，忽若草芥，倾竭仓庾，割没军粮。作牧汉南，公盗府蓄，矫易文簿，专行欺妄。及受命北伐，惮役缓期，师出有辰，顾怀私爱，匹马弃众，宵行独返，遂复携嫔拥姬，淫宴军幕。孔、范之变，显于逆辞。凡此诸衅，皆彰著于宪简，振曝于观听。去岁义举，虽豫诚款，而淹留西楚，私相崇戴，奉书致命，形于心迹。新亭之捷，大难已夷，凶命假存，悬在晷刻，广莫之军，曾无遗矢，重关自开，伪众已溃，质犹复盘桓衢巷，后骑陈师。劳不足甄，定于朝议，而虚张功伐，扇动怨辞，自谓斯举，勋莫己若。初践殿守，忘犬马之情，奔趣帑藏，顿倾天府。山海弘量，苞荒藏疾，录其一介之心，掩其不逞之衅。遂爵首元等，职班盛级，优荣溢宠，莫与为畴。自恣丑薄，罔知涯涘，干谒陈闻，曾无纪极，请乐穷太子之英，求器尽官府之选。徐司空匪躬王室，遭罹凶祸，质与之少长，亲交兼常，曾无抚孤之仁，惟闻陵侮之酷，尺田寸宝，靡有孑遗。及受命南徂，临路滋甚，逼夺妻嫔，略市金帛，怨动京邑，丑闻都鄙。弃逐旧故，委蔑忠勤，鲁尚期、尹周之徒，心腹所倚，泣诉于御筵；袁同、连子敬之畴，爪牙所仗，一逝而不反。虽上旨频烦，屡求劳牒，质但称伐在己，不逮僚隶，托咎朝廷，归罪有司，国士解心，有识莫附。何文敬趋走厮养，天性愚狡，质迷其奸谄，寘怀委杖，遂外擅威刑，内游房室。质生与衅俱，不可详究，擢发数罪，曾何足言。

丞相威重位尊，任居分陕，宗国倚赖，实兼恒情，而不及谦冲之涂，弗见逆顺之训，蔽同郤至，理乖范燮。逐乃远忽世祀，近受欺构，杖纳奸疏，还谋社稷。日者宴安上流，坐观成败，示遣疲卒，众裁三千，戎马不供，军粮靡献。皇朝直以亲秩之重，酬宠兼极，近渐别子，礼越常均，苟识无所守，功弗由己，必为义不全，终于败德。今兹放命，恨心于本，推诸昔岁，迹是诚非矣。且家国夷险，情事异常，豫是臣子，孰不星赴，而玩寇忘哀，曾无奔拽。面蕃十稔，惠政蔑闻，重赃深掠，纵欲已甚，姬妾百房，尼僧千计，败道伤俗，悖乱人神，民怨盈涂，国谤弥岁。又贼劭未禽，凶威犹强，将毁其私坟，戮其诸子，图成骇机，垂赖义举，捷期云速，不日告平，释怨毒之心，解倒悬之急，论恩叙德，造育为重。援人自助，弃人快谗，怙乱疑功，未闻其比。

仆以不肖，过蒙荣私，荷佩升越，光绝伦伍。家本北边，志存慷慨，常甘投生，以殉艰棘，惟恩思难，激气冲襟，故以眺三湘而永慨，望九江而遐愤。若使身死国康，誓在殒命，况仰禀圣略，俯鞠义徒，万全之形，愚夫所照。夫薛竟陵控率突骑，陆道步驰。檀右卫、申右率、垣游击整勒锐师，飞轮构路。王豫州方舟缮甲，久已前驱。仆训卒利兵，凌波电进。沈镇军、萧安南接舳连旌，首尾风合。骠骑竟陵王懿亲令誉，问望攸归，大司马江夏王道略明远，徽猷茂世，并旄钺临涂，云驱齐引。群兵竞迈，秘驾徐启。八銮摇响，五牛舒旆。千乘雷动，万舳云回。腾威发号，星流汉转。以上临下，易于转员。加以三谋协从，七纬告庆，幽显同心，昭然易睹。

诸君或世荷恩幸，或身闻教义，当知君臣大节，誓不可犯，冠履至诲，难用倒设。履安奉顺，声泰事全，孰与附逆居危，身害名丑，慈亲垂白受戮，弱子婴孩就诛。所以有诏迟回，未震雷霆者，正为诸君身拘寇手，或怀乃心。吉凶由人，无谓为远，今而不变，后悔何及。授檄之日，心驰贼庭。

义宣亦相次系至。江夏王与义宣书曰："昔桓玄借兵于仲堪，有似今日。"义宣由此与质相疑。质进计曰："今以万人取南州，则梁山中绝，万人缀玄谟，必不敢动。质浮舟外江，直向石头，此上略也。"义宣将从之，腹心刘谌之曰："质求前驰，此志难测。不如尽锐攻梁山，事克然后长驱，万安之计也。"

质遣将尹周之攻胡子反、柳叔政于西垒，时子反渡东岸就玄谟计事，闻贼至，驰归。周之攻垒甚急，刘季之水军殊死战，贼势盛，求救于玄谟。玄谟不遣，崔勋之固争，乃遣勋之救之，比至，城已陷，勋之战死，季之收众而退。子反、叔政奔还东岸，玄谟斩子反军副李文仲。

质欲仍攻东城，义宣党颜乐之说义宣曰："质若复拔东城，则大功尽归之矣。宜遣麾下自行。"义宣遣刘谌之就质，陈军城南。玄谟留羸弱守城，悉精兵出战，薛安都骑军前出，垣护之督诸将继之。战良久，贼阵小拔，骑得入。刘季之、宗越又陷其西北，众军乘之，乃大溃。因风放火，船舰悉见焚烧，延及西岸。质求义宣欲一计事，密已出走矣。质不知所为，亦走，众悉降散。

质至寻阳，焚烧府舍，载妓妾西奔。使所宠何文敬领兵居前，至西阳。西阳太守鲁方平，质之党也，至是怀贰，诳文敬曰："传诏宣敕，唯捕元恶一人，余并无所问。"文敬弃众而走。质先以妹夫羊冲为武昌郡，质往投之，既至，冲已为郡丞胡庇之所杀。无所归，乃入南湖，逃窜无食，摘莲啖之。追兵至，窘急，以荷覆头，自沉于水，出鼻。军主郑俱兒望见，射之中心，兵刃乱至，肠胃缠萦水草，队主裘应斩质首，传京都，时年五十五。录尚书江夏王臣义恭、左仆射臣宏等奏曰："臧质底弃下才，而藉遇深重，穷愚悖常，构煽凶逆，变至滔天，志图泯夏，违恩叛德，罪过恒科。枭首之宪，有国通典，惩戾思永，去恶宜深。臣等参议，须辜日限意，使依汉王莽事例，漆其头首，藏于武库，庶为鉴戒，昭示将来。"诏可。

质初下，义宣以质子敦为征虏将军、雍州刺史。质留子敞为监军，将敦自随，至是并为武昌郡所执送。敦官至黄门郎；敦弟敷，司徒属；敷弟敞，太子洗马；敞弟敔，敦子仲璋，质之二子二孙未有名，同诛。

质之起兵也，豫章太守任荟之、临川内史刘怀之、鄱阳太守杜仲儒并为尽力，发遣郡丁，并送粮运，伏诛。任荟之，字处茂，乐安人也。历世祖、南平王铄抚军、右军司马、长史、行事。太祖称之曰："望虽不足，才能有余。"杜仲儒，杜骥兄子也。

豫章望蔡子相孙冲之起义招质，质遣将郭会肤、史山夫讨之，为冲之所破。世祖发诏以为尚书都官曹郎中。冲之，太原中都人，晋秘书监盛曾孙也，官至右军将军、巴东太守。后事在《刘琬传》。沈灵赐以破质前军于南陵功，封南平县男，食邑三百户。赠崔勋之通直郎。大司马参军刘天赐，亦梁山战亡，追赠给事中。

鲁爽，小名女生，扶风郿人也。祖宗之字彦仁，晋孝武太元末，自乡里出襄阳，历官至南郡太守。义熙元年起义，袭伪雍州刺史祖蔚，进向江陵。以功为辅国将军、雍州刺史，封宵城县侯，食邑千五百户。桓谦、苟林逼江陵，宗之率众驰赴，事在《临川烈武王道规传》。进号平北将军。高祖讨刘毅，与宗之同会江陵，进号镇北将军，封南阳郡公，食邑二千五百户。子轨，一名象齿，爽之父也。便弓马，筋力绝人，为竟陵太守。宗之自以非高祖旧隶，屡建大功，有自疑之心。会司马休之见讨，猜惧，遂与休之北奔。善于抚御，士民皆为尽力，卫送出境，尽室入羌。顷之，病卒。高祖定长安，轨为宁南将军、荆州刺史、襄阳公，镇长社。世祖镇襄阳，轨遣亲人程整奉书，规欲归顺，自拔致诚，以昔杀刘康祖、徐湛之父，故不归。太祖累遣招纳，许以为司州刺史。

爽少有武艺，虏主拓跋焘知之，常置左右。元嘉二十六年，轨死，爽为宁南将军、荆州刺史、襄阳公，镇长社。幼染殊俗，无复华风。粗中使酒，数有过失，焘将诛之。爽有七弟秀，小字天念，颇有意略，才力过爽。焘以充宿卫，甚知待之。伪高梁王阿叔泥为芮芮所围甚急，使秀往救，焘自率大众继其后。焘未及至，秀已击破之，拔阿叔泥而反。焘壮其功，以为中书郎，封广陵侯。或告焘，邺民欲据城反，复遣检察，并烧石虎残宫殿。秀常乘驿往反，是时病还迟，为焘所诘让，秀复恐惧。焘寻南寇，因从渡河。先是，程天祚为虏所没，焘引置左右，与秀□宽，劝令归降，秀纳之。天祚，广平人，为殿中将军，有武力。元嘉二十七年，助戍彭城，会世祖遣府刘泰之轻军袭虏于汝阳，天祚督战，战败被罚，为虏所获。天祚妙善针术，焘深加爱赏，或与□舆，常不离于侧，封为南安公。焘北还蕃，天祚因其沉醉，伪若受使督切后军者，所至轻罚。天祚为焘所爱，群虏并畏之，莫敢问，因得逃归。后为山阳太守。太宗初，与四方同反，事在《薛安都传》。

焘始南行，遣爽随永星士库仁真向寿阳，与弟瑜共破刘祖于尉武，仍至瓜步，始得与秀定归南之谋。焘还至湖陆，爽等请曰："奴与南有仇，每兵来，常虑祸及坟墓，乞共迎丧，远葬国都。"虏群下于其主称奴，犹中国称臣也。焘许之。长社戍虏有六七百人，爽谲之曰："南更有军，可遣三百骑往界上参听。"骑去，爽率腹心夜击余虏，尽杀之，驰入虎牢。

爽唯第三弟在北，余家属悉自随，率部曲及愿从合千余家奔汝南。遣秀从许昌还寿阳，奉辞于南平王铄曰："爽、秀得罪□朝，负衅三世，生长绝域，远身胡虏，兄弟阖门，沦点伪授，殒命不可，还国无因。近系南云，倾属东日，盖犹痿人思步，盲者愿明。嵩、霍咫尺，江、河匪远，夷庚壅塞，隔同天地，痛心疾首，昼慨宵悲。虏主猖狂，豺豕其志，虐遍华、戎，怨结幽显。自盱眙旋军，亡殪过半，昏酣沉湎，恣性肆身。爽、秀等因民之愤，籍将旋之愿，齐契义奋，枭馘丑徒，冯恃皇威，肃清逋秽，牢、洛诸城，指期克定。规以涓尘，微雪夙负，方当束骸北阙，待戮司寇，慊节未申，伏心边表。明大王殿下以睿茂居蕃，文武兼姿，远迩钦倾，承风闻德，愿垂援拯，以慰虔望。老弱百口，先遣归庇。逼逼丹心，仰希怀远。谨遣同义颍川聂元初奉词陈闻。"

铄驰驿以闻，上大说，下诏曰："伪宁南将军鲁爽、中书郎鲁秀，志干列到，忠诚久著，抚兹福先，阖门效款，招集义锐，枭剪獯丑，肃定边城，献馘象魏。虽宣孟之去翟归晋，颓当之出胡入汉，方之此日，曾何足云。联实嘉之，宜即授任，逞其忠略。爽可督司州陈留东郡济阴濮阳五郡诸军事、征虏将军、司州刺史；秀可辅国将军、管阳颍川二郡太守。其诸子弟及同契士庶，委征虏府以时申言，详加酬叙。"爽至汝南，加督豫州之义阳、宋安二郡军事，领义阳内史，将军、刺史如故。秀参右将军南平王铄军事、汝阴内史，将军如故。余弟侄并授官爵，赏赐资给甚厚。爽北镇义阳，北来部曲凡六千八百八十三人。是岁，二十八年也。虏毁其坟墓。

明年四月，入朝，时焘已死，上更谋经略。五月，遣爽、秀、程天祚等率步骑，并荆州军甲士四万，出许、洛。八月，虏长社戍主永平公秃发幡乃同弃城走。进向大索戍，戍主伪豫州刺史跋仆兰曰："爽勇而无防，我今出城，必轻来据之，设伏檀山，必可禽也。"爽果夜进，秀谏不止，驰往继之。比晓，虏骑夹发，赖秀纵兵力战，虏乃退还虎牢。爽因进攻之，本期舟师入河，断其水门。王玄谟攻碻磝不拔，败退，水军不至，爽亦收众南还。转斗数百里，至曲强，虏候其饥疲，尽锐来攻，爽身自奋击，虏乃退走。

三十年，元凶弑逆，南谯王义宣起兵入讨，爽即受命，率部曲至襄阳，与雍州刺史臧质俱诣江陵。义宣进爽号平北将军，领巴陵太守，度支校尉，本官如故。留爽停江陵。事平，以爽为使持节、督豫司雍秦并五州诸军事、左将军、豫州刺史。爽至寿阳，便曲意宾客，爵命士人，蓄仗聚马，如寇将至。

元凶之为逆也，秀在京师，谓秀曰："我为卿诛徐湛之矣。方相委任。"以为右军将军，配精兵五千，使攻新亭垒。将战，秀命打退军鼓，因此归顺。世祖即位，以为左军将军，出督司州豫州之新蔡汝南汝阳颍川义阳弋阳六郡诸军事、辅国将军、司州刺史，领汝南太守。

爽与义宣及质相结已久，义宣亦欲资其勇力，情契甚至。孝建元年二月，义宣报爽，秋当同举。爽狂酒乖谬，即日便起兵，驰信报弟瑜，将家奔叛，皆得西归。爽使其众载黄标，称建平元年，窃造法服，登坛自号。疑长史韦处穆、中兵参军杨元驹、治中庾腾之不与己同，杀之。义宣、质闻爽已处分，便狼狈反。进爽号征北将军。爽于是送所造舆服诣江陵，版义宣及臧质等并起。征北府户曹版文曰："丞相刘补天子，名义宣，车骑臧今补丞相，名质，平曲朱今补车骑，名脩之，皆版到奉行。"义宣骇愕。爽所送法物，并留竟陵县，不听进。

爽直出历阳，自采石济军，与质水陆俱下。爽遣弟瑜守蒙茏，历阳太守张幼绪请击瑜，世祖配以兵力。遣左军将薛安都步骑为前驱，别遣水军入渊，分路并会。安都进次大岘，爽已立营，世祖以贼强垒固，未可轻拔，使量宜进止。幼绪便引军退还，下狱。更遣骁骑将军垣护之代幼绪据历阳。镇军将军沈庆之系安都进军，与爽相遇于小岘。爽亲自前，将战，而饮酒过醉，安都刺爽倒马，左右范双斩首，传送京都。瑜亦为部下所斩送。进平寿阳，子弟并伏诛。

义宣初举兵，召秀加节，进号征虏将军，当继谌之俱下。雍州刺史朱脩之起兵奉顺，更遣秀击脩之。王玄谟闻之，喜曰："鲁秀不来，臧质易与耳。”秀至襄阳,大败而反。会益州刺史刘秀之遣军袭□□□击破之。义宣还江陵,秀与共北走,众叛且尽,秀向城,上射之,中箭,赴水死,军人宗敬叔、康僧念斩首,传京邑。

赠韦处穆、杨元驹给事中,庾腾之员外散骑侍郎。爽初南归,秀以爽武人,不闲吏职,白太祖请处穆为长史以辅爽,太祖以补司马,后转长史云。

沈攸之字仲达,吴兴武康人,司空庆之从父兄子也。父叔仁,为衡阳王义季征西长史,兼行参军,领队,又随义季镇彭城,度征北府。

攸之少孤贫,元嘉二十七年,索虏南寇,三吴民丁,攸之亦被发。即至京都,诣领军将刘遵考,求补白丁队主,遵考谓之曰:“君形陋,不堪队主。”因随庆之征讨。二十九年,征西阳蛮,始补队主。巴口建义,南中郎府板长史,兼行参军。新亭之战,身被重创。事宁,为太尉行参军,封平洛县五等侯。随府转大司马行参军。晋世京邑二岸,扬州旧置都部从事,分掌二县非违,永初以后罢省,孝建三年,复置其职。攸之掌北岸,会稽孔璪掌南岸,后又罢。攸之迁员外散骑侍郎,又随庆之征广陵,屡有功,被箭破骨。世祖以其善战,配以仇池步矟。事平,当加厚赏,为庆之所抑,迁太子旅贲中郎,攸之甚恨之。七年,遭母忧,葬毕,起为龙骧将军、武康令、

前废帝景和元年,除豫章王子尚车骑中兵参军,直阁,与宗越、谭金等并为废帝所宠,诛戮群公,攸之等皆为之用命。封东兴县侯,食邑五百户。寻迁右军将军,增邑百户。太宗即位,以例削封。宗越、谭金等谋反,攸之复召入直阁,除东海太守。未拜,会四方反叛,南贼已次近道,以攸之为宁朔将军、寻阳太守,率军据虎槛。

时王玄谟为大统,未发。前锋有五军在虎槛,五军后又络绎继至,每夜各立姓号,不相禀受。攸之谓军吏曰:“今众军姓号不同,若有耕夫渔父,夜相呵叱,便致骇乱,取败之道也。”乃就一军请号,众咸从之。殷孝祖为前锋都督,而大失人情,攸之内抚将士,外谐群

帅，众并倚赖之。时南贼前锋钟冲之、薛常宝等屯据赭圻，殷孝祖率众军攻之，为流矢所中死，军主范潜率五百人投贼，人情震骇，并谓攸之宜代孝祖为统。时建安王休仁屯虎槛，总统众军，闻孝祖死，遣宁朔将军江方兴、龙骧将军刘灵遗各率三千人赴赭圻。攸之以为孝祖既死，贼有乘胜之心，明日若不更攻，则示之以弱。方兴名位相亚，必不为己下，军政不一，致败之由。乃率诸军主诣方兴谓之曰："四方并反，国家所保，无复百里之地。唯有殷孝祖为朝廷所委赖，锋镝裁交，舆尸而反，文武丧气，朝野危心。事之济否，唯在明旦一战，战若不捷，则大事去矣。诘朝之事，诸人咸谓吾应统之，自卜懦薄，干略不办及卿，今辄相推为统，但当相与戮力尔。"方兴甚悦。攸之既出，诸军主并尤之，攸之曰："卿忘廉、蔺、寇、贾之事邪？吾本以济国活家，岂计彼此之升降。且我能下彼，彼必不能下，共济艰难，岂可自厝同异。"明旦进战，自寅讫午，大破贼于赭圻城外，追奔至姥山，分遣水军乘势逃讨，又破其水军，拔胡白二城。

寻假攸之节，进号辅国将军，代孝祖督前锋诸军事。薛常宝在赭圻食尽，南贼大帅刘胡屯浓湖，以囊盛米系流查及船腹，阳覆船，顺风流下，以饷赭圻。攸之疑其有异，遣人取船及流查，大得囊米。攸之从子怀宝，为贼将帅，在赭圻，遣亲人杨公赞赍密书招诱攸之，攸之斩公赞，封怀宝书呈太宗。寻克赭圻，迁使持节、督雍梁南北秦四州郢州之竟陵诸军事、冠军将军，领宁蛮校尉、雍州刺史。

袁颉复率大众来入鹊尾，相持既久，军主农兴世越鹊尾上据钱溪，刘胡自攻之。攸之率诸将率浓湖，遣人传唱钱溪已平，众并惧，攸之曰："不然。若钱溪实败，万人中应有逃亡得还者。必是彼战失利，唱空声以惑众耳。"勒等中不得妄动。钱溪信寻至，果大破贼。攸之悉以钱溪所送胡军耳鼻示之，颉骇惧，急追胡还。攸之诸军悉力进攻，多所斩获，日暮引归。鹊尾食尽，遣千□在南陵迎米，为台军所破，烧其资实，胡于是弃众而奔，颉亦叛走。赭圻、浓湖之平也，贼军委弃资财，珍货殷积，诸军各竞收敛，以强弱为少多。唯攸之、张兴世约勒所部，不犯秋毫，诸将以此多之。攸之进平寻阳，徙监郢州诸军事、前将军、郢州刺史，持节如故。不拜，迁中领军，封贞阳县公，食邑二千户。

时四方皆已平定，徐州刺史薛安都据彭城请降，上虽相酬许，而辞旨简略。攸之前将军，置佐吏，假节，与镇军将军张永以重兵征安都，安都惧，要引索虏，索虏引大众援之。攸之等米船在吕梁，又遣军主王穆之上民口，穆之为虏攻覆米船，又破运车于武原，攸之等引退，为虏所乘，又值寒雪，士众堕指十二三。留长水校尉王玄载守下邳，积射将军沈韶守宿预，睢陵、淮阳亦置戍。攸之还淮阴，免官，以公领职。复求进讨，上不听，入朝面陈，又不许，复归淮阴。三年六月，自率运送米下邳，并凿四周深堑，遣龙骧将军垣护之领民口还淮阴。时军主陈显达当领千兵守下邳，攸之留待显达至，虏遣清泗间人诈告攸之云："安都欲降，求军迎接。"攸之副吴喜纳其说，咸谓宜遣千人参之，既而来者转多，喜所执弥固。攸之乃集来者告之，语曰："薛徐州早宜还朝，今能尔，深副本望。但遣子弟一人来，便当遣大军相接。君诸人既有志心，若能与薛子弟俱来者，皆即假君以本乡县，唯意所欲。如其不尔，无为空劳往还。"自此一去不反。

其年秋，太宗复令攸之进围彭城，攸之以清泗既干，粮运不继，固执以为非宜，往反者七。上大怒，诏攸之曰："卿春中求伐彭城，吾恐军士疲劳，且去冬奔散，人心未宜复用，不许卿所启。今便不肯为吾行邪？卿若不行，便可使吴喜独去。"攸之惧，乃奉旨进军。行至迟墟，上悔，追军令反。攸之还至下邳，而陈显达于睢口为虏所破，龙骧将军姜产之、司徒参军高遵世战没。虏追攸之甚急，因交战，被稍创，会暮，引军入显达垒，夕众散，八月十八日也。攸之弃众南奔。初，吴兴丘幼弼、丘隆先、沈诞、沈荣守、吴陆道量，并以文记之才随攸之，及张永北讨，永一奔，攸之再败，幼弼等并皆陷没。攸之之还淮阴，以为持节，假冠军将军，行南兖州刺史。追赠姜产之左军将军，高遵世屯骑校尉。

四年，征攸之为吴兴太守，辞不拜。乃除左卫将军，领太子中庶子。五年，出为持节、监郢州诸军、郢州刺史。为政刻暴，或鞭士大夫,上佐以下有忤意,辄面加詈辱。将吏一人亡叛,同籍符伍充代者十余人。而晓达吏事,自强不息,士民畏惮,人莫敢欺。闻有虎,辄自围捕,往无不得,一日或得两三。若逼暮不获禽,则宿昔围守,须晓自出。赋敛严苦,征发无度,缮治船舸,营造器甲。自至夏口,便有异图。六年,进监豫州之西阳司州之义阳二郡军事,进号镇军将军。

泰豫元年,太宗崩。攸之与蔡兴宗在外蕃,同豫顾命,进号安西将军,加散骑常侍,给鼓吹一部。未拜,会巴西民李承明反,执太守张澹,蜀土骚扰。时荆州刺史建平王景素被征,新除荆州刺史蔡兴宗未之镇,乃遣攸之权行荆州事。攸之既至,会承明已平,乃以攸之都督荆湘雍益梁宁南北秦八州诸军事、镇西将军、荆州刺史,持节、常侍如故。至荆州,政治如在夏口,营造舟甲,常如敌至。时幼主在位,群公当朝,攸之渐怀不臣之迹,朝廷制度,无所遵奉。

江州刺史桂阳王休范密有异志,以微旨动攸之,使道士陈公昭作天公书一函,题云"沈丞相",送付攸之门者。攸之不开书,推得公昭,送之朝廷。后废帝元徽二年,休范举兵袭京邑,攸之谓僚佐曰:"桂阳今反朝廷,必声云与攸之同。若不颠沛勤王,必增朝野之惑。"于是遣军主孙同、沈怀奥兴军驰下,受郢州刺史晋熙王燮节度。同等始过夏口,会休范平,还。进攸之号征西大将军、开府仪同三司,固让开府。

攸之自擅阃外,朝廷疑惮之,累欲征入,虑不受命,乃止。群公称皇太后令,遣中使问攸之曰:"久劳于外,宜还京辇,然任寄之重,换代殊为未易,还止之宜,一以相委。"欲以观察其意。攸之答曰:"荷国重恩,名器至此,自惟凡陋,本无廊庙之姿。至如戍防一蕃,扑讨蛮、蜓,可强充斯任。虽自上如此,岂敢厝心去留,归还之事,伏听朝旨。"朝廷逾慑惮,征议遂息。

四年,建平王景素据京城反,攸之复应朝廷。景素寻平。初,元嘉中,巴东、建平二郡,军府富实,与江夏、竟陵、武陵并为名郡。世祖于江夏置郢州,郡罢军府,竟陵、武陵亦并残坏,巴东、建平为峡中蛮所破，至是民人流散，存者无几。其年春，攸之遣军入峡讨蛮帅田五郡等。及景素反，攸之急追峡中军，巴东太守刘攘兵、建平太守刘道欣，并疑攸之自有异志，阻兵断峡，不听军下。时攘兵元子天赐为荆州西曹，攸之遣天赐譬说之，令其解甲，一无所问。攘兵见天赐，知景素实反，乃释甲谢愆，攸之待之如故，后以攘兵为府司马。刘道欣坚守建平，攘兵譬说不回，乃与伐蛮军攻之，破建平，斩道欣。

台直阁高道庆家在江陵，攸之初至州，道庆时在家，牒其亲戚十余人，求州从事西曹，攸之为用三人。道庆大怒，自入州取教，毁之而去。及还都，不诣攸之别。道庆至都，云："攸之聚众缮甲，奸逆不久。"杨运长等常相疑畏，乃与道庆密遣刺客，赍废帝手诏，以金饼赐攸之州府佐吏，进其阶级。时有象三头至江陵城北数里，攸之自出格杀之，忽有流矢集攸之马障泥，其后刺客事发。

废帝既殒，顺帝即位，进攸之号车骑大将军、开府仪同三司，加班剑二十人。遣攸之长子司徒左长史元琰赍废帝刳斮之具以示攸之。元琰既至江陵，攸之便有异志，腹心议有不同，故其事不果。其年十一月，乃发兵反叛。攸之素蓄士马，资用丰积，至是战士十万，铁马二千。遣使要雍州刺史张敬兒、梁州刺史范伯年、司州刺史姚道和、湘州行事庾佩玉、巴陵内史王文和等。敬兒、文和斩其使，驰表以闻；伯年、道和、佩玉怀两端，密相应和。

十二月十二日，攸之遣其辅国将军、中兵参军、督前锋军事孙同，率宁朔将军中兵参军武宝、龙骧将军骑兵参军朱君拔、宁朔将军沈慧真、龙骧将军中兵参军王道起，又遣司马、冠军将军刘攘兵，率宁朔将军外兵参军公孙方平、龙骧将军骑兵参军朱灵宝、龙骧将军骑兵参军沈僧敬、龙骧将军高茂，又遣辅国将军中兵参军王灵秀、辅国将军中兵参军丁珍东，率宁朔将军中兵参军王珍之、宁朔将军外兵参军杨景穆，相继俱下。攸之自率辅国将军录事参军兼司马武茂宗、辅国将军中兵参军沈韶、宁朔将军中兵参军皇甫贤、宁朔将军中兵参军胡钦之、龙骧将军中兵参军东门道顺，闰十月四日，至夏口。攸之将发江陵，使沙门释僧桀筮之，曰："不至京邑，当自郢州回还。"意甚不悦。初，江津有云气，状如尘雾，从西北来，正盖军上。至沌口，云："当问讯安西，暂泊黄金浦。"既登岸，郢城出军击之。攸之闻齐王世子据盆口，震慑不敢下，因攻郢城。

时齐王辅政，遣众军西讨，尚书符征西府曰：

尊冠贱屦，君臣之位，奉顺忌逆，成败斯兆。未有凭凌我郊圻，侵轶我河县，而不焚师殪甲，靡旗乱辙者也。沈攸之少长庸贱，擢自阎伍，邀百战之运，乘一捷之功，镌山裂地，腰金拖紫，穷贵于国，极富于家。拥旄蕃伯，便无北面之礼，受督志屏，即有专征之衅。橘柚不荐，璆瑨罕入，箕赋深敛，毒被南郢，枉绳矫墨，害著西荆，饕餮其心，溪壑其性，从始至终，沿壮得老。今遂驱迫妖党，缮集尪卒，结衅外城，送死中甸，是而可忍，孰不可怀。

今遣新除使持节督郢州之义阳诸军事平西将军郢州刺史闻喜县开国候黄回、员外散骑常侍冠军骁骑将军南临淮太守重安县开国子军主王敬则、辅国将军屯骑校尉长寿县开国男王宜与、辅国将军南高平太守军主陈承叔、辅国将军左军将军南濮阳太守葛阳县开国男军主彭文之、龙骧将军骠骑行参军军主召宰，精甲二万，前锋云腾。又遣散骑常侍领游击将军湘南县开国男新除使持节督湘州诸军事征虏将军湘州刺史军主吕安国、屯骑校尉宁朔将军崔慧景、辅国将军军主任候伯、辅国将军骁骑将军军主萧顺之、辅国将军游击将军军主垣崇祖、宁朔将军虎贲中郎将军主尹略、屯骑校尉南城令曹虎头，舳舻二万，骆驿继迈。又遣辅国将军后军将军右军中兵参军事军主苟元宾、宁朔将军抚军中兵参军事军主郭文孝、龙骧将军抚军中兵参军事军主程隐隽，轻艓一万，截其津要。新除持节督广交越宁湘州之广兴诸军事领平越中郎将征虏将军广州刺史统马军主沌阳县开国子周盘龙、辅国将军后军统马军主张文憘、龙骧将军军主薛道渊、冠军将军游击将军并州刺史南清河太守太原公军主王敕勤、龙骧将军射声校尉王洪轨、龙骧将军冗从仆射军主成置等，铁马五千，龙骧后陈。凡此诸帅，莫不勇力动天，劲志驾日，接冲拔距，鹰瞵鹗视，顾盼则前后风生，喑呜则左右电起。以此攻城，何城不克，以此赴敌，何陈能坚。然后銮戎薄临，龙虎百万，六军齐轨，五辂舒旆，丹槛发照，素甲生波，楼烦白羽，役鞍成岳，渔阳墨骑，浴铁为群，芝艾同焚，悔将何及。

符到之日，幸加三省。其锋陈□壁之主，驱逼寇手之人，若有投命军门，一无所问。或能因罪立绩，终不尔欺，斩裾射玦，唯功是与。能斩送攸之首，封三千户县公，赐布、绢各五千匹。信如河海，皎然无贰。飞火军摄文书，千里驿行。

齐王出顿新亭，驰檄数攸之罪恶曰：

夫弯弓射天，未见能至；挥戈击地，多力安施。何则？逆顺之势定殊，祸福之验易原也。是以违乎天者，鬼神不能使其成；会乎人者，圣哲不能令其毁。故刘濞赖七国连兵之势，隗嚣恃跨阿据陇之资，毌丘俭伐其逾海越岛之功，诸葛诞矜其待士爱民之德，彼四子者，皆当世雄杰，以犯顺取祸，覆窟倾巢，为竖子笑。况乎行陈凡才，斗筲小器，而怀问鼎之志，敢构无君之逆哉。

逆贼沈攸之，出自莱亩，寂寥累世，故司空沈公从父宗荫，爱之若子，卵翼吹嘘，得升官秩。废帝昏悖，猜畏柱臣，攸之贪竞乘机，凶忍趋利，躬行反噬，请衔诛旨。又攸之与谭金、童太壹等，并受宠任，朝为牙爪，同功共体，世号三侯，当时亲昵，情过管、鲍。遭仰革运，凶党惧戮，攸之狡猾用数，图全卖祸，既杀从父，又害良朋。虽吕布贩君，郦寄卖友，方之斯人，未足为酷。此其不信不义，言诈翻覆，诸夏之所未有，夷狄之所不为也。泰始开辟，网漏吞舟，略其凶险，取其搏噬，故得阶乱获全，因祸保福。攸之空浅，躁而无谋，浓湖崩挫，本非己力；及北伐彭泗，望贼宵奔；重讨下邳，一鼓而遁；再鄙王师，又应肆法。先帝英圣，量深河海，宥其回溪之败，冀收曲峭之捷，故得推迁幸会，顿升崇显，内端戎禁，外临方牧。圣灵鼎湖，远颁顾命，托寄崇深，义感金石。而攸之知奉国讳，喜见于容，普天同哀，己以为庆。此其乐祸幸灾，大逆之罪一也。

又攸之累登蕃兵，自郢迁荆，晋熙殿下以皇弟代镇，地尊望重，攸之肆情陵侮，断割候迎，料择士马，简算器甲，精器锐士，并取自随，郢城所留，十不遗一，专擅略虏，罔顾国典。此其苞藏祸志，不恭不虔，大逆之罪二也。

又攸之践荆以来，恒用奸数，即欲发兵，宜有因假，遂乃蹙迫群蛮，骚扰山谷，扬声讨伐，尽户发上，蚁聚郭邑，伺国盛衰，从来积年，永不解甲。遂使四野百县，路无男人，耕田载租，皆驱女弱，自古酷虐，未闻有此。其侮蔑朝廷，大逆之罪三也。

去昔桂阳奇兵□起，京师内爂，宗庙阽危。攸之任居上流，兵强地广，救援颠沛，实宜悉力，国家倒悬，方思身虑，威遣弱卒三千，并皆羸老，使就郢州，禀受节度，欲令判否之日，委罪晋熙。何其平日辀张，实轻周、邵，尔时恭谨，虚重皇戚。此其伏慝藏诈，持疑两端，大逆之罪四也。

又攸之累据方州，跋扈滋甚。招诱轻狡，往者咸纳，羁绊行侣，过境必留。仕子穷困，不得归其乡，商人毕命，无由还其土。叛亡入境，辄加拥护，逋逃出界，必遣穷追。此其大逆之罪五也。

又攸之自任专恣，恃行惨酷，视吏若仇，遇民如草，峻太半之赋，暴参夷之刑。鞭捶国士，全用虏法，一人逃亡，阖宗补代，毒遍婴孩，虐加斑白，狱囚恒满，市血常流。男不得耕，女不得织，奔驰道路，号哭动天。皇朝赦令，初不遵奉，欲杀欲击，故旷荡之泽，长隔彼州。此其无君陵上，大逆之罪六也。

苍梧狂凶，衅深桀、纣，猜贰外蕃，鸮目西顾。留其长息元琰，以为交质，父子分张，弥积年稔。赖社稷灵长，独夫湍戮，攸之豫禀心灵，宜同欢幸。逐迷惑颠倒，深相嗟惜，举言哀桀，扬声吠尧。此其不辨是非，罔识善恶，违情背理，大逆之罪七也。

废昏立明，先代盛典，交、广先到，梁、秦蚤及。而攸之密迩内畿，川涂弗远，驿书至止，晏若不闻，未遣章表，奄积旬朔。防风后至，夏典所诛。此其大逆之罪八也。

升明肇历，恩深泽远，申其父子之情，矜其骨肉之恩，驰遣元琰，衔使西归，并加崇授，宠贵重叠。元琰达西，便应反命，攸之得此集聚，蒙谁之恩，不荷盛德，反生仇衅。此其大逆之罪九也。

攸之以溪壑之性，含枭鸩之肠，直置天壤，已称丑秽。况乃举兵内侮，逞肆奸回，斯实恶熟罪成之辰，决痈溃疽之日。幕府过荷朝寄，义百常愤，董司元戎，龚行天罚。今皇上圣明，将相仁厚，约法三章，轻刑缓赋，年登岁阜，家给人足，上有惠和之泽，下无乐乱之心。攸之不识天时，妄图奸逆，举无名之师，驱怨仇之党。是以朝野审其易取，含识判其成禽，熊罴厉爪，蓄攫烈之心，虎豹摩牙，起吞噬之愤，鼓怒则冰原激电，奋发则霜野奔雷。以此定乱，岂移晷刻。虽复众徒梗陆，举郡阻川，何足以抗沸海之涛，当烧山之焰。

彼土士民，罹毒日久，逃窜无路，常所悯然。今复相逼，起接锋刃，交战之日，兰艾难分。土崩倒戈，宜为蚤计，无使一人迷昧，而九族就祸也。弘宥之典，有如皎日。

攸之尽锐攻郢州，行事柳世隆随宜距应，屡摧破之。攸之与武陵王赞笺曰："江陵一总八州，地居形胜，镇抚之重，宜以上归，本欲仰移节盖，改临荆部，所以未具上闻者，欲待至止，面自咨申。不图重关击柝，觐接莫由。若使匡朝之诚，终蔽于圣察，袭远之举，近拥于郢都，则无以谢烈士之心，何用塞义夫之志，便不犯关陵汉，期一接奉。若夫斩蛟陷石之卒，裂骼卷铁之将，烟腾飙迅，容或惊动左右，苟不获已，敢不先布下情。"又曰："下官位重分陕，富兼金穴，子弟胜衣，爵命已及，亲党辨菽，抽序便加，耳倦弦歌，口厌粱肉，布衣若此，复欲何求。岂不知俛眉苟安，保养余齿，何为不计百口，甘冒危难。诚感历朝之遇,欲报之于皇室尔。昧理之徒,谓下官怀无厌之愿,既贯诚于白日,不复明心于殿下。若使天必丧道,忠节不立,政复阖门碎灭,百死无恨。但高祖王业艰难,太祖劬劳日昃,卜世不尽七百之期,宗社已成他人之有。家国之事,未审于圣心何如。"

攸之遣中兵参军公孙方平马步三千向武昌,太守臧涣弃郡投西阳太守王毓,奔于盆口,方平因据西阳。建宁太守张谟率二守千人攻之,方平破走。攸之攻郢城,久不决,众心离沮。升明二年正月十九日夜,刘攘兵烧营入降郢城,众于是离散,不可复制。将晓,攸之斩刘天赐,率大众过江,至鲁山。诸军因此散走。还向江陵,未百余里,闻城已为雍州刺史张敬兒所据,无所归,乃与第三子中书侍郎文和至华容界,为封人所斩送。

攸之初下,留元琰守江陵,张敬兒克城,元琰逃走。第五子幼和、幼和弟灵和、元琰子法先、懿子、文和子法征、幼和子法茂,并为敬兒所禽,伏诛。初,文和尚齐王女义兴宪公主,公主早薨,有二女,至是齐王迎还第内。今皇帝即位,听攸之及诸子丧还葬墓。攸之第二子懿,太子洗马,先攸之卒。攸之弟登之,新安太守,去职在家,为吴兴太守沈文秀所收斩。登之弟雍之,鄱阳太守,先攸之卒。诏以雍之孙侩照为义兴公主后。雍之与攸之异生,诸弟中最和谨,尤见亲爱。攸之性俭吝,子弟不得妄用财物,唯恣雍之所须,辄取斋中服饰,分与亲旧,以此为常。雍之弟荣之,尚书库部郎,亦先攸之卒。

攸之晚好读书,手不释卷,《史》、《汉》事多所谙忆,常叹曰:"早知穷达有命,恨不十年读书。"及攻郢城,夜遇风浪,米船沉没,仓曹参军崔灵凤女幼适柳世隆子,攸之正色谓曰:"当今军粮要急,而卿不以在意,将由与城内婚姻邪?"灵凤答曰:"乐广有言,下官岂以五男易一女。"攸之欢然意解。初,攸之招集才力之士,随郡人双泰真有干力,召不肯来。后泰真至江陵卖买,有以告攸之者,攸之因留之,补队副,厚加料理。泰真无停志,少日叛走,攸之遣二十人被甲追之,逐讨甚急,泰真杀数人,余者不敢近。欲过家将母去,事迫不获,单身走入蛮,追者既失之,录其母而去。泰真既失母,乃出自归,攸之不罪，曰："此孝子也。"赐钱一万，转补队主，其矫情任算皆如此。

初，攸之贱时，与吴郡孙超之、全景文共乘小船出京都，三人共上引埭，有一人止而相之曰："君三人皆当至方伯。"攸之曰："岂有三人俱有此相？"相者曰："骨法如此，若有不验，便是相书误耳。"其后攸之为郢、荆二州，超之广州，景文豫州刺史。

攸之初至郢州，有顺流之志。府主簿宗俨之劝攻郢城，功曹藏寅以为："攻守势异，非旬日所拔，若不时举，挫锐损威。今顺流长驱，计日可捷，既倾根本，则郢城异能自固。"攸之不从。既败，诸将帅皆奔散，惟寅曰："我委质事人，岂可苟免。我之不负公，犹公之不负朝廷也。"乃投水死。寅字士若，东莞莒人也。

先是，攸之在郢州，州从事辄与府录事鞭，攸之免从事官，而更鞭录事五十。谓人曰："州官鞭府职，诚非体要，由小人凌侮士大夫。"仓曹参军事边荣为府录事所辱，攸之自为荣鞭杀录事。攸之自江陵下，以荣为留府司马，守城。张敬兒将至，人或说之便诣敬兒降，荣曰："受沈公厚恩，共如此大事，一朝缓急，便改易本心，不能行也。"城败，见敬兒。敬兒问曰："边公何不早来？"荣曰："沈公见留守城，而委城求活，所不忍也。本不蕲生，何须见问。"敬兒曰："死何难得。"命斩之，欢笑而去，容无异色。太山程邕之者，素依随荣，至是抱持荣曰："与边公周游，不忍见边公前死，乞见杀。"兵不得行戮，以告敬兒，敬兒曰："求死甚易，何为不许。"先杀邕之，然后及荣。三军莫不垂泣，曰："奈何一日杀二义士。"比之臧洪及陈容。荣，金城人也。

废帝之殒也，攸之欲起兵，问其知星人葛珂之，珂之曰："自古起兵，皆候太白。太白见则成，伏则败。昔桂阳以太白伏时举兵，一战授首，此近世明验。今萧公废昏立明，政值太白时，此与天合也。且太白寻出东方，东方利用兵，西方不利。"故攸之止不反。及后举兵，珂之又曰："今岁星守南斗，其国不可伐。"攸之不从。

凡同逆丁珍东、孙同、裴茂仲、武、宗俨之，并伏诛。攸之表檄文疏，皆俨之词也。臧涣诣盆城自归，今皇帝命斩之。余同恶或为乱军所杀，或遇赦得原。

史臣曰：臧质虽贪虐夙树，问望多阙，奉义治流，本无吞噬之志也。徒欲以幼君弱政，期之于世祖，据有中流，嗣桓、庾之业。既主异穆、哀，臣皆代党，虽礼秩外厚，而疑防内深，功高位重，终非自安之地，至于陵天犯顺，其出于此乎。攸之伺隙西郢，年逾十载，擅命专威，无君已积。及天厌宋道，鼎运将离，不职代德之纪，独迷乐推之数，公休既覆其族，攸之亦屠厥身，夫以衅乱自终，固异代如一也。

宋书卷七五
列传第三五

王僧达　颜竣

王僧达，琅邪临沂人，太保弘少子。兄锡，质讷乏风采。太祖闻僧达蚤慧，召见于德阳殿，问其书学及家事，应对闲敏，上甚知之，妻以临川王义庆女。

少好学，善属文。年未二十，以为始兴王浚后军参军，迁太子舍人。坐属疾，于杨列桥观斗鸭，为有司所纠，原不问。性好鹰犬，与闾里少年相驰逐，又躬自屠牛。义庆闻如此，令周旋沙门慧观造而观之，僧达陈书满席，与论文义，慧观酬答不暇，深相称美。与锡不协，诉家贫，求郡，太祖欲以为秦郡，吏部郎庾炳之曰："王弘子既不宜作秦郡，僧达亦不堪莅民。"乃止。寻迁太子洗马，母忧去职。兄锡罢临海郡还，送故及奉禄百万以上，僧达一夕令奴辇取，无复所余。服阕，为宣城太守。性好游猎，而山郡无事，僧达肆意驰骋，或三五日不归，受辞讼多在猎所。民或相逢不识，问府君所在，僧达曰："近在后。"元嘉二十八年春，索虏寇逼，都邑危惧，僧达求入卫京师，见许。贼退，又除宣城太守，顷之，徙任义兴。

三十年，元凶弑立，世祖入讨，普檄诸州郡，又符郡发兵，僧达未知所从。客说之曰："方今衅逆滔天，古今未有，为君计，莫若承义师之檄，移告傍郡，使工言之士，明示祸福，苟在其心，谁不响应，此策上也。如其不能，可躬率向义之徒，详择水陆之便，致身南归，亦其次也。"僧达乃自候道南奔，逢世祖于鹊头，即命为长史，加征虏将军。初，世祖发寻阳，沈庆之谓人曰："王僧达必来赴义。"人问其所以，庆之曰："虏马饮江，王出赴难，见在先帝前，议论开张，执意明决，以此言之，其至必也。"

上即位，以为尚书右仆射。寻出为使持节、南蛮校尉，加征虏将军。时南郡王义宣求留江陵，南蛮不解，不成行。仍补护军将军。僧达自负才地，谓当时莫及。上初践阼，即居端右，一二年间，便望宰相。及为护军，不得志，乃启求徐州，曰：

臣衰索余生，逢辰藉业，先帝追念功臣，眷及遗贱，饰短捐陋，布策稠采，从官委褐，十有一载。早凭庆泰，脱亲盛明，而有志于学，无独见之敏，有务在身，无偏鉴之识，固不足建言世治，备辨时宜。窃以天恩不可终报，尸素难可久处，故猖狂芜谬，每陈所怀。

陛下孝诚发衷，义顺动物，自龙飞以来，实应九服同欢，三光再朗。而臣假视巷里，借听民谣，黎氓□□，未缔其感，远近风议，不获稍进，臣所用夙宵疾首，寤寐疚心者也。臣取之前载，譬之于今。当汉文之时，可谓藉已成之业，据既安之运，重以布衣菲食，忧勤治道，而贾谊披露乃诚，犹有叹哭之谏，况今承颠沛，万机惟始，恩未及普，信未遑周。臣又闻前达有言，天下，重器也，一安不可卒危，一危亦不可卒安。陛下神思渊通，亦当鉴之圣虑。

窃谓今之务，惟在万有为已，家国同忧，允彼庶心，从民之欲。民有咨瘼之声，君表纳隍之志。下有愆弊之苦，上无侈豫之情。又应官酌其才，爵畴其望，与失不赏，宁失不刑。至若枢任重司，藩捍要镇，治乱攸寄，动静所归，百度惟新，或可因而弗革，事在适宜，无或定其出处。天下多才，在所用之。

臣非惟寄观世路，谬识其难，即之于身，详见其弊。何者？臣虽得免墙面，书不入于学伍，行无愆戾，自无近于才能，直以阴托门世，夙列荣齿。且近虽奔进江路，归命南阙，竟何功效，可以书赏。而频出内宠，陛下绸缪数旬之中，累发明诏。自非才略有素，声实相任，岂可闻而弗惊，履而无惧。固宜退省身分，识恩之厚，不知报答，当在何期。夫见危致命，死而后已，皆殷勤前诰，重其忘生。臣感先圣格言，思在必效之地，使生获其志，死得其所。如使臣享厚禄，居重荣，衣狐坐熊，而无事于世者，固所不能安也。今四夷犹警，国未忘战，辮发凶诡，尤宜裁防。间者天兵未获，已肆其轻汉之心，恐戎狄贪惏，犹怀匪逊。脱以神州暂扰，中夏兵饥，容或游魂塞内，重窥边垒。且高秋在节，胡马兴威，宜图其易，蚤为之所。臣每一日三省，志在报效，远近小大，顾其所安，受效偏方，得司者则虑之所办，情有不疑。若首统军政，董勒天兵，既才所不周，实诚亦非愿。陛下矜谅已厚，愿复曲体此心。护军之任，臣不敢处，彭城军府，即时过立。且臣本在驱驰，非希崇显，轻智小号，足以自安。愿垂鉴恕，特赐申奖，则内外荣荷，存没铭分。

上不许。僧达三启固陈，上甚不说，以为征虏将军、吴郡太守，期岁五迁，僧达弥不得意。

吴郭西台寺多富沙门，僧达求须不称意，乃遣主簿顾旷率门义劫寺内沙门竺法瑶，得数百万。荆、江反叛，加僧达置佐领兵，台符听置千人，而辄立三十队，队八十人。又立宅于吴，多役公力。坐免官。初，僧达为太子洗马，在东宫，爱念军人朱灵宝，及出为宣城，灵宝已长，僧达作列死亡，寄宣城左永之籍，注以为己子，改名元序，启太祖，以为武陵国典卫令，又以补竟陵国典书令，建平国中将军。孝建元年春，事发，又加禁锢。上表陈谢云："不能因依左右，倾意权贵。"上愈怒。僧达族子确年少，美姿容，僧达与之私款。确叔父休为永嘉太守，当将确之郡，僧达欲逼留之，确知其意，避不复往。僧达大怒，潜于所住屋后作大坑，欲诱确来别，因杀而埋之。从弟僧虔知其谋，禁呵乃止。御史中丞刘瑀奏请收治，上不许。

孝建三年，除太常，意尤不悦。顷之，上表解职，曰：

臣自审庸短，少阙宦情，兼宿抱重疾，年月稍甚，生平素念，愿闲衡庐。先朝追远之恩，早见荣齿。曩者以亲贫须养，僶俛从禄,解褐后府,十有余旬。俄迁舍人,殆不朝直。实无缘坐阅宸宠,尸爵家庭,情计二三,屡经闻启,终获允亮,赐反初服。还私未用,又擢为洗马,意旨优隆,其令且拜,许有郡缺,当务处置。会琅邪迁改,即蒙敕往反神翰,慈诱殷勤,令装成即自随。灵宝往年沦覆长溪,因彼散失,仰感沉恩,俯铭浮宠。臣衅积祸升,仍丁艰罚,聊及视息,即蒙逮问,具启以奉营情事,负举猥多。赐莅宣城,极其穷蹶。仲春移任,方冬便值虏南侵。臣忝同肺腑,情为义动,苦求还都,侍卫辇毂。至止之日,戎旗已搴。在郡虽浅,而贫得分了,方拂农衣,还事耕牧,宣城民庶,诣阙见请。尔时敕亡从兄僧绰宣见留之旨。暗疾寡任,野心素积,仍附启苦乞且旋任。还务未期,亡兄臣锡奄见弃背,启解奔赴,赐带郡还都,曾未淹积,复除义兴。臣自天飞海泳,岂假鳞翼,徒思横施,与日而深。自处官以来,未尝有涓豪之积,羸疾暗疢,又无人一诺。而性狎林水,偏爱禽鱼,议其所托,动乖治要。故收崖敛分,无忘俄顷,实由有待难供,上装未立,东郡奉轻,西郏禄重。具陈薪恳,备执初愿,置乞江、湘远郡,一二年中,庶反耕之日,粮药有寄。即蒙亮许,当赐矜擢。

遭逢厄运,天也崩离,世蒙圣朝门情之顾,及在臣身,复荷殊识,义虽君臣,恩犹父子。臣诚庸蔽,心过草木,奉讳之日,不觉捐身。单躯弱嗣,千里共气,继罹凶涂,动临危尽,生微朝露,不察如丝,信顺所扶,得获全济,再见天地,重睹三光。于时兄子僧亮等幽窘丑逆,尽室狱户,山川崄岨,吉凶路塞,悠远之思,谁能勿劳。尝胆濡足,是其公愿,分心挂腹,实亦私苦。

幸属圣武,克复大业,宇宙廓清,四表靖晏。臣父子叔侄,同获泰辰,造情追寻,归骨之本,欲以死明心,误有余辰。情愿已展,避逆向顺,终古常节,智力无效,有何勋庸,而频烦恩荣,动逾分次。但忽病之日,不敢固辞,故吞诉于鹊渚,饮愧于新亭。及元凶既殄,人神获乂,端右之授,即具陈请。天慈优渥,每越常伦,南蛮、护军,旬月私授。臣三省非分,必致孤负,居常轻任，尚惧网墨，况参要内职，承宠外畿，其取覆折，不假识见。故披诚启诉，表疏相属，或乞轻高就单，或愿以闲易要，言誓致苦，播于辞牍，诚知固陋，当触明科。去岁往年，累犯刑禁，理无申可，罪有恒典，虚秽朝序，惭累家业，臣甘其终，物议其尽。陛下弃其身瑕，矜其贵膝，迂略法宪，曲相全养。臣一至之感，口此何忘。利伊恩升，加以今位，当时震惊，收足失所，本忘闲情，不敢闻命。内虑于已，外访于亲，以为天地之仁，施不期报，再造之恩，不可妄属。故洗拂灰壤，登沐膏露，上处圣泽，下更生辰，合芳离蜕，遐迩改观。但偷荣托幸，忽移此岁，自见妨长，转不可宁，宜其沉放，志事俱尽。

伏愿陛下承太始之德，加成物之恩，及臣狂蔽未至，得于荣次自引，圣朝厚终始之惠，孤臣保不泯之泽。夫让功为高，臣无功而让；专素为美，臣荣采已积。以是求退，诚亦可愍。又妻子为居，更无余累，婢仆十余，粗有田入，岁时是课，足继朝昏。兼比日眩瞀更甚，风虚渐剧，凑理合闭，荣卫惛底，心气忡弱，神志衰散，念此根疵，不支岁月。公私诚愿，宜蒙谅许，乞徇余辰，以终琐运。白水皎日，不足为譬，愿垂矜鉴，哀申此请。

僧达文旨抑扬，诏付门下。侍中何偃以其词不逊，启付南台，又坐免官。

顷之，除江夏王义恭太傅长史、临淮太守，又徙太宰长史，太守如故。大明元年，迁左卫将军，领太子中庶子。以归顺功，封宁陵县五等侯。二年，迁中书令。

先是，南彭城蕃县民高阇、沙门释昙摽、道方等共相诳惑，自言有鬼神龙凤之瑞，常闻箫鼓音，与秣陵民蓝宏期等谋为乱。又要结殿中将军苗允、员外散骑侍郎严欣之、司空参军阚千纂、太宰府将程农、王恬等，谋克二年八月一日夜，起兵攻宫门，晨掩太宰江夏王义恭，分兵袭杀诸大臣，以阇为天子。事发觉，凡党与死者数十人。僧达屡经狂逆，上以其终无悛心，因高阇事陷之，下诏曰："王僧达余庆所钟，早登荣观，轻险无行，暴于世谈。值国道中艰，尽室愿效，甄其薄诚，贳其鸿慝，爵遍外内，身穷荣宠。曾无在泮，食椹怀音，乃协规西楚，志扰东区，公行剽掠，显夺凶党，倚结群恶，诬乱视听。朕每容隐，思加荡雪，曾无犬马感恩之志，而炎火成燎原之势，涓流兆江河之形，遂唇齿高阇，契规苏宝，搜详妖图，觇察象纬。逮贼长临枭，余党就鞫，咸布辞狱牒，宣言虚市，犹欲隐忍，法为情屈。小丑纷纭，人扇方甚，矫构风尘，志希非觊，固已达诸公卿，彰于朝野。朕焉得轻宗社之重，行匹夫之仁。殛山诛邪，圣典所同，戮讽翦律，汉法攸尚。便可收付廷尉，肃正刑书。故太保华容文昭公弘契阔历朝，绸缪眷遇，岂容忘兹勋德，忽其世祀，门爵国姻，一不贬绝。”于狱赐死。时年三十六。

子道琰，徙新安郡。前废帝即位，得还京邑。后废帝元徽中，为庐陵国内史，未至郡，卒。

苏宝者，名宝生，本寒门，有文义之美。元嘉中，立国子学，为《毛诗》助教，为太祖所知，官至南台侍御史，江宁令。坐知高阇反不即启闻，与阇共伏诛。

颜竣字士逊，琅邪临沂人，光禄大夫延之子也。太祖问延之：“卿诸子谁有卿风？”对曰：“竣得臣笔，测得臣文，臭得臣义，跃得臣酒。”

竣初为太学博士，太子舍人，出为世祖抚军主簿，甚被爱遇，竣亦尽心补益。元嘉中，上不欲诸王各立朋党，将召竣补尚书郎，吏部尚书江湛以为竣在府有称，不宜回改，上乃止。遂随府转安北、镇军、北中郎府主簿。二十八年，虏自彭城北归，复求互市，竣议曰：“愚以为与虏和亲无益，已然之明效。何以言其然？夷狄之欲侵暴，正苦力之不足耳。未尝拘制信义，用辍其谋。昔年江上之役，乃是和亲之所招。历稔交聘，遂求国婚，朝廷羁縻之义，依违不绝，既积岁月，渐不可诬，兽心无厌，重以忿怒，故至于深入。幸今因兵交之后，华、戎隔判，若言互市，则复开曩敝之萌。议者不过言互市之利在得马，今弃此所重，得彼下驷，千匹以上，尚不足言，况所得之数，裁不十百邪！一相交关，卒难闭绝。寇负力玩胜，骄黠已甚，虽云互市，实觇国情，多赡其求，则桀傲罔已，通而为节，则必生边虞。不如塞其端渐，杜其觖望，内修德化，外经边事，保境以观其衅，于事为长。”

初，沙门释僧舍粗有学义，谓竣曰：“贫道粗见谶记，当有真人应符，名称次第，属在殿下。”竣在彭城尝向亲人叙之，言遂宣布，闻于太祖。时元凶巫蛊事已发，故上不加推治。世祖镇寻阳，迁南中郎记室参军。三十年春，以父延之致仕，固求解职，不许。赐假未发，而太祖崩问至，世祖举兵入讨。转咨议参军，领录事，任总外内，并造檄书。世祖发寻阳，便有疾，领录事自沈庆之以下，并不堪相见，唯竣出入卧内，断决军机。时世祖屡经危笃，不任咨禀，凡厥众事，竣皆专断施行。世祖践阼，以为侍中，俄迁左卫将军，加散骑常侍，辞常侍，见许。封建城县侯，食邑二千户。

孝建元年，转吏部尚书，领骁骑将军。留心选举，自强不息，任遇既隆，奏无不可。其后谢庄代竣领选，意多不行。竣容貌严毅，庄风姿甚美，宾客喧诉，常欢笑答之。时人为之语曰：“颜竣嗔而与人官，谢庄笑而不与人官。”

南郡王义宣、臧质等反，以竣兼领军。义宣、质诸子藏匿建康、秣陵、湖熟、江宁县界，世祖大怒，免丹阳尹褚湛之官，收四县官长，以竣为丹阳尹，加散骑常侍。先是，竣未有子，而大司马江夏王义恭诸子为元凶所杀，至是并各产男，上自为制名，名义恭子为伯禽，以比鲁公伯禽，周公旦之子也；名竣子为辟强，以比汉侍中张良之子。

先是，元嘉中，铸四铢钱，轮郭形制，与五铢同，用费损，无利，故百姓不盗铸。及世祖即位，又铸孝建四铢。三年，尚书右丞徐爰议曰：“贵货利民，载自五政，开铸流圜，法成九府，民富国实，教立化光。及时移俗易，则通变适用，是以周、汉俶迁，随世轻重。降及后代，财丰用足，因条前宝，无复改创。年历既远，丧乱屡经，堙焚剪毁，日月销减，货薄民贫，公私俱困，不有革造，将至大乏。谓应或遵古典，收铜缮铸，纳赎刊刑，著在往策，今宜以铜铸刑，随罚为品。”

诏可。铸钱形式薄小，轮郭不成，于是民间盗铸者云起，杂以铅、锡，并不牢固。又剪凿古钱，以取其铜，钱转薄小，稍违官式。虽重制严刑，民吏官长坐死免者相系，而盗铸弥甚，百物踊贵，民人患苦之。乃立品格，薄小无轮郭者，悉加禁断。

始兴郡公沈庆之立议曰："昔秦币过重，高祖是患，普令民铸，改造榆荚，而货轻物重，又复乖时。太宗放铸，贾谊致讥，诚以采山术存，铜多利重，耕战之器，曩时所用，四民竞造，为害或多。而孝文弗纳，民铸遂行，故能朽贯盈府，天下殷富。况今耕战不用，采铸废久，熔冶所资，多因成器，功艰利薄，绝吴、邓之资，农民不习，无释耒之患。方今中兴开运，圣化惟新，虽复偃甲销戈，而仓库未实，公私所乏，唯钱而已。愚谓宜听民铸钱，郡县开置钱署，乐铸之家，皆居署内，平其杂式，去其杂伪，官敛轮郭，藏之以为永宝。去春所禁新品，一时施用，今铸悉依此格。万税三千，严检盗铸，并禁剪凿。数年之间，公私丰赡，铜尽事息，奸伪自止。且禁铸则转铜成器，开铸则器化为财，剪华利用，于事为益。"

上下其事公卿，太宰江夏王义恭议曰："伏见沈庆之议，'听民私铸，乐铸之室，皆入署居。平其准式，去其杂伪。'愚谓百姓不乐与官相关，由来甚久，又多是人士，盖不愿入署。凡盗铸为利，利在伪杂，伪杂既禁，乐入必寡。云'敛取轮郭，藏为永宝'。愚谓上之所贵，下必从之，百姓闻官敛轮郭，轮郭之价百倍，大小对易，谁肯为之。疆制使换，则状似逼夺。又'去春所禁新品，一时施用'。愚谓此条在可开许。又云'今铸宜依此格，万税三千'。又云'严检盗铸，不得更造'。愚谓禁制之设，非惟一旦，昧利犯宪，群庶常情，不患制轻，患在冒犯。今入署必万输三千，私铸无十三之税，逐利犯禁，居然不断。又云'铜尽事息，奸伪自禁'。愚谓赤县内铜，非可卒尽，比及铜尽，奸伪已积。又云'禁铸则铜转成器，开铸则器化为财'。然顷所患，患于形式不均，加以剪凿，□铅锡众玕耳越若止于盗铸铜者，亦无须苦禁。"

竣议曰："泉货利用，近古所同，轻重之议，定于汉世，魏、晋以降，未之能改。诚以物货既均，改之伪生故也。世代渐久，弊运顿至，因革之道，宜有其术。今云开署放铸，诚所欣同。但虑采山事绝，器用日耗，铜既转少，器亦弥贵。设器直一千，则铸之减半，为之无利，虽令不行。又云‘去春所禁，一时施用’。是欲使天下丰财。若细物必行，而不从公铸，利已既深，情伪无极，私铸剪凿，书不可禁，五铢半两之属，不盈一年，必至于尽。财货未赡，大钱已竭，数岁之间，悉为尘土，岂可令取弊之道，基于皇代。今百姓之货，虽为转少，而市井之民，未有嗟怨。此新禁初行，品式未一，须臾自止，不足以垂圣虑。唯府藏空匮，实为重忧。今纵行细钱，官无益赋之理，百姓虽赡，无解官乏。唯简费去华，设在节俭，求赡之道，莫此为贵。然钱有定限，而消失无方，剪铸虽息，终致穷尽者，亡应官开取铜之署，绝器用之涂，定其品式，日月渐铸，岁久之后，不为世益耳。”

时议者又以铜转难得，欲铸二铢钱。竣又议曰：“议者将为官藏空虚，宜更改铸，天下铜少，宜减钱式，以救交弊，赈国纾民。愚以为不然。今铸二铢，恣行新细，于官无解于乏，而人奸巧大兴，天下之货，将靡碎至尽。空立严禁，而利深难绝，不过一二年间，其弊不可复救。其甚不可一也。今熔铸有顿得一二亿理，纵复得此，必待弥年。岁暮税登，财弊暂革，日用之费，不赡数月，虽权征助，何解乏邪，徒使奸民意骋，而贻厥愆谋。此又甚不可二也。民惩大钱之改，兼畏近日新禁，市井之间，必生喧扰，远利未闻，切患猥及，富商得志，贫民困窘。此又甚不可三也。若使交益深重，尚不可行，况又未见其利，而众弊如此，失算当时，以诮百代乎。”

前废帝即位，铸二铢钱，形式转细，官钱每出，民间即模效之，而大小厚薄，皆不及也。无轮郭，不磨鑢，如今之剪凿者，谓之耒子。景和元年，沈庆之启通私铸，由是钱货乱败，一千钱长不盈三寸，大小称此，谓之鹅眼钱。劣于此者，谓之綖环钱。入水不沉，随手破碎，市井不复料数，十万钱不盈一掬，斗米一万，商货不行。太宗初，唯禁鹅眼、綖环，其余皆通用。复禁民铸，官署亦废工，寻复并断，唯用古钱。

竣自散骑常侍、丹阳尹，加中书令，丹阳尹如故。表让中书令曰："虚窃国灵，坐招禁要，闻命惭惶，形魂震越。臣东州凡鄙，生微于时，长自闾阎，不窥官辙，门无富贵，志绝华伍。直以委身垄亩，饥寒交切，先朝陶均庶品，不遗愚贱，得免耕税之勤，厕仕进之末。陛下盛德居蕃，总揽英异，越以不才，超尘清轨，奉躬历稔，劳效莫书，仰恃曲成之仁，毕愿守宰之秩。岂期天地中阕，殷忧启圣，倚附兴运，擢景神涂，云飞海泳，冠绝伦等，曾未三期，殊命八萃。详料赏典，则臣不应科；瞻言勤良，则臣与侔贵。方欲诉款皇朝，降阶盛序，微已国言，少御身谤，而制书猥下，爵树弥隆。臣小人也，不及远谋，宠利之来，何能居约，徒以上渎天明，下汩彝议，灾谪之兴，惧必在迩。今之过授，以先微身，苟曰非据，危辱将及，十手所指，谕等膏肓，所以寤寐兢遽，维萦苦疾者也。伏愿陛下察其丹诚，矜其疾愿，绝会收恩，以全愚分，则造化之施，方兹为薄。"见许。时岁旱民饥，竣上言禁饧一月，息米近万斛。复代谢庄为吏部尚书，领太子左卫率，未拜，丁忧。起为右将军，丹杨尹如故。

竣藉蕃朝之旧，极陈得失。上自即吉之后，多所兴造，竣谏争恳切，无所回避，上意甚不说，多不见从。竣自谓才足干时，恩旧莫比，当赞务居中，永执朝政，而所陈多不被纳，疑上欲疏之，乃求外出，以占时旨。大明元年，以为东扬州刺史，将军如故。所求既许，便忧惧无计。至州，又丁母艰，不许去职，听送丧还都，恩待犹厚，竣弥不自安。每对亲故，颇怀怨愤，又言朝事违谬，人主得失。及王僧达被诛，谓为竣所谗构，临死陈竣前后忿怼，每恨言不见从。僧达所言，颇有相符据。上乃使御史中丞庾徽之奏之曰：

> 臣闻人臣之奉主，毁家光国，竭情无私，若乃无礼陵人，怙富卑上，是以王叔作戒，子晰为戮。未有背本塞原，好利忘义，而得自容盛世，溷乱清流者也。右将军、东扬州刺史建城县开国侯颜竣，因附风云，谬蒙翼长，天地更造，拔以非次。圣朝亲揽，万务一归，而规觇国柄，潜图秉执。受任选曹，驱扇滋甚，出尹京辇，形势弥放。传诏犯宪，旧须启闻，而竣以通诉忤己，辄

加鞭辱，罔顾威灵，莫此为甚。严诏屡发，当官责效，竣权恣不行，怨怼弥起，怀挟奸数，苞藏阴慝。预闻中旨，罔不宣露，罚则委上，恩必归己，荷遇之门，即加谤辱，受谴之室，曲相哀抚。翻戾朝纪，狡惑视听，胁惧上宰，激动闾阎。未上虑闻，内怀猜惧，伪请东牧，以卜天旨。既获出蕃，怨詈方肆，反唇腹诽，方之已轻。且时有启奏，必协奸私，宣示亲朋，动作群小。前冬母亡，诏赐还葬，事毕不去，盘桓经时，方构间勋贵，造立同异。又表示危惧，深营身观，曲访大臣，虑不全立，逐以己被斥外，国道将颠，衅积怀抱，恶穷辞色。兼行阙于家，早负世议，逮身居崇宠，奉兼万金，荣以夸亲，禄不充养。宿憾母弟，恃贵辄戮，天伦怨毒，亲交震骇。凡所莅任，皆阙政刑，辄开丹杨库物，贷借吏下。多假资礼，解为门生，充朝满野，殆将千计。骄放自下，妨公害私，取监解见钱，以供帐下。宾旅酣歌，不异平月，街谈道说，非复风声。

竣代都文吏，特荷天私，弃瑕录用，豫参要重。劳无汗马，赏班河、山，出内宠灵，逾越伦伍。山川之性，日月弥滋，溪壑之心，在盈弥爹，虎寇狼贪，未足为譬。今皇明开耀，品物咸亨，伤俗点化，实唯害焉，宜加显□□□盛化。请以见事，免竣所居官，下太常削爵土，须事御收付廷尉法狱罪。

上未欲便加大戮，且止免官。竣频启谢罪，并乞性命。上愈怒，诏答曰："宪司所奏，非宿昔所以相期。卿受荣遇，故当极此，讪讦怨愤，已孤本望，乃复过烦思虑，惧不自全，岂为下事上诚节之至邪！"及竟陵王诞为逆，因此陷之，召御史中丞庾徽之于前为奏，奏成，诏曰："竣孤负恩养，乃可至此。于狱赐死，妻息宥之以远。"子辟强徙送交州，又于道杀之。竣文集行于世。

史臣曰：世祖弱岁临蕃，涵道未广，披胸解带，义止宾僚。及运钟倾陂，身危虑切，擢胆抽肝，犹患言未尽也。至于冯玉负扆，威行万物，欲有必从，事无暂失。既而忧欢异日，甘苦变心，主挟今情，臣追昔款，宋昌之报，上赏已行，同舟之虑，下望愈结，嫌怨既前，诛责自起。竣之取衅于世，盖由此乎。为人臣者，若能事主而捐其私，立功而忘其报，虽求颠陷，不可得也。

宋书卷七六
列传第三六

朱脩之　宗悫　王玄谟

朱脩之字恭祖，义兴平氏人也。曾祖焘，晋平西将军。祖序，豫州刺史。父谌，益州刺史。

脩之自州主簿迁司徒从事中郎，文帝谓曰："卿曾祖昔为王导丞相中郎，卿今又为王弘中郎，可谓不忝尔祖矣。"后随到彦之北伐。彦之自河南回，留脩之戍滑台，为虏所围，数月粮尽，将士熏鼠食之，遂陷于虏。初，脩之母闻其被围既久，常忧之，忽一旦乳汁惊出，母号泣告家人曰："吾今已老，忽复有乳汁，斯不祥矣。吾儿其不利乎。"后问至，脩之果以此日陷没。

托跋焘嘉其守节，以为侍中，妻以宗室女。脩之潜谋南归，妻疑之，每流涕问其意，脩之郑嘉其义，竟不告也。后鲜卑冯弘称燕王，治黄龙城，托跋焘伐之，脩之与同没人邢怀明并从。又有徐卓者，复欲率南人窃发，事泄，被诛。脩之、怀明惧奔冯弘，弘不礼。留一年，会宋使传诏至，脩之名位素显，传诏见即拜之，彼国敬传诏，谓为"天子边人"，见其致敬于脩之，乃始加礼。时魏屡伐弘，或说弘遣脩之归求救，遂遣之。泛海至东莱，遇猛风舵折，垂以长索，船乃复正。海师望见飞鸟，知其近岸，须臾至东莱。

元嘉九年，至京邑，以为黄门侍郎，累迁江夏内史。雍州刺史刘道产卒，群蛮大动，脩之为征西司马，讨蛮，失利。孝武初，为宁蛮校尉、雍州刺史，加都督。脩之在政宽简，士众悦附。及荆州刺史南郡王义宣反，檄脩之举兵，脩之伪与之同，而遣使陈诚于帝。帝嘉之，以为荆州刺史，加都督。义宣闻脩之不与己同，乃以鲁秀为雍州刺史，击襄阳。脩之命断马鞍山道，秀不得前，乃退。及义宣败于梁山，单舟南走，脩之率众南定遗寇。时竺超民执义宣，脩之至，乃杀之，以功封南昌县侯。

脩之治身清约，凡所赠贶，一无所受，有饷，或受之，而旋与佐吏賭之，终不入己，唯以抚纳群蛮为务。征为左民尚书，转领军将军。去镇，秋毫不犯，计在州然油及牛马谷草，以私钱十六万偿之。然性俭克少恩情，姊在乡里，饥寒水产，脩之未尝供赡。尝往视姊，姊欲激之，为设菜羹粗饭，脩之曰："此乃贫家好食。"致饱而去。先是，新野庾彦达为益州刺史，携姊之镇，分禄秩之半以供赡之，西土称焉。

脩之后坠车折脚，辞尚书，领崇宪太仆，仍加特进、金紫光禄大夫。以脚疾不堪独行，特给扶侍。卒，赠侍中，特进如故。谥贞侯。

宗悫字元干，南阳人也。叔父炳，高尚不仕。悫年少时，炳问其志，悫曰："愿乘长风破万里浪。"炳曰："汝不富贵，既破我家矣。"兄泌娶妻，始入门，夜被劫，悫年十四，挺身拒贼，贼十余人皆披散，不得入室。时天下无事，士人并以文义为业，炳素高节，诸子群从皆好学，而悫独任气好武，故不为乡曲所称。江夏王义恭为征北将军、南兖州刺史，悫随镇广陵。时从兄绮为征北府主簿。绮尝入直，而给吏牛泰与绮妾私通，悫杀泰，绮壮其意，不责也。

元嘉二十二年，伐林邑，悫自奋请行。义恭举悫有胆勇，乃除振武将军，为安西参军萧景宪军副，随交州刺史檀和之围区粟城。林邑遣将范毗沙达来救区粟，和之遣偏军拒之，为贼所败。又遣悫，悫乃分军为数道，偃旗潜进，讨破之，拔区粟，入象浦。林邑王范阳迈倾国来拒，以具装被象，前后无际，士卒不能当。悫曰："吾闻师子威服百兽。"乃制其形，与象相御，象果惊奔，众因溃散，遂克林邑。收其异宝杂物不可胜计，悫一无所取，衣栉萧然，文帝甚嘉之。

后为随郡太守。雍州蛮屡为寇，建威将军沈庆之率悫及柳元景等诸将，分道攻之，群蛮大溃。又南新郡蛮帅田彦生率部曲反叛，焚烧郡城，屯据白杨山，元景攻之未能下，悫率其所领先登，众军随之，群蛮由是畏服。

三十年，孝武伐元凶，以悫为南中郎谘议参军，领中兵。孝武即位，以为左卫将军，封洮阳侯，功次柳元景。孝建中，累迁豫州刺史，监五州诸军事。先是，乡人庾业，家甚富豪，方丈之膳，以待宾客，而悫至，设以菜菹粟饭，谓客曰："宗军人，惯啖粗食。"悫致饱而去。至是业为悫长史，带梁郡，悫待之甚厚，不以前事为嫌。

大明三年，竟陵王诞据广陵反，悫表求赴讨，乘驿诣都，面受节度，上停舆慰勉，悫耸跃数十，左右顾眄，上壮之。及行，隶车骑大将军沈庆之。初，诞诳其众云："宗悫助我。"及悫至，跃马绕城呼曰："我宗悫也。"事平，入为左卫将军。五年，从猎堕马，脚折不堪朝直，以为光禄大夫，加金紫。悫有佳牛堪进御，官买不肯卖，坐免官。明年，复职。废帝即位，为宁蛮校尉、雍州刺史，加都督。卒，赠征西将军，谥曰肃侯。太始二年，诏以悫配食孝武庙。子罗云，卒，子元宝嗣。

王玄谟字彦德，太原祁人也。六世祖宏，河东太守，绵竹侯，以从叔司徒允之难，弃官北居新兴，仍为新兴、雁门太守，其自叙云尔。祖牢，仕慕容氏为上谷太守，陷慕容德，居青州。父秀，早卒。

玄谟幼而不群，世父蕤有知人鉴，常笑曰："此儿气概高亮，有太尉彦云之风。"武帝临徐州，辟为从事史，与语异之。少帝末，谢晦为荆州，请为南蛮行将军、武昌太守。晦败，以非大帅见原。

元嘉中，补长沙王义欣镇军中兵将军，领汝阴太守。时虏攻陷滑台，执朱脩之以归。玄谟上疏曰："王途始开，随复沦塞，非惟天时，抑亦人事。虎牢、滑台，岂惟将之不良，抑亦本之不固。本之不固，皆由民惮远役。臣请以西阳之鲁阳、襄阳之南乡，发甲卒，分为两道，直趣淆、渑，征士无远徭之思，吏士有屡休之歌。若欲以东国之众，经营牢、洛，道途既远，独克实难。”玄谟每陈北侵之策，上谓殷景仁曰：“闻王玄谟陈说，使人有封狼居意。”后为兴安侯义宾辅国司马、彭城太守。义宾薨，玄谟上表，以彭城要兼水陆，请以皇子抚临州事，乃以孝武出镇。

及大举北征，以玄谟为宁朔将军，前锋入河，受辅国将军萧斌节度。玄谟向碻磝，戍主奔走，遂围滑台，积旬不克。虏主托跋焘率大众号百万，鞞鼓之声，震动天地。玄谟军众亦盛，器械甚精，而玄谟专依所见，多行杀戮。初围城，城内多茅屋，众求以火箭烧之，玄谟恐损亡军实，不从。城中即撤坏之，空地以为窟室。及魏救将至，众请发车为营，又不从，将士多离怨。又营货利，一匹布责人八百梨，以此倍失人心。及托跋焘军至，乃奔退，麾下散亡略尽。萧斌将斩之，沈庆之固谏曰：“佛狸威震天下，控弦百万，岂玄谟所能当。且杀战将以自弱，非良计也。”斌乃止。初，玄谟始将见杀，梦人告曰：“诵《观音经》千遍，则免。”既觉，诵之得千遍，明日将刑，诵之不辍，忽传呼停刑。遣代守碻磝。江夏王义恭为征讨都督，以为磝碻不可守，召令还，为魏军所追，大破之，流矢中臂。二十八年正月，还至历城，义恭与玄谟书曰：“闻因败为成，臂上金疮，得非金印之征也。”

元凶弑立，玄谟为益州刺史。孝武伐逆，玄谟遣济南太守垣护之将兵赴义。事平，除徐州刺史，加都督。及南郡王义宣与江州刺史臧质反，朝廷假玄谟辅国将军，拜豫州刺史，与柳元景南讨。军屯梁山，夹岸筑偃月垒，水陆待之。义宣遣刘谌之就臧质，陈军城南，玄谟留老弱守城，悉精兵接战，贼遂大溃。加都督、前将军，封曲江县侯。中军司马刘冲之白孝武，言：“玄谟在梁山，与义宣通谋。”上意不能明，使有司奏玄谟多取宝货，虚张战簿，与徐州刺史垣护之并免官。

寻复为豫州刺史。淮上亡命司马黑石推立夏侯方进为主，改姓李，名弘，以惑众。玄谟讨斩之。迁宁蛮校尉、雍州刺史，加都督。雍土多侨寓，玄谟请土断流民，当时百姓不愿属籍，罢之。其年，玄谟又令九品以上租，使贫富相通，境内莫不嗟怨，民间讹言玄谟欲反。

时柳元景当权，元景弟僧景为新城太守，以元景之势，制令南阳、顺阳、上庸、新城诸郡，并发兵讨玄谟。玄谟令内外晏然，以解众惑，驰启孝武，具陈本末。帝知其虚，驰遣主书吴喜公抚慰之，又答曰："梁山风尘，初不介意，君臣之际，过足相保，聊复为笑，伸卿眉头。"玄谟性严，未尝妄笑，时人言玄谟眉头未曾伸，故帝以此戏之。后为金紫光禄大夫，领太常。及建明堂，以本官领起部尚书，又领北选。

孝武狎侮群臣，随其状貌，各有比类，多须者谓之羊。颜师伯缺齿，号之曰齴。刘秀之俭吝，呼为老悭。黄门侍郎宗灵秀体肥，拜起不便，每至集会，多所赐与，欲其瞻谢倾踣，以为欢笑。又刻木作灵秀父光禄勋叔献像，送其家厅事。柳元景、垣护之并北人，而玄谟独受"老伧"之目。凡所称谓，四方书疏亦如之。尝为玄谟作四时诗曰："堇荼供春膳，粟浆充夏餐。爮酱调秋菜，白醝解冬寒。"又宠一昆仑奴子，名曰主，常在左右，令以杖击群臣，自柳元景以下，皆罹其毒。

玄谟寻迁平北将军、徐州刺史，加都督。时北土饥馑，乃散私谷十万斛、牛千头以振之。转领军将军。

孝武崩，与柳元景等俱受顾命，以外监事委玄谟。时朝政多门，玄谟以严直不容，徙青、冀二州刺史，加都督。少帝既诛颜师伯、柳元景等，狂悖益甚，以领军征玄谟。子侄咸劝称疾，玄谟曰："吾受先帝厚恩，岂可畏祸苟免。"遂行。及至，屡表谏净，又流涕请缓刑去杀，以安元元。少帝大怒。

明帝即位，礼遇甚优。时四方反叛，以玄谟为大统，领水军南讨，以脚疾，听乘舆出入。寻除大将军、江州刺史，副司徒建安王于赭圻，赐以诸葛亮筒袖铠。顷之，为左光禄大夫、开府仪同三司，领护军。迁南豫州刺史，加都督。玄谟性严克少恩，而将军宗越御下更苛酷，军士谓之语曰："宁作五年徒，不逢王玄谟。玄谟犹自可，宗越更杀我。"年八十一，薨，谥曰庄公。子深，早卒，子缋嗣。

史臣曰：脩之、宗悫，皆以将帅之材，怀廉洁之操，有足称焉。玄谟虽苛克少恩，然观其大节，亦足为美。当少帝失道，多所杀戮，而能冒履不测,倾心辅弼,斯可谓忘身徇国者欤。

宋书卷七七
列传第三七

柳元景　颜师伯　沈庆之

柳元景字孝仁，河东解人也。曾祖卓，自本郡迁于襄阳，官至汝南太守。祖恬，西河太守。父凭，冯翊太守。

元景少便弓马，数随父伐蛮，以勇称，寡言有器质。荆州刺史谢晦闻其名，要之，未及往而晦败。雍州刺史刘道产深爱其能，元景时居父忧，未得加命。会荆州刺史江夏王义恭召之，道产谓曰："久见屈，今贵王有召，难辄相留，乖意以为惘惘。"服阕，补江夏王国中军将军，迁殿中将军。复为义恭司空行参军，随府转司徒、太尉城局参军。太祖见，又嘉之。

先是，刘道产在雍州有惠化，远蛮悉归怀，皆出缘沔为村落，户口殷盛。及道产死，群蛮大为寇暴。世祖西镇襄阳，义恭以元景为将帅，即以为广威将军、随郡太守。既至，而蛮断驿道，欲来攻郡。郡内少粮，器杖又乏，元景设方略，得六七百人，分五百人屯驿道。或曰："蛮将逼城，不宜分众。"元景曰："蛮闻郡遣重戍，岂悟城内兵少。且表里合功，于计为长。"会蛮垂至，乃使驿道为备，潜出其后，戒曰："火举驰进。"前后俱发，蛮众惊扰，投郧水死者千余人，斩获数百，郡境肃然，无复寇抄。朱脩之讨蛮，元景又与之俱，后又副沈庆之征郧山，进克太阳。除世祖安北府中兵参军。

随王诞镇襄阳，为后军中兵参军。及朝廷大举北讨，使诸镇各出军。二十七年八月，诞遣振威将军尹显祖出赀谷，奋武将军鲁方平、建武将军薛安都、略阳太守庞法起入卢氏，广威将军田义仁入鲁阳，加元景建威将军，总统群帅。后军外兵参军庞季明，年已七十三，秦之冠族，羌人多附之，求入长安，招怀关、陕。乃自赀谷入卢氏，卢氏人赵难纳之，弘农强门先有内附意，故委季明投之。十月，鲁方平、薛安都、庞法起进次白亭，时元景犹未发，法起率方平、安都诸军前入，自修阳亭出熊耳山。季明进达高门本城，值永昌王入弘农，乃回，还卢氏，据险自固。顷之，招卢氏少年进入宜阳苟公谷，以扇动义心。元景以其月率军继进。闰月，法起、安都、方平诸军入卢氏，斩县令李封，以赵难为卢氏令，加奋武将军。难驱率义徒，以为众军乡导。法起等度铁岭山，次开方口，季明出自本城，与法起相会。元景大军次臼口，以前锋深入，悬军无继，驰遣尹显祖入卢氏，以为军援。元景以军食不足，难可旷日相持，乃束马悬车，引军上百丈崖，出温谷，以入卢氏。

法起诸军进次方伯自，去弘农城五里。贼遣兵二千余人觇候，法起纵兵夹射之，贼骑退走。诸军造攻具，进兵城下，伪弘农太守李初古拔婴城自固，法起、安都、方平诸军，鼓噪以陵城，季明、赵难并率义徒相继而进，冲车四临，数道俱攻，士皆殊死战，莫不奋勇争先。时初古拔父子据南门，督其处拒战，弘农人之在城内者三千余人，于北楼竖白幡，或射无金箭，安都军副谭金、薛系孝率众先登，生禽李初古拔父子二人。鲁方平入南门，生禽伪郡丞，百姓皆安堵。

元景引军度熊耳山，安都顿军弘农，法起进据潼关，季明率方平、赵难军向陕西七里谷。殿中将军邓盛、幢主刘骖乱使人入荒田，招宜阳人刘宽纠率合义徒二千余人，共攻金门坞，屠之，杀戍主李买得，古拔子也，为虏永昌王长史，勇冠戎类。永昌闻其死，若失左右手。诞又遣长流行参军姚范领三千人向弘农，受元景节度。十一月，元景率众至弘农，营于开方口。仍以元景为弘农太守，置吏佐。

初，安都留任弘农，而诸军已进陕，元景既到，谓安都曰："无为坐守空城，而令庞公深入，此非计也。宜急进军，可与显祖并兵就之。吾须督租毕，寻后引也。"众并造陕下，即入郭城，列营于城内以逼之。并大造攻具。贼城临河为固,恃险自守,季明、安都、方平、显祖、赵难诸军,频三攻未拔。虏洛州刺史地河公张是提众二万,度峭来救,安都、方平各列阵城南以待之,显祖勒精卒以为后柱。季明率高明、宜阳义兵当南门而阵,赵难领卢氏乐从少年,与季明为犄角。贼兵大合,轻骑挑战。安都瞋目横矛,单骑突阵,四向奋击,左右皆辟易不能当,杀伤不可胜数,于是众军并鼓噪俱前,士皆殊死战。虏初纵突骑,众军患之,安都怒甚,乃脱兜鍪,解所带铠,唯著绛纳两当裲,马亦去具装,驰奔以入贼阵,猛气咆哮,所向无前,当其锋者,无不应刃而倒。贼忿之,夹射不能中,如是者数四,每一入,众无不披靡。初,元景令将鲁元保守函谷关,贼众既盛,元保不能自固,乃率所领作函箱阵,多列旗帜,缘险而还,正会安都诸军与贼交战,三虏郎将见元保军从山下,以为元景大众至,日且暮,贼于是奔退,骑多得入城。

贼之将至也,方平遣驿骑告元景,时军粮尽,各余数日食。元景方督义租,并上驴马,以为运粮之计,而方平信至,元景遣军副柳元怙简步骑二千,以赴陕急。卷甲兼行,一宿而至。诘朝,贼众又出,列陈于城外。方平诸军并成列,安都并领马军,方平悉勒步卒,左右犄角之,余诸义军并于城西南列陈。方平谓安都曰:"今勍敌在前,坚城在后,是吾取死之日。卿若不进,我当斩卿;我若不进,卿当斩我也。"安都曰:"善,卿言是也。我岂惜身命乎。"遂合战。时元怙方至,悉偃旗鼓,士马皆衔枚,潜师伏甲而进,贼未之觉也。方平等方与虏交锋,而元怙勒众从城南门函道直出,北向结陈,旌旗甚盛,鼓噪而前,出贼不意,虏众大骇。元怙与幢主宗越率手下猛骑,以冲贼陈,一军皆驰之。安都、方平等督诸军一时齐奋,士卒无不用命。安都不堪其愤,横矛直前,出入贼陈,杀伤者甚多,流血凝肘,矛折,易之复入。军副谭金率骑从而奔之。自诘旦而战,至于日昃,虏众大溃,斩张是提,又斩三千余级,投河赴堑死者甚众,面缚军门者二千余人。"

元景轻骑晨至,虏兵之面缚者多河内人,元景诘之曰:"汝等怨王泽不浃，请命无所，今并为虏尽力，便是本无善心。顺附者存拯，从恶者诛灭，欲知王师正如此尔。”皆曰：“虐虏见驱，后出赤族，以骑蹙步，未战先死，此亲将军所见，非敢背中国也。”诸将欲尽杀之，元景以为不可，曰：“今王旗北扫，当令仁声先路。”乃悉释而遣之，家在关里者，符守关诸军听出，皆称万岁而去。诞以峭、陕既定，其地宜抚，以弘农刘宽虬行东弘农太守。给元景鼓吹一部。

法起率众次于潼关。先是，建义将军、华山太守刘槐纠合义兵攻关城，拔之，力少不固，顷之，又集众以应王师。法起次潼关，槐亦至，贼关城戍主娄须望旗奔溃，虏众溺于河者甚众。法起与槐即据潼关。虏蒲城镇遣伪帅何难于封陵自列三营以拟法起。法起长驱入关，行王、檀故垒。虏谓直向长安，何难率众欲济河以截军后，法起回军临河，纵兵射之，贼退散。关中诸义徒并处处锋起，四山羌、胡咸皆请奋。诞又遣扬武将军康元抚领二千人出上洛，受元景节度，援方平于函谷。元景去，贼众向关。时军中食尽，元景回据白杨岭，贼定未至，更下山进弘农，入湖关口，虏蒲阪戍主沃州刺史杜道生率众二万至阌乡水，去湖关一百二十里。元景募精勇一千人，夜斫贼营，迷失道，天晓而反。道生率手下骁锐纵兵射之，锋刃既交，虏又奔散。

时北讨诸军王玄谟等败退，虏遂深入。太祖以元景不宜独进，且令班师。元景乃率诸将自湖关度白杨岭，出于长洲，安都断后，宗越副之。法起自潼关向商城，与元景会，季明亦从胡谷南归，并有功而入，士马旌旗甚盛。诞登城望之，以鞍下马迎元景。除宁朔将军、京兆广平二郡太守，于樊城立府舍，率所领居之，统行北蛮事。庞季明为定蛮长，薛安都为后军行参军，鲁方平为宁蛮参军。

臧质为雍州，除元景为冠军司马、襄阳太守，将军如故。鲁爽向虎牢，复使元景率安都等北出至关城，关城弃戍走，即据之。元景至洪关，欲进与安都济河攻杜道生于薄阪，会爽退，复还。再出北讨，威著于境外。又使率所领进西阳，会伐五水蛮。

世祖入讨元凶，以为谘议参军，领中兵，加冠军将军，太守如故。配万人为前锋，宗悫、薛安都等十三军皆隶焉。元景与朝士书曰："国祸冤深，凶人肆逆，民神崩愤，若无天地。南中郎亲率义师，剪讨元恶，司徒、臧冠军并同大举，舳舻千里，购赏之利备之。元景不武，忝任行间，总勒精勇，先锋道路，势乘上流，众兼百倍。诸贤弈世忠义，身为国良，皆受遇先朝，荷荣日久，而拘逼寇廷，莫由申效，想闻今问，悲庆兼常。大行届道，廓清惟始，企迟面对，展雪哀情。"

时义军船率小陋，虑水战不敌，至芜湖，元景大喜，倍道兼行，闻石头出战舰，乃于江宁步上，于板桥立栅以自固。进据阴山，遣薛安都率马军至南岸，元景潜至新亭，依山建垒，东西据险。世祖复遣龙骧将军、行参军程天祚率众赴之。天祚又于东南据高丘，屯砦栅。凡归顺来奔者，皆劝元景速进，元景曰："不然。理顺难恃，同恶相济，轻进无防，实启寇心。当倚我之不可胜，岂幸寇之不攻哉。"元景营垒未立，为龙骧将军詹叔兒觇知之，劝劭出战，不许。经日，乃水陆出军，劭自登朱雀门督战。军至瓦官寺，与义军游逻相逢，游逻退走，贼遂薄垒。劭以元景垒堑未立，可得平地决战，既至，柴栅已坚，仓卒无攻具，便使肉薄攻之。元景宿令军中曰："鼓繁气易衰，叫数力易竭。但各衔枚疾战，一听吾营鼓音。"贼步将鲁秀、王罗汉、刘简之、骑将常伯与等及其士卒，皆殊死战。刘简之先攻西南，频得烧草舫，略病人。程天祚柴未立，亦为所摧。王罗汉等攻垒北门，贼舰亦至。元景水陆受敌，意气弥强，麾下勇士悉遣出战，左右唯留数人宣传。分军助程天祚，天祚还得固柴，因此破贼。元景察贼衰竭，乃命开垒，鼓噪以奔之，贼众大溃，透淮死者甚多。劭更率余众自来攻垒，复大破之，其所杀伤，过于前战。劭手斩退者不能禁，奔还宫，仅以身免。萧斌被创，简之收兵而止，陈犹未散，元景复出薄之，乃走，竞投死马涧，涧为之满，斩简之及军主姚叔艺、王江宝、朱明智、诸葛邈之等，水军主褚湛之、副刘道存并来归顺。

上至新亭即位，以元景为侍中，领左卫将军，转使持节、监雍梁南北秦四州荆州之竟陵随三郡诸军事、前将军、宁蛮校尉、雍州刺史。上在巴口，问元景："事平，何所欲？"对曰："若有过恩，愿还乡里。”故有此授。初，臧质起义，以南谯王义宣暗弱易制，欲相推奉，潜报元景，使率所领西还。元景即以质书呈世祖，语其使曰：“臧冠军当是未知殿下义举尔。方应伐逆，不容西还。”质以此恨之。及元景为雍州刺史，质虑其为荆、江后患，建议爪牙不宜远出。上重违其言，更以元景为护军将军，领石头戍事，不拜。徙领军将军，加散骑常侍，曲江县公，食邑三千户。

孝建元年正月，鲁爽反，遣左卫将军王玄谟讨之，加元景抚军、假节、置佐，后玄谟。复以为都督雍梁南北秦四州荆州之竟陵随二郡诸军事、抚军将军，领宁蛮校尉、雍州刺史，持节如故。臧质、义宣并反，玄谟南据梁山，夹江为垒，垣护之、薛安都渡据历阳，元景出屯采石。玄谟闻贼盛，遣司马管法济求益兵。上使元景进屯姑熟。元景使将武念前进，质遣将庞法起袭姑熟。值念至，击破之，法起单船走。质攻陷玄谟西垒，玄谟使垣护之告元景曰：“今余东岸万人，贼军数倍，强弱不敌，谓宜还就节下，协力当之。”元景谓护之曰：“师有常刑，不可先退。贼众虽多，猜而不整。今当卷甲赴之。”护之曰：“逆徒皆云，南州三万人，而麾下裁十分之一，若往造贼，虚实立见，则贼气成矣。”元景纳其言，悉遣精兵助玄谟，以羸弱居守。所遣军多张旗帜，梁山望之如数万人，皆曰：“京师兵悉至。”于是克捷。

上遣丹阳尹颜竣宣旨慰劳，与沈庆之俱以本号开府仪同三司，封晋安郡公，邑如故。先固让开府仪同，复为领军、太子詹事，加侍中。寻转骠骑将军，本州大中正，领军、侍中如故。大明二年，复加开府仪同三司，又固让。明年，迁尚书令，太子詹事、侍中、中正如故。以封在岭南，秋输艰远，改封巴东郡公。五年，又命左光禄大夫、开府仪同三司，侍中、令、中正如故，又让开府，乃与沈庆之俱依晋密陵侯郑袤不受司空故事，事在《庆之传》。六年，进司空，侍中、令、中正如故，又固让，乃授侍中、骠骑将军、南兖州刺史，留卫京师。世祖晏驾，与太宰江夏王义恭、尚书仆射颜师伯并受遗诏辅幼主。迁尚书令，领丹阳尹，侍中、将军如故，给班剑二十人，固辞班剑。

元景起自将帅，及当朝理务，虽非所长，而有弘雅之美。时在朝勋要，多事产业，唯元景独无所营。南岸有数十亩菜园，守园人卖得钱二万送还宅，元景曰："我立此园种菜，以供家中啖尔。乃复卖菜以取钱，夺百姓之利邪。"以钱乞守园人。

世祖严暴异常，元景虽荷宠遇，恒虑及祸。太宰江夏王义恭及诸大臣，莫不重足屏气，未尝敢私往来。世祖崩，义恭、元景等并相谓曰："今日始免横死。"义恭与义阳等诸王、元景与颜师伯等，常相驰逐，声乐酣酒，以夜继昼。

前废帝少有凶德，内不能平，杀戴法兴后，悖情转露，义恭、元景等忧惧无计，乃与师伯等谋废帝立义恭，日夜聚谋，而持疑不能速决。永光年夏，元景迁使持节、督南豫之宣城诸军事，即本号开府仪同三司、南豫州刺史，侍中、令如故。未拜，发觉，帝亲率宿卫兵自出讨之，先称诏召元景，左右奔告兵刃非常，元景知祸至，整朝服，乘车应召。出门庭，弟车骑司马叔仁，戎服率左右壮士数十人欲拒命，元景苦禁之。既出巷，军士大至，下车受戮，容色恬然，时年六十。

长子庆宗，有干力，而情性不伦。世祖使元景送还襄阳，于道中赐死。次子嗣宗，豫章王子尚车骑从事中郎。嗣宗弟绍宗、共宗、孝宗、文宗、仲宗、成宗、季宗，叔仁弟卫军谘议参军僧珍等诸弟侄在京邑及襄阳从死者，数十人。元景少子承及嗣宗子纂，并在孕，获全。

太宗即位，令曰："故侍中、尚书令、骠骑大将军、巴东郡开国公、新除开府仪同三司、南豫州刺史元景，风度弘简，体局深沉，正义亮时，恭素范物。幽明道尽，则首赞孝图，盛运开历，则毗燮皇化。方任孚汉辅，业懋殷衡，而蜂豺肆滥，显加祸毒，冤动勋烈，悲深朝贯。朕承七庙之灵，纂临宝业，情典既申，痛悼弥轸，宜崇赍徽册，以旌忠懿。可追赠使持节、都督南豫江三州诸军事、太尉，侍中、刺史、国公如故，给班剑三十人，羽葆、鼓吹一部，谥曰忠烈公。"叔仁为梁州刺史，黄门郎，以破臧质功，封宜阳侯，食邑八百户。

元景从兄元怙，大明末，代叔仁为梁州，与晋安王子勋同逆，事败归降。

元景从父弟先宗，大明初，为竟陵王诞司空参军。诞作乱，杀之，追赠黄门侍郎。

元景从祖弟光世，先留乡里，索虏以为折冲将军、河北太守，封西陵男。光世姊夫伪司徒崔浩，虏之相也。元嘉二十七年，虏主拓跋焘南寇汝、颍，浩密有异图，光世要河北义士为浩应。浩谋泄被诛，河东大姓坐连谋夷灭者甚众，光世南奔得免。太祖以为振武将军。前废帝景和中，左将军，直阁。太宗定乱，光世参谋，以为右卫将军，封开国县侯，食邑千户。既而四方反叛，同阁宗越、谭金又诛，光世乃北奔薛安都，安都使守下邳城。及安都招引索虏，光世率众归降，太宗宥之，以为顺阳太守。子欣尉谋反，光世赐死。

颜师伯字长渊，琅邪临沂人，东扬州刺史竣族兄也。父邵，刚正有局力，为谢晦所知。晦为领军，以为司马，废立之际，与之参谋。晦镇江陵，请为咨议参军。领录事，军府之务悉委焉。邵虑晦将有祸，求为竟陵太守，未及之郡，值晦见讨，晦与邵谋起兵距朝廷，邵饮药死。

师伯少孤贫，涉猎书传，颇解声乐。刘道产为雍州，以为辅国行参军。弟师仲妻，臧质女也。质为徐州，辟师伯为主簿。衡阳王义季代质为徐州，质荐师伯于义季，义季即命为征西行参军。兴安侯义宾代义季，世祖代义宾，仍为辅国、安北行参军。王景文时为咨议参军，爱其谐敏，进之世祖。师伯因求杖节，乃以为徐州主簿。善于附会，大被知遇。及去镇，师伯以主簿送故。世祖镇寻阳，启太祖请为南中郎府主簿。太祖不许，谓典签曰："中郎府主簿那得用颜师伯。"世祖启为长流正佐，太祖又曰："朝廷不能除之，郎可自板，亦不宜署长流。"世祖乃板为参军事，署刑狱。及入讨元凶，转主簿。

世祖践祚，以为黄门侍郎，随王诞骠骑长史、南郡太守。改为骠骑大将军长史、南濮阳太守，御史中丞。臧质反，出为宁远将军、东阳太守，领兵置佐，以备东道。事宁，复为黄门侍郎，领步兵校尉，改领前军将军,徙御史中丞,迁侍中。上以伐逆宁乱,事资群谋,大明元年,下诏曰:"昔岁国难方结,疑懦者众,故散骑常侍、太子右率庞秀之,履崄能贞,首畅义节,用使狡状先闻,军备夙固,丑逆时殄,颇有力焉。追念厥诚,无忘于怀。侍中祭酒颜师伯、侍中领射声校尉袁愍孙、豫章太守王谦之、太子前中庶子领右卫率张淹,爰始入讨,预参义谋,契阔大难,宜蒙殊报。秀之可封乐安县伯,食邑六百户,师伯平都县子,愍孙兴平县子,谦之石阳县子,淹广晋县子,食邑各五百户。"

师伯迁右卫将军,母忧去职。二年,起为持节、督青冀二州徐州之东安莞兖州之济北三郡诸军事、辅国将军、青冀二州刺史。其年,索虏拓跋濬遣伪散骑常侍、镇西将军清水公拾贲敕文率众寇清口,清口戍主振威将军傅乾爱率前员外将军周盘龙等击,大破之。世祖遣虎贲主宠孟虬、积射将军殷孝祖等赴讨,受师伯节度。师伯遣中兵参军苟思达与孟虬合力。行达沙构,虏窟瓌公、五军公等马步数万,迎军拒战,孟虬等奋击尽日,孟虬手斩五军公,虏于是大奔。孝祖又斩窟瓌公,赴水死者千计。虏又遣河南公、黑水公、济州公、青州刺史张怀之等屯据济岸,师伯又遣中兵参军江方兴就傅乾爱击破之,斩河南公树兰等。虏别帅它门又遣万余人攻清口戍城,乾爱、方兴出城拒战,即斩它门,余众奔走。虏清水公又率二万人复来逼城,乾爱等出战,又破之,追奔至赤龙门,杀贼甚众。上嘉其功,诏曰:"虏驱率犬羊,规暴边塞,辅国将军、青冀二州刺史师伯,宣略命师,合变应机,济戍奋怒,一月四捷,支军异部,骋勇齐效,频枭名王,大歼群丑。朕用嘉叹,良深于怀。可遣使慰劳,并符辅国府详考攻最,以时言上。"

苟思达、庞孟虬等又遣虏至杜梁,虏众多,四面俱合,平南参军童太一及苟思达等,并单骑出荡,应手披靡。孟虬等继至,虏乃散走,透河死者甚多。既而虏更合众大至,孟虬等又破之。世祖又遣司空参军天生助师伯。张怀之据糜沟城,师伯遣天生等破之。怀之出城逆战,天生率军主刘怀珍、白衣客朱士义、殿中将军孟继祖等击之，怀之败走入城，仅以身免。继祖于陈遇害，追赠郡守。又虏陇西王等屯据申城，背齐向河，三面险固，天生又率众攻之，朱士义等贯甲先登，贼赴河死者无算，即日陷城。虏天水公又攻乐安城，建威将军、平原乐安二郡太守分武都与卜天生等拒击，大破之，虏乃奔退，追战克捷，直至清口，虏攻围傅乾爱，乾爱随方拒对，孝祖等既至，虏撤围遁走。师伯进号征虏将军。

三年，竟陵王诞反，师伯遣长史嵇玄敬率五千人赴难。四年，征为侍中，领右军将军，亲幸隆密，群臣莫二。迁吏部尚书，右军如故。上不欲威柄在人，亲监庶务，前后领选者，唯奉行文书，师伯专情独断，奏无不可。迁侍中，领右卫将军。七年，补尚书右仆射。时分置二选，陈郡谢庄、琅邪王昙生并为吏部尚书。师伯子举周旋寒人张奇为公车令，上以奇资品不当，使兼市买丞，以蔡道惠代之。令史潘道栖、褚道惠、颜祎之、元从夫、任澹之、石道兒、黄难、周公选等，抑道惠敕，使奇先到公车，不施行奇兼市买丞事。师伯坐以子领职，庄、昙生免官，道栖、道惠弃市，祎之等六人鞭杖一百。师伯寻领太子中庶子，虽被黜挫，受任如初。

世祖临崩，师伯受遗诏辅幼主，尚书中事，专以委之。废帝即位，复还即真，领卫尉。师伯居权日久，天下辐辏，游其门者，爵位莫不逾分。多纳货贿，家产丰积，伎妾声乐，尽天下之选，园池第宅，冠绝当时，骄奢淫恣，为衣冠所嫉。又迁尚书右仆射，领丹杨尹。废帝欲亲朝政，发诏转师伯为左仆射，加散骑常侍，以吏部尚书王景文为右仆射，夺其京尹，又分台任，师伯至是始惧。寻与太宰江夏王义恭、柳元景同诛，时年四十七。六子并幼，皆见杀。

弟师仲，中书郎，晋陵太守。师叔，司徒主簿，南康相。

太宗即位，诏曰："故散骑常侍、仆射、领丹阳尹、平都县子师伯，昔逢代运，豫班荣赏。遭罹厄会，陨命淫刑，宗嗣殄绝，良用矜悼。但其心渎货，宜贬赠典，可绍封社，以慰冤魂。谥曰荒子。"师仲子干继封，齐受禅，国除。

沈庆之字弘先，吴兴武康人也。兄敞之，为赵伦之征虏参军、监南阳郡，击蛮有功，遂即真。

庆之少有志力，孙恩之乱也，遣人寇武康，庆之未冠，随乡族击之，由是以勇闻。荒扰之后，乡邑流散，庆之躬耕垄亩，勤苦自立。年三十，未知名，往襄阳省兄，伦之见而赏之。伦之子伯符时为竟陵太守，伦之命伯符版为宁远中兵参军。竟陵蛮屡为寇，庆之为设规略，每击破之，伯符由此致将帅之称。伯符去郡，又别讨西陵蛮，不与庆之相随，无功而反。

永初二年，庆之除殿中员外将军，又随伯符隶到彦之北伐。伯符病归，仍隶檀道济。道济还白太祖，称庆之忠谨晓兵，上使领队防东掖门，稍得引接，出入禁省。出戍钱唐新城，及还，领淮陵太守。领军将军刘湛之知之，欲相引接，谓之曰："卿在省年月久，比当相论。"庆之正色曰："下官在省十年，自应得转，不复以此仰累。"寻转正员将军。及湛之被收之夕，上开门召庆之，庆之戎服履靺缚绔入，上见而惊曰："卿何意乃尔急装？"庆之曰："夜半唤队主，不容缓服。"遣收吴郡太守刘斌，杀之。迁始兴王浚后军行参军，员外散骑侍郎。

元嘉十九年，雍州刺史刘道产卒，群蛮大动，征西司马朱脩之讨蛮失利，以庆之为建威将军，率众助脩之。脩之失律下狱，庆之专军进讨，大破缘沔诸蛮，禽生口七千人。进征湖阳，又获万余口。迁广陵王诞北中郎中兵参军，领南东平太守。又为世祖抚军中兵参军。世祖以本号为雍州，随府西上。时蛮寇大甚，水陆梗碍，世祖停大堤不得进。分军遣庆之掩讨，大破之，降者二万口。世祖至镇，而驿道蛮反，杀深式还，庆之又讨之。王玄谟领荆州，王方回领台军并会，平定诸山，获七万余口。郧山蛮最强盛，鲁宗之屡讨不能克，庆之剪定之，禽三万余口。还京师，复为广陵王诞北中郎中兵参军，加建威将军、南济阴太守。

雍州蛮又为寇，庆之以将军、太守复与随王诞入沔。既至襄阳，率后军中兵参军柳元景、随郡太守宗悫、振威将军刘颙、司空参军鲁尚期、安北参军顾彬、马文恭、左军中兵参军萧景嗣、前青州别驾崔目连、安蛮参军刘雍之、奋威将军王景式等二万余人，伐沔北诸山蛮。宗悫自新安道入太洪山，元景从均水据五水岭，文恭出蔡阳口取赤系坞，景式由延山下向赤圻阪，目连、尚期诸军八道俱进，庆之取五渠，顿破坞以为众军节度。前后伐蛮，皆山下安营以迫之，故蛮得据山为阻，于矢石有用，以是屡无功。庆之乃会诸军于茹丘山下，谓众曰："今若缘山列旆以攻之，则士马必损。去岁蛮田大稔，积谷重岩，未有饥弊，卒难禽剪。今令诸军各率所领以营于山上，出其不意，诸蛮必恐，恐而乘之，可不战而获也。"于是诸军并斩山开道，不与蛮战，鼓噪上山，冲其腹心，先据险要。诸蛮震扰，因其惧而围之，莫不奔溃。自冬至春，因粮蛮谷。

顷之，南新郡蛮帅田彦生率部曲十封六千余人反叛，攻围郡城，庆之遣元景率五千人赴之。军未至，郡已被破，焚烧城内仓储及廨舍荡尽，并驱略降户，屯据白杨山。元景追之至山下，众军悉集，围山数重。宗悫率其所领先登，众军齐力急攻，大破，威震诸山，群蛮皆稽颡。庆之患头风，好著狐皮帽，群蛮恶之，号曰："苍头公"。每见庆之军，辄畏惧曰："苍头公已复来矣！"庆之引军自茹丘山出检城，大破诸山，斩首三千级，虏生蛮二万八千余口，降蛮二万五千口，牛马七百余头，米粟九万余斛。随王诞筑纳降、受俘二城于白楚。

庆之复率众军讨幸诸山犬羊蛮，缘险筑重城，施门橹，甚峻。山多木石，积以为礌。立部曲，建旌旗，树长帅，铁马成群。庆之连营山中，开门相通，又命诸军各穿池于营内，朝夕不外汲，兼以防蛮之火。顷之风甚，蛮夜下山，人提一炬以烧营。营内多幔屋及草庵，火至辄以池水灌灭，诸军多出弓弩夹射之，蛮散走。庆之令诸军斩山开道攻之，而山高路险，暑雨方盛，乃置东冈、蜀山、宜民、西柴、黄徼、上夌六戍而还。蛮被围守日久，并饥乏，自后稍出归降。庆之前后所获蛮，并移京邑，以为营户。

二十七年，迁太子步兵校尉。其年，太祖将北讨，庆之谏曰："马步不敌，为日已久矣。请舍远事，且以檀、到言之。道济再行无功，彦之失利而返。今料王玄谟等未逾两将，六军之盛，不过往时。将恐重辱王师，难以得志。”上曰：“小丑窃据，河南修复，王师再屈，自别有以。亦由道济养寇自资，彦之中涂疾动。虏所恃唯马，夏水浩汗，河水流通，泛舟北指，则碻磝必走，滑台小戍，易可覆拔。克此二戍，馆谷吊民，虎牢、洛阳，自然不固。比及冬间，城守相接，虏马过河，便成禽也。”庆之又固陈不可。丹杨尹徐湛之、吏部尚书江湛并在坐，上使湛之等难庆之，庆之曰：“治国譬如治家，耕当问奴，织当访婢。陛下今欲伐国，而与白面书生辈谋之，事何由济。”上大笑。

及北讨，庆之副玄谟向碻磝，戍主弃城走，玄谟围滑台，庆之与萧斌留碻磝，仍领斌辅国司马。玄谟攻滑台，积旬不拔。虏主拓跋焘率大众南向，斌遣庆之率五千人救玄谟。庆之曰：“玄谟兵疲众老，虏寇已逼，各军营万人，乃可进耳，少军轻往，必无益也。”斌固遣令去。会玄谟退，斌将斩之，庆之固谏乃止。太祖后问：“何故谏斌杀玄谟？”对曰：“诸将奔退，莫不惧罪，自归而死，将至逃散，且大兵至，未宜自弱，故以攻为便耳。”

萧斌以前驱败绩，欲死固碻磝，庆之曰：“夫深入寇境，规求所欲，退败如此，何可久住。今青、冀虚弱，而坐守穷城，若虏众东过，清东非国家有也。碻磝孤绝，复作朱脩之滑台耳。”会诏使至，不许退，诸将并谓宜留，斌复问计于庆之，庆之曰：“阃外之事，将所得专，诏从远来，事势已异。节下有一范增而不能用，空议何施。”斌及坐者并笑曰：“沈公乃更学问。”庆之厉声曰：“众人虽见古今，不如下官耳学也。”玄谟自以退败，求戍碻磝，斌乃还历城，申坦、垣护之共据清口。庆之乘驿驰归，未至，上驿诏止之，使还救玄谟。会虏已至彭城，不得向北，太尉江夏王义恭留领府中兵参军。拓跋焘至卯山，义恭遣庆之率三千拒之，庆之以为虏众强，往必见禽，不肯行。太祖后谓之曰：“河上处分，皆合事宜，唯恨不弃碻磝耳。卿在左右久，偏解我意，正复违诏济事，亦无嫌也。”

二十七年，使庆之自彭城徙流民数千家于瓜步，征北参军程天祚徙江西流民于南州，亦如之。

二十九年，复更北伐，庆之固谏不从，以立议不同，不使北出。是时亡命司马黑石、庐江叛吏夏侯方进在西阳五水，诳动群蛮，自淮、汝至于江、沔，咸罹其患。十月，遣庆之督诸将讨之，诏豫、荆、雍并遣军，受庆之节度。三十年正月，世祖出次五洲，总统群帅，庆之从巴水出至五洲，谘受军略。会世祖典签董元嗣自京师还，陈元凶弑逆，世祖遣庆之还山引诸军，庆之谓腹心曰："萧斌妇人不足数，其余将帅，并是所悉，皆易与耳。东宫同恶不过三十人，此外屈逼，必不为用力。今辅顺讨逆，不忧不济也。"众军既集，假庆之征虏将军、武昌内史，领府司马。世祖还至寻阳，庆之及柳元景等并以天下无主，劝世祖即大位，不许。贼欲遣庆之门生钱无忌赍书说庆之解甲，庆之执无忌白世祖。

世祖践阼，以庆之为领军将军，加散骑常侍，寻出为使持节、督南兖豫徐兖四州诸军事、镇军将军、南兖州刺史，常侍如故，镇盱眙。上伐逆定乱，思将帅之功，下诏曰："联以不天，有生罔二，泣血千里，志复深逆，鞠旅伐罪，义气云踊，群帅仗节，指难如归。故曾未积旬，宗社载穆，遂以眇身，猥纂大统。永念茂庸，思崇徽锡。新除使持节、散骑常侍、都督南兖豫徐兖四州诸军事、镇军将军、南兖州刺史沈庆之，新除散骑常侍、领军将军柳元景，新除散骑常侍、右卫将军宗悫，督兖州诸军事、辅国将军、兖州刺史徐遗宝，宁朔将军、始兴太守沈法系，骠骑谘议参军顾彬之，或尽诚谋初，宣综戎略，或受命元帅，一战宁乱，或禀奇军统，协规效捷，偏师奉律，势振东南，皆忠国忘身，义高前烈，功载民听，诚简朕心。定赏策勋，兹焉攸在，宜列土开邑，永蕃皇家。庆之可封南昌县公，元景曲江县公，并食邑三千户。悫洮阳县侯，食邑二千户。遗宝益阳县侯，食邑一千五百户。法系平固县侯，彬之阳新县侯，并食邑千户。"又特临轩召拜。又使庆之自盱眙还镇广陵。

孝建元年正月，鲁爽反，上遣左卫将军王玄谟讨之，军溯淮向寿阳，总统诸将。寻闻荆、江二州并反，征庆之入朝，率所领屯武帐岗，甲仗五十人入六门。鲁爽先遣弟瑜进据蒙茏，历阳太守张幼绪率军讨瑜，值爽至，众散而反。乃遣应之济江讨爽。爽闻庆之至，连营稍退，自留断后。庆之与薛安都等进与爽战，安都临阵斩爽。进庆之号镇北大将军，进督青、冀、幽三州，给鼓吹一部。前军破贼，转位等后至追蹑一阶。寻与柳元景俱开府仪同三司，辞。改封始兴郡公，户邑如故。

庆之以年满七十，固请辞事。上嘉其意，许之，以为侍中、左光禄大夫、开府仪同三司，又固让，上不许。表疏数十上，又面陈曰："张良名贤，汉高犹许其退，臣有何用，必为圣朝所须。"乃至稽颡自陈，言辄泣涕。上不能夺，听以郡公罢就第，月给钱十万，米百斛，卫史五十人。大明元年，又申前命，复固辞。

三年，司空竟陵王诞据广陵反，复以庆之为使持节、都督南兖徐兖三州诸军事、车骑大将军、开府仪同三司、南兖州刺史，率众讨之。至欧阳，诞遣客庆之宗人沈道愍赍书说庆之，饷以玉环刀，庆之遣道愍反，数以罪恶。庆之至城下，诞登楼谓之曰："沈君白首之年，何为来？"庆之曰："朝廷以君狂愚，不足劳少壮，故使仆来耳。"上虑诞北奔，使庆之断其走路。庆之移营白土，去城十八里。又进新亭，诞果出走，不得去，还城，事在《诞传》。庆之进营洛桥西，焚其东门，值雨不克。庆之兄子僧荣，时为兖州刺史，镇瑕丘，遣子怀明率数百骑诣受庆之节度。庆之塞堑，造攻道，立行楼土山，并诸攻具。时夏雨，不得攻城，上使御史中丞庾徽之奏免庆之官以激之，诏无所问。诞饷庆之食，提挈者百余人，出自北门，庆之不问，悉焚之。诞于城上授函表，倩庆之为送，庆之曰："我奉诏讨贼，不得为汝送表。汝必欲归死朝廷，自应开门遣使，吾为汝送护之。"每攻城，辄身先士卒。上戒之曰："卿为统任，当令处分有方，何蒙盾城下，身受矢石邪。脱有伤挫，为损不少。"自四月至于七月，乃屠城斩诞。进庆之司空，又固让。于是与柳元景并依晋密陵侯郑袤故事，朝会庆之位次司空，元景在从公之上，给恤吏五十人，门施行马。

四年，西阳五水蛮复为寇，庆之为郡公统诸军讨之，攻战经年，皆悉平定,获生口数万人。

居清明门外,有宅四所,室宇甚丽。又有园舍在娄湖,庆之一夜携子孙徙居之,以宅还官。悉移亲戚中表于娄湖,列门同闬焉。广开田园之业,每指地示人曰:“钱尽在此中。”身享大国,家素富厚,产业累万金,奴僮千计。再献钱千万,谷万斛。以始兴优近,求改封南海郡,不许。妓妾数十人,并美容工艺。庆之优游无事,尽意欢愉,非朝贺不出门。每从游幸及校猎,据鞍陵厉,不异少壮。太子妃上世祖金镂匕箸及杆杓,上以赐庆之,曰:“卿辛勤匪殊,欢宴宜等,且觞酌之赐,宜以大夫为先也。”上尝欢饮,普令群臣赋诗,庆之手不知书,眼不识字,上逼令作诗,庆之曰:“臣不知书,请口授师伯。”上即令颜师伯执笔,庆之口授之曰:“微命值多幸,得逢时运昌。朽老筋力尽,徒步还南岗。辞荣此圣世,何愧张子房。”上甚悦,众坐称其辞意之美。

世祖晏驾,庆之与柳元景等并受顾命,遗诏若有大军旅及征讨,悉使委庆之。前废帝即位,加庆之几杖,给三望车一乘。庆之每朝贺,常乘猪鼻无幰车,左右从者不过三五人。骑马履行园田,政一人视马而已。每农桑遽月,或时无人,遇之者不知三公也。及加三望车,谓人曰:“我每游履田园,有时人与马成三,无人则与马成二。今乘此车,安所之乎。”及几仗并固让。

废帝狂悖无道,众并劝庆之废立,及柳元景等连谋,以告庆之,庆之与江夏王义恭素不厚,发其事,帝诛义恭、元景等,以庆之为侍中、太尉,封次子中书郎文季建安县侯,食邑千户。义阳王昶反,庆之从帝度江,总统众军。少子文耀,年十余岁,善骑射,帝爱之,又封永阳县侯,食邑千户。帝凶暴日甚,庆之犹尽言谏争,帝意稍不说。及诛何迈,虑庆之不同,量其必至,乃闭清溪诸桥以绝之,庆之果往,不得度而还。帝乃遣庆之从子攸之赍药赐庆之死,时年八十。是年初,庆之梦有人以两匹绢与之,谓曰:“此绢足度。”谓人曰:“老子今年不免。两匹,八十尺也。足度,无盈余矣。”及死,赐与甚厚,追赠侍中,太尉如故,给鸾辂辒辌车,前后羽葆、鼓吹,谥曰忠武公。未及葬，帝败。太宗即位，追赠侍中、司空，谥曰襄公。

长子文叔，历中书、黄门郎，景和末，为侍中。庆之之死也，不肯饮药，攸之以被掩杀之。文叔密取药藏录。或劝文叔逃避，文叔见帝断截江夏王义恭支体，虑奔亡之日，帝怒，容致义恭之变，乃饮药自杀。子秘书郎昭明，亦自缢死。太始七年，改封苍梧郡公。元年，还复先封。时改始兴为广兴，昭明子昙亮，袭广兴郡公。齐受禅，国除。

庆之弟劭之，元嘉中，为庐陵王绍南中郎行参军，讨建安揭阳诸贼，病卒。

兄子僧荣，敞之之子也。孝建初，为安成相。荆、江反叛，发兵拒臧质，质遣其安成相臧眇之讨僧荣，击破之。大明中，为兖州刺史。景和中，征为黄门郎，未还，卒。

子怀明，太宗泰始初，居父忧，起为建威将军。东征南讨有功，封吴兴县子，食邑四百户。历位黄门侍郎，再为南兖州刺史。元徽初，丁母艰，去职。桂阳王休范为逆，起为冠军将军，统水军防固石头，朱雀失守，怀明委军奔走，顷之，忧卒。

庆之从弟法系，字体先，亦有将用。初为赵伯符将佐，后随庆之征五水蛮。世祖伐逆，以为南中郎参军，加宁朔将军，领三千人前发，与柳元景旦至新亭。元景居中营，宗悫居西营，法系居东营。东营据冈，贼攻元景，法系临射之，所杀甚众。法系堑外树悉伐之令倒，贼劭来攻，缘树以进，彭排多开隙，选善射手，的发无不中，死者交横。事平，以为宁朔将军、始兴太守。讨萧简于广州。闻台军将至，简诳其众曰："台军是贼劭所遣。"并信之。前征北参军顾迈被贼徙在城内，善天文，云："荆、江有大兵。"城内由此固守。初，世祖先遣邓琬围简，唯治一攻道。法系至，曰："宜四面并攻，若守一道，何时可拔。"琬虑功不在己，不从。法系曰："更相申五十日。"日尽又不克，乃从之。八道俱攻，一日即拔，斩萧简，广州平。封库藏付邓琬而还。官至骁骑将军、寻阳太守，新安王子鸾北中郎司马。

劭之子文秀，别有传。

庆之群从姻戚,由之在列位者数十人。

史臣曰:张释之云,用法一偏,天下狱皆随轻重。县衡于上,四海共禀其平,法乱于朝,民无所措手足。师伯籍宠代臣,势震朝野,倾意厮台,情以货结,自选部至于局曹,莫不从风而靡。曲徇私情,因停诏敕,天震陨怒,仆者相望,师伯任用无改,而王、谢免职。君子谓是举也,岂徒失政刑而已哉!

宋书卷七八
列传第三八

萧思话　刘延孙

萧思话，南兰陵人，孝懿皇后弟子也。父源之，字君流，历中书、黄门郎，徐、兖二州刺史，冠军将军、南琅邪太守。永初九年，卒，追赠前将军。

思话年十许岁，未知书，以博诞游遨为事，好骑屋栋，打细腰鼓，侵暴邻曲，莫不患毒之。自此折节，数年中，遂有令誉。好书史，善弹琴，能骑射。高祖一见，便以国器许之。年十八，除琅邪王大司马行参军，转相国参军。父忧，去职。服阕，拜羽林监，领石头戍事，袭爵封阳县侯，转宣威将军、彭城沛二郡太守。涉猎书传，颇能隶书，解音律，便弓马。元嘉三年，谢晦为荆州，欲请为司马，思话拒之。

五年，迁中书侍郎，仍督青州徐州之东莞诸军事、振武将军、青州刺史，时年二十七。亡命司马朗之、元之、可之兄弟，聚党于东莞发干县，谋为寇乱，思话遣北海太守萧汪之讨斩之，余党悉平。八年，除竟陵王义宣左军司马、南沛郡太守。未及就征，索虏南寇，檀道济北伐，既而回师，思话惧虏大至，乃弃镇奔平昌。思话先使参军刘振之戍下邳，闻思话奔，亦委城走。虏定不至，而东阳积聚已为百姓所焚，由是征下廷尉，仍系尚方。初在青州，常所用铜斗覆在药厨下，得二死雀，思话曰："斗覆而双雀殒，其不祥乎。"既而被系。

九年，仇池大饥，益、梁州丰稔，梁州刺史甄法护在任失和，氐帅杨难当因此寇汉中。乃自徙中起思话督梁南秦二州诸军事、横野将军、梁南秦二州刺史。既行，闻法护已委镇北奔西城。遣司马、建威将军、南汉中太守萧讳五百人前进，又遣西戎长史萧汪之系之。讳缘路收合士众，得精兵千人。十年正月，进据礠头。难当焚掠汉中，引众西还，留其辅国将军、梁秦二州刺史赵温守梁州，魏兴太守薛健据黄金。讳进屯礠头，遣阴平太守萧坦赴黄金，薛健副姜宝据铁城。铁城与黄金相对，去一里，斫树塞道。坦进攻二戍，拔之。二月，赵温又率薛健及其宁朔将军、冯翼太守蒲蚤子来攻坦营，坦奋击，大破之。坦被创，贼退保西水。讳司马锡文祖进据黄金，萧汪之步骑五百相继而至。平西将军临川王义庆遣龙骧将军裴方明三千人赴，讳等进黄金，早子、健等退保下桃。思话先遣行参军王灵济率偏军出洋川，因向南城。伪陵江将军赵英坚守险，灵济击破之，生禽英。南城空虚，因资无所，复引军还与讳合。

三月，讳率众军进据峨公固。难当遣人子和率赵温、蒲蚤子及左卫将军吕平、宁朔将军司马飞龙，步骑万余，跨汉津结柴，其间立浮桥，悉力攻讳，合围数十重，短兵接战，弓矢无复用。贼悉衣犀革，戈矛所不能加，讳乃截稍长数尺，以大斧椎之，一稍辄贯十余贼。贼不能当，因大败，烧柴奔走，退据大桃。闰月，讳及方明台军至，龙骧将军杨平兴、幢主殿中将军梁坦直入角弩追之。贼又败走，杀伤虏获甚多。汉中平，悉收没地，置戍葭萌水。

先是，桓玄篡晋，以桓布为梁州。布败走，氐杨盛据有汉中，刺史范元之、傅歆悉治魏兴，唯得魏兴、上庸、新城三郡。其后索邈为刺史，氐乃治南城。为贼所焚烧不可固，即思话迁镇南郑，加节，进号宁朔将军，征讳为太子屯骑校尉。法护，中山无极人，过江寓居南郡。弟法崇，元嘉十年，自少府为益州刺史。法护委镇之罪，统府所收，于狱赐死。太祖以法崇受任一方，令狱官言法护病卒。太祖使思话上平定汉中本末，下之史官。

十四年，迁使持节、临川王义庆平西长史、南蛮校尉。太祖赐以弓琴，手敕曰："丈人顷何所作？事务之暇，故以琴书为娱耳，所得不曰义邪。眷想常不忘情，想亦同之。前得此琴，云是旧物，亦有名京邑，今以相借。因是戴颙意于弹抚，响韵殊胜，直尔嘉也。并往桑弓一张，材理乃快，先所常用，既久废射，又多病，略不能制之，便成老公，令人叹息。良材美器，宜在尽用之地，丈人真无所与让也。”

十六年，衡阳王义季哀义庆，又除安西长史，余如故。十九年，征为侍中，领前军将军，未就征，复先职。明年，迁持节、监雍州梁南北秦四州荆州之南阳竟陵顺阳襄阳新野随六郡诸军事、宁蛮校尉、雍州刺史、襄阳太守。二十二年，除侍中，领太子右率。二十四年，改领左卫将军。尝从太祖登钟山北岭，中道有磐石清泉，上使于石上弹琴，因赐以银钟酒，谓曰："相赏有松石间意。"又领南徐州大中正。明年，复监雍梁南北秦四州荆州之竟陵随二郡诸军事、右将军、宁蛮校尉、雍州刺史如故。

二十六年，征为吏部尚书。诏思话曰："沈尚书暴病不救，其体业贞审，立朝尽公，年时尚可，方相委任，奄忽不永，痛惋特深。铨管要机，通塞所寄，丈人才用体国，二三惟允。"思话以去州无复事力，倩府军身九人，太祖戏之曰："丈人终不为田父于里闾，何应无人使邪？"未拜。

二十七年，迁护军将军。是年春，虏攻悬瓠，太祖将大举北讨，朝士佥同，莫或异议。思话固谏，不从。乃领精甲三千，助镇彭城。虏退，即代世祖为持节、监徐兖青冀四州豫州之梁郡诸军事、抚军将军、兖徐二州刺史。二十九年，统扬武将军、冀州刺史张永众军围碻磝初，镇军谘议参军申坦与王玄谟围滑台，不克，免官。青州刺史萧斌板坦行建威将军、济南平原二郡太守，守历城，令任仲仁又为坦副，并前锋入河。五月，发沿口，永司马崔训、建武将军齐郡太守胡景世率青州军来会。七月，思话及众军并至碻磝，治三攻道。太祖遣员外散骑侍郎徐爰宣旨督战。张永、胡景世当东攻道，申坦、任仲仁西攻道，崔训南攻道。贼夜地道出，烧崔训楼及蟆车，又烧胡景世楼及攻具，寻又毁崔训攻道，城不可拔。思话驰来，退师。攻城凡十八日，解围还历下。崔训以楼见烧，又不能固攻道，被诛碻磝。永、坦并系狱。诏曰："得抚军将军思话启事，碻磝不拔，士卒疲劳，且班师清济，更图进讨。此镇山川严阻，控临河朔，形胜之要，擅名自古，宜除其授，以允望实。思话可解徐州为莫州，余如故。鼓城文武，复量分配，即镇历城。"寻为江夏王义恭所奏，免官。

元凶弑立，以为使持节、监徐青兖冀四州豫州之梁郡诸军事、徐兖二州刺史，将军如故。思话即率部曲还彭城，起义以应世祖。遣使奉笺曰："下官近在历下，始奉国讳，所承使人，不知阔陕，既还在路，渐有所闻，犹谓人伦无容有此，私怀感慨，未敢在言。奉被今教，果出虑表，重增哀惋，不能自胜。此实天地所不覆载，人神所不容忍，率土民氓，莫不愤咽，况下官蒙荷荣渥，义兼常志。此月五日，被驿使追命骑还朝，切齿拊心，辄已钟疾，虽百口在都，一非所顾。正欲遣启受规略，会奉今旨，悲惧兼情。伏承司徒英图电发，殿下神武霜断，臧质忠义并到，不谋同时，仗顺沿流，席卷江甸，前驱风迈，已应在近。下官复练始集，遣辅国将军申坦、龙骧将军梁坦二军，分配精甲五千，申坦为统，便以即日水陆齐下。下官悉率文武，骆驿继发。凭威策懦，势同振朽，开泰有期，悲欣交集。"世祖至新亭，坦亦进克京口。

上即位，征为散骑常侍、尚书左仆射，固辞不受拜。改为中书令、丹杨尹，常侍如故。时京邑多有劫掠，二旬中十七发，引咎陈逊，不许。明年，出为使持节、都督徐兖青冀幽五州豫州之梁郡诸军事、安北将军、徐州刺史，加鼓吹一部。未行，而江州刺史臧质反，复以为使持节、都督江州豫州之西阳晋熙新蔡三郡诸军事、江州刺史。事平，分荆、江、豫三州置郢州，复都督郢湘二州诸军事、镇西将军、郢州刺史，持节、常侍如故，镇夏口。

孝建二年，卒，时年五十。追赠征西将军、开府仪同三司，持节、常侍、都督、刺史如故，谥曰穆侯。思话宗戚令望，蚤见任待，凡历州十二，杖节监都督九焉。所至虽无皦皦清节，亦无秽黩之累。爱才好士，人多归之。

长子惠开嗣，别有传。次子惠明，亦有世誉，历黄门郎、御史中丞、司徒左长史、吴兴太守。后废帝元徽末,卒官。第四子惠基,顺帝升明末,为侍中。

源之从父弟摹之,丹阳尹,追赠征虏将军。子斌,亦为太祖所遇。彭城王义康镇豫章,以为大将军咨议参军、豫章太守。历南蛮校尉、侍中、辅国将军、青冀二州刺史。元嘉二十七年,统王玄谟等众军北伐。斌遣将军崔猛攻虏青州刺史张淮之于乐安,淮之弃城走。先是,猛与斌参军傅融分取乐安及碻磝,乐安水道不通,先并定碻磝,至是又克乐安。既而攻围滑台,不拔,斌追还历下,事在《王玄谟传》。二十八年,亡命司马顺则诈称晋室近属,自号齐王,聚众据梁邹城。又有沙门自称司马百年,号安定王,亡命秦凯之、祖元明等,各据村屯以应顺则。初,梁邹戍主宣威将军、乐安渤海二郡太守崔勋之出州,故顺则因虚窃据。勋之司马曹敬会拒战不敌,出走。斌即遣勋之率行建威将军济南平原二郡太守申坦、长流参军罗文昌等诸军讨顺则,攻之不克。勋之等始谓城内出于逼附,军至即应奔逃,而并为贼坚守,杀伤官军甚多。斌又遣府司马、建武将军、齐郡太守庞秀之总诸军,祖元明又据安丘城,斌更遣振武将军刘武之及军主刘回精兵千人,讨司马百年,斩之。顺则既失据,众稍离阻。文昌遣道连伪投贼,贼信纳之,潜以官赏格示永,城内贼党李继叔等并有归顺心。道连谋泄,为贼所杀,继叔逾城出降,贼党于是大离。乃四面进攻,冲车所冲,辄三五丈崩落。时南门楼上掷下一级,并垂绳钓取外人,外人上,贼并放仗,云向已斩顺则,所投首是也,秦凯之走河北。斌坐滑台退败,免官。久之,复起为南平王铄右军长史。其后事迹在《二凶传》。

斌弟简,历位长沙内史。广陵王诞为广州,未之镇,以简为安南谘议参军、南海太守,行府州事,东海王祎代诞,简仍为前军咨议,太守如故。世祖入讨元凶,遣辅国将军、南海太守刘玩讨简,固守经时,城陷伏诛。斌、简诸子并诛灭。

庞秀之,河南人也。以斌故吏,贼劭甚加信委,以为游击将军。奔世祖于新亭。时劭诸将未有降者,唯秀之先至。事平,以为梁州刺史。秀之子弟为劭所杀者将十人,而酣燕不废,坐免官。后又为徐州刺史,太子右卫率。孝建元年,卒,追赠本官,加散骑常侍。子弥之,顺帝升明末,广兴公相。秀之弟况之,太宗世,亦为始兴相。

刘延孙,彭城吕人,雍州刺史道产子也。初为徐州主簿,举秀才,彭城王义康司徒行参军,尚书都官郎,为钱唐令,世祖抚军、广陵王诞北中郎中兵参军、南清河太守。世祖为徐州,补治中从事史。时索虏围县瓠,分军送所掠民口在汝阳,太祖诏世祖遣军袭之,议者举延孙为元帅,固辞无将用,举刘泰之自代。泰之既行,太祖大怒,免延孙官。为世祖镇军、北中郎中兵参军,南中郎谘议参军,领录事。世祖伐逆,府缺上佐,转补长史、寻阳太守,行留府事。

世祖即位,以为侍中,领前军将军。下诏曰:"联藉群能之力,雪莫大之耻,以眇眇之身,托于王公之上,思所以策勋树良,永宁世烈。新除侍中、领前军将军延孙,率怀忠敏,器局沉正,协赞义初,诚力俱尽。左卫将军竣立志开亮,理思清要,茂策忠谟,经纶惟始,俾积基更造,咸有勤焉。宜显授龟社,大启邦家。延孙可封东昌县侯,竣建城县侯,食邑各二千户。"其年,侍中,改领卫尉。

孝建元年,迁丹杨尹。臧质反叛,上深以东土为忧,出为冠军将军、吴兴太守,置佐史。事平,征为尚书右仆射,领徐州大中正。遣至江陵,分判枉直,行其诛赏。三年,又出为南兖州刺史,加散骑常侍。仍徙为使持节、监雍梁南北秦四州郢州之竟陵随二郡诸军事、镇军将军、宁蛮校尉、雍州刺史。以疾不行,留为侍中、护军,又领徐州大中正。素有劳患,其年增笃,诏遣黄门侍郎宣旨问疾。

大明元年,除金紫光禄大夫,领太子詹事,中正如故。其年,又出为镇军将军、南徐州刺史。先是,高祖遗诏,京口要地,去都邑密迩,自非宗室近戚,不得居之。延孙与帝室虽同是彭城人,别属吕县。刘氏居彭城县者,又分为三里,帝室居绥兴里,左将军刘怀肃居安上里,豫州刺史刘怀武居丛亭里,及吕县凡四刘,虽同出楚元王,由来不序昭穆。延孙于帝室本非同宗,不应有此授。时司空竟陵王诞为徐州，上深相畏忌，不欲使居京口，迁之于广陵。广陵与京口对岸，欲使腹心为徐州，据京口，以防诞，故以南陵授延孙，而与之合族，使诸王序亲。

三年，南兖州刺史竟陵王诞有罪，不受征，延孙驰遣中兵参军杜幼文率兵起讨，既至，诞已闭城自守，乃还。诞遣使刘公泰赍书要之，延孙斩公泰，送首京邑。复遣幼文率军渡江，受沈庆之节度。其年，进号车骑将军，加散骑常侍，给鼓吹一部。

五年，诏延孙曰："旧京树亲，由来常准。卿前出所有别议，今此防久弭，当以还授小儿。"征延孙为侍中、尚书左仆射，领护军将军。延孙疾病，不任拜起，上使于五城受封版，乘船自青溪至平昌门，仍入尚书下舍。又欲以代朱脩之为荆州，事未行。明年，卒，时年五十二。上甚惜之，下诏曰："故侍中、尚书左仆射、领护军将军东昌县开国侯延孙，风局简正，体识沉明，绸缪心膂，自蕃升朝，契阔唯旧，几将二纪。灵业中圮，则首赞出图，义令既举，则任均萧、寇，器允栋干，勋实佐时。及累司马两官，出内尹牧，惠政茂课，著自民听，忠谟令节，简乎朕心。方燮采台阶，永毗国道，奄至薨殒，震恸兼深。考终定典，宜尽哀敬。可赠司徒，给班剑二十人，侍中、仆射、侯如故。"有司奏谥忠穆，诏为文穆。又诏曰："故司徒文穆公延孙，居身寡约，家素贫虚，每念清美，良深凄叹。葬送资调，固当阙乏，可赐钱三十万，米千斛。"

子质嗣，太宗泰始中，有罪，国除。

延孙弟延熙，义兴太守，在《孔觊传》。

史臣曰：延孙接款蕃日，固出颜、袁矣。风飙局力，又无等级可言，而隆名盛宠，必择而后授，何哉？良以休运甫开，沉疾方被，虽宿恩内积，而安私外简。夫侮因事狎，敬由近疏，疏必相思，狎必相厌，厌思一殊，荣礼自隔，遂得为一世宗臣，盖由此也。子曰："事君数，斯疏矣。"然乎！然乎！

宋书卷七九
列传第三九

文五王

竟陵王诞 庐江王祎 武昌王浑
海陵王休茂 桂阳王休范

竟陵王诞字休文,文帝第六子也。元嘉二十年,年十一,封广陵王,食邑二千户。二十一年,监南兖州诸军事、北中郎将、南兖州刺史,出镇广陵。寻以本号徙南徐州刺史。

二十六年,出为都督雍梁南北秦四州荆州之竟陵随二郡诸军事、后将军、雍州刺史。以广陵凋敝,改封随郡王。上欲大举北讨,以襄阳外接关、河,欲广其资力,乃罢江州军府,文武悉配雍州,湘州入台税租杂物,悉给襄阳。及大举北伐,命诸蕃并出师,莫不奔败,唯诞中兵参军柳元景先克弘农、关、陕三城,多获首级,关、洛震动,事在《元景传》。会诸方并败退,故元景引还。征诞还京师,迁都督广交二州诸军事、安南将军、广州刺史,当镇始兴,未行,改授都督会稽东阳新安临海永嘉五郡诸军事、安东将军、会稽太守,给鼓吹一部。

元凶弑立,以扬州浙江西属司隶校尉,浙江东五郡立会州,以诞为刺史。世祖入讨,遣沈庆之兄子僧荣间报诞,又遣宁朔将军顾彬之自曾显东入,受诞遣参军刘季之与彬之并势,自顿西陵,以为后继。劭遣将华钦、庾导东讨,与彬之弟相逢于曲阿之奔牛塘,路甚狭，左右皆悉入菰葑，彬之军人多赍篮屐，于菰葑中夹射之，钦等大败。事平，征诞为持节、都督荆湘雍益宁梁南北秦八州诸军事、卫将军、开府仪同三司、荆州刺史。诞以位号正与浚同，恶之，请求回改。乃进号骠骑将军，加班剑二十人，余如故。南谯王义宣不肯就征，以诞为侍中、骠骑大将军、扬州刺史，开府如故。改封竟陵王，食邑五千户。顾彬之以奔牛之功，封阳新县侯，食邑千户，季之零阳县侯，食邑五百户。

明年，义宣举兵反，有荆、江、兖、豫四州之力，势震天下。上即位日浅，朝野大惧。上欲奉乘舆法物以迎义宣，诞固执不可，然后处分。诞节，仗士五十人出入六门。上流平定，诞之力也。初讨元凶，与上同举兵，有奔牛之捷，至是又有殊勋，上性多猜，颇相疑惮。而诞造立第舍，穷极工巧，园池之美，冠于一时。多聚才力之士，实之第内，精甲利器，莫非上品。上意愈不平。建平二年，乃出为使持节、都督南徐兖二州诸军事、太子太傅、南徐州刺史，侍中如故。上以京口去都密迩，犹疑之，大明元年秋，又出为都督南兖南徐兖青冀幽六州诸军事、南兖州刺史，余如故。诞既见猜，亦潜为之备，至广陵，因索虏寇边，修治城隍，聚粮治仗。嫌隙既著，道路常云诞反。

三年，建康民陈文绍上书曰："私门有幸，亡大姑元嘉中蒙入台六宫，薄命早亡，先朝赐赠美人，又听大姑二女出入问讯。父饶，司空诞取为府史，恒使入山图画道路，勤剧备至，不敢有辞，不复听归，消息断绝。姑二女去年冒启归诉，蒙陛下圣恩，赐敕解饶吏名。诞见符至，大怒，唤饶入交问：'汝欲死邪？诉台求解。'饶即答：'官比不听通家信，消息断绝。若是姊为启闻，所不知。'诞因问饶：'汝那得入台？'饶被问，依实启答。既出，诞主衣庄庆、画师王强语饶：'汝今年败，汝姊误汝。官云小人辈敢持台家逼我。'饶因叛走归，诞即遣王强将数人逐，突入家内缚录，将还广陵。至京口客舍，乃陊死井中，托云'饶惧罪自杀'。抱痛怀冤，冒死归诉。"吴郡民刘成又诣阙上书，告诞谋反，称："息道龙昔伏事诞，亲见奸状。又见诞在石头城内，修乘舆法物，习倡警跸。道龙私独忧惧，向伴侣言之，语颇漏泄，诞使大吏令监内执道龙，道龙逸走，诞怒，鞭杀监，又捕杀道龙。”又豫章民陈谈之上书诉枉，称：“弟咏之昔蒙诞采录，随从历镇，大驾南下，为诞奉送笺书，经涉危险，时得上闻。圣明登阼，恩泽周普，回改小人，使命微勤，赐署台位。咏之恒见诞与左右小人庄庆、傅元祀潜图奸逆，言词丑悖，每云：‘天下方是我家有，汝等不忧不富贵。’又常疏陛下年纪姓讳，往巫郑师怜家祝诅。咏之既闻此语，又不见其事，恐一旦事发，横罹其罪，密以告建康右尉黄宣达，并有启闻，希以自免。元祀弟知咏之与宣达来往，自嫌言语漏泄，即具以告诞。诞大怒，令左右饮咏之酒，逼使大醉，因言咏之乘酒骂詈，遂被害。自顾冤枉，事有可哀。”

其年四月，上乃使有司奏曰：

臣闻神极尊明，大仪所以贞观；皇天峻邈，玄化所以幽宣。故能经纬甿俗，大庇黔首。庶道被八纮，不遗疏贱之赏，威格天区，岂漏亲贵之罚。此不刊之鸿则，古今之恒训。

谨按元嘉之末，天纲崩褫，人神哀愤，含生丧气。司空竟陵王诞，义兼臣子，任居藩维，进不能泣血提戈，忘身徇节，退不能闭关拒险，焚符斩使。遂至拜受伪爵，欣承荣宠，沉沦奸逆，肆于昏放。以妻故司空臣湛之女，诛亡余类，单舟遄遣，披猖千里，事哀行路，贼忍无亲，莫此为甚。故山阴傅僧祐，诚亮国朝，义均休戚。重门峻卫，不能拒折简之使，岩险千里，不能庇匹夫之身。乃更助虐冯凶，抽兵勒刃，遂使顿仆牢阱，死不旋踵，妻子播流，庭筵莫立，见之者流涕，闻之者含叹。及神锋首路，搀抢东指，风卷四岳，电扫三江，诞犹持疑两端，阴规进退。陛下频遣书檄，告譬殷勤，方改奸图，末乃奉顺。分遣弱旅，永塞符文，宴安所莅，身不越境，悖礼忘情，不顾物议，弯弧跃马，务是畋游。至奔牛有崩碎之陈，新亭无独克之术。假威义锐，乞命皇旅，竟有何劳，而论功伐。既祆祲廓清，大明升曜，幽显宅心，远迩云集。诞忽星行之悲，违开泰之庆，迟回顾望，淹逾旬朔。逆党陈叔兒等，泉宝钜亿，资货不赀，诞收籍所得，不归天府，辞称天军，实入私室。又太官东传，旧有献御，丧乱既平，独加断遏，珍羞庶品，回充私赡。于号讳之辰，遽甘滋之品，当惟新之始，绝苞苴之贡，忠孝两忘，敬爱俱尽。乃征引巫史，潜考图纬，自谓体应符相，富贵可期，悖意丑言，不可胜载。遂复遥讽朝廷，占求官爵，侮蔑宗室，诋毁公卿，不义不昵，人道将尽。荷任神州，方怀奸慝，每窥向宸御，妄生规幸，多树淫祀，显肆祆诅，遂在石头，潜修法物，传警称跸，拟则天行，皆已骇暴观听，彰布朝野。昔内难甫宁，珍玮散佚，有御刀利刃，擅价诸夏，天府禁器，历代所珍，诞密加购赏，顿藏私室。贼义宣初平，余党逃命，诞含纵罔忌，私窃招纳，名工纳巧，悉匿私第。又引义宣故将裘兴为己腹心，事既彰露，犹执欺罔，公文面启，矫称旧隶。加以营于制馆，僭拟天居，引石征材，专擅兴发，驱迫士族，役同舆皂，殚木土之姿，穷吞并之势。故会稽宣长公受遇二祖，礼级尊崇，臣湛之亡身徇国，追荣典军。诞以广托宅宇，地妨蓺植，辄逼遗孤，顿相驱徙。遂令神主宵迁，改卜委巷，宗戚含伤，行路掩涕。又缘溪两道，积代通衢，诞拓宇开垣，擅断其一。致使径涂拥隔，川陆阻碍，神怒民怨，毒遍幽显。故丞相临川烈武王臣道规，名德茂亲，勋光常策，异礼殊荣，受自先旨者。嗣王臣义庆，受任西夏，灵寝暂移，先帝亲枉銮舆，拜辞路左，恩冠终古，事绝常班。诞又以庙居宅前，固请毁换，诏旨不许，怨怼弥地。

有靦面目，豺狼为性，规牧江都，希广兵力，天德尚弘，甫申所请，仍谓应住东府，宜为中台，贪冒无厌，人莫与比。虽圣慈全救，每垂容纳，而虐戾不悛，奸诐弥甚。受命还镇，猜怨愈深，忠规正谏，必加鸩毒，谄渎肤躁，是与比周。又矫称符敕，设榜开募，事发辞寝，委罪自下。及录事徐灵寿以常署受坐，将就囚执，舀韩近恭，中护军遣吏夏嗣伯密相属请，求宽桎梏。且王僧达监刑之启事，高阇即戮之辞，皆称潜驿往来，遥相要契，丑声秽问，宣著遐迩，含识能言，孰不愤叹。又获吴郡民刘成、豫章民陈谈之、建康民陈文绍等并如诉状，则奸情猜志，岁月增积。

昔周德初升，公旦有流言之衅；鲁道方泰，季子断逵泉之诛。近则淮厉覆车于前，义康袭轨于后，变发柴奇，祸成范、谢，亦皆以义夺亲，情为宪屈。况乃上悖天经，下诬政道，结衅于无妄之辰，希幸于文明之日，皇穹所不覆，厚土所不容。夫无礼之诫，臣子所宜服膺；干纪之刑，有国所应慎守。臣等参议，宜下有司，绝诞属籍，削爵土，收付廷尉法狱治罪。诸所连坐，别下考论。伏愿远寻宗周之重，近监兴亡之由，割恩弃私，俯顺群议，则卜世灵根，于兹克固，鸿勋盛烈，永永无穷。陛下如复隐忍，未垂三思，则覆皇基于七百，挤生民于涂炭。此臣等所以夙夜危惧，不敢避铁钺之诛者也。

上不许，有司又固请，乃贬爵为侯，遣令之国。

上将诛诞，以义兴太守垣阆为兖州刺史，配以羽林禁兵，遣给事中戴明宝随阆袭诞，使阆以之镇为名。阆至广陵，诞未悟也。明宝夜报诞典签蒋成，使明晨开门为内应。成以告府舍人许宗之，宗之奔入告诞。诞惊起，呼左右及素所畜养数百人，执蒋成，勒兵自卫。明旦将晓，明宝与阆率精兵数百人卒至，明而门不开，诞已列兵登陴，自在门上斩蒋成，焚兵籍，赦作部徒系囚，开门遣腹心率壮士击明宝等，破之。阆即遇害，明宝奔逃，自海陵界得还。

上乃遣车骑大将军沈庆之率大众讨诞。诞焚烧郭邑，驱居民百姓，悉使入城，分遣书檄，要结近远。时山阳内史梁旷家在广陵，诞执其妻子，遣使要旷，旷斩使拒之。诞怒，灭其家。诞奉表投之城外，曰："往年元凶祸逆，陛下入讨，臣背凶赴顺，可谓常节。及丞相构难，臧、鲁协从，朝野恍惚，感怀忧惧，陛下欲百官羽仪，星驰推奉，臣前后固执，方赐允俞，社稷获全，是谁之力？陛下接遇殷勤，累加荣宠，骠骑、扬州，旬月移授。恩秩频加，复赐徐、兖，仰屈皇储，远相饯送。臣一遇之感，感此何忘，庶希偕老，永相娱慰。岂谓陛下信用谗言，遂令无名小人来相掩袭，不任枉酷，即加诛剪。雀鼠贪生，仰违诏敕。令亲勒部曲，镇捍徐、兖。先经何福，同生皇家；今有何愆，便成胡、越？陵锋奋戈，万没岂顾，荡定之期，冀在旦夕。右军、宣兰，爰及武昌，皆以无罪，并遇枉酷，臣有何过，复致于此？陛下宫帷之丑，岂可三缄。临纸悲塞，不知所言。”世祖忿诞，左右腹心同籍期亲并诛之，死者以千数。或有家人已死，方自城内叛出者。

车驾出顿宣武堂，内外纂严，庆之进广陵，诞幢主韩道元来降。豫州刺史宗悫、徐州刺史刘道隆率众来会。诞中兵参军柳光宗、参军何康之、刘元迈、幢主索智朗，谋开城北门归顺，未期而康之所镇队主石贝子先众出奔，康之惧事泄，夜与智明斩关而出。诞禽光宗杀之。光宗，柳元景从弟也。康之母在城内，亦为诞所杀。

诞见众军大集，欲弃城北走，留中兵参军申灵赐居守，自将骑步数百人，亲信并随，声云出战，邪趋海陵道。诞将周丰生驰告庆之，庆之遣龙骧将军武念追蹑。诞行十余里，众并不欲去，请诞还城。诞曰：“我还，卿能为我尽力不？”众皆曰：“愿尽力。”左右杨承伯牵诞马曰：“死生且还保城，欲持此安之？速还尚得入，不然败矣。”庆之所遣将戴宝之单骑前至，刺诞殆获，诞惧，乃驰还。武念去诞远，未及至，故诞得向城。既至，曰：“城上白须，非沈公邪？”左右曰：“申中兵。”诞乃入。以灵赐为骠骑府录事参军，王玙之为中军长史，世子景粹为中军将军，州别驾范义为中军长史，其余府州文武，皆加秩。

先是，右卫将军垣护之、左军将军崔道固、屯骑校尉庞番蚪、太子旅贲中郎将殷孝祖破索虏还，至广陵，上并使受庆之节度。司州刺史刘季之，诞故佐也，骁果有膂力，梁山之役，又有战功，增邑五百户。在州贪残，司马翟弘业谏争甚苦，季之积忿，置毒药食中杀之。少年时，宗悫共蒲戏，曾手侮加悫，悫深衔恨。至是，悫为豫州刺史，都督司州，季之虑悫为祸，乃委官间道欲归朝廷。会诞反，季之至盱眙，盱眙太守郑瑗以季之素为诞所遇，疑其同逆，因邀道杀之，送首诣道隆。时诞亦遣间信要季之，及季之首至，沈庆之送以示诞。季之缺齿，垣护之亦缺，诞谓众曰：“此垣护之头，非刘季之也。”

太宗初即位，郑瑗为山阳王休祐骠骑中兵参军。□州刺史殷琰与晋安王子勋同逆，休祐遣瑗及左右邢龙符说琰，琰不受。郑氏，寿阳强族。瑗即使琰镇军。子勋责琰举兵迟晚，琰欲自解释，乃杀龙符送首，瑗固争不能得。及寿阳城降，瑗随辈同出，龙符兄僧愍时在城外，谓瑗构杀龙符，辄杀瑗。即为刘勔所录，后见原。僧愍寻击虏于淮西，战死。此四人者，并由横杀，旋受身祸，论者以为有天道焉。

诞幢主公孙安期率兵队出降。诞初闭城拒使，记室将军贺弼固谏再三，诞怒，抽刃向之，乃止。或劝弼出降，弼曰："公举兵向朝廷，此事既不可从，荷公厚恩，又义无违背，唯当死明心耳。"乃服药自杀。弼字仲辅，会稽山阴人也，有文才。赠车骑将军、山阳海陵二郡太守，长史如故。幢主王玙之赏募数百人，从东门出，攻龙骧将军程天祚营，断其弩弦，天祚击破之，即走还城。诞又加申灵赐南徐州刺史。军主马元子逾城归顺，追及杀之。乃于城内建列立坛誓，诞将歃血，其所署辅国将军孟玉秀曰："陛下亲歃。"群臣皆称万岁。

初，诞使黄门吕昙济与左右素所信者，将世子景粹藏于民间，谓曰："事若济，斯命全脱，如其不免，可深埋之。"分以金宝，齐送出门，并各散走，唯昙济不去，携负景粹。十余日，乃为沈庆之所捕得，斩之。

诞所署平南将军虞季充又出降书。上使庆之于桑里置烽火三所。诞又遣千余人自北门攻强弩将军苟思达营，龙骧将军宗越击破之。开东门掩攻刘道隆营，复为殷孝祖及员外散骑侍郎沈攸之所破。诞及加申灵赐左长史，王与之右长史，范义左司马、将军，孟玉秀右司马、右将军。范义母妻子并在城内，有劝义出降，义曰："我人吏也，且岂能作何康活邪。"义字明休，济阳考城人也，早有世誉。

五月十九日夜，有流星大如斗杆，尾长十余丈，从西北来坠城内，是谓天狗。占曰："天狗所坠，下有伏尸流血。"诞又遣二百人出东门，攻刘道产营，别遣疑兵二百人出北门。沈攸之于东门奋短兵接战，大破之。门者又为苟思达所破。诞又遣数百人出东门，攻宁朔司马刘勔营，攸之又破之。广陵城旧不开南门，云开南门者，不利其主，至诞乃开焉。彭城邵领宗在城内，阴结死士，欲袭诞。先欲布诚于庆之，乃说诞求为间谍，见许。领宗既出，致诚毕，复还城内，事泄，诞鞭二百，考问不服，遂支解之。

上遣送章二纽，其一曰竟陵县开国侯，食邑一千户，募赏禽诞；其二曰建兴县开国男，三百户，募赏先登。若克外城，举一烽；克内城，举两烽；禽诞，举三烽。上又遣屯骑校尉谭金、前虎贲中郎将郑景玄率羽林兵隶庆之。诞复遣三百人自南门攻刘勔土山，为勔所破。庆之填堑治攻道，值夏雨，不得攻城。上每玺书催督之，前后相继。及晴，再怒，使太史择发日，将自济江。太宰江夏王义恭上表谏曰："诞素无才略，畜养又寡，自拒王命，士庶离散。城内乏粮，器械不足，徒赖免兵仓头三四百人，造次相附，恩怨夙结。臣始短虑，谓一旬可殄，而假息流迁，七十余日。上将受律，群蕃兵峙，锐卒精旅，动以万计，大威所震，未有成功。臣虽凡怯，犹怀愤踊。陛下入翦封豕，出讨长蛇，兵不血刃，再兴七百。而蕞尔小丑，遂延晷漏，致皇赫斯怒，将动乘舆。此实臣下素食驽钝之责，行留百司，莫不仰惭俯愧。今盛暑被甲，日费千金，天威一麾，孰不幸甚。臣伏寻晋文王征淮南，淹师出二百日，方能制寇。今诞糇粮垂竭，背逆者多；庆之等转悟迟重之非，渐见乘机之利。且成旨频降，必应旦夕夷殄。愚又以广陵涂近，人信易达，虽为江水，约示不难。且睹理者寡，暗塞者众，忽见云旗移次，京都既当祗悚，四方之志，必有未达。臣愚伏重思计，今宁不当计小丑，省生命，以安遐迩之情。又以长江险阔，风波难期，王者尚不乘危，况乃泛不测之水。昔魏文济江，遂有遗州之名，今虽先天不违，动干休庆，龙舟所幸，理必利涉，然居安虑危，不可不惧。私诚款款，冒启赤心，追用悚汗，不自宣尽。"

七月二日，庆之率众军进攻，克其外城，乘胜而进，又克小城。诞闻军入，与申灵赐走趋后园。队主沈胤之、义征客周满、胡思祖驰至，诞执玉环刀与左右数人散走，胤之等追及诞于桥上，诞举刀自卫，胤之伤诞面，因坠水，引出杀之，传首京邑。时年二十七。因葬广陵，贬姓留氏。同党悉诛，杀城内男京观，死者数千，女口为军赏。

诞母殷、妻徐,并自杀。追赠殷长宁园淑妃。嘉梁旷诚节,擢为后将军。封周满山阳县侯,食邑四百五十户,胤之耒阳子,食邑三百五十户,胡思祖高平县男,食邑二百户。临川内史羊浚之以先协附诞伏诛。

诞为南徐州刺史在京,夜大风,飞落屋瓦,城门及床倒覆,诞心恶之。及迁镇广陵,入城,冲风暴起扬尘,昼晦。又中夜闲坐,有赤光照室,见者莫不怪愕。左右侍直,眠中梦人告之曰:“官须发为鞘毦。”既觉,已失髻矣,如此者数十人,诞甚怪惧。大明二年,发民筑治广陵城,诞循行,有人干舆扬声大骂曰:“大兵寻至,何以辛苦百姓!”诞执之,问其本末,答曰:“姓夷名孙,家在海陵。天公去年与道佛共议,欲除此间民人,道佛苦谏得止。大祸将至,何不立六慎门。”诞问:“六慎门云何?”答曰:“古时有言,祸不入六慎门。”诞以其言狂悖,杀之。又五音士忽狂易见鬼,惊怖啼哭曰:“外军围城,城上张白布帆。”诞执录二十余日,乃赦之。城陷之日,云雾晦暝,白虹临北门,亘属城内。

八年,前废帝即位,义阳王昶为征北将军、徐州刺史,道经广陵,上表曰:“窃闻淮南中雾,眷求遗绪;楚英流殛,爰存丘墓。并难结两臣,义开二主,法虽事断,礼或情申。伏见故贼刘诞,称戈犯节,自贻逆命,膏斧婴戮,在宪已彰。但寻属忝皇枝,位叨列辟,一以罪终,魂骸莫赦。生均宗籍,死同匹竖,旅窆委杂,封树不修。今岁月愈迈,愆流衅往,践境兴怀,感事伤目。陛下继明升运,咸与惟新,大德方临,哀矜未及。夫栾布哭市,义犯雷霆;田叔钳赭,志于夷戮。况在天伦,何独无感。伏愿稽若前准,降申丹志,乞薄改榀柎,微表窀穸,则朽骨知荣,穷泉识荷。临纸哽恸,辞不自宣。”诏曰:“征北表如此,省以慨然。诞及妻女,并可以庶人礼葬,并置守卫。”太宗泰始四年,又更改葬,祭以少牢。

庐江王祎字休秀,文帝第八子也。元嘉二十二年,年十岁,封东海王,食邑二千户。二十六年,以为侍中、后军将军,领石头戍事。迁冠军将军、南彭城下邳二郡太守、散骑常侍，领戍如故。出为会稽太守，将军如故。二十九年，迁使持节、都督广交二州荆州之始兴临安二郡诸军事、车骑将军、平越中郎将、广州刺史。元凶弑立，进号安南将军，未之镇。世祖践祚，复为会稽太守，加抚军将军。明年，征为秘书监，加散骑常侍。寻出为抚军将军、江州刺史，进号平南将军，置吏。大明二年，征为散骑常侍、中书令，领骁骑将军，给鼓吹一部，常侍如故。又出为南豫州刺史，常侍、将军如故。以本号开府仪同三司，领国子祭酒，常侍如故。五年，诏曰："昔韩、卫异姓，宗周之明宪；三封殊级，往晋之令典。唯皇家创典，尽弘斯义。朕应天命，光宅四海，思所以宪章前式，崇建懿亲，永垂画一，著于甲令，诸弟国封，并可增益千户。"七年，进司空，常侍、祭酒如故。前废帝即位，加中书监。太宗践阼，进太尉，加侍中、中书监，给班剑二十人。改封庐江王。

太祖诸子，袆尤凡劣，诸兄弟嗤鄙之。南平王铄蚤薨，铄子敬渊婚，袆往视之，白世祖借伎，世祖答曰："婚礼不举乐，且敬渊等孤苦，倍非宜也。"至是太宗与建安王休仁诏曰："人既不比数西方公，汝便为诸王之长。"时袆住西州，故谓之西方公也。泰始五年，河东柳欣慰谋反，欲立袆，袆与相酬和。欣慰要结征北咨议参军杜幼文、左军参军宋祖珍、前都令王隆伯等。袆使左右徐虎兒以金合一枚饷幼文，铜钵二枚饷祖珍、隆伯。幼文具奏其事，上乃下诏曰：

昔周室既盛，二叔流言，汉祚方隆，七蕃迷叛，斯实事彰往代，难兴自古。虽圣贤御宇，宇内纾患。太尉庐江王藉庆皇枝，蚤升宠树，幼无立德，长缺修声，淡薄亲情，厚结行路，狎昵群细，疏涩人士。自朕拨乱定宇，受命应天，实尚敦睦，克敷友于，故崇殊爵，超居上台，而公常怀不平，表于事迹。公若德深望重，宜膺大统，朕初平暴乱，岂敢当璧，自然推符奉玺，天祚有归。且朕虽居尊极，不敢自恃，宗室之事，无不谘公。不虞志欲难满，妄生窥怨，积慝在衿，遂谋社稷。

曩者四方遘祸，兵斥畿甸，缙绅忧惶，亲贤同愤。唯公独幸厥灾，深抃时难，昼则从禽游肆，夜则纵酒弦歌，侧耳视阴，企贼休问。司徒休仁等并各令弟，事兼家国，推锋履险，各伐一方，蒙霜践棘，辛勤已甚。况身被矢石，否泰难虞，悠悠之人，尚有信分。公未曾有一函之使，遗半纸之书，志弃五弟，以饵仇贼。自谓身非勋烈，义不参谋，必期凶逆道申，以图辅相。及皇威既震，群凶肃荡，九有同庆，万国含欣。而公容气更沮，下帷晦迹，每觇天察宿，怀协左道，咒诅祷请，谨事邪巫，常被发跣足，稽首北极，遂图画朕躬，勒以名字，或加之矢刃，或烹之鼎镬。公在江州，得一汉女，云知吉凶，能行厌咒，大设供养，朝夕拜伏，衣装严整，敬事如神，令其祝诅孝武，并及崇宪，祈皇室危弱，统天称已，巫称神旨，必得如愿，后事发觉，委罪所生，侥幸皷陋，仅得自免。近又有道士张宝，为公见信，事既彰露，肆之于法。公不知惭惧，犹加营理，遣左右二人，主掌殡舍。显行邪志，罔顾吏司。又挟阉竖陈道明交关不逞，传驿音意，投金散宝，以为信誓。又使府史徐虎兒招引边将，要结禁旅，规害台辅，图犯宫掖。

公受性不仁，才非治用，昔忝江州，无称被征，前莅会稽，以罪左黜。公稽古寡闲，严而无理，言不畅寒暑，惠不及帷房，朝野所轻，缙绅同侮，岂堪辅相之地，宁任莅民之职，非唯一朝，有自来矣。

大明之世，迄于永光，公常留中，未尝外抚，何以在今，方起嫌怨。公少即长人，情无哀戚，侍拜长宁，从祀宗庙，颜无戚状，泪不垂脸，兄弟长幼，靡有爱心。昔因孝武御筵置酒，心诚不著，于时义阳念遇本薄，遭公此谮，益被猜嫌。朕当时狼狈，不暇自理，赖崇宪太后譬解百端，少蒙申亮，得免殃责。景和狂主，丑毒横流，初诛宰辅，豺志方扇。于建章宫召朕兄弟，逼酒使醉，公因酒势，遂肆苦言，云朕及休仁，与太宰亲数，往必清闲，赠贶丰厚。朕当时惶骇，五内崩坠，于其语次，劣得小止。往又经在寻阳长公主第，兄弟共集，忽中坐忿怒，厉色见指，以朕行止出入，每不能固，若得称心，规肆忿憾。惟公此旨，蚤欲见灭，而天道受善，朕获南面，不长恶逆，挫公毒心。

自大明积费，国弊民凋，加景和奢虐，府藏罄尽，朕在位甫尔，恤义具瞻，仍值终阻蜂起，日耗万金，公卿庶民，倾产归献。积受台奉，赀畜优广。朕践阼之初，公请故太宰东传余钱，见入数百万，内不充养，外不助国，散赐谄谀，遍惠趋隶。推心考行，事类斯比。群小交构，遂生异图，籍籍之义，转盈民口。公若地居衡寄，任专八柄，德育于民，勋高于物，势不自安，于事为可。公既才均栎木，牵以曲全，因高无民，得守虚静，而坐作凶咎，自□深衅。由朕诚感无素，爰至于此，永寻多难，惋慨实深。

凡人所行，各有本志，朕博爱尚仁，为日已久，尚能含仇恕罪，著于触事，岂容于公，不相隐忍。但祸萌易渐，去恶宜疾，负何之重，宁得坐观。且蔓草难除，燎火须扑，狡扇之徒，宜时诛剪。已诏司戮，肃正典刑。公身居戚长，情礼兼至，准之常科，顾有恻怛，宜少申国宪，以吊不臧。今以淮南、宣城、历阳三郡还立南豫州，降公为车骑将军、开府仪同三司、南豫州刺史，削邑千户，侍中、王如故。

出镇宣城，上遣腹心杨运长镇兵防卫，同党柳欣慰、徐虎兒、陈道明、宁敬之、闾丘邈之、樊平祖、孟敬祖并伏诛。明年六月，上又令有司奏："祎忿怼有怨言，请免官，削爵土，付宛陵县狱，依法穷治。"不许。乃遣大鸿胪持节，兼宗正为副，奉诏责祎，逼令自杀。时年三十五，即葬宣城。

子充明，辅国将军、南彭城东莞二郡太守。废徙新安歙县。后废帝即位，听还京邑。顺帝升明二年，卒，时年二十八。无子。

武昌王浑字休渊，文帝第十子也。元嘉二十四年，年九岁，封汝阴王，食邑二千户。为后军将军，加散骑常侍。索虏南寇，破汝阴郡，徙浑为武昌王。少而凶戾，尝出石头，怨左右人，援防身刀斫之。元凶弑立，以为中书令。山陵夕，裸身露头，往散骑省戏，因弯弓射通直郎周朗,中其枕,以为笑乐。世祖即位,授征虏将军、南彭城东海二郡太守,出镇京口。

孝建元年,迁使持节、监雍梁南北秦四州荆州之竟陵随二郡诸军事、宁蛮校尉、雍州刺史,将军如故。浑至镇,与左右人作文檄,自号楚王,号年为永光元年,备置百官,以为戏笑。长史王翼之得其手迹,封呈世祖。上使有司奏免为庶人,下太常绝其属籍,徙付始安郡。上遣员外散骑侍郎戴明宝诘浑曰:“我与汝亲则同气,义则君臣,遣任西蕃,以同盘石。云何一旦反欲见图?文檄处分,事迹炳然,不忠不义,乃可至此。岂唯天道助顺,逆志难克,如其凶图获逞,天下谁当相容。前事不远,足为鉴戒。加以频岁衅难,非起外人,唯应相与厉精,以固七百。汝忽复构此,良可悲惋。国虽有典,我亦何忍极法,好自将养,以保松、乔之寿。”逼令自杀,即葬襄阳,时年十七。大明四年,听还葬母江太妃墓次。太宗即位,追封为武昌县侯。

王翼之字季弼,琅邪临沂人,晋黄门侍郎徽之孙也。官至御史中丞,会稽太守,广州刺史,谥曰肃子。

海陵王休茂,文帝第十四子也。孝建二年,年十一,封海陵王,食邑二千户。大明二年,以为使持节、都督雍梁南北秦四州郢州之竟陵随二郡诸军事、北中郎将、宁蛮校尉、雍州刺史。进号左将军,增邑千户。时司马庾深之行府事,休茂性急疾,欲自专,深之及主帅每案之,常怀忿怒。左右张伯超至所亲爱,多罪过,主帅常加呵责。伯超惧罪,谓休茂曰:“主帅密疏官罪过,欲以启闻,如此恐无好。”休茂曰:“为何计?”伯超曰:“唯当杀行事及主帅,且举兵自卫。此去都数千里,纵大事不成,不失入虏中为王。”休茂从之。夜挟伯超及左右黄灵期、蔡捷世、滕穆之、王宝龙、来承道、彭叔兒、魏公子、陈伯兒、张驷奴、杨兴、刘保、余双等,率夹毂队,于城内杀典签杨庆,出金城,杀司马庾深之,典签戴双。集征兵众,建牙驰檄,使佐吏上车骑大将军、开府仪同三司,加黄钺。侍读博士荀诜谏争,见杀。伯超专任军政,杀害自己。休茂左右曹万期挺身斫休茂,被创走,见杀。休茂出城行营，谘议参军沈畅之等率众闭门拒之，休茂驰还，不得入。义成太守薛继考为休茂尽力攻城，杀伤甚众，畅之不能自固，遂得入城，斩畅之及同谋数十人。

其日，参军尹玄庆起义，攻休茂，生禽之，将出中门斩首，时年十七。母妻皆自杀，同党悉伏诛。城中挠乱，无相统领。时尚书右仆射刘秀之弟恭之为休茂中兵参军，众共推行府州事。继考以兵胁恭之，使作启事云立义，自乘驿还都，上以为永嘉王子仁北中郎谘议参军、河南太守，封冠军县侯，食邑四百户。寻事泄，伏诛。恭之坐系尚方。以玄庆为射声校尉。有司奏绝休茂属籍，贬姓为留，上不许。即葬襄阳。

庾深之字彦静，新野人也。以事先朝见知。元嘉二十九年，自辅国长史为长沙内史。南郡王义宣为荆、湘二州，加深之宁朔将军，督湘川七郡。明年，义宣为逆，深之据巴陵拒。休茂司马，见害之旦，子孙亦死。追赠深之冠军将军、雍州刺史，荀诜员外散骑侍郎，曹万期始平太守。

桂阳王休范，文帝第十八子也。孝建三年，年九岁，封顺阳王，食邑二千户。大明元年，改封桂阳王。为冠军将军、南彭城下邳太守。三年，出为江州刺史，寻加征虏将军，邑千户。入为秘书监，领前军将军。七年，迁左卫将军，加给事中。前废帝永元元年，转中护军，领崇宪卫尉。太宗定乱，以为使持节、都督南徐徐南兖兖四州诸军事、镇北将军、南徐州刺史，给鼓吹一部。时薛安都据彭城反叛，遣从子索兒南侵，休范进据广陵，督北讨诸军事，加南兖州刺史，进征北大将军，加散骑常侍。还京口，解兖州，增邑二千户，受五百户。泰始五年，征为中书监、中军将军、扬州刺史，常侍如故。明年，出为使持节、都督江郢司广交五州豫州之西阳新蔡晋熙湘州之始兴四郡诸军事、征南大将军、江州刺史。寻加开府仪同三司。未拜，改授都督南徐徐南兖兖青冀六州诸军事、骠骑大将军、南徐州刺史，持节、常侍、开府如故。未拜，以骠骑大将军还为江州，进督越州诸军事，给三望车一乘。太宗遗诏，进位司空，改常侍为侍中，加班剑三十人。

休范素凡讷，少知解，不为诸兄所齿遇。太宗常指左右人谓王景文曰："休范人才不及此，以我弟故，生便富贵。释氏愿生王家，良有以也。"及太宗晚年，晋平王休祐以狼戾致祸，建安王休仁以权逼不见容，巴陵王休若素得人情，又以赀害。唯休范谨涩无才能，不为物情所向，故得自保，而常怀忧惧，恒虑祸及。及太宗晏驾，主幼时艰，素族当权，近习秉政，休范自谓宗戚莫二，应居宰辅，事既不至，怨愤弥结。招引勇士，缮治器械，行人经过寻阳者，莫不降意折节，重加问遗，□□留则倾身接引，厚相资给，于是远近同□□□如归。朝廷知其有异志，密相防御，虽未表形迹，而衅难已成。母荀太妃薨，葬庐山，以示不还之志。解侍中。

时夏口阙镇，朝议以居寻阳上流，欲树置腹心，重其兵力。元徽元年，乃以第五皇弟晋熙王燮为郢州刺史，长史王奂行府州事，配以资力，出镇夏口。虑为休范所拨留，自太洑去，不过寻阳。休范大怒，欲举兵袭朝廷，密与典签新蔡人许公舆谋之，表治城池，修起楼堞，多解榜板，拟以备用。其年，进位太尉。明年五月，遂举兵反。虏发百姓船乘，使军队称力请受，付以榜解板，合手装治，二三日间，便悉整办。率众二万，铁骑数百匹，发自寻阳，昼夜取道。书与袁粲、褚渊、刘秉曰：

夫治政任贤，宜亲疏相辅，得其经纬，则结绳可及，失其规矩，则危亡可期。汉承战国之余，伤周室衰殄，立磐石之宗，而致七国之乱。魏革汉典，创于前失，遂使诸王绝朝聘之礼，是以根疏叶枯，政移异族。今宗室衰微，自昔未有，泰宁之世，足以为譬。孤子忝枝皇族，预关兴毁，虽欲忘言，其可得乎。

高祖武皇帝升睿三光，涤纷四表。太祖文皇帝钦明冠古，资乾承历，秉钺西服，鸣銮东京，搜贤选能，纳奇赏异。孝武皇帝歧嶷天纵，先机雷发，陵波静乱，宏业中兴，储嗣不腆，遂贻祸难。于时建安王以家难频遘，宜立长主，明皇帝恢朗渊懿，仁润含远，奉戴南面，允合天人。而太尉以年长居卑，怨心形色，柳欣慰等规行不轨，事迹披猖。骠骑以忤颜失旨，应对不顺，在蕃刻削，怨结人鬼。先帝明于号令，岂枉法为亲，二王之衅，实自由己。但司徒巴陵王劳谦为国，中流事难，有不世之勋，奉时如天，事兄犹父，非唯令友，信为国器。唐叔之忠，而受管、蔡之罪，亲戚哀愤，行路嗟叹。王地籍光洁，德厌民望，并无寸罪，受毙谗邪。先帝穆于友于，留心亲戚，去昔事平之后，面受诏诲，礼则君臣，乐则兄弟，升级赐赏，动不移年，抚慰孜孜，恒如不足，岂容一旦阋墙，致此祸害，良有由也。先帝寝疾弥年，体疲膳少，虽神照无亏，而虑有失德，补阙拾遗，责在左右。于时出入卧内，唯有运长、道隆，群细无状，因疾遘祸，见上不和，知无瘳拯，虑晏驾之日，长王作辅，夺其宠柄，不得自专。是以内假帝旨，外托朝议，谀辞诡貌，万类千端，升进奸回，屠斥贤哲，外矫天则，内诬人鬼。是以星纪违常，羲望失度。昔魏颗择命，《春秋》美之；秦穆殉良，《诗》有明刺。臣子之节，得失必书，不及匡谏，犹以为罪。交间苍蝇，驱扇祸戮，爵以货重，才由贫轻，先帝旧人，无罪黜落，荐致乡亲，遍布朝省。谄谀亲狎者，飞荣玉除；静立贞粹者，柴门生草。事先关己，虽非必行；若不谘询，虽是必抑。海内远近，人谁不知，未解执事，不加斧钺，遂致先帝有杀弟之名，丑声遗于君父，格以古义，岂得为忠。先帝崩殂，若无天地，理痛常情，便应赴泣。但兄弟枉酷，已陷谗细，孤子已下，复触奸机。是以望陵坟而摧裂，想銮旂而抽恸。虽复才违寄宠，而地属负荷，顾命之辰，曾不见及。分崩之际，诏出两竖，天诱其衷，得居乎外。若受制群邪，则玉石同碎矣。以宇宙之基，一旦受制卑琐，刘氏家国，使小人处分，终古以来，未有斯酷。昔石显、曹节，方今为优，而望之、仲举，由以致弊。至于遭逢丑慝，岂有古今者乎。

诸贤胄籍冠冕，世历忠贞，位非恩树，勋岂宠结，忧国勤王，社稷之镇，岂可含纵谗凶，坐观倾覆。自惟宋室未殒，得以推移者，正内赖诸贤，防勒奸轨，外有孤子，跨据中流。而人非金石，何能支久，走一亏落，则本根莫庇。当今主上冲幼，宜明典章，征虏之镇，不见慰省，逆旅往来，尚有顾眄，骨肉何仇，逼使离隔。禽兽之心，横生疑贰，经由此者，每加约截，同恶相求，有若市贾。以孤子知其情状，恒恐以此乘之，钳勒州郡，过见防御。近遣西南二使，统内宣传，不容恐惧，即遣启并有别书。若以孤子有过，便应鸣鼓见伐，如其不尔，宜令各有所归。与杀不辜，宪有常辟，三公之使，无罪而斩，鄙虽不肖，天子之季父，卑小主者，敢不如是乎。孤子承奉今上，如事先朝，夙宵恭谨，散心云日，晦望表驿，相从江衢，有何亏违，顿至于此。既已甘心，其可再乎。如往来所说，以孤子纳士为尤，此辈惧其身罪，岂为国计。在昔四豪，列国公子，独博引广纳，门客三千。况孤子位居鼎司，捍卫畿甸，且今与昔异，咸所知也。狡虏陵掠，江、淮侵逼，主上年稚，宗室衰微，邪僭用命，亲贤结舌，疆场婴涂炭之苦，征夫有勤役之劳。瓜时不代，齐犹致祸，况长淮戍卒，历年怨思，不务拓远强边，而先事国君亲戚，以此求心，何事非乱。又以缮治盆垒，复致嚣声。自晋、宋之灾，积贮百万，孤子到镇，曾不数千里，且修城池，整郭邑，为治常理，复何足致嫌邪？若以中流清荡，则任农夫不应实力强兵，作镇姑熟，俱防寇害，岂得独嫌于此。昔成王之明，而为流言致惑，若使金縢不开，则周公无以自保。乐毅归赵，不忍谋燕，况孤子礼则君臣，恩犹父子者乎。所以枕戈泣血，祗以兄弟之仇尔。观其不逞之意，岂可限量。设使遂其虐志，诸君欲安坐得乎？唇亡齿寒，理不难见。桂蠹必除，人邪必翦，枉突徙薪，何劳多力。望便执录二竖，以谢冤魂，则先帝不失顺悌之名，宋世无枉笔之史。

　　此州地居形要，路枕九江，控弦跨马，越关而至。重气轻死，排薮竞出，练甲照水，总戈成林，剿此纤隶，何患不克。但千钧之弩，不为鼷鼠发机，欲使薰莸内辨，晋阳外息尔，功有所归，不亦可乎。便当投命有司，谢罪天阙，同奉温清，齐心庶事。

伊、霍之任，非君而谁；周、邵之职，颇以自许。左提右挈，无愧古人。昔平、勃刚断，产、禄蚤诛；张、温趑趄，文台扼腕。事之枢机，得失俄顷，往车今辙，庶无惑焉。近持此意，申之沈攸，其愤难不解诸王致此，既知祸原，锐然奋发，蓄兵厉卒，以俟同举。张兴世发都日，受制凶党，扬帆直逝，遂不见遇，孤子近遣信申述奸祸，方大惆惋，追恨前迷，比者信使，每申勤款。王奂佐郢，兵权在握，厥督屠狂，朝野嗟痛，犹父之怨，宁可与之比肩。孤子此举，增其慷慨，义之所劝，其应犹响。诸君或未得此意，故先告怀。徙倚一隅，迟及委问。孤子哀疾尪毁，穷尽无日，庶规史鳅，死不忘本。临纸荒哽，言不诠第。

大雷戍主杜道欣驰下告变。道欣至一宿，休范已至新林，朝廷震动。平南将军齐王出次新亭垒，领军将军刘勔、前兖州刺史沈怀明据石头，征北将军张永屯白下，卫将军袁粲、中军褚渊、尚书左仆射刘秉等入卫殿省。时事起仓卒，不暇得更处分，开南北二武库，随将士意取。

休范于新林步止，及新亭垒，自临城南，于临沧□上，以数十人自卫。屯骑校尉黄回见其可乘，乃伪往请降，并宣齐王意旨，休范大悦，以二子德宣、德嗣付回与为质，至即斩之。回与越骑校尉张敬兒直前斩休范首，持还，左右并奔散。

初，休范自新林分遣同党杜耳、丁文豪、杜墨蠡等，直向朱雀门。休范虽死，墨蠡等不相知闻。王道隆率羽林兵在朱雀门内，闻贼至，急召刘勔。勔自石头来赴，仍进桁南，战败，死之。墨蠡等乘胜直入朱雀门，王道隆为乱兵所杀。墨蠡等唱云。遣队主陈灵宝赍首诣台，道逢贼，弃首于水，挺身得达，虽唱云“已平”，而无以为据，众愈疑惑。张永弃众于白下，沈怀明于石头奔散，抚军典签茅恬开东府纳贼。墨蠡径至杜姥宅，中书舍人孙千龄开□明门出降，宫省恇扰，无复固志。时库藏赏赐已尽，皇太后、太妃剔取宫内金银器物以充用。羽林监陈显达率所领于杜姥宅与墨蠡战，破之。至宣阳御道，诸贼一时奔散，斩墨蠡、文豪及同党姜伯玉、柳仲虔、任天助等。

许公舆走还新茶，村民斩送之。晋熙王爽自夏口遣军平寻阳，德嗣弟青牛、智藏并伏诛。诏建康、秣陵二县收敛诸军死者，并杀贼尸，并加藏埋。

史臣曰：语有之，投鼠而忌器，信矣。阮佃夫、王道隆专用主命，臣行君道，识义之徒，咸思戮以马剑。休范驰兵象魏，矢及君屋，忠臣义士，莫不衔胆争先。夫以邪附君，犹或自免，况于仗正顺以争主哉！

宋书卷八〇
列传第四〇

孝武一四王

豫章王子尚　晋安王子勋
松滋侯子房　临海王子顼
始平孝敬王子鸾　永嘉王子仁
始安王子真　邵陵王子元
齐敬王子羽　淮南王子孟
晋陵孝王子云　南海哀王子师
淮阳思王子霄　东平王子嗣
武陵王赞

孝武帝二十八男：文穆皇后生废帝子业、豫章王子尚，陈淑媛生晋安王子勋，阮容华生安陆王子绥，徐昭容生皇子子深，何淑仪生松滋侯子房，史昭华生临海王子顼，殷贵妃生始平孝敬王子鸾，次永嘉王子仁，与皇子子深同生，何婕妤生皇子子凤，谢昭容生始安王子真，江婕妤生皇子子玄，史昭仪生邵陵王子元，次齐敬王子师，与始平孝敬王子鸾同生，江美人生皇子子衡，杨婕妤生淮南王子孟，次皇子子况，与皇子子玄同生，次南平王子产，与永嘉王子仁同生，次晋陵孝王子云，次皇子子文，并与始平孝敬王子鸾同生，次庐陵王子舆，与淮南王子孟同生，次南海哀王子师，与始平孝敬王子鸾同生，淮阳思王子霄，与皇子子玄同生，次皇子子雍，与始安王子真同生，次皇子子趋，与皇子子凤同生，次皇子子期，与皇子子衡同生，次东平王子嗣，与始安王子真同生，杜容华生皇子子悦。安陆王子绥、南平王子产、庐陵王子舆并出继。皇子子深、子凤、子玄、子衡、子况、子文、子雍未封，早夭。子趋、子期、子悦未封，为明帝所杀。

豫章王子尚字孝师，孝武帝第二子也。孝建三年，年六岁，封西阳王，食邑二千户。西都督南徐兖二州诸军事、北中郎将、南兖州刺史。其年，迁扬州刺史。大明二年，加抚军将军。三年，浙江西立王畿，以浙江东为扬州，命王子尚都督扬州江州之鄱阳晋安建安三郡诸军事、扬州刺史，将军如故，给鼓吹一部。五年，改封豫章王，户邑如先，领会稽太守。七年，加使持节，进号车骑将军。其年，又加散骑常侍，以本号开府仪同三司。时东土大旱，鄞县多畻田，世祖使子尚上表至鄞县劝农。又立左学，召生徒，置儒林祭酒一人，学生师敬，位北州治中；文学祭酒一人，比西曹；劝学从事二人，比祭酒从事。前废帝即位，罢王畿复旧，征子尚都督扬、南徐二州诸军事，领尚书令，解督东扬州，余如故。

初，孝建中，世祖以子尚太子母弟，上甚留心。后新安王子鸾以母幸见爱，子尚之宠稍衰。既长，人才凡劣，凶慝有废帝风。太宗殒废帝，称太皇后令曰："子尚顽凶极悖，行乖天理。楚玉淫乱纵慝，义绝人经。并可于第赐尽。"子尚时年十六。

楚玉，山阴公主也。废帝改封为会稽郡长公主，食汤沭邑二千户，给鼓吹一部，加班剑二十人。未及拜受而废帝败。楚玉肆情淫纵，以尚书吏部郎褚渊貌美，请自侍十日，废帝许之。渊虽承旨而行，以死自固，楚玉不能制也。

晋安王子勋字孝德，孝武帝第三子也。大明四年，年五岁，封晋安王，食邑二千户。仍都督南兖州徐州之东海诸军事、征虏将军、南兖州刺史。七年，改督江州南豫州之晋熙新蔡郢州之西阳三郡诸军事、前将军、江州刺史。八年，迁使持节、都督雍梁南北秦四州郢州之竟陵随二郡诸军事、镇军将军、宁蛮校尉、雍州刺史。未拜而世祖崩，以镇军将军还为江州，本官如故。眼患风，为世祖所不爱。景和元年，加使持节。

时废帝任凶，多所诛害。前抚军谘议参军何迈少好武，颇招集才力之士。迈先尚太祖女新蔡公主，帝诈云主薨，杀宫人代之，显加殡葬，而纳主于后宫。深忌迈，迈虑祸及，谋因帝出行为变，迎立子勋。事泄，帝自率宿卫兵诛迈，使八座奏子勋与迈通谋。又手诏子勋曰："何迈杀我立汝，汝自计孰若孝武邪？可自为其所。"遣左右朱景云送药赐子勋死。景云至盆口，停不进，遣信使报长史邓琬。琬等因奉子勋起兵，以废立为名。

太宗定乱，进子勋号车骑将军、开府仪同三司。琬等不受命，传檄京邑。泰始二年正月七日，奉子勋为帝，即伪位于寻阳城，年号义嘉元年，备置百官，四方并响应，威震天下。是岁四方贡计，并诣寻阳。遣左卫将军孙冲之等下据赭圻，又遣豫州刺史刘胡率大众来屯鹊尾，又遣安北将军袁颛总统众军。台军屯据前溪，断颛等粮援，胡遣将攻之，大败，于是焚营遁走。颛闻胡去，亦弃众南奔，沈攸之诸军至寻阳，诛子勋及其母，同逆皆夷灭。子勋死时年十一，即葬寻阳庐山。

松滋侯子房字孝良，孝武帝第六子也。大明四年，年五岁，封寻阳王，食邑二千户。仍为冠军将军、淮南宣城二郡太守。五年，迁豫州刺史，将军、淮南太守如故。六年，改领宣城太守。七年，进号右将军，解宣城，余如故。前废帝永光元年，迁东扬州刺史，将军如故。景和元年，罢东扬州，子房以本号督会稽东阳新安临海永嘉五郡诸军事、会稽太守。

太宗即位，改督为都督，进号安东将军，太守如故。又征为抚军，领太常。长史孔颛不受命，举兵反，应晋安王。子勋即伪位，进子房号车骑将军、开府仪同三司。三吴晋陵并受命于颛。太宗遣卫将军巴陵王休若督诸将吴喜等东讨，战无不捷，以次平定。上虞令王晏起兵杀颛，囚子房，送还京都，上宥之，贬为松滋县侯，食邑千户。

司徒建安王休仁以子房兄弟终为祸难，劝上除之。乃下诏曰："不虞之衅，著自终古，情为法屈，圣达是遵。朕扫秽定倾，再全宝业，远惟鸿基，猥当负荷。思弘治道，务尽敦睦，而妖竖遘扇，妄造异图。自西南阻兵，东夏侵斥，都邸群凶，密相唇齿。路休之兄弟，专作谋主，规兴祸乱，令舍人严龙觇觎宫省，以羽林出讨，宿卫单罄，候隙伺间，将谋窃发。刘祗在蕃，规相应援，通言北寇，引令过淮。顷休范济江，潜欲拒捍，赖卜祚灵长，奸回弗逞。阴慝已露，宜尽宪辟，实以方难未夷，曲加遵养。今王化帖泰，宜辨忠邪，涓流不壅，燎火难灭。便可委之有司，肃正刑典。松滋侯子房等沦陷逆徒，协同丑悖，遂与签帅群小，潜通南衅，连结祗等，还图朕躬。虽咎戾已彰，在法无宥，犹子之情，良所未忍。可废为庶人，徙付远郡。"于是并杀之。子房时年十一。

路休之等以崇宪太后既崩，自虑将来不立，不自安。刘祗在南兖州，有志为逆。严龙，太祖元嘉中，已为中书舍人、南台御史，世祖又以为舍人，甚见委信。景和、泰始之际，至越骑校尉，右军将军。至是怀异端，故及于诛。

临海王子顼字孝列，孝武帝第七子也。大明四年，年五岁，封历阳王，食邑二千户。仍为冠军将军、吴兴太守。五年，改封临海王，户邑如先。其年，迁使持节、都督广交二州湘州之始兴始安临贺三郡诸军事、征虏将军、平越中郎将、广州刺史。未之镇，徙荆州刺史，将军如故。八年，进号前将军。

前废帝即位，以本号都督荆、湘、雍、益、梁、宁、南北秦八州诸军事，刺史如故。明帝即位，解督雍州，以为镇军将军、丹阳尹。寻留本任，进督雍州，又进号平西将军。长史孔道存不受命，举兵反，以应晋安王子勋。子勋即伪位，进号卫将军、开府仪同三司。鹊尾奔败，吴喜、张兴世等军至，子顼赐死，时年十一，葬巴陵。

始平孝敬王子鸾字孝羽，孝武帝第八子也。大明四年，年五岁，封襄阳王，食邑二千户。仍为东中郎将、吴郡太守。其年，改封新安王，户邑如先。五年，迁北中郎将、南徐州刺史，领南琅邪太守。母殷淑仪宠倾后宫，子鸾爱冠诸子，凡为上所盼遇者，莫不入子鸾之府、国。及为南徐州，又割吴郡以属之。

六年，丁母忧。追进淑仪为贵妃，班亚皇后，谥曰宣。葬给辒辌车，虎贲、班剑，銮辂九旒，黄屋左纛，前后部羽葆、鼓吹。上自临南掖门，临过丧车，悲不自胜，左右莫不感动。上痛爱不已，拟汉武《李夫人赋》，其词曰：

朕以亡事弃日，阅览前王词苑，见《李夫人赋》，凄其有怀，亦以嗟咏久之，因感而会焉。

巡灵周之残册，略鸿汉之遗篆。吊新宫之奄映，喭璧台之芜践。赋流波以谣思，诏河济以崇典。虽媛德之有载，竟滞悲其何遣。访物运之荣落，讯云霜之舒卷。念桂枝之秋陨，惜瑶华之春翦。桂枝折兮沿岁倾，瑶华碎兮思联情。彤殿兮素尘积，翠戺芜兮紫苔生。宝罗暍兮春幌垂，珍簟空兮夏帱扃。秋台恻兮碧烟凝，冬宫列兮朱火青。流律有终，深心无歇。徙倚云日，裴回风月。思玉步于凤墀，想金声于鸾阙。竭方池而飞伤，损圜渊而流咽。端蚤朝之晨罢，泛辇路之晚清，辚南陆，跸阊阖，轹北津，警承明。面缟馆之酸素，造松帐之葱青。俛众胤而恸兴，抚藐女而悲生。虽哀终其已切，将何慰于尔灵。存飞荣于景路，没申藻于服车。垂葆旒于昭术，竦鸾剑于清都。朝有俪于征准，礼无替于粹图。闷瑶光之密陛，宫虚梁之余阴。俟玉羊之晨照，正金鸡之夕临。升云謦以引思，锵鸿钟以节音。文七星于霜野，旗二耀于寒林。中云枝之夭秀，寓坎泉之曾岑。屈封嬴之自古，申反周乎在今。遣双灵兮达孝思，附孤魂兮展慈心。伊鞠报之必至，谅显晦之同深。予弃四楚之齐化，略东门之遥衿。沦涟两拍之伤，奄抑七萃之箴。

又讽有司曰："《典礼》云：'天子有后，有夫人。'《檀弓》云：'舜葬苍梧，二妃不从。'《昏义》云：'后立六宫，有三夫人。'然则三妃则三夫人也。后之有三妃，独天子之有三公也。按《周礼》，三公八命，诸侯七命。三公既尊于列国诸侯，三妃亦贵于庶邦夫人。据《春秋传》，仲子非鲁惠公之元嫡，尚得考彼别宫。今贵妃盖天秩之崇班，理应创立新庙。"尚书左丞徐爰之又议："宣贵妃既加殊命，礼绝五宫，考之古典，显有成据。庙堂克构，宜选将作大匠卿。"

葬毕，诏子鸾摄职，以本官兼司徒，进号抚军、司徒，给鼓吹一部，礼仪并依正公。又加都督南徐州诸军事。八年，加中书令，领司徒。前废帝即位，解中书令，领司徒，加持节，之镇。

帝素疾子鸾有宠，既诛群公，乃遣使赐死，时年十岁。子鸾临死，谓左右曰："愿身不复生王家。"同生弟妹并死，仍葬京口。太宗即位，诏曰："夫纾冤申痛，虽往必追，缘情恻爱，感事弥远。故使持节、都督南徐州诸军事、抚军将军、南徐州刺史新安王子鸾，夙表成器，蚤延殊宠，方树美业，克光蕃维。而凶心肆忌，奄罗横祸，兴言永伤，有兼常怀。宜旍天秀，以雪沉魂。可赠使持节、侍中、都督南徐兖二州诸军事、司徒、南徐州刺史，王如故。第十二皇女、第二皇子子师，俱婴谬酷，有增酸悼，皇女可赠县公主，子师复先封为南海王，并加徽谥。"又曰："哀枉追远，仁道所弘，兴灭继绝，盛典斯贵。朕务古思治，恩礼必敷，异族犹敦，况在近戚。故新除使持节、侍中、都督南徐兖二州诸军事、司徒、南徐州刺史新安王子鸾，年虽冲弱，性识早茂，钟慈世祖，冠宠列蕃。值景和凶虐，横罗酷祸，国胤无主，冤祀莫寄，寻念痛悼，夙轸于怀。可以建平王景素息延年为嗣。"追改子鸾封为始平王，食邑千户，改葬秣陵县龙山。

延年字德冲，泰始四年，薨，时年四岁，谥曰冲王。明年，复以长沙王纂子延之为始平王，绍子鸾后。顺帝升明三年，薨，国除。

永嘉王子仁字孝和，孝武帝第九子也。大明五年，年五岁，监雍梁南北秦四州郢州之竟陵随二郡诸军事、北中郎将、宁蛮校尉、雍州刺史，封永嘉王，食邑二千户。仍迁东中郎将、吴郡太守。六年，又迁丹阳尹。七年，兼卫尉。前废帝即位，加征虏将军，领卫尉，丹阳尹如故。寻出为左将军、南兖州刺史。景和元年，迁南徐州刺史，将军如故。泰始元年，又迁中军将军，领太常。未拜，徙护军将军。四方平定，以为使持节、都督湘广交三州诸军事、平南将军、湘州刺史。

太宗遣主书赵扶公宣旨于子仁曰："汝一家门户不建，几覆社稷。天未亡宋，景命集我，上流迷愚相扇，四海同恶，若非我修德御天下，三祖基业，一朝坠地，汝辈便应沦于异族之手。我昔兄弟近二十人，零落相继，存者无几，唯司徒年长，令德作辅。皇家门户所凭，唯我与司徒二人而已，尚未能厌百姓奸心，余诸王亦未堪赞治。我惟有太子一人，司徒世子，年又幼弱，桂阳、巴陵并未有继体，正赖汝辈兄弟，相倚为强，庶使天下不敢窥觎王室。汝辈始十余岁，裁知俯仰，当今诸舍细弱，殆不免人轻陵。若非我为主，刘氏不办今日。汝诸兄弟冲眇，为群凶所逼误，遂与百姓还图骨肉，于汝在心，不得无愧。即日四海就宁，恩化方始，方今处汝湘州。汝年渐长，足知善恶，当每思刻厉，奉朝廷为心，爵秩自然与年俱进。我垂犹子之情，著于万物，汝亦当知好，忆我敕旨。"时司徒建安王休仁南讨犹未还，既还白上，以将来非社稷计，宜并为之所，未拜。赐死，时年十岁。

始安王子真字孝贞，孝武帝第十一子。大明五年，年五岁，封始安王，食邑二千户。仍为辅国将军、吴兴太守。七年，迁使持节、监广交二州始兴始安临贺三郡诸军事、平越中郎将、广州刺史，将军如故，不之镇。迁征虏将军、南彭城太守，领石头戍事。景和元年，为丹阳尹，将军如故。寻复为南兖州刺史，将军如故。泰始二年，迁左将军、丹阳尹。未拜，赐死，时年十岁。

邵陵王子元字孝善，孝武帝第十三子也。大明六年，年五岁，封邵陵王，食邑二千户。八年，以为度支校尉、秦南沛二郡太守。仍为冠军将军、南琅邪泰山二郡太守。景和元年，出为湘州刺史，将军如故，未之镇。至寻阳，值晋安王子勋为逆，留不之镇。进号抚军将军。事平，赐死，时年九岁。

齐敬王子羽字孝英，孝武帝第十四子也。大明二年生，三年卒，追加封谥。

淮南王子孟字孝光，孝武帝第十六子也。大明七年，年五岁，封淮南王，食邑二千户。时世祖改豫州之南梁郡为淮南国。罢南豫州之淮南郡并宣城。前废帝即位，二郡并复旧，子孟仍国名度食淮南郡。景和元年，为冠军将军、南琅邪彭城二郡太守。泰始二年，改封安成王，户邑如先。未拜，赐死，时年八岁。

晋陵孝王子云字孝举，孝武帝第十九子也。大明六年，年四岁，封晋陵王，食邑二千户。未拜，其年薨。

南海哀王子师字孝友，孝武帝第二十二子也。大明七年，年四岁，封南海王，食邑二千户。未拜，景和元年，为前废帝所害，时年六岁。太宗即位，追谥。

淮阳思王子霄字孝云，孝武帝第二十三子也。大明五年生，八年薨，追加封谥。

东平王子嗣字孝叔，孝武帝第二十七子也。大明七年生，仍封东平王，食邑二千户。继东平冲王休倩。休倩母颜性理严酷，泰始二年，子嗣所生母景宁园昭容谢上表曰："故东平冲王休倩托荄璇极，岐嶷夙表，降年弗永，遗胤莫传。孝武皇帝敕妾子臣子嗣出继为后，既承国祀，方奉烝荐，庶覃遐庆，式延于远。而妾颜训养非恩，抚导乖理，情阙引进，义违负螟。昔世祖平日，诡申慈爱；崩背未几，真性便发，犹逼畏崇宪，少欲藏奄。自兹以后，专纵严酷，实显布宗戚，宣灼宫闱。用伤人伦，爰恻行路。妾天属冥至，感切实深，伏愿乾渥广临，曲垂照赐，复改命还依本属，则妾母子虽陨之辰，犹生之年。"许之。其年赐死，时年四岁。

武陵王赞字仲敷，明帝第九子也。泰始六年生。其年，诏曰："世祖孝武皇帝虽恃尊堕惠，勋狭政弛，乐饮无餍，事因于宁泰，任威纵费，义缘于务寡。故以积怨动天，流殃胤嗣，景和肇衅，义嘉成祸，世祖继体，陷宪无遗。昔皇家中圮，含生惧灭，赖英孝感奋，扫雪冤耻，勋缵坠历，拯兹穷氓。继绝追远，礼训攸尚，况既帝且兄，而缺斯典。今以第九子智随奉世祖为子，武陵郡大明之世，事均代邦，可封智随武陵王，食邑五千户。寻世祖一门女累不少，既无厘总，义须防闲，诸侯虽不得祖称天子，而事有一家之切。且归宁有所，疹疾相营，得失是任，闺房有禀。朕应天在位，恩深九族，庶此足申追睦之怀，敷爱之旨。"

后废帝元徽四年，出为使持节、督南徐兖青冀五州诸军事、北中郎将、南徐州刺史。顺帝升明元年，迁持节、督郢州司州之义阳诸军事、前将军、郢州刺史。二年，为沈攸之所围，徙都督荆湘雍益梁宁南北秦八州诸军事、安西将军、荆州刺史，持节如故。攸之平，乃之镇。其年，薨，时年九岁，国除。

史臣曰：晋安诸王，提挈群下，以成其衅乱，遂至九域沸腾，难结天下，而世祖之胤亦歼焉。强不如弱，义在于此也。

宋书卷八一
列传第四一

刘秀之 顾琛 顾觊之

刘秀之字道宝，东莞莒人，司徒刘穆之从兄子也。世居京口。祖爽，尚书都官郎，山阴令。父仲道，高祖克京城，以补建武参军，与孟昶留守。事定，以为余姚令。卒官。

秀之少孤贫，有志操。十许岁时，与诸儿戏于前渚，忽有大蛇来，势甚猛，莫不颠沛惊呼，秀之独不动，众并异焉。东海何承天雅相知器，以女妻之。兄钦之为朱龄石右军参军，随龄石败没，秀之哀戚，不欢宴者十年。景平二年，除驸马都尉、奉朝请。家贫，求为广陵郡丞。仍除抚军江夏王义恭、平北彭城王义康行参军，出为无锡、阳羡、乌程令，并著能名。

元嘉十六年，迁建康令，除尚书中兵郎，重除建康。性纤密，善纠擿微隐，政甚有声，吏部尚书沈演之每称之于太祖。世祖镇襄阳，以为抚军录事参军、襄阳令。襄阳有六门堰，良田数千顷，堰久决坏，公私废业。世祖遣秀之修复，雍部由是大丰。改领广平太守。二十五年，除督梁南北秦三州诸军事、宁远将军、西戎校尉、梁南秦二州刺史。时汉川饥俭，境内骚然，秀之善于为政，躬自俭约。先是，汉川悉以绢为货，秀之限令用钱，百姓至今受其利。

二十七年，大举北伐，遣辅国将军杨文德、巴梓潼二郡太守刘弘宗受秀之节度，震荡汧、陇。秀之遣建武将军锡千秋二千人向子午谷南口，府司马竺宗之三千人向骆谷南口，威远将军梁寻千人向斜谷南口。氐贼杨高为寇，秀之讨之，斩高兄弟。

元凶弑逆，秀之闻问，即日起兵，求率众赴襄阳，司空南谯王义宣不许。事宁，迁使持节、督益宁二州诸军事、宁朔将军、益州刺史。折留俸禄二百八十万，付梁州镇库，此外萧然。梁、益二州土境丰富，前后刺史莫不营聚蓄，多者致万金。所携宾僚，并京邑贫士，出为郡县，皆以苟得自资。秀之为治整肃，以身率下，远近安悦焉。

南谯王义宣据荆州为逆，遣参军王曜征兵于秀之，秀之即日斩曜戒严。遣中兵参军韦山松万人袭江陵，出峡。竺超民遣将席天生逆之，山松一战，即枭其首。进至江陵，为鲁爽所败，山松见杀。其年，进号征虏将军，改督为监，持节、刺史如故。以起义功，封康乐县侯，食邑六百户。明年，迁监郢州诸军事、郢州刺史，将军如故。未就。

大明元年，征为右卫将军。明年，迁丹阳尹。先是，秀之从叔穆之为丹阳，与子弟于厅事上饮宴，秀之亦与焉。厅事柱有一穿，穆之谓子弟及秀之曰："汝等试以栗遥掷此柱，若能入穿，后必得此郡。"穆之诸子并不能中，唯秀之独入焉。时赊市百姓物，不还钱，市道嗟怨，秀之以为非宜，陈之甚切，虽纳其言，竟不从用。广陵王诞为逆，秀之入守东城。其年，迁尚书右仆射。四年，改定制令，疑民杀长吏科，议者谓值赦宜加徙送，秀之以为："律文虽不显民杀官长之旨，若值赦但止徙送，便与悠悠杀人曾无一异。民敬官长，比之父母，行害之身，虽遇赦，谓宜长付尚方，穷其天命，家口令补兵。"从之。明年，领太子右卫率。

五年，雍州刺史海陵王休茂反，为土人所诛，遣秀之以本官慰劳，分别善恶。事毕还都，出为使持节、散骑常侍、都督雍梁南北秦四州郢州之竟陵随二郡诸军事、安北将军、宁蛮校尉、雍州刺史。上车驾幸新亭，视秀之发引，将征为左仆射，事未行。八年，卒，时年六十八。上甚痛惜之，诏曰："秀之识局明远，才应通畅，诚著蕃朝，绩宣累岳。往岁臣逆交构，首义万里，及职司端尹，赞戎两宫，嘉谋徽誉，实彰朝野。汉南法繁民嗛，属伫良牧，故暂辍心膂，外弘风规，出未逾期，德庇西服。详考古烈，旅观终始，淳心忠概，无以尚兹。方式亮皇猷，入卫根本，奄至薨逝，震恸于朕心。生荣之典，未穷宠数，哀终之礼，宜尽崇饰。兼履谦守约，封社弗广，兴言悼往，益增痛恨。可赠侍中、司空，持节、都督、刺史、校尉如故，并增封邑为千户，谥为忠成公。”秀之野率无风采，布心力坚正。上以其莅官清洁，家无余财，赐钱二十万，布三百匹。

子景远嗣，官至前军将军。景远卒，子俊，齐受禅，国除。

秀之弟粹之，晋陵太守。

顾琛字弘玮，吴郡吴人也。曾祖和，晋司空。祖履之，父惔，并为司徒右西掾。

琛谨确不尚浮华，起家州从事，驸马都尉，奉朝请。少帝景平中，太皇太后崩，除大匠丞。彭城王义康右军、骠骑参军，晋陵令，司徒参军，尚书库部郎，本邑中正。元嘉七年，太祖遣到彦之经略河南，大败，悉委弃兵甲，武库为之空虚。后太祖宴会，有荒外归化人在坐，上问琛：“库中仗犹有几许？”琛诡答：“有十万人仗。”旧武库仗秘不言多少，上既发问，追悔失言，及琛诡对，上甚喜。尚书寺门有制：八座以下，门生随入者各有差，不得杂以人士。琛以宗人顾硕头寄尚书张茂度门名，而与硕头同席坐。明年，坐遣出，免中正。凡尚书官，大罪则免，小罪则遣出。遣出者百日无代人，听还本职。琛仍为彭城王义康所请，补司徒录事参军，山阴令，复为司徒录事，迁少府。十五年，出为义兴太守。初，义康请琛入府，欲委以腹心，琛不能承事刘湛，故寻见斥外。十九年，徙东阳太守，欲使琛防守大将军彭城王义康，固辞忤旨，废黜还家积年。

二十七年，索虏南至瓜步，权假琛建威将军，寻除东海王祎冠军司马，行会稽郡事。随王诞代祎，复为诞安东司马。元凶弑立，分会稽五郡置会州，以诞为刺史，即琛为会稽太守，加五品将军，置将佐。诞起义，加冠军将军。事平，迁吴兴太守。孝建元年，征为五兵尚书，未拜，复为宁朔将军、吴郡太守。以起义功，封永新县五等侯。

大明元年，吴县令张闿坐居母丧无礼，下廷尉。钱唐令沈文秀判劾违谬，应坐被弹，琛宣言于众："闿被劾之始，屡相申明。"又云："当启文秀留县。"世祖闻之大怒，谓琛卖恶归上，免官。琛母老，仍停家。

琛及前西阳太守张牧，并司空竟陵王诞故佐，诞待琛等素厚。三年，诞据广陵反，遣客陆延稔赍书板琛为征南将军，牧为安东将军，琛子前尚书郎宝素为谘议参军，宝素弟前司空参军宝先为从事中郎，牧兄前吴郡丞济为冠军将军，从弟前司空主簿晏为谘议参军。时世祖以琛素结事诞，或有异志，遣使就吴郡太守王昙生诛琛父子。会延稔先至，琛等即执斩之，遣二子送延稔首启世祖曰："刘诞猖狂，遂构衅逆，凡在含齿，莫不骇惋，臣等预荷国恩，特百常愤。忽以今月二十四日中获贼诞疏，欲见邀诱。臣即共执录伪使，并得诞与抚军长史沈怀文、扬州别驾孔道存、抚军中兵参军孔璪、前司兵参军孔桓之、前司空主簿张晏书，具列本郡太守王昙生。臣即日便应星驰归骨辇毂，臣母年老，身在侍养，辄遣息宝素、宝先束骸诣阙。"世祖所遣诛琛使其日亦至，仅而获免。上嘉之，召琛出，以为西阳王子尚抚军司马，牧为抚军中兵参军。

琛母孔氏，时年百余岁。晋安帝隆安初，琅邪王廞于吴中为乱，以女为贞烈将军，悉以女人为官属，以孔氏为司马。及孙恩乱后，东土饥荒，人相食。孔氏散家粮以赈邑里，得活者甚众，生子皆以孔为名焉。

琛仍为吴兴太守。明年，坐郡民多翦钱及盗铸免官。六年，起为大司农，都官尚书，新安王子鸾北中郎司马、东海太守，行南徐州事。随府转抚军司马，太守如故。前废帝即位，复为吴郡太守。太宗泰始初，与四方同反，兵败，奉母奔会稽。台军既至，归降。宝素与琛相失，自杀。琛寻丁母忧，服阕，起为员外常侍、中散大夫。后废帝元徽三年，卒，时年八十六。

宝先，大明中为尚书水部郎。先是，琛为左丞荀万秋所劾，及宝先为郎，万秋犹在职，自陈不拜。世祖诏曰："敕违纠慢，宪司之职，若理有不公，自当更有厘正。而自顷劾无轻重，辄致私绝。此风难长，主者严为其科。宝先盖依附世准，不足问。”

先是，宋世江东贵达者，会稽孔季恭，季恭子灵符，吴兴丘渊之及琛，吴音不变。渊之字思玄，吴兴乌程人也。太祖从高祖北伐，留彭城，为冠军将军、徐州刺史，渊之为长史。太祖即位，以旧恩历显官，侍中，都官尚书，吴郡太守。卒于太常，追赠光禄大夫。

顾觊之字伟仁，吴郡吴人也。高祖谦，字公让，晋平原内史陆机姊夫。祖崇，大司农。父黄老，司徒左西掾。

觊之初为郡主簿。谢晦为荆州，以为南蛮功曹，仍为晦卫军参军。晦爱其雅素，深相知待。王弘辟为扬州主簿，仍为弘卫军参军，盐官令，衡阳王义季右军主簿，尚书都官郎，护军司马。时大将军彭城王义康秉权，殷、刘之隙已著，觊之不欲与殷景仁久接事，乃辞脚疾，自免归。在家每夜常于床上行脚，家人窃异之，而莫晓。其后义康徙废，朝廷多以异同受祸。复为东迁、山阴令。山阴民户三万，海内剧邑，前后官长，昼夜不得休，事犹不举。觊之理繁以约，县用无事，昼日垂帘，门阶闲寂，自宋世为山阴，务简而绩修，莫能尚也。

还为扬州治中从事史，广陵王诞、庐陵王绍北中郎左司马，扬州别驾从事史，尚书吏部郎。尝于太祖坐论江左人物，言及顾荣，袁淑谓觊之曰：“卿南人怯懦，岂作贼。”觊之正色曰：“卿乃复以忠义笑人！”淑有愧色。无凶弑立，朝士无不移任，唯觊之不徙官。世祖即位，迁御史中丞。孝建元年，出为义阳王昶东中郎长史、宁朔将军，行会稽郡事。寻征为右卫将军，领本邑中正。明年，出为湘州刺史，善于莅民，治甚有绩。大明元年，征守度支尚书，领本州中正。二年，转吏部尚书。四年，致仕，不许。

时沛郡相县唐赐往比村朱起母彭家饮酒还，因得病，吐蛊虫十余枚。临死语妻张，死后刳腹出病。后张手自破视，五藏悉糜碎。郡县以张忍行刳剖，赐子副又不禁驻，事起赦前，法不能决。律伤死人，四岁刑，妻伤夫，五岁刑，子不孝父母，弃市，并非科例。三公郎刘勰议:“赐妻痛往遵言,儿识谢及理,考事原心,非存忍害,谓宜哀矜。”觊之议曰:“法移路尸,犹为不道,况在妻子,而忍行凡人所不行。不宜曲通小情,当以大理为断,谓副为不孝,张同不道。”诏如觊之议。

加左军将军,出为吴郡太守。八年,复为吏部尚书,加给事中。未拜,欲以为会稽,不果,还为吴郡太守。幸臣戴法兴权倾人主,而觊之未尝降意。左光禄大夫蔡兴宗与觊之善,嫌其风节过峻,觊之曰:“辛毗有云:孙、刘不过使吾不为三公耳。”及世祖晏驾,法兴遂以觊之为光禄大夫,加金章紫绶。

太宗泰始初,四方同反,觊之家寻阳,寻阳王子房加以位号,觊之不受,曰:“礼,年六十不服戎,以其筋力衰谢,非复军旅之日,况年将八十,残生无几,守尽家门,不敢闻命。”孔觊等不能夺。时普天叛逆,莫或自免,唯觊之心迹清全,独无所与。太宗甚嘉之,东土既平,以为左将军、吴郡太守,加散骑常侍。泰始二年,复为相州刺史,常侍、将军如故。三年,卒,时年七十六。追赠镇军将军,常侍、刺史如故,谥曰简子。

觊之家门雍睦,为州乡所重。五子:约、缉、绰、缜、绲。绰私财甚丰,乡里士庶多负其责,觊之每禁之不能止。及后为吴郡,诱绰曰:“我常不许汝出责,定思贫薄亦不可居。民间与汝交关有几许不尽,及我在郡,为汝督之。将来岂可得。凡诸券书皆何在?”绰大喜,悉出诸文券一大厨与觊之,觊之悉焚烧,宣语远近:“负三郎责皆不须还,凡券书悉烧之矣。”绰懊叹弥日。

觊之常谓秉命有定分,非智力所移,唯应恭己守道,信天任运,而暗者不达,妄求侥幸,徒亏雅道,无关得丧。乃以其意命弟子愿著《定命论》,其辞曰:

仲尼云:“道之将行,命也;道之将废,命也。”丘明又称:“天之所支不可坏,天之所坏不可支。”卜商亦曰:“死生有命,富贵在天。”孟轲则以不遇鲁侯为辞。斯则运命奇偶,生数离合,有自来矣。马迁、刘向、扬雄、班固之徒,著书立言,咸以为

首,世之论者,多有不同。尝试申之曰:

夫生之资气,清浊异源;命之禀数,盈虚乖致。是以心貌诡贸,性运舛殊,故有邪正昏明之差,修夭荣枯之序,皆理定于万古之前,事征于千代之外,冲神寂鉴,一以贯之。至乃卜相末技,巫史贱术,犹能豫题兴亡,逆表成败。祸福指期,识照不能徙;吉凶素著,威卫不能防。若夏氓宅生于帝宫,岂躅残伤之祟;汉臣衔货于天府,宁免馁毙之魂。且又善恶之理虽详,而祸福之验常昧;逆顺之体诚分,而吉凶之效常隐。智络天地,犹罹沉牖之灾;明照日月,必婴深匡之难。增信积德,离患于长饥;席义枕仁,徼祸于促算。何则?理运苟其必至,圣明其犹病诸。况乃蕞迹流惑之徒,投心颛蒙之域,而欲役虑以揣利害,策情以算穷通,其为重伤,岂不惑甚。是以通人君子,闲泰其神,冲缓其度,不矫俗以延声,不依世以期荣。审乎无假,自求多福,荣辱修夭,夫何为哉。

问曰:夫《书》称惠迪贻吉,《易》载履信逢祐,前哲余议,亦以将迎有会,沦塞无兆,宣摄有方,夭阏无命。善游销魂于深梁,工骑烬生于旷野,明珠招骇于暗至,蟠木取悦于先容。是以罕、乐以阳施长世,景、惠以阴德遐纪,彭、窦以缮卫延命,盈、忌以荒湎促龄,陈、张称台鼎之崇,严、辛衔宰司之盛。若乃游恶蹈凶,处逆践祸,宣昭史策,易以研正。至如神仙所序,天竺所书,事虽难征,理未易诘,留滞倾光,思闻通裁。

对曰:子可谓扶绳而辨,循刻而议。若乃宣摄有方,岂非吉运所属;将迎有会,实亦凶数自挺。若夫阳施阴德,长世遐年,揆厥所原,孰往非命。研复来旨,雠校往说,起予惟商,未识所异。资生禀运,参差万殊,逆顺吉凶,理数不一。原夫餐椒非养生之术,咀剑岂卫性之经。命之所延,人肉其骨,而含嚼膏粱,时或婴患。深涧乖徽宠之津,空谷绝探荣之辙,运之所集,物秭其枯,而俯仰竿牍,终然离沮。尔乃跻、跖横行,曾、原窘步,汤、周延世,诩、邑绝绪。吉凶征应,纠缠若兹。毕万保躯,密贱戎领，梁野之言，岂不或妄。谷南、鲁北，甘此促生，彭翁、窦叟，将以何术。晋平、赵敬，淫放已该，汉主、魏相，奚独伤夭。同异若斯，是非孰正。至如雷滨凝分，挫志远图，棘津阴拱，振功高世。樊生冲矫，镌旌善之文，华子高抗，铭惩非之策，皆士衡所云“同川而异归”者也。殊涂均致，实繁有征。即理易推，在言可略。昔两都全盛，六合殷昌，雾集贵宠之间，云动权豪之术，钧贸贻谈，岂唯陈、张而已。观夫二子，才未越众，而此以藉荣挥价，彼独摈景沦声，通否之运，断可知矣。严、辛不安时任命，而委罪亮直，亦地脉之徒欤。若神仙所序，显明修习，齐强燕平，厥验未著，李覃董芬，其效安在。乔、松之侣，云飞天居，夷、列之徒，风行水息，良由理数悬挺，实乃钟兹景命。天竺遗文，星华方策，因造前定，果报指期，贫豪莫差，修夭无爽，有允琐辞，无愆鄙说，统而言之，孰往非命。冥期前定，各从所归，善恶无所矫其趋，愚智焉能殊其理。若乃得议其工，失蚩其拙，操之则栗，舍之则悲，斯固染情于近累，岂不贻诮于通识。

问曰：清论光心，英辩溢目，求诸鄙怀，良有未尽。若动止皆运，险易自天，理定前期，靡非暗至，玉门犁丘，睿识弗免，岂非圣愚齐致，仁虐同功。昏明之用，将何施而可？

对曰：夫圣人怀虚以涵育，凝明以洞照。惟虚也，故无往而不通；惟明也，故无来而不烛。涸海流金，弗染温凉之岨；严兵猛兕，无累爪刃之灾。忘生而生愈全，遗神而神弥畅。若玉门犁丘，盖同迹于人，故同人有患，然而均心于天，亦均天无害。大贤则体备形器，虑尽藏假，静默以居否，深拱以违碳，皆数在清全，故钟兹妙识。是以禀仲尼之道，不在奔车之上；资伯夷之运，不处覆舟之下。若乃越难趋险，逡巡弗获，履危践机，僶俛从事，愚之所司，圣亦何为。及中下之流，驰心妄动，是非舛斡，倚伏移贸，故北宫意逆而功顺，东门心晦而迹明；宣应遗筮而逢吉，张松协数而遘祸。且智防有纪，患累无方。尔乃猘狗逐而华子奔，腐鼠遗而虞氏灭；匣猿逸而林木残，椟珠亡而池水竭。凡厥条流，曲难详备，徭形役思，其效安征。岂若澡雪灵府，洗练神宅，据道为心，依德为虑，使迹穷则义斯畅，身泰则理兼通，岂不美哉！何必遗此而取彼。

问曰："夫建极开化，树声贻则，典防之兴，由来尚矣。必乃幽符悬兆，冥数指期，善恶前征，是非素定，名教之道，不亦几乎息哉？

对曰："天生烝民，树之物则，教义所禀，岂非冥数。何则？形气之具，必有待而存；颛蒙之伦，岂无因而立。必假纤纨以安生，藉粱豢以延祀，资信礼以缮性，秉廉义以劾情。圣人聪明深懿，履道测化，通体天地，同情日月，仰观俯察，抚运裁风。于是乎昭日星之纪，正霜雨之度，张云霞之明，衍风露之渥，浮舟翼滞，腾驾振幽。又乃甄理三才，辨综五德，弘铺七体之端，宣昭八经之绪。是以时雍在运，群方自通，抱德炀和，全真保性。故信食相资，代为唇齿；富教相假，递成辅车。今弛弃纤纨，损绝粱豢，必云徼生委命，岂不已晓其迷。至乎湮斥廉义，屏黜信礼，责以祈存推数，遂乃未辨其惑，连类若斯，乖妄滋甚。然则教义之道，生运所资，宠辱荣枯，常由此作。斯固命中之一物，非所以为难也。

问曰："循复前旨，既以理命县兆，生数冥期，研覆后文，又云依杖名教，帅循训范。若藉数任天，则放情荡思；拘训驯范，则防虑检丧。函矢殊用，矛戈异适，双美之谈，岂能两遂。

对曰："夫性运乖舛，心貌诡殊，请布末怀，略言其要。若乃吉命所钟，纵情蹈道，训性而顺，因心则灵。凶数所挺，率由践逆，闻言不信，长恶无悛。此愚智不移，声训所遗者也。其有见善如不及，从谏如顺流，是则命待教全，运须化立。譬以良医之室，病者所存，至如澄神清魂，平心实气，无妄之疴，勿药有喜，所谓纵情蹈道，无假隐括。若膏肓之疾，长桑不治，体府之病，阳庆弗理，此则率由践逆，自绝调御。至乃赵储之命宜永，须扁鹊而后全，齐后之数必延，待文挚而后济。亦犹运钟循奖，彝范所兴，善恶无主，唯运所集而异。膏粱方丈，沉疾弗顾，瑶碧盈尺，阽危弗存。夫静躁之容，造次必于是，曲直之性，颠沛不可移。是以夷、惠均圣而异方，遵、竦齐通而殊事。虽复钳桎羿、奡，思服巢、许之情，捶勒曾、史，言膺跻、跖之虑。不然之事，断可知也。必幽符钻仰，冥数修习，虽存陵惰，其可得乎。故运属波流，势无防虑，命徽山立，理无放情。用殊函矢，双美奚踬，谈异矛戈，两济何伤。

问曰：夫君臣恩深，师资义固，所以沾荣涂施，提饰荷声。故刳心流肠，捐生以亢节；火妻灰子，埋名以偿义。若幽期天兆，则明扬可遣；冥数自宾，则感效宜绝。岂其然乎？

对曰：论之所明，原本以为理，难之所疑，即末以为用。盖阴闭之巧不传，萌渐之调长绝。故知妄言赏理，古人所难。吾所谓命，固以绵络古今，弥贯终始，爰及君臣父子，师友夫妻，皆天数冥合，神运玄至。逮乎睽爱离会，既命之所甄，昏爽顺戾，亦运之所渐。尔乃松柳异质，荠荼殊性，故疾风知劲草，严霜识贞木，何异忠孝之质，资行夙昭。至于刻志酬生，题诚复施，殉节投命，驯义忘己，亦由石虽可毁，坚不可销，丹虽可磨，赤不可灭。因斯而言，君臣师资，既幽期自宾，心力感效，亦冥数天兆。夫独何怪哉！

愿字子恭，父渊之，散骑侍郎。愿好学，有文辞于世。大明中，举秀才，对策称旨，擢为著作佐郎，太子舍人。早卒。

史臣曰：孝建启基，西楚放命，难连淮济，势盛江服。朱脩之著节汉南，刘秀之推锋万里，并诚载艰□，忠惟帝念，而逾岘之锋，战有独克，出硖之师，舟无只反，虽霜霰并时，而计功则异也。及定终之命，等数相悬，盖由义结蕃朝，故恩有厚薄。虽故旧不遗，闻之前训，隆名爽实，亦无取焉。

宋书卷八二
列传第四二

周朗 沈怀文

周朗字义利，汝南安成人也。祖文，黄门侍郎。父淳，宋初贵达，官至侍中，太常。兄峤，尚高祖第四女宣城德公主。二女适建平王宏、庐江王祎。以贵戚显官，元嘉末，为吴兴太守。贼劭弑立，随王诞举义于会稽，劭加峤冠军将军，诞檄又至。峤素惧怯，回惑不知所从，为府司马丘珍孙所杀。朝廷明其本心，国婚如故。

朗少而爱奇，雅有风气，与峤志趋不同，峤甚疾之。初为南平王铄冠军行参军，太子舍人，司徒主簿，坐请急不待对，除名。又为江夏王义恭太尉参军。元嘉二十七年春，朝议当遣义恭出镇彭城，为北讨大统，朗闻之解职。及义恭出镇，府主簿羊希从行，与朗书戏之，劝令献奇进策。朗报书曰：

羊生足下，岂当适使人进哉，何卿才之更茂也。宅生结意，可复佳耳，属华比彩，何更工邪。视已反覆，慰亦无已。观诸纸上，方审卿复逢知己。动以何术，而能每降恩明，岂不为足下欣邪，然更尤不知卿死所处耳。

夫匈奴之不诛有日，皇居之亡辱旧矣。天下孰不愤心悲肠，以忿胡人之患，靡衣偷食，以望国家之师。自智士钳口，雄人蓄气，不得议图边之事者，良淹岁纪。今天子以炎、轩之德，冢辅以姬、吕之贤，故赫然发怒，将以匈奴衅旗，恻然动仁，欲使余氓被惠。及取士之令朝发，宰士暮登英豪，调兵之诏夕行，主公旦升雄俊。延贤人者,固非一日,况复加此焉。夫天下之士,砥行磨名,欲不辱其志气,选奇蓄异,将进善于所天,非但有建国之谋不及,安民之论不与,至反以孝洁生议于乡曲,忠烈起谤于君冢。身不绁王臣之箓,名不厕通人之班,颠倒国门,湮销丘里者,自数十年以往,岂一人哉。若吾身无他伎,而出值明君,变官望主,岁增恩价,竟不能柔心饰带,取重左右。校于向士,则荣已多,料于今识,则笑亦广。而足下方复广吾以驰志之时,求予以安边之术,何足下不知言也。若以贤未登,则今之登贤如此,以才应进,则吾之非才若是。岂可欲以殒海之鬐,望鼓鳃于竖鳞之肆;坠风之羽,觊振翮于轩毳之间。其不能俱陪渌水,并负青天,可无待于明见。若乃阙奇谋深智之术,无悦主狎俗之能,京不可复稍为卿说。但观以上国再毁之臣,望府一逐之吏,当复是天下才否,此皆足下所亲知。

吾虽疲冗,亦尝听君子之余论,岂敢忘之。凡士之置身有三耳:一则云户岫寝,栾危桂荣,秫芝浮霜,蓢松沉雪,怜肌蓄髓,宝气爱魂,非但土石侯卿,腐鸩梁锦,实乃仁意天后,睨目羽人。次则刳心扫智,剖命驱生,横议于云台之下,切辞于宣室之上,衍王德而批民患,进贞白而鸩奸猜,委玉入而齐声礼,揭金出而烹勍寇,使车轨一风,甸道共德,令功日济而已无迹,道日富而君难名,致诸侯敛手,天子改观。其末则餍饴而出,望旃而入,结冕两宫之下,鼓袖六王之间,俯眉胁肩,言天下之道德,瞋目扼腕,陈从横于四海,理有泰则止而进,调觉迕则反而还,闲居违官,交造顿罢,捐慕遗忧,夷毁销誉,呼噏以补其气,缮嚼以辅其生。凡此三者,皆志士仁人之所行,非吾之所能也。若吾幸病不及死,役不至身,蓬藜既满,方杜长者之辙;谷稼是谘,自绝世豪之顾。尘生床帷,苔积阶月,又檐中山木,时华月深,池上海草,岁荣日蔓。且室间轩左,幸有陈书十篋,席隅奥右,颇得宿酒数壶。按弦拭徽,雠方校石,时复陈局露初,奠爵星晚,欢然不觉是羲、轩后也。近春田三顷,秋园五畦,若此无灾,山装可具。候振饮之罢,俟封勒之毕,当敬观邠、酆,肃寻伊、鄗,傍眺燕、陇,邪履辽、卫,觅我周之轸迹,吊他贤之忧天。当其少涉,未休此欲,但理实诡固,物好交加,或征势而笑其言,或观谋而害其意。夫扬朱以此,犹见嗤于梁人,况才减扬子之器,物甚魏君之意者哉。若如汉宗之言李广,此固许天下之有才,又知天下之时非也。岂若党巷闾里之间,忌见贞士之遭遇,便谓是臧获庸人之徒耳。士固愿呈心于其主,露奇于所归。卿相,末事也。若广者,何用侯为。至乃复有致谒于为乱之日,被讪于害正之徒,心奇而无由露,事直而变为枉。岂不痛哉!岂不痛哉!

若足下可谓冠负日月,籍践渊海,心支身首,无不通照。今复出入燕、河,交关姬、卫,整笏振豪,已议于帷筵之上,提鞭鸣剑,复呵于军场之间,身超每深恩之所集,心动必明主之所亮。可不直议正身,辅人君之过误,明目张胆,谋军家之得失,操志勇之将,荐俊正之士,此乃足下之所以报也。不尔,便擐甲修戈,徘徊左右,卫君王之身,当马首之镝,关必固之垒,交死进之战,使身分而主豫,寇灭而兵全,此亦报之次也。如是,则系匈奴于北阙无日矣。亡但默默,窥宠而坐。谓子有心,敢书薄意。

朗之辞意倜傥,类皆如此。

复起为通直郎。世祖即位,除建平王宏中军录事参军。时普责百官谠言,朗上书曰:

昔仲尼有言:“治天下若置诸掌。”岂徒言哉。方策之政,息举在人,盖当世之君不为之耳。况乃运钟浇暮,世膺乱余,重以宫庙遭不更之酷,江服被未有之痛,千里连死,万井共泣。而秦、汉余敝,尚行于今,魏、晋遗谬,犹布于民,是而望国安于今,化崇于古,却行及前之言,积薪待然之譬,臣不知所以方。然陛下既基之以孝,又申之以仁,民所疾苦,敢不略荐。

凡治者何哉?为教而已。今教衰已久,民不知则,又随以刑逐之，岂为政之道欤。欲为教者，宜二十五家选一长，百家置一师。男子十三至十七，皆令学经；十八至二十，尽使修武。训以书记图律，忠孝仁义之礼，廉让勤恭之则；授以兵经战略，军部舟骑之容，挽强击刺之法。官长皆月至学所，以课其能。习经者五年有立，则言之司徒；用武者三年善艺，亦升之司马。若七年而经不明，五年而勇不达，则更求其言政置谋，迹其心术行履，复不足取者，虽公卿子孙，长归农亩，终身不得为吏。其国学则宜详考占数，部定子史，令书不烦行，习无靡力。凡学，虽凶荒不宜废也。

农桑者，实民之命，为国之本，有一不足，则礼节不兴。若重之，宜罢金钱，以谷帛为赏罚。然愚民不达其权，议者好增其异。凡自淮以北，万匹为市；从江以南，千斛为货。亦不患其难也。今且听市至千钱以还者用钱，余皆用绢布及米，其不中度者坐之。如此，则垦田自广，民资必繁，盗铸者罢，人死必息。又田非胶水，皆播麦菽，地堪滋养，悉蓺纻麻，荫巷缘藩，必树桑柘，列庭接宇，唯植竹栗。若此令既行，而善其事者，庶民则叙之以爵，有司亦从而加赏。若田在草间，木物不植，则挞之而伐其余树，在所以次坐之。

又取税之法，宜计人为输，不应以赀。云何使富者不尽，贫者不蠲。乃令桑长一尺，围以为价，田进一亩，度以为钱，屋不得瓦，皆责赀实。民以此，树不敢种，土畏妄垦，栋焚榱露，不敢加泥。岂有剥善害民，禁衣恶食，若此苦者。方今若重斯农，则宜务削兹法。

凡为国，不患威之不立，患恩之不下；不患土之不广，患民之不育。自华、夷争杀，戎、夏竞威，破国则积尸竟邑，屠将则覆军满野，海内遗生，盖不余半。重以急政严刑，天灾岁疫，贫者但供吏，死者弗望埋，鳏居有不愿娶，生子每不敢举。又戍淹徭久，妻老嗣绝，及淫奔所孕，皆复不收。是杀人之日有数途，生人之岁无一理，不知复百年间，将尽以草木为世邪，此最是惊心悲魂恸哭太息者。法虽有禁杀子之科，设蚤娶之令，然触刑罪忍悼痛而为之，岂不有酷甚处邪？今宜家宽其役，户减其税。女子十五不嫁，家人坐之。特雉可以娉妻妾，大布可以事舅姑，若待足而行，则有司加纠。凡宫中女隶，必择不复字者。庶家内役，皆令各有所配。要使天下不得有终独之生，无子之老。所谓十年存育，十年教训，如此，则二十年间，长户胜兵，必数倍矣。

又亡者乱郊，馑人盈甸，皆是不为其存计，而任之迁流，故饥寒一至，慈母不能保其子，欲其不为寇盗，岂可得邪。既御之使然，复止之以杀，彼于有司，何酷至是。且草树既死，皮叶皆枯，是其粱肉尽矣。冰霜已厚，苫盖难资，是其衣裘败矣。比至阳春，生其余几。今自江以南，在所皆穰，有食之处，须官兴役，宜募远近能食五十口一年者，赏爵一级。不过千家，故近食十万口矣。使其受食者，悉令就佃淮南，多其长帅，给其粮种。凡公私游手，岁发佐农，令堤湖尽修，原陆并起。仍量家立社，计地设闾，检其出入，督其游惰。须待大熟，可移之复旧。淮以北悉使南过江，东旅客尽令西归。

故毒之在体，必割其缓处，函、渭灵区，阒为荒窟，伊、洛神基，蔚成茂草，岂可不怀欤？历下、泗间，何足独恋。议者必以为胡衰不足避，而不知我之病甚于胡矣。若谓民之既徙，狄必就之，若其来从，我之愿也。胡若能来，必非其种，不过山东杂汉，则是国家由来所欲覆育。既华得坐实，戎空自远，其为来，利固善也。今空守孤城，徒费财役，亦行见淮北必非境服有矣，不亦重辱丧哉！使虏但发轻骑三千，更互出入，春来犯麦，秋至侵禾，水陆漕输，居然复绝。于贼不劳，而边已困，不至二年，卒散民尽，可跷足而待也。设使胡灭，则中州必有兴者，决不能有奉土地、率民人以归国家矣。诚如此，则徐、齐终逼，亦不可守。

且夫战守之法，当恃人之不敢攻。顷年兵之所以败，皆反此也。今人知不以羊追狼、蟹捕鼠，而令重车弱卒，与肥马悍胡相逐，其不能济，固宜矣。汉之中年能事胡者，以马多也；胡之后服汉者，亦以马少也。既兵不可去，车骑应蓄。今宜募天下使养马，一匹者，蠲一人役，三匹者，除一人为吏，自比以进，阶赏有差，边亭徼驿，一无发动。

又将者，将求其死也。自能执干戈，幸而不亡，筋力尽于戎役，其于望上者，固已深矣。重有澄风扫雾之勤，驱波涤尘之力，此所自矜，尤复为甚。近所功赏，人知其浓，然似颇谬虚实，怨怒实众。垂臂而反唇者，往往为部，耦语而呼望者，处处成群。凡武人意气，特易崩沮，设一旦有变，则向之怨者皆为敌也。今宜国财与之共竭，府粟与之同罄，去者应遣，浓加宠爵，发所在禄之，将秩未充，余费宜阙，他事负辇，长不应与，唯可教以搜狩之礼，习以钲鼓之节。若假勇以进，务黜其身。老至而罢，赏延于嗣。

又缘淮城垒，皆宜兴复，使烽鼓相达，兵食相连。若边民请师，皆宜莫许。远夷贡至，止于报答，语以国家之未暇，示以何事而非君。须内教既立，徐料寇形，办骑卒四十万，而国中不扰，取谷支二十岁，而远邑不惊，然后越淮穷河，跨陇出漠，亦何适而不可。

又教之不敦，一至于是。今士大夫以下，父母在而兄弟异计，十家而七矣。庶人父子殊产，亦八家而五矣。凡甚者，乃危亡不相知，饥寒不相恤，又嫉谤谗害，其间不可称数。宜明其禁，以革其风，先有善于家者，即务其赏，自今不改，则没其财。

又三年之丧，天下之达丧，以其哀并衷出，故制同外兴，日久均痛，故愈迟齐典。汉氏节其臣则可矣，薄其子则乱也。云何使衰苴之容尽，鸣号之音息。夫佩玉启旒，深情弗忍，冕珠视朝，不亦甚乎！凡法有变于古而刻于情，则莫能顺焉。至乎败于礼而安于身，必遽而奉之，何乃厚于恶，薄于善欤！今陛下以大孝始基，宜反斯谬。

且朝享临御，当近自身始，妃主典制，宜渐加矫正。凡举天下以奉一君，何患不给。或帝有集皂之陋，后有帛布之鄙，亦无取焉。且一体炫金，不及佰两，一岁美衣，不过数袭，而必收宝连椟，集服累笥，目岂常视，身未时亲，是为椟带宝，笥著衣，空散国家之财，徒奔天下之货，而主以此惰礼，妃以此傲家，是何縻蠹之剧，惑鄙之甚。逮至婢竖，皆无定科，一婢之身，重婢以使，一竖之家，列竖以役。瓦金皮绣，浆酒藿肉者，故不可称纪。至有列軿以游遨，饰兵以驱叱，不亦重甚哉！若禁行赐薄，不容致此。且细作始并，以为俭节，而市造华怪，即传于民。如此，则迁也，非罢也。凡天下得治者以实，而治天下者常虚，民之耳目，既不可诳，治之盈耗，立亦随之。故凡厥庶民，制度日侈，商贩之室，饰等王侯，佣卖之身，制均妃后。凡一袖之大，足断为两，一裾之长，可分为二，见车马不辨贵贱，视冠服不知尊卑。尚方今造一物，小民明已睥睨，宫中朝制一衣，庶家晚已裁学。侈丽之原，实先宫阃。又妃主所赐，不限高卑，自今以去，宜为节目。金魄翠玉，锦绣縠罗，奇色异章，小民既不得服，在上亦不得赐。若工人复造奇伎淫器，则皆焚之，而重其罪。

又置官者，将以燮天平气，赞地成功，防奸御难，治烦理剧。使官称事立，人称官置，无空树散位，繁进冗人。今高卑贸实，大小反称，名之不定，是谓官邪。而世废姬公之制，俗传秦人之法，恶明君之典，好暗主之事，其憎圣爱愚，何其甚矣。今则宜先省事，从而并官，置位以周典为式，变名以适时为用，秦、汉末制，何足取也。当使德厚者位尊，位尊者禄重，能薄者官贱，官贱者秩轻，缨冕绂佩，称官以服，车骑容卫，当职以施。

又寄土州郡，宜通废罢，旧地民户，应更置立。岂吴邦而有徐邑，扬境而宅兖民，上淆辰纪，下乱畿甸。其地如朱方者，不宜置州，土如江都者，应更建邑。

又民少者易理，君近者易归，凡吏皆宜每详其能，每厚其秩。为县不得复用恩家之贫，为郡不得复选势族之老。

又王侯识未堪务，不应强仕，须合冠而启封，能政而议爵。

且帝子未官，人谁谓贱。但宜详置宾友，选择正人，亦何必列长史、参军、别驾、从事，然后为贵哉。又世有先后，业有难易，明帝能令其儿不匹光武之子，马贵人能使其家不比阴后之族，盛矣哉，此于后世不可忘也。至当舆抑碎首之忿，陛殿延辟戟之威，此亦复不可忘也。

内外之政，实不可杂。若妃主为人请官者，其人宜终身不得为官，若请罪者，亦终身不得赦罪。

凡天下所须者才，而才诚难知也。有深居而言寡，则蕴学而无由知；有卑处而事隔，则怀奇而无由进。或复见忌于亲故，或亦遭谗于贵党，其欲致车右而动御席，语天下而辩治乱，焉可得哉。漫言举贤，则斯人固未得矣。宜使世之所称通经达史、辨词精数、吏能将谋、偏术小道者，使猎缨危膝，博求其用。制内外与官之官远近及仕之类，令各以所能而造其室，降情以诱之，卑身以安之，然后察其擢唇吻，树颊胲，动精神，发意气，语之所至，意之所执，不过数四间，不亦尽可知哉。若忠孝廉清之比，强正惇柔之伦，难以检格立，不可须臾定，宜使乡部求其行，守宰察其能，竟皆见之于选贵，呈之于相主，然后处其职宜，定其位用。如此，故应愚鄙尽捐，贤明悉举矣。又俗好以毁沉人，不知察其所以致毁；以誉进人，不知测其所以致誉。毁徒皆鄙，则宜擢其毁者；誉党悉庸，则宜退其举者。如此，则毁誉不妄，善恶分矣。又既谓之才，则不宜以阶级限，不应以年齿齐。凡贵者好疑人少，不知其少于人矣。老者亦轻人少，不知其不及少矣。

自释氏流教，其来有源，渊检精测，固非深矣。舒引容润，既亦广矣。然习慧者日替其修，束诫者月繁其过，遂至糜散锦帛，侈饰车从。复假粗医术，托杂卜数，延妹满室，置酒浃堂，寄夫托妻者不无，杀子乞儿者继有。而犹倚灵假像，背亲傲君，欺费疾老，震损宫邑，是乃外刑之所不容戮，内教之所不悔罪，而横天地之间，莫不纠察。人不得然，岂其鬼欤。今宜申严佛律，禅重国令，其疵恶显著者，悉皆能遣，除则随其艺行，各为之条，使禅义经诵，人能其一，食不过蔬，衣不出布。若应更度者，则令先习义行，本其神心，必能草腐人天，竦精以往者，虽侯王家子，亦不宜拘。

凡鬼道惑众，妖巫破俗，触木而言怪者不可数。宇采而称神者非可算。其原本是乱男女，合饮食，因之而以祈祝，从之而以报请，是乱不诛，为害未息。凡一苑始立，一神初兴，淫风辄以之而甚，今修堤以北，置园百里，峻山以右，居灵十房，糜财败俗，其可称限。又针药之术，世寡复修，诊脉之伎，人鲜能达，民因是益征于鬼，遂弃于医，重令耗惑不反，死夭复半。今太医宜男女习教，在所应遣吏受业。如此，故当愈于媚神之愚，征正凑理之敝矣。

凡无世不有言事，未时不有令下，然而升平不至，昏危是继，何哉？盖设令之本非实也。又病言不出于谋臣，事不便于贵党，轻者抵訾呵骇，重者死压穷摈，故西京有方调之诛，东郡有党锢之戮。陛下若欲申常令，循末典，则群臣在焉；若欲改旧章，兴王道，则微臣存矣。敢昧死以陈，唯陛下察之。

书奏，忤旨，自解去职。

又除太子中舍人，出为庐陵内史。郡后荒芜，有野兽，母薛氏欲见猎，朗乃合围纵火，令母观之。火逸烧郡廨，郎悉以秩米起屋，赏所烧之限，称疾去官，遂为州司所纠。还都谢世祖曰："州司举臣愆失，多有不允。臣在郡，虎三食人，虫鼠犯稼，以此二事，上负陛下。"上变色曰："州司不允，或可有之。虫虎之灾，宁关卿小物。"朗寻丁母艰，有孝性，每哭必恸，其余颇不依居丧常节。大明四年，上使有司奏其居丧无礼，请加收治。诏曰："朗悖礼利口，宜令翦戮，微物不足乱典刑，特锁付边郡。"于是传送宁州，于道杀之，时年三十六。

子仁昭，顺帝升明末为，为南海太守。

沈怀文字思明，吴兴武康人也。祖寂，晋光禄勋。父宣，新安太守。

怀文少好玄理，善为文章，尝为楚昭王二妃诗，见称于世。初州辟从事，转西曹，江夏王义恭司空行参军，随府转司徒参军事，东阁祭酒。丁父忧，新安郡送故丰厚，奉终礼毕，余悉班之亲戚，一无所留，太祖闻而嘉之，赐奴婢六人。服阕，除尚书殿中郎。隐士雷次宗被征居钟山，后南还庐岳，何尚之设祖道，文义之士毕集，为连句许，怀文所作尤美，辞高一座。以公事例免，同辈皆失官，怀文□□留。随王诞镇襄阳，出为后军主簿，与谘议参军谢庄共掌辞令，领义成太守。元嘉二十八年，诞当为广州，欲以怀文为南府记室，先除通直郎，怀文固辞南行，上不悦。

弟怀远纳东阳公主养女王鹦鹉为妾，元凶行巫蛊，鹦鹉预之，事泄，怀文因此失调，为治书侍御史。元凶弑立，以为中书侍郎。世祖入讨，劭呼之使作符檄，怀文固辞，劭大怒，投笔于地曰："当今艰难，卿欲避事邪！"旨色甚切。值殷冲在坐，申救得免。托疾落马，间行奔新亭。以为竟陵王诞卫军记室参军、新兴太守。又为诞骠骑录事参军、淮南太守。时国哀未释，诞欲起内斋，怀文以为不可，乃止。寻转扬州治中从事史。

时议省录尚书，怀文以为非宜，上议曰："昔天官正纪，六典序职，载师掌均，七府成务，所以翼平辰衡，经赞邦极。故总属之原，著夫官典，和统之要，昭于国言。夏因虞礼，有深冢司之则，周承殷法，无损掌邦之仪。用乃调佐王均，缉亮帝度。而式宪之轨，弘正汉庭，述章之范，崇明魏室。虽条录之名，立称于中代，总厘之实，不愆于自古，比代相沿，历朝罔贰。及乎爵以事变，级以时改，皆兴替之道，无害国章，八统元任，靡或省革。按台辅之职，三曰礼典，以和邦国，以统百官。四曰政典，以平邦国，以正百官。郑康成云：'冢宰之于庶僚，无所不总也。'考于兹义，备于典文，详古准今，不宜虚废。"不从。迁别驾从事史，江夏王义恭迁，西阳王子尚为扬州，居职如故。

时荧惑守南斗，上乃废西州旧馆，使子尚移居东城以厌之。怀文曰："天道示变，宜应之以德。今虽空西州，恐无益也。"不从，而州竟废矣。大明二年,迁尚书吏部郎。时朝议欲依古制置王畿,扬州移治会稽,犹以星变故也,怀文曰:“周制封畿,汉置司隶,各因时宜,非存相反,安民宁国,其揆一也,苟民心所安,天亦从之,未必改今追古,乃致平壹。神州旧壤,历代相承,异于边州,或罢或置,既物情不说,容亏化本。”又不从。三年,子尚移镇会稽,迁抚军长史,行府州事。时囚系甚多,动经年月,怀文到任,讯五郡九百三十六狱,众咸称平。

入为侍中,宠待隆密,将以为会稽,其事不行。竟陵王诞据广陵反,及城陷,士庶皆裸身鞭面,然后加刑,聚所杀人首于石头南岸,谓之髑髅山。怀文陈其不可,上不纳。扬州移会稽,上忿浙江东人情不和,欲贬其劳禄,唯西州旧人不改。怀文曰:“扬州徙治,既乖民情,一州两格,尤失大体。臣谓不宜有异。”上又不从。

怀文与颜竣、周朗素善,竣以失旨见诛,朗亦以忤意得罪。上谓怀文曰:“竣若知我杀之,亦当不敢如此。”怀文默然。尝以岁夕与谢庄、王景文、颜师伯被敕入省,未及进,景文因言次称竣、朗人才之美,怀文与相酬和,师伯后因语次白上,叙景文等此言。怀文屡经犯忤,至此上倍不说。上又坏诸郡士族,以充将吏,并不服役,至悉逃亡,加以严制不能禁。乃改用军法,得便斩之,莫不奔窜山湖,聚为盗贼。怀文又以为言。斋库上绢,年调钜万匹,绵亦称此。期限严峻,民间买绢,一匹至二三千,绵一两亦三四百,贫者卖妻儿,甚者或自缢死。怀文具陈民困,由是绵绢薄有所减,俄复旧。子尚诸皇子皆置邸舍,逐什一之利,为患遍天下。怀文又言之曰:“列肆贩卖,古人所非,故卜式明不雨之由,弘羊受致旱之责。若以用度不充,顿止为难者,故宜量加减省。”不听。孝建以来,抑黜诸弟,广陵平后,复欲更峻其科。怀文曰:“汉明不使其子比光武之子,前史以为美谈。陛下既明管、蔡之诛,愿崇唐、卫之寄。”及海陵王休茂诛,欲遂前议,太宰江夏王义恭探得密旨,先发议端,怀文固谓不可,由是得息。

时游幸无度,太后及六宫常乘副车在后,怀文与王景文每陈不宜亟出。后同从坐松树下,风雨甚骤。景文曰:“卿可以言矣。”怀文曰:“独言无系,宜相与陈之。”江智渊卧草侧,亦谓言之为善。俄而被召俱入雉场,怀文曰:“风雨如此,非圣躬所宜冒。”景文又曰:“怀文所启宜从。”智渊未及有言,上方注弩,作色曰:“卿欲效颜竣邪?何以恒知人事。”又曰:“颜竣小子,恨不得鞭其面!”上每宴集,在坐者咸令沉醉,怀文素不饮酒,又不好戏调,上谓故欲异己。谢庄尝诫怀文曰:“卿每与人异,亦何可久。”怀文曰:“吾少来如此,岂可一朝而变。非欲异物,性所得耳。”

五年,乃出为晋安王子勋征虏长史、广陵太守。明年,坐朝正事毕被遣还北,以女病求申,临辞,又乞停三日,讫犹不去,为有司所纠,免官,禁锢十年。既被免,买宅欲还东。上大怒,收付廷尉,赐死,时年五十四。三子:淡、渊、冲。

弟怀远。为始兴王浚征北长流参军,深见亲待。坐纳王鹦鹉为妾,世祖徙之广州,使广州刺史宗悫于南杀之。会南郡王义宣反,怀远颇闲文笔,悫起义,使造檄书,并衔命至始兴,与始兴相沈法系论起义事。事平,悫具为陈请,由此见原。终世祖世不得还。怀文虽亲要,屡请终不许。前废帝世,流徙者并听归本,官至武康令。撰《南越志》及怀文文集,并传于世。

史臣曰:昔娄敬戍卒,委辂而迁帝都;冯唐老贱,片词以悟明主。素无王公卿士之贵,非不积誉取信之资,徒以一言合旨,仰感万乘。自此山壑草莱之人,布衣韦带之士,莫不踵阙县书,烟霏雾集。自汉至魏,此风未爽。暨于晋氏,浮伪成俗,人怀独善,仕贵遗务。降及宋祖,思反前失,虽革薄损华,抑扬名教,而辟聪之路未启,采言之制不弘。至于贱隶卑臣,义合朝算,徒以事非己出,知允莫从。昔之开之若彼,今之塞之若此,非为徐乐、严安,偏富汉世,东方、主父,独阙宋时,盖由用与不用也。徒置乞言之旨,空下不讳之令,慕古饰情,义非侧席,文士因斯,各存炫藻。周朗辩博之言,多切治要,而意在摛词,文实忤主。文词之为累,一至此乎!

宋书卷八三
列传第四三

宗越　吴喜　黄回

宗越，南阳叶人也。本河南人，晋乱，徙南阳宛县，又土断属叶。本为南阳次门，安北将军赵伦之镇襄阳，襄阳多杂姓，伦之使长史范觊之条次氏族，辨其高卑，觊之点越为役门，出身补郡吏。

父为蛮所杀，杀其父者尝出郡，越于市中刺杀之，太守夏侯穆嘉其意，擢为队主。蛮有为寇盗者，常使越讨伐，往辄有功。家贫，无以市马，常刀盾步出，单身挺战，众莫能当。每一捷，郡将辄赏钱五千，因此得市马。后被召，出州为队主。世祖镇襄阳，以为扬武将军，领台队。元嘉二十四年，启太祖求复次门，移户属冠军县，许之。二十七年，随柳元景北伐，领马幢，隶柳元怙，有战功，事在《元景传》。还补后军参军督护，随王诞戏之曰："汝何人，遂得我府四字。"越答曰："佛狸未死，不忧不得咨议参军。"诞大笑。

随元景伐西阳蛮，因值建义，转南中郎长兼行参军，新亭有战功。世祖即位，以为江夏王义恭大司马行参军、济阳太守，寻加龙骧将军。臧质、鲁爽反，越率军据历阳。爽遣将军郑德玄前据大岘，德玄分偏师杨胡兴、刘蜀马步三千，进攻历阳。越以步骑五百于城西十余里拒战，大破斩胡兴、蜀等。爽平，又率所领进梁山拒质，质败走，越战功居多。因追奔至江陵。时荆州刺史朱脩之未至，越多所诛戮，又逼略南郡王义宣子女，坐免官，系尚方。寻被宥，复本官，追论前功，封筑阳县子，食邑四伯户。迁西阳王子尚抚军中兵参军，将军如故。大明三年，转长水校尉。

竟陵王诞据广陵反，越领马军隶沈庆之攻诞。及城陷，世祖使悉杀城内男丁，越受旨行诛，躬临其事，莫不先加捶挞，或有鞭其面者，欣欣然若有所得，所杀凡数千人。四年，改封始安县子，户邑如先。八年，迁新安王子鸾抚军中兵参军，加辅国将军。其年，督司州豫州之汝南新蔡汝阳颍川四郡诸军事、宁朔将军、司州刺史，寻领汝南、新蔡二郡太守。

前废帝景和元年，召为游击将军，直阁。顷之，领南济阴太守，进爵为侯，增邑二百户。又加冠军将军，改领南东海太守，游击如故。帝凶暴无道，而越及谭金、童太壹并为之用命，诛戮群公及何迈等，莫不尽心竭力，故帝凭其爪牙，无所忌惮。赐与越等美女金帛，充牣其家。越等武人，粗强，识不及远，咸一往意气，皆无复二心。帝将欲南巡，明旦便发，其夕悉听越等出外宿，太宗因此定乱。明晨，越等并入，上抚接甚厚，越改领南济阴太守，本官如故。

越等既为废帝尽力，虑太宗不能容之，上接待虽厚，内并怀惧。上亦不欲使其居中，从容谓之曰："卿等遭离暴朝，勤劳日久，苦乐宜更，应得自养之地。兵马大郡，随卿等所择。"越等素已自疑，及闻此旨，皆相顾失色，因谋作难。以告沈攸之，攸之具白太宗，即日收越等下狱死。越时年五十八。

越善立营阵，每数万人止顿，越自骑马前行，使军人随其后，马止营合，未尝参差。及沈攸之代殷孝祖为南讨前锋，时孝祖新死，众并惧，攸之叹曰："宗公可惜，故有胜人处。"而御众严酷，好行刑诛，睚眦之间，动用军法。时王玄谟御下亦少恩，将士为之语曰："宁作五年徒，不逐王玄谟；玄谟尚可，宗越杀我。"

谭金，荒中伧人也。在荒中时，与薛安都有旧，后出新野，居牛门村。及安都归国，金常随征讨。自北入峭陕，及巴口建义，恒副安都，排坚陷障，气力兼人，平元凶及梁山破臧质，每有战功。稍至建平王宏中军参军事，加建武将军，寻转龙骧将军、南下邳太守，参军如故。孝建三年，迁屯骑校尉、直阁，领南清河太守。景和元年，前废帝诛群公，金等并为之用。帝下诏曰："屯骑校尉南清河太守谭金、强弩将军童太壹、车骑中兵参军沉攸之，诚略沉果，忠干勇鸷，消荡氛翳，首制鲸凶，宜裂河山，以酬勋义。金可封平都县男，太壹宜阳县男，攸之东兴县男，食邑各三百户。"金迁骁骑将军，增邑百户。太壹，东莞人也。自强弩迁左军将军，增邑百户。金、太壹并与宗越俱死。

越州里刘胡、武念、佼长生、蔡那、曹欣之，并以将帅显。刘胡事在《郑琬传》。

武念，新野人也。本三五门，出身郡将。萧思话为雍州，遣土人庞道符统六门田，念为道符随身队主。后大府以念有健名，且家富有马，召出为将。世祖临雍州，念领队奉迎。时沔中蛮反，世祖之镇，缘道讨伐，部伍至太堤岩洲，蛮数千人忽至，乘高矢射雨下。念驰赴奋击，应时摧退，即擢为参军督护。其后每军旅，常有战功。世祖孝建中，为建威将军、桂阳太守。竟陵王诞反，念以江夏王义恭太宰参军、龙骧将军，隶沈庆之攻广陵城。诞出城走，既而复还，念追之不及，坐免官。复以为冗从仆射，出为龙骧将军、南阳太守。前废帝景和中，为右军将军，直阁，封开国县男，食邑三百户。太宗初即位，四方反叛，遣念乘驿还雍州，绥尉西土，因以为南阳太守。念既至，人情并向之，刘胡遣腹心数骑诈诣念降，于坐缚念，袁觊斩之，送首诣晋安王子勋。念党袁处珍逃亡至寿阳，为逆党刘顺所得，考楚备至，秉义不移，后得叛奔刘勔。太宗嘉之，以为奉朝请。追赠念冠军将军、南阳新野二郡太守，封绥安县侯，食邑四百户。泰始四年，绥安县省，改封邵陵县。

佼长生，广平人也。出身为县将，大府以其有膂力，召为府将。朱脩之拒鲁秀于岘南，长生有战功，稍见任使。太宗初，为建安王休仁司徒中兵参军，加宁朔将军。南讨有功，封迁陵县侯，食邑八百户。后为张悦宁远司马、宁蛮校尉。太始五年，卒，追赠征虏将军、雍州刺史。

蔡那，南阳冠军人也。家素富，而那兄局善接待宾客，客至无少多，皆资给之，以此为郡县所优异，蠲其调役。那始为建福戍主，渐至大府将佐。太宗初，为建安王休仁司徒中兵参军，南讨。那子弟皆在襄阳，为刘胡所执，胡每战辄悬之城外，那进战愈猛。以功封平阳县侯，食邑五百户。稍至刘韫抚军司马、宁蛮校尉，加宁朔将军。泰豫元年，以本号为益州刺史、宋宁太守，未拜，卒。追赠辅师将军，余如故，谥曰平侯。

曹欣之，新野人也。积勤劳，后废帝元徽初，为军主。以平桂阳王休范功，封新市县子，食邑五百户。为左军、骁骑将军，加辅国将军，元徽四年，以本号为徐州刺史、钟离太守，进号冠军将军。顺帝升明二年，征为散骑常侍、骁骑将军。三年，卒。

吴喜，吴兴临安人也。本名喜公，太宗减为喜。初出身为领军府白衣吏。少知书，领军将军沈演之使写起居注，所写既毕，暗诵略皆上口。演之尝作让表，未奏，失本，喜经一见，即便写赴，无所漏脱，演之甚知之。因此涉猎《史》、《汉》，颇见古今。演之门生朱重民入为主书，荐喜为主书书史，进为主图令史。太祖尝求图书，喜开卷倒进之，太祖怒，遣出。

会太子步兵校尉沈庆之征蛮，启太祖请喜自随，使命去来，为世祖所知赏。世祖于巴口建义，喜遇病，不堪随庆之下。事平，世祖以喜为主书，稍见亲遇，擢为诸王学官令，左右尚方令，河东太守，殿中御史。大明中，黟、歙二县有亡命数千人，攻破县邑，杀害官长。豫章王子尚为扬州，在会稽，再遣为主帅，领三千人水陆讨伐，遂再往，失利，世祖遣喜将数十人至二县，诱说群贼，贼即日归降。

太宗初即位，四方反叛，东兵尤急。喜请得精兵三百，致死于东，上大说，即假建武将军，简羽林勇士配之。议者以喜刀笔主者，不尝为将，不可遣。中书舍人巢尚之曰："喜昔随沈庆之，屡经军旅，性既勇决，又习战陈，若能任之，必有成绩。诸人纷纷，皆是不别才耳。"喜乃率员外散骑侍郎竺超之、殿中将军杜敬真马步东讨。既至永世，得庾业、刘延熙书，送寻阳王子房檄文，与喜书曰："知统戎旅，已次近路，卿所在著名，今日何为立忠于彼邪？想便倒戈，共受河、山之赏。”喜报书曰：“前驱之人，忽获来翰，披寻狂惑，良深怅骇。圣主以神武拨乱，德盛勋高，群逆交扇，灭在晷刻。君等勋义之烈，世荷国恩，事愧鸣鸮，不怀食椹。今练勒所部，星言进迈，相见在近，不复多陈。”喜孝武世见驱使，常充使命，性宽厚，所至人并怀之。及东讨，百姓闻吴河东来，便望风降散，故喜所至克捷，事在《孔觊传》。迁步兵校尉，将军如故。封竟陵县侯，食邑千户。东土平定，又率所领南讨，迁辅国将军、寻阳太守。南贼退走，喜追讨平定荆州，迁前军将军，增邑三百户。泰始四年，改封东兴县侯，户邑如先。仍除使持节、督交州广州之郁林宁浦二郡诸军事、辅国将军、交州刺史。不行，又除右军将军、淮陵太守，假辅师将军，兼太子左卫率。

五年，转骁骑将军，假号、太守、兼率如故。其年，虏寇豫州，喜统诸军出讨，大破虏于荆亭，伪长社公遁走，戍主帛乞奴归降。军还，复以本位兼左卫将军。六年，又率军向豫州拒索虏，加节、督豫州诸军事，假冠军将军，骁骑、太守如故。明年，还京都。

初，喜东征，白太宗得寻阳王子房及诸贼帅，即于东枭斩。东土既平，喜见南贼方炽，虑后翻覆受祸，乃生送子房还都，凡诸大主帅顾琛、王昙生之徒，皆被全活。上以喜新立大功，不问也，而内密衔之。及平荆州，恣意剽虏，赃私万计，又尝对宾客言汉高、魏武本是何人，上闻之，益不说。其后诛寿寂之，喜内惧，因启乞中散大夫，上尤疑骇。至是会上有疾，为身后之虑，以喜素得人情，疑其将来不能事幼主，乃赐死，时年四十五。喜将死之日，上召入内殿，与共言谑，酬接甚款。既出，赐以名馔，并金银御器，敕将命者使食器宿喜家。上素多忌讳，不欲令食器停凶祸之室故也。喜未死一日，上与刘勔、张兴世、齐王诏曰：

吴喜出自卑寒，少被驱使，利口任诈，轻狡万端。自元嘉以来，便充刀笔小役，卖弄威恩，苟取物情，处处交结，皆为党与，众中常以正直为词，而内实阿媚。每仗计数，运其佞巧，甘言说色，曲以事人，不忠不平，彰于触事。从来作诸署，主意所不协者，觅罪委顿之，以示清直，而余人恣意为非，一不检问，故甚得物情。

昔大明中，黟、歙二县有亡命数千人，攻破县邑，杀害官长，刘子向在会稽，再遣为主帅，领三千精甲水陆讨伐，再往，失利。孝武以喜将数十人至二县，说诱群贼，贼即归降。诡数幻惑，乃能如此，故每豫驱驰，穷诸狡慝。及泰始初东讨，正有三百人，直造三吴，凡再经薄战，而自破冈以东至海十郡，无不清荡。百姓闻吴河东来，便望风自退，若非积取三吴人情，何以得弭伏如此。其统军宽慢无章，放恣诸将，无所裁检，故部曲为之致力。观其意趣，止在贼平之后，应力为国计。喜初东征发都，指天画地，云得刘子房即当屏除，袁标等皆加斩戮，使略无生口。既平之后，缓兵施恩，纳罪人之货，诱诸贼帅，令各逃藏，受赂得物，不可称纪。听诸贼帅假称为降，而拥卫子房，遂得生归朝廷。收罗群逆，皆作爪牙，抚接优密，过于义士，推此意，正是闻南贼大盛，殷孝祖战亡，人情大恶，虑逆徒得志，规以自免。喜善为奸变，每以计数自将，于朝廷则三吴首献庆捷，于南贼则不杀其党，颇著阴诚，当云东人恇怯，望风自散，皆是彼无处分，非其苦相逼迫，保全子房及顾琛等，足表丹诚，进退二涂，可以无患。

南贼未平，唯以军粮为急，西南及北道断不通，东土新平，商运稀简，朝廷乃至鬻官卖爵，以救灾困，半斛收敛，犹有不充。喜在赭圻，军主者顿偷一百三十斛米，初不问罪，诸军主皆云宜治，喜不获已，正与三十鞭，又不责备。凡所曲意，类皆如此。

喜至荆州，公私殷富，钱物无复孑遗。喜乘兵威之盛，诛求推检，凡所课责，既无定科，又严令驱蹙，皆使立办。所使之人，莫非奸猾，因公行私，迫胁在所，入官之物，侵窃过半，纳资请托，不知厌已。西难既殄，便应还朝，而解故盘停，托云捍蜀。实由货易交关，事未回展。又遣人入蛮，矫诏慰劳，赕伐所得，一以入私。又遣部下将吏，兼因土地富人，往襄阳或蜀、汉，属托郡县，侵官害民，兴生求利，千端万绪。从西还，大艑小艒，爰及草舫，钱米布绢，无船不满。自喜以下，迨至小将，人人重载，莫不兼资。

喜本小人，多被使役，经由水陆，州郡殆遍，所至之处，辄结物情，妄窃善称，声满天下，密怀奸恶，人莫之知。喜军中诸将，非劫便贼，唯云："贼何须杀，但取之，必得其用。"虽复羸弱，亦言："健儿可惜，天下未平，但令以功赎罪。"处遇料理，反胜劳人，此辈所感唯喜，莫云恩由朝廷。凶恶不革，恒出丑声，劳人义士，相与叹息，并云："我等不爱性命，击擒此贼，朝廷不肯杀去，反与我齐。今天下若更有贼，我不复能击也。"此等既随喜行，多无功效，或隐在众后，或在幔屋中眠。贼既破散，与劳人同受爵赏。既被诘问，辞白百端，云："此辈既见原宥，击贼有功，那得不依例加赏。"褚渊往南选诸将卒，喜为军中经为贼者，就渊求官，倍于义士。渊以喜最前献捷，名位已通，又为统副，难相违拒，是以得官受赏，反多义人。义人虽忿喜不平，又怀其宽弛。往岁竺超之闻四方反叛，人情畏贼，无敢求为朝廷行者，乃慨然攘步，随喜出征，为其军副。身经临敌，自东还，失喜意，说超之多酒，不堪驱使，遂相委弃。高敬祖年虽少宿，气力实健，其有处分，为军中所称，喜薄其衰老，云无所施。正以二人忠清，与己异行。超之为人，乃多饮酒，计喜军中主帅，岂无饮酒者，特是不利超之，故以酒致言耳。敬祖既无余事，直云年老，托为乞郡，潜相遣斥。其余主帅，并贪浊谄媚之流，皆提携东西，不相离舍。喜闻天壤间有罪人死或应系者，必启以入军，皆得官爵，厚被处遇。应入死之人，缘己得活，非唯得活，又复如意，人非木石，何能不感。设令吾攻喜门，此辈谁不致力，但是喜不敢生心耳。喜军中人皆是喜身爪牙，岂关于国。

喜自得军号以来，多置吏佐，是人加板，无复限极。为兄弟子侄及其同堂群从，乞东名县，连城四五，皆灼然巧盗，侵官夺私。亡命罪人，州郡不得讨，崎岖蔽匿，必也党护，台州符旨，殆不复行。船车牛犊，应为公家所假借者，托之于喜，吏司便不敢问。它县奴婢，入界便略，百姓牛犊，辄牵杀啖。州郡应及役者，并入喜家。喜兄茹公等悉下取钱，盈村满里。诸吴姻亲，就人间征求，无复纪极，百姓嗷然，人人悉苦，喜具知此，初不禁呵。

索惠子罪不甚江悆，既已被恩，得免宪辟，小小忤意，辄加刑斩。张悦贼中大帅，逼迫归降，沈攸之录付喜，云："杀活当由朝廷。"将帅征伐，既有常体，自应执归之有司，喜即便打锁，解襦与著，对膝围棋，仍造重义，私惠招物，触事如斯。张灵度凶愚小人，背叛之首，喜在西辄恕其罪，私将下都，与之周旋，情若同体。狼子野心，独怀毒性，遂与柳欣慰等谋立刘祎，吾使喜录之，而喜密报令去，去未得远，为建康所录。喜背国亲恶，乃至于是。初从西反，图兼右丞，贪因事物，以行私诈。吾患其谄曲，抑而不许，从此怨怼，意用不平。

喜西救汝阴，纵肆兵将，斥暴居民，奸人妇女，逼夺鸡犬，虏略纵横，缘路官长，莫敢呵问。脱误有缚录一人，喜辄大怒。百姓呼嗟，人人失望。近段佛荣求还，乃欲用喜代之，西人闻其当来，皆欲叛走，云："吴军中人皆是生劫，若作刺史，吾等岂有活路。既无他计，正当叛投虏耳。"夫伐罪吊民，用清国道，岂有残虐无辜，剥夺为务，害政妨国，罔上附下，罪衅若此，而可久容。臧文仲有云："见有善于其君，如孝子之养父母；见有恶于君，若鹰之逐鸟雀。"耿弇不以贼遗君父，前史以为美谈。而喜军中五千人，皆亲经反逆，携养左右，岂有奉上之心。

喜意志张大，每称汉高、魏武本是何人。近忽通启，求解军任，乞中散大夫。喜是何人，乃敢作此举止。且当今边疆未宁，正是喜输蹄领之日，若以自处之宜，当节俭廉慎，静扫闭门，不与外物交关，专心奉上，何得以其蜂螨，高自比拟。当是自顾愆衅，事宜遐迩，又见寿寂之流徙，施脩林被击，物恶伤类，内怀忧恐，故兴此计，图欲自安。

朝廷之士及大臣藩镇，喜殆无所畏者，畏者唯吾一人耳。人生修短，不可豫量，若吾寿百年，世间无喜，何所亏损。若使吾四月中疾患不得治力，天下岂可有喜一人。寻喜心迹，不可奉守文之主，岂可遭国家间隙，有可乘之会邪。世人多云："时可畏，国政严。"历观有天下，御亿兆，杖威齐众，何代不然。故上古象刑，民淳不犯，后圣惩伪，易以劓墨。唐尧至仁，不赦四凶之罪；汉高大度，而急三杰之诛。且太公为治，先华士之刑；宣尼作宰，肆少正之戮。自昔力安社稷，功济苍生，班剑引前，笳鼓陪后，不能保此者，历代无数。养之以福，十分有一耳。至若喜之深罪，其得免乎。

夫富之与贵，虽以功绩致之，必由道德守之，故善始者未足称奇，令终者乃可重耳。凡置官养士，本在利国，当其为利，爱之如赤子，及其为害，畏之若仇雠，岂暇远寻初功，而应忍受终敝耳。将之为用，譬如饵药，当人羸冷，资散石以全身，及热势发动，去坚积以止患。岂忆始时之益，不计后日之损，存前者之赏，抑当今之罚。非忘其功，势不获已耳。喜罪衅山积，志意难容，虽有功效，不足自补，交为国患，焉得不除。且欲防微杜渐，忧在未萌，不欲方幅露其罪恶，明当严诏切之，令自为其所。卿诸人将相大臣，股肱所寄，赏罚事重，应与卿等论之，卿意并谓云何？

及喜死，发诏赙赐。

子微民，袭爵，齐受禅，国除。

黄回，竟陵郡军人也。出身充郡府杂役，稍至传教。臧质为郡，转斋帅，及去职，将回自随。质为雍州，回复为斋帅。质讨元凶，回随从有功，免军户。质在江州，擢领白直队主。随质于梁山，败走向豫章，为台军主谢承祖所录，付江州作部，遇赦得原。回因下都，于宣阳门与人相打，诈称江夏王义恭马客，鞭二百，付右尚方。会中书舍人戴明宝被系，差回为户伯，性便辟勤紧，奉事明宝，竭尽心力。

明宝寻得原赦，委任如初，启免回，以领随身队，统知宅及江西墅事，性有功艺，触类多能，明宝甚宠任之。

回拳捷果劲，勇力兼人，在江西与诸楚子相结，屡为劫盗。会太宗初即位，四方反叛，明宝启太宗，使回募江西楚人，得快射手八百，假回宁朔将军、军主，隶刘勔西讨。于死虎破杜叔宝军，除山阳王休祐骠骑行参军、龙骧将军。攻合肥，破之，累迁至将校，以功封葛阳县男，食邑二百户。

后废帝元徽初，桂阳王休范为逆，回以屯骑校尉领军隶齐王，于新亭创诈降之计，事在《休范传》。回见休范可乘，谓张敬兒曰："卿可取之，我誓不杀诸王。"敬兒即日斩休范。事平，转回骁骑将军，加辅师将军，进爵为侯，改封闻喜县，增邑千户。四年，迁冠军将军、南琅邪济阳二郡太守。建平王景素反，回又率军前讨，假节。城平之日，回军先入，又以景素让张倪奴。回增邑五百户，进号征虏将军，加散骑常侍，太守如故。明年，迁右卫将军，常侍如故。

沈攸之反，以回为使持节、督郢州司州之义阳诸军事、平西将军、郢州刺史，给鼓吹一部，率众出新亭为前锋。未发，而袁粲据石头为乱，回与新亭诸将帅任候伯、彭文之、王宜兴、孙昙瓘等谋应粲。粲事发，候伯等并乘船赴石头，唯昙瓘先至得入，候伯等至，而粲已平。回本期诘旦率所领从御道直向台门，攻齐王于朝堂，事既不果，齐王抚之如旧。回与宜兴素不协，虑或反告，因其不从处分，斩之。

宜兴，吴兴人也。形状短小，而果劲有胆力。少年时，为劫不须伴，郡讨逐，围绕数十重，终莫能擒。太宗泰始中，为将，在寿阳间击索虏，每以少制多，挺身深入，无所畏惮，虏众值宜兴，皆引避不敢当。稍至宁朔将军，羽林监。以平建平王景素功，封长寿县男，食邑三百户。至是为屯骑校尉，加辅国将军。

回进军未至郢州，而沈攸之败走，回至镇，进号镇西将军，改督为都督。回不乐停郢州，固求南兖，遂率部曲辄还。改封安陆郡公，增邑二千户，并前三千七百户。改都督南兖徐兖青冀五州诸军事、镇北将军、南兖州刺史，加散骑常侍，持节如故。

齐王以回终为祸乱，乃上表曰："黄回出自厮伍，本无信行，仰值泰始，谬被驱驰，阶藉风云，累叨显伍。及沈攸之作逆，事切戎机，臣暗于知人，冀其搏噬，遣统前锋，竟不接刃。军至郢城，乘威迫胁，陵掠所加，必先尊贵。武陵王马器服咸被虏夺，城内文武，剥剔靡遗。及至还都，纵恣弥甚，先朝御服，犹有二舆，弓剑遗思，尚在军府，回遂启求，以拟私用，僭侮无厌，罔顾天极。又广纳逋亡，多受劫盗，亲信此等，并为爪牙。观其凶狡，忧在不测。恶积罪著，非可含忍，应加剿除，以明国宪。寻其衅状，实宜极法，但尝经将帅，微有尘露，罪疑从轻，事炳前策，请在降减，特原余嗣。臣过荷隆寄，言必罄诚，谨陈管穴，式遵弘典，伏愿圣明，特垂允鉴。臣思不出位，诚昧甄才，追言既往，伏增惭悳。"诏曰："黄回擢自凡竖，夙负疵衅，贯以宪纲，收其搏噬。虽勤效累著，而屠怀干纪。新亭背叛，投拜寇场，异规既扇，庙律几殆，幸得张敬兒提戈直奋，元恶受戮。及景素结逆，履霜岁久，乃密通音译，潜送器杖，氛沴克霁，狡谋方显。每存容掩，冀能悛革，故裂茅升爵，均荣勋宠。凶诐有本，险慝滋深，构诱敬兒，志相攻陷，悖图未遂，很戾弥甚。近军次郢镇，劫逼府主，兼挟私计，多所征索。主局咨疑，便加捶楚，专肆暴慢，罔顾彝则。膺牧西蕃，徽贲惟厚，曾不知感，犹怀忿怨。李安民述任河、济，星管未周，贪据衿要，苦祈回夺。黩谒弗已，叨侈无度，遂请求御舆，僭拟私饰。又招萃贼党，初不启闻，伤风蠹化，莫此之甚。宜明绳裁，肃正刑书，便收付廷尉，依法穷治。"

回死时，年五十二。子僧念，尚书左民郎，竟陵相，未发，从诛。

回既贵，祗事戴明宝甚谨，言必自名。每至明宝许，屏人独进，未尝敢坐。躬至帐下及入内，料检有无，随乏供送，以此为常。

先是，王蕴为湘州，颍川庾佩玉为蕴宁朔府长史、长沙内史。蕴去职，南中郎将、湘州刺史南阳王翙未之任，权以佩玉行府州事。先遣中兵参军、临湘令韩幼宗领军戍防湘川，与佩玉共事，不美。及沈攸之为逆，佩玉、幼宗各不相信，幼宗密图，佩玉知其谋，袭杀幼宗。

回至郢州，遣辅国将军任候伯行湘州事，候伯以佩玉两端，辄杀之。湘州刺史吕安国之镇，齐王使安国诛候伯。

彭文之，太山人也。以军功稍至龙骧将军。讨建平王景素功，封葛阳县男，食邑三百户。顺帝初，为辅国将军、左军将军、南濮阳太守，直阁，领右细杖荡主。沈攸之平后，齐王收之下狱，赐死。

孙昙瓘，吴郡富阳人也。骁果有气力，以军功稍进，至是为宁朔将军、越州刺史。于石头叛走，逃窜经时，后于秣陵县禽获，伏诛。

回同时为将者，临淮任农夫，沛郡周宁民，南郡高道庆，并以武用显。

农夫稍至强弩将军。太宗初，以东讨功，封广晋县子，食邑五百户。东土平定，仍又南讨，增邑二百户。历射声校尉，左军将军。时桂阳王休范在江州，有异志，朝廷虑其下，以农夫为辅师将军、淮南太守，戍姑孰以防之。休范寻率众向京邑，奄至近道，农夫弃戍还都。休范平，以战功改封孱陵县侯，增邑千户，并前千七百户。出为辅师将军、豫州刺史，寻进号冠军将军。明年，入为骁骑将军，加通直散骑常侍。前世加官，唯散骑常侍，无通直、员外之文。太宗以来，多因军功至大位，资轻加常侍者，往往通直、员外焉。五年，加征虏将军，改通直为散骑常侍，骁骑如故。其年卒，追赠左将军，常侍如故，谥曰贞肃。候伯，即农夫弟也。

周宁民于乡里起义讨薛安都，亦以军功至军校。泰始初，封赣县男，食邑三百户。官至宁朔将军、徐州刺史，钟离太守。

高道庆亦至军校骁游，以平桂阳王休范功，封乐安县男，食邑三百户。建平王景素反，道庆领军北讨，而与景素通谋。及事平，自启求增邑五百户，诏加二百，并前五百户。道庆凶险暴横，求欲无已，有失其意，辄加捶拉，往往有死者，朝廷畏之如虎狼。齐王与袁粲等议，收付廷尉，赐死。

史臣曰：夫竖人匹夫，济其身业，非世乱莫由也。以乱世之情，用于治日，其得不亡，亦为幸矣。

宋书卷八四
列传第四四

邓琬　袁觊　孔觊

邓琬字元琬，豫章南昌人也。高祖混，曾祖玄，并为晋尚书吏部郎。祖潜之，镇南长史。父胤之，世祖征虏长史，吏部郎，彭城王义康大将军长史、豫章太守，光禄勋。

琬初为州西曹主簿，南谯王义宣征北行参军，转参军事，又随府转车骑参军，仍转府主簿，江州治中从事史。世祖起义，版琬为辅国将军、南海太守，率军伐萧简广州。攻围逾年，乃克。以臧质反，为江州刺史宗悫所执，值赦原。琬弟璩，与臧质同逆，质败从诛，琬弟环亦坐诛。琬在远，又有功，免死远徙，仍停广州。久之得还，除给事中，尚书库部郎，都水使者，丹阳丞，本州大中正。大明七年，车驾幸历阳，追思在藩之旧，下诏曰："故光禄勋、前征虏长史邓胤之，体局沉隐，累任著绩。朕昔当藩重，首先佐务，心力款尽，弗忘于怀。往岁息璩凶悖，自取诛翦，沿恩及琬，特免衅戮。今可擢为给事黄门侍郎，以旌胤之宿诚。"

明年，出为晋安王子勋镇军长史、寻阳内史，行江州事。前废帝狂悖无道，以太祖、世祖并第数居三以登极位，子勋次第既同，深构嫌隙，因何迈之谋，乃遣使赍药赐子勋死。使至，子勋典签谢道遇、斋帅潘欣之、侍书褚灵嗣等驰以告琬，泣涕请计。琬曰："身南土寒士，蒙先帝殊恩，以爱子见托，岂得惜门户百口，其当以死报效。幼主昏暴，社稷危殆，虽曰天子，事犹独夫。今便指率文武，直造京邑，与群公卿士，废昏立明。”景和元年十一月十九日，称子勋教，即日戒严。子勋戎服出听事，集僚佐，使潘欣之口宣旨曰：“少主昏狂悖戾，并是诸君所见闻。顾命重臣，悉缘诛戮。驱逼王公，幽辱太后。不逞之徒，共成其衅。京师诸王，并见囚逼，委厄虎口，思奋莫因。身义兼家国，岂可坐视横流，今便欲举九江之众，驰檄近远，以谋王室。于诸君何如？”四座未答，录事参军陶亮曰：“少主昏狂，丑毒已积。伊、霍行之于古，殿下当之于今。鄙州士子，世习忠节，况属千载之会，请效死前驱。”众并奉旨。文武普进位一阶。转亮为谘议参军事，领中兵，加宁朔将军，总统军事。功曹张沉为谘议参军，统作舟舰。参军事顾昭之、沈伯玉、荀道林等参管书记。南阳太守沈怀宝、岷山太守薛常宝之郡，始至寻阳，与新蔡太守韦希直并为谘议参军，领中兵，及彭泽令陈绍宗并为将帅。

初，废帝使荆州录送前军长史、荆州行事张悦，下至盆口，琬称子勋命，释其桎梏，迎以所乘之车，以为司马，加征虏将军，加琬冠军将军，二人共掌内外众事。遣将军俞伯奇率五百人出断大雷，禁绝商旅及公私使命。遣使上诸郡民丁，收敛器械，十日之内，得甲士五千人，出顿大雷，于两岸筑垒。巴东、建平二郡太守孙冲之之郡，始至孤石，琬以冲之为子勋谘议参军，领中兵，加辅国将军，与陶亮并统前军。使记室参军荀道林造檄文，驰告远近。

会太宗定乱，进子勋号车骑将军、开府仪同三司。令书至，诸佐吏并喜，造琬曰：“暴乱既除，殿下又开黄阁，实为公私大庆。”琬以子勋次第居三，又以寻阳起事，有符世祖，理必万克。乃取令书投地曰：“殿下当开端门，黄阁是吾徒事耳。”众并骇愕。琬与陶亮等缮治器甲，征兵四方。郢州刺史安陆王子绥、荆州刺史临海王子顼、会稽太守寻阳王子房、雍州刺史袁颉、梁州刺史柳元怙、益州刺史萧惠开、广州刺史袁昙远、徐州刺史薛安都、青州刺史沈文秀、冀州刺史崔道固、湘州行事何惠文、吴郡太守顾琛、吴兴太守王昙生、晋陵太守袁标、义兴太守刘延熙并同叛逆。

先是，废帝以邵陵王子元为冠军将军、湘州刺史，中兵参军沈仲玉为道路行事，至鹊头，闻寻阳兵起，停住，白太宗进止之宜。太宗以子勋起兵，本在幼主，虽疑其不即解甲，不欲先彰同异，敕令进道。信未报，琬闻子元停鹊头不进，遣数百人劫迎之。乃建牙于桑尾，传檄京师曰：

阳六数艰，云雷相袭。高皇受历，时乘云辔，顿于促路。文祖定祥，系昭睿化，颠于中年。二凶纵祸，三纲理灭，宗王俯首，姑息逆朝，枕戈无闻，偷荣有秩。孝武皇帝释位泣血，纠义入讨，投袂戎首，亲戮鲸鲵，九服还辉，两仪更造。而穹旻不惠，弃离万国，皇运重替，嗣王荒淫。孤以不才，任居藩长，大惧宗稷，歼覆待日。故招徒楚郢，飞檄京甸，志遵前典，黜幽陟明，庶七庙复安，海昏有绍。岂图宋未悔祸，弑乱奄臻，遂矫害明茂，篡窃天宝，反道效尤，蔑我皇德，干我昭穆，寡我兄弟，恣鸱鸮之心，蹈伦、颖之志，覆移鼎祚，诬罔天人。藐孤同气，犹有十三，圣灵何辜，而当乏飨。

昔隆周弛御，晋、郑是依，盛汉中陵，居、章抗节。支苗轻属，犹或忘驱，况孤忝惟臣子，情地兼切，号感一隅，心与事痛。是用饮血衽金，誓复宗祀。今遣辅国将军谘议领中直兵孙冲之，龙骧将军陈绍宗，率螭虎之士，组甲二万，沿流电发，径取白下。龙骧将军领中直兵薛常宝、建威将军领中直兵沈怀宝，长戟万刃，羽骑千群，径出南州，直造朱雀。宁朔将军谘议领中直兵陶亮、龙骧将军焦度，总中黄之旅，枭雄三万，风掩江介，云临石头。建威将军张洌、龙骧将军何休明，提育、获之徒，劲悍之卒，邪趋金陵，北指阊阖。龙骧将军张系伯、龙骧将军陈庆，勒轻锐五千，强弩一万，飞锋班渎，齐会西明。冠军将军、寻阳内史邓琬，撮湘、雍之兵，勇敢四万，授律总威，飙集京邑。征虏将军领府司马张悦，苍兕千艘，水军五万，大董群校，络绎继道。冠军将军豫章内史刘衍、宁朔将军武昌太守刘弼、宁朔将军西阳太守谢稚、建威将军领中直兵晋熙太守阎湛之，皆扫境胜兵，荐诚请效。后将军、郢州刺史安陆王子绥，怀恩缠慕，鞠旅先辰。冠军将军，湘州刺史邵陵王子元，席帆陵波，整众遄至。前将军、荆州刺史临海王子顼，练甲陕西，献徒万数。辅国将军、冠军长史、长沙内史何惠文，见拔先皇，诚深投袂。冠军将军、雍州刺史袁颛，不谋同契，雷发汉南。建武将军、顺阳太守刘道宪，怀忠抱慨，不远三千。梁、益、青、徐、兖、豫、吴、会，皆密介归诚，誓为表里。孤亲总烝徒，十有余万，白羽咽川，霜锋照野，金声振谷，鸣鼙聒天。凡诸将帅，皆忠无匿情，智无遗计，果干刚鸷，谲略多奇。水陆长驱，数道并进，发舟逾险，背水争先。以此众战，孰能斯御，推此义锐，沧海可堙。

诸君或荷宠前朝，感恩旧日，或弈世贞淳，见危授命。而逼迫寇手，效节莫由。今大军密迩，形援已接，见几而作，岂俟终日。便宜转祸趣福，因变立功。夫旦、奭与三监并时，金、霍与上官共主，邪正粗杂，何世无之。但绩亮则名播，奸骋则道消耳。纪季入齐，陈平归汉，身尊誉远，明誓是哀，成范全规，殷监匪远。若玩咎惟休，告舍罔悟，则诛及五族，有殄无遗。军科爵赏，信如皦日，巫山既燎，芝艾共烟，幸遵良涂，无守毁辙。檄到宣告，咸使闻知。

购太宗万户侯，布绢二万匹，金银五百斤，其余各有差。

太宗遣荆州典签邵宰乘驿还江陵，经过襄阳，袁颛驰书报琬，劝勿解申，并奉表劝子勋即位。郢州承子勋初檄，及闻太宗定大事，即解甲下标。继闻寻阳不息，而颛又响应，郢府行事录事参军荀卞之大惧，虑为琬所咎责，即遣谘议领中兵参军郑景玄率军驰下，并送军粮。琬乃称说符瑞，造乘舆御服，云松滋县生豹自来，柴桑县送竹有“来奉天子”字，又云青龙见东淮，白鹿出西冈，令顾照之撰为《瑞命记》。立宗庙，设坛场，矫作崇宪太后玺，令群僚上伪号于子勋。泰始二年正月七日，即位于寻阳城，改景和二年为义嘉元年。以安陆王子绥为司徒、骠骑将军、扬州刺史，寻阳王子房车骑将军，临海王子顼卫将军，并开府仪同三司。邵陵王子元抚军将军。其日云雨晦合，行礼忘称万岁。取子勋所乘车，除脚以为辇，置伪殿之西。

其夕,有鸠栖其中,鸮集其幰。又有秃鹫集城上。子绥拜司徒日,雷电晦冥,震其黄閤柱,鸱尾堕地,又有鸱栖其帐上。以邓琬为左将军、尚书右仆射,张悦领军将军、吏部尚书,征虏将军如故,进袁顗号安北将军,加尚书左仆射。临川内史张淹为侍中。府主簿顾昭之、武昌太守刘弼并为黄门侍郎,庐江太守王子仲委郡奔寻阳,亦为黄门侍郎。鄱阳内史丘景先,庐陵内史殷损、西阳太守谢稚、后军府记室参军孙诜、长沙内史孔灵产、参军事沈伯玉、荀道林并为中书侍郎。荀卞之为尚书左丞,府主簿江乂为右丞。府主簿萧宝欣为通直郎。琬大息粹、悦息洵,并正员郎,粹领卫尉。洵弟洌,司徒主簿。建武将军、领军主、晋熙太守阎湛之加宁朔将军。庐陵内史王僧胤为秘书丞。桂阳太守刘卷为尚书殿中郎。褚灵嗣、潘欣之、沈光祖,中书通事舍人。余诸州郡,并加爵号。

琬性鄙暗,贪吝过甚,财货酒食,皆身自量校。至是,父子并卖官鬻爵,使婢仆出市道贩卖,酣歌博奕,日夜不休。大自矜遇,宾客到门者,历旬不得前。内事悉委褚灵嗣等三人,群小横恣,竞为威福,士庶忿怨,内外离心矣。

太宗遣散骑常侍、领军将军王玄谟领水军南讨,吴兴太守张永为其后继。又遣宁朔将军寻阳内史沈攸之、宁朔将军江方兴、龙骧将军刘灵遗率众屯虎槛。时东贼甚急,张永、江方兴回军东讨。尚书下符曰:

夫晦明递运,崇替相沿,帝宋之基,懋业维永,圣祖重光,氤氲上业。狂昏承祀,国维以紊,毒流九县,衅秽三灵,缙绅戮辱,黔庶涂炭,人神同愤,朝野泣血。圣上明睿在躬,膺符握曜,眷怀家国,夙夜劬劳,惧社稷湮芜,彝伦左衽。天威雷发,氛沴冰消,殄凶谯门,不俟鸣条之旅,歼虐牧野,无劳孟津之钺。华、夷即晏,晷纬还光,铿锵闻于管弦,趋翔被于冠冕,同轨仰化,异域怀风。刘子勋昏世称兵,义同翦恶,明朝不戢,同识邪正。窥窬畿甸,逼遏两江,陵上无君,暴于遐迩。王赫斯怒,兴言讨违,命彼上将,治兵薄伐。

今遣宁朔将军、寻阳内史沈攸之，轻锐七千，飞舟先迈。龙骧将军刘灵遗，羽林虎旅，连锋继造。假节、督南讨前锋诸军事、冠军将军、兖州刺史殷孝祖，驱济、河劲卒，电击雷动。使持节、车骑将军、江州刺史曲江县开国侯王玄谟，烝徒五万，董统前师。使持节、侍中、司徒、扬州刺史建安王休仁，拥神州之众，总督群帅。龙骧将军刘劢、宁朔将军刘怀珍，步骑五千，直指大雷。宁朔将军柳伦、司州刺史庞孟虬，淮、颍突骑，邪趣西阳。使持节、骠骑大将军、豫州刺史山阳王休祐，总勒步师，连旗百万，河舟代马，遡鹜江渍，越棘吴钩，交曜畿服，笳鼓动坤坤，金甲震云汉，掎角相望，水陆俱发。冠军将军武念，率雍、司之锐，已据樊、沔。徐州刺史申令孙，提彭、宋剽勇，陵涂焱奋。皇上当亲驭六师，降临江服。旌旆掩云，舳舻咽海。

昔吴、楚连衡，燕、淮劲悍，尘扰区内，声沸秦中，雾散埃灭，岂非先鉴。而婴彼孤城，以待该天之网，迫此乌合，以抗络寓之师。云罗四掩，霜锋交集，犹劲飙之拂细草，烈火之扫寒原，焦卷之形，昭然已著。朝廷恻悯我僚吏，哀矜我士民，并亦何辜，拘误迷党。故加宣示，令得自新。如其沦惑不改，抵冒王威，同焚既至，虽悔奚补。奉诏以四王幼弱，不幸陷难，兵交之日，不得妄加侵犯，若有逼损，诛翦无贷。左右主帅，严相卫奉，诖误之罪，一无所问。

琬遣孙冲之率陈绍宗、胡灵秀、薛常宝、张继伯、焦度等前锋一万，来据赭圻。冲之于道与子勋书曰："舟楫已办，器械亦整，三军踊跃，人争效命，便欲沿流挂帆，直取白下。愿速遣陶亮众军，兼行相接，分据新亭、南洲，则一麾定矣。"乃加冲之左卫将军，以陶亮为右卫将军，统诸州兵俱下。郢州军主郑景玄、荆州军主刘亮、湘州军主何昌、梁州军主柳登、雍州军主宗庶等合二万人，一时俱下。亮本无干略，闻建安王休仁自上，殷孝祖又至，不敢进，屯军鹊洲。

时琬遣阎湛之来寇庐江，台军主、龙骧将军段佛荣受命讨之。更使佛荣领铁骑一千，回军南讨。三月三日，水陆攻赭圻，亮等率众来救，殷孝祖为流矢所中死，军主朱辅之、申谦之、张灵符并失利，辅之副正员将军皇甫仲远、谦之副虎贲中郎将徐稚宾并没。孝祖支军主范潜率五百人投亮。时东军已捷，江方兴复还虎槛，建安王休仁遣方兴、刘灵遗各领三千人助赭圻，以方兴领孝祖军，沈攸之代孝祖为前锋都督。冲之谓陶亮曰："孝祖枭将，一战便死。天下事定矣，不须复战，便当直取京都。"亮不从。太宗遣员外散骑侍郎王道隆至赭圻督战。孝祖死之明日，建安王休仁又遣军主郭季之马步三千就攸之，攸之乃率季之及辅国将军步兵校尉杜幼文、宁朔将军屯骑校尉垣恭祖、龙骧将军朱辅之、员外散骑侍郎高遵世、马军主龙骧将军顿生、段佛荣等三万人，诘旦进战，奋击，大破之，斩获数千，追奔至姥山而反。冲之等于湖、白口筑二城，为军主张兴世所拔。陶亮闻湖、白二城陷没，大惧，急呼冲之还鹊尾，留薛常宝代冲之守赭圻。先于姥山及诸冈分立营砦，亦悉败还，共保浓湖。浓湖即在鹊尾。

时军旅大起，国用不足，募民上米二百斛，钱正万，杂谷五百斛，同赐荒县除。上米三百斛，钱八万，杂谷千斛，同赐五品五令史；满报，若欲署四品在家，亦听。上米四百斛，钱十二万，杂谷一千三百斛，同赐四品令史；满报，若欲署三令在家，亦听。上米五百斛，钱十五万，杂谷一千五百斛，同赐三品令史；满报，若欲署内监在家，亦听。上米七百斛，钱二十万，杂谷二千斛，同赐荒郡除；若欲署诸王国三令在家，亦听。

琬又遣辅国将军、豫州刺史刘胡率众三万，铁骑二千，来屯鹊尾。胡宿将，屡有战功，素多狡诈，为众推伏，攸之等甚惮之。时胡乡人蔡那、佼长生，张敬兒各领军隶攸之在赭圻，胡以书招之，那等并拒绝。胡因要那等共语，陈说平生，那等诘诮，说令归顺。胡回军入鹊尾，无他权略。辅国将军吴喜平定三吴，率所领五千人，并运资实，至于赭圻，于战鸟山筑垒，分遣千人，乘轻舸二百，与佼长生为游军。

薛常宝粮尽，告胡求援。三月二十九日，胡率步卒一万，夜斫山开道，以布囊运米，来饷赭圻。平旦至城下，犹隔小堑，未能得入。沈攸之率众军攻之，军主郭秀之、荀僧韶、幢主韩欣宗等，率众三千为攸之势援。胡发所由桥道，僧韶等接盾行战，复桥得渡。军主刘沙弥轻骑深入，至胡麾下，遂见杀。攸之策马陷陈，回还，为追骑所刺，马军主段佛荣、武保救之得免。并殊死战，多所伤杀。胡众大败，舍粮弃甲，缘山遁走，乘胜追之，斩获甚众。胡被疮，仅得还营。常宝惶惧无计，遣信告胡，欲突围奔出。四月四日，胡自率数千人迎之，常宝等开城突围走。攸之率辅国将军沈怀明、军主周普孙、江方兴、申谦之等诸军悉力击之。吴喜率众来赴，为胡别军所围，甚急。有人来捉喜马，将蔡保以刀斫之，断手，然后得免。正员将军幢主卜伯宗、江夏国侍郎幢主张涣力战没陈。伯宗，益州刺史天兴子也。攸之、喜等苦战移日，常宝、张继伯、胡灵秀、焦度等皆被重疮，走还胡军。赭圻城陷，斩伪宁朔将军南阳太守沈怀宝、伪奉朝请领中舍人督战谢道遇，纳降数千。陈绍宗单舸奔西岸，与其部曲俱还鹊尾。建安王休仁自虎槛进据赭圻。刘胡遣陈绍宗、陈庆率轻艓二百，大舰五十，出鹊外挑战，吴喜、张兴世、佼长生等击之。喜支军主吴献之飞舸冲突，所向摧陷，斩获及投水死甚多，追至鹊里而还。太宗虑胡等或于步路向京邑，使宁朔将军、广德令王蕴千人防鲁显。

时胡等兵众强盛，远近疑惑。太宗欲绥慰人情，遣吏部尚书褚渊至虎槛选用将帅以下，申谦之、杜幼文因此求黄门郎，沈怀明、刘亮求中书郎。建安王休仁即使褚洲拟选，上不许，曰："忠臣殉国，不谋其报，临难以干朝典，岂臣下之节邪。"

始安内史王职之、建安内史赵遁生、安成太守刘袭，并举郡奉顺。琬遣龙骧将军廖琰率数千人，并发庐陵白丁攻袭。袭与郡丞檀玢拒战，大败，玢临陈见杀，袭弃郡走，据险自守。琰虏掠而退，袭复出据郡。

时齐王率众东北征讨，而齐王世子为南康赣令，琬遣使收世子，世子腹心萧欣祖、桓康等数十人，奉世子长子奔窜草泽，召募得百余人，攻郡出世子。世子自号宁朔将军，与南康相沈用之、前南海太守何昙直、晋康太守刘绍祖、北地傅浩、东莞童禽等，据郡起义。琬征始兴相殷孚为御史中丞，并令率郡人俱下。孚众盛，世子避之于揭阳山。琬遣武昌戴凯之为南康相，世子率众攻之，凯之战败遁走。世子遣幢主檀文起千人戍西昌，与袭相应。琬又遣廖琰与其中兵参军胡昭等筑垒于西昌，坚壁相守。琬召豫章太守刘衍以为右将军、中护军，殷孚代为豫章太守，督上流五郡，以防袭等。

衡阳内史王应之率郡文武五百许人起义兵，袭何慧文于长沙，径至城下。慧文率左右出城与战，应之勇气奋发，击杀数人，遂与慧文交手战，斫慧文八创，慧文斫应之断足，遂杀之。时湘东国侍郎虞洽为太宗督国秩，在湘东，劝太守颜跃发兵应朝廷，跃不从。洽乃投桂阳，收募得数百人，还欲攻跃，跃惧求和，许之。有众二千，时琬征慧文率众下寻阳，发长沙，已行数百里，闻洽起兵，乃回还攻洽，洽寻战败奔走。

殷孚既去始兴，以郡五官掾谭伯初留知郡事。士人刘嗣祖等斩伯初，据郡起义。琬遣始兴太守韦希真、鹰扬将军杨弘之，领众一千讨嗣祖。嗣祖亦遣众出南康，与齐王世子合。希真等以义徒强盛，住庐陵不敢进。广州刺史袁昙远闻始兴起义，遣将李万周、陈伯绍率众讨嗣祖。嗣祖遣兵戍须阳，万周亦筑垒相守。嗣祖遣人诳万周曰："寻阳已平，台遣刘勔为广州，垂至。"万周信之，便回还袭番禺，夜以长梯入城，昙远怯弱无防，闻万周反，便徒跣出奔，万周追斩之于城内。交州刺史檀翼被代，还至广州，资货钜万，万周诬以为逆，袭而杀之，遂劫掠公私银帛，藉略袁、檀珍宝，悉以自入。

袁觊悉雍州之众来赴寻阳。时孔道存为卫军长史，行荆州事。琬以黄门侍郎刘道宪代之，以道存为侍中，行雍州事。柳元景之诛也，元景弟子世隆为上庸太守，民吏共藏匿之。觊起兵，召世隆，不至。觊既下，世隆乃合率蛮、宋二千余人，起义于上庸，来袭襄阳。道存遣将五式民、康元隆等迎击于万山，世隆大败，还郡自守。

沈攸之等与刘胡相持久不决，上又遣强弩将军任农夫、振武将军武会仓、冗从仆射全景文、军主刘伯符等领兵继至。攸之缮治船舸,材板不周,计无所出。会琬送五千片榜供胡军用,俄而风潮奔迅,榜捍突栅出江,胡等力不能制,自撞船舰,杀没数十人,赴流而下,来泊攸之等营,于是材板大足。

琬进袁颉都督征讨诸军事,给鼓吹一部。六月十八日,颉率楼船千艘,来入鹊尾,张兴世建议越鹊尾上据钱溪,断其粮道。胡累攻之,不能克,事在《兴世传》。刘亮率所领至胡砦下,胡遣其副孙犀及张灵、焦度铁骑五匹,越涧取亮,不能得,犀回马去,亮使左右善射者夹射之,堕马,斩犀首。张继伯副马可率所领来降。刘亮营砦,深入贼地,袁颉畏惮之,曰:“贼入我肝脏里,何由得活。”刘胡率轻舸四百,由鹊头内路,欲攻钱溪,既而谓其长史王念叔曰:“吾少习步战,未闲水斗。若步战,恒在数万人中,水战在一舸之上,舸舸各进,不复相关,正在三十人中取,此非万全之计,吾不为也。”乃托疟疾,住鹊头不进,遣龙骧将军陈庆领三百舸向钱溪,戒庆:“不须战,张兴世、武会仓,吾之所悉,自当走耳。”陈庆至钱溪,不敢越钱溪,于梅根立砦。胡别遣将王起领百舸攻兴世,兴世击,大破之。胡率其余舸驰还,谓颉曰:“兴世营砦已立,不可卒攻,昨日小战,未足为损。陈庆已与南陵、大雷诸军兵遏其上,大军在此,鹊头诸将又断其下流,已堕围中,不足复虑。”颉怒胡不战,谓曰:“粮运梗塞,当如此何?”胡曰:“彼尚得溯流越我而上,此运何以不得沿流越彼而下邪!”颉更使胡率步卒二万,铁马一千,往攻兴世。休仁因此命沈攸之、吴喜、佼长生、刘灵遗、刘伯符等进攻浓湖,造皮舰十乘,拔其营栅,苦战移日,大破之。颉被攻既急,驰信召胡令还。

张兴世既据钱溪,江路岨断,胡军乏食,琬大送资粮,畏兴世不敢下。胡遣将迎之,为钱溪所破,资实覆没都尽,烧米三十万斛,胡众骇惧。胡副张喜来降,说胡欲叛。八月二十四日,胡诳颉云:“更率步骑二万,上取兴世。兼下大雷余饵。”令颉悉度马配之,其夜委颉奔走,径趣梅根。先令薛常宝办船舸,悉拔南陵诸军,烧大雷诸城而走。颉闻胡走,亦弃众西奔,至青林见杀。

胡率数百舸二万人向寻阳，报子勋诈云："袁觊已降，军皆散，唯己率所领独反。宜速处分，为一战之资，当停据盆城，誓死不贰。"乃于江外夜取沔口。琬闻胡去，惶扰无复计，呼褚灵嗣等谋之，并不知所出，唯云更集兵力，加赏五阶，或云三阶者。张悦始发兄子浩丧，乃称疾呼琬计事，令左右伏甲帐后，戒之："若闻索酒，便出。"琬既至，悦曰："卿首唱此谋，今事已急，计将安出？"琬曰："正当斩晋安王，封府库，以谢罪耳。"悦曰："今日宁可卖殿下求活邪！"因呼求酒，再呼，左右震慑不能应。第二子徇提刀走出，余人续至，即斩琬。琬死时，年六十。时中护军刘顺在座，惊起抱悦，左右人欲杀之，悦顾曰："无关护军。"乃止。

潘欣之闻琬死，勒兵而至，悦使人语之曰："邓琬谋反，即已枭戮。"欣之乃回还，取琬儿并杀之。悦因单舸赍琬首驰下，诣建安王休仁命。蔡那子道渊，以父为太宗效力，被系作部，因乱脱锁入城，执子勋囚之。沈攸之诸军至江州，斩子勋于桑尾牙下，传首京都。刘顺及余同逆，并伏诛。吴喜、张兴世进向荆州，沈怀明向郢州，刘亮、张敬兒向雍州，孙超之向湘州，沈思仁、任农夫向豫章，所至皆平定。

刘胡走入沔，众稍散，比至石城，裁余数骑。竟陵郡丞陈怀真，宪子也，闻胡经过，率数十人断道邀之。胡人马既疲，自度不免，因随怀真入城，告渴，与之酒，胡饮酒毕，引佩刀自刺不死，斩首送京邑。张兴世弟□产追胡，未至石城数十里，逢送胡首信，将还竟陵，杀怀真，窃有其功。郢州行事张沉、伪竟陵太守丘景先闻败，变形为沙门逃走，追擒伏诛。

荆州闻浓湖平，议欲更遣军与郢州合势，又欲断据巴陵，经日不决，乃遣将赵道始于江津筑垒，任演戍沙桥，诸门津要，皆有屯兵。人情转离，将士渐逃散。更议奉子顼奔益州，就萧惠开，典签阮道预、邵宰不同，曰："近奉别诏，诸藩若改迷归顺者，悉复本爵。且任叔兒已断白帝，杨僧嗣据梁州，虽复欲西，岂可得至。"道预、邵宰即与刘道宪解遣白丁，遣使归罪。荆州治中宗景、土人姚俭等勒兵入城，杀道宪、预、记室参军鲍昭，劫掠府库，无复孑遗，执子顼以降。

初，邓琬征兵巴东，巴东太守罗宝称辞以郡接凶蛮，兵力不足分。巴东人任叔兒聚徒起义，遣信要宝称，宝称持疑未决，暴疾死。叔兒乃自号辅国将军，引兵据白帝，杀宝称二子，阻守三陕。萧惠开遣费欣寿等五千人攻叔兒，叔兒与战，大破之，斩欣寿。子顼又遣中兵参军何康之领宜都太守，讨叔兒。军至陕口，为夷帅向子通所破，挺身走还。叔兒遂固白帝。

孔道存知寻阳已平，遣使归顺。寻闻柳世隆、刘亮当至，众悉奔逃，道存及三子同时自杀。何慧文始谋同逆，其母禁之不从，母乃携女归江陵，遽嫁之。慧文才兼将吏，干略有施，虽害王应之，上特加原宥，吴喜宣旨赦之。慧文曰："既陷逆节，手害忠义，天网虽复恢恢，何面目以见天下之士。"和药将饮，门生覆之，乃不食而死。颜跃虑虞洽还都，说其始时同逆，密使人杀之。

初，淮南定陵人贾袭宗本县已为刘胡所得，率二十人投沈攸之。攸之言之建安王休仁，休仁版为司徒参军督护，使还乡里招集，为胡所禽，以火炙之，问台军消息，一无所言，瞋目谓胡曰："君称兵内侮，窥觎神器，未闻奇谋远略，而为炮烙之刑。仆本以身奉义，死亦何有！"胡乃斩之。前军典签范道兴志不同逆，为琬所诛，其余奉顺见害者，并为上所悯。诏曰："前镇军参军督护范道兴，朕之旧隶，经从北藩，徒役南畿，遭离命会，抱恩固节，受害群凶，言念纯诚，良有悯怆。可赠员外散骑侍郎。南城令鲍法度、后军典签冯次民、永新令应生、新建令厍延宝、上饶令黄难等，违逆识顺，同被诛灭，言念既往，宜在追荣。可赠生奉朝请，法度南台御史，次民、延宝、难并员外将军。

有司奏："宁朔将军、督豫州之梁郡诸军事、豫州刺史、领南梁郡太守竟陵张兴世，都统水军，屡战克捷，仍进断贼上流钱溪，贵口苦战，平定凶逆，今封南平郡作唐县开国侯，食邑一千户。宁朔将军、参司徒中直兵军事广平佼长生，同统水军屡战，及兴世上据钱溪，长生独距贼冲要，功次兴世，今封武陵郡迁陵县开国侯，食邑八百户。宁朔将军试守西阳太守吴兴全景文、尚书比部郎吴县孙超之、假辅国将军右卫将军南彭城刘亮等三人，并以晋陵苦战，景文、超之仍又北讨破釜，水军断贼粮运，及经葛家、石梁二处破贼，亮南伐经大战，又最处险剧，景文今封西阳郡孝宁县，超之封长沙郡罗县，亮封顺阳县，并开国侯，食邑各六百户。假辅国将军骠骑司马刘灵遗、宁朔将军右军蔡那、宁朔将军屯骑校尉段佛荣等三人，统治攻道，并经苦战，灵遗今封新野新野县，那封始平郡平阳县，佛荣封湘东郡临蒸县，并开国伯，食邑各五百户，假辅国将军左军吴兴沈怀明、龙骧将军积射将军东平周盘龙、司徒参军南彭城李安民等三人，怀明经晋陵破贼，又水军南伐，统治攻道，盘龙虽不统军，并经大战，先登陷陈，安民又随张兴世遏断钱溪，别统军贵口破贼，今封怀明建安郡吴兴县，盘龙封晋安郡晋安县，安民封建安郡邵武县，并开国子，食邑各四百户。假辅国将军游击将军彭城杜幼文、龙骧将军羽林监太原王穆之、龙骧将军羽林监济北顿生、龙骧将军羽林监沛郡周普孙、员外散骑侍郎朱重恩等五人，幼文经晋陵破贼，在军统攻道，南伐浓湖，普孙副沈攸之都统众军，穆之、生、重恩并南伐有功，今封幼文邵陵郡邵阳县，穆之封衡阳郡衡山县，生封始平郡武功县，普孙封顺阳郡清水县，重恩封南海郡龙川县，并开国男，食邑各三百户。”

江方兴以战功为太子左卫率，贼未平，病卒，追封武当县侯，食邑五百户。方兴，济阳考城人，衣冠之旧也。龙骧将军、虎贲中郎将董凯之，随张兴世破胡、白城，先登，封河隆县子，食邑四百户。军主张灵符，东南征讨有功，封上饶县男，食邑三百户。前征北长兼行参军杨覆，以贵口有功，封绥城县男，食邑二百户。追赠虞洽、檀玢给事中。以李万周为步兵校尉。陈怀真以斩刘胡功，追封永丰县男，食邑三百户。

刘胡，南阳涅阳人也，本名坳胡，以其颜面坳黑似胡，故以为名。及长，以坳胡难道，单呼为胡。出身郡将，捷口，善处分，稍至队主，讨伐诸蛮，往无不捷，蛮甚畏惮之。太祖元嘉二十八年，为振威将军，率步骑三千，讨上如南山就溪蛮，大破之。孝建元年，朱脩之为雍州，以胡为西外兵参军、宁朔将军、建昌太守。击鲁秀有功，除建武将军、东平阳平二郡太守。入为江夏王义恭太宰参军，加龙骧将军。前废帝景和中，建安王休仁尝为雍州，以胡为休仁安西中兵参军、冯翊太守，将军如故。仍转谘议参军。太宗即位，除越骑校尉。□至今畏之，小儿啼，语之云："刘胡来！"便止。

段佛荣，京兆人也。泰始五年，自游击将军为辅师将军、豫州刺史，莅任清谨，为西土所安。后废帝元徽二年，征为散骑常侍，领长水校尉。明年，迁卫尉，领右军将军。未拜，复出为冠军将军、南豫州刺史、历阳太守。四年，卒。追赠前将军，改封云杜县，谥曰烈侯。

刘灵遗，襄阳人也。元徽元年，自辅师将军、淮南太守，为南豫州刺史、历阳太守，将军如故。明年，征为散骑常侍，领步兵校尉、南兰陵太守。病卒，谥曰壮侯。

袁顗字景章，陈郡阳夏人，太尉淑兄子也。父洵，吴郡太守。

顗初为豫州主簿，举秀才，不行。后补始兴王浚后军行参军，著作佐郎，庐陵王绍南中郎主簿，世祖征虏、抚军主簿，庐江太守，尚书都官郎，江夏王义恭骠骑记室参军，汝阴王文学，太子洗马。时顗父为吴郡，顗随父在官。值元凶弑立，安东将军随王诞举兵入讨，板顗为谘议参军。事宁，除正员郎，晋陵太守。遭父忧。服阕，为中书侍郎，又除晋陵太守，袭南昌县五等子。大明二年，除东海王祎平南司马、寻阳太守，行江州事。复为义阳王昶前军司马，太守如故。昶寻罢府，司马职解，加宁朔将军，改太守为内史。复为寻阳王子房冠军司马，将军如故，行淮南、宣城二郡事。五年，召为太子中庶子，御史中丞，领本州大中正。七年，迁侍中。明年，除晋安王子勋镇军长史、襄阳太守，加辅国将军。未行，复为永嘉王子仁左军长史、广陵太守，将军如故。未拜，复为侍中，领前军将军。

大明末，新安王子鸾以母嬖有盛宠，太子在东宫多过失，上微有废太子、立子鸾之意，从容頻言之。颢盛称太子好学，有日新之美。世祖又以沈庆之才用不多，言论頻相蚩毁，颢又陈庆之忠勤有干略，堪当重任。由是前废帝深感颢，庆之亦怀其德。景和元年，诛群公，欲引进颢，任以朝政，迁为吏部尚书。又下诏曰："宗社多故，衅因冢司，景命未沦，神祚再乂，自非忠谋密契，岂伊克殄。侍中祭酒、领前军将军、新除吏部尚书颢，游击将军、领著作郎、兼尚书左丞徐爰，诚心内款，参闻嘉策，匡赞之效，实监朕怀。宜甄茅社，以奖义概。颢可封新隆县子，爰可封吴平县子，食邑各五百户。"俄而意趣乖异，宠待顿衰。始令颢与沈庆之、徐爰参知选事，寻复反以为罪，使有司纠奏，坐白衣领职。从幸湖熟，往反数日，不被唤召。

颢虑及祸，诡辞求出，沈庆之为颢固陈，乃见许。除建安王休仁安西长史、襄阳太守，加冠军将军。休仁不行，即以颢为使持节、督雍梁南北秦四州郢州之竟陵随二郡诸军事、领宁蛮校尉、雍州刺史，将军如故。颢舅蔡兴宗谓之曰："襄阳星恶，岂可冒邪？"颢曰："白刃交前，不救流矢，事有缓急故也。今者之行，本愿生出虎口。且天道辽远，何必皆验，如其有征，当修德以禳之耳。"于是狼狈上路，恒虑见追，行至寻阳，喜曰："今始免矣。"与邓琬款狎相过，常请间，必尽日穷夜。颢与琬人地本殊，众知其有异志矣。

既至襄阳，便与刘胡缮修兵械，纂集士卒。会太宗定大事，进颢号右将军。以荆州典签邵宰乘驿还江陵，道由襄阳。颢反意已定，而粮仗未足，且欲奉表于太宗。颢子秘书丞戬曰："一奉表疏，便为彼臣，以臣伐君，于义不可。"颢从之。颢诈云被太皇太后令，使其起兵，便建牙驰檄，奉表劝晋安王子勋即大位，与琬书，使勿解甲。子勋即位，进颢号安北将军，加尚书左仆射。

太宗使朝士与颢书曰：

夫夷陂相因，兴革递数，或多难而固其国，或殷忧而启圣明，此既著于前史，亦彰于闻见。王室不造，昏凶肆虐，神鼎将沦，宗稷几泯，幸天未亡宋，乾历有归。主上体自圣文，继明作睿，而辱均牖里，屯逾夏台。既天地俱愤，义勇同奋，克殄鲸鲵，三灵更造，应天顺民，爰集宝命，四海属息肩之欢，华、戎见来苏之泰。吾等获免刀锯，仅全首领，复身奉惟新，命承亨运，缓带谈笑，击壤圣世。

汝虽劬劳于外，迹阻京师，然心期所寄，江、汉何远。自九江告变，皆谓邓氏狂惑，比日国言藉藉，颇尘吾子。道路之议，岂其或然，闻此之日，能无骇惋。

凶人反道败德，日夜滋深，昵近狡慝，取谋豺虎，非惟毒流外物，恶积中朝，乃欲毁陵邑，虐崇宪，烧宗庙，卤御物，然后荡覆京都，必使兰莸俱尽。自非圣上庙算灵图，俯眉逊避，维持内外，拥卫臣下，则赤县为戎，百姓其鱼矣。此事此理，宁可孰念。

既天道辅顺，讴歌有奉，高祖之孙，文皇之子，德洞九幽，功贯三曜，匡拯家国，提毓黔首，若不子民南面，将使神器何归。而群下构慝，妄生窥觊，成轸惑燕，贯高乱赵，谗人罔极，自古有之。汝中京冠冕，儒雅世袭，多见前载，县鉴忠邪，何远遗郎中之清轨，近忘太尉之纯概。相与，或群从舅甥，或姻娅周款，一旦胡、越，能无怅恨。若疑诳所至，邪诐无穷，汝当誓众奋戈，翦此朝食。若自延过听，迷涂未远，圣上临物以仁，接下以爱，岂直雍齿先封，乃当射钩见相矣。当由力窘迹屈，丹诚未亮邪。跂予南服，寤寐延首，若反棹沿流，归诚凤阙，锡圭开宇，非尔而谁。吾等并过荷曲慈，俱叨非服，纡金拖玉，改观蓬门，入奉舜、禹之渥，出见羲、唐之化，雍容揄扬，信白驹空谷之时也。奈何毁掷先基，自蹈凶戾，山门萧瑟，松庭谁扫，言念楚路，岂不思父母之邦。幸纳恶石，以蠲美疢。裁书表意，尔其图之。

时尚书右仆射蔡兴宗是颢舅，领军将军袁粲是颢从父弟，故书云群从舅甥也。

子勋征颢下寻阳，遣侍中孔道存行雍州事，颢乃率众驰下，使子戬领家累俱还。时刘胡屯鹊尾，久不决。泰始二年夏，加颢都督征讨诸军事，给鼓吹一部，率楼船千艘，战士二万，来入鹊尾。颢本无将略，性无怯桡，在军中未尝戎服，语不及战陈，唯赋诗谈义而已。不能抚接诸将，刘胡每论事，酬对甚简，由此大失人情，胡常切齿恚恨。胡以南军未至，军士匮乏，就颉换襄阳之资，颉答曰："都下两宅未成，亦应经理，不可损彻。"又信往来之言，京师米贵，斗至数百，以为不劳攻伐，行自离散，于是拥甲以待之。太宗使颉旧门生徐硕奉手诏譬颉曰："卿历观古今，崄之与强，何尝可恃。自朕践阼，涂路梗塞，卿无由奉表，未经为臣。今追踪窦融，犹未为晚也。"

及刘胡叛走，不告颉，颉至夜方知，大怒，骂曰："今年为小子所误！"呼取飞燕，谓其众曰："我当自出追之。"因又遁走。至鹊头，与戍主薛伯珍及其所领数千人步取青林，欲向寻阳。夜止山间宿，杀马劳将士，颉顾谓伯珍曰："我举八州以谋王室，未一战而散，岂非天邪。非不能死，岂欲草间求活，望一至寻阳，谢罪主上，然后自刎耳。"因慷慨叱左右索节，无复应者。及旦，伯珍请以间言，乃斩颉首，诣钱溪马军主襄阳俞湛之，湛之因斩伯珍，并送首以为己功。颉死时年四十七。太宗忿颉违叛，流尸于江，弟子彖微服求访，四十一日乃得，密致丧瘗于石头后冈，与一旧奴，躬共负土。后废帝即位，方得改葬。

颉子戬为伪黄门侍郎，加辅国将军，戍盆城。寻阳败，戬弃城走，讨禽伏诛。

孔觊字思远，会稽山阴人，太常琳之孙也。父邈，扬州治中。

觊少骨梗有风力，以是非为己任。口吃，好读书，早知名。初举扬州秀才，补主簿，长沙王义欣镇军功曹、衡阳王义季安西主簿，户曹参军，领南义阳太守，转署记室，奉笺固辞，曰："记室之局，实惟华要，自非文行秀敏，莫或居之。觊逊业之举，无闻于乡部；惰游之贬，有编于疲农。直山渊藏引，用不遐弃，故得抃风舞润，凭附弥年。今日之命，非所敢冒。昔之学优艺富，犹尚斯难，况觊能薄质鲁，亦何容易。觊闻居方辨物，君人所以官才；陈力就列，自下所以奉上。觊虽不敏，常服斯言。今宠藉惟旧，举非尚德，恐无以提衡一隅，佥允视听者也。伏愿天明照其心请，乞改今局，授以闲曹，则凫鹤从方，所忧去矣。”又曰：“夫以记室之要，宜须通才敏忠，加性情勤密者。觊学不综贯，性又疏惰，何可以属知秘记，秉笔文闺。假吹之尤，方斯非滥。觊少沦常检，本无远植，荣进之愿，何能忘怀。若实有萤爝，增晖光景，固其腾声之日，飞藻之辰也。岂敢自求从容，保其淡逸。伏愿矜其鲁拙，业之有地，则曲成之施，终始优渥。”义季不能夺，遂得免。召为通直郎，太子中舍人，建平王友，秘书丞，中书侍郎，随王诞安东谘议参军，领记室，黄门侍郎，建平王宏中军长史，复为黄门，临海太守。

初，晋世散骑常侍选望甚重，与侍中不异，其后职任闲散，用人渐轻。孝建三年，世祖欲重其选，诏曰：“散骑职为近侍，事居规纳，置任之本，实惟亲要，而顷选常侍，陵迟未允，宜简授时良，永置清辙。”于是吏部尚书颜竣奏曰：“常侍华选，职任俟才，新除临海太守孔觊意业闲素，司徒长史王彧怀尚清理，并任为散骑常侍。”世祖不欲威权在下，其后分吏部尚书置二人，以轻其任。侍中蔡兴宗谓人曰：“选曹要重，常侍闲淡，改之以名而不以实，虽主意欲为轻重，人心岂可变邪。”既而常侍之选复卑，选部之贵不异。

觊领本州大中正。大明元年，改太子中庶子，领翊军校尉，转秘书监。欲以为吏部郎，不果。迁廷尉卿，御史中丞，坐鞭令史为有司所纠，原不问。六年，除义兴太守，未之任，为寻阳王子房冠军长史，加宁朔将军，行淮南、宣城二郡事。其年，复除安陆王子绥冠军长史、江夏内史，复随府转后军长史如故。

为人使酒仗气，每醉辄弥日不醒，僚类之间，多所凌忽，尤不能曲意权幸，莫不畏而疾之。不治产业，居常贫罄，无有丰约，未尝关怀。为二府长史，典签谘事，不呼不敢前，不令去不敢去。虽醉日居多，而明晓政事，醒时判决，未尝有壅。众咸云：“孔公一月二十九日醉，胜他人二十九日醒也。”世祖每欲引见，先遣人觇其醉醒。性真素，不尚矫饰，遇得宝玩，服用不疑，而他物粗败，终不改易。时吴郡顾觊之亦尚俭素，衣裘器服，皆择其陋者。宋世言清约，称此二人。觊弟道存，从弟徽，颇营产业。二弟请假东还，觊出渚迎之，辎重十余船，皆是绵绢纸席之属。觊见之，伪喜，谓曰："我比困乏，得此甚要。"因命上置岸侧，既而正色谓道存等曰："汝辈忝预士流，何至还东作贾客邪！"命左右取火烧之，烧尽乃去。先是庾徽之为御史中丞，性豪丽，服玩甚华，觊代之，衣冠器用，莫不粗率。兰台令史并三吴富人，咸有轻之之意，觊蓬首缓带，风貌清严，皆重迹屏气，莫敢欺犯。庾徽之字景猷，颍川鄢陵人也，自中丞出为新安王子鸾北中郎长史、南东海太守。卒官。

八年，觊自郢州行真，征为右卫将军，未拜，徙司徒左长史。道存代觊为后军长史、江夏内史。时东土大旱，都邑米贵，一半将百钱。道存虑觊甚乏，遣吏载五百斛米饷之。觊呼吏谓之曰："我在彼三载，去官之日，不办有路粮。二郎至彼未几，那能便得此米邪？可载米还彼。"吏曰："自古以来，无有载米上水者，都下米贵，乞于此货之。"不听，吏乃载米而去。永光元年，迁侍中，未拜，复为江夏王义恭太宰长史，复出为寻阳王子房右军长史，加辅国将军，行会稽郡事。

太宗即位，召觊为太子詹事，遣故佐平西司马庾业为右军司马，代觊行会稽郡事。时上流反叛，上遣都水使者孔璪入东慰劳。璪至，说觊以"废帝侈费，仓储耗尽，都下罄匮，资用已竭。今南北并起，远近离叛，若拥五郡之锐，招动三吴，事无不克。"觊然其言，遂发兵驰檄。觊子长公、璪二子淹、玄并在都，驰信密报。泰始二年正月，并叛逃东归。遣书要吴郡太守顾琛，琛以母年笃老，又密迩京邑，与长子宝素谋议，未叛。少子宝先时为山阴令，驰书报琛，以南师已近，朝廷孤弱，不时顺从，必有覆灭之祸。觊前锋军已渡浙江，琛遂据郡同反。吴兴太守王昙生、义兴太守刘延熙、晋陵太守袁标，一时响应。庾业既东，太宗即以代延熙为义兴，加建威将军，以延熙为巴陵王休若镇东长史。业至长唐湖，即与延熙合。

太宗遣建威将军沈怀明东讨，尚书张永系进，镇东将军巴陵王休若董统东讨诸军事。移檄东土曰：

盖闻衅集有兆，祸至无门，倚伏之来，实惟人致。故嚣、述贪乱，终殄宗祀；昌、宪构氛，旋润斧钺。斯则昭章记牒，炯戒今古者也。

自国步时艰，三纲道尽，神歇灵绎，璇业缀旒。皇上仁雄集瑞，英睿应历，凤仪熛升，龙辉电举。荡秽紫枢，不俟鸣条之誓；凝政中宇，不肆漂杵之威。是以坠维再造，亏天重横，幽明裁纪，标配斯光。而群凶恣虐，协扇童孺，蕞尔东垂，复沦丑迹，邪回从慝，蜂动蚁附。圣图霆发，神威四临，羽驲所届，义旅云属，欃钺所麾，逆徒冰泮，胜负之效，皎然已显。

司徒建安王英猷冠世，董率元戎。骠骑山阳王风略夙昭，抚厉中陈。或振霜江、蠡，或腾焱荆、河，金甲烛天庭，嚣声震海浦。前将军、吴兴太守张永，东南标秀，协赞戎机。建威将军沈怀明、镇东中兵参军刘亮、武卫将军寿寂之，霜锐五千，熊腾虎步。龙骧将军王穆之、龙骧将军顿生，铁骑连群，风驱电迈。右军将军齐王、射声校尉姚道和，楼舰千艘，覆川盖汜。左军垣恭祖、步兵校尉杜幼文、冗从仆射全景文、员外散骑侍郎孙超之，并率虎旅，骆驿云赴。殿中将军杜敬真、殿中将军陆攸之、建武将军吴喜，甲盾一万，分趣义兴。予猥承人乏，总司戎统，耸剑东驰，申愤海曲。喷气则白日尽晦，刷马则清江倒流。以此伐叛，何勍不剿，以此柔服，何顺不怀。悯彼群迷，弗辨尧、桀，螳黾微命，拟雷霆之冲，已枯之叶，当霜飙之队，尺竖所为寒心，匹妇所为叹息。夫因祸提庆，资败为成，前监不忘，后事明筮。若能相率归顺，投兵效款，则福钟当年，祉覃来裔，孰如身膏宗屠，鬼馁魂泣者哉。详镜安危，自求多福。

购生禽觊千五百户开国县侯，生擒琛千户开国县侯，斩送者半赏。时将士多是东人，父兄子弟皆已附逆，上因送军普加宣示曰："朕方务德简刑，使四罪不相及，助顺同逆者，一以所从为断。卿等当深达此怀，勿以亲戚为虑也。"众于是大悦。

觊所遣孙昙瓘等军，顿晋陵九里，部陈甚盛。怀明至奔牛，所领寡弱，乃筑垒自固。张永至曲阿，未知怀明安否，百姓惊扰，将士咸欲离散，永退还延陵，就休若。诸将帅咸劝退保破冈。其日大寒，风雪甚猛，塘埭决坏，众无固心。休若宣令：“敢有言退者斩。”众小定，乃筑垒息甲。寻得怀明书，贼定未进。军主刘亮又继至，兵力转加，人情乃安。

时永世令孔景宣复反，栅县西江岘山，断遏津径，刘延熙加其宁朔将军。杜敬真、陆攸之、溧阳令刘休文攻景宣别砦，斩其中兵参军史览之等十五人。永世人徐崇之率乡里起义，攻县，斩景宣，吴喜至，板崇之领县事。太宗嘉休文等诚效，除休文宁朔将军，县如故，崇之殿中将军，行永世县事，并赐侯爵。喜、敬真及员外散骑侍郎竺超之等，至国山县界，遇东军于虎槛村，击大破之，自国山进吴城，去义兴十五里。刘延熙遣杨玄、孙矫之、沈灵秀、黄泰四军拒喜。喜等兵力甚弱，众寡势悬，交战尽日，临陈斩玄、孙、黄泰，余众一时奔走，因进义兴南郭外。延熙屯军南射堂，喜遣步骑击之，即退还水北，乃栅断长桥，保郡自守。喜筑垒与之相持。庾业于长塘湖口夹岸筑城，有众七千余人，器甲甚盛，与延熙遥相掎角。沈怀明、张永与晋陵军相持，久不决。

太宗每遣军，辄多所求须，不时上道。外监朱幼举司徒参军督护任农夫，骁果有胆力，性又简率，资给甚易，乃以千人配之，使助东讨。时庾业兵盛，农夫于延陵出长唐，虽云千兵，至者裁四百。未至数十里，遣人参候，云：“贼筑城犹未合。”农夫率广武将军高尚之、永兴令徐崇之驰往攻之。因其城垒未立，农夫亲持刀盾，赴城入陈，大破之。庾业弃城走义兴。先是，龙骧将军阮佃夫募得蜀人数百，多壮勇便战，皆著犀皮铠，执短兵。本应就佃夫向晋陵，未发，会农夫须人，分以配之。及战，每先登，东人并畏惮，又怪其形饰殊异，旧传狐獠食人，每见之辄奔走。农夫收其船杖，与高志之进义兴援吴喜。二月一日，喜乃渡水攻郡，分兵击诸垒栅。农夫虽至，众力尚少，兵势不敌。喜乃与数骑登高东西指麾，若招引四面俱进者。东军大骇，诸营一时奔散，唯龙骧将军孔睿一栅未拔。喜以杀伤者多，乃开围缓之。其夜，庾业、孔睿相率奔走，义兴平。刘延熙投水死，有人告之，乃斩尸，传首京邑。义兴诸县唯绥安令巢邃秉节不移，不受伪爵。

时齐王率军东讨，与张永、刘亮、杜幼文、沈怀明等于晋陵九里西结营，与东军相持。义兴军既为吴喜等所破，奔散者多投晋陵，东军震恐。上又遣积射将军江方兴、南台御史王道隆至晋陵，视贼形势。贼帅孙昙瓘、程捍宗、陈景远凡有五城，互相连带。捍宗城犹未固。其月三日，道隆与齐王、张永共议："捍宗城既未立，可以籍手。上副圣旨，下成众气。"道隆便率所领急攻之，俄顷城陷，斩捍宗首。刘亮果劲便刀盾，朝士先不相悉，上亦弗闻，唯尚书左丞徐爰知之，白太宗称其骁敢，至是每战以刀盾直荡，往辄陷决，张永嫌其过锐，不令居前。贼连栅周亘，塘道迫狭，将士力不得展，亮乃负盾而进，直入重栅，众军因之，即皆摧破。袁标遣千人继至，齐王与永等乘胜驰击，又大破之，屠其两城。昙瓘率众数百，鼓噪而至，标又遣千人继之，众军骇惧，将欲散矣，江方兴率勇士迎射之，应弦倒者相继，昙瓘因此败走。

吴喜军至义乡，伪辅国将军、车骑司马孔璪屯吴兴南亭，太守王昙生诣璪所事，会信还，云："台军已近。"璪大惧，堕床，曰："悬赏所购，唯我而已，今不遽走，将为人禽。"左右闻之，并各散走。璪与昙生焚烧仓库，东奔钱塘。喜至吴兴，顿置郡城，仓廪遇雨不然，无所损失。初，昙生遣宁朔将军沈灵宠率八千人向黄鹄峤，欲候道出芜湖，迎接南军。广德令王蕴发兵据崄，灵宠不得进，屯住故鄣。昙生既走，灵宠乃与弟灵昭、军副姚天覆率偏裨以下十七军归顺。太宗嘉之，擢为镇东参军事，因率所领东讨。喜分遣军主沈思仁、吴系公追蹑璪等。

陆攸之、任农夫自东迁进向吴郡，台遣军主张灵符即晋陵。其月四日，齐王急攻之，其夜，孙昙瓘、陈景远一时奔溃。诸军至晋陵，袁标弃郡东走。晋陵既平，吴中震动，吴兴军又将至，顾琛与子宝素携其老母泛海奔会稽，海盐令王孚邀讨不及。太宗以四郡平定，留吴喜统全景文、沈怀明、刘亮、孙超之、寿寂之等东平会稽，追齐王、张永、姚道和、杜幼文、垣恭祖、张灵符北讨，王穆之、顿生、江方兴南伐。

其月九日，喜等至钱唐，钱唐令顾昱及孔璪、王昙生等奔渡江东。喜仍进军柳浦，诸暨令傅琰将家归顺。喜遣镇北参军沈思仁、强弩将军卢任农夫、龙骧将军高志之、南台御史阮佃夫、扬武将军卢僧泽等率军向黄山浦。东军据岸结砦，农夫等攻破之，乘风举帆，直趣定山，破其大帅孙会之，于陈斩首。自定山进向渔浦，戍主孔睿率千余人据垒拒战。佃夫使队主阙法炬射杀楼上弩手，睿众惊骇，思仁纵兵攻之，斩其军主孔奴，于是败散。其月十九日，吴喜使刘亮由盐官海渡，直指同浦，寿寂之济自渔浦，邪趣永兴，喜自柳浦渡，趣西陵。西陵诸军皆悉散溃，斩庾业、顾法直、吴恭，传首京都。东军主卜道济、督战许天旸请降。庾业，新野人也。父彦达，以干局为太祖所知，为益州刺史。世祖世，官至豫章太守，太常卿。刘亮、全景文、孙超之进次永兴同市，遇觊所遣陆孝伯、孔豫两军，与战破之，斩孝伯、豫首。

会稽闻西军稍近，将士多奔亡，觊不能复制。二十日，上虞令王晏起兵攻郡，觊以东西交逼，忧遽不知所为。其夕，率千余人声云东讨，实趣石濔，先已具船海浦，值湖涸不得去，众叛都尽，门生载以小船，窜于嵴山村。伪车骑从事中郎张绥先遣人于钱唐诣喜归诚，及觊走，绥闭封仓库，以待王师。二十一日，晏至郡，入自北门，囚绥付作部，其夜杀之。执寻阳王子房于别署，纵兵大掠，府库空尽。若邪村民录送伪龙骧将军、车骑中兵参军、军主孔睿，将斩之，睿曰："吾年已过立，未沾官伍，蒙知己之顾，以身许之，今日就死，亦何所恨。"含笑就戮。孔璪叛投门生陆林夫，林夫斩首送之。二十二日，嵴山民缚觊送诣晏，晏谓之曰："此事孔璪之为，无豫卿事。可作首辞，当相为申上。"觊曰："江东处分，莫不由身，委罪求活，便是君辈行意耳。"晏乃斩之东阁外，临死求酒，曰："此是平生所好。"时年五十一。顾琛、王昙生、袁标等并诣喜归罪，喜皆宥之。琛子宝素与父相失，自缢死。东军主凡七十六人，于陈斩十七人，其余皆原宥。初遣瘐业向会稽，追使奉朝请孙长度送仗与之，并令召募。行达晋陵，袁标就其求仗，长度不与，为标所杀。追赠给事中。

先是，邓琬遣临川内史张淹自南路出东阳，淹遣龙骧将军桂遑、征西行参军刘越绪屯据定阳县。巴陵王休若遣沈思仁讨之，思仁遣军主崔公烈攻其营。斩幢主朱伯符首，桂遑、刘越绪诸军并奔逸。晋安太守刘瞻据郡同逆，建安内史赵道生起义讨之，聚徒未合。七月，思仁遣军主姚宏祖、鲍伯奋、应寄生等讨破瞻，斩之于罗江县。

邓琬先遣新安太守阳伯子及军主任猷子袭黟县，县令吴茹公固守，力不敌，弃城走，伯子等屯据县城。茹公与台军主丘敬文、李灵赐、萧柏寿等攻围弥时，八月乃克，斩伯子、猷子首。

张淹屯军上饶县，闻刘胡败，军副鄱阳太守费昙欲图之，诈云："得邓琬信，急宜谘论。"欲因此斩淹。淹素事佛，方礼佛，不得时进。昙复诳云捕虎，借大鼓及仗士二百人，淹信而与之。昙因率众入山，飨士约誓，扬言虎走城西，鸣鼓大呼，直来趣城，城门守卫悉委仗观之，昙率众突入，淹正礼佛，闻难走出，因斩首。

史臣曰：自江左以来，举干戈以图宗国，十有一焉，其能克振者，四而已矣。元皇外守虚器，政由王氏；苏峻事虽暂申，旋受屠磔；桓玄宣武之子，运属横流；世祖仗顺入讨，民无异望。其余皆溙颡夷宗，作械于后，何哉？夫胜败之数，实由众心，社庙尊严，民情所系，安以义动，犹或称难，况长戟指阙，志在陵暴者乎。泰始交争，逆顺未辨，太宗身剿悖乱，事惟拯溺，国道屯诐，宜立长君，太祖之昭，义无不可。子勋体自世祖，家运已绝，当璧之命，属有所归。曲直二涂，未知攸适。徒以据有神甸，擅资天府，宗稷之重，威临四方，以中制外，故能式清区宇。夫帝王所居，目以众大之号，名曰京师，其义趣远有以也。

宋书卷八五
列传第四五

谢庄 王景文

谢庄字希逸，陈郡阳夏人，太常弘微子也。年七岁，能属文，通《论语》。及长，韶令美容仪，太祖见而异之，谓尚书仆射殷景仁、领军将军刘湛曰："蓝田出玉，岂虚也哉。"初为始兴王浚后军法曹行参军，转太子舍人，庐陵王文学，太子洗马，中舍人，庐陵王绍南中郎谘议参军。又转随王诞后军谘议，并领记室。分左氏《经》、《传》，随国立篇，制木方丈，图山川土地，各有分理，离之则州别郡殊，合之则宇内为一。元嘉二十七年，索虏寇彭城，虏遣尚书李孝伯来使，与镇军长史张畅共语，孝伯访问庄及王徽，其名声远布如此。二十九年，除太子中庶子。时南平王铄献赤鹦鹉，普诏群臣为赋。太子左卫率袁淑文冠当时，作赋毕，赍以示庄，庄赋亦竟，淑见而叹曰："江东无我，卿当独秀。我若无卿，亦一时之杰也。"遂隐其赋。

元凶弑立，转司徒左长史。世祖入讨，密送檄书与庄，令加改治宣布。庄遣腹心门生具庆奉启事密诣世祖曰："贼劭自绝于天，裂冠毁冕，穷弑极逆，开辟未闻，四海泣血，幽明同愤。奉三月二十七日檄，圣迹昭然，伏读感庆。天祚王室，叡哲重光。殿下文明在岳，神武居陕，肃将乾威，龚行天罚，涤社稷之仇，雪华夷之耻，使弛坠之构，更获缔造，垢辱之甿，复得明目。伏承所命，柳元景、司马文恭、宗悫、沈庆之等精甲十万，已次近道。殿下亲董锐旅，授律继进。荆、鄢之师，岷、汉之众，舳舻万里，旌旆亏天，九土冥符，君后毕会。今独夫丑类，曾不盈旅，自相暴殄，省闼横流，百僚屏气，道路以目。檄至，辄布之京邑，朝野同欣，里颂涂歌，室家相庆，莫不望景耸魂，瞻云伫足。先帝以日月之光照临区宇，风泽所渐，无幽不洽。况下官世荷宠灵，叨恩逾量，谢病私门，幸免虎口，虽志在投报，其路无由。今大军近次，永清无远，欣悲踊跃，不知所裁。”

世祖践阼，除侍中。时索虏求通互市，上诏群臣博议。庄议曰：“臣愚以为獯猃弃义，唯利是视，关市之请，或以觇国，顺之示弱，无明柔远，距而观衅，有足表强。且汉文和亲，岂止彭阳之寇，武帝修约，不废马邑之谋。故有余则经略，不足则闭关。何为屈冠带之邦，通引弓之俗，树无益之轨，招尘点之风。交易爽议，既应深杜，和约诡论，尤宜固绝。臣庸管多蔽，岂识国仪，恩诱降逮，敢不披尽。”

时骠骑将军竟陵王诞当为荆州，征丞相、荆州刺史南郡王义宣入辅，义宣固辞不入，而诞便克日下船。庄以“丞相既无入志，骠骑发便有期，如似欲相逼切，于事不便”。世祖乃申诞发日，义宣竟亦不下。

上始践阼，欲宣弘风则，下节俭诏书，事在《孝武本纪》。庄虑此制不行，又言曰：“诏云‘贵戚竞利，兴货廛肆者，悉皆禁制’。此实允惬民听。其中若有犯违，则应依制裁纠。若废法申恩，便为令有所屈。此处分伏愿深思，无缘明诏既下，而声实乘爽。臣愚谓大臣在禄位者，尤不宜与民争利，不审可得在此诏不？拔葵去织，实宜深弘。”

孝建元年，迁左卫将军。初，世祖尝赐庄宝剑，庄以与豫州刺史鲁爽送别。爽后反叛，世祖因宴集问剑所在，答曰：“昔以与鲁爽别，窃为陛下杜邮之赐。”上甚说，当时以为知言。

于时搜才路狭，乃上表曰：

　　臣闻功照千里，非特烛车之珍；德柔邻国，岂徒秘璧之贵。故《诗》称殄悴，《誓》述荣怀，用能道臻无积，化至恭己。伏惟陛下膺庆集图，缔宇开县，夕爽选政，昃旦调风，采言厮舆，观谣仄远，斯实辰阶告平，颂声方制。臣窃惟隆陂所渐，治乱之由，何尝不兴资得才，替因失士。故楚书以善人为宝，《虞典》以则哲为难。进选之轨，既弛中代，登造之律，未阐当今。必欲崇本康务，庇民济俗，匪更民涜澿滞，奚取九成。升历中阳，英贤起于徐、沛，受箓白水，茂异出于荆、宛。宁二都智之所产，七隩才之所集，实遇与不遇，用与不用耳。今大道光亨，万务俟德，而九服之旷，九流之艰，提钧悬衡，委之选部。一人之鉴易限，而天下之才难原，以易限之鉴，镜难原之才，使国罔遣授，野无滞器，其可得乎？昔公叔与僎同升，管仲取臣于盗，赵文非亲士疏嗣，祁奚岂谄雠比子，茹茅以汇，作范前经，举尔所知，式昭往牒。且自古任荐，赏罚弘明，成子举三哲而身致魏辅，应侯任二士而己捐秦相，臼季称冀缺而畴以田采，张勃进陈汤而坐以褫爵。此先事之盛准，亦后王之彝鉴。如臣愚见，宜普命大臣各举所知，以付尚书，依分铨用。若任得其才，据主延赏；有不称职，宜及其坐。重者免黜，轻者左迁，被举之身，加以禁锢，年数多少，随愆议制。若犯大辟，则任者刑论。

又政平讼理，莫先亲民，亲民之要，实归守宰，故黄霸治颍川累稔，杜畿居河东历载，或就加恩秩，或入崇辉宠。今莅民之职，自非公私必应代换者，宜遵六年之制，进获章明庸堕，退得民不勤扰。如此，则下无浮谬之愆，上靡弃能之累，考绩之风载泰，楢薪之歌克昌。臣生属亨路，身渐鸿猷，遂得奉诏左右，陈愚于侧，敢露刍言，惧氛恒典。

有诏："庄表如此，可付外详议。"事不行。

其年，拜吏部尚书。庄素多疾，不愿居选部，与大司马江夏王义恭笺自陈曰：

下官凡人，非有达概异识，俗外之志，实因羸疾，常恐奄忽，故少来无意于人间，岂当有心于崇达邪。顷年乘事回薄，遂果饕非次，既足贻诮明时，又亦取愧朋友。前以圣道初开，未遑引退，及此诸夏事宁，方陈微请。款志未伸，仍荷今授，被恩之始，具披寸心，非惟在己知尤，实惧尘秽彝序。

禀生多病，天下所悉，两胁癖疾，殆与生俱，一月发动，不减两三，每至一恶，痛来逼心，气余如綖。利患数年，遂成痼疾，吸吸惙惙，常如行尸。恒居死病，而不复道者，岂是疾痊，直以荷恩深重，思答殊施，牵课尪瘵，以综所忝。眼患五月来便不复得夜坐，恒闭帷避风日，昼夜惛懵，为此不复得朝谒诸王，庆吊亲旧，唯被敕见，不容停耳。此段不堪见宾，已数十日，持此苦生，而使铨综九流，应对无方之诉，实由圣慈罔已，然当之信自苦剧。若才堪事任，而体气休健，承宠异之遇，处自效之涂，岂苟欲思闲辞事邪。家素贫弊，宅舍未立，儿息不免粗粝，而安之若命，宁复是能忘微禄，正以复有切于此处，故无复他愿耳。今之所希，唯在小闲。下官微命，于天下至轻，在己不能不重。屡经披请，未蒙哀恕，良由诚浅辞讷，不足上感。

家世无年，亡高祖四十，曾祖三十二，亡祖四十七，下官新岁便三十五，加以疾患如此，当复几时见圣世，就其中煎恼若此，实在可矜。前时曾启愿三吴，敕旨云"都不须复议外出"。莫非过恩，然亦是下官生运，不应见一闲逸。今不敢复言此，当付之来生耳。但得保余年，无复物务，少得养痾，此便是志愿永毕。在衡门下有所怀，动止必闻，亦无假居职，患于不能裨补万一耳。识浅才常，羸疾如此，孤负主上擢授之恩，私心实自哀愧。入年便当更申前请，以死自固。但庸近所诉，恐未能仰彻。公恩眄弘深，粗照诚恳，愿侍坐言次，赐垂拯助，则苦诚至心，庶获哀允。若不蒙降祐，下官当于何希冀邪。仰凭悯察，愿不垂吝。

三年，坐辞疾多，免官。

大明元年，起为都官尚书，奏改定刑狱，曰：

臣闻明慎用刑，狱存姬典，哀矜折狱，实晖吕命。罪疑从轻，既前王之格范，宁失弗经，亦列圣之恒训。用能化致升平，道臻恭已。逮汉文伤不辜之罚，除相坐之令，孝宣倍深文之吏，立鞫讯之法，当是时也，号令刑存。陛下践位，亲临听讼，亿兆相贺，以为无冤民矣。而比囹圄未虚，颂声尚缺。臣窃谓五听之慈，弗宣于宰物，三宥之泽，未洽于民谣。顷年军旅余弊，劫掠犹繁，监司计获，多非其实，或规免咎，不虑国患，楚对之下，鲜不诬滥。身遭铁锧之诛，家婴孥戮之痛，比伍同闬，莫不及罪，是则一人罚谬，坐者数十。昔齐女告天，临淄台殒，孝妇冤戮，东海愆阳，此皆符变灵祇，初感景纬。臣近兼讯，见重囚八人，旋观其初，死有余罪，详察其理，实并无辜。恐此等不少，诚可怵惕也。

旧官长竟囚毕，郡遣督邮案验，仍就施刑。督邮贱吏，非能异于官长，有案验之名，而无研究之实。愚谓此制宜革，自今入重之囚，县考正毕，以事言郡，并送囚身，委二千石亲临核辩，必收声吞衅，然后就戮。若二千石不能决，乃度廷尉。神州统外，移之刺史，刺史有疑，亦归台狱。必令死者不怨，生者无恨。庶鬻棺之谚，辍叹于终古，两造之察，流咏于方今。臣学暗申、韩，才寡治术，轻陈庸管，惧乖国宪。

上时亲览朝政，常虑权移臣下，以吏部尚书选举所由，欲轻其势力。二年，下诏曰："八柄驭下，以爵为先，九德咸事，政典居首。铨衡治枢，兴替攸寄，顷世以来，转失厥序，徒秉国钧，终贻权谤。今南北多士，勋勤弥积，物情善否，实系斯任。官人之咏，维圣克允，则哲之美，粤帝所难。加浇季在俗，让议成风，以一人之识，当群品之诮，望沉浮自得，庸可致乎。吏部尚书可依郎分置，并详省闲曹。"又别诏太宰江夏王义恭曰：

分选诏旦出，在朝论者，亦有同异。诚知循常甚易，改旧生疑。但吏部尚书由来与录共选，良以一人之识，不办洽通，兼与夺威权，不宜专一故也。前述宣先旨，敬从来奏，省录作则，永贻后昆，自此选举之要，唯由元、凯一人。若通塞乖衷，而诉达者鲜，且违令与物，理至隔阂。前王盛主，犹或难之，况在寡暗，尤见其短。又选官裁病，即嗟诮满道，人之四体，会盈有虚，旬日之间，便至怨詈，况实有假托，不由寝顿者邪。一诣不前，贫苦交困，则两边致患，互不相体，校之以实，并有可哀。若职置二人，则无此弊。兼选曹枢要，历代斯重，人经此职，便成贵涂，己心外议，咸不自限，故范晔、鲁爽举兵灭门，以此言之，实由荣厚势驱，殷繁所至。设可拟议此授，唯有数人，本积岁月，稍加引进，而理无前期，多生虑表，或婴艰抱疾，事至回移。官人之任，决不可阙，一来一去，向人已周，非有黜责，已贵难贱，既成妨长，置之无所，盛衰递袭，便是一段世臣相处之方，臣主生疑，所以弥觉此职，宜在降阶。监令端右，足处时望，无人则阙，异于九流。今但直铨选部，有减前资。物情好猜，横立别解，本旨向意，终不外宣。唯有从郎分置，视听自改。选既轻先，民情已变，有堪其任，大展迁回。兼常之宜，以时稍进，本职非复重官可得，不须带贴数过，居之尽无诒怪。

自中分荆、扬，于时便有意于此，正讶改革不少，容生骇惑。尔来多年，欲至岁下处分，会何偃致故，应有亲人，故近因此施行。本意诏文不得委悉，故复纸墨具陈。

于是置吏部尚书二人，省五兵尚书，庄及度支尚书顾觊之并补选职。迁右卫将军，加给事中。

时河南献舞马，诏群臣为赋，庄所上其词曰：

天子驭三光，总万宇，挹云经之留宪，裁河书之遗矩。是以德泽上昭，天下漏泉，符瑞之庆咸属，荣怀之应必躔。月晷呈祥，乾维效气，赋景河房，承灵天驷，陵原郊而渐影，跃采渊而泳质，辞水空而南傃，去轮台而东洎，乘玉塞而归宝，奄芝庭而献秘。及其养安骐校，进驾龙涓，辉大驭于国皂，贲上襄于帝闲，超益野而逾绿地，轶兰池而轹紫燕。五王晦其术，十氏懵其玄，东门岂或状，西河不能传。既秣苞以均性，又佩蘅以崇躅，卷雄神于绮文，蓄奔容于帷烛，蕴笳云之锐景，戢追电之逸足，方叠熔于丹缟，亦联规于朱驳。观其双璧应范，三封中图，玄骨满，燕室虚，阳理竟，潜策纡，汗飞赭，沫流朱。至于《肆夏》已升，《采齐》既荐，始徘徊而龙俯，终沃若而鸾盻，迎调露于飞钟，赴承云于惊箭，写秦坰之弥尘，状吴门之曳练，穷虞庭之蹈蹀，究遗野之环袪。若夫跖实之态未卷，凌远之气方摅，历岱野而过碣石，跨沧流而轶姑余，朝送日于西坂，夕归风于北都，寻琼宫于倏瞬，望银台于须臾。

若乃日宣重光，德星昭衍，国称梁、岱伫跸，史言坛场望践，鄗上之瑞彰，江间之祯阐，荣镜之运既臻，会昌之历已辨，感五繇之程符，鉴群后之荐典。圣主将有事于东岳，礼也。于是顺斗极，乘次躔，戒悬日于昭旦，命月题于上年。骈骈翼翼，泛修风而浮庆烟，肃肃雍雍，引八神而诏九仙。下齐郊而掩配林，集嬴里而降祊田，蒲轩次巘，瑄璧承峦，金检兹发，玉牒斯刊，盛节之义洽，升中之礼殚，亿兆悦，精祇欢，聆万岁于曾岫，烛神光于紫坛。是以击辕之蹈，抚埃之舞，相与而歌曰：耸朝盖兮泛晨霞，灵之来兮云汉华；山有寿兮松有茂，柞神极兮贶皇家。

然后悟圣朝之绩，号庆荣之烈，比盛乎天地，争明乎日月，茂实冠于胥、庭，鸿名迈于勋、发。业底于告成，道臻乎报谒，巍巍乎！荡荡乎！民无得而称焉。

又使庄作《舞马歌》，令乐府歌之。

五年，又为侍中，领前军将军。于时世祖出行，夜还，敕开门，庄居守，以棨信或虚，执不奉旨，须墨诏乃开。上后因酒燕从容曰："卿欲效郅君章邪？"对曰："臣闻搜巡有度，郊祀有节，盘于游田，著之前诫。陛下今蒙犯尘露，晨往宵归，容恐不逞之徒，妄生矫诈，臣是以伏须神笔，乃敢开门耳。"改领游击将军，又领本州大中正，晋安王子勋征虏长史、广陵太守，加冠军将军。改为江夏王义恭太宰长史，将军如故。六年，又为吏部尚书，领国子博士，坐选公车令张奇，免官，事在《颜师伯传》。

时北中郎将新安王子鸾有盛宠，欲令招引才望，乃使子鸾板庄为长史，府寻进号抚军，仍除长史、临淮太守，未拜，又除吴郡太守。庄多疾，不乐去京师，复除前职。前废帝即位，以为金紫光禄大夫。

初，世祖宠姬殷贵妃薨，庄为诔云："赞轨尧门"。引汉昭帝母赵婕妤尧毋门事，废帝在东宫，衔之。至是遣人诘责庄曰："卿昔作殷贵妃诔，颇知有东宫不？"将诛之。或说帝曰："死是人之所同，政复一往之苦，不足为深困。庄少长富贵，今且系之尚方，使知天下苦剧，然后杀之未晚也。"帝然其言，系于左尚方。太宗定乱，得出。及即位，以庄为散骑常侍、光禄大夫，如金章紫绶，领寻阳王师。顷之，转中书令，常侍、王师如故。寻加金紫光禄大夫，给亲信二十人，本官并如故。泰始二年，卒，时年四十六，追赠右光禄大夫，常侍如故，谥曰宪子。所著文章四百余首，行于世。

长子飏，晋平太守。女为顺帝皇后，追赠金紫光禄大夫。

王景文，琅邪临沂人也，名与明帝讳同。祖穆，临海太守。

伯父智，少简贵，有高名，高祖甚重之，常云："见王智，使人思仲祖。"与刘穆之谋讨刘毅，而智在焉。它日，穆之白高祖曰："伐国，重事也，公云何乃使王智知？"高祖笑曰："此人高简，岂闻此辈论议。"其见知如此。为太尉谘议参军，从征长安，留为桂阳公义真安西将军司马、天水太守。还为宋国五兵尚书、晋陵太守，加秩中二千石，封建陵县五等子，追赠太常。

父僧朗，亦以谨实见知。元嘉中，为侍中，勤于朝直，未尝违惰，太祖嘉之，以为湘州刺史。世祖大明末，为尚书左仆射。太宗初，以后父为特进、左光禄大夫，又进开府仪同三司，固让，乃加侍中、特进。寻薨，追赠开府，谥曰元公。

景文出继智，幼为从叔球所知。美风姿，好言理，少与陈郡谢庄齐名。太祖甚相钦重，故为太宗娶景文妹，而以景文名与太宗同。高祖第五女新安公主先适太原王景深，离绝，当以适景文，固辞以疾，故不成婚。起家太子太傅主簿，转太子舍人，袭爵建陵子。出为江夏王义恭、始兴王浚征北、后军二府主簿，武陵王文学，世祖抚军记室参军，南广平太守，转谘议参军，仍度安北、镇军府，出为宣城太守。

元凶弑立，以为黄门侍郎。未及就，世祖入讨。景文遣间使归款。以父在都邑，不获致身。及事平，颇见嫌责，犹以旧恩，除南平王铄司空长史，不拜。出为东阳太守，入为御史中丞，秘书监，领越骑校尉，不拜，迁司徒左长史。上以散骑常侍旧与侍中俱掌献替，欲高其选，以景文及会稽孔觊俱南北之望，并以补之。寻复为左长史，坐姊墓开不临赴，免官。大明二年，复为秘书监，太子右卫率，侍中。五年，出为安陆王子绥冠军长史、辅国将军、江夏内史，行郢州事。又征为侍中，领射声校尉，右卫将军，加给事中，太子中庶子，右卫如故。坐与奉朝请毛法因蒲戏，得钱百二十万，白衣领职。寻复为侍中，领中庶子，未拜。前废帝嗣位，徙秘书监，侍中如故。以父老自解，出为江夏王义恭太宰长史、辅国将军、南平太守。永光初，为吏部尚书。景和元年，迁右仆射。

太宗即位，加领左卫将军。时六军戒严，景文仗士三十人入六门。诸将咸云："平殄小贼，易于拾遗。"景文曰："敌固无小，蜂虿有毒，何可轻乎。诸军当临事而惧，好谋而成，先为不可胜，乃制胜之术耳。"寻迁丹阳尹，仆射如故。遭父忧，起为冠军将军，尚书左仆射，丹阳尹，固辞仆射，改授散骑常侍、中书令、中军将军，尹如故，又辞不拜。仍出为使持节、散骑常侍、都督江州郢州之西阳豫州之新蔡晋熙三郡诸军事、安南将军、江州刺史，让常侍。服阕，乃受。

太宗翦除暴主，又平四方，欲引朝望以佐大业，乃下诏曰："夫良图宣国，赏崇彝命；殊绩显朝，策勤王府。安南将军、江州刺史景文，风度淹粹，理怀清畅，体兼望实，诚备夷岨。宝历方启，密赞义机，妖徒干纪，预毗庙略。宜登茅社，永传厥祚。联澄氛宁枢，实资多士，疏爵畴庸，实膺徽烈。尚书右仆射、领卫尉兴宗，识怀详正，思局通敏。吏部尚书、领太子左卫率渊，器情闲茂，风业韶远。并谋参军政，绩亮时艰，拓宇开邑，实允勋典。景文可封江安县侯，食邑八百户，兴宗可始昌县伯，渊可南城县伯，食邑五百户。"景文固让，不许，乃受五百户。进号镇南将军，寻给鼓吹一部。后以江州当徙镇南昌，领豫章太守，余如故。州不果迁。顷之，征为尚书左仆射，领吏部、扬州刺史，加太子詹事，常侍如故。不愿还朝，求为湘州刺史，不许。

时又谓景文在江州，不能洁己，景文与上幸臣王道龙书曰："吾虽寡于行己，庶不负心，既愧殊效，誓不上欺明主。窃闻有为其贝锦者，云营生乃至巨万，素无此能，一旦忽致异术，必非平理。唯乞平心精检，若此言不虚，便宜肆诸市朝，以正风俗。脱其妄作，当赐思罔昧之由。吾逾忝转深，足以致谤，念此惊惧，何能自测。区区所怀，不愿望风容贷。吾自了不作偷，犹如不作贼。故以密白，想为申启。"

景文屡辞内授，上手诏譬之曰："尚书左仆射，卿已经此任，东宫詹事，用人虽美，职次正可比中书令耳。庶姓作扬州，徐干木、王休元、殷铁并处之不辞。卿清令才望，何愧休元，毗赞中兴，岂谢干木，绸缪相与，何后殷铁邪？司徒以宰相不应带神州，远遵先旨，京口乡基义重，密迩畿内，又不得不用骠骑，陕西任要，由来用宗室。骠骑既去，巴陵理应居之，中流虽曰闲地，控带三江，通接荆、郢，经涂之要，由来有重镇。如此，则扬州自成阙刺史，卿若有辞，更不知谁应处之。此选大备，与公卿畴怀，非卿尔也。"固辞詹事，徙领中书令，常侍、仆射、扬州如故。又进中书监，领太子太傅，常侍、扬州如故。景文固辞太傅，上遣新除尚书右仆射褚渊宣旨，以古来比例六事诘难之，不得已乃受拜。

时太子及诸皇子并小，上稍为身后之计，诸将帅吴喜、寿寂之之徒，虑其不能奉幼主，并杀之，而景文外戚贵盛，张永累经军旅，又疑其将来难信，乃自为谣言曰："一士不可亲，弓长射杀人。"一士，"王"字；弓长，"张"字也。景文弥惧，乃自陈求解扬州，曰：

臣凡猥下劣，方圆无算，特逢圣私，频叨不次，乘非其任，理宜覆折，虽加恭谨，无补横至，夙夜焦战，无地容处。六月中，得臣外甥女殷恒妻蔡疏，欲令其儿启闻乞禄，求臣署入，云凡外人通启，先经臣署。于时惊怖，即欲封疏上呈，更思此家落漠，庶非通谤，且广听察，幸无复所闻。比日忽得兖州都送迎西曹解季逊板云是臣属，既不识此人，即问郗颙，方知虚托。此十七日晚，得征南参军事谢俨口信，云臣使人略夺其婢。臣遣李武之问俨元由，答云“使人谬误”。误之与实，虽所不知，闻此之日，唯有忧骇。

臣之所知，便有此三变，臣所不觉，尤不可思。若守爵散辈，宁当招此，诚由暗拙，非复可防。自窃州任，倏已七月，无德而禄，其殃将至。且傅职清峻，亢礼储极，以臣凡走，岂可暂安。荷恩惧罪，不敢执固，焦魂褫气，忧迫失常。况臣发丑人群，病绝力效，秽朝点列，顾无与等，独息易骇，惭惧难持。伏愿薄回矜悯，全臣身计，大夫之俸，足以自周，久怀欣羡，未敢干请，仰希慈宥，照臣款诚。

上诏答曰：

去五月中，吾病始差，未堪劳役，使卿等看选牒，署竟，请敕施行。此非密事，外间不容都不闻。然传事好讹，由来常患。殷恒妻，匹妇耳，闺阁之内，传闻事复作一两倍落漠，兼谓卿是亲故，希卿署，不必云选事独关卿也。恒妻虽是传闻之僻，大都非可骇异。且举元荐凯，咸由畴谘，可谓唐尧不明，下干其政邪？悠悠好诈贵人及在事者，属卿偶不悉耳，多是其周旋门生辈，作其属托，贵人及在事者，永无由知。非徒止于京师，乃至州郡县中，或有诈作书疏，灼然有文迹者。诸舍人右丞辈，及亲近驱使人，虑有作其名，载禁物，求停检校，强卖猥物与官，仍求交直，或属人求乞州郡资礼，希嚿呼召及虏发船车，并启班下在所，有即驻录。但卿贵人，不容有此启。由来有是，何故独惊之。

居贵要，但问心若为耳。大明之世，巢、徐、二戴，位不过执戟，权亢人主；颜师伯白衣仆射，横行尚书中。今袁粲作仆射领选，而人往往不知有粲。粲迁为令，居之不疑。今既省录，令便居昔之录任，置省事及干童，并依录格。粲作令来，亦不异为仆射。人情向粲，淡淡然亦复不改常。以此居贵位要任，当有致忧兢理不？卿今虽作扬州，太子傅位虽贵，而不关朝政，可安不惧,差于槃也。想卿虚心爱荣,而不为累。

贵高有危殆之惧,卑贱有沟壑之忧,张、单双灾,木雁两失,有心于避祸,不如无心于任运。夫千仞之木,既摧于斧斤;一寸之草,亦瘁于践蹋。高崖之修干,与深谷之浅条,存止之要,巨细一揆耳。晋毕万七战皆获,死于牖下;蜀相费祎从容坐谈,毙于刺客。故甘心于履危,未必逢祸;纵意于处安,不必全福。但贵者自惜,故每忧其身;贱者自轻,故易忘其己。然为教者,每诫贵不诫贱,言其贵满好自恃也。凡名位贵达,人以在怀,泰则触人改容,不则行路嗟愕。至如贱者,否泰不足以动人,存亡不足以絓数,死于沟渎,死于涂路者,天地之间,亦复何限,人不以系意耳。

以此而推,贵何必难处,贱何必易安。但人生也自应卑慎为道,行己用心,务思谨惜。若乃吉凶大期,正应委之理运,遭随参差,莫不由命也。既非圣人,不能见吉凶之先,正是依希于理,言可行而为之耳。得吉者是其命吉,遇不吉者是其命凶。以近事论之,景和之世,晋平庶人从寿阳归乱朝,人皆为之战栗,而乃遇中兴之运;袁𫖮图避祸于襄阳,当时皆羡之,谓为陵霄驾凤,遂与义嘉同灭。骆宰见幼主,语人云:"越王长颈鸟喙,可与共忧,不可与共乐。范蠡去而全身,文种留而遇祸。今主上口颈,颇有越王之状,我在尚书中久,不去必危。"遂求南江小县。诸都令史住京师者,皆遭中兴之庆,人人蒙爵级;宰值义嘉染罪,金木缠身,性命几绝。卿耳眼所闻见,安危在运,何可预图邪。

时上既有疾,而诸弟并已见杀,唯桂阳王休范人才本劣,不见疑,出为江州刺史。虑一旦晏驾,皇后临朝,则景文自然成宰相,门族强盛,藉元舅之重,岁暮不为纯臣。泰豫元年春,上疾笃,乃遣使送药赐景文死,手诏曰:"与卿周旋,欲全卿门户,故有此处分。"死时年六十。追赠车骑将军、开府仪同三司,常侍、中书监、刺史如故,谥曰懿侯。

长子绚，字长素。年七岁，读《论语》至“周监于二代”，外祖何尚之戏之曰：“耶耶乎文哉。”绚即答曰：“草蓊风必偃。”少以敏惠见知。及长，笃志好学，官至秘书丞。年二十四，先景文卒，谥曰恭世子。子婼袭封，齐受禅，国除。

景文兄子蕴，字彦深。父楷，太中大夫，人才凡劣，故蕴不为群从所礼，常怀耻慨。家贫，为广德令，会太宗初即位，四方叛逆，蕴遂感激为将，假宁朔将军、建安王休仁司徒参军，令如故。景文甚不悦，语之曰：“阿益，汝必破我门户。”阿益者，蕴小字也。事宁，封吉阳县男，令邑三百户。为中书、黄门郎，晋陵、义兴太守，所莅并贪纵。在义兴，应见收治，以太后故，止免官。废帝元徽初，复为黄门郎，东阳太守。未之郡，值桂阳王休范逼京邑，蕴领兵于朱雀门战败被创。事平，除侍中，出为宁朔将军、湘州刺史。蕴轻躁，薄于行业，时沈攸之为荆州刺史，密有异志，蕴与之结厚。及齐王辅朝政，蕴、攸之便连谋为乱，会遭母忧，还都，停巴陵十余日，更与攸之成谋。时齐王世子为郢州行事，蕴至郢州，谓世子必下慰之，欲因此为变，据夏口，与荆州连横。世子觉其意，称疾不往，又严兵自卫，蕴计不得行，乃下。用攸之为逆，蕴密与司徒袁粲等结谋，事在《粲传》。事败，走斗场，追禽，斩于秣陵市。

景文弟子孚，大明末，为海盐令。泰始初，天下反叛，唯孚独不同道，官至司徒记室参军。

史臣曰：王景文弱年立誉，声芳籍甚，荣贵之来，匪由势至。若泰始之朝，身非外戚，与袁粲群公方骖并路，倾覆之灾，庶几可免。庾元规之让中书令，义在此乎。

宋书卷八六
列传第四六

殷孝祖 刘勔

殷孝祖，陈郡长平人也。曾祖羡，晋光禄勋。父、祖并不达。

孝祖少诞节，好酒色，有气干。太祖元嘉末，为奉朝请，员外散骑侍郎。世祖以其有武用，除奋武将军、济北太守。入为积射将军。大明初，索虏寇青州，上遣孝祖北援，受刺史颜师伯节度，累与虏战，频大破之，事在《师伯传》。还授太子旅贲中郎将，加龙骧将军。竟陵王诞据广陵为逆，孝祖隶沈庆之攻诞，又有战功，迁西阳王子尚抚军、宁朔将军、南济阴太守。出为盱眙太守，将军如故。还为虎贲中郎将，仍除宁朔将军、阳平东平二郡太守。又迁济南、南郡，将军如故。

前废帝景和元年，以本号督兖州诸军事、兖州刺史。太宗初即位，四方反叛，孝祖外甥司徒参军颍川葛僧韶建议衔命征孝祖入朝，上遣之。时徐州刺史薛安都薛索兒等屯据津径，僧韶间行得至，说孝祖曰："景和凶狂，开辟未有，朝野危极，假命漏刻。主上圣德天挺，神武在躬，曾不浃辰，夷凶翦暴，更造天地，未足为言。国乱朝危，宜立长主，公卿百辟，人无异议，泰平之隆，非旦则夕。而群小相煽，构造无端，贪利幼弱，竞怀希望。使天道助逆，群凶事申，则主幼时艰，权柄不一，兵难互起，岂有自容之地。舅少有立功之志，长以气节成名，若便能控济义勇，还奉朝廷，非唯匡主静乱，乃可以垂名竹帛。"孝祖具问朝廷消息，僧韶随方酬譬，并陈兵甲精强，主上欲委以前驱之任。孝祖即日弃妻子,率文武二千人随僧韶还都。

时普天同逆,朝廷唯保丹阳一郡,而永世县寻又反叛,义兴贼垂至延陵,内外忧危,咸欲奔散。孝祖忽至,众力不少,并伧楚壮士,人情于是大安。进孝祖号冠军,假节、督前锋诸军事,遣向虎槛,拒对南贼。御仗先有诸葛亮筒袖铠帽,二十五石弩射之不能入,上悉以赐孝祖。

孝祖负其诚节,凌轹诸将,台军有父子兄弟在南者,孝祖并欲推治,由是人情乖离,莫乐为用。进使持节、都督兖州青冀幽四州诸军事、抚军将军,刺史如故。时贼据赭圻,孝祖将进攻之,与大统王玄谟别,悲不自胜,众并骇怪。泰始二年三月三日,与贼合战,常以鼓盖自随,军中人相谓曰:"殷统军可谓死矣。今与贼交锋,而以羽仪自标显,若善射者十士攒射,欲不毙,得乎?"是日,于阵为矢所中死,时年五十二。追赠散骑常侍、征北将军,持节、都督如故。封秭归县侯,食邑千户。四年,追改封建安县,谥曰忠侯。

孝祖子悉为薛安都所杀,以从兄子慧达继封。齐受禅,国除。

刘勔字伯猷,彭城人也。祖怀义,始兴太守。父颖之,汝南、新蔡二郡太守,征林邑,遇疾卒。

勔少有志节,兼好文义。家贫,为广州增城令,广州刺史刘道锡引为扬烈府主簿。元嘉二十七年,索虏南侵,道锡遣勔奉使诣京都,太祖引见之,酬对称旨,除宁远将军、绥远太守。元嘉末,萧简据广州为乱,勔起义讨之,烧其南门。广州刺史宗悫又命为军府主簿,以功封大亭侯。除员外散骑侍郎。孝建初,荆、江反叛,宗悫以勔行宁朔将军、湘东内史,领军出安陆。会事平,以本号为晋康太守,又徙郁林太守。大明初,还都。徐州刺史刘道隆请为宁朔司马。竟陵王诞据广陵为逆,勔随道隆受沈庆之节度。事平,封金城县五等侯,除西阳王子尚抚军,入直阁。先是,遣费沉伐陈檀,不克,乃除勔龙骧将军、西江督护、郁林太守。勔既至,率军进讨,随宜翦定,大致名马,并献珊瑚连理树,上甚悦。还除新安王子鸾扶军中兵参军,遭母忧，不拜。前废帝即位，起为振威将军、屯骑校尉，入直阁。

太宗即位，加宁朔将军，校尉如故。江州刺史晋安王子勋为逆，四方响应，劢以本官领建平王景素辅国司马，进据梁山。会豫州刺史殷琰反叛，征劢还都，假辅国将军，率众讨琰，甲仗三十人入六门，复兼山阳王休祐骠骑司马，余如故。破琰将刘顺于宛唐，杜叔宝于横塘，事在《琰传》。除辅国将军、山阳王休祐骠骑谘议参军、梁郡太守、假节，不拜。琰婴城固守，自始春至于末冬，薛道摽、庞孟虬并向寿阳，劢内攻外御，战无不捷。善抚将帅，以宽厚为众所依。将军王广之求劢所自乘马，诸将帅并忿广之叨冒，劝劢以法裁之，劢欢笑，即时解马与广之。复除使持节、督广交二州诸军事、平越中郎将、广州刺史，将军如故，不拜。及琰开门请降，劢约令三军，不得妄动，城内士民，秋毫无所失，百姓感悦，咸曰来苏。百姓生为立碑。改督益宁二州诸军事、益州刺史、持节、将军如故。又不拜。还京都，拜太子左卫率，封鄱阳县侯，食邑千户。

琰初求救索虏，虏大众屯据汝南。太始三年，以劢为征虏将军、督西讨前锋诸军事、假节、置佐，本官如故。先是，常奇珍据汝南，与琰为逆，琰降，因据戍降虏，事在《琰传》。至是引虏西河公、长社公攻围辅国将军、汝阴太守张景远。景远与军主杨文苌据击，大破之。景远寻病卒，太宗嘉其效，追赠冠军将军、豫州刺史，追封含洭县男，食邑三百户。以文苌代为汝阴太守。除劢右卫将军，仍以为使持节、都督豫司二州诸军事、征虏将军、豫州刺史，余如故。四年，除侍中，领射声校尉，又不受。进号右将军。其年，□遣汝阳司马赵怀仁步骑五百，寇武津县，劢遣龙骧将军曲元德轻兵进讨，虏众惊散。虏子都公阏于拔又率三百人防运车□□千两，于汝阳台东水上结营。元德单骑直入，斩拔首，因进攻汝阳台，即陷外垒，获车一千三百乘，斩首一百五十级。劢又使司徒参军孙台瓘督弋阳以西，会虏寇义阳，台瓘大破之。虏上其北豫州租，有车二千两，劢招荒人，邀击于许昌，虏众奔散，焚烧米谷。

淮西人贾元友上书太宗，劝北攻悬瓠，可收陈郡、南顿、汝南、

新蔡四郡之地。上以其所陈示勔,使具条答。勔对曰:

元友称:"虏主幼弱,奸伪竞起,内外规乱,天亡有期。"臣以为獯丑侵纵,乘藉王境,盘据州郡,百姓残亡。去冬众军失耕,今春连城围逼,国家复境之略,实有不遑,灭虏未及。元友又云:"有七千余家,谷米丰积,可供二万人数年资储。"臣又以为,二万人岁食米四十八万斛,五年合须米二百四十万斛,既理不容有,恐事难称言。元友又云:"虏于悬瓠开驿保,虏已先据,若不足恃,此不须□"。俱是攻城,便应先图悬瓠,何更越先取郾,以受腹背之灾。且七千余家丰积,而虏犹当远运为粮,是威不制民,民非异计。元友又云:"虏欲水陆运粮,以救军命,可袭之机,在于今日。"臣又以为,开立驿道,据守坚城,观其形候,不似夒弱。可乘之机,恐为难验。元友又云:"四郡民人,遭虏二十七年之毒,皆欲雪仇报耻,伏待朝威。"臣又以为,垣式宝等受国重恩,今犹驱略车营,翻还就贼,盖是恋本之情深,非报怨之宜,何可轻试。元友又云:"请敕荆、雍两州,遣二千精兵,从义阳依西山北下,直据郾城。"臣又以为,郾城是贼驿路要戍,且经蛮接崄,数百里中,裹粮潜进,方出平地,攻贼坚城,自古名将,未有能以此济者。假其克捷,不知足南抗悬瓠,北捍长社与不。且贼拥据数城,水陆通便,而今使官以二千断其资运,于事为难。元友又云:"虏围逼汝阴,游魂二岁,为张景远所挫,不敢渡淮。"臣又以为,景远兵力寡弱,不能自固,远遣救援,方得少克。今定是为贼所畏不?景远前所摧伤,裁至数百,虏步骑四万,犹不敢前,而今必劝国家以轻兵远讨,指掌可克,言理相背,莫复过此。元友又云:"龙山雉水,鲁奴、王景直等并受朝爵,马步万余。进讨之宜,唯须敕命。"臣以为鲁奴与虏交关,弥历年世,去岁送诚朝廷,誓欲立功。自蒙荣爵,便即逃遁,殊类奸猾,岂易暗期。兼王景直是一亡命,部曲不过数十人,既不可言,又未足恃。万余之言,似不近实。元友又云:"四郡恨忿此非类,车营连结,废田二载,生业已尽,贼无所资,粮储已罄。断其运道，最是要略。”臣又以断运须兵，兵应资食，而当此过悬瓠二百里中，使兵食兼足，何处求办？

臣窃寻元嘉以来，伧荒远人，多干国议，负儋归阙，皆劝讨虏。鲁爽诞说，实挫国威，徒失兵力，虚费金宝。凡此之徒，每规近说，从来信纳，皆诒后悔。界上之人，唯视强弱，王师至境，必壶浆候涂，裁见退军，便抄截蜂起。首领回师，何尝不为河畔所弊。

太宗纳之，元友议遂寝。

勔与常珍奇书，劝令反虏，珍奇乃与子超越、羽林监垣式宝，于谯杀虏子都公费拔等凡三千余人。勔驰驿以闻，太宗大喜，以珍奇为使持节、都督司北豫二州诸军事、平北将军、司州刺史、汝南新蔡县侯，食邑千户；超越辅国将军、北豫州刺史、颍川汝阳□□三郡太守、安阳县男；式宝辅国将军、陈南顿二郡太守、真阳县男，食邑三百户。珍奇为虏所攻，引军南出，虏追击破之，珍奇走依山，得至寿阳，超越、式宝为人所杀。

五年，汝阴太守杨文苌又频破虏于荆亭及成西。诏进勔号平西将军、豫州刺史，余如故，不拜。其年，征拜散骑常侍、中领军。勔以世路纠纷，有怀止足，求东阳郡。上以勔启遍示朝臣，自尚书仆射袁粲以下，莫不称赞，咸谓宜许。上曰：“巴陵、建平二王，并有独往之志。若世道宁晏，皆当申其所请。”勔经始钟岭之南，以为栖息，聚石蓄水，仿佛丘中，朝士爱素者，多往游之。六年，改常侍为侍中。其年，南兖州刺史齐王出镇淮阴，以勔为使持节、都督南徐兖青冀□五州诸军事、平北将军，侍中、中领军如故，出镇广陵。固辞侍中、军号，许之，以为假平北将军。七年，解都督、假号并节。太宗临崩，顾命以守尚书右仆射，中领军如故，给鼓吹一部。废帝即位，加兵五百人。

元徽初，月犯右执法，太白犯上将，或劝勔解职，勔曰：“吾执心行己，无愧幽明。若才轻任重，灾眚必及，天道密微，避岂得免。”桂阳王休范为乱，奄至京邑，加勔使持节、领军，置佐史，镇捍石头。既而贼众屯朱雀航南,右军王道隆率宿卫向朱雀,闻贼已至,急信召勔。勔至,命闭航,道隆不听,催勔渡航进战。率所领于桁南战败,临陈死之,时年五十七。事平,诏曰:"夫义实天经,忠惟人则,篆素流采,金石宣辉,自非识洞情灵,理感生极,岂有捐躯卫主,舍命匡朝者哉。故持节、镇军将军、守尚书右仆射、中领军鄱阳县开国侯勔,思怀亮粹,体业淹明,弘勋树绩,誉洽华野。绸缪顾托,契阔屯夷,方倚谋猷,翌康帝道。逆蕃扇祸,逼扰京甸,援桴誓旅,奉律行师。身与事灭,名随操远。联用伤悼,震恸于厥心。昔王允秉诚,卞过壶峻节,均风往德,归茂先轨。泉途就永,冤逝无追,思崇徽策,式光惇史。可赠散骑常侍、司空,本官、侯如故,谥曰忠昭公。"

子悛嗣,顺帝升明末,为广州刺史。齐受禅,国除。

勔弟敳,大始中,为宁朔将军、交州刺史,于道遇病卒。先有都乡侯爵,谥曰质侯。

史臣曰:吴汉平蜀,城内流血沾踝,而其后无闻于汉。陆抗定西陵,步氏祸及婴孩,而机、云为戮上国。刘勔克寿春,士民无遗刍委粒之叹,莫不扶老携幼,歌唱而出重围,美矣。

宋书卷八七
列传第四七

萧惠开 殷琰

萧惠开，南兰陵人，征西将军思话子也。初名慧开，后改慧为惠。少有风气，涉猎文史，家虽贵戚，而居服简素。初为秘书郎，著作并名家年少，惠开意趣与人多不同，比肩或三年不共语。外祖光禄大夫沛郡刘成戒之曰："汝恩戚家子，当应将迎时俗，缉外内之欢。如汝自业，将无小伤多异，以取天下之疾患邪？"惠开曰："人间宜相缉和，甚如慈旨。但不幸耿介，耻见作凡人，画龙未成，故遂至于多忤耳。"转太子舍人。与汝南周朗同官友善，以偏奇相尚。转尚书水部郎，始兴王浚征北府主簿，南徐州治中从事史，徙汝阴王友，又为南徐州别驾，中书侍郎，江夏王义恭大将军、大司马从事中郎。

孝建元年，自太子中庶子转黄门侍郎，与侍中何偃争积射将军徐冲之事。偃任遇甚隆，惠开不为之屈，偃怒，使门下推弹之。惠开乃上表解职曰："陛下未照臣愚，故引参近侍。臣以职事非长，故委能何偃，凡诸当否，不敢参议。窃见积射将军徐冲之为偃命所黜，臣愚怀谓有可申，故聊设微异。偃恃恩使贵，欲使人靡二情，便诃胁主者，手定文案，割落臣议，专载己辞。虽天照广临，竟未见察臣理，违颜咫尺，致兹壅滥，则臣之受劾，盖何足悲。但不顺侍中，臣有其咎，当而行之，不知何过。且议之不允，未有弹科，省心揆天，了知在过宥。臣不能谢愆右职，改意重臣，刺骨铄金，将在朝夕，乞解所忝，保拙私庭。"时偃宠方隆，由此忤旨，别敕有司以属疾多，免惠开官。思话素恭谨，操行与惠开不同，常以其峻异，每加嫌责。及见惠开自解表，自叹曰："儿子不幸与周朗周旋，理应如此。"杖之二百。寻重除中庶子。

丁父艰，居丧有孝性，家素事佛，凡为父起四寺，南岸南冈下，名曰禅冈寺，曲阿旧乡宅，名曰禅乡寺，京口墓亭，名曰禅亭寺，所封封阳县，名曰禅封寺。谓国僚曰："封秩盖鲜，而兄弟甚多，若使全关一人，则在我所让。若使人人等分，又事可悲耻。寺众既立，自宜悉供僧众。"由此国秩不复下均。服除，除司徒左长史。大明二年，出为海陵王休茂北中郎长史、宁朔将军、襄阳太守，行雍州州府事。善于为政，威行禁止。袭封封阳县侯。还为新安王子鸾冠军长史，行吴郡事。惠开妹当适桂阳王休范，女又当适世祖子，发遣之资，应须二千万，乃以为豫章内史，听其肆意聚纳，由是在郡著贪暴之声。入为尚书吏部郎，不拜，徙御史中丞。世祖与刘秀之诏曰："今以萧惠开为宪司，冀当称职。但一往服领，已自殊有所震。"及在任，百僚畏惮之。八年，入为侍中。诏曰："惠开前在宪司，奉法直绳，不阿权戚，朕甚嘉之。可更授御史中丞。"母忧去职。

起为持节、督青冀二州诸军事、辅国将军、青冀二州刺史。不行，改督益宁二州刺史，持节、将军如故。惠开素有大意，至蜀，欲广树经略，善于述事，对宾僚及士人说收牂牁、越嶲以为内地，绥讨蛮、濮，避地征租，闻其言者，以为大功可立。太宗即位，进号冠军将军，又进平西将军，改督为都督。晋安王子勋反，惠开乃集将佐，谓之曰："湘东，太祖之昭；晋安，世祖之穆。其于当璧，并无不可。但景和虽昏，本是世祖之嗣，不任社稷，其次犹多。吾奉武、文之灵，兼荷世祖之眷，今便当投被万里，推奉九江。"乃遣巴郡太守费欣寿领二千人东下，为巴东人任叔兒起义所邀，欣寿败没，陕口道不复通。更遣州治中程法度领三千人步出梁州，又为氐贼杨僧嗣所断。

先是，惠开为治，多任刑诛，蜀土咸怀猜怨。及闻欣寿没，法度又不得前，晋原一部遂反，于是诸郡悉应之，并来围城。城内东兵不过二千，凡蜀人惠开疑之，皆悉遣出。子勋寻平，蜀人并欲屠城，以望厚赏。惠开每遣军出战，未尝不捷，前后所摧破杀伤不可胜计。外众逾合，胜兵者十余万人。时天下已平，太宗以蜀土险远，赦其诛责，遣惠开弟惠基步道使蜀，具宣朝旨。惠基既至涪，而蜀人志在屠城，不欲使王命远达，遏留惠基不听进。惠基率部曲破其渠帅马兴怀等，然后得前。惠开奉旨归顺，城围得解。

时太宗遣惠开宗人宝首水路慰劳益州，宝道欲以平蜀为功，更奖说蜀人，于是处处蜂起，凡诸离散者，一时还合。渠帅赵燕、句文章等，与宝首屯军于上，去成都六十里，众号二十万人。惠开欲遣击之，将佐咸曰："攻破蜀贼，诚不为难。但慰劳使至，未获奉受，而遣兵相距，何以自明本心？"惠开曰："今水陆四断，表启路绝，宝首或相诬陷，谓我不奉朝旨。我之欲战，本在通使，使若得通，则诚心达矣。"乃作启事，具陈事情，使腹心二人带启，戒之曰："须贼破路开，便跃马驰去。"遣永宁太守萧惠训、别驾费欣业万兵并进，与战，大破之，生离宝首，囚于成都县狱。所遣使至，上使执送宝首，除惠开晋平王休祐骠骑长史、南郡太守，不拜。泰始四年，还至京师。

初，惠开府录事参军到希微，负蜀人债将百万，为责主所制，未得俱还。惠开与希微共事不厚，以为随其同上，不能携接得还，意耻之，厩中凡有马六十匹，悉以乞希微偿责。其意趣不常皆如是。先刘瑀为益州，张说代之，瑀去任，凡所携将佐有不乐反者，必逼制将还，语人曰："随我上，岂可为张说作西门客邪。"惠开自蜀还，资财二千余万，悉散施道路，一无所留。

五年，又除桂阳王休范征北长史、南东海太守。其年，会稽太守蔡兴宗之郡，而惠开自京口请假还都，相逢于曲阿。惠开先与兴宗名位略同，又经情款，自以负衅摧屈，虑兴宗不能诣己，戒勒部下："蔡会稽部伍若借问，慎不得答。"惠开素严，自下莫敢违犯。兴宗见惠开舟力甚盛，不知为谁，遣人历舫讯，惠开有舫十余，事力二三百人，皆低头直去，无一人答者。

复为晋平王休祐骠骑长史，太守如故。六年，除少府，加给事中。惠开素刚，至是益不得志，寺内所住斋前，有向种花草甚美，惠开悉划除，列种白杨树。每谓人曰："人生不得行胸怀，虽寿百岁，犹为夭也。"发病呕血，吐如肝肺者甚多。除巴陵王休若征西长史、宁朔将军、南郡太守，未拜。七年，卒，时年四十九。子睿嗣，齐受禅，国除。

惠开与诸弟并不睦，惠基使益州，遂不相见。与同产弟惠明亦著嫌隙云。

殷琰，陈郡长平人也。父道鸾，衡阳王义季右军长史。

琰少为太祖所知，见遇与琅邪王景文相埒。初为江夏王义恭征北行参军，始兴王浚后军主簿，出为鄱阳、晋熙太守，豫州治中从事史，庐陵内史。臧质反，弃郡奔北皖。琰性有计数，欲进退保全，故不还都邑。事平，坐系尚方，顷之被宥。除海陵王国郎中令，不拜。临海王子顼为冠军将军、吴兴太守，以琰为录事参军，行郡事。复为豫州别驾，太宰户曹属，丹杨丞，尚书左丞，少府，寻阳王子房冠军司马，行南豫州，随府转右军司马，又徙巴陵王休若左军司马。

前废帝永光元年，除黄门侍郎，出为山阳王休祐右军长史、南梁郡太守。休佑入朝，琰仍行府州事。太宗泰始元年，以休祐为荆州，欲以吏部郎张岱为豫州刺史。会晋安王子勋反，即以琰督豫司二州南豫州之梁郡诸军事、建武将军、豫州刺史，以西汝阴太守庞道隆为琰长史，殿中将军刘顺为司马。顺劝琰同子勋，琰家累在京邑，意欲奉顺，而士人前右军参军杜叔宝、前陈南顿二郡太守皇甫道烈、道烈从弟前马头太守景度、前汝南颍川二郡太守庞天生、前睢阳令夏侯季子等，并劝琰同逆。琰素无部曲，门义不过数人，无以自立，受制于叔宝等。太宗遣冗从仆射柳伦领军助，骠骑大将军山阳王休祐又遣中兵参军郑瑗说琰令还。二人至，即与叔宝合。叔宝者，杜坦之子，既土豪乡望，内外诸军事并专之。

弋阳太守卜天生据郡同逆，断梁州献马得百余匹。边城令宿僧护起义斩天生，传首京邑，太宗嘉之，以为龙骧将军，封建兴县侯，食邑三百户。时绥戎将军、汝南新蔡二郡太守周矜起义于悬瓠，收兵得千余人。袁觊遣信诱矜司马汝南人常珍奇，以金铃为信，珍奇即日斩矜，送首诣觊，觊以珍奇为汝南、新蔡二郡太守。太宗追赠矜本官，以义阳内史庞孟虬为司州刺史，领随郡太守，孟虬不受命，起兵同子勋。子勋召孟虬出寻阳，而以孟虬子定光行义阳郡事。

太宗知琰逼迫士人，事不获已，犹欲羁縻之。以琰兄前中书郎瑗为司徒右长史，子邈为山阳王休祐骠骑参军。子勋遣使以琰为辅国将军、梁郡太守，后又加豫州，假节、督南豫数郡。杜叔宝求琰上佐，庞道隆虑其为祸，乃请奉表使寻阳，琰即以叔宝为长史、梁郡太守。休祐步入朝，家内犹分停寿阳，琰资给供赡，事尽丰厚。

二年正月，太宗遣辅国将军刘勔率宁朔将军吕安国西讨，休祐出镇历阳，为诸军总统。时徐州刺史薛安都亦据彭城反，募能生禽琰、安都，封千户县侯，赐布绢各二千匹。二月，勔进军小岘。初，合肥戍主、南汝阴太守薛元宝委郡奔子勋，前太守朱辅之据城归顺，琰遣攻辅之，辅之败走。琰以前右军参军裴季为南汝阴太守，季又归顺，太宗即而授之。琰所用象县令许道莲亦率二百人归降，太宗以为马头太守。三月，上又遣宁朔将军刘怀珍、段僧爱、龙骧将军姜产之马步三军助勔讨琰。义军主黄回募江西楚人千余，斩子勋所置马头太守王广元，以回为龙骧将军。淮西人前奉朝请郑墨率子弟部曲及淮右郡起义于陈郡城，有众一万，太宗以为司州刺史，后虏寇淮西，战败见杀，追赠冠军将军。

是月，刘顺、柳伦、皇甫道烈、庞天生等马步八千人，东据宛唐，去寿阳三百里。勔率众军并进，去顺数里立营。在道遇雨，旦始至，垒堑未立，顺欲击之。时琰所遣诸军并受节度，而以皇甫道烈、土豪柳伦，台之所遣，顺本卑微，不宜统督，唯二军不受命，至是道烈、伦不同，顺不能独进，乃止。既而勔营垒渐立，不可复攻，因相持守。四月，勔录事参军王起、前部贼曹参军甄澹等五人，委勔奔顺，顺因此出军攻勔。顺幢主樊僧整与台马军主骠骑中兵参军段僧爱交槊斗，僧整刺僧爱，杀之，追赠屯骑校尉。僧爱勇冠三军，军中并惧。太宗又遣太尉司马垣闳率军来会，步兵校尉庞沉之助裴季戍合肥。初，淮南人周伯符说休祐求起义兵，休祐不许，固请，乃遣之。杖策单行，至安丰，收得八百余人，于淮西为游兵。珍奇所置弋阳太守郭确遣将军郭慈孙击伯符于金丘，琰又遣中兵参军赵叔宝助之。慈孙等为伯符所败，并投水死。太宗以伯符为骠骑参军。

叔宝本谓台军停住历阳不办进，顺等至，无不瓦解，唯赍一月日粮。既与勔相持，军食尽，报叔宝送食，叔宝乃发车千五百乘载米饷顺，自以五千精兵防送之。勔闻之，军副吕安国曰："刘顺精甲八千，而我众不能居半，相持既久，强弱势殊，苟复推迁，则无以自立，所赖在彼粮将竭，我食有余耳。若使叔宝米至，非唯难可复图，我亦不能持久。今唯有间道袭其□车，出彼不意。若能制之，将不战走矣。"勔以为然，乃以疲弱守营，简选千百精手，配安国及军主黄回等，间路出顺后，于横塘抄之。安国始行，计叔宝寻至，止赍二日熟食，食尽，叔宝不至，将士并欲还。安国曰："卿等旦已一食，今晚米车不容不至。若其不至，夜去不晚。"叔宝果至，以米车为函箱阵，叔宝于外为游军，幢主杨仲怀领五百人居前，与安国、回等相会。仲怀部曲并欲退就叔宝，并力击安国。仲怀曰："贼至不击，复欲何待？且统军在后，政三二里间，比吾交手，何忧不至。"即便前战，回所领并淮南楚子，天下精兵，众力既倍，合战便破之，于阵杀仲怀，仲怀所领五百人死尽。叔宝至，而仲怀及士卒伏尸蔽野，回等欲乘胜击之，安国曰："彼将自走，不假复击。"退军三十里止宿，夜遣骑参候，叔宝果弃米车奔走。安国即复夜往，烧米车，驱牛二千余头而还。刘顺闻米车见烧，叔宝又走，五月一日夜，众溃，奔还寿阳，仍走淮西就常珍奇。勔于是方轨而进。

叔宝敛居民及散卒，婴城自守。勔与诸军分营城外，黄回立航渡肥水，叔宝遣马步三千，欲破航，并栅断小岘埭，回击大破之，焚其船栅。休祐与琰书曰："君本文弱，素无武干，是远近所悉，且名器清显，不应复有分外希觊。近者之事，当是劫于凶竖，不能守节。今大军长驱，已造城下，势孤援绝，祸败交至，顾昔情款，犹有恻然。圣上垂天地之仁，开不世之泽，好生恶杀，遐迩所闻。顾琛、王昙生等皆军败迸走，披草乞活，尚蒙恩恕，晏处私门。今神锋所临，前无横陈，况穷城弱众，残伤之余，而欲自固乎？若开门归顺，自可不失富贵，将佐小大，并保荣爵。何故苟困士民，自求齑脍，身膏斧镬，妻息并尽，老兄垂白，东市受刑邪？幸自思之。信言不爽，有如皎日。”

上又遣王道隆赍诏宥琰罪。勔又与琰书曰：“昔景和凶悖，行绝人伦，昏虐险秽，谏诤杜塞，遂残毁陵庙，芟刈百僚，纵毒穷凶，靡有纪极。于时人神回遑，莫能自保，中内士庶，咸愿一匡。予职在直卫，目所备睹。主上神机天发，指麾克定，横流涂炭，一朝太平，扶危拯急，实冠终古。而四方持疑，成此乖逆，资斧所临，每从偃简。足下以衣冠华胄，信概夙昭，附戾从违，犹见容养。贤兄长史，阶升清列，贤子参军，亦塞国网。间者进军宛唐，计由刘顺，退众闭城，当时未了。过蒙朝恩，谬充将帅，蚤承风素，情有依然。今皇威远申，三方蹙弱，胜败之势，皎然可览。王御史昨至，主上敕、骠骑教、贤兄贤子书，今悉遣送。百代以来，未有弘恩曲宥乃至于此。且朝廷方宣示大义，惟新王道，何容摽虚辞于士女，失国信于一州。以足下明识渊见，想必不俟终日。如其孤背亭毒，弗忌屠陷者，便当穷兵肆武，究法极刑，将恐贵门无复祭祀之主，坟垄乏扫洒之望，进谢忠臣，退惭孝子，名实两丧，没有余责。扶力略白，幸加研览。”

琰本无反心，事由力屈，叔宝等有降意，前后屡遣送诚笺，而众心持疑，莫能相一，故归顺之计，每多愆塞，婴城愈固。

弋阳西山蛮田益之起义，攻郭确于弋阳，以益之为辅国将军，督弋阳西山事。六月，勔筑长围始合。田益之率蛮众万余人攻庞定光于义阳，定光遣从兄文生拒之，为益之所破，见杀，遂围其城。定光求救于子勋，子勋以定光父孟虬为司州刺史，率精兵五千救义阳，并解寿阳之围。常珍奇又自悬瓠遣三千人援定光，屯军柳水。益之不战，望风奔散。孟虬乘胜进军向寿阳。初，常珍奇遣周当、垣式宝率数百人送仗与琰。式宝骁勇绝众，因留守北门，乃率所领，开门掩袭勔，入其营，勔逃避得免，式宝得勔衣帽而去。

勔于是乃竖长围，治攻道于东南角，并填堑。东南角有高楼，队主赵法进计曰："外若进攻，必先攻楼，楼颓落，既伤将士，又使人情沮坏，不如先自毁之。"从其言。勔用草茅苞土，掷以塞堑，掷者如云，城内乃以火箭射之，草未及燃，后土续至，一二日，堑便欲满。赵法进复献计，以铁珠子灌之，珠子流滑，悉缘隙得入，草于是火燃，二日间草尽，堑中土不过二三寸。勔乃作大虾蟆车载土，牛皮蒙之，三百人推以塞堑。琰户曹参军虞挹之造碻车，击之以石，车悉破坏。

初，庐江太守王子仲弃郡奔寻阳，庐江人起义，休祐遣员外散骑侍郎陆悠之助之。刘胡遣其辅国将军薛道摽渡江煽动群蛮，规自庐江掩袭历阳，悠之众弱，退保谯城。司徒建安王休仁遣参军沈灵宠驰据庐江，道摽后一日方至，悠之自谯城来会，因与道摽相持。七月，庞孟虬至弋阳，勔遣吕安国、垣闳、龙骧将军陈显达、骠骑参军孟次阳拒之。孟虬军副吕兴寿与安国有旧，率所领降。安国进军，破孟虬于蓼潭，义军主陈肫又破之于汝水，孟虬走向义阳，义阳已为王玄谟子昙善起义所据，乃逃于蛮中。淮西人郑叔举起义击常珍奇，以为北豫州刺史。

八月，皇甫道烈、柳伦等二十一人闻孟虬败，并开门出降，勔因此又与琰书曰："柳伦来奔，具相申述，方承足下迹缠秽乱，心秉忠诚，惘默穷愁，不亲戎政。去冬开天之始，愚迷者多，如足下流比，进非神稷宗臣，退无顾命寄托，朝廷既不偏相嫌责，足下亦复无所独愧。程天祚已举城归顺，庞孟虬又继迹奔亡，□胡困于钱溪，袁颛欲战不得，推理揆势，亦安能久。且南方初起，连州十六，拥徒百万，仲春以来，无战不北，摧陷殄灭，十无一二。南凭袁颛弱卒，北恃足下孤城，以兹定业，恐万无一理。方今国网疏略，示举宏维，比日相白，想亦已具矣。具伦等皆是足下腹心牙爪，所以携手相舍，非有怨恨也，了知事不可济，祸害已及故耳。夫拥数千乌合，抗天下之兵，倾覆之状，岂不易晓。假令六蔽之人，犹当不为其事，况复足下少祖名教，疾没世无称者邪。所以复有此白者，实惜华州重镇，鞠为茂草，兼伤贵门一日屠灭。足下若能封府库，开四门，宣语文武，示以祸福，先遣咫尺之书，表达诚款，然后素车白马，来诣辕门，若令足下发肤不全，儿侄凋耗者，皇天后土，实闻此言。至辞不华，宁复多白。”

薛道摽犹在庐江，刘胡又分兵扬声向寿阳及合肥。勔遣许道莲驰赴合肥，助裴季文，又遣黄回、孟次阳及屯骑校尉段佛荣、武卫将军王广之纵之。道摽率其党薛元宝等攻合肥，勔所遣诸军未至，为道摽所陷，季文及武卫将军叶庆祖力战死之。勔驰遣垣闳总统诸军攻合肥。是月，刘胡败走，寻阳平定，太宗遣叔宝从父弟季文至琰城下，与叔宝语，说四方已定，劝令时降。叔宝曰："我乃信汝，恐为人所诳耳。"叔宝闭绝子勋败问，有传者即杀之。时琰子邈东在京邑，系建康，太宗送邈与琰，令说南贼已平之问，自建康出，便防送就道。议者以为宜听邈与伯父瑗私相见，不尔无以解城内之惑，不从。邈至，叔宝等果疑，守备方固。十月，薛道摽突围，与十余骑走奔淮西，投常珍奇，薛元宝归降。

先是，晋熙太守阎湛之据郡同逆，至是沈灵宠自庐江攻之，湛之未知寻阳已败，固守不降。灵宠乃取诸将破刘胡文书置车中，攻城伪败，弃车而走，湛之得书大骇，其夜奔逃。十一月，常珍奇乞降，虑不见纳，又求救于索虏，太宗即以珍奇为司州刺史，领汝南、新蔡二郡太守。虏亦遣伪帅张穷奇骑万匹救之。十二月，虏至汝南，珍奇开门纳虏，淮西七县民并连营南奔，刘顺亦弃虏归顺。

南贼降者，太宗并送琰城下，令与城内交言，由是人情沮丧。琰将降，先送休祐内人出城，然后开门。时琰有疾，以板自舆，与诸将帅面缚请罪，勔并抚宥，无所诛戮，自将帅以下，财物资货，皆以还之，纤毫无所失。虏骑救琰，至师水，闻城陷，乃破义阳，杀掠数千人而去。垣式宝寻复反叛，投常珍奇。以平琰功，刘怀珍封艾县侯，食邑四百户，垣闳乐乡县侯，孟次阳攸县子，王广之蒲圻县子，陈显达彭泽县子，吕安国钟武县子，食邑各三百户，黄回葛阳县男，食邑二百户。送琰及伪节还京都。

久之，为王景文镇南谘议参军，兼少府。泰豫元年，除少府，加给事中。后废帝元徽元年，卒，时年五十九。琰性和雅静素，寡嗜欲，谙前世旧事，事兄甚谨，少以名行见称。在寿阳被攻围积时，为城内所怀附。扬州刺史王景文、征西将军蔡兴宗、司空褚渊，并与之友善云。

史臣曰：夫求忠臣必于孝子之门，盖以类得之也。昔启方说主，迹表遗亲，郑攸淳行，爱兼犹子，虽禀分参差，情纪难一，而均薄等厚，未之或偏。惠开亲礼虽笃，弟隙尤著，方寸之内，孝友异情，险于山川，有验于此也。

宋书卷八八
列传第四八

薛安都　沈文秀　崔道固

薛安都，河东汾阴人也。世为强族，同姓有三千家。父广，为宗豪，高祖定关、河，以为上党太守。

安都少以勇闻，身长七尺八寸，便弓马。索虏使助秦州刺史北贺汨击反胡白龙子，灭之，由是为伪雍、秦二州都统。州各有刺史，都总统其事。元嘉二十一年，索虏主拓跋焘击芮芮大败，安都与宗人薛永宗起义，永宗营汾曲，安都袭得弘农。会北地人盖吴起兵，遂连衡相应。焘自率众击永宗，灭其族，进击盖吴。安都料众寡不敌，率壮士辛灵度等，弃弘农归国。太祖延见之，求北还构扇河、陕，招聚义众。上许之，给锦百匹，杂绘三百匹。复袭弘农，虏已增戍，城不可克，盖吴又死，乃退还上洛。世祖镇襄阳，板为扬武将军、北弘农太守。虏渐强盛，安都乃归襄阳。从叔沉亦同归国，官至绥远将军、新野太守。

二十七年，随王诞版安都为建武将军，随柳元景向关、陕，率步骑居前，所向克捷，事在《元景传》。军还，诞版为后军行参军。二十九年，除始兴王浚征北行参军，加建武将军。鲁爽向虎牢，安都复随元景北出，即据关城，期俱济河取蒲坂。会爽退，安都复率所领随元景引还。仍伐西阳五水蛮。世祖伐逆，转参军事，加宁朔将军，领马军，与柳元景俱发。四月十四日，至朱雀航，横矛瞋目，叱贼将皇甫安民等曰：“贼弑君父，何心事之！”世祖践祚，除右军将军。五月四日，率所领骑为前锋，直入殿庭，贼尚有数百人，一时奔散。以功封南乡县男，食邑五百户。安都从征关、陕，至白口，梦仰头视天，正见天门开，谓左右曰："汝见天门开不？"至是叹曰："梦天开，乃中兴之象邪！"

从弟道生，亦以军功为大司马参军，犯罪，为秣陵令庾淑之所鞭。安都大怒，乃乘马从数十人，令左右执槊，□往杀淑之，行至朱雀航，逢柳元景。元景遥问："薛公何处去？"安都跃马至车后曰："小子庾淑之鞭我从弟，今指往刺杀之。"元景虑其不可驻，乃绐之曰："小子无宜适，卿往与手，甚快！"安都既回马，复追呼之："别宜与卿有所论。"令下马入车。既入车，因责让之曰："卿从弟服章言论，与寒细不异，虽复人士，庾淑之亦何由得知？且人身犯罪，理应加罚，卿为朝廷勋臣，宜崇奉法宪，云何放恣，辄欲于都邑杀人。非唯科律所不容，主上亦无辞以相宥。"因载之俱归，安都乃止。其年，以憚直免官。

孝建元年，复除左军将军。二月，鲁爽反叛，遣安都及冗从仆射胡子反、龙骧将军宗越率步骑据历阳。爽遣将郑德玄戍大岘，德玄使前锋杨胡与轻兵向历阳。安都遣宗越及历阳太守程天祚逆击，破之，斩胡与及其军副。德玄复使其司马梁严屯岘东，安都幢主周文恭晨往侦候，因而袭之，悉禽。贼未敢进。世祖诏安都留三百人守历阳，渡还采石，迁辅国将军、竟陵内史。

四月，鲁爽使弟瑜率三千人出小岘，爽寻以大众阻大岘。又遣安都步骑八千度江，与历阳太守张幼绪等讨爽。安都军副建武将军谭金率数十骑挑战，斩其偏帅。幼绪恇怯，辄引军退还，安都复还历阳。臧质久不至，世祖复遣沈庆之济江督统诸军。爽军食少，引退，庆之使安都率轻骑追之，四月丙戌，及爽于小岘，爽自与腹心壮骑断后。谭金先薄之，不能入，安都望见爽，便跃马大呼，直往刺之，应手而倒，左右范双斩爽首。爽累世枭猛，生习战陈，咸云万人敌，安都单骑直入，斩之而反，时人皆云关羽之斩颜良，不是过也。进爵为侯，增邑五百户，并前千户。

时王玄谟距南郡王义宣、臧质于梁山，安都复领骑为支军。贼有水步营在芜湖，安都遣将吕兴寿率数十骑袭之，贼众惊乱，斩首及赴水死者甚众。义宣遣将刘湛及谭攻玄谟，玄谟命众军击之，使安都引骑出贼阵右。谭金三历贼陈，乘其隙纵骑突之，诸将系进。是朝，贼马军发芜湖，欲来会战，望安都骑甚盛，隐山不敢出。贼阵东南犹坚，安都横击陷之，贼遂大溃。安都队主刘元儒于舰中斩湛首。转太子左卫率。

大明元年，虏向无盐，东平太守刘胡出战失利。二月，遣安都领马军北讨，东阳太守沈法系水军向彭城，并受徐州刺史申垣节度。上戒之曰："贼若可及，便尽力殄之。若度已回，可过河耀威而反。"时虏已去，垣求回军讨任榛，见许。安都当向左城，左城去滑台二百余里，安都以去虏镇近，军少不宜分行。至东坊城，遇任榛三骑，讨擒其一，余两骑得走。任榛闻知，皆得逃散。时天旱，水泉多竭，人马疲困，不能远追，安都、法系并白衣领职，垣系尚方。任榛大抵在任城界，积世逋叛所聚，所在皆棘榛深密，难为用师，故能久自保藏，屡为民患。安都明年复职，改封武昌县侯，加散骑常侍。七年，又加征虏将军，为太子左卫率十年，终世祖世不转。

前废帝即位，迁右卫将军，加给事中。永光元年，出为使持节、督兖州诸军事、前将军、兖州刺史。景和元年，代义阳王昶督徐州豫州之梁郡诸军事、平北将军、徐州刺史。太宗即位，进号安北将军，给鼓吹一部。安都不受命，举兵同晋安王子勋。初，安都从子索兒，前废帝景和中，为前军将军，直阁，从诛诸公，封武安县男，食邑三百户。太宗即位，以为左将军，直阁如故。安都将为逆，遣密信报之，又遣数百人至瓜步迎接。时右卫将军柳光世亦与安都通谋。泰始二年正月，索兒、光世并在省，安都信催令速去，二人俱自省逃出，携安都诸子及家累，席卷北奔。青州刺史沈文秀、冀州刺史崔道固并皆同反。文秀遣刘弥之、张灵庆、崔僧琁三军，道固遣子景征、傅灵越领众，并应安都。弥之等南出下邳，灵越自泰山道向彭城。时济阴太守申阐据睢陵城起义，索兒率灵越等攻之。安都使同党裴祖隆守下邳城，弥之等至下邳，改计归顺，因进军攻祖隆，僧琁不同，率所领归安都。索兒闻弥之有异志，舍睢陵驰赴下邳，弥之等未战溃散，并为索兒所执，见杀。

时太宗以申令孙为徐州，代安都。令孙进据淮阳，密有反志，遣人告索兒曰："欲相从顺，而百口在都。可进军见攻，若战败被执，家人可得免祸。"索兒乃遣灵越向淮阳，令孙出城，为相距之形，既而奔散，北投索兒。索兒使令孙说阐令降，阐既降，索兒执阐及令孙，并杀之。索兒因引军渡淮，军粮不给，掠夺百姓谷食。太宗遣齐王率前将军张永、宁朔将军垣山宝、王宽、员外散骑侍郎张寅震、萧顺之、龙骧将军张季和、黄文玉等诸军北讨。其年五月，军次平原，索兒等率马步五千，列陈距战，击大破之。索兒又虏掠民谷，固守石梁，齐王又率镇北参军赵昙之、吕湛之击之。索兒军无资实，所资野掠，既见攻逼，无以自守，于是奔散，又追破之于葛家白鹄。索兒走向乐平县界，为申令孙子孝叔所斩。安都子道智、大将范双走向合肥，诣南汝阴太守裴季降。

时武卫将军王广之领军隶刘勔，攻殷琰于寿阳，傅灵越奔逃，为广之军人所生禽，厉声曰："我傅灵越也。汝得贼何不即杀。"生送诣勔，勔躬自慰劳，诘其叛逆，对曰："九州唱义，岂独在我！"勔又问："四方阻逆，无战不禽，主上皆加以旷荡，即其才用。卿何不早归天阙，乃逃命草间乎？"灵越答曰："薛公举兵淮北，威辰天下，不能专任智勇，季付子侄，致败之由，实在于此。然事之始末，备皆参豫，人生归于一死，实无面求活。"勔壮其意，送还京师。太宗欲加原宥，灵越辞对如一，终不回改，乃杀之。灵越，清河人也。时辅国将军、山阳内史程天祚据郡同安都，攻围弥时，然后归顺。

子勋平定，安都遣别驾从事史毕众爱、下邳太守王焕等奉启书诣太宗归款，曰："臣庸隶荒萌，偷生上国，过蒙世祖孝武皇帝过常之恩，犬马有心，实感恩遇。是以晋安始唱，投诚孤往，不期生荣，实存死报。今天命大归，群迷改属，辄率领所部，束骸待诛，违拒之罪，伏听汤镬。"索兒之死也，安都使柳光世守下邳，至是亦率所领归降。太宗以四方已平，欲示威于淮外，遣张永、沈攸之以重军迎之。安都谓既已归顺，不应遣重兵，惧不免罪，乃遣信要引索虏。三年正月，索虏遣博陵公尉迟苟人、城阳公孔伯恭二万骑救之。永等引退，安都开门纳虏，虏即授安都徐州刺史、河东公。四年三月，召还桑乾。五年，死于虏中，时年六十。

初，安都起兵，长史兰陵俨密欲图之，见杀。安都未向桑乾，前军将军裴祖隆谋杀苟人，举彭城归顺，事泄，见诛。员外散骑侍郎孙耿之击索兒战死，及刘弥之、张灵庆皆战败见杀，并为太宗所哀，追赠俨光禄勋，祖隆宁朔将军、兖州刺史，耿之羽林监，弥之辅国将军、青州刺史，灵庆宁朔将军、冀州刺史。

安都子伯令、环龙，亡命梁、雍二州之间。三年，率亡命数千人袭广平，执太守刘冥虬，攻顺阳，克之。略有义成、扶风，置立守宰。雍州刺史巴陵王休若遣南阳太守张敬兒、新野太守刘攘兵击破之，并禽。

先是，东安、东莞二郡太守张谠守团城，在彭城东北。始同安都，末亦归顺，太宗以为东徐州刺史，复为虏所没。

沈文秀字仲远，吴兴武康人，司空庆之弟子也。父劭之，南中郎行参军。

文秀初为郡主簿，功曹史，庆之贵后，文秀起家为东海王祎抚军行参军，又度义阳王昶东中郎府，东迁、钱唐令，西阳王子尚抚军参军，武康令，尚书库部郎，本邑中正，建康令。坐为寻阳王鞭杀私奴，免官，加杖一百，寻复官。前废帝即位，为建安王休仁安南录事参军，射声校尉。

景和元年，迁督青州之东莞东安二郡诸军事、建威将军、青州刺史。时帝狂悖无道，内外忧危，文秀将之镇，部曲出屯白下，说庆之曰："主上狂暴如此，土崩将至，而一门受其宠任，万物皆谓与之同心。且此人性情无常，猜忌特甚，将来之祸，事又难测。今因此众力，图之易于反掌，千载一时，万不可失。"庆之不从。文秀固请非一，言辄流涕，终不回。文秀既行，庆之果为帝所杀。庆之死后，帝遣直阁江方兴领兵诛文秀，方兴未至，太宗已定乱，驰驿驻之。方兴既至，为文秀所执，寻见释，遣还京师。

时晋安王子勋据寻阳反叛，六师外讨，征兵于文秀，文秀遣刘弥之、张灵庆、崔僧琁三军赴朝廷。时徐州刺史薛安都已同子勋，遣使报文秀，以四方齐举，劝令同逆，文秀即令弥之等回应安都。弥之等寻归顺，事在《安都传》。弥之青州强姓，门族甚多，诸宗从相合，率奔北海，据城以拒文秀。平原、乐安二郡太守王玄默据琅邪，清河、广川二郡太守王玄邈据盘阳城，高阳、勃海二郡太守刘乘民据临济城，并起义。文秀司马房文庆谋应之，为文秀所杀。文秀遣军主解彦士攻北海，陷之，乘民从弟伯宗合率乡兵，复克北海，因率所领向青州所治东阳城。文秀拒之，伯宗战败被创，弟天爱扶持将去，伯宗曰："丈夫当死战场，以身殉国，安能归死儿女手中乎！弟可速去，无为两亡。"乃见杀，追赠龙骧将军、长广太守。

太宗遣青州刺史明僧皓、东莞东安二郡太守李灵谦率军伐文秀。玄邈、乘民、僧皓等并进军攻城，每战辄为文秀所破，离而复合，如此者十余。泰始二年八月，寻阳平定，太宗遣尚书度支郎崔元孙慰劳诸义军，随僧皓战败见杀，追赠宁朔将军、冀州刺史。上遣文秀弟文炳诏文秀曰："皇帝前问督青州徐州之东莞东安二郡诸军事、建威将军、青州刺史，朕去岁拨乱，功振普天，于卿一门，特有殊泽，卿得延命至今，谁之力邪？何故背国负恩，远同逆竖。今天下已定，四方宁壹，卿独守穷城，何所归奉？且卿百口在都，兼有坟墓，想情非木石，犹或顾怀。故指遣文炳，具相宣示。凡诸逆节，亲为戎首，一不加罪，文炳所具。卿独何人，而能自立。便可速率部曲，同到军门，别诏有司，一无所问。如其不尔，国有常刑，非惟戮及弟息，亦当夷卿坟垄，既以谢齐土百姓，亦以劳将士之心。故有今诏。"三年二月，文秀归命请罪，即安本任。

先是，冀州刺史崔道固亦据历城同逆，为土人起义所攻，与文秀俱遣信引虏，虏遣将慕舆白曜率大众援之，文秀已受朝命，乃乘虏无备，纵兵掩击，杀伤甚多。虏乃进军围城，文秀善于抚御，将士咸为尽力，每与虏战，辄摧破之，掩击营砦，往无不捷。太宗进文秀号辅国将军。其年八月，虏蜀郡公拔式等马步数万人入西郭，直至城下。文秀使辅国将军垣谌击破之。九月，又逼城东。十月，进攻南郭。文秀使员外散骑侍郎黄弥之等邀击，斩获数千。四年，又进文秀号右将军，封新城县侯，食邑五百户。虏青州刺史王隆显于安丘县又为军主高崇仁所破，死者数百人。虏围青州积久，太宗所遣救兵并不敢进，乃以文秀弟征北中兵参军文静为辅国将军，统高密、北海、平昌、长广、东莱五郡军事，海道救青州。文静至东莱之不其城，为虏所断遏，不得进，因保城自守，又为虏所攻，屡战辄克。太宗加其东青州刺史。四年，不其城为虏所陷，文静见杀。

文秀被围三载，外无援军，士卒为之用命，无离叛者，日夜战斗，甲胄生虮虱。五年正月二十四日，遂为虏所陷。城败之日，解释戎衣，缓服静坐，命左右取所持节。虏既入，兵刃交至，问曰："青州刺史沈文秀何在？"文秀厉声曰："身是。"因执之，牵出听事前，剥取衣服。时白曜在城西南角楼，裸缚文秀至曜前，执之者令拜，文秀曰："各二国大臣，无相拜之礼。"曜命还其衣，为设酒食，锁送桑乾。其余为乱兵所杀，死者甚众。太宗先遣尚书功论郎何如真选青州文武，亦为虏所杀。文秀在桑乾凡十九年，齐之永明四年，病死，时年六十一。

崔道固，清河人也。世祖世，以干用见知，历太子屯骑校尉，左军将军。大明三年，出为齐、北海二郡太守。民焦恭破古冢，得玉铠，道固检得，献之，执系恭。入为新安王子鸾北中郎谘议参军，永嘉王子仁左军司马。

景和元年，出为宁朔将军、冀州刺史，镇历城。泰始二年，进号辅国将军，又进号征虏将军。时徐州刺史薛安都同逆，上即还道固本号，为徐州代之。道固不受命，遣子景微、军主傅灵越率众赴安都。既而为土人起义所攻，屡战失利，闭门自守。会四方平定，上遣使宣慰，道固奉诏归顺。先是与沈文秀共引虏，虏既至，固守距之，因被围逼。虏每进，辄为道固所摧。三年，以为都督冀青兖幽并五州诸军事、前将军、冀州刺史，加节，又进号平北将军。其年，为虏所陷，被送桑乾，死于虏中。

史臣曰：《春秋》列国大夫得罪，皆先致其邑而后去，唯邾、莒三臣，书以叛人之目，盖重地也。安都勤王之略，义阙于藩屏，以地外奔，罪同于三叛。《诗》云："谁生厉阶，至今为梗。"其此之谓乎。

宋书卷八九
列传第四九

袁粲

袁粲字景倩，陈郡阳夏人，太尉淑兄子也。父濯，扬州秀才，蚤卒。祖母哀其幼孤，名之曰愍孙。伯叔并当世荣显，而愍孙饥寒不足，母琅邪王氏，太尉长史诞之女也，躬事绩纺，以供朝夕。愍孙少好学，有清才，有欲与从兄愍婚者，伯父洵即愍父，曰："觊不堪，政可与愍孙婚耳。"时愍孙在坐，流涕起出。蚤以操立志行见知。

初为扬州从事，世祖安北、镇军、北中郎行参军，侍中郎主簿。世祖伐逆，转记室参军。及即位，除尚书吏部郎，太子右卫率，侍中。孝建元年，世祖率群臣并于中兴寺八关斋，中食竟，愍孙别与黄门郎张淹更进鱼肉食，尚书令何尚之奉法素谨，密以白世祖，世祖使御史中丞王谦之纠奏，并免官。二年，起为廷尉，太子中庶子，领右军将军。出为辅国将军、西阳王子尚北中郎长史、广陵太守，行兖州事。仍为永嘉王子仁冠军长史，将军、太守如故。大明元年，复为侍中，领射声校尉，封兴平县子，食邑五百户，事在《颜师伯传》。三年，坐纳山阴民丁彖文货，举为会稽郡孝廉，免官。寻为西阳王子尚抚军长史，又为中庶子，领左军将军。四年，出补豫章太守，加秩中二千石。五年，复还为侍中，领长水校尉，迁左卫将军，加给事中。七年，转吏部尚书，左卫如故。其年，皇太子冠，上临宴东宫，愍孙劝颜师伯酒，师伯不饮，愍孙因相裁辱。师伯见宠于上，上常嫌愍孙以寒素凌之，因此发怒，出为海陵太守。前废帝即位，除御史中丞，不拜。

复为吏部尚书。永光元年,徙右卫将军,加给事中。景和元年,复入为侍中,领骁骑将军。太宗泰始元年,转司徒左长史、冠军将军、南东海太守。

愍孙清整有风操,自遇甚厚。尝著《妙德先生传》以续嵇康《高士传》以自况,曰:

有妙德先生,陈国人也。气志渊虚,姿神清映,性孝履顺,栖冲业简,有舜之遗风。先生幼夙多疾,性疏懒,无所营尚,然九流百氏之言,雕龙谈天之艺,皆泛识其大归,而不以成名。

家贫尝仕,非其好也,混其声迹,晦其心用,故深交或迕,俗察罔识。所处席门常掩,三径裁通,虽扬子寂漠,严叟沉冥,不是过也。修道遂志,终无得而称焉。

又尝谓周旋人曰:

昔有一国,国中一水,号曰狂泉。国人饮此水,无不狂,唯国君穿井而汲,独得无恙。国人既并狂,反谓国主之不狂为狂,于是聚谋,共执国主,疗其狂疾,火艾针药,莫不毕具。国主不任其苦,于是到泉所酌水饮之,饮毕便狂。君臣大小,其狂若一,众乃欢然。我既不狂,难以独立,比亦欲试饮此水。

愍孙幼慕荀奉倩之为人,白世祖,求改名为粲,不许。至是言于太宗,乃改为粲,字景倩焉。

二年,迁领军将军,仗士二十人入六门。其年,徙中书令,领太子詹事,增封三百户,固辞不受。三年,转尚书仆射,寻领吏部。五年,加中书令,又领丹阳尹。六年,上于华林园茅堂讲《周易》,粲为执经。又知东宫事,徙为右仆射。七年,领太子詹事,仆射如故。未拜,迁尚书令,丹阳尹如故。坐前选武卫将军江柳为江州刺史,柳有罪,降为守尚书令。太宗临崩,粲与褚渊、刘勔并受顾命,加班剑二十人,给鼓吹一部。后废帝即位,加兵五百人。帝未亲朝政,下诏曰:"比元序愆度,留熏耀晷,有伤秋稼,方贻民瘼。朕以眇疚,未弘政道,囹圄尚繁,枉滞犹积,晨兢夕厉,每恻于怀。尚书令可与执法以下,就讯众狱,使冤讼洗遂,痍弊昭苏。颁下州郡,咸令无壅。"元徽元年，丁母忧，葬竟，摄令亲职，加卫将军，不受，敦逼备至，中使相望，粲终不受。性至孝，居丧毁甚，祖日及祥变，常发诏卫军断客。

二年，桂阳王休范为逆，粲扶曳入殿，诏加兵自随，府置佐史。时兵难危急，贼已至南掖门，诸将意沮，咸莫能奋。粲慷慨谓诸将帅曰："寇贼已逼，而众情离沮，孤子受先帝顾托，本以死报，今日当与褚护军同死社稷！"因命左右被马，辞色哀壮。于是陈显达等感激出战，贼即平殄。事宁，授中书监，即本号开府仪同三司，领司徒，以扬州解为府，固不肯移。三年，徙尚书令，卫军、开府如故，并固辞，服终乃受。加侍中，进爵为侯，又不受。时粲与齐王、褚渊、刘秉入直，平决万机，时谓之"四贵"。粲闲默寡言，不肯当事，主书每往谘决，或高咏对之，时立一意，则众莫能改。宅宇平素，器物取给。好饮酒，善吟讽，独酌园庭，以此自适。居负南郭，时杖策独游，素寡往来，门无杂客。及受遗当权，四方辐凑，闲居高卧，一无所接，谈客文士，所见不过一两人。

顺帝即位，迁中书监，司徒、侍中如故。时齐王居东府，故使粲镇石头。粲素静退，每有朝命，多不即从，逼切不得已，然后方就。及诏移石头，即便顺旨。有周旋人解望气，谓粲曰："石头气甚乖，往必有祸。"粲不答。又给油络通幰车，仗士五十人入殿。时齐王功高德重，天命有归，粲自以身受顾托，不欲事二姓，密有异图。丹阳尹刘秉，宋代宗室，前湘州刺史王蕴，太后兄子，素好武事，并虑不见容于齐王，皆与粲相结。将帅黄回、任候伯、孙昙瓘、王宜兴、彭文之、卜伯兴等，并与粲合。

升明元年，荆州刺史沈攸之举兵，齐王自诣粲，粲称疾不见。粲宗人通直郎袁达以为不宜示异同，粲曰："彼若以主幼时艰，与桂阳时不异，劫我入台，便无辞以拒。一如此，不复得出矣。"时齐王入屯朝堂，秉从父弟领军将军韫入直门下省，伯兴为直阁，黄回诸将皆率军出新亭。粲谋克日矫太后令，使韫、伯兴率宿卫兵攻齐王于朝堂，回率军来应。秉、候伯等并石头。本期夜发，其日，秉恇扰不知所为，晡后便束装，未暗，载妇女席卷就粲，由此事泄。先是，齐王遣将薛渊、苏烈、王天生等领兵戍石头，云以助粲，实御之也。又令腹心王敬则为直阁，与伯兴共总禁兵。王蕴闻秉已奔，叹曰："今年事败矣。"时齐王使蕴募人，已得数百，乃狼狈率部曲向石头。本期开南门，时已暗夜，薛渊等据门射之，蕴谓粲已败，即便散走。齐王以报敬则，率所领收蕴杀之，并诛伯兴。又遣军主戴僧静向石头助薛渊，自仓门得入。时粲与秉等列兵登东门，僧静分兵攻府西门，粲与秉欲还赴府，既下城，列烛自照，僧静挺身暗往，粲子最觉有异人，以身卫粲，僧静直前斩之，父子俱殒，左右各分散。粲死时，年五十八。任候伯等其夜并乘轻舸，自新亭赴石头，闻粲败，乃驰还。其后并诛。秉事在《宗室传》。

齐永明元年，诏曰："莫魏矜袁绍，恩给丘坟；晋亮两王，荣覃余裔。斯盖怀旧流仁，原心兴宥，二代弘义，前载美谈。袁粲、刘秉，并与先朝同奖宗室，沈攸之于景和之世，特有乃心，虽末节不终，而始诚可录。岁月弥往，宜沾优隆，粲、秉前年改葬，茔兆未修，材官可为经略，粗合周礼。攸之及其诸子丧柩在西，可符荆州以时致送，还反旧墓，在所营葬事。"

史臣曰：辟运创基，非机变无以通其务，世及继体，非忠贞无以守其业。避运之君，千载一有，世及之主，无乏于时，□□须机变之用短，资忠贞之路长也。故汉室□□，文举不屈曹氏，魏鼎将移，夏侯义不北面。若悉以二子为心，则两代宜不亡矣。袁粲清标简贵，任属负图，朝野之望虽隆，然未以大节许也。及其赴危亡，审存灭，岂所谓义重于生乎。虽不达天命，而其道有足怀者。昔王经被旌于晋世，粲等亦改葬于圣朝，盛代同符，美矣。

宋书卷九〇
列传第五〇

明四王

邵陵殇王友　随阳王翙　新兴王嵩
始建王禧

明帝十二子：陈贵妃生后废帝，谢修仪生皇子法良，陈昭华生顺帝，徐婕妤生第四皇子，郑修容生皇子智井，次晋熙王燮，与皇子法良同生，泉美人生邵陵殇王友，次江夏王跻，与第四皇子同生，徐良人生武陵王赞，杜修华生随阳王翙，次新兴王嵩，与武陵王赞同生，又泉美人生始建王禧。智井、燮、赞并出继。法良未封，第四皇子未有名，早夭。

邵陵殇王友字仲贤，明帝第七子也。后废帝元徽二年，太尉、江州刺史桂阳王休范反诛，皇室寡弱，友年五岁，出为使持节、督江州豫州之西阳新蔡晋熙三郡诸军事、南中郎将、江州刺史，封邵陵王，食邑二千户。府州文案及臣吏不讳有无之有。顺帝即位，进号左将军，改督为都督。升明二年，徙都督南豫豫司三州诸军事、安南将军、南豫州刺史、历阳太守。三年，薨，无子，国除。

随阳王翙字仲仪，明帝第十子也。元徽四年，年六岁，封南阳王，食邑二千户。升明元年，为使持节、督郢州司州之义阳诸军事、西中郎将、郢州刺史。未拜，徙督湘州诸军事、南中郎将、湘州刺史，持节如故。未之镇，进号前将军。二年，以南阳荒远，改封随阳王，以本号停京师。齐受禅，降封舞阴县公，食邑千五百户。谋反，赐死。

新兴王嵩字仲岳，明帝第十一子。元徽四年，年六岁，封新兴王，食邑二千户。齐受禅，降封定襄县公，食邑千五百户。谋反，赐死。

始建王禧字仲安，明帝第十二子也。元徽四年，年六岁，封始建王，食邑二千户。齐受禅，降封荔封县公，食邑千五百户。谋反，赐死。

史臣曰：太宗负螟之庆，事非己出，枝叶不茂，岂能庇其本根。侯服于周，斯为幸矣。

宋书卷九一
列传第五一

孝　义

龚颖　刘瑜　贾恩　郭世道
严世期　吴逵　潘综　张进之
王彭　蒋恭　徐耕　孙法宗
范叔孙　卜天与　许昭先　余齐民
孙棘　何子平

《易》曰:"立人之道,曰仁与义。"夫仁义者,合君亲之至理,实忠孝之所资,虽义发因心,情非外感,然企及之旨,圣哲诒言。至于风漓化薄,礼违道丧,忠不树国,孝亦愆家,而一世之民,权利相引,仕以势招,荣非行立,乏翱翔之感,弃舍生之分,霜露未改,大痛已忘于心,名节不变,戎车遽为其首,斯并轨训之理未弘,汲引之涂多阙。若夫情发于天,行成乎己,捐躯舍命,济主安亲,虽乖理暗主,匪由劝赏,而宰世之人,曾微诱激。乃至事隐闾阎,无闻视听,故可以昭被图篆,百不一焉。今采缀湮落,以备阙文云尔。

龚颖,遂宁人也。少好学,益州刺史毛璩辟为劝学从事。璩为谯纵所杀,故佐吏并逃亡,颖号哭奔赴,殡送以礼。纵后设宴延颖,不获已而至,乐奏,颖流涕起曰:"北面事人,亡不能死,何忍闻举乐,蹈迹逆乱乎。"纵大将谯道福引出,将斩之。道福母则颖姑,跣出救之,故得免。纵既僭号,备礼征,又不至,乃收颖付狱,胁以兵刃,执志弥坚,终无回改,至于蜀平,遂不屈节。

其后刺史至,辄加辟引,历府参军,州别驾从事史。太祖元嘉二十四年,刺史陆征上表曰:"臣闻运缠明夷,则艰贞之节显;时属栋挠,则独立之操彰。昔之元兴,皇纳弛紊,谯纵乘衅,肆虐巴、庸,害杀前益州刺史毛璩,窃据蜀土,涪、岷士庶,怵迫受职。璩故吏龚颖,独秉身贞白,抗志不挠,殡送旧君,哀敬尽礼,全操九载,不染伪朝。纵虽残凶,犹重义概,遂延以旌命,劫以兵威,颖忠诚奋发,辞色方壮,虽桎梏在身,践危愈信其节,白刃临颈,见死不更其守。若王蠋之抗辞燕军,同周苛之肆詈楚王,方之于颖,蔑以加焉。诚当今之忠壮,振古之遗烈。而名未登于王府,爵犹齿于卿曹,斯实边氓远土,所为於邑。臣过叨恩私,宣风万里,志存砥竭,有怀必闻,故率愚悫,举其所知。追惧纰妄,伏增悚栗。"颖遂不被朝命,终于家。

刘瑜,历阳人也。七岁丧父,事母至孝。年五十二,又丧母,三年不进盐酪,号泣昼夜不绝声。勤身运力,以营葬事。服除后,二十余年布衣蔬食,言辄流涕。常居墓侧,未尝暂违。太祖元嘉初,卒。

贾恩,会稽诸暨人也。少有志行,为乡曲所推重。元嘉三年,母亡,居丧过礼。未葬,为邻火所逼,恩及妻桓氏号哭奔救,邻近赴助,棺榇得免,恩及桓俱见烧死。有司奏改其里为孝义里,蠲租布三世,追赠天水部显亲县左尉。

郭世道,会稽永兴人也。生而失母,父更娶,世道事父及后母,孝道淳备。年十四,又丧父,居丧过礼,殆不胜丧。家贫无产业,佣力以养继母。妇生一男,夫妻共议曰:"勤身供养,力犹不足,若养此儿,则所费者大。"乃垂泣瘗之。母亡,负土成坟,亲戚或共赙助,微有所受,葬毕,佣赁倍还先直。服除后,哀戚思慕,终身如丧者,以为追远之思，无时去心，故未尝释衣帢。仁厚之风，行于乡党，邻村小大，莫有呼其名者。尝与人共于山阴市货物，误得一千钱，当时不觉，分背方悟。请其伴求以此钱追还本主，伴大笑不答，世道以己钱充数送还之。钱主惊叹，以半直与世道，世道委之而去。

元嘉四年，遣大使巡行天下，散骑常侍袁愉表其淳行，太祖嘉之，敕郡榜表闾门，蠲其税调，改所居独枫里为孝行焉。太守孟𫖮察孝廉，不就。

子原平，字长泰，又禀至行，养亲必已力。性闲木功，佣赁以给供养。性谦虚，每为人作匠，取散夫价。主人设食，原平自以家贫，父母不办有肴味，唯餐盐饭而已。若家或无食，则虚中竟日，义不独饱，要须日暮作毕，受直归家，于里中买籴，然后举爨。父抱笃疾弥年，原平衣不解带，口不尝盐菜者，跨积寒暑。又未尝睡卧。父亡，哭踊恸绝，数日方苏。以为奉终之义，情礼所毕，营圹凶功，不欲假人。本虽智巧，而不解作墓，乃访邑中有营墓者，助人运力，经时展勤，久乃闲练。又自卖十夫，以供众费。窀穸之事，俭而当礼，性无术学，因心自然。葬毕，诣所买主，执役无懈，与诸奴分务，每让逸取劳，主人不忍使，每遣之，原平服勤，未曾暂替。所余私夫，佣赁养母，有余聚以自赎。本性智巧，既学构家，尤善其事，每至吉岁，求者盈门。原平所赴，必自贫始，既取贱价，又以夫日助之。父丧既终，自起两间小屋，以为祠堂。每至节岁烝尝，于此数日中，哀思，绝饮粥。父服除后，不复食鱼肉，于母前，示有所啖，在私室，未曾妄尝，自此迄终，三十余载。高阳许瑶之居在永兴，罢建安郡丞还家，以绵一斤遗原平，原平不受，送而复反者前后数十，瑶之乃自往曰："今岁过寒，而建安绵好，以此奉尊上下耳。"原平乃拜而受之。及母终，毁瘠弥甚，仅乃免丧。墓前有数十亩田，不属原平，每至农月，耕者恒裸袒。原平不欲使人慢其坟墓，乃贩质家赀，贵买此田。三农之月，辄束带垂泣，躬自耕垦。

每出市卖物，人问几钱，裁言其半，如此积时，邑人皆共识悉，辄加本价与之，彼此相让，欲买者稍稍减价，要使微贱，然后取直。

居宅下湿，绕宅为沟，以通淤水。宅上种少竹，春月夜有盗其笋者，原平偶起见之，盗者奔走坠沟。原平自以不能广施，至使此人颠沛，乃于所植竹处沟上立小桥，令足通行，又采笋置篱外，邻曲惭愧，无复取者。

太祖崩，原平号哭致恸，日食麦料一枚，如此五日。人或问之曰："谁非王民，何独如此？"原平泣而答曰："吾家见异先朝，蒙褒赞之赏，不能报恩，私心感恸耳。"

又以种瓜为业。世祖大明七年，大旱，瓜渎不复通船，县官刘僧秀悯其穷老，下渎水与之。原平曰："普天大旱，百姓俱困，岂可减溉田之水，以通运瓜之船。"乃步从他道往钱唐货卖。每行来，见人牵埭未过，辄迅楫助之，己自引船，不假旁力。若自船已渡，后人未及，常停住须待，以此为常。尝于县南郭凤埭助人引船，遇有相斗者，为吏所录，闻者逃散，唯原平独住。吏执以送县，县令新到，未相谙悉，将加严罚，原平解衣就罪，义无一言，左右小大咸稽颡请救，然后得免。由来不谒官长，自此以后，乃修民敬。

太守王僧朗察孝廉，不就。太守蔡兴宗临郡，深加贵异，以私米馈原平及山阴朱百年妻，教曰："秩年之贶，著自国书，饩贫之典，有闻甲令。况高柴穷老，莱妇屯暮者哉。永兴郭原平世禀孝德，洞业储灵，深仁绝操，追风旷古，栖贞处约，华耇方严。山阴朱百年道终物表，妻孔耋齿孀居，篓迫残日，钦风抚事，嗟慨满怀。可以帐下米，各饷百斛。"原平固让频烦，誓死不受。人或问曰："府君嘉君淳行，悯君贫老，故加此赡，岂宜必辞？"原平曰："府君若以吾义行邪，则无一介之善，不可滥荷此赐。若以其贫老邪，耋齿甚多，屡空比室，非吾一人而已。"终不肯纳。百年妻亦辞不受。

会稽贵重望计及望孝，盛族出身，不减秘、著。太宗泰始七年，兴宗欲举山阴孔仲智长子为望计，原平次息为望孝。仲智会土高门，原平一邦至行，欲以相敌。会太宗别敕用人，故二选并寝。泰豫元年，兴宗征还京师，表其殊行，宜举拔显选，以劝风俗。举为太学博士，会兴宗薨，事不行。明年，元徽元年，卒于家。原平少长交物，无忤辞于人，与其居处者数十年，未尝见喜愠之色。三子一弟，并有门行。长子伯林，举孝廉，次子灵馥，儒林祭酒，皆不就。

严世期，会稽山阴人也。好施慕善，出自天然。同里张迈三人，妻各产子，时岁饥俭，虑不相存，欲弃而不举，世期闻之，驰往拯救，分食解衣，以赡其乏，三子并得成长。同县俞阳妻庄年九十，庄女兰七十，并各老病，单孤无所依，世期衣饴之二十余年，死并殡葬。宗亲严弘、乡人潘伯等十五人，荒年并饿死，露骸不收，世期买棺器殡埋，存育孩幼。山阴令何曼之表言之。元嘉四年，有司奏榜门曰："义行严氏之间"，复其身徭役，蠲租税十年。

吴逵，吴兴乌程人也。经荒饥馑，系以疾疫，父母兄弟嫂及群从小功之亲，男女死者十三人。逵时病困，邻里以苇席裹之，埋于村侧。既而逵疾得瘳，亲属皆尽，唯逵夫妻获全。家徒壁立，冬无被绔，昼则庸赁，夜则伐木烧砖，此诚无有懈倦。逵夜行遇虎，虎辄下道避之。期年中，成七墓，葬十三棺。邻里嘉其志义，葬日悉出起助，送终之事，亦俭而周礼。逵时逆取邻人夫直，葬毕，众悉以施之，逵一无所受，皆佣力报答焉。太守张崇之三加礼命，太守王韶之擢补功曹史，逵以门寒，固辞不就，举为孝廉。

潘综，吴兴乌程人也。孙恩之乱，妖党攻破村邑，综与父骠共走避贼。骠年老行迟，贼转逼，骠语综："我不能去，汝走可脱，幸勿俱死。"骠困乏坐地，综迎贼叩头曰："父年老，乞赐生命。"贼至，骠亦请贼曰："儿年少，自能走，今为老子不走去。老子不惜死，乞活此儿。"贼因斫骠，综抱父于腹下，贼斫综头面，凡四创，综当时闷绝。有一贼从傍来，相谓曰："卿欲举大事，此儿以死救父，云何可杀。杀孝子不祥。"贼良久乃止，父子并得免。

综乡人秘书监丘继祖、廷尉沈赤黔以综异行，廉补左民令史，除遂昌长，岁满还家。太守王韶之临郡，发曰："前被符，孝廉之选，必审其人，虽四科难该，文质寡备，必能孝义迈俗，拔萃著闻者，便足以显应明扬，允将符旨。乌程潘综，守死孝道，全亲济难。乌程吴逵，义行纯至，列坟成行。咸精诚内淳，休声外著，可并察孝廉，并列上州台，陈其行迹。”及将行，设祖道，赠以四言诗曰：

东宝惟金，南木有乔。发辉曾崖，竦干重霄。美哉兹土，世载英髦。育翩幽林，养音九皋。其一。

唐后明扬，汉宗蒲轮。我皇降鉴，思乐怀人。群臣竞荐，旧章惟新。余亦奚贡，曰义与仁。其二。

仁义伊在，惟吴惟潘。心积纯孝，事著艰难。投死如归，淑问若兰。吴实履仁，心力偕单。固此苦节，易彼岁寒。霜雪虽厚，松柏丸丸。其三。

人亦有言，无善不彰。二子徽猷，弥久弥芳。拔丛出类，景行朝阳。谁谓道遐，弘之则光。咨尔庶士，无然怠荒。其四。

江革奉挚，庆禄是荷。姜诗入贡，汉朝咨嗟。勖哉行人，敬尔休嘉。俾是下国，照辉京华。其五。

伊余朽骀，窃服惧盗。无能礼乐，岂暇声教。顺彼康夷，懿德是好。聊缀所怀，以赠二孝。其六。

元嘉四年，有司奏改其里为纯孝里，蠲租布三世。

张进之，永嘉安固人也，为郡大族。少有志行，历郡五官主簿，永宁、安固二县领校尉。家世富足，经荒年，散其财，救赡乡里，遂以贫罄，全济者甚多。进之为太守王味之吏，味之有罪当见收，逃避投进之家，供奉经时，尽其诚力。以本村浅近，移入池溪，味之堕水沉没，进之投水拯救，相与沉沦，危而得免。时劫掠充斥，每入村抄暴，至进之门，辄相约勒，不得侵犯，其信义所感如此。元嘉初，诏在所蠲其摇役。

孙恩之乱，永嘉太守司马逸之被害，妻子并死，兵寇之际，莫敢收藏。郡吏俞佥以家财买棺敛逸之等六丧，送致还都，葬毕乃归乡里。元嘉中，老病卒。

王彭，盱眙直渎人也。少丧母。元嘉初，父又丧亡，家贫力弱，无以营葬，兄弟二人，昼则佣力，夜则号感。乡里并哀之，乃各出夫力助作砖。砖须水而天旱，穿井数十丈，泉不出，墓处去淮五里，荷檐远汲，困而不周。彭号天自诉，如此积日，一旦大雾，雾歇，砖灶前忽生泉水，乡邻助之者，并嗟叹神异，县邑近远，悉往观之。葬事既竟，水便自竭。元嘉九年，太守刘伯龙依事表言，改其里为通灵里，蠲租布三世。

蒋恭，义兴临津人也。元嘉中，晋陵蒋崇平为劫见禽，云与恭妻弟吴晞张为侣。晞张先行不在，本村遇水，妻息五口避水，移寄恭家，讨录晞张不获，收恭及兄协付狱治罪。恭、协并款舍住晞张家口，而不知劫情。恭列晞张妻息是妇之亲，亲今有罪，恭身甘分，求遣兄协。协列协是户主，延制所由，有罪之日，关协而已，求遣弟恭。兄弟二人，争求受罪，郡县不能判，依事上详。州议之曰："礼让者以义为先，自厚者以利为上，末世俗薄，靡不自私。伏膺圣教，犹或不逮，况在野夫，未达诰训，而能互发天伦之忧，甘受莫测之罪，若斯情义，实为殊特。蔑尔恭、协，而能行之，兹乃终古之所希，盛世之嘉事。二子乘舟，无以过此。岂宜惣执宪文，加以罪戮。且晞张封筒远行，他界为劫，造衅自外，赃不还家，所寓村伍，容有不知，不合加罪。"勒县遣之，还复民伍。乃除恭义成令，协义怡令。

徐耕，晋陵延陵人也。自令史除平原令。元嘉二十一年，大旱民饥，耕诣县陈辞曰："今年亢旱，禾稼不登。氓黎饥馁，采掇存命，圣上哀矜，已垂存拯。但馑罄来久，困殆者众，米谷转贵，籴索无所。方涉春夏，日月悠长，不有微救，永无济理。不惟凡琐，敢忧身外，《鹿鸣》之求，思同野草，气类之感，能不伤心！民籴得少米，资供朝夕，志欲自竭，义存分餐，今以千斛，助官赈贷。此境连年不熟，今岁尤甚，晋陵境特为偏祐。此郡虽弊，犹有富室，承陂之家，处处而是，并皆保熟，所失盖微。陈积之谷，皆有巨万，旱之所弊，实钟贫民，温富之家，各有财宝。谓此等并宜助官，得过俭月，所损至轻，所济甚重。今敢自励，为劝造之端。实愿掘水扬尘，崇益山海。”县为言上。当时议者以耕比汉卜式，诏书褒美，酬以县令。

大明八年，东土饥旱，东海严成、东莞王道盖各以谷五百斛助官赈恤。

孙法宗，吴兴人也。父遇乱被害，尸骸不收，母兄并饿死，法宗年小流迸，至年十六，方得还。单身勤苦，霜行草宿，营办棺椁，造立冢墓，葬送母兄，俭而有礼。以父丧不测，于部境之内，寻求枯骨，刺血以灌之，如此者十余年不获，乃缞绖，终身不娶，馈遗无所受。世祖初，扬州辟为文学从事，不就。

范叔孙，吴郡钱唐人也。少而仁厚，固穷济急。同里范法先父母兄弟七人，同时疫死，唯余法先，病又危笃，丧尸经月不收。叔孙悉备棺器，亲为殡埋。又同里施渊夫疾病，父母死不殡，又同里范苗父子并亡，又同里危敬宗家口六人俱得病，二人丧没，亲邻畏远，莫敢营视。叔孙并殡葬，躬恤病者，并皆得全。乡曲贵其义行，莫有呼其名者。世祖孝建初，除竟陵王国中军将军，不就。

义兴吴国夫，亦有义让之美。人有窃其稻者，乃引还，为设酒食，以米送之。

卜天与，吴兴余杭人也。父名祖，有勇干，徐赤将为余杭令，祖依随之。赤将死，高祖闻其有干力，召补队主，从征伐，封关中侯，历二县令。

天与善射，弓力兼倍，容貌严正，笑不解颜。太祖以其旧将子，使教皇子射。居累年，以白衣领东掖防关队。元嘉二十七年，臧质救悬瓠，刘兴祖守白石，并率所领随之，虏退罢。迁领辇后第一队，抚恤士卒，甚得众心。二十九年，以为广威将军，领左细仗，兼带营禄。

元凶入弑，事变仓卒，旧将罗训、徐罕皆望风屈附，天与不暇被甲，执刀持弓，疾呼左右出战。徐罕曰："殿下入，汝欲何为？"天与骂曰："殿下常来，云何即时方作此语。只汝是贼。"手射贼劭于东堂，几中。逆徒击之，臂断倒地，乃见杀。其队将张泓之、朱道钦、陈满与天与同出拒战，并死。世祖即位，诏曰："日者逆竖犯跸，衅变卒起，广威将军关中侯卜天与，提戈赴难，挺身奋节，斩殪凶党，而旋受虐刃。勇冠当时，义侔古烈，兴言追悼，伤痛于心。宜加甄赠，以旌忠节。可赠龙骧将军、益州刺史，谥曰壮侯。"车驾临哭。泓之等各赠郡守，给天与家长禀。

子伯宗，殿中将军。太宗泰始初，领幢，击南贼于赭所，战没。

伯宗弟伯兴，官至前将军、南平昌太守，直阁，领细杖主。顺帝升明元年，与袁粲同谋，伏诛。

天与弟天生，少为队将，十人同火。屋后有一大坑，广二丈余，十人共跳之，皆渡，唯天生坠坑。天生乃取实中苦竹，剡其端使利，交横布坑内，更呼等类共跳，并畏惧不敢。天生曰："我向已不渡，今者必坠此坑中。丈夫跳此不渡，亦何须活。"乃复跳之，往反十余，曾无留碍，众并叹服。以兄死节，为世祖所留心，稍至西阳王子尚抚军参军，加龙骧将军。隶沈庆之攻广陵城，天生推车塞堑，率数百人先登西北角，径至城上。贼为重栅断攻道，苦战移日不拔，乃还。诏曰："天生始受戎任，甫造寇垒，而投轮越堑，率果先腾，骁壮之气，嘉叹无已。可且赐布千匹，以厉众校。"大明末，为弋阳太守。太宗泰始初，与殷琰同逆，边城令宿僧护起义讨斩之。

许昭先，义兴人也。叔父肇之，坐事系狱，七年不判。子侄二十许人，昭先家最贫薄，专独料诉，无日在家。饷馈肇之，莫非珍新，家产既尽，卖宅以充之。肇之诸子倦怠，昭先无有懈息，如是七载。尚书沈演之嘉其操行，肇之事由此得释。昭先舅夫妻并疫病死亡，家贫无以送，昭先卖衣物以营殡葬。舅子三人并幼，赡护皆得成长。昭先父母皆老病,家无僮役,竭力致养,甘旨必从,宗党嘉其孝行。雍州刺史刘真道板为征虏参军,昭先以亲老不就。本邑补主簿,昭先以叔未仕,又固辞。

元嘉初,西阳董阳五世同财,为乡邑所美。

会稽姚吟事亲至孝,孝建初,扬州辟文学从事,不就。

余齐民,晋陵晋陵人也。少有孝行,为邑书吏。父殖,大明二年,在家病亡,家人以父病报之,信未至,齐民谓人曰:"比者肉痛心烦,有若割截,居常遑骇,必有异故。"信寻至,便归,四百余里,一日而至。至门,方详父死,号踊恸绝,良久乃苏。问母:"父所遗言。"母曰:"汝父临终,恨不见汝。"曰:"相见何难。"于是号叫殡所,须臾便绝。州郡上言,有司奏曰:"收贤旌善,万代无殊,心至自大,古今岂异。齐民至性由中,情非外感,淳情凝至,深心天彻,跪讯遗旨,一恸殒亡。虽迹异参、柴,而诚均丘、赵。方今圣务彪被,移革华夏,实乃风淳以礼,治本惟孝,灵祥归应,其道先彰。齐民越自氓隶,行贯生品,旌闾表墓,允出在兹。"改其里为孝义里,蠲租布,赐其母谷百斛。

孙棘,彭城彭城人也。世祖大明五年,发三五丁,弟萨应充行,坐违期不至,依制,军法,人身付狱。未及结竟,棘诣郡辞:"不忍令当一门之苦,乞以身代萨。"萨又辞列:"门户不建,罪应至此,狂愚犯法,实是萨身。自应依法受戮。兄弟少孤,萨三岁失父,一生恃赖,唯在长兄,兄虽可垂悯,有何心处世。"太守张岱疑其不实,以棘、萨各置一处,语棘云:"已为谘详,听其相代。"棘颜色甚悦,答云:"得尔,且则为不死。"又语萨,亦欣然曰:"死自分甘,但令兄免,萨有何恨。"棘妻许又寄语属棘:"君当门户,岂可委罪小郎。且大家临亡,以小郎属君,竟未妻娶,家道不立,君已有二儿,死复何恨。"岱依事表上,世祖诏曰:"棘、萨甿隶,节行可甄,特原罪。"州加辟命,并赐许帛二十匹。

先是,新蔡徐元妻许,年二十一,丧夫,子甄年三岁。父揽悯其年少，以更适同县张买。许自誓不行，父逼载送买，许自经气绝，家人奔赴，良久乃苏。买知不可夺，夜送还揽。许归徐氏，养元父季。元嘉中，年八十余，卒。

太宗泰始二年，长城奚庆思杀同县钱仲期，仲期子延庆属役在都，闻父死，驰还，于庚浦埭逢庆思，手刃杀之，自系乌程县狱。吴兴太守郗颙表不加罪，许之。

何子平，庐江灊人也。曾祖楷，晋侍中。祖友，会稽王道子骠骑谘议参军。父子先，建安太守。

子平世居会稽，少有志行，见称于乡曲。事母至孝。扬州辟从事史，月俸得白米，辄货市粟麦。人或问曰："所利无几，何足为烦？子平曰："尊老在东，不办常得生米，何心独飧白粲。"每有赠鲜肴者，若不可寄致其家，则不肯受。

母本侧庶，籍注失实，年未及养，而籍年已满，便去职归家。时镇军将军顾觊之为州上纲，谓曰："尊上年实未八十，亲故所知，州中差有微禄，当启相留。"子平曰："公家正取信黄籍，籍年既至，便应扶侍私庭，何容以实年未满，苟冒荣利。且归养之愿，又切微情。"觊之又劝令以母老求县，子平曰："实未及养，何假以希禄。"觊之益重之。既归家，竭身运力，以给供养。

元嘉三十年，元凶弑逆，安东将军随王诞入讨，以为行参军。子平以凶逆灭理，普天同奋，故废己受职，事宁自解。又除奉朝请，不就。末除吴郡海虞令，县禄唯以养母一身，而妻子不犯一毫。人或疑其俭薄，子平曰："希禄本在养亲，不在为己。"问者惭而退。母丧去官，哀毁逾礼，每至哭踊，顿绝方苏。值大明末，东土饥荒，继以师旅，八年不得营葬，昼夜号绝擗踊，不阕俄顷，叫慕之音，常如袒括之日。冬不衣絮，暑避清凉，日以数合米为粥，不进盐菜。所居屋败，不蔽雨日，兄子伯与采伐茅竹，欲为葺治，子平不肯，曰："我情事未申，天地一罪人耳，屋何宜覆。"蔡兴宗为会稽太守，甚加旌赏。泰始六年，为营冢椁。子平居丧毁甚，困瘠逾久，及至免丧，支体殆不相属。幼持操检，敦厉名行，虽处暗室，如接大宾。学义坚明，处之以默，安贫守善，不求荣进，好退之士，弥以贵之。顺帝升明元年，卒，时年六十。

史臣曰：汉世士务治身，故忠孝成俗，至乎乘轩服冕，非此莫由。晋、宋以来，风衰义缺，刻身厉行，事薄膏腴。若夫孝立闺庭，忠被史策，多发沟畎之中，非出衣簪之下。以此而言声教，不亦卿大夫之耻乎。

宋书卷九二
列传第五二

良　吏

王镇之　杜慧度　徐豁　陵徽
阮长之　江秉之

高祖起自匹庶，知民事□难，及登庸作宰，留心吏职，而王略外举，未遑内务。奉师之费，日耗千金，播兹宽简，虽所未暇，而绌华屏欲，以俭抑身，左右无幸谒之私，闺房无文绮之饰，故能戎车岁驾，邦甸不扰。太祖幼而宽仁，入纂大业，及难兴陕方，六戎薄伐，命将动师，经略司、兖，费由府实，役不及民。自此区宇宴安，方内无事，三十年间，氓庶蕃息，奉上供徭，止于岁赋，晨出莫归，自事而已。守宰之职，以六期为断，虽没世不徙，未及曩时，而民有所系，吏无苟得。家给人足，即事虽难，转死沟渠，于时可免。凡百户之乡，有市之邑，歌谣舞蹈，触处成群，盖宋世之极盛也。暨元嘉二十七年，北狄南侵，戎役大起，倾资扫蓄，犹有未供，于是深赋厚敛，天下骚动。自兹至于孝建，兵连不息，以区区之江东，地方不至数千里，户不盈百万，荐之以师旅，因之以凶荒，宋氏之盛，自此衰矣。晋世诸帝，多处内房，朝宴所临，东西二堂而已。孝武末年，清署方构，高祖受命，无所改作，所居唯称西殿，不制嘉名，太祖因之，亦有合殿之称。及世祖承统，制度奢广，犬马余菽粟，土木衣绨绣，追陋前规，更造正光、玉烛、紫极诸殿，离栾绮节，珠窗网户，嬖女幸臣，赐倾府藏，竭四海不供其欲，单民命未快其心。太宗继阼，弥笃浮侈，恩不恤下，以至横流。莅民之官，迁变岁属，灶不得黔，席未暇暖，蒲、密之化，事未易阶。岂徒吏不及古，民伪于昔，盖由为上所扰，致治莫从。今采其风迹粗著者，以为《良吏篇》云。

王镇之字伯重，琅邪临沂人，征士弘之兄也。曾祖廙，晋骠骑将军。祖耆之，中书郎。父随之，上虞令。

镇之初为琅邪王卫军行参军，出补剡、上虞令，并有能名。内史谢辅请为山阴令，复有殊绩。迁卫军参军，本国郎中令，加宁朔将军。桓玄辅晋，以为大将军录事参军。时三吴饥荒，遣镇之衔命赈恤，而会稽内史王愉不奉符旨，镇之依事纠奏。愉子绥，玄之外甥，当时贵盛，镇之为所排抑，以母老求补安成太守。及玄败，玄将苻宏寇乱郡境，镇之拒战弥年，子弟五人，并临阵见杀。母忧去职，在官清洁，妻子无以自给，乃弃家致丧还上虞旧基。毕，为子摽之求安复令，随子之官。服阕，为征西道规司马、南平太守。徐道覆逼江陵，加镇之建威将军，统檀道济、到彦之等讨道覆，以不经将帅，固辞，不见听。既而前军失利，白衣领职，寻复本官。以讨道覆功，封华容县五等男，征廷尉。晋穆帝何皇后山陵，领将作大匠。迁御史中丞，秉正不挠，百僚惮之。

出为使持节、都督交广二州诸军事、建威将军、平越中郎将、广州刺史。高祖谓人曰："王镇之少著清绩，必将继美吴隐之。岭南之弊，非此不康也。"在镇不受俸禄，萧然无所营，去官之日，不异始至。高祖初建相国府，以为谘议参军，领录事。善于吏职，严而不残。迁宋台祠部尚书。高祖践阼，镇之以脚患自陈，出为辅国将军、琅邪太守，迁宣训卫尉，领本州大中正。永初三年，卒官，时年六十六。弟弘之，在《隐逸传》。

杜慧度，交址朱戴人也。本属京兆，曾祖元为宁浦太守，遂居交址。父瑗，字道言，仕州府为日南、九德、交址太守。初，九真太守李逊父子勇壮有权力，威制交土，闻刺史腾遁之当至，分遣二子断遏水陆津要，瑗收众斩逊，州境获宁，除龙襄将军。遁之在州十余年，与林邑累相攻伐。遁之将北还，林邑王范胡达攻破日南、九德、九真三郡，遂围州城。时遁之去已远，瑗与第三子玄之悉力固守，多设权策，累战，大破之。追讨于九真、日南，连捷，故胡达走还林邑。乃以瑗为龙骧将军、交州刺史。义旗进号冠军将军。卢循窃据广州，遣使通好，瑗斩之。义熙六年，年八十四，卒，追赠右将军，本官如故。

慧度，瑗第五子也。初为州主簿，流民督护，迁九真太守。瑗卒，府州纲佐以交土接寇，不宜旷职，共推慧度行州府事，辞不就。七年，除使持节、督交州诸军事、广武将军、交州刺史。诏书未至，其年春，卢循袭破合浦，径向交州。慧度乃率文武六千人距循，于石碕交战，禽循长史孙建之。循虽败，余党犹有三千人，皆习练兵事，李子逊李弈、李脱等奔窜石碕，盘结俚、獠，各有部曲。循知弈等与杜氏有怨，遣使招之，弈等引诸俚帅众五六千人，受循节度。六月庚子，循晨造南津，命三军入城乃食。慧度悉出宗族私财，以充劝赏。弟交址太守慧期、九真太守章民，并督率水步军，慧度自登高舰，合战，放火箭雉尾炬，步军夹两岸射之，循众舰俱然，一时散溃，循中箭赴水死。斩循及父嘏，并循二子，亲属录事参军阮静、中兵参军罗农夫、李脱等，传首京邑。封慧度龙编县侯，食邑千户。

高祖践阼，进号辅国将军。其年，率文武万人南讨林邑，所杀过半，前后被抄略，悉得还本。林邑乞降，输生口、大象、金银、古贝等，乃释之。遣长史江悠奉表献捷。

慧度布衣蔬食，俭约质素，能弹琴，颇好《庄》、《老》。禁断淫祀，崇修学校，岁荒民饥，则以私禄赈给。为政纤密，有如治家，由是威惠沾洽，奸盗不起，乃至城门不夜闭，道不拾遗。少帝景平元年，卒，时年五十，追赠左将军。

以慧度长子员外散骑侍郎弘文为振威将军、刺史。初，高祖北征关、洛，慧度板弘文为鹰扬将军，流民督护，配兵三千，北系大军。行至广州，关、洛已平，乃归。统府板弘文行九真太守。及继父为刺史,亦以宽和得众,袭爵龙编侯。太祖元嘉四年,以延尉王徽为交州刺史,弘文就征。会得重疾,牵以就路,亲旧见其患笃,劝表待病愈,弘文曰:"吾世荷皇恩,杖节三世,常欲投躯帝庭,以报所荷。况亲被征命,而可宴然者乎。如其颠沛,此乃命也。"弘文母既年老,见弘文舆疾就路,不忍分别,相与俱行。到广州,遂卒。临死,遣弟弘猷诣京,朝廷甚哀之。

徐豁字万同,东莞姑幕人也,中散大夫广兄子。父邈,晋太子左卫率。

豁晋安帝隆安末,为太学博士。桓玄辅政,为中外都督,豁议:"致敬唯内外武官,太宰、司徒,并非军职,则琅邪王不应加敬。"玄讽中丞免豁官。玄败,以为秘书郎,尚书仓部郎,右军何无忌功曹,仍为镇南参军,又祠部,永世令,建武司马,中军参军,尚书左丞。永初初,为徐羡之镇军司马,尚书左丞,山阴令。历二丞三邑,精练明理,为一世所推。

元嘉初,为始兴太守。三年,遣大使巡行四方,并使郡县各言损益。豁因此表陈三事。其一曰:"郡大田,武吏年满十六,便课米六十斛,十五以下至十三,皆课米三十斛,一户内随丁多少,悉皆输米。且十三岁儿,未堪田作,或是单迥,无相兼通,年及应输,便自逃逸,既遏接蛮、俚,去就益易。或乃断截支体,产子不养,户口岁减,实此之由。谓宜更量课限,使得存立。今若减其米课,虽有交损,考之将来,理有深益。"其二曰:"郡领银民三百余户,凿坑采砂,皆二三丈,功役既苦,不顾崩压,一岁之中,每有死者。官司检切,犹致逋违,老少相随,永绝农业,千有余口,皆资他食,岂唯一夫不耕,或受其饥而已。所以岁有不稔,便致甚困。寻台邸用米,不异于银,谓宜准银课米,即事为便。"其三曰:"中宿县俚民课银,一子丁输南称半两。寻此县自不出银,又俚民皆巢居鸟语,不闲货易之宜,每至买银,为损已甚。又称两受入,易生奸巧,山俚愚怯,不辨自申,官所课甚轻,民以所输为剧。今若听计丁课米,公私兼利。"

在郡著绩，太祖嘉之，下诏曰："始兴太守豁，洁己退食，恪居在官，政事修理，惠泽沾被。近岭南荒弊，郡境尤甚，拯恤有方，济厥饥馑，虽古之良守，蔑以尚焉。宜蒙褒赉，以旌清绩，可赐绢二百匹，谷千斛。"五年，以为持节、督广交二州诸军事、宁远将军、平越中郎将、广州刺史。未拜，卒，时年五十一。太祖又下诏曰："豁廉清勤恪，著称所司，故擢授南服，申其才志。不幸丧殒，朕甚悼之。可赐钱十万，布百匹，以营葬事。"

陆徽字休猷，吴郡吴人也。郡辟命主簿，仍除卫军、车骑二府参军，扬州主簿，王弘卫将军主簿，除尚书都官郎，出补建康令。清平无私，为太祖所善。迁司徒左西掾。

元嘉十四年，为始兴太守。明年，仍除使持节、交广二州诸军事、绥远将军、平越中郎将、广州刺史。清名亚王镇之，为士民所爱咏。上表荐士曰："臣闻陵雪褒颖，贞柯必振，尊风赏流，清原斯挹。是以衣囊挥誉于西京，折辕延高于东帝。伏见广州别驾从事史朱万嗣，年五十三，字少豫，理业冲夷，秉操纯白，行称私庭，能著官政。虽氏非世禄，宦无通资，而随牒南服，位极僚首，九综州纲，三端府职，频掌蕃机，屡绩符守。年暨知命，廉尚愈高，冰心与贪流争激，霜情与晚节弥茂。历宰金山，家无宝镂之饰，连组珠海，室靡玳珥之珍。确然守志，不求闻达，实足以澄革污吏，洗镜贪氓。臣谬忝司牧，任专万里，虽情祗慎擢，才阙豪露，敢罄愚陋，举其所知。如得提名礼闱，抗迹朝省，抟岭表之清风，负冰宇之洁望，则恩融一臣，而施光万物。敢缘天泽云行，时德雨施，每甄外州，荣加远国。是以献其瞽言，希垂听览。"

二十一年，征以为南平王铄冠军司马、长沙内史，行湘州府事。母忧去职。张寻、赵广为乱于益州，兵寇之余，政荒民扰。二十三年，乃追征为持节、督益宁二州诸军事、宁朔将军、益州刺史。隐恤有方，威惠兼著，寇盗静息，民物殷阜，蜀土安说，至今称之。二十九年，卒，时年六十二。身亡之日，家无余财，太祖甚痛惜之，诏曰："徽厉志廉洁，历任恪勤，奉公尽诚，克己无倦。褒荣未申，不幸夙殒，言念在怀，以为伤恨。可赠辅国将军，本官如故，赐钱十万，米二百斛，谥日简子。”

子睿，正员外郎。弟展，臧质车骑长史、寻阳太守，质败，从诛。

阮长之字茂景，陈留尉氏人也。祖思旷，金紫光禄大夫。父普，骠骑谘议参军。

长之年十五丧父，有孝性，哀感傍人。服除，蔬食者犹积载。闲居笃学，未尝有惰容。初为诸府参军，除员外散骑侍郎。母老求补襄垣令，督邮无礼，鞭之，去职。寻补庐陵王义真车骑行、正参军，平越长史，东莞太守，入为尚书殿中郎，出为武昌太守。时王弘为江州，雅相知重，引为车骑从事中郎。入为太子中舍人，中书侍郎，以母老固辞朝直，补彭城王义康平北谘议参军。元嘉九年，迁临川内史，以南土卑湿，母年老，非所宜，辞不就。十一年，复除临海太守。至郡少时，而母亡。葬毕，不胜忧，十四年，卒，时年五十九。

时郡县田禄，芒种为断，此前去官者，则一年秩禄皆入前人，此后去官者，则一年秩禄皆入后人。始以元嘉末改此科，计月分禄。长之去武昌郡，代人未至，以芒种后一日解印绶。初发京师，亲故或以器物赠别，得便缄录，后归，悉以还之。在中书省直，夜往邻省，误著履出阁，依事自列门下，门下以暗夜人不知，不受列，长之固遣送之，曰：“一生不侮暗室。”前后所莅官，皆有风政，为后人所思，宋世言善治者，咸称之。

子师门，原乡令。

江秉之字玄叔，济阳考城人也。祖逌，晋太常。父纂，给事中。

秉之少孤，弟妹七人，并皆幼稚，抚育姻娶，罄其心力。初为刘穆之丹杨前军府参军。高祖督徐州，转主簿，仍为世子中军参军。宋受禅，随例为员外散骑侍郎，补太子詹事丞。少帝即位，入为尚书都官郎，出为永世、乌程令，以善政著名东土。征建康令，为治严察，京邑肃然。殷景仁为领军，请为司马。复出为山阴令，民户三万，政事烦扰，讼诉殷积，阶庭常数百人。秉之御繁以简，常得无事。宋世唯顾觊之亦以省务著绩，其余虽复刑政循理，而未能简事。以在县有能，迁补新安太守。元嘉十二年，转在临海。并以简约见称。所得禄秩，悉散之亲故，妻子常饥寒。人有劝其营田者，秉之正色曰："食禄之家，岂可与农人竞利。"在郡作书案一枚，及去官，留以付库。十七年，卒，时年六十。

子徽，尚书都官郎，吴令。元凶杀徐湛之，徽以党与见诛。子謐，升明末，为尚书吏部郎。

元嘉初，太祖遣大使巡行四方，兼散骑常侍孔默之、王歆之等上言："宣威将军、陈南顿二郡太守李元德，清勤均平，奸盗止息。彭城内史魏恭子，廉恪修慎，在公忘私，安约宁俭，久而弥固。前宋县令成浦，治政宽济，遗咏在民。前鲖阳令李熙国，在事有方，民思其政。山桑令何道，自少清廉，白首弥厉。应加褒赉，以劝于后。"乃进元德号宁朔将军，恭子赐绢五十匹，谷五百斛，浦、熙国、道各赐绢三十匹，谷二百斛。

王歆之字叔道，河东人也。曾祖愆期，有名晋世，官至南蛮校尉。祖寻之，光禄大夫。父肇之，豫章公相。歆之被遇于太祖，历显官，左民尚书，光禄大夫。卒官。

元嘉九年，豫州刺史长沙王义欣上言："所统威远将军、北谯梁二郡太守关中侯申季历，自奉职邦畿，于兹五年，信惠并宣，威化兼著，外清奸暴，内辑民黎，役赋均平，闾井齐肃，绥穆初附，招携荒远，郊境之外，仰泽怀风，爵赏之授，绩能是显，宜升阶秩，以崇奖劝。"进号宁朔将军。

其后，晋寿太守郭启玄亦有清节，卒官。元嘉二十八年，诏曰："故绥远将军、晋寿太守郭启玄，往衔命虏庭，秉意不屈，受任白水，尽勤靡懈，公奉私饩，纤□□纳，布衣蔬食，饬躬惟俭，故超授显邦，以甄廉绩。而介诚苦节，终始匪贰，身死之日，妻子冻馁，志操殊俗，良可哀悼。可赐其家谷五百斛。”

时有北地傅僧祐、颍川陈珉、高平张祐，并以吏才见知。僧祐事在《臧焘传》。珉为吴令，善发奸伏，境内以为神明。祐祖父湛，晋孝武世，以才学为中书侍郎，光禄勋。祐历临安、武康、钱塘令，并著能名。宋世言长吏者，以三人为首。

元嘉中，高平太守潘词，有清节。子亮为昌虑令，亦著廉名。大明中，为徐州刺史刘道隆所表。

世祖世，吴郡陆法真历官有清节，尝为刘秀之安北录事参军。泰山羊希与安北咨议参军孙诜书曰：“足下同僚似有陆录事者，此生东南名地，又张玄外孙，持身至清，雅有志节。年高官下，秉操不衰，计当日夕相与申意。”太宗初，为南海太守，卒官。

太宗世，琅邪王悦，亦莅官清正见知。悦字少明，晋右将军羲之曾孙也。父靖之，官至司徒左长史。靖之为刘穆之所厚，就穆之求侍中，如此非一。穆之曰：“卿若不求，久自得也。”遂不果。悦，泰始中为黄门郎，御史中丞。上以其廉介，赐良田五顷。迁尚书吏部郎，侍中，在门下，尽其心力。五年，卒官，追赠太常。初，悦为侍中，检校御府、太官、太医诸署，得奸巧甚多。及悦死，众咸谓诸署祝阻之，上乃收典掌者十余人，桎梏云送淮阴，密令渡瓜步江，投之中流。

史臣曰：夫善政之于民，犹良工之于埴也，用功寡而成器多。汉世户口殷盛，刑务简阔，郡县治民，无所横扰，劝赏威刑，事多专断，尺一诏书，希经邦邑，龚、黄之化，易以有成。降及晚代，情伪繁起，民减昔时，务多前世，立绩垂风，艰易百倍。若以上古之化，治此世之民，今吏之良，抚前代之俗，则武城弦歌，将有未暇，淮阳卧治，如或可勉。未必今才陋古，盖化有淳薄也。

宋书卷九三
列传第五三

隐逸

戴颙　宗炳　周续之　王弘之
阮万龄　孔淳之　刘凝之　龚祈
翟法赐　陶潜　宗彧之　沈道虔
郭希林　雷次宗　朱百季　王素
关康之

《易》曰："天地闭，贤人隐。"又曰："遁世无闷。"又曰："高尚其事。"又曰："幽人贞吉。"《论语》"作者七人"，表以逸民之称。又曰："子路遇荷蓧丈人，孔子曰：隐者也。"又曰："贤者避地，其次避言。"又曰："虞仲、夷逸，隐居放言。"品目参差，称谓非一，请试言之。夫隐之为言，迹不外见，道不可知之谓也。若夫千载寂寥，圣人不出，则大贤自晦，降夷凡品，止于全身远害，非必穴处岩栖，虽藏往得二，邻亚宗极，而举世莫窥，万物不睹。若此人者，岂肯洗耳颍滨，皦皦然显出俗之志乎。遁世避世，即贤人也。夫何适非世，而有避世之因，固知义惟晦道，非曰藏身。至于巢父之名，即是见称之号，号曰裘公，由有可传之迹，此盖荷蓧之隐，而非贤人之隐也。贤人之隐，义深于自晦，荷蓧之隐，事止于违人。论迹既殊，源心亦异也。身与运闭，无可知之情，鸡黍宿宾，示高世之美。运闭故隐，为隐之迹不见,违人故隐,用致隐者之目。身隐故称隐者,道隐故曰贤人。或曰:“隐者之异乎隐,既闻其说,贤者之同于贤,未知所异。”应之曰:“隐身之于晦道,名同而义殊,贤人之于贤者,事穷于亚圣,以此为言,如或可辨。若乃高尚之与作者,三避之与幽人,及逸民隐居,皆独往之称,虽复汉阴之氏不传,河上之名不显,莫不激贪厉俗,秉自异之姿,犹负揭日月,鸣建鼓而趋也。”陈郡袁淑集古来无名高士,以为《真隐传》,格以斯谈,去真远矣。贤人在世,事不可诬,今为《隐逸篇》,虚置贤隐之位,其余夷心俗表者,盖逸而非隐云。

戴颙字仲若,谯郡铚人也。父逵,兄勃,并隐遁有高名。

颙年十六,遭父忧,几于毁灭,因此长抱羸患。以父不仕,复修其业。父善琴书,颙并传之,凡诸音律,皆能挥手。会稽剡县多名山,故世居剡下。颙及兄勃并受琴于父,父没,所传之声,不忍复奏,各造新弄,勃五部,颙十五部。颙又制长弄一部,并传于世。中书令王绥常携宾客造之,勃等方进豆粥,绥曰:“闻卿善琴,试欲一听。”不答,绥恨而去。

桐庐县又多名山,兄弟复共游之,因留居止。勃疾患,医药不给,颙谓勃曰:“颙随兄得闲,非有心于默语。兄今疾笃,无可营疗,颙当干禄以自济耳。”乃告时求海虞令,事垂行而勃卒,乃止。桐庐僻远,难以养疾,乃出居吴下。吴下士人共为筑室,聚石引水,植林开涧,少时繁密,有若自然。乃述庄周大旨,著《消摇论》,注《礼记·中庸》篇。三吴将守及郡内衣冠,要其同游野泽,堪行便往,不为矫介,众论以此多之。

高祖命为太尉行参军,琅邪王司马属,并不就。宋国初建,令曰:“前太尉参军戴颙、辟士韦玄,秉操幽遁,守志不渝,宜加旌引,以弘止退。并可散骑侍郎,在通直。”不起。太祖元嘉二年,诏曰:“新除通直散骑侍郎戴颙、太子舍人宗炳,并志托丘园,自求衡荜,恬静之操,久而不渝。颙可国子博士,炳可通直散骑侍郎。”东宫初建,又征太子中庶子,十五年,征散骑常侍,并不就。

衡阳王义季镇京口，长史张邵与颙姻通，迎来止黄鹄山。山北有竹林精舍，林涧甚美，颙憩于此涧，义季亟从之游，颙服其野服，不改常度。为义季鼓琴，并新声变曲，其三调《游弦》、《广陵》、《止息》之流，皆与世异。太祖每欲见之，尝谓黄门侍郎张敷曰："吾东巡之日，当燕戴公山也。"以其好音，长给正声伎一部。颙合《何尝》、《白鹄》二声，以为一调，号为清旷。

自汉世始有佛像，形制未工，逵特善其事，颙亦参焉。宋世子铸丈六铜像于瓦官寺，既成，面恨瘦，工人不能治，乃迎颙看之。颙曰："非面瘦，用臂胛肥耳。"既错减臂胛，瘦患即除，无不叹服焉。

十八年，卒，时年六十四。无子。景阳山成，颙已亡矣，上叹曰："恨不得使戴颙观之。"

宗炳字少文，南阳涅阳人也。祖承，宜都太守。父繇之，湘乡令。母同郡师氏，聪辩有学义，教授诸子。

炳居丧过礼，为乡闾所称。刺史殷仲堪、桓玄并辟主簿，举秀才，不就。高祖诛刘毅，领荆州，问毅府咨议参军申永曰："今日何施而可？"永曰："除其宿衅，倍其惠泽，贯叙门次，显擢才能，如此而已。"高祖纳之，辟炳为主簿，不起。问其故，答曰："栖丘饮谷，三十余年。"高祖善其对。妙善琴书，精于言理，每游山水，往辄忘归。征西长史王敬弘每从之，未尝不弥日也。乃下入庐山，就释慧远考寻文义。兄臧为南平太守，逼与俱还，乃于江陵三湖立宅，闲居无事。高祖召为太尉参军，不就。二兄蚤卒，孤累甚多，家贫无以相赡，颇营稼穑。高祖数致饩赉，其后子弟从禄，乃悉不复受。

高祖开府辟召，下书曰："吾忝大宠，思延贤彦，而《兔罝》潜处，《考槃》未臻，侧席丘园，良增虚伫。南阳宗炳、雁门周续之，并植操幽栖，无闷巾褐，可下辟召，以礼屈之。"于是并辟太尉掾，皆不起。宋受禅，征为太子舍人，元嘉初，又征通直郎，东宫建，征为太子中舍人，庶子，并不应。妻罗氏，亦有高情，与炳协趣。罗氏没，炳哀之过甚，既而辄哭寻理，悲情顿释。谓沙门释慧坚曰："死生之分，未易可违，三复至教，方能遣哀。”衡阳王义季在荆州，亲至炳室，与之欢燕，命为咨议参军，不起。

好山水，爱远游，西陟荆、巫，南登衡岳，因而结宇衡山，欲怀尚平之志。有疾还江陵，叹曰：“老疾俱至，名山恐难遍睹，唯当澄怀观道，卧以游之。”凡所游履，皆图之于室，谓人曰：“抚琴动操，欲令众山皆响。”古有《金石弄》，为诸桓所重，桓氏亡，其声遂绝，唯炳传焉。太祖遣乐师杨观就炳受之。

炳外弟师觉授亦有素业，以琴书自娱。临川王义庆辟为祭酒，主簿，并不就，乃表荐之，会病卒。

元嘉二十年，炳卒，时年六十九。衡阳王义季与司徒江夏王义恭书曰：“宗居士不救所病，其清履肥素，终始可嘉，为之恻怆，不能已已。”

子朔，南谯王义宣车骑参军。次绮，江夏王义恭司空主簿。次昭，郢州治中。次说，正员郎。

周续之字道祖，雁门广武人也。其先过江居豫章建昌县。续之年八岁丧母，哀戚过于成人，奉兄如事父。豫章太守范宁于郡立学，招集生徒，远方至者甚众，续之年十二，诣宁受业。居学数年，通五经并纬候，名冠同门，号曰颜子。既而闲居读《老》、《易》，入庐山事沙门释慧远。时彭城刘遗民遁迹庐山，陶渊明亦不应征命，谓之寻阳三隐。以为身不可遣，余累宜绝，遂终身不娶妻，布衣蔬食。

刘毅镇姑熟，命为抚军，征太学博士，并不就。江州刺史每相招请，续之不尚节峻，颇从之游。常以嵇康《高士传》得出处之美，因为之注。高祖之北讨，世子居守，迎续之馆于安乐寺，延入讲《礼》，月余，复还山。江州刺史刘柳荐之高祖曰：

臣闻恢耀和肆，必在兼城之宝，翼亮崇本，宜纡高世之逸。是以渭滨佐周，圣德广运，商洛匡汉，英业乃昌。伏惟明公道迈振古，应天继期，游外畅于冥内，体远形于应近，虽汾阳之举，辍驾于时艰，明扬之旨，潜感于穹谷矣。

窃见处士雁门周续之，清真贞素，思学钩深，弱冠独往，心无近事，性之所遣，荣华与饥寒俱落，情之所慕，岩泽与琴书共远。加以仁心内发，义怀外亮，留爱昆卉，诚著桃李。若升之宰府，必鼎味斯和，濯缨儒官，亦王猷遐缉。臧文不知，失在降贤，言偃得人，功由升士。愿照其丹款，不以人废言。

俄而辟为太尉掾，不就。

高祖北伐，还镇彭城，遣使迎之，礼赐甚厚，每称之曰："心无偏吝，真高士也。"寻复南还。高祖践祚，复召之，乃尽室俱下。上为开馆东郭外，招集生徒。乘舆降幸，并见诸生，问续之《礼记》"傲不可长"、"与我九龄"、"射于矍圃"三义，辨析精奥，称为该通。续之素患风痹，不复堪讲，乃移病钟山。景平元年，卒，时年四十七。通《毛诗》六义及《礼论》、《公羊传》，皆传于世。无子。

兄子景远，有续之风。太宗泰始中，为晋安内史。未之郡，卒。

王弘之字方平，琅邪临沂人，宣训卫尉镇之弟也。

少孤贫，为外祖征士何准所抚育。从叔献之及太原王恭，并贵重之。晋安帝隆安中，为琅邪王中军参军，迁司徒主簿。家贫，而性好山水，求为乌程令，寻以病归。桓玄辅晋，桓谦以为卫军参军。时琅邪殷仲文还姑熟，祖送倾朝，谦要弘之同行，答曰："凡祖离送别，必在有情。下官与殷风马不接，无缘扈从。"谦贵其言。母随兄镇之之安成郡，弘之解职同行，荆州刺史桓伟请为南蛮长史，义熙初，何无忌又请为右军司马，高祖命为徐州治中从事史，除员外散骑常侍，并不就。家在会稽上虞。从兄敬弘为吏部尚书，奏曰："圣明司契，载德惟新，垂鉴仄微，表扬隐介，默语仰风，荒遐倾首。前员外散骑常侍琅邪王弘之，恬漠丘园，放心居逸。前卫将军参军武昌郭希林，素履纯洁，嗣徽前武。并击壤圣朝，未蒙表饰，宜加旌聘，贲于丘园，以彰止逊之美，以祛动求之累。臣愚谓弘之可太子庶子，希林可著作郎。"即征弘之为庶子，不就。太祖即位，敬弘为左仆射，又陈："弘之高行表于初筮，苦节彰于莫年，今内外晏然，当修太平之化，宜招空谷，以敦冲退之美。”元嘉四年，征为通直散骑常侍，又不就。敬弘尝解貂裘与之，即着以采药。

性好钓，上虞江有一处名三石头，弘之常垂纶于此。经过者不识之，或问：“渔师得鱼卖不”？弘之曰：“亦自不得，得亦不卖。”日夕载鱼入上虞郭，经亲故门，各以一两头置门内而去。始宁汯川有佳山水，弘之又依岩筑室。谢灵运、颜延之并相钦重。灵运与庐陵王义真笺曰：“会境即丰山水，是以江左嘉遁并多居之。但季世慕荣，幽栖者寡，或复才为时求，弗获从志。至若王弘之拂衣归耕，逾历三纪；孔淳之隐约穷岫，自始迄今；阮万龄辞事就闲，纂成先业；浙河之外，栖迟山泽，如斯而已。既远同羲、唐，亦激贪厉竞。殿下爱素好古，常若布衣，每意昔闻，虚想岩穴，若遣一介，有以相存，真可谓千载盛美也。”

弘之四年卒，时年六十三。颜延之欲为作诔，书与弘之子昙生曰：“君家高世之节，有识归重，豫染豪翰，所应载述。况仆托慕末风，窃以叙德为事，但恨短笔不足书美。”诔竟不就。

昙生好文义，以谦和见称。历显位，吏部尚书，太常卿。大明末，为吴兴太守。太宗初，四方同逆，战败奔会稽，归降被宥，终于中散大夫。

阮万龄，陈留尉氏人也。祖思旷，左光禄大夫。父宁，黄门侍郎。

万龄少知名，自通直郎为孟昶建威长史。时袁豹、江夷相系为昶司马，时人谓昶府有三素望。万龄家在会稽剡县，颇有素情，永初末，自侍中解职东归，征为秘书监，加给事中，不就。寻除左民尚书，复起应命，迁太常，出为湘州刺史，在州无政绩。还为东阳太守，又被免。复为散骑常侍、金紫光禄大夫。元嘉二十五年，卒，时年七十二。

孔淳之字彦深，鲁郡鲁人也。祖惔，尚书祠部郎。父粲，秘书监征，不就。

淳之少有高尚，爱好坟籍，为太原王恭所称。居会稽剡县，性好山水，每有所游，必穷其幽峻，或旬日忘归。尝游山，遇沙门释法崇，因留共止，遂停三载。法崇叹曰："缅想人外，三十年矣，今乃倾盖于兹，不觉老之将至也。"及淳之还反，不告以姓。除著作佐郎，太尉参军，并不就。

居丧至孝，庐于墓侧。服阕，与征士戴颙、王弘之及王敬弘等共为人外之游。敬弘以女适淳之子尚。会稽太守谢方明苦要入郡，终不肯往。茅室蓬户，庭草芜径，唯床上有数卷书。元嘉初，复征为散骑侍郎，乃逃于上虞县界，家人莫知所之。弟默之为广州刺史，出都与别。司徒王弘要淳之集冶城，即日命驾东归，遂不顾也。元嘉七年，卒，时年五十九。默之儒学，注《穀梁春秋》。

默之子熙先，事在《范晔传》。

刘凝之字志安，小名长年，南郡枝江人也。父期公，衡阳太守。兄盛公，高尚不仕。

凝之慕老莱、严子陵为人，推家财与弟及兄子，立屋于野外，非其力不食，州里重其德行。州三礼辟西曹主簿，举秀才，不就。妻梁州刺史郭铨女也，遣送丰丽，凝之悉散之亲属。妻亦能不慕荣华，与凝之共安俭苦。夫妻共乘薄笨车，出市买易，周用之外，辄以施人。为村里所诬，一年三输公调，求辄与之。有人尝认其所著屐，笑曰："仆著之已败，今家中觅新者备君也。"此人后田中得所失屐，送还之，不肯复取。

元嘉初，征为秘书郎，不就。临川王义庆、衡阳王义季镇江陵，并遣使存问，凝之答书顿首称仆，不修民礼，人或讥焉，凝之曰："昔老莱向楚王称仆，严陵亦抗礼光武，未闻巢、许称臣尧、舜。"时戴颙与衡阳王义季书，亦称仆。

荆州年饥，义季虑凝之馁毙，饷钱十万。凝之大喜，将钱至市门，观有饥色者，悉分与之，俄顷立尽。性好山水，一旦携妻子泛江湖，隐居衡山之阳。登高岭，绝人迹，为小屋居之，采药服食，妻子皆从其志。元嘉二十五年,卒,时年五十九。

龚祈字孟道,武陵汉寿人也。从祖玄之,父黎民,并不应征辟。

祈年十四,乡党举为州迎西曹,不行。谢晦临州,命为主簿,彭城王义康举秀才,除奉朝请,临川王义庆平西参军,皆不就。风姿端雅,容止可观,中书郎范述见而叹曰:"此荆楚仙人也。"衡阳王义季临荆州,发教以祈及刘凝之、师觉授不应征召,辟其三子。祈又征太子舍人,不起。时或赋诗,言不及世事。元嘉十七年,卒,时年四十二。

翟法赐,寻阳柴桑人也。曾祖汤,汤子庄,庄子矫,并高尚不仕,逃避征辟。矫生法赐。

少守家业,立屋于庐山顶,丧亲后,便不复还家。不食五谷,以兽皮结草为衣,虽乡亲中表,莫得见也。州辟主簿,举秀才,右参军,著作佐郎,员外散骑侍郎,并不就。后家人至石室寻求,因复远徙,违避征聘,遁迹幽深。寻阳太守邓文子表曰:"奉诏书征郡民新除著作佐郎南阳翟法赐,补员外散骑侍郎。法赐隐迹庐山,于今四世,栖身幽岩,人罕见者。如当逼以王宪,束以严科,驰山猎草,以期禽获,虑致颠殒,有伤盛化。"乃止。后卒于岩石之间,不知年月。

陶潜字渊明,或云渊明字元亮,寻阳柴桑人也。曾祖侃,晋大司马。

潜少有高趣,尝著《五柳先生传》以自况,曰:

先生不知何许人,不详姓字,宅边有五柳树,因以为号焉。闲静少言,不慕荣利。好读书,不求甚解,每有会意,欣然忘食。性嗜酒,而家贫不能恒得。亲旧知其如此,或置酒招之,造饮辄尽,期在必醉。既醉而退,曾不吝情去留。环堵萧然,不蔽风日,裋褐穿结,箪瓢屡空,晏如也。尝著文章自娱,颇示己志,忘怀得失,以此自终。

其自序如此，时人谓之实录。

亲老家贫，起为州祭酒，不堪吏职，少日，自解归。州召主簿，不就。躬耕自资，遂抱羸疾，复为镇军、建威参军，谓亲朋曰："聊欲弦歌，以为三径之资，可乎？"执事者闻之，以为彭泽令。公田悉令吏种秫稻，妻子固请种粳，乃使二顷五十亩种秫，五十亩种粳。郡遣督邮至，县吏白应束带见之，潜叹曰："我不能为五斗米折腰向乡里小人。"即日解印绶去职。赋《归去来》，其词曰：

归去来兮，园田荒芜，胡不归。既自以心为形役，奚惆怅而独悲。悟已往之不谏，知来者之可追。实迷涂其未远，觉今是而昨非。舟超遥以轻飏，风飘飘而吹衣。问征夫以前路，恨晨光之希微。

乃瞻衡宇，载欣载奔。僮仆欢迎，稚子候门。三径就荒，松菊犹存。携幼入室，有酒停尊。引壶觞而自酌，盼庭柯以怡颜。倚南窗而寄傲，审容膝之易安。园日涉而成趣，门虽设而常关。策扶老以流憩，时矫首而遐观。云无心以出岫，鸟倦飞而知还。景翳翳其将入，抚孤松以盘桓。

归去来兮，请息交而绝游。世与我以相遗，复驾言兮焉求。说亲戚之情话，乐琴书以消忧。农人告余以上春，将有事于西畴。或命巾车，或棹扁舟。既窈窕以穷壑，亦崎岖而经丘。木欣欣以向荣，泉涓涓而始流。善万物之得时，感吾生之行休。

已矣乎，寓形宇内复几时。奚不委心任去留，胡为遑遑欲何之。富贵非吾愿，帝乡不可期。怀良辰以孤往，或植杖而耘耔。登东皋以舒啸，临清流而赋诗。聊乘化以归尽，乐夫天命复奚疑。

义熙末，征著作佐郎，不就。江州刺史王弘欲识之，不能致也。潜尝往庐山，弘令潜故人庞通之赍酒具于半道栗里要之，潜有脚疾，使一门生二儿舆篮舆，既至，欣然便共饮酌，俄顷弘至，亦无忤也。先是，颜延之为刘柳后军功曹，在寻阳，与潜情款。后为始安郡，经过，日日造潜，每往必酣饮致醉。临去，留二万钱与潜，潜悉送酒家,稍就取酒。尝九月九日无酒,无宅边菊丛中坐久,值弘送酒至,即便就酌,醉而后归。潜不解音声,而畜素琴一张,无弦,每有酒适,辄抚弄以寄其意。贵贱造之者,有酒辄设,潜若先醉,便语客:"我醉欲眠,卿可去。"其真率如此。郡将候潜,值其酒熟,取头上葛巾漉酒,毕,还复著之。

潜弱年薄宦,不洁去就之迹,自以曾祖晋世宰辅,耻复屈身后代,自高祖王业渐隆,不复肯仕。所著文章,皆题其年月,义熙以前,则书晋氏年号,自永初以来,唯云甲子而已。与子书以言其志,并为训戒曰:

天地赋命,有往必终,自古贤圣,谁能独免。子夏言曰:"死生有命,富贵在天。"四友之人,亲受音旨,发斯谈者,岂非穷达不可妄求,寿夭永无外请故邪。吾年过五十,而穷苦荼毒,□家贫弊,东西游走。性刚才拙,与物多忤,自量为已,必贻俗患,僶俛辞世,使汝幼而饥寒耳。常感孺仲贤妻之言,败絮自拥,何惭儿子。此既一事矣。但恨邻靡二仲,室无莱妇,抱兹苦心,良独罔罔。

少年来好书,偶爱闲静,开卷有得,便欣然忘食。见树木交荫,时鸟变声,亦复欢尔有喜。尝言五六月北窗下卧,遇凉风暂至,自谓是羲皇上人。意浅识陋,日月遂往,缅求在昔,眇然如何。

疾患以来,渐就衰损,亲旧不遗,每以药石见救,自恐大分将有限也。恨汝辈稚小,家贫无役,柴水之劳,何时可免,念之在心,若何可言。然虽不同生,当思四海皆弟兄之义。鲍叔、敬仲,分财无猜,归生、伍举,班荆道旧,遂能以败为成,因丧立功,他人尚尔,况共父之人哉。颍川韩元长,汉末名士,身处卿佐,八十而终,兄弟同居,至于没齿。济北氾稚春,晋时操行人也,七世同财,家人无怨色。《诗》云:"高山仰止,景行行止。"汝其慎哉!吾复何言。

又为《命子诗》以贻之,曰:

悠悠我祖，爰自陶唐。邈为虞宾，历世垂光。御龙勤夏，豕韦翼商。穆穆司徒，厥族以昌。纷纭战国，漠漠衰周。凤隐于林，幽人在丘。逸虬挠云，奔鲸骇流。天集有汉，眷予愍侯。於赫愍侯，运当攀龙。抚剑夙迈，显兹武功。参誓山河，启土开封。亹亹丞相，允迪前踪，浑浑长源，蔚蔚洪河。群川载导，众条载罗。时有默语，运固隆污。在我中晋，业融长沙。桓桓长沙，伊勋伊德。天子畴我，专征南国。功遂辞归，临宠不惑。孰谓斯心，而可近得。肃矣我祖，慎终如始。直方二台，惠和千里。於皇仁考，淡焉虚止。寄迹夙运，冥兹愠喜。嗟余寡陋，瞻望靡及。顾惭华鬓，负景只立。三千之罪，无后其急。我诚念哉，呱闻尔泣。卜云嘉日，占尔良时。名尔曰俨，字尔求思。温恭朝夕，念兹在兹。尚想孔伋，庶其企而。厉夜生子，遽而求火。凡百有心，奚待于我。既见其生，实欲其可。人亦有言，斯情无假。日居月诸，渐免于孩。福不虚至，祸亦易来。夙兴夜寐，愿尔斯才。尔之不才，亦已焉哉。

潜元嘉四年卒，时年六十三。

宗彧之字叔粲，南阳涅阳人，炳从父弟也。蚤孤，事兄恭谨，家贫好学，虽文义不逮炳，而真澹过之。州辟主簿，举秀才，不就。公私饩遗，一无所受。高祖受禅，征著作佐郎，不至。元嘉初，大使陆子真观采风俗，三诣彧之，每辞疾不见也。告人曰："我布衣草莱之人，少长垄亩，何枉轩冕之客。"子真还，表荐之，征员外散骑侍郎，又不就。元嘉八年，卒，时年五十。

沈道虔，吴兴武康人也。少仁爱，好《老》、《易》，居县北石山下。孙恩乱后饥荒，县令庾肃之迎出县南废头里，为立小宅，临溪，有山水之玩。时复还石山精庐，与诸孤兄子共釜庾之资，困不改节。受琴于戴逵，王敬弘深敬之。郡州府凡十二命，皆不就。

有人窃其园菜者，还见之，乃自逃隐，待窃者取足去后乃出。人拔其屋后笋，令人止之，曰："惜此笋欲令成林，更有佳者相与。"乃令人买大笋送与之，盗者惭不取，道虔使置其门内而还。常以捃拾自资，同捃者争穗，道虔谏之不止，悉以其所得与之，争者愧恧，后每争，辄云："勿令居士知。"冬月无复衣，戴融闻而迎之，为作衣服，并与钱一万。即还，分身上衣及钱，悉供诸兄弟子无衣者。乡里年少，相率受学。道虔常无食，无以立学从。武康令孔欣之厚相资给，受业者咸得有成。太祖闻之，遣使存问，赐钱三万，米二百斛，悉以嫁娶孤兄子。征员外散骑侍郎，不就。累世事佛，推父祖旧宅为寺。至四月八日，每请像。请像之日，辄举家感恸焉。道虔年老，菜食，恒无经日之资，而琴书为乐，孜孜不倦。太祖敕郡县，令随时资给。元嘉二十六年，卒，时年八十二。

子慧锋，修父业，辟从事，皆不就。

郭希林，武昌武昌人也。曾祖翻，晋世高尚不仕。

希林少守家业，征州主簿，秀才，卫参军，并不就。元嘉初，吏部尚书王敬弘举王弘之为太子庶子，希林为著作佐郎，后又征员外散骑侍郎，并不就。十年，卒，时年四十七。

子蒙，亦隐居不仕。泰始中，郢州刺史蔡兴宗辟为主簿，不就。

雷次宗字仲伦，豫章南昌人也。少入庐山，事沙门释慧远，笃志好学，尤明三《礼》、《毛诗》，隐退不交世务。本州辟从事，员外散骑侍郎征，并不就。与子侄书以言所守，曰：

夫生之修短，咸有定分，定分之外，不可以智力求，但当于所禀之中，顺而勿率耳。吾少婴羸患，事钟养疾，为性好闲，志栖物表，故虽在童稚之年，已怀远迹之意。暨于弱冠，遂托业庐山，逮事释和尚。于时师友渊源，务训弘道，外慕等夷，内怀悱发，于是洗气神明，玩心坟典，勉志勤躬，夜以继日。爰有山水之好，悟言之欢，实足以通理辅性，成夫亹亹之业，乐以忘忧，不知朝日之晏矣。自游道餐风，二十余载，渊匠既倾，良朋凋索，续以衅逆违天，备尝荼蓼，畴昔诚愿，顿尽一朝，心虑荒散，情意衰损，故遂与汝曹归耕垄畔，山居谷饮，人理久绝。

日月不处，匆复十年，犬马之齿，已逾知命。崦嵫将迫，前涂几何，实远想尚子五岳之举，近谢居室琐琐之勤。及今耄未至惛，衰不及顿，尚可厉志于所期，纵心于所托，栖诚来生之津梁，专气莫年之摄养，玩岁日于良辰，偷余乐于将除，在心所期，尽于此矣。汝等年各成长，冠娶已毕，修惜衡泌，吾复何忧。但愿守全所志，以保令终耳。自今以往，家事大小，一勿见关，子平之言，可以为法。

元嘉十五年，征次宗至京师，开馆于鸡笼山，聚徒教授，置生百余人。会稽朱膺之、颍川庾蔚之并以儒学，监总诸生。时国子学未立，上留心艺术，使丹杨尹何尚之立玄学，太子率更令何承天立史学，司徒参军谢元立文学，凡四学并建。车驾数幸次宗学馆，资给甚厚。又除给事中，不就。久之，还庐山，公卿以下，并设祖道。二十五年，诏曰："前新除给事中雷次宗，笃尚希古，经行明修，自绝招命，守志隐约。宜加升引，以旌退素。可散骑侍郎。"后又征诣京邑，为筑室于钟山西岩下，谓之招隐馆，使为皇太子诸王讲《丧服经》。次宗不入公门，乃使自华林东门入延贤堂就业。二十五年，卒于钟山，时年六十三。太祖与江夏王义恭书道次宗亡，义恭答曰："雷次宗不救所疾，甚可痛念。其幽栖穷薮，自宾圣朝，克己复礼，始终若一。伏惟天慈弘被，亦垂矜悯。"

子肃之，颇传其业，官至豫章郡丞。

朱百年，会稽山阴人也。祖恺之，晋右卫将军。父涛，扬州主簿。百年少有高情，亲亡服阕，携妻孔氏入会稽南山，以伐樵采箬为业。以樵箬置道头，辄为行人所取，明旦以复如此，人稍怪之，积久方知是朱隐士所卖，须者随其所堪多少，留钱取樵箬而去。或遇寒雪，樵箬不售，无以自资，辄自搒船送妻还孔氏，天晴复迎之。有时出山阴为妻买缯彩二五尺，好饮酒，遇醉或失之。颇能言理，时为诗咏，往往有高胜之言。郡命功曹,州辟从事,举秀才,并不就。隐迹避人,唯与同县孔凯友善。凯亦嗜酒,相得辄酣,对饮尽欢。百年家素贫,母以冬月亡,衣并无絮,自此不衣绵帛。当寒时就凯宿,衣悉夹布,饮酒醉眠,凯以卧具覆之,百年不觉也。既觉,引卧具去体,谓凯曰:"绵定奇温。"因流涕悲恸,凯亦为之伤感。

除太子舍人,不就。颜竣为东扬州,发教饷百年谷五百斛,不受。时山阴又有寒人姚吟,亦有高趣,为衣冠所重。义阳王昶临州,辟为文学从事,不起。竣饷吟米二百斛,吟亦辞之。

百年孝建元年卒山中,时年八十七。蔡兴宗为会稽太守,饷百年妻米百斛,百年妻遣婢诣郡门奉辞固让,时人美之,以比梁鸿妻。

王素字休业,琅邪临沂人也。高祖翘之,晋光禄大夫。

素少有志行,家贫母老。初为庐陵国侍郎,母忧去职。服阕,庐陵王绍为江州,亲旧劝素修完旧居,素不答,乃轻身往东阳,隐居不仕,颇营田园之资,得以自立。受好文义,不以人俗累怀。世祖即位,欲搜扬隐退,下诏曰:"济世成务,咸达隐微,轨俗兴让,必表清节。朕昧旦求善,思惇薄风,琅邪王素、会稽朱百年,并廉约贞远,与物无竞,自足皋亩,志在不移。宜加褒引,以光难进。并可太子舍人。"大明中,太宰江夏王义恭开府辟召,辟素为仓曹属,太宗泰始六年,又召为太子中舍人,并不就。素既屡被征辟,声誉甚高。山中有蚿虫,声清长,听之使人不厌,而其形甚丑,素乃为《蚿赋》以自况。七年,卒,时年五十四。

时又有宋平刘睦之、汝南州韶、吴郡褚伯玉,亦隐身求志。睦之居交州,除武平太守,不拜。韶字伯和,黄门侍郎文孙也。筑室湖孰之方山,征员外散骑侍郎,征北行参军,不起。伯玉居剡县暴布山三十余载,扬州辟议曹从事,不就。

关康之字伯愉,河东杨人。世居京口,寓属南平昌。少而笃学,姿状丰伟。下邳赵绎以文义见称，康之与之友善。特进颜延之见而知之。晋陵顾悦之难王弼《易》义四十余条，康之申王难顾，远有情理。又为《毛诗义》，经籍疑滞，多所论释。尝就沙门支僧纳学，妙尽其能。竟陵王义宣自京口迁镇江陵，要康之同行，距不应命。元嘉中，太祖闻康之有学义，除武昌国中军将军，蠲除租税，江夏王义恭、广陵王诞临南徐州，辟为从事、西曹，并不就。弃绝人事，守志闲居。弟双之为臧质车骑参军，与质俱下，至赭圻病卒，瘗于水滨。康之其春得疾困笃，小差，牵以迎丧，因得虚劳病，寝顿二十余年。时有间日，辄卧论文义。世祖即位，遣大使陆子真巡行天下，使反，荐康之"业履恒贞，操勖清固，行信闾党，誉延邦邑，栖志希古，操不可渝，宜加征聘，以洁风轨。"不见省。太宗泰始初，与平原明僧绍俱征为通直郎，又辞以疾。顺帝升明元年，卒，时年六十三。

史臣曰：夫独往之人，皆禀偏介之性，不能摧志屈道，借誉期通。若使值见信之主，逢时来之运，岂其放情江海，取逸丘樊，盖不得已而然故也。且岩壑闲远，水石清华，虽复崇门八袭，高城万雉，莫不蓄壤开泉，仿佛林泽。故知松山桂渚，非止素玩，碧涧清潭，翻成丽瞩。挂冠东都，夫何难之有哉！

宋书卷九四
列传第五四

恩幸

戴法兴 戴明宝 徐爰 阮佃夫
于天宝 寿寂之 姜产之 李道兒
王道隆 杨运长

夫君子小人,类物之称。蹈道则为君子,违之则为小人。屠钓,卑事也。版筑,贱役也,太公起为周师,傅说去为殷相。非论公侯之世,鼎食之资,明扬幽仄,唯才是与。逮于二汉,兹道未革,胡广累世农夫,伯始致位公相,黄宪牛医之子,叔度名重京师。且任子居朝,咸有职业,虽七叶珥貂,见崇西汉,而侍中身奉奏□,又分掌御服,东方朔为黄门侍郎,执戟殿下。郡县掾史,并出豪家,负戈宿卫,皆由势族,非若晚代,分为二涂者也。汉末丧乱,魏武始基,军中仓卒,权立九品,盖以论人才优劣,非为世族高卑。因此相沿,遂为成法。自魏至晋,莫之能改,州都郡正,以才品人,而举世人才,升降盖寡。徒以冯藉世资,用相陵驾,都正俗士,斟酌时宜,品目少多,随事俯仰,刘毅所云"下品无高门,上品无贱族"者也。岁月迁讹,斯风渐笃,凡厥衣冠,莫非二品,自此以还,遂成卑庶。周、汉之道,以智役愚,台隶参差,用成等级;魏、晋以来,以贵役贱,士庶之科,较然有辨。夫人君南面,九重奥绝,陪奉朝夕,义隔卿士,阶闼之任,宜有司存。既而恩以幸生，信由恩固，无可惮之姿，有易亲之色。孝建、泰始，主威独运，官置百司，权不外假，而刑政纠杂，理难遍通，耳目所寄，事归近习。赏罚之要，是谓国权，出内王命，由其掌握，于是方涂结轨，辐凑同奔。人主谓其身卑位薄，以为权不得重。曾不知鼠凭社贵，狐藉虎威，外无逼主之嫌，内有专用之功，势倾天下，未之或悟。挟朋树党，政以贿成，铁钺创痏，构于筵笫之曲，服冕乘轩，出乎言笑之下，南金北毳，来悉方艚，素缣丹魄，至皆兼两，西京许、史，盖不足云，晋朝王、庾，未或能比。及太宗晚运，虑经盛衰，权幸之徒，慑惮宗戚，欲使幼主孤立，永窃国权，构造同异，兴树祸隙，帝弟宗王，相继屠剿。民忘宋德，虽非一涂，宝祚夙倾，实由于此。呜呼！《汉书》有《恩泽侯表》，又有《佞幸传》，今采其名，列以为《恩幸篇》云。

戴法兴，会稽山阴人也。家贫，父硕子，贩纻为业。法兴二兄延寿、延兴并修立，延寿善书，法兴好学。山阴有陈载者，家富，有钱三千万，乡人咸云："戴硕子三儿，敌陈载三千万钱。"

法兴少卖葛于山阴市，后为吏传署，入为尚书仓部令史。大将军彭城王义康于尚书中觅了了令史，得法兴等五人，以法兴为记室令史。义康败，仍为世祖征虏、抚军记室掾。上为江州，仍补南中郎典签。上于巴口建义，法兴与典签戴明宝、蔡闲俱转参军督护。上即位，并为南台侍御史，同兼中书通事舍人。法兴等专管内务，权重当时。孝建元年，加建武将军、南鲁郡太守，解舍人，侍太子于东宫。大明二年，三典签并以南下预密谋，封法兴吴昌县男，明宝湘乡县男，闲高昌县男，食邑各三百户。闲时已卒，追加爵封。法兴转员外散骑侍郎，给事中，太子旅贲中郎将，太守如故。

世祖亲览朝政，不任大臣，而腹心耳目，不得无所委寄。法兴颇知古今，素见亲待，虽出侍东宫，而意任隆密。鲁郡巢尚之，人士之末，元嘉中，侍始兴王浚读书，亦涉猎文史，为上所知。孝建初，补东海国侍郎，仍并中书通事舍人。凡选授迁转诛赏大处分，上皆与法兴、尚之参怀，内外诸杂事，多委明宝。上性严暴，睚眦之间，动至罪戮，尚之每临事解释，多得全免，殿省甚赖之。而法兴、明宝大通人事，多纳货贿，凡所荐达，言无不行，天下辐凑，门外成市，家产并累千金。明宝骄纵尤甚，长子敬为扬州从事，与上争买御物。六宫尝出行，敬盛服骑马于车左右，驰骤去来，上大怒，赐敬死，系明宝尚方，寻被原释，委任如初。

世祖崩，前废帝即位，法兴迁越骑校尉。时太宰江夏王义恭录尚书事，任同总己，而法兴、尚之执权日久，威行内外，义恭积相畏服，至是慑惮尤甚。废帝未亲万机，凡诏敕施为，悉决法兴之手，尚书中事无大小，专断之，颜师伯、义恭守空名而已。废帝年已渐长，凶志转成，欲有所为，法兴每相禁制，每谓帝曰："官所为如此，欲作营阳耶？"帝意稍不能平。所爱幸阉人华愿兒有盛宠，赐与金帛无算，法兴常加裁减，愿兒甚恨之。帝常使愿兒出入市里，察听风谣，而道路之言，谓法兴为真天子，帝为应天子。愿兒因此告帝曰："外间云宫中有两天子，官是一人，戴法兴是一人。官在深宫中，人物不相接，法兴与太宰、颜、柳一体，吸习往来，门客恒有数百，内外士庶，莫不畏服之。法兴是孝武左右，复久在宫闱，今将他人作一家，深恐此坐席非复官许。"帝遂发怒，免法兴官，遣还田里，仍复徙付远郡，寻又于家赐死。时年五十二。法兴临死，封闭库藏，使家人谨录钥牡，死一宿，又杀其二子，截法兴棺，焚之，籍没财物。法兴能为文章，颇行于世。

死后，帝敕巢尚之曰："吾纂承洪基，君临万国，推心勋旧，著于遐迩。不谓戴法兴恃遇负恩，专作威福，冒宪黩货，号令自由，积衅累愆，遂至于此。卿等忠勤在事，吾乃具悉，但道路之言，异同纷纠，非唯人情骇愕，亦玄象违度，委付之旨，良失本怀。吾今自亲览万机，留心庶事，卿等宜竭诚尽力，以副所期。"尚之时为新安王子鸾抚军中兵参军、淮陵太守。乃解舍人，转为抚军咨议参军，太守如故。

太宗泰始二年，诏曰："故越骑校尉吴昌县开国男戴法兴，昔从孝武，诚勤左右，入定社稷，预誓河山。及出侍东储，竭尽心力，婴害凶悖，朕甚愍之。可追复削注，还其封爵。”有司奏以法兴孙灵珍袭封。又诏曰：“法兴小人，专权豪恣，虽虐主所害，义由国讨，不宜复贪人之封，封爵可停。”

太宗初，复以尚之兼中书通事舍人、南清河太守。二年，迁中书侍郎，太守如故。未拜，改除前军将军，太守如故，侍太子于东宫。晋安王子勋平后，以军守管内，封邵陵县男，食邑四百户，固辞不受。转黄门侍郎，出为新安太守，病卒。

戴明宝，南东海丹徒人也。亦历员外散骑侍郎，给事中。世祖世，带南清河太守。前废帝即阼，权任悉归法兴，而明宝轻矣，以为宣威将军、南东莞太守。景和末，增邑百户。太宗初，天下反叛，军务烦扰，以明宝旧人，屡经戎事，复委任之，以前军将军。事平，迁宣威将军、晋陵太守，进爵为侯，增邑四百户。泰始三年，坐参掌戎事多纳贿货，削增封官爵，系尚方，寻被宥。复为安陆太守，加宁朔将军，游击、骁骑将军，武陵内史，宣城太守，顺帝骠骑司马。升明初，年老，拜太中大夫，病卒。

武陵国典书令董元嗣，与法兴、明宝等俱为世祖南中郎典签。元嘉三十年，奉使还都，值元凶弑立，遣元嗣南还，报上以徐湛之等反。上时在巴口，元嗣具言弑状。上遣元嗣下都，奉表于劭，即而上举义兵，劭责元嗣，元嗣答曰：“始下，未有反谋。”劭不信，备加考掠，不服，遂死。世祖事克，追赠员外散骑侍郎，使文士苏宝生为之诔焉。

大明中，又有奚显度者，南东海剡人也。官至员外散骑侍郎。世祖常使主领人功，而苛虐无道，动加捶扑，暑雨寒雪，不听暂休，人不堪命，或有自经死者。人役闻配显度，如就刑戮。时建康县考囚，或用方材压额及踝胫，民间谣曰：“宁得建康压额，不能受奚度拍。”又相戏曰：“勿反顾，付奚度”。其酷暴如此。前废帝尝戏云：“显度刻虐，为百姓所疾，比当除之。”左右因倡“诺”，即日宣旨杀焉。时人比之孙皓杀岑昏。

徐爰字长玉，南琅邪开阳人也。本名瑗，后以与傅亮父同名，改为爰。初为晋琅邪王大司马府中典军，从北征。微密有意理，为高祖所知。少帝在东宫，入侍左右。太祖初，又见亲任，历治吏劳，遂至殿中侍御史。元嘉十二年，转南台侍御史，始兴王浚后军。复侍太子于东宫，迁员外散骑侍郎。太祖每出军行师，常悬授兵略。二十九年，重遣王玄谟等北伐，配爰五百人，随军向碻磝，衔中旨，临时宣示。

世祖至新亭，大将军江夏王义恭南奔，爰时在殿内，诳劭追义恭，因得南走。时世祖将即大位，军府造次，不晓朝章，爰素谙其事，既至，莫不喜说，以兼太常丞，撰立仪注。孝建初，补尚书水部郎，转为殿中郎，兼右丞。

孝建三年，索虏寇边，诏问群臣防御之策，爰议曰：

诏旨"虏犯边塞，水陆辽远，孤城危棘，复不可置"。臣以戎虏猖狂，狡焉滋广，列卒拟候，伺觇间隙，不劳大举，终莫永宁。然连于千里，费固巨万，而中兴造创，资储未积，是以齐斧徘徊，朔气稽扫。令皇运洪休，灵威遐慑，蠢尔遗烬，惧在诛剪，思肆蜂虿，以表有余，虽不敢深入济、沛，或能草窃边塞。羽林鞭长，太仓遥阻，救援之日，势不相及。且当使缘边诸戍，练卒严城，凡诸督统，聚粮蓄田，筹计资力，足相抗拟。小镇告警，大督电赴，坞壁邀断，州郡犄角，倘有自送，可使匹马不反。

诏旨"胡骑倏忽，抄暴无渐，出耕见虏，野粒资寇，比及少年，军实无拟，江东根本，不可俱竭，宜立何方，可以相赡"？臣以为方镇所资，实宜且田且守，若使坚壁而春垦辍耕，清野而秋登莫拟，私无生业，公成虚罄，远引根本，二三非宜。救之之术，唯在尽力防卫，来必拒战，去则邀蹑，据险保隘，易为首尾。胡马既退，则民丰廪实，比及三载，可以长驱。

诏旨"贼之所向，本无前谋，兵之所进，亦无定所。比岁戎戍,仓库多虚,先事聚众,则消费粮粟,敌至仓卒,又无以相应”。臣以为推锋前讨,大须资力,据本应末,不俟多众。今寇无倾国豕突,列城势足唇齿,养卒得勇,所任得才,临事而惧,应机无失,岂烦空聚兵众,以待未然。

诏旨“戎狄贪婪,唯利是规,不挫凶图,奸志岁结”。臣以为不击则必侵掠,侵掠不已,则民失农桑,农桑不收,则王戍不立,为立之方,击之为要。

诏旨“若令边地岁惊,公私失业,经费困于遥输,远图决无遂事,寝弊赞略,逆应有方”。臣以为威虏之方,在于积粟塞下。若使边民失业,列镇寡储,非唯无以远图,亦不能制其侵抄。今当使小戍制其始寇,大镇赴其入境,一被毒手,便自吹齑鸟逝矣。

寻即真,迁左丞。先是,元嘉中,使著作郎何承天草创国史。世祖初,又使奉朝请山谦之、南台御史苏宝生踵成之。六年,又以爰领著作郎,使终其业。爰虽因前作,而专为一家之书。上表曰:

臣闻虞史炳图,原光被之美,夏载昭策,先随山之勤。天飞虽王德所至,终陟固有资田跃,神宗始于俾乂,上日兆于纳揆。其在《殷颂》,《长发》玄王,受命作周,实唯雍伯,考行之盛则,振古之弘轨。降逮二汉,亦同兹义,基帝创乎丰郊,绍祚本于昆邑。魏以武命《国志》,晋以宣启《阳秋》,明黄初非更姓之本,太始为造物之末,又近代之令准,式远之鸿规。典谟缅邈,纪传成准,善恶具书,成败毕记。然余分紫色,滔天泯夏,亲所芟夷,而不序于始传,涉、圣、卓、绍,烟起云腾,非所诛灭,而显冠乎首述,岂不以事先归之前录,功偕著之后撰。

伏惟皇宋承金行之浇季,钟经纶之屯极,拥玄光以凤翔,秉神符而龙举,剿定鲸鲵,天人伫属。晋禄数终,上帝临宋,便应奄膺纮宇,对越神工,而恭服勤于二分,让德迈于不嗣,其为巍巍荡荡,赫赫明明,历观逖闻,莫或斯等。宜依衔书改文,登舟变号,起元义熙,为王业之始,载序宣力,为功臣之断。其伪玄篡窃，同于新莽，虽灵武克殄，自详之晋录。及犯命干纪，受戮霸朝，虽揖禅之前，皆著之宋策。国典体大，方垂不朽，请外详议，伏须遵承。

于是内外博议，太宰江夏王义恭等三十五人同爰议，宜以义熙元年为断。散骑常侍巴陵王休若、尚书金部郎檀道鸾二人谓宜以元兴三年为始。太学博士虞和谓宜以开国为宋公元年。诏曰："项籍、圣公，编录二汉，前史已有成列。桓玄传宜在宋典，余如爰议。"

七年，爰迁游击将军。其年，世祖南巡，权以本官兼尚书左丞，车驾还宫，罢。明年，又兼左丞，著作兼如故。世祖崩，营景宁陵，爰以本官兼将作大匠。爰便僻善事人，能得人主微旨。颇涉书传，尤悉朝仪。元嘉初，便入侍左右，预参顾问，既长于附会，又饰以典文，故为太祖所任遇。大明世，委寄尤重，朝廷大礼仪注，非爰议不行，虽复当时硕学所解过人者，既不敢立异议，所言亦不见从。世祖崩，公除后，晋安王子勋侍读博士咨爰宜习业与不？爰答："居丧读丧礼，习业何嫌。"少日，始安王子真博士又咨爰，爰曰："小功废业，三年丧何容读书。"其专断乖谬皆如此。

前废帝凶暴无道，殿省旧人，多见罪黜，唯爰巧于将迎，始终无迕。诛群公后，以爰为黄门侍郎，领射声校尉，著作如故。封吴平县子，食邑五百户。宠待隆密，群臣莫二。帝每出行，常与沈庆之、山阴公主同辇，爰亦预焉。太宗即位，例削封，以黄门侍郎改领长水校尉，兼尚书左丞。明年，除太中大夫，著作并如故。

爰秉权日久，上昔在藩，素所不说。及景和世，屈辱卑约，爰礼敬甚简，益衔之。泰始三年，诏曰：

夫事君无礼，教道弗容；讪上炫己，人伦所弃。太中大夫徐爰，拔迹厮猥，推斥饕逢，遂官参时望，门伍豪族，迁位转荣，莫非超荷。而谄侧轻险，与性自俱，利口谗妄，自少及长，奉公在事，厘豪蔑闻，初无愧满，常有窥进。先朝赏以刍辈之中，粗有学解，故得渐蒙驱策，出入两宫。太初伪立，尽心佞事，义师已震，方得南奔。及孝武居统，唯极谄谀，附会承旨，专恣厥性，致使治政苛纵，兴造乖法，损德害民，皆由此竖。景和悖险，深相赞协，苟取偷存，罔顾节义，任算设数，取合人主，皷岖奸矫，所志必从，故历事七朝，白首全贵。自以体含德厚，识鉴机先，迷涂遂深，罔知革悟。

朕拨乱反正，勋济天下，灵祇助顺，群逆必夷，况爰恩养，而无输效，遂内挟异心，著于形迹，阳愚杜口，罔所陈闻，惰事缓文，庶申诡略。当今朝列贤彦，国无佞邪，而秉心弗纯，累蠹时政。以其自告之辰，用赐归老之职，荣礼优崇，宁非饕过。不谓潜怨斥外，进竞不已，勤言托意，触遇斯发。小人之情，虽所先照，犹许其当改，未忍加法。遂恃朕仁弘，必永容贷。昨因觞宴，肆意讥毁，谓制诏所为，皆资傍说，又宰辅无断，朝要非才，恃老与旧，慢戾斯甚。比边难未静，安众以惠，戎略是务，政网从简，故得使此小物，乘宽自纵。乃合投畀豺虎，以清王猷，但朽颡将尽，不足穷法，可特原罪，徙付交州。

爰既行，又诏曰："八议缓罪，旧在一条；五刑所抵，耆必加贷。徐爰前后衅迹，理无可申，废弃海埵，实允国宪。但蚤蒙朕识，曲矜愚朽，既经大宥，思沾殊渥。可特除广州统内郡。"有司奏以为宋隆太守。除命既下，爰已至交州，值刺史张牧病卒，土人孝长仁为乱，悉诛北来流寓，无或免者。长仁素闻爰名，以智计诳诱，故得无患。久之听还，仍除南康郡丞。太宗崩，还京都，以爰为南济阴太守，复除中散大夫。元徽三年，卒，时年八十二。

阮佃夫，会稽诸暨人也。元嘉中，出身为台小史。太宗初出阁，选为主衣。世祖召还左右，补内监。永光中，太宗又请为世子师，甚见信待。景和末，太宗被拘于殿内，住在秘书省，为帝所疑，大祸将至，惶惧计无所出。佃夫与王道隆、李道兒及帝左右琅邪淳于文祖谋共废立。时直阁将军柳光世亦与帝左右兰陵缪方盛、丹阳周登之有密谋，未知所奉。登之与太宗有旧，方盛等乃使登之结佃夫，佃夫大说。先是，帝立皇后，普暂彻诸王奄人，太宗左右钱蓝生亦在其例。事毕未被遣，密使蓝生候帝，虑事泄，蓝生不欲自出，帝动止辄以告淳于文祖，令文祖报佃夫。

景和元年十一月二十九日晡时，帝出幸华林园，建安王休仁、山阳王休祐、山阴公主并侍侧，太宗犹在秘书省，不被召，益忧惧。佃夫以告外监典事东阳朱幼，又告主衣吴兴寿寂之、细铠主南彭城姜产之，产之又语所领细铠将临淮王敬则，幼又告中书舍人戴明宝，并响应。明宝、幼欲取其日向晓，佃夫等劝取开鼓后。幼豫约勒内外，使钱蓝生密报建安王休仁等。时帝欲南巡，腹心直閤将军宋越等其夕并听出外装束，唯有队主樊僧整防华林阁，是柳光世乡人，光世要之，僧整即受命。美产之又要队副阳平聂庆及所领壮士会稽富灵符、吴郡俞道龙、丹杨宋逵之、阳平田嗣，并聚于庆省。佃夫虑力少不济，更欲招合，寿寂之曰："谋广或泄，不烦多人。"

时巫觋云"后堂有鬼"。其夕，帝于竹林堂前，与巫共射之。建安王休仁等、山阴主并从。帝素不说寂之，见辄切齿。寂之既与佃夫成谋，又虑祸至，抽刀前入，姜产之随其后，淳于文祖、缪方盛、周登之、富灵符、聂庆、田嗣、王敬则、俞道龙、宋逵之又继进。休仁闻行声甚疾，谓休祐曰："事作矣。"相随奔景阳山。帝见寂之至，引弓射之，不中，乃走，寂之追而殒之。事定，宣令宿卫曰："湘东王受太后令，除狂主。今已平定。"太宗即位，论功行赏，寿寂之封应城县侯，食邑千户。姜产之汝南县侯，佃夫建城县侯，食邑八百户。王道隆吴平县侯，淳于文祖阳城县侯，食邑各五百户。李道兒新涂县侯，缪方盛刘阳县侯，周登之曲陵县侯，食邑各四百户。富灵符惠怀县子，聂庆建阳县子，田嗣将乐县子，王敬则重安县子，俞道龙茶陵县子，宋逵之零陵县子，食邑各三百户。

佃夫迁南台侍御史。薛索兒渡淮为寇，山阳太守程天祚又反，佃夫与诸军讨之，破索兒，降天祚。迁龙骧将军、司徒参军，率所领南助赭圻。转太子步兵校尉、南鲁郡太守，侍太子于东宫。泰始四年，以破薛索兒功，增封二百户，并前千户。以本官兼游击将军，假宁朔将军，与辅国将军兼骁骑将军孟次阳与二卫参员直。

次阳字崇基，平昌安丘人也。泰始初，为山阴王休祐骠骑参军。薛安都子道摽攻合肥，次阳击破之，以功封攸县子，食邑三百户。历右军、骠骑将军。六年，出为辅师将军、兖州刺史，戍淮阴，立北兖州，自此始也。进号冠军将军。元徽四年，卒。

时佃夫、王道隆、杨运长并执权柄，亚于人主。巢、戴大明之世方之蔑如也。尝值正旦应合朔，尚书奏迁元会，佃夫曰："元正庆会，国之大礼，何不迁合朔日邪？"其不稽古如此。大通货贿，凡事非重赂不行。人有饷绢二百匹，嫌少，不答书。宅舍园池，诸王邸第莫及。妓女数十，艺貌冠绝当时，金玉锦绣之饰，宫掖不逮也。每制一衣，造一物，京邑莫不法效焉。于宅内开渎，东出十许里，塘岸整洁，泛轻舟，奏女乐。中书舍人刘休尝诣之，值佃夫出行，中路相逢，要休同反。就席，便命施设，一时珍羞，莫不毕备，凡诸火剂，并皆始熟，如此者数十种。佃夫尝作数十人馔，以待宾客，故造次便办，类皆如此。虽晋世王、石，不能过也。泰始初，军功既多，爵秩无序，佃夫仆从附隶，皆受不次之位，捉车人虎贲中郎，傍马者员外郎。朝士贵贱，莫不自结，而矜傲无所降意，入其室者，唯吴兴沈勃、吴郡张澹数人而已。

泰豫元年，除宁朔将军、淮南太守，迁骁骑将军，寻加淮陵太守。太宗晏驾，后废帝即位，佃夫权任转重，兼中书通事舍人，加给事中、辅国将军，余如故。欲用张澹为武陵郡，卫将军袁粲以下皆不同，而佃夫称敕施行，粲等不敢执。元徽三年，迁黄门侍郎，领右军将军，太守如故。明年，改领骁骑将军。其年，迁使持节、督南豫州诸军事、冠军将军、南豫州刺史、历阳太守，犹管内任。以平建平王景素功，增邑五百户。

时废帝猖狂，好出游走，始出宫，犹整羽仪，引队杖，俄而弃部伍，单骑与数人相随，或出郊野，或入市廛，内外莫不惧忧。佃夫密与直阁将军申伯宗、步兵校尉朱幼、于天宝谋共废帝，立安成王。五年春，帝欲往江乘射雉。帝每北出，常留队仗在乐游苑前，弃之而去。佃夫欲称太后令唤队仗还，闭城门，分人守石头、东府，遣人执帝废之，自为扬州刺史辅政。与幼等已成谋，会帝不成向江乘，故其事不行。于天宝因以其谋告帝，帝乃收佃夫、幼、伯宗于光禄外部，赐死。佃夫、幼罪止身，其余无所问。佃夫时年五十一。

幼，泰始初，为外监，配张永诸军征讨，有济办之能，遂官涉二品，为奉朝请、南高平太守，封安浦县侯，食邑二百户。

于天宝，其先胡人，预竹林堂功。元徽中，自陈功劳，求加封爵，乃封为鄂县子，食邑二百户。发佃夫之谋，以为清河太守，右军将军。升明元年，出为山阳太守。齐王以其反覆，赐死。

寿寂之，泰始初，以军功增邑二百户，为羽林监，迁太子屯骑校尉，寻加宁朔将军、南太山太守。多纳货贿，请谒无穷，有一不从，切齿骂詈，常云："利刀在手，何忧不办。"鞭尉吏，斫逻将。七年，为有司所奏，徙送越州，行至豫章，谋欲逃叛，乃杀之。

姜产之，泰始初，以军功增邑二百户。为晋平王休祐骠骑中兵参军、龙骧将军、南济阴太守。三年，北伐，与虏战，军败见杀。追赠左军将军，太守如故。

李道兒，临淮人。本为湘东王师，稍至湘东国学官令。太宗即位，稍进至员外散骑侍郎，淮陵太守。泰始二年，兼中书通事舍人，转给事中。四年，病卒。

王道隆，吴兴乌程人。兄道迄，涉学善书，形貌又美，吴兴太守王韶之谓人曰："有子弟如王道迄，无所少。"始兴王浚以为世子师，以书补中书令史。

道隆亦知书，为主书书吏，渐至主书。世祖使传命，失旨，遣出，不听复入六门。太宗镇彭城，以补典签，署内监。及即位，为南台侍御史，稍至员外散骑侍郎，南兰陵太守。泰始二年，兼中书通事舍人。以破晋陵功,增邑百户,并前六百户。五年,出侍东宫,复兼中书通事舍人。后废帝即位,自太子翊军校尉迁右军将军,太守、兼舍人如故。道隆为太宗所委,过于佃夫,和谨自保,不妄毁伤人,执权既久,家产丰积,豪丽虽不及佃夫,而精整过之。

元徽二年,太尉桂阳王休范奄至新亭,佃夫留守殿内,而道隆领羽林精兵向朱雀门。时贼已至航南,道隆忽召镇军将军刘勔于石头,勔至,命开航,道隆怒曰:"贼至但当急击,宁可开航自弱邪!"勔不敢复言。催勔进战,勔度航便败,贼乘胜径进,道隆弃众走向台,所乘马连耸局不肯前,遂为贼兵及,见杀。事平,车驾临哭,赠辅国将军、益州刺史。子法贞嗣,齐受禅,国除。

杨运长,宣城怀安人。初为宣城郡吏,太守范晔解吏名。素善射,太宗初为皇子,出运长为射师。性谨悫,为太宗所委信。及即位,亲遇甚厚,与佃夫、道隆、李道兒等益执权要,稍至员外散骑侍郎,南平昌太守。泰始七年,出侍东宫。后废帝即位,与佃夫俱兼通事舍人,加龙骧将军,转给事中。以平桂阳王休范功,封南城县子,食邑八百户。元徽三年,自安成王车骑中兵参军,迁后军将军,兼舍人如故。

运长质木廉正,治身甚清,不事园宅,不受饷遗,而凡鄙无识知,唯与寒人潘智、徐文盛厚善,动止施为,必与二人量议。文盛为奉朝请,预平桂阳王休范,封广晋县男,食邑四百户。顺帝即位,出运长为宁朔将军、宣城太守,寻去郡还家。沈攸之反,运长有异志,齐王遣骠骑司马崔文仲讨诛之。

史臣曰:竭忠尽节,仕子恒图;随方致用,明君盛典。旧非本旧,因新以成旧者也;狎非先狎,因疏以成狎者也。而任隔疏情,殊涂一致,权归近狎,异世同规。虽复汉高之简易,光武之谨厚,犹丰、沛多显,白水先华,况世祖之泥滞鄙近,太宗之拘挛爱习,欲不纷惑床笫,岂可得哉!

宋书卷九五
列传第五五

索虏

索头虏姓托跋氏，其先汉将李陵后也。陵降匈奴，有数百千种，各立名号，索头亦其一也。

晋初，索头种有部落数万家在云中。惠帝末，并州刺史瀛公司马腾于晋阳为匈奴所围，索头单于猗驼遣军助腾。怀帝永嘉三年，驼弟卢率部落自云中入雁门，就并州刺史刘琨求楼烦等五县，琨不能制，且欲倚卢为援，乃上言："卢兄驼有救腾之功，旧勋宜录，请移五县民于新兴，以其地处之。"琨又表封卢为代郡公。愍帝初，又进卢为代王，增食常山郡。其后卢国内大乱，卢死，子又幼弱，部落分散。卢孙什翼鞬勇壮，众复附之，号上洛公，北有沙漠，南据阴山，众数十万。其后为苻坚所破，执还长安，后听北归。鞬死，子开字涉珪代立。

先是，鲜卑慕容垂僭号中山，晋孝武太元二十一年，垂死，开率十万骑围中山。明年四月，克之，遂王有中州，自称曰魏，号年天赐。九年，治代郡桑乾县之平城。立学官，置尚书曹。开颇有学问，晓天文。其俗以四月祠天，六月末率大众至阴山，谓之却霜。阴山去平城六百里，深远饶树木，霜雪未尝释，盖欲以暖气却寒也。死则潜埋，无坟垄处所，至于葬送，皆虚设棺柩，立冢椁，生时车马器用皆烧之，以送亡者。

开暴虐好杀，民不堪命。先是，有神巫诫开当有暴祸，唯诛清河杀万民，乃可以免。开乃灭清河一郡，常手自杀人，欲令其数满万。或乘小辇，手自执剑，击檐辇人脑，一人死，一人代，每一行，死者数十。夜恒变易寝处，人莫得知，唯爱妾名万人知其处。万人与开子清河王私通，虑事觉，欲杀开，令万人为内应。夜伺开独处，杀之。开临死，曰："清河万人之言，乃汝等也。"是岁，安帝义熙五年。开次子齐王嗣字木末，执清河王，对之号哭，曰："人生所重者父，云何反逆？"逼令自杀。嗣代立，谥开道武皇帝。

十三年，高祖西伐长安，嗣先娶姚兴女，乃遣十万骑屯结河北以救之，大为高祖所破，事在朱超石等传。于是遣使求和，自是使命岁通。高祖遣殿中将军沈范、索季孙报使，反命已至河，未济，嗣闻高祖崩问，追报范等，绝和亲。太祖即位，方遣范等归。

永初三年十月，嗣自率众至方城，遣郑兵将军扬州刺史山阳公达奚斤、吴兵将军广州刺史苍梧公公孙表、尚书滑稽领步骑二万余人，于滑台西南东燕县界石济南渡，辎重弱累自随。滑台戍主、宁远将军、东郡太守王景度，驰告冠军将军、司州刺史毛德祖，戍虎牢，遣司马翟广率参军庞谘、上党太守刘谈之等步骑三千拒之。军次卷县土楼，虏徙营滑台城东二里，造攻具，日往胁城。德祖以滑台戍人少，使翟广募军中壮士，遣宁远将军刘芳之率领，助景度守。芳之将八十余人，突得入城。德祖又遣讨虏将军、弘农太守窦应明领五百人，建武将军窦霸领二百五十人，并以水军相继发，咸受翟广节度。

初，亡命司马楚之等常藏窜陈留郡界，虏既南渡，驰相要结，驱扇疆场，大为民患。德祖遣长社令王法政率五百人据邵陵，将刘怜领二百骑至雍丘以防之。楚之于白马县袭怜，为怜所破。会台送军资至，怜往迎之，而酸枣民王玉知怜南，驰以告虏，虏将滑稽领千乘袭仓垣，兵吏悉逾城散走，陈留太守严慢为虏所获，虏即用王玉为陈留太守，给兵守仓垣。

十一月，虏悉力攻滑台城，城东北崩坏，王景度出奔，景度司马阳瓒坚守不动，众溃，抗节不降，为虏所杀。窦应明击虏辎重于石济，破之，杀贼五百余人，斩其戍主□连内头、张索兒等。应明自石济赴滑台,闻城已没,遂进屯尹卯,窦霸驰就翟广。虏既克滑台,并力向广等,力不敌,引退,转斗而前,二日一夜,裁行十许里。虏步军续至,广等矢尽力竭,大败。广、霸、谈之等各单身迸还。

虏乘胜遂至虎牢,德祖出步骑欲击之,虏退屯土楼,又退还滑台。长安、魏昌、蓝田三县民居在虎牢下,德祖皆使入城。虏别遣黑矟公率三千人至河阳,欲南渡取金墉。德祖遣振威将军、河阴令窦晃五百人戍小垒,缑氏令王瑜四百人据监仓,巩令臣琛五百人固小平,参军督护张季五百人屯牛兰,又遣将领马队与洛阳令杨毅合二百骑,缘河上下,随机赴接。十二月,虏置守于洛川小垒,德祖遣翟广驰往击之,虏退走。广安立守防,修治城坞,复还虎牢。豫州刺史刘粹遣治中高道瑾领步骑五百据项,又遣司马徐琼继之,台遣将辅伯遣、姚珍、杜坦、梁灵宰等水步诸军续进。徐州刺史王仲德率军次湖陆。黑矟公遣长史将千人逼窦晃、杨毅,晃等逆击,禽之,生获二百人。其后,郑兵将军五千骑掩袭晃等,黑矟渡与并力,四面攻垒,晃等力少众散,晃、毅皆被重创。虏将安平公鹅青二军七千人南渡,于碻磝东下,至泗渎口,去尹卯百许里。兖州刺史徐琰委军镇走,于是泰山诸郡并失守。

郑兵与公孙表及宋兵将军、交州刺史交址侯普几万五千骑,复向虎牢,于城东南五里结营,分步骑自成皋开向虎牢外郭西门,德祖逆击,杀伤百余人,虏退还保营。镇北将军檀道济率水军北救,车骑将军庐陵王义真遣龙骧将军沈叔狸三千人就豫州刺史刘粹,量宜赴援。少帝景平元年正月,郑兵分军向洛,攻小垒,小垒守将窦晃拒战,陷没,河南太守王涓之弃金墉出奔。

自虏分军向洛,德祖每战辄破之。嗣自率大众至邺。郑兵既克金墉,复还虎牢,德祖于城内穴城,入七丈,二道,出城外,又分作六道,出虏阵后。募敢死之士四百人,参军范道基率二百人为前驱,参军郭王符、刘规等以二百人为后系,出贼围外,掩袭其后,虏阵扰乱,斩首数百级,焚烧攻具。虏虽退散,随复更合。

虏又遣楚兵将军徐州刺史安平公涉归幡能健、越兵将军青州刺史临菑侯薛道千、陈兵将军淮州刺史寿张子张模东击青州，所向城邑皆奔走。冠军将军、青州刺史竺夔镇东阳城，闻虏将至，敛众固守。龙骧将军、济南太守垣苗率二府郡又武奔就夔。夔与将士盟誓，居民不入城者，使移就山阻，烧除禾稼，令虏至无所资，虏众向青州，前后济河凡六万骑。三月，三万骑前追胁。城内文武一千五百人，而半是羌蛮流杂，人情骇惧。竺夔夜遣司马车宗领五百人出城掩击，虏众披退。间二日，虏步骑悉至，绕城四围，列阵十余里，至晡退还安水结营，去城二十里，大治攻具，日日分步骑常来逼城。夔夜使殿中将军竺宗之、参军贾元龙等领百人，于杨水口两岸设伏。虏将阿伏斤领三百人晨渡水，两岸仗伏，虏骑四进，杀伤数十人，枭阿伏斤首。虏又进营水南，去城西北四里。

嗣自邺遣兵益虎牢，增围急攻，郑兵于虎牢率步骑三千，攻颍川太守李元德于许昌，车骑将军王玄谟领千人，助元德守，与元德俱散败。虏即用颍川人庾龙为颍川太守，领骑五百，并发民丁以戍城。德祖出军击公孙表，大战，从朝至晡，杀虏数百。会郑兵军从许昌还，合围，德祖大败，失甲士千余人，退还固城。嗣又于邺遣万余人从白沙口过河，于濮阳城南寒泉筑垒。朝议以“项城去虏不远，非轻军所抗，使刘粹召高道瑾还寿。若沈叔狸已追，亦宜且追”。粹以虏攻虎牢，未复南向，若便摄军舍项城，则淮西诸郡，无所凭依。沈叔狸已顿肥口，又不宜便退。时李元德率散卒二百人至项，刘粹便助高道瑾戍，请宥其奔败之罪，朝议并许之。

檀道济至彭城，以青、司二州并急，而所领不多，不足分赴，青州道近，竺夔兵弱，先救青州。竺夔遣人出城作东西南堑，虏于城北三百余步凿长围，夔遣参军闾茂等领善射五十人，依墙射虏，虏骑数百驰来围墙，墙内纳射，固墙死战。虏下马步进，短兵接，城上弓弩俱发，虏乃披散。虏遂填外堑，引高楼四所，虾蟆车二十乘，置长围内。夔先凿城北作三地道，令通外堑，复凿里堑，内去城二丈作子堑，遣三百余人出地道，欲烧虏攻具。时回风转烂，火不得燃，虏兵矢横下，士卒多伤，敛众还入。虏填三堑尽平，唯余子堑，虾蟆车所不及。虏以橦攻城，夔募人力，于城上系大磨石堆之，又出于子堑中，用大麻絙张骨骨，攻车近城，从地道中多人力挽令折。虏复于城南掘长围，进攻逾急。夔能持重，垣苗有胆干，故能坚守移时，然被攻日久，城转毁坏，战士多死伤，余众困乏，旦暮且陷，檀道济、王仲德兼行赴之。

刘粹遣李元德袭许昌，庾龙奔进，将宋晃追蹑，斩龙首。元德因苗绥抚，并上租粮。虏悦勃大肥率三千余骑，破高平郡所统高平、方与、任城、金乡、抗父等五县，杀略二千余家，杀其男子，驱虏女弱。兖州刺史郑顺之戍湖陆，以兵卒不敢出。冠军将军申宣戍彭城，去高平二百余里，惧虏至，移郭外居民，并诸营署，悉入小城。

嗣又遣并州刺史伊楼拔助郑兵攻虎牢，填塞两堑，德祖随方抗拒，颇杀虏，而将士稍零落。

四月壬申，虏闻道济将至，焚烧器械，弃青州走。竺夔上言东阳城被攻毁坏，不可守，移镇长广之不期城。下以固守，以功进号前将军，封建陵县男，食邑四百户。夔字祖季，东莞人也。官至金紫光禄大夫。

嗣率大众至虎牢，停三日，自督攻城，不能下，回军向洛阳，留三千人益郑兵。停洛数日，渡河北归。虏安平公等诸军从青州退还，径趋滑台，檀道济、王仲德步军乏粮，追虏不及。道济于泰山分遣仲德向尹卯，道济停军湖陆。仲德未至尹卯，闻虏已远，还就道济，共装治水军。虏安平公诸军就滑台，西就郑兵，共攻虎牢。被围二百日，无日不战，德祖劲兵战死殆尽，而虏增兵转多。虏撞外城，德祖于内更筑三重，仍旧为四。贼撞三城已毁，一保一城，昼夜相拒，将士眼皆生创，死者太半。德祖恩德素结，众无离心。德祖昔在北，与虏将公孙表有旧，表有权略，德祖患之，乃与交通音问，密遣人说郑兵，云表与之连谋，每益表书，辄多所治定。表以书示郑兵，郑兵倍疑之，言于嗣，诛表。虏众盛，檀道济诸救军并不敢进。刘粹据项城，沈狸屯高桥。

二十一日，虏作地道偷城内井，井深四十丈，山势峻峭，不可得防。至其月二十三日，人马渴乏饥疫，体皆乾燥，被创者不复出血。虏因急攻，遂克虎牢，自德祖及翟广、窦霸凡诸将佐及郡守在城内者，皆见囚执，唯上党太守刘谈之、参军范道基将二百人突围南还。城将溃，将士欲扶德祖出奔，德祖曰："我与此城并命，义不使此城亡而身在也。"嗣重其固守之节，勒众军生致之，故得不死。司空徐羡之、尚书傅亮、领军将军谢晦表曰："去年逆虏纵肆，陵暴河南，司州刺史臣德祖竭诚尽力，抗对强寇，孤城独守，将涉期年，救师淹缓，举城沦没，圣怀垂悼，远近嗟伤。陛下殷忧谅闇，委政自下，臣等谋猷浅蔽，托付无成，遂令致节之臣，抱忠倾覆，将士歼辱，王略亏挫，上坠先规，下贻国耻。稽之朝典，无所辞责。虽有司挠笔，未加准绳，岂宜尸禄，昧安殊宠，乞蒙屏固，以申国法。"不许。

德祖，荥阳南武阳人也。晋末自乡里南归。初为冠军参军，辅国将军道规为荆州，德祖为之将佐。复为高祖太尉参军。高祖北伐，以为王镇恶龙骧司马，加建武将军。为镇恶前锋，斩贼宁朔将军赵玄石于柏谷，破弘农太守尹雅于梨城，又破贼大帅姚难于泾水，斩其镇北将军姚强。镇恶克立大功，盖德祖之力也。长安平定，以为龙骧将军、扶风太守，仍迁秦州刺史，将军如故。时佛佛虏为寇，复以德祖为王镇恶征虏司马，寻复为桂阳公义真安西参军、南安太守，将军如故。复徙冯翊太守。高祖东还，以德祖督司州之河东平阳二郡诸军、辅国将军、河东太守，代并州刺史刘遵考戍蒲坂。长安不守，合部曲还彭城，除世子中兵参军，将军如故。又除督司州之河东平阳河北雍州之京兆豫州之颍川兖州之陈留九郡军事、荥阳太守，将军如故，又加京兆太守。高祖践祚，进号冠军。论前后功，封观阳县男，食邑四百户。又除督司雍并三州豫州之颍川兖州之陈留诸军事、司州刺史，将军如故。太祖元嘉六年，死于虏中，时年六十五。世祖大明元年，以德祖弟子熙祚第二息诩之绍德祖封。

虏既克虎牢，留兵居守，余众悉北归。少帝曰："故宁远司马、濮阳太守阳瓒，滑台之逼，厉诚固守，投命均节，在危无挠，古之忠烈，无以加之。可追赠给事中，并存恤遗孤，以慰存亡。"尚书令傅亮议：

"瓒家在彭城,宜即以入台绢一百匹、粟三百斛赐给。"文士颜延之为诔焉。龙骧将军兖州刺史徐琰、东阳太守王景度并坐失守,钳髡居作,琰五岁,景度四岁。

时宣威将军、颍川太守李元德戍许昌,仍除荥阳太守,督二郡军事。其年十一月,虏遣军并招集亡命,攻逼许昌城,以土人刘远为荥阳太守。李元德欲出战,兵杖少,至夜,悉排女墙散溃,元德复奔还项城。虏又围汝阳,太守王公度将十余骑突围奔项城。虏又破邵陵县,残害二千余家,尽杀其男丁,驱略妇女一万二千口。刘粹遣将姚耸夫率军助守项城,又遣司马徐琼五百人继之。虏掘破许昌城,又毁坏钟离城,以立疆界而还。

嗣死,谥曰明元皇帝,子焘字佛狸代立。母杜氏,冀州人,入其宫内,生焘。焘年十五六,不为嗣所知,遇之如仆隶。嗣初立慕容氏女为后,又娶姚兴女,并无子,故焘得立。壮健有筋力,勇于战斗,忍虐好杀,夷、宋畏之。攻城临敌,皆亲贯甲胄。元嘉五年,使大将吐伐斤西伐长安,生禽赫连昌中山王安定,封昌为公,以妹妻之。昌弟赫连定在陇上,吐伐斤乘胜以骑三万讨定,定设伏于陇山弹筝谷破之,斩吐伐斤,尽坑其众。定率众东还,后克长安,焘又自攻不克,乃分军戍大城而还。焘常使昌侍左右,常共单马逐鹿,深入山涧。昌素有勇名,诸将咸谓昌不可亲,焘曰:"天命有在,亦何所惧。"亲遇如初。复攻长安,克之,定西走,为吐谷浑慕瑰所禽。

赫连氏有名卫臣者,种落在朔方塞外,部落千余户。朔方以西,西至上郡,东西千余里,汉世徙谪民居之,土地良沃。苻坚时,卫臣入塞寄田,春来秋去。坚云中护军贾雍掠其田者,获生口马牛羊,坚悉以还之,卫臣感恩,遂称臣入居塞内,其后渐强盛。卫臣死,子佛佛骁猛有谋算,远近杂种皆附之。姚兴与相抗,兴覆军丧众,前后非一,关中为之伤残。高祖入长安,佛佛震慑不敢动。高祖东还,即入寇北地。安西将军义真之归也,佛佛遣子昌破之青泥,俘囚诸将帅,遂有关中,自称尊号,号年曰真兴元年。京兆人韦玄隐居养志,有高名,姚兴备礼征,不起,高祖辟为相国掾,宋台通直郎,又并不就。佛佛召为太子庶子，玄应命。佛佛大怒，曰："姚兴及刘公相征召，并不起，我有命即至，当以我殊类，不可理其故耶！"杀之。元嘉二年，佛佛死，昌立，至是为焘所兼。焘西定陇右，东灭黄龙、海东诸国，并遣朝贡。

太祖践祚，便有志北略。七年三月，诏曰："河南，中国多故，湮没非所，遗黎荼炭，每用矜怀。今民和年丰，方隅无事，宜时经理，以固疆场。可简甲卒五万，给右将军到彦之，统安北将军王仲德、兖州刺史竺灵秀舟师入河，骁骑将军段宏精骑八千，直指虎牢，豫州刺史刘德武劲勇一万，以相掎角，后将军长沙王义欣可权假节，率见力三万，监征讨诸军事。便速备办，月内悉发。"先遣殿中将军田奇衔命告焘："河南旧是宋土，中为彼所侵，今当修复旧境，不关河北。"焘大怒，谓奇曰："我生头发未燥，便闻河南是我家地，此岂可得河南。必进军，今权当敛戍相避，须冬行地净，河冰合，自更取之。"

后将军长沙王义欣出镇彭城，总统郡帅，告司、兖二州曰：

夫王者之兵，以义德相济，非徒疆理土地，恢广经略，将以大庇苍生，保全黎庶。是以蒙践霜雪，逾历险难，匡国宁民，肃清四表。

昔我高祖武皇帝，诞膺明命，爰造区夏，内夷篡逆，外宁寇乱，灵武纷纭，雷动风举，响轶龙堆，声浮云、朔，陵天振地，拔山荡海。于是华域肃清，讴歌允集，王纲帝典，焕哉惟文，太和烟煴，流泽洋溢。中叶谅闇，委政冢宰，黠虏乘衅，侵侮上国。遂令司、兖良民，复蹈非所，周、郑遗黎，重隔王化。

圣皇践祚，重光开朗，明哲柔远，以隆中兴，遐夷慕义，云腾波涌。方将蹈德履信，被艺袭文，增修业统，作规于后，勤施洽于三方，惠和雍于北狄。夫养鱼者除其猵獭，育禽者去豺狼，故智士研其虑，勇夫厉其节，嘉谋动苍天，精气贯辰纬。

莫府忝任，禀承庙算，剪爪明衣，誓不顾命，提吴、楚之劲卒，总八州之锐士，红旗绛天，素甲夺日，虎步中原，龙超河渚。

兴云散雨，慰大旱之思，吊民伐罪，积后己之情。师以顺动，何征而不克，况乎遵养耆昧，绥复境土而已哉。

昔淮、泗初开，狡徒纵逸，王旅入关，群竖飙扇，襄邑之战，素旗授首，半城之役，伏尸蔽野，支解体分，羽翼摧挫。加以构难西虏，结怨黄龙，控弦熸灭，首尾逼畏，蜂屯蚁聚，假息旦夕，岂复能超蹈长河，以当堂堂之陈哉。夫顺从贵速，归德恶晚，赏褒先附，威加后服。是以秦、赵羁旅，披榛委诚，施绂乘轩，剖符州郡。慕容、姚泓，恃强作祸，提挈万里，卒婴铁钺。皆目前之诚验，往世之所知也。圣上明发爱恤，以道怀二州士民，若能审决安危，翻然革面，率其支党，归投军门者，当表言天台，随才叙用。如其迷心不悛，窜首巢穴，长围既周，临冲四至，虽欲壶浆厥篚，其可得乎。幸加三思，详择利害。

彦之进军，虏悉敛河南一戍归河北。太祖以前征虏司马、南广平太守尹冲为督司雍并三州豫州之颍川兖州之陈留二郡诸军事、奋威将军、司州刺史，戍虎牢。十一月，虏大众南渡河，彦之败退，洛阳、滑台、虎牢诸城并为虏所没，尹冲及司马、荥阳太守崔模抗节不降，投堑死。冲字子顺，天水冀人也。先为姚兴吏部郎，与兴子广平公弼结党，欲倾兴太子泓。泓立，冲与弟弘俱逃叛南归。至是追赠前将军。太祖与江夏王义恭书曰："尹冲诚节志概，继踪古烈，以为伤惋，不能已已。"

上以滑台战守弥时，遂至陷没，乃作诗曰：

逆虏乱疆场，边将婴寇仇。坚城效贞节，攻战无暂休。覆沛不可拾，离机难复收。势谢归涂单，于焉见幽囚。烈烈制邑守，舍命蹈前修。忠臣表年暮，贞柯见严秋。楚庄投袂起，终然报强仇。去病辞高馆，卒获舒国忧。戎事谅未殄，民患焉得瘳。抚剑怀感激，志气若云浮。愿想凌扶摇，弭旆拂中州。爪牙申威灵，帷幄骋户筹。华裔混殊风，率土浃王猷。惆怅惧迁逝，北顾涕交流。

其后，焘又遣使通好，并求婚姻，太祖每依违之。十七年，焘号太平真君元年。十九年，虏镇东将军武昌王宜勒库莫提移书益、梁二州，往伐仇池，侵其附属，而移书越诣徐州曰：

我大魏之兴，德配二仪，与造化并立。夏、殷以前，功业尚矣，周、秦以来，赫赫堂堂，垂耀先代。逮我烈祖，重之圣明，应运龙飞，廓清燕、赵。圣朝承王业之资，奋神武之略，远定三秦，西及葱岭，东平辽碣，海隅服从，北暨钟山，万国纳贡，威风所扇，想彼朝野，备闻威德。往者刘、石、苻、姚，递据三郡，司马琅邪，保守扬、越，绵绵连连，绵历年纪。数穷运改，宋氏受终，仍晋之旧，远通聘享。故我朝庭解甲，息心东南之略，是为不欲违先故之大信也。而彼方君臣，苞藏祸心，屡为边寇。去庚午年，密结赫连，侵我牢、洛，致师徒丧败，举军囚俘。我朝庭仁弘，不穷人之非，不遂人之过，与彼交和，前好无改。昔南秦王杨玄识达天运，于大化未及之前，度越赫连，远归忠款。玄既即世，弟难当忠节愈固，上请纳女，连婚宸极，任土贡珍，自比内郡，汉南白雉，登俎御羞，朝庭嘉之，授以专征之任。不图彼朝计疆场之小疵，不相关移，窃兴师旅，亡我宾属。难当将其妻子，及其同义，告败关下。圣朝怃然，顾谓群臣曰："彼之违信背和，与牢、洛为三，一之为甚，其可再乎！是若可忍，孰不可忍！"是以分命吾等声声之臣，助难当报复。

使持节、侍中、都督雍秦三州诸军事、安西将军建兴公吐奚爱弼，率南秦王杨难当自祁山南出，直冲建安，令南秦自遣信臣，招集旧户。使持节、侍中、都督雍梁益四州诸军事、安西将军、启开府仪同三司淮阴公皮豹子，员外散骑常侍、平南将军、南益州刺史、建德公库拔阿浴河，引出斜谷，厄白马之险。散骑常侍、安南将军、雍州刺史、南平公娥后延，出自骆谷，直截汉水。冠军将军、南蛮校尉、荆州刺史建平公宗槼，使持节、员外散骑常侍、冠军将军、梁州刺史顺阳公刘买德，平远将军永安侯若干内亦千，出自子午，东袭梁、汉。使持节、侍中、都督荆梁南雍三州诸军事、领护南蛮校尉、征南大将军、开府仪同三司、荆州刺史故晋谯王司马文思,宁远将军、荆州刺史襄阳公鲁轨,南趋荆州。使持节、都督洛豫州及河内诸军事、镇南大将军、开府仪同三司淮南王直勒它大翰,为其后继。使持节、侍中、都督梁益宁三州诸军事、领护西戎校尉、镇西大将军、开府仪同三司、扬州刺史晋琅邪王司马楚之,南趣寿春。使持节、侍中、都督扬豫兖徐四州诸军事、征南将军、徐兖二州刺史东安公刁雍,东趣广陵,南至京口。使持节、侍中、都督青兖徐三州诸军事、征东将军、青徐二州刺史东海公故晋元显子司马天助,直趣济南。十道并进,连营五千,步骑百万,隐隐桓桓。以此屠城,何城不溃,以此奋击,何坚不摧。邵陵、践土,区区齐、晋,尚能克胜强楚,以致一匡,况大魏以沙漠之突骑,兼咸、夏之劲卒哉!

若众军就临,将令南海北泛,江湖南溢,高岸垫为浦泽,深谷积为丘陵,晋余黎民,将云集雾聚,仇池之师,攲阪山谷之中,何能自固。彼之所谓肆忿于目前之小得,以至于败亡之大失也。昔信陵君济穷鸠之危,义士归之,故我朝廷欲救难当投命之诚,为此举动。既而爱惜前好,犹复沉吟,多杀生生,在之一亡十,仁者之所不为。吾等别爱后自驰檄相譬书。若摄兵还反,复南秦之国,则诸军同罢,好穆如初。若距我义言,很愎遂往,败国亡身,必成噬齐之悔。望所列上彼朝,惠以报告。

徐州答移曰:

知以杨难当投命告败,比之穷鸠,欲动众以相存拯。救危恤难,有国者之所用心。虽然,移书之言,亦已过矣。何者?杨氏先世以来,受晋爵号,修职守藩,为我西服。十载之中,再造逆乱,号年建义,猖狂妄作,为臣不忠,宜加诛讨。又知难当称臣彼国,宜是顾畏首尾,两属求全。果是纯臣,服事于魏,何宜与人和亲,而听臣下纵逸。昔景平之末,国祚中微,彼乘我内难,侵我司、兖,是以七年治兵,义在经略,三帅涉河,秋豪不犯,但崇此信誓,不负约言耳。彼伺我军,仍相掩袭,俘我甲士,翦我边民，是彼有两曲，我有二直也。司马楚、文思亡命窜伏，鲁轨、刁雍实为虿尾，而拥其逋逃，开其疆埸。元显无子，焉得天助，谬称假托，何足以云。又讥窃兴师旅，不相关移，若如来言，又非所受。黄龙国主受我正朔，且渠茂虔父子归款，彼皆残灭俘馘，岂有先言。况仇池奉晋十世，事宋三叶，九伐所加，何伤于彼。

仆闻师曲为老，义作乱雄，言贵称情，不在夸大。移书本诣梁、益，而谬来鄙府，大人不远，幸无过谈。

二十年，焘以国授其太子，下书曰："朕承祖宗重光之绪，思阐洪基，恢隆万世。自经营天下，平暴除逆，扫清不顺，武功既昭，而文教未阐，非所以崇太平之治也。今者域内安逸，百姓富昌，军国异容，宜定制度，为万世之法。夫阴阳有往复，四时有代序，授子任贤，安全相附，所以休息疲劳，式固长久，成其禄福，古今不易之典也。诸朕功臣，勤劳日久，皆当致仕归第，雍容高爵，颐神养寿，朝请随时，飨宴朕前，论道陈谋而已，不须复亲有司苦剧之职。其令皇太子嗣理万机，总统百揆，更举贤良，以被列职，皆取后进明能，广启选才之路，择人授任而黜陟之。故孔子曰：'后生可畏，焉知来者之不如今。'主者明为科制，宣敕施行。"于是王公以下上书太子皆称臣，首尾与表同，唯用白纸为异。是岁，焘伐芮芮虏，大败而还，死者十六七。不听死家发哀，犯者诛之。

二十三年，虏安南、平南府又移书兖州，以南国侨置州，不依城土，多滥北境名号，又欲游猎具区。兖州答移曰：

夫皇极肇建，实膺神明之符，生民初载，实禀冲和之气。故司牧之功，宣于上代，仁义之道，兴自诸华。在昔有晋，混一区宇，九译承风，遐戎向附。永嘉失御，天纲圮裂，石、容、苻、姚，递乘非据，或栖息赵、魏，或保聚邠、岐。我皇宋属当归历，受终晋氏，北临河、济，西尽咸、汧，吊民伐罪，流泽五都。魏尔时祗德悔□，思用和辑，交通使命，以祈天衷，来移所谓分疆画境，其恶久定者也。俄而不恒其信，虞我国忧，侵牢及洛，至于清济。往岁入河，且欲绥理旧城，是以顿兵南滋，秋豪无犯。军师不能奉遵庙算，保有成功，回旆之日，重失司、兖。

来移云“不因土立州，招引亡命”。夫古有分土，而无分民，德之休明，四方襁负。昔周道方隆，灵台初构，民之附化，八十万家。彼不思弘善政，而恐人之弃已，纵威肆虐，老弱无遗。详观今古，略听舆诵，未有穷凶以延期，安忍而怀众者也。若必宜因土立州，则彼立徐、扬，岂有其地？

往年贵主献书云：“强者为雄。”斯则弃德任力，逆行倒施，有一于此，何以能振。复加欲“游猎具区，观化南国”。今治道方融，远人必至，开馆饰邸，则有司存。来岁元辰，天人协庆，鸾旗省方，东巡稽岭。若欲邀恩，宜赴兹会，怀德贵蚤，无或后期。又称：“驰猎积年，野无飞伏。”此邦解网舍前，矜蚰育鷇，七泽八薮，禽兽丰硕，虞候搜算，义非所吝。三代肆觐，其典虽缺，呼韩入汉，厥仪犹全，馈饩之秋，每存丰厚。

先是，虏中谣言：“灭虏者吴也。”焘甚恶之。二十三年，北地泸水人盖吴，年二十九，于杏城天台举兵反虏，诸戎夷普并响应，有众十余万。焘闻吴反，恶其名，累遣军击之，辄败。吴上表归顺，曰：

自灵祚南迁，祸缠神土，二京失统，豺狼纵毒，苍元蹈犬噬之悲，旧都哀荼蓼之痛。臣以庸鄙，杖义因机，乘寇虏天亡之期，藉二州思奋之愤，故创迹天台，爰暨咸、雍，义风一鼓，率土响同，威声既张，士卒效勇，师不崇朝，群狡震裂，殄逆鳞于函关，扫凶迹于秦土，非仰协宋灵，俯允群愿，焉能若斯者哉。

今平城遗虐，连兵大坛，东西狼顾，威形莫接，长安孤危，河、洛不戍，平阳二孽，世连土宇，拥率部落，控弦五万，东屯潼塞，任质军门。私署安西将军常山白广平练甲高平，进师汧、陇。北漠护军结驷连骑，提戈载驱。胡兰洛生等部曲数千，拟击伪镇，阖境颙颙，仰望皇泽。伏愿陛下给一旅之众，北临河、陕，赐臣威仪，兼给戎械，进可以厌捍凶寇，覆其巢窟，退可以宣国威武，镇御旧京。使中都有鸣鸾之响，荒余怀来苏之德。谨遣使人赵绾驰表丹诚。

焘遣军屡败，乃自率大众攻之。吴又上表曰：

臣闻天无贰日，地无贰主。昔中都失统，九域分崩，群凶丘列于天邑，飞鸮鸱目于四海。先皇慈怀内发，愍及戎荒，翦伪羌于长安，雪黎民之荼炭，政教既被，民始宁苏。天未忘难，祸乱仍起，猃狁侏张，侵暴中国，使长安为豺狼之墟，邺、洛为蜂蛇之薮，纵毒生民，虐流兆庶，士女能言，莫不叹愤。倾首东望，仰希拯接，咸同旱苗之待天泽，赤子之望慈亲。

臣仰恩天时，以义伐暴，辄东西结连，南北树党，五州同盟，迭相要契。仰冯威灵，千里云集，冀廓除榛莽，以待王师，义夫始臻，莫不瓦解。虏主二月四日倾资倒库，与臣连营，接刃交锋，无日不战，获贼过半，伏尸蔽野。伏愿特遣偏师，赐垂拯接。若天威既震，足使奸虏溃亡，遗民小大，咸蒙生造。

太祖诏曰："北地盖吴，起众秦川，华戎响附，奋其义勇，频烦克捷，屡遣表疏，远效忠款，志枭逆虏，以立勋绩。宜加爵号，褒奖乃诚，可以为使持节、都督关陇诸军事、安西将军、雍州刺史、北地郡公。使雍、梁遣军界上，以相援接。"

焘攻吴，大小数十战，不能克。太祖遣使送雍、秦二州所统郡及金紫以下诸将印合一百二十一纽与吴，使随宜假授。屠各反叛，吴自攻之，为流矢所中死。吴弟吾生率余众入木面山，皆寻破散。

其年，太原民颜白鹿私行入荒，为虏所录，相州刺史欲杀之，白鹿诈云青州刺史杜骥使其归诚。相州刺史送白鹿至桑乾，焘喜曰："我外家也。"使其司徒崔浩作书与骥，使司徒祭酒王琦赍书随白鹿南归。遣从弟高梁王以重军延骥，入太原界，攻冀州刺史申恬于历城，恬击破之。杜骥遣其宁朔府司马夏侯祖欢、中兵参军吉渊驰往赴援，虏破略太原，得四千余口，牛六千余头。寻又寇兖、青、冀三州，遂及清东，杀略甚众。

太祖思弘经略，诏群臣曰：

吾少览篇籍，颇爱文义，游玄玩采，未能息卷。自缨绋世务，情兼家国，徒存日昃，终有惭德。而区宇未一，师馑代有，永言斯瘼，弥干其虑。加疲疾稍增，志随时往，属思之功，与事而废。残虐游魂，齐民涂炭，乃眷北顾，无忘弘拯。思总群谋，扫清逋逆，感慨之来，遂成短韵。卿等体国情深，亦当义笃其怀也。诗曰：

季父鉴祸先，辛生识机始。崇替非无征，兴废要有以。自昔沦中畿，倏焉盈百祀。不睹南云阴，但见胡风起。乱极治必形，涂泰由积否。方欲涤遗氛，矧乃秽边鄙。眷言悼斯民，纳隍良在己。逝将振宏罗，一麾同文轨。时乎岂再来，河清难久俟。骀驷安局步，骐骥志千里。梁傅畜义心，伊相包深耻。赏契将谁寄，要之二三子。无令齐晋朝，取愧邹鲁士。

时疆场之民，多相侵盗。二十五年，虏宁南将军、豫州刺史北井侯若库辰树兰移书豫州曰：

仆以不德，荷国荣宠，受任边州，经理民物，宣播政化，鹰扬万里，虽尽节奉命，未能令上化下布，而下情上达也。比者以来，边民扰动，互有反逆，无复为害，自取诛夷。死亡之余，雉菟逃窜，南入宋界，聚合逆党，频为寇掠，杀害良民，略取资财，大为民患。此之界局，与彼通连，两民之居，烟火相接，来往不绝，情伪繁兴。是以南奸北入，北奸南叛，以类推之，日月弥甚。奸宄之人，数得侵盗之利，虽加重法，不可禁止。仆常申令境局，料其奸源，而彼国牧守，纵不禁御，是以遂至滋蔓，寇扰疆场。譬犹蚤虱疥癣，虽为小疴，令人终岁不安。

当今上国和通，南北好合，唯边境民庶，要约不明。自古列国，封疆有畔，各自禁断，无复相侵，如是可以保之长久，垂之永世。故上表台阁，驰书明晓，自今以后，魏、宋二境，宜使人迹不过。自非聘使行人，无得南北。边境之民，烟火相望，鸡狗之声相闻，至老死不相往来，不亦善乎。又能此亡彼归，彼亡此致，则自我国家所望于仁者之邦也。

右将军、豫州刺史南平王铄答移曰：

知以边氓扰动，多有叛逆，欲杜绝奸宄，两息民患，又欲迭送奔亡，禁其来往。申告嘉贶，实获厥心。但彼和好以来，矢言每缺，侵轶之弊，屡违义举，任情背畔，专肆暴略，岂唯窃犯王黎，乃害及行使。顷诛讨蛮髦，事止畿服，或有狐奔鼠窜，逃首北境，而辄便苞纳，待之若旧，资其粮仗，纵为寇贼。往岁擅兴戎旅，祸加孩耄，罔雇善邻之约，不惟疆域之限。来示所云，彼并行之，虽丰辞盈观，即事违实，兴嫌长乱，实彼之由，反以为言，将违躬厚之义。

疆场之民，有自来矣，且相期有素，本不介怀。若于本欲消奸弭暴，永存匪石，宜先谨封守，斥遣诸亡，惊蹄逸镞，不妄入境，则边城之下，外户不闭。王制严明，岂当独负来信。若亡命奔越，侵盗彼民，斯固刑之所取，无劳远及。自荷阃外，思阐皇猷，每申敕守宰，务敦义让。往诚未布，能不愧怍，当重约示，以副至怀。

二十七年，焘自率步骑十万寇汝南。初，焘欲为边寇，声云猎于梁川。太祖虑其侵犯淮、泗，乃敕边戍："小寇至，则坚守拒之，大众来，则拔民户归寿阳。"诸戍侦候不明，虏奄来入境，宣威将军陈南顿二郡太守郑琨、绥远将军汝南颍川二郡太守郭道隐并弃城奔走。虏掠抄淮西六郡，杀戮甚多。攻围悬瓠城，城内战士不满千人。先是，汝南、新蔡二郡太守徐遵之去郡，南平王铄时镇寿阳，遣左军行参军陈宪行郡事。宪婴城固守，焘尽锐以攻之，宪自登郭城督战。起楼临城，飞矢雨集，冲车攻破南城，宪于内更筑杆城，立栅以补之。虏肉薄攻城，死者甚众，宪将士死伤亦过半。焘唯恐寿阳有救兵，不以彭城为虑。

焘遣从弟永昌王库仁真步骑万余，将所略六郡口，北屯汝阳。时世祖镇彭城，太祖遣队主吴香炉乘驿敕世祖，遣千骑赍三日粮袭之。世祖发百里内马，得千五百匹。众议举别驾刘延孙为元帅，延孙辞不肯行，举参军刘泰之自代。世祖以问司马王玄谟、长史张畅，畅等并赞成之。乃分为五军，以泰之为元帅，与安北骑兵行参军垣谦之、田曹行参军臧肇之、集曹行参军尹定、武陵园左常侍杜幼文五人,各领其一。谦之领泰之军嗣殿中将军程天祚督战。至谯城,更简阅人马,得精骑千一百匹,直向汝阳,虏不意奇兵从北来,大营在汝阳北,去城三里许。泰之等至,虏都不觉,驰入袭之,杀三千余人,烧其辎重。营内有数区毡屋,屋中皆有帐,器仗甚精,食具皆是金银,帐内诸大主帅,悉杀之。诸亡口悉得东走,大呼云:"官军痛与手。"虏众一时奔散,因追之,行已经日,人马疲倦,引还汝南。城内有虏一幢,马步可五百,登城望知泰之无后继,又有别帅钜鹿公余嵩自虎牢至,因引出击泰之,泰之军未食,旦战已疲劳,结阵未及定,垣谦之先退,因是惊乱,弃仗奔走。行迷道趋溵水,水深岸高,人马悉走水争渡,泰之独不去,曰:"丧败如此,何面复还。"下马坐地,为虏所杀。肇之溺水死,天祚为虏所执,谦之、定、幼文及将士免者九百余人,马至者四百匹。世祖降安北之号为镇军将军,玄谟、延孙免官,畅免所领沛郡,谦之伏诛,定、幼文付尚方。

焘初闻汝阳败,又传彭城有系军,大惧,谓其众曰:"但闻淮南遣军,乃复有奇兵出。今年将堕人计中。"即烧攻具,欲走。会泰之死问续至,乃停寿阳。遣刘康祖救悬瓠,焘亦遣任城公拒康祖,与战破之,斩任城。焘攻城四十二日不拔,死者甚多,任城又死,康祖救军渐进,乃委罪大将,多所斩戮,倍道奔走。太祖嘉宪固守,诏曰:"右军行参军、行汝南新蔡二郡军事陈宪,尽力捍御,全城摧寇,忠敢之效,宜加显擢。可龙骧将军、汝南新蔡二郡太守。"又以布万匹委宪分赐汝南城内文武吏民战守勤劳者。

焘虽不克悬瓠,而虏掠甚多,南师屡无功,为焘所轻侮。与太祖书曰:

彼前使间谍,诱略奸人,窃闻朱脩之、申谟,近复得胡崇之,败军之将,国有常刑,乃皆用为方州,虞我之隙,以自慰庆。得我普钟蔡一竖子,何所损益,无异得我举国之民,厚加奉养。禽我卑将卫拔,非其身,各便锁腰苦役以辱之。观此所行,足知彼之大趣,辨校以来,非一朝一夕也。

顷关中盖吴返逆，扇动陇右氐、羌，彼复使人就而诱劝之，丈夫遗以弓矢，妇人遗以环钏，是曹正欲谲诳取赂，岂有远相顺从。为大丈夫之法，何不自来取之，而以货该引诱我边民，募往者复除七年，是赏奸人也。我今来至此土，所得多少，孰与彼前后得我民户邪？彼今若欲保全社稷，存刘氏血食者，当割江以北输之，摄守南度，如此释江南使彼居之。不然，可善敕方镇、刺史、守宰，严供张之具，来秋当往取扬州。大势已至，终不相纵。顷者往索真珠珰，略不相与，今所馘截髑髅，可当几许珠珰也？

彼往日北通芮芮，西结赫连、蒙逊、吐谷浑，东连冯弘、高丽。凡此数国，我皆灭之。以此而观，彼岂能独立。芮芮吴提已死，其子菟害真袭其凶迹，以今年二月复死。我今北征，先除有足之寇。彼若不从命，来秋当复往取。以彼无足，故不先致讨。诸方已定，不复相释。

我往之日，彼作何方计，为堑城自守，为筑垣以自鄣也。彼土小雨，水便迫掖，彼能水中射我也。我显然往取扬州，否彼翳行窃步也。彼来侦谍，我已禽之放还，其人目所尽见，委曲善问之。彼前使斐方明取仇池，既得，疾其勇功，不能容。有臣如此，尚杀之，乌得与我校邪！彼非敌也。彼常愿欲共我一过交战，我亦不痴，复不是苻坚。何时与彼交战，昼则遣骑围绕，夜则离彼百里宿去，彼人民好，降我者驱来，不好者尽刺杀之。近有谷米，我都啖尽，彼军复欲食啖何物，能过十日邪？彼吴人正有所营伎，我亦知彼情，离彼百里止宿，虽彼军三里安逻，使首尾相次，募人裁五十里，天自明去，此募人头何得不输我也。彼谓我攻城日，当掘堑围守，欲出来斫营，我亦不近城围彼，正筑堤引水，灌城取之。彼扬州城南北门有两江水，此二水引用，自可如人意也。

知彼公时旧臣，都已杀尽，彼臣若在，年几虽老，犹有智策，今已杀尽，岂不天资我也。取彼亦须我兵刃，此有能祝婆罗门,使鬼缚彼送来也。

此后复求通和,闻太祖有北伐意,又与书曰:“彼此和好,居民连接,为日已久,而彼无厌,诱我边民,其有往者,复之七年。去春南巡,因省我民,即使驱还。自天地启辟已来,争天下者,非唯我二人而已。今闻彼自来,设能至中山及桑乾川,随意而行,来亦不迎,去亦不送。若厌其区宇者,可来平城居,我往扬州住,且可博其土地。伧人谓换易为博,彼年已五十,未尝出户,虽自力而来,如三岁婴儿,复何知我鲜卑常马背中领上生活。更无余物可以相与,今送猎白鹿马十二匹并毡药等物。彼来马力不足,可乘之。道里来远,或不服水土,药自可疗。”其年,大举北讨,下诏曰:

虏近虽摧挫,兽心靡革,驱逼遗氓,复规窃暴。比得河朔秦雍华戎表疏,归诉困棘,跂望绥拯,潜相纠结,以候王师。并陈芮芮此春因其来掠,掩袭巢窟,种落畜牧,所亡太半,连岁相持,于今未解。又猜虐互发,亲党诛残,根本危敝,自相残殄。芮芮间使适至,所说并符,远输诚款,誓为掎角。遐迩注情,既宜赴奖,且水雨丰澍,舟楫流通,经略之会,实在兹日。

可遣宁朔将军王玄谟率太子步兵校尉沈庆之、镇军谘议参军申坦等,戈船一万,前驱入河。使持节、督青冀幽三州徐州之东安东莞二郡诸军事、辅国将军、青冀二州刺史霄城侯萧斌,推三齐之锋,为之统师。持节、都督徐兖青冀幽五州豫州之梁郡诸军事、镇军将军、徐兖二州刺史武陵王骏,总四州之众,水陆并驱。太子左卫率始兴县五等侯臧质勒东宫禁兵,统骁骑将军安复县开国侯王方回、建武将军安蛮司马新康县开国男刘康祖、右军参军事梁坦步骑十万,迳造许、洛。使持节、督豫司雍秦并五州诸军事、右将军、豫州刺史、领安蛮校尉南平王铄,悉荆、河之师,方轨继进。东西齐举,宜有董一,使持节、侍中、都督扬南徐二州诸军事、太尉、领司徒、录尚书、太子太傅、国子祭酒江夏王义恭,德望兼崇,风略遐被,即可三府文武,并被以中仪精卒，出次徐方，为众军节度。别府司空府使所督诸镇，各遣虎旅，数道争先。督梁南北秦三州诸军事、绥远将军、西戎校尉、梁南北秦三州刺史秀之，统辅国将军杨文德、宣武将军巴西梓潼二郡太守刘弘宗，连旗深入，震荡汧、陇。护军将军封阳县开国侯萧思话，部龙骧将军枝坦、宁远将军竟陵太守南城县开国侯刘德愿，籍荆、雍之劲，揽群师之锐，宜由武关，棱威震滲。指授之宜，委司空义宣议量。

是岁，军旅大起，王公妃主及朝士牧守，各献金帛等物，以助国用，下及富室小民，亦有献私财至数十万者。又以兵力不足，尚书左仆射何尚之参议："发南兖州三五民丁，父祖伯叔兄弟仕州居职从事、及仕北徐兖为皇弟皇子从事、庶姓主簿、诸皇弟皇子府参军督护国三令以上相府舍者，不在发例，其余悉倩暂行征。符到十日装束，缘江五郡集广陵，缘淮三郡集盱眙。又募天下弩手，不问所从，若有马步众艺武力之士应科者，皆加厚赏。有司又奏军用不充，扬、南徐、兖、江四州富有之民，家资满五千万，僧尼满二千万者，并四分换一，过此率讨，事息即还。"

历城建武府司马申元吉率马步□余人向碻磝，以取泗渎口。虏碻磝戍主、济州刺史王买德凭城拒战，元吉破之，买德弃城走，获奴婢一百四十口，马二百余匹，驴骡二百，牛羊各千余头，毡七百领，粗细车三百五十乘，地仓四十二所，粟五十余万斛，城内居民私储又二十万斛，虏田五谷三百顷，铁三万斤，大小铁器九千余口，余器仗杂物称此。

玄谟攻滑台不克，焘自率大众渡河，玄谟败走。焘从弟永昌王库仁真发关西兵趋汝、颍，从弟高梁王阿斗埿自青州道，焘自碻磝，并南出。诸镇悉敛民保城。其十一月，至邹山，邹山戍主宣威将军、鲁阳平二郡太守崔耶利败没。焘登邹山，见秦始皇刻石，使人排倒之。遣楚王树洛真、南康侯杜道俊进军清西，至萧城，步尼公进军清东，至留城。世祖遣参军马文恭至萧城，江夏王义恭遣军主嵇玄敬至留城，并为觇候。萧城虏偃旗旌，文恭斥候不明，卒与相遇，乃舍汴趣南山，东至山而虏围合，文恭战败，仅以身免。玄敬亦与留城虏相值，幢主华钦继其后，虏望玄敬后有军，引去，趋苞桥。至，欲渡清西，沛县民烧苞桥，夜于林中击鼓。虏谓官军大至，争渡苞水，水深，溺死殆半。

先是，焘遣员外散骑侍郎王老寿乘驿就太祖乞黄甘。太祖饷甘十簿、甘蔗千挺，并就求马，曰："自顷岁成民阜，朝野无虞，春末当东巡吴、会，以尽游豫。临沧海，探禹穴，陟姑苏之台，搜长洲之苑，舟楫虽盛，寡于良驷，想能惠以逸足，令及此行。"老寿反命，未出境，虏兵深入，乃录还。

虏又破尉武戍，执戍主左军长兼行参军王罗汉。先是，南平王铄以三百人配罗汉出戍，而尉武东北有小垒，因据之。或曰："贼盛不足自固，南依卑林，寇至易以免。"罗汉以受命来此，不可辄去。是日，虏攻之，矢尽力屈，遂没。虏法，获生将，付其三郎大帅，连锁锁颈后。罗汉夜断三郎头，抱锁亡走，得入盱眙城。

永昌王破刘康祖于尉武，引众向寿阳，自青冈屯孙叔敖冢，胁寿阳城，又焚掠马头、钟离。南平王铄保城固守。

焘自彭城南出，十二月，于盱眙渡淮，破胡崇之等军。留尚书韩元兴数千人守盱眙，自率大众南向，中书郎鲁秀出广陵，高梁王阿斗埿出山阳，永昌王于寿阳出横江。凡所经过，莫不残害。焘至瓜步，坏民屋宇，及伐蒹苇，于滁口造箄筏，声欲渡江。太祖大具水军，为防御之备。初，领军将军刘遵考率军向彭城，至小涧，虏已断道，召还，与左军将军尹弘守横江，少府刘兴祖守白下，建威将军、黄门侍郎萧元邕守禅洲，羽林左监孟宗嗣守新洲上，建武将军泰容守新洲下，征北中兵参军事向柳守贵洲，司马到元度守蒜山，谘议参军沈县庆守北固，尚书褚湛之先行京陵，仍守西津，徐州从事史萧尚之守练壁，征北参军管法祖守谯山，徐州从事武仲河守博落，尚书左丞刘伯龙守采石，寻迁建武将军、淮南太守，仍总守事。游逻上接于湖，下至蔡洲，陈舰列营，周亘江畔，自采石至于既阳，六七百里，船舰盖江，旗甲星烛。皇太子出戍石头城，前将军徐湛之守石头仓城，都水使者乐询、尚书水部郎刘渊之并以装治失旨，付建康。乘舆数幸石头及莫府山，观望形势。购能斩佛狸伐头者，封八千户开国县公，赏布绢各万匹，金银各百斤；斩其子及弟、伪相、大军主，封四百户开国县侯，布绢各五千匹；自此以下各有差。又募人赍冶葛酒置空村中，欲以毒虏，竟不能伤。

焘凿瓜步山为盘道，于其顶设毡屋。焘不饮河南水，以骆驼负河北水自随，一骆驼负三十斗。遣使饷太祖骆驼名马，求和请婚。上遣奉朝请田奇饷以珍羞异味。焘得黄甘，即啖之，并大进酃酒，左右有耳语者，疑食中有毒，焘不答，以手指天，而以孙儿示奇曰："至此非唯欲为功名，实是贪结姻援，若能酬酢，自今不复相犯秋毫。"又求嫁女与世祖。二十八年正月朔，焘会于山上，并及土人。会竟，掠民户，烧邑屋而去。虏初缘江举烽火，尹弘曰："六夷如此必走。"正月二日，果退。

初，太祖闻虏寇逆，焚烧广陵城府船乘，使广陵、南沛二郡太守刘怀之率人民一时渡江。虏以海陵多陂泽，不敢往。山阳太守萧僧珍亦敛居民及流奔百姓，悉入城。台送粮仗给盱眙，贼逼，分留山阳。又有数万人攻具，当往滑台，亦留付郡。城内垂万家，战士五千余人。有白米陂，去郡数里，僧珍逆下诸处水，注令满，须贼至，决以灌之。虏既至，不敢停，引去。自广陵还，因攻盱眙，尽锐攻城，三十日不能克，乃烧攻具退走。焘凡破南兖、徐、兖、豫、青、冀六州，杀略不可称计，而其士马死伤过半，国人并尤之。

是岁，焘病死，谥为太武皇帝。初，焘有六子，长子晃字天真，为太子。次曰晋王。焘所住屠苏为疾雷击，屠苏倒，见压殆死，左右皆号泣，晋王不悲，焘怒，赐死。次曰秦王乌弈肝，与晃对掌国事，晃疾之，诉其贪暴，焘鞭之二百，遣镇枹罕。次曰燕王。次曰吴王，名可博真。次曰楚王，名树洛真。焘至汝南瓜步，晃私遣取诸营，卤获甚众。焘归闻知，大加搜检。晃惧，谋杀焘，焘乃诈死，使其近习召晃迎丧，于道执之，及国，罩以铁笼，寻杀之。以乌弈肝有武用，以为太子。会焘死，使嬖人宗爱立博真为后，宗爱、博真恐为弈肝所危，矫杀之而自立，号年承平。博真懦弱，不为国人所附，晃子浚字乌雷直勤，素为焘所爱。燕王谓国人曰："博真非正，不宜立，直勤嫡孙，应立耳。"乃杀博真及宗爱，而立浚为主，号年为正平。

先是，虏宁南将军鲁爽兄弟率众归顺。二十九年，太祖更遣张永、王玄谟及爽等北伐，青州刺史刘兴祖建议伐河北，曰："河南阻饥，野无所掠，脱意外固守，非旬月可拔，稽留大众，转输方劳。伐罪吊民，事存急速，今伪帅始死，兼逼暑时，国内猜扰，不暇远赴，关内之众，裁足自守。愚谓宜长驱中山，据其关要。冀州已北，民人尚丰，兼麦已向熟，资因为易。向义之徒，必应响赴，若中州震动，黄河以南，自当消溃。臣城守之外，可有二千人，今更发三千兵，假别驾崔勋之振威将军领所发队，并二州望族，从盖柳津直冲中山。申坦率历城之众，可有二千，骆驿俱进。较略二军，可七千许人，既入其心腹，调租发车，以充军用。若前驱乘胜，张永及河南众军，便宜一时济河，使声实兼举。愚计谬允，宜并建司牧，抚柔初附。定州刺史取大岭，冀州刺史向井陉，并州刺史屯雁门，幽州刺史塞军都，相州刺史备大行，因事指麾，随宜加授。畏威欣宠，人百其怀，济河之日，请大统版假，常忿将率惮于深远，勋之等慷慨之诚，誓必死效。若能成功，清一可待；若不克捷，不为大伤。并催促装束，伏听敕旨。"上意止存河南，不纳。玄谟攻碻磝，不克退还。

世祖即位，索虏求互市，江夏王义恭、竟陵王诞、建平王宏、何尚之、何偃以为宜许；柳元景、王玄谟、顾竣、谢庄、檀和之、褚湛之以为不宜许。时遂通之。大明二年，虏寇青州，为刺史颜师伯所破，退走。

前废帝永光元年，浚死，谥文成皇帝。子弘之字第豆胤代立。

景和中，北讨徐州刺史义阳王昶，昶单骑奔虏。太宗泰始初，江州刺史晋安王子勋为逆，四方反，徐州刺史薛安都、青州刺史沈文秀、冀州刺史历城镇主崔道固等，亦各举兵。虏谋欲纳昶，下书曰：

《易》称"利用行师"，《书》云"龚行天罚"，必观时而后施，因机而后举。故夏伐有扈，四海以平，晋定吴会，万方以壹。今宗室衰微，凶难洊起，国有杀君之逆，邦罹崩离之难，起自萧墙，衅流合境。伪使持节、散骑常侍、都督徐南北兖青冀幽七州豫州之梁郡诸军事、征北将军、仪同三司、徐州刺史义阳王昶，踵微子之踪，蹈项伯之迹，知机体运，归款阙庭，朕锡以显爵，班同亲旧。昶弟湘东王进不能扶危定倾，退不能降身高谢，阻兵安忍，篡位自立，既无阖闾静乱之功，而有无知悖礼之变，怠弃三正，慢易天常，覆败之征既兆，危亡之应已著。伪江州刺史晋安王复称大号，自立一隅，荆郢二州刺史安陆、临海王刘子绥、子顼大擅威令，不相祗伏。徐州刺史彭城镇主薛安都、青州刺史沈文秀、冀州刺史历城镇主崔道固等，皆彼之要藩，惧及祸难，拥众独据，各无定主。仰观天象，俯察人谋，六军爕伐之期，率土同轨之日。

朕承休烈，属当泰运，思播灵武，廓宁九服，岂可得临万乘之机，遘时来之遇，而不讨其仇逆，振其艰患哉。今可分命诸军，以行九伐。使持节、征东大将军安定王直勤伐伏玄，侍中、尚书左仆射、安西大将军平北公直勤美晨，散骑常侍、殿中尚书、平北将军山阳公吕罗汉，领陇右之众五万，沿汉而东，直勤襄阳。使持节、征南大将军、勃海王直勤天赐，侍中、尚书令、安东大将军始平王直勤渴言侯，散骑常侍、殿中尚书令、安西将军西阳王直勤盖户千，领幽、冀之众七万，滨海而南，直指东阳。使持节、征南将军京兆王直勤子，侍中、司徒、安南大将军新建王独孤侯尼须，散骑常侍西平公韩道人，领江、雍之众八万，出洛阳，直至寿阳。使持节、征南大将军宜阳王直勤新成，侍中、太尉、征东大将军直勤驾头拔，羽直征东将军北平公拔敦及义阳王刘昶，领定、相之众十万，出济、兖，直造彭城，与诸军克期同到，会于秣陵。纳昶反国，定其社稷，使荆、扬沾德义之风，江、汉被来苏之惠。边疆将吏，不得因宋衰乱，有所侵损，以伤我国家存救之义。主者明宣所部，咸使闻知，称朕意焉。

既而晋安王子勋事平，太宗遣张永、沈攸之北讨，薛安都大惧，遣使引虏。虏遣万骑救之，永、攸之败退，虏攻青、冀二州，并克，执沈文秀、崔道固。又下书：

朕承天序，临御兆民，思阐皇风，以隆治道。而荆吴僭傲，跨跱一方，天降其殃，以罚有罪，篡戮发于萧墙，毒害婴于群庶。徐州刺史薛安都、司州刺史常珍奇，深体逆顺，归诚献款。遭难已久，饥馑荐臻，或以糊口之功，私力窃盗，或不识王命，藏窜山薮，或为囚徒，先被执系，元元之命，甚可哀愍。其曲赦淮北三州之民，自天安二年正月三十日壬寅昧爽以前，诸犯死罪以下，系囚见徒，一切原遣。唯子杀父母，孙杀祖父母，弟杀兄，妻杀夫，奴杀主，不从赦例。若亡命山泽，百日不首，复其初罪。

今阳春之初，东作方兴，三州之民，各安其业，以就农桑。有饥穷不自存，通其市粜之路，镇统之主，勤加慰纳，遵用轻典，以莅新化。若绥导失中，令民逃亡，加罪无纵。其普宣下，咸使闻知朕意焉。

此后，虏复和亲，信饷岁至，朝庭亦厚相报答。泰豫元年，虏狭石镇主白虎公、安阳镇主莫索公、贞阳镇主鹅落生、襄阳王桓天生等，引山蛮马步二万余人，攻围义阳县义阳戍。司州刺史王赡遣从弟司空行参军思远、抚军行参军王叔瑜击，大破之，虏退走。

自索虏破慕容，据有中国，而芮芮虏有其故地，盖汉世匈奴之北庭也。芮芮一号大檀，又号檀檀，亦匈奴别种。自西路通京师，三万余里。僭称大号，部众殷强，岁时遣使诣京师，与中国亢礼，西域诸国焉耆、鄯善、龟兹、姑墨东道诸国，并役属之。无城郭，逐水草畜牧，以毡帐为居，随所迁徙。其土地深山则当夏积雪，平地则极望数千里，野无青草。地气寒凉，马牛龁枯啖雪，自然肥健。国政疏简，不识文书，刻木以记事，其后渐知书契，至今颇有学者。去北海千余里，与丁零相接。常南击索虏，世为仇雠，故朝庭每羁縻之。

其东有槃槃国、赵昌国，渡流沙万里，又有粟特国，太祖世，并奉表贡献。粟特，大明中遣使献生师子、火浣布、汗血马，道中遇寇，失之。

史臣曰：久矣，匈奴之与中国并也。自汉氏以前，绵跨年世，纷梗外区，惊震中宇。周无上算，汉收下策。魏代分离，种落迁散，数十年间，外郡无风尘之警，边城早开晚闭，胡马不敢南临。至于晋始，奸黠渐著，密迩畿封，窥候疆场，俘民略畜者，无岁月而阙焉。元康以后，《风》、《雅》虽丧，五胡递袭，翦覆诸华。及涉珪以铁马长驱，席卷赵、魏，负其众力，遂与上国争衡矣。高祖宏图盛略，欲以苞括宇宙为念，逮于悬旗清洛，饮马长泾，北狄衄锐挫锋，闭重崄而自固。于时戎车外动，王命相属，裳冕委蛇，轺轩继路，旧老怀思古之情，行人或为之陨涕，自是关、河响动，表里宁壹。宫车甫晏，戎心外骇，覆我牢、滑，剪我伊、瀍，是以太祖忿之，开定司、兖，而兵无胜略，弃师陨众，委甲横原，捐州亘水，荆、吴锐卒，逸气未摅，偏城孤将，衔冤就虏，遂蹙境延寇，仅保清东。自是兵摧势弱，边隙稍广，壮骑陵突，鸣镝日至，刍牧年伤，禾麦岁犯，小则囚虏吏民，大则俘执长守，羽书继涂，奔命相属，青、徐、兖、冀之间萧然矣。而自木末以来，并有贤才狡算，妙识兵权，深通战术，属鞬凌厉，气冠百夫，故能威服华甸，志雄群虏。至于狸伐篡伪，弥煽凶威，英围武略，事驾前古，虽冒顿之鸷勇，檀石之骁强，不能及也。遂西吞河右，东举龙碣，总括戎荒，地兼万里。虽裂土分区，不及魏、晋，而华氓戎落，众力兼倍。至乃连骑百万，南向而斥神华，胡旆映江，穹帐遵渚，京邑荷檐，士女喧惶。天子内镇群心，外御群寇，役竭民徭，费殚府实，举天下以攘之，而力犹未足也。既而虏纵归师，歼累邦邑，剪我淮州，俘我江县，喋喋黔首，跼高天，蹐厚地，而无所控告。强者为转尸，弱者为系虏，自江、淮至于清、济，户口数十万，自免湖泽者，百不一焉。村井空荒，无复鸣鸡吠犬。时岁惟暮春，桑麦始茂，故老遗氓，还号旧落，桓山之响，未足称哀。六州荡然，无复余蔓残构，至于乳燕赴时，衔泥靡托，一枝之间，连窠十数，春雨裁至，增巢已倾。虽事舛吴宫，而歼亡匪异，甚矣哉，覆败之至于此也。太祖惩祸未深，复兴外略，顿兵坚城，弃甲河上，是我有再败，敌有三胜也。自此以后，通互市，纳和亲，而侵疆轶戍，于岁连属。逮泰始构纷，边将外叛，致夷引寇，亡我四州。高祖劬劳日昃，思一区宇，旍旗卷舒，仅而后克。后主守文，刑德不树，一举而弃司、兖，再举而丧徐方，华服萧条，鞠为茂草，岂直天时，抑由人事。夫地势有便习，用兵有短长，胡负骏足，而平原悉车骑之地，南习水斗，江湖固舟楫之乡，代马胡驹，出自冀北，梗楠豫章，植乎中土，盖天地所以分区域也。若谓毡裘之民，可以决胜于荆、越，必不可矣；而曰楼船之夫，可以争锋于燕、冀，岂或可乎。虞诩所谓"走不逐飞"，盖以我徒而彼骑也。因此而推胜负，殆可以一言蔽之。

宋书卷九六
列传第五六

鲜卑　吐谷浑

阿柴虏吐谷浑，辽东鲜卑也。父弈洛韩，有二子，长曰吐谷浑，少曰若洛廆。若洛廆别为慕容氏。浑庶长，廆正嫡。父在时，分七百户与浑。浑与廆二部俱牧马，马斗相伤，廆怒，遣信谓浑曰："先公处分，与兄异部，牧马何不相远，而致斗争相伤？"浑曰："马是畜生，食草饮水，春气发动，所以致斗。斗在于马，而怒及人邪？永别甚易，今当去汝万里。"于是拥马西行，日移一顿，顿八十里。经数顿，廆悔悟，深自咎责，遣旧父老及长史乙那楼追浑令还。浑曰："我乃祖以来，树德辽右，又卜筮之言，先公有二子，福胙并流子孙。我是卑庶，理无并大，今以马致别，殆天所启。诸君试拥马令东，马若还东，我当相随去。"楼喜拜曰："处可寒。"虏言"处可寒"，宋言尔官家也。即使所从二千骑共遮马令回，不盈三百步，欻然悲鸣突走，声若颓山。如是者十余辈，一向一远。楼力屈，又跪曰："可寒，此非复人事。"浑谓其部落曰："我兄弟子孙，并应昌盛，廆当传子及曾孙、玄孙，其间可百余年。我乃玄孙间始当显耳。"于是遂西附阴山。遭晋乱，遂得上陇。后廆追思浑，作《阿于之歌》。鲜卑呼兄为"阿于"。廆子孙窃号，以此歌为辇后大曲。

浑既上陇，出罕开、西零。西零，今之西平郡。罕开，今枹罕县。自枹罕以东千余里，暨甘松，西至河南，南界昂城、龙涸。自洮水西南，极白兰，数千里中，逐水草，庐帐居，以肉酪为粮。西北诸杂种谓之为阿柴虏。

浑年七十二死，有子六十人，长吐延嗣。吐延身长七尺八寸，勇力过人，性刻暴，为昴城羌酋姜聪所刺，剑犹在体，呼子叶延，语其大将绝拔渥曰："吾气绝，棺敛讫，便远去保白兰。白兰地既崄远，又土俗懦弱，易为控御。叶延小，意乃欲授与余人，恐仓卒终不能相制。今以叶延付汝，汝竭股肱之力以辅之，孺子得立，吾无恨矣。"抽剑而死。嗣位十三年，年三十五。有子十二人。

叶延少而勇果，年十岁，缚草为人，号曰姜聪，每旦辄射之，射中则喜，不中则号叫泣涕。其母曰："仇贼诸将已屠脍之，汝年小，何烦朝朝自苦如此。"叶延呜咽不自胜，答母曰："诚知无益，然叶延罔极之心，不胜其痛耳。"性至孝，母病，三日不能食，叶延亦不食。颇视书传，自谓曾祖弈洛韩始封昌黎公，曰："吾为公孙之子，案礼，公孙之子，得氏王父字。"命姓为吐谷浑氏。嗣立二十三年，年四十三。有子四人。长子碎奚立。

碎奚性纯谨，三弟专权，碎奚不能制，诸大将共诛之。碎奚忧哀不复摄事，遂立子视连为世子，委之事，号曰"莫贺郎"。"莫贺"，宋言父也。碎奚遂以忧死。在位二十五年，年四十二。有子六人。子视连以父忧卒，不游娱，不酣宴。在位十五年，年四十二。有子二人，长曰视罴，次乌纥提。视罴嗣立十一年，年四十二。子树洛干等并小，弟乌纥提立。纥提立八年，年三十五。视罴子树洛干立，自称车骑将军，义熙初也。

树洛干死，弟阿豺自称骠骑将军。谯纵乱蜀，阿豺遣其从子西强公吐谷浑敕来泥拓土至龙涸、平康。少帝景平中，阿豺遣使上表献方物。诏曰："吐谷浑阿豺介在遐表，慕义可嘉，宜有宠任。今酬其来款，可督塞表诸军事、安西将军、沙州刺史、浇河公。"未及拜受，太祖元嘉三年，又诏加除命。未至，而阿豺死，弟慕瑰立。六年，表曰："大宋应运，四海宅心，臣亡兄阿豺慕义天朝，款情素著。去年七月五日，谒者董湛至，宣传明诏，显授荣爵，而臣私门不幸，亡兄见背。臣以懦弱，负荷后任，然天恩所报，本在臣门，若更反覆，惧停信命。辄拜受宠任，奉遵上旨，伏愿详处，更授章策。”七年，诏曰：“吐谷浑慕瑰兄弟慕义，至诚可嘉，宜授策爵，以甄忠款。可督塞表诸军事、征西将军、沙州刺史、陇西公。”

先是晋末，金城东允街县胡人乞伏乾归，拥部众据洮河、罕开，自号陇西公。乾归死，子炽磐立，遣使诣晋朝归顺，以为使持节、都督河西诸军事、平西将军，公如故。高祖即位，进号安西大将军。炽磐死，子茂蔓立。慕瑰前后屡遣军击，茂蔓率部落东奔陇右，慕瑰据有其地。是岁，赫连定于长安为索虏拓跋焘所攻，拥秦户口十余万西次罕开，欲向凉州，慕瑰距击，大破之，生擒定。焘遣使求，慕瑰以定与之。九年，慕瑰遣司马赵叙奉贡献，并言二万人捷。太祖加其使持节、散骑常侍、都督西秦河沙三州诸军事、征西大将军、西秦河二州刺史，领护羌校尉，进爵陇西王。弟慕延为平东将军，慕瑰兄树洛干子拾演为平北将军，阿豺子炜代镇军将军。诏慕瑰，南国将士昔没在佛佛者，并悉致。慕瑰遣送朱昕之等五十五户，一百五十四人。

慕瑰死，弟慕延立，遣使奉表。十五年，除慕延使持节、散骑常侍、都督西秦河沙三州诸军事、领西大将军、领护羌校尉、西秦河二州刺史、陇西王。十六年，改封河南王。其年，以拾虔弟拾寅为平西将军，慕延庶长子繁昵为抚军将军，慕延嫡子瑍为左将军、河南王世子。十九年，追赠阿豺本号安西、秦沙三州诸军事、沙州刺史、领护羌校尉、陇西王。索虏拓跋焘遣军击慕延，大破之，慕延率部落西奔白兰，攻破于阗国。虑虏复至，二十七年，遣使上表云：“若不自固者，欲率部曲入龙涸越嶲门。”并求牵车，献乌丸帽、女国金酒器、胡王金钏等物。太祖赐以牵车，若虏至不自立，听入越嶲。虏竟不至也。

慕延死，拾寅自立。二十九年，以拾寅为使持节、督西秦河沙三州诸军事、安西将军、领护羌校尉、西秦河二州刺史、河南王。拾寅东破索虏，加开府仪同三司。世祖大明五年，拾寅遣使献善舞马、四角羊。皇太子、王公以下上《舞马歌》者二十七首。太宗泰始三年，进号征西大将军。五年，拾寅奉表献方物，以弟拾皮为平西将军、金城公。前废帝又进号车骑大将军。

其国西有黄沙，南北一百二十里，东西七十里，不生草木，沙州因此为号。屈真川有盐池，甘谷岭北有雀鼠同穴，或在山岭，或在平地，雀色白，鼠色黄，地生黄紫花草，便有雀鼠穴。白兰土出黄金、铜、铁。其国虽随水草，大抵治慕贺州。

史臣曰：吐谷浑逐草依泉，擅强塞表，毛衣肉食，取资佃畜，而锦组缯纨，见珍殊俗，徒以商译往来，故礼同北面。自昔哲王，虽存柔远，要荒回隔，礼文弗被，大不过子，义著《春秋》。晋、宋垂典，不修古则，遂爵班上等，秩拟台光。辫发称贺，非尚簪冕，言语不通，宁敷衮职。虽复苞篚岁臻，事惟贾道，金罽毡毦，非用斯急，送迓烦扰，获不如亡。若令肃慎年朝，越常岁飨，固不容以异见书，取高前策。圣人谓之荒服，此言盖有以也。

宋书卷九七
列传第五七

夷　蛮

南夷　扶南国　西南夷诃罗陀国　呵罗单国　婆皇国　媻达国　阇婆婆达国　师子国　天竺迦毗黎国　东夷高句骊国　百济国　倭国　荆雍州蛮　豫州蛮

南夷、西南夷，大抵在交州之南及西南，居大海中洲上，相去或三五千里，远者二三万里，乘船举帆，道里不可详知。外国诸夷，虽言里数，非定实也。

南夷林邑国，高祖永初二年，林邑王范阳迈遣使贡献，即加除授。太祖元嘉初，侵暴日南、九德诸郡，交州刺史杜弘文建牙聚众欲讨之，闻有代，乃止。七年，阳迈遣使自陈与交州不睦，求蒙恕宥。八年，又遣楼船百余寇九德，入四会浦口，交州刺史阮弥之遣队主相道生三千人赴讨，攻区粟城不克，引还。林邑欲伐交州，借兵于扶南王，扶南不从。十年，阳迈遣使上表献方物，求领交州，诏答以道远，不许。十二、十五、十六、十八年，频遣贡献，而寇盗不已，所贡亦陋薄。

太祖忿其违慠，二十三年，使龙骧将军、交州刺史檀和之伐之，遣太尉府振武将军宗悫受和之节度。和之遣府司马萧景宪为前锋，悫仍领景宪军副。阳迈闻将见讨，遣使上表，求还所略日南民户，奉献国珍。太祖诏和之："阳迈果有款诚，许其归顺。"其年二月，军至朱梧戍，遣府户曹参军日南太守姜仲基、前部贼曹参军蟜弘民随传诏毕愿、高精奴等宣扬恩旨，阳迈执仲基、精奴等二十八人，遣弘民反命，外言归款，猜防愈严。景宪等乃进军向区粟城，阳迈遣大帅范扶龙大戍区粟，又遣水步军径至。景宪破其外救，尽锐攻城，五月，克之，斩扶龙大首，获金银杂物不可胜计。乘胜追讨，即克林邑，阳迈父子并挺身奔逃，所获珍异，皆是未名之宝。上嘉将帅之功，诏曰："林邑介恃遐险，久稽王诛。龙骧将军、交州刺史檀和之，忠果到列，思略经济，禀命攻讨，万里推锋，法命肃齐，文武毕力，洁己奉公，以身率下，故能立勋海外，震服殊俗。宜加褒饰，参管近侍，可黄门侍郎，领越骑校尉，行建武将军。龙骧司马萧景宪，协赞军首，勤捷显著，总勒前驱，克殄巢穴，必能威服荒夷，抚怀民庶。可持节、督交州广州之郁林宁浦二郡诸军事、建威将军、交州刺史。"龙骧司马童林之、九真太守傅蔚祖战死，并赠给事中。

世祖孝建二年，林邑又遣长史范龙跋奉使贡献，除龙跋扬武将军。大明二年，林邑王范神成又遣长史范流奉表献金银器及香布诸物。太宗泰豫元年，又遣使献方物。

初，檀和之被征至豫章，值豫章民胡诞世等反，因讨平之，并论林邑功，封杜县子，食邑四百户。和之，高平金乡人，檀凭子也。太祖元嘉二十七年，自太子左卫率为世祖镇军司马、辅国将军、彭城太守。元凶弑立，以为西中郎将、雍州刺史。世祖入讨，加辅国将军，统豫州戍事，因出南奔。世祖即位，以为右卫将军。孝建二年，除辅国将军、豫州刺史，不行，复为右卫，加散骑常侍。三年，出为南兖州刺史，坐酣饮黩货，迎狱中女子入内，免官禁锢。其年，卒，追赠左将军，谥曰襄子。

广州诸山并俚、獠，种类繁炽，前后屡为侵暴，历世患苦之。世祖大明中，合浦大帅陈檀归顺，拜龙骧将军。四年，檀表乞官军征讨未附，乃以檀为高兴太守，将军如故。遣前朱提太守费沉、龙骧将军武期率众南伐，并通朱崖道，并无功，辄杀檀而反，沉下狱死。

扶南国，太祖元嘉十一、十二、十五年，国王持黎跋摩遣使奉献。

西南夷诃罗陀国，元嘉七年，遣使奉表曰：

伏承圣王，信重三宝，兴立塔寺，周满国界。城郭庄严，清净无秽，四衢交通，广博平坦。台殿罗列，状若众山，庄严微妙，犹如天宫。圣王出时，四兵具足，导从无数，以为守卫。都人士女，丽服光饰，市廛丰富，珍贿无量，王法清整，无相侵夺。学徒游集，三乘竞进，敷演正法，云布雨润。四海流通，万国交会，长江眇漫，清净深广，有生咸资，莫能销秽，阴阳调和，灾厉不行。谁有斯美，大宋扬都，圣王无伦，临覆上国。有大慈悲，子育万物，平等忍辱，怨亲无二，济乏周穷，无所藏积，靡不照达，如日之明，无不受乐，犹如净月。宰辅贤良，群臣贞洁，尽忠奉主，心无异想。

伏惟皇帝，是我真主。臣是诃罗陁国主名曰坚铠，今敬稽首圣王足下，惟愿大王知我此心久矣，非适今也。山海阻远，无缘自达，今故遣使，表此丹诚。所遣二人，一名毗纫，一名婆田，令到天子足下。坚铠微蔑，谁能知者，是故今遣二人，表此微心，此情既果，虽死犹生。仰惟大国，藩守旷远，我即边方藩守之一。上国臣民，普蒙慈泽，愿垂恩逮，等彼仆臣。臣国先时人众殷盛，不为诸国所见陵迫，今转衰弱，邻国竞侵。伏愿圣王，远垂覆护，并市易往反，不为禁闭。若见哀念，愿时遣还，令此诸国，不见轻侮，亦令大王名声普闻，扶危救弱，正是今日。今遣二人，是臣同心，有所宣启，诚实可信。愿敕广州时遣舶还，不令所在有所陵夺。愿自今以后，赐年年奉使。今奉微物，愿垂哀纳。

呵罗单国治阇婆洲。元嘉七年，遣使献金刚指环、赤鹦鹉鸟、天竺国白叠古贝、叶波国古贝等物。十年，呵罗单国王毗沙跋摩奉表曰：

常胜天子陛下：诸佛世尊，常乐安隐，三达六通，为世间道，是名如来，应供正觉，遗形舍利，造诸塔像，庄严国土，如须弥山，村邑聚落，次第罗匝，城郭馆宇，如忉利天宫，宫殿高广，楼阁庄严，四兵具足，能伏怨敌，国土丰乐，无诸患难。奉承先王，正法治化，人民良善，庆无不利，处雪山阴，雪水流注，百川洋溢，八味清净，周匝屈曲，顺趣大海，一切众生，咸得受用。于诸国土，殊胜第一，是名震旦，大宋扬都，承嗣常胜大王之业，德合天心，仁荫四海，圣智周备，化无不顺，虽人是天，护世降生，功德宝藏，大悲救世，为我尊主常胜天子。是故至诚五体敬礼。呵罗单国王毗沙跋摩首问讯。

其后为子所篡夺。十三年，又上表曰：

大吉天子足下：离淫怒痴，哀愍群生，想好具足，天龙神等，恭也供养，世尊威德，身光明照，如水中月，如日初□□间自蒙，普照十方，其白如雪，亦如月光，清净如华，颜色照曜，威仪殊胜，诸天龙神之所恭敬，以正法宝，梵行众僧，庄严国土，人民炽盛，安隐快乐。城阁高峻，如乾他山，众多勇士，守护此城，楼阁庄严，道巷平正，著种种衣，犹如天服，于一切国，为最殊胜吉。扬州城无忧天主，愍念群生，安乐民人，律仪清净，慈心深广，正法治化，共养三宝，名称远至，一切并闻。民人乐见，如月初生，譬如梵王，世界之主，一切人天，恭敬作礼。呵罗单跋摩以顶礼足，犹如现前，以体布地，如殿陛道，供养恭敬，如奉世尊，以顶著地，曲躬问讯。

忝承先业，嘉庆无量，忽为恶子所见争夺，遂失本国。今唯一心归诚天子，以自存命。今遣毗纫问讯大家，意欲自往，归诚宣诉，复畏大海，风波不达。今命得存，亦由毗纫此人忠志，其恩难报。此是大家国，今为恶子所夺，而见驱摈，意颇忿惋，规欲雪复。伏愿大家听毗纫买诸铠仗袍袄及马，愿为料理毗纫使得时还。前遣阇邪仙婆罗诃，蒙大家厚赐，悉恶子夺去，启大家使知。今奉薄献，愿垂纳受。

此后又遣使。二十六年，太祖诏曰："诃罗单、媻皇、媻达三国，频越遐海，款化纳贡，远诚宜甄，可并加除授。"乃遣使策命之曰："惟尔慕义款化，效诚荒遐，恩之所洽，殊远必甄，用敷典章，显兹策授。尔其钦奉凝命，永固厥职，可不慎欤。"二十九年，又遣长史媻和沙弥献方物。

婆皇国，元嘉二十六年，国王舍利媻罗跋摩遣使献方物四十一种，太祖策命之为媻皇国王，曰："惟尔仰政边城，率贡来庭，皇泽凯被，无幽不洽。宜班典策，授兹嘉命。尔其祗顺礼度，式保厥终，可不慎欤。"二十八年，复贡献。世祖孝建三年，又遣长史竺那媻智奉表献方物。以那媻智为振威将军。大明三年，献赤白鹦鹉。大明八年、太宗泰始二年，又遣使贡献。太宗以其长史竺须罗达、前长史振威将军竺那媻智并为龙骧将军。

媻达国，元嘉二十六年，国王舍利不陵伽跋摩遣使献方物。太祖策命之为婆达国王，曰："惟尔仰化怀诚，驰慕声教，皇风遐暨，荒服来款，是用加兹显策，式甄义顺。尔其祗顺宪典，永终休福，可不慎欤。"二十六、二十八年，复遣使献方物。

阇婆婆达国，元嘉十二年，国王师黎婆达陁阿罗跋摩遣使奉表曰：

宋国大主大吉天子足下：敬礼一切种智安隐，天人师降伏四魔，成等正觉，转尊法轮，度脱众生，教化已周，入于涅槃，舍利流布，起无量塔，众宝庄严，如须弥山，经法流布，如日照明，无量净僧，犹如列宿。国界广大，民人众多，宫殿城郭，如忉利天宫。名大宋扬州大国大吉天子，安处其中，绍继先圣，王有四海，阎浮提内，莫不来服。悉以兹水，普饮一切，我虽在远，亦沾灵润，是以虽隔巨海，常遥臣属，愿照至诚，垂哀纳受。若蒙听许，当年遣信，若有所须，惟命是献，伏愿信受，不生异想。今遣使主佛大陁婆、副使葛抵奉宣微诚，稽首敬礼大吉天子足下，陁婆所启，愿见信受，诸有所请，唯愿赐听。今奉微物，以表微心。

师子国，元嘉五年，国王刹利摩诃南奉表曰：

谨白大宋明主，虽山海殊隔，而音信时通。伏承皇帝道德高远，覆载同于天地，明照齐乎日月，四海之外，无往不伏，方国诸王，莫不遣信奉献，以表归德之诚，或泛海三年，陆行千日，畏威怀德，无远不至。我先王以来，唯以修德为正，不严而治，奉事三宝，道济天下，欣人为善，庆若在己，欲与天子共弘正法，以度难化。故托四道人遣二白衣送牙台像以为信誓，信还，愿垂音告。

至十二年，又复遣使奉献。

天竺迦毗黎国，元嘉五年，国王月爱遣使奉表曰：

伏闻彼国，据江傍海，山川周固，众妙悉备，庄严清净，犹如化城，宫殿庄严，街巷平坦，人民充满，欢娱安乐。圣王出游，四海随从，圣明仁爱，不害众生，万邦归仰，国富如海。国中众生，奉顺正法，大王仁圣，化之以道，慈施群生，无所遗惜。帝修净戒，轨道不及，无上法船，济诸沉溺，群僚百官，受乐无怨，诸天拥护，万神侍卫，天魔降伏，莫不归化。王身端严，如日初出，仁泽普润，犹如大云，圣贤承业，如日月天，于彼真丹，最为殊胜。

臣之所住，名迦毗河，东际于海，其城四边，悉紫绀石，首罗天护，令国安隐。国王相承，未尝断绝，国中人民，率皆修善，诸国来集，共遵道法，诸寺舍中，皆七宝形像，众妙供具，如先王法，臣自修检，不犯道禁，臣名月爱，弃世王种。

惟愿大王圣体和善，群臣百官，悉自安隐。今以此国群臣吏民，山川珍宝，一切归属，五体归诚大王足下。山海遐隔，无由朝觐，宗仰之至，遣使下承。使主父名天魔悉达，使主名尼陀达，此人由来良善忠信，是故今遣奉使表诚。大王若有所须，珍奇异物，悉当奉送，此之境土，便是王国。王之法令，治国善道，悉当承用。愿二国信使往来不绝，此反使还，愿赐一使，具宣圣命，备敕所宜。款至之诚，望不空反，所白如是，愿加哀愍。

奉献金刚指环、摩勒金环诸宝物，赤白鹦鹉各一头。太宗泰始二年，又遣使贡献，以其使主竺扶大、竺阿弥并为建威将军。

元嘉十八年，苏摩黎国王那邻那罗跋摩遣使献方物。世祖孝建二年，斤陁利国王释婆罗那邻陁遣长史竺留陁及多献金银宝器。后废帝元徽元年，婆黎国遣使贡献。凡此诸国，皆事佛道。

佛道自后汉明帝，法始东流，自此以来，其教稍广，自帝王至于民庶，莫不归心，经诰充积，训义深远，别为一家之学焉。元嘉十二年，丹阳尹萧摹之奏曰："佛化被于中国，已历四代，形像塔寺，所在千数，进可以系心，退足以招劝。而自顷以来，情敬浮末，不以精诚为至，更以奢竞为重。旧宇颓弛，曾莫之修，而各务造新，以相姱尚。甲第显宅，于兹殆尽，材竹铜彩，糜损无极，无关神祇，有累人事。建中越制，宜加裁检，不为之防，流道未息。请自今以后，有欲铸铜像者，悉诣台自闻，兴造塔寺精舍，皆先诣在所二千石通辞，郡依事列言本州，须许报，然后就功。其有辄造寺舍者，皆依不承用诏书律，铜宅林苑，悉没入官。"诏可。又沙汰沙门，罢道者数百人。

世祖大明二年，有昙标道人与羌人高阇谋反，上因是下诏曰："佛法讹替，沙门混杂，未足扶济鸿教，而专成逋薮。加奸心频发，凶状屡闻，败乱风俗，人神交怨。可付所在，精加沙汰，后有违犯，严加诛坐。"于是设诸条禁，自非戒行精苦，并使还俗。而诸寺尼出入宫掖,交关妃后,此制竟不能行。

先是,晋世庾冰始创议,欲使沙门敬王者,后桓玄复述其义,并不果行。大明六年,世祖使有司奏曰:“臣闻邃宇崇居,非期宏峻,拳跪槃伏,非止敬恭,将以施张四维,缔制八宇。故虽儒法枝派,名墨条分,至于崇亲严上,厥繇靡爽。唯浮图为教,逷自龙堆,反经提传,训遐事远,练生莹识,恒俗称难,宗旨缅谢,微言沦隔,拘文蔽道,在末弥扇。遂乃陵越典度,偃倨尊戚,失随方之眇迹,迷制化之渊义。夫佛法以谦俭自牧,忠虔为道,不轻比丘,遭道人斯拜,目连桑门,过长则礼,宁有屈膝四辈,而简礼二亲,稽颡耆腊,而直体万乘者哉。故成康创议,元兴载述,而事屈偏党,道挫余分。今鸿源遥洗,群流仰镜,九仙贶宝,百神耸职,而畿辇之内,舍弗臣之氓,陛席之间,延抗礼之客,惟非所以澄一风范,详示景则者也。臣等参议,以为沙门接见,比当尽虔礼敬之容,依其本俗,则朝徽有序,乘方兼遂矣。”诏可。前废帝初,复旧。

世祖宠姬殷贵妃薨,为之立寺,贵妃子子鸾封新安王,故以新安为寺号。前废帝杀子鸾,乃毁废新安寺,驱斥僧徒,寻又毁中兴、天宝诸寺。太宗定乱,下令曰:“先帝建中兴及新安诸寺,所以长世垂范,弘宣盛化。顷遇昏虐,法像残毁,师徒奔迸,甚以矜怀。妙训渊谟,有扶名教。可招集旧僧,普各还本,并使材官,随宜修复。”

宋世名僧有道生。道生,彭城人也,父为广武令。生出家为沙门法大弟子,幼而聪悟,年十五,便能讲经。及长,有异解,立顿悟义,时人推服之。元嘉十一年,卒于庐山。沙门慧琳为之诔。

慧琳者,秦郡秦县人,姓刘氏。少出家,住冶城寺,有才章,兼外内之学,为庐陵王义真所知。尝著《均善论》,其词曰:

> 有白学先生,以为中国圣人,经纶百世,其德弘矣,智周万变,天人之理尽矣,道无隐旨,教罔遗筌,聪睿迪哲,何负于殊论哉。有黑学道士陋之,谓不照幽冥之途,弗及来生之化,虽尚虚心,未能虚事,不逮西域之深也。于是白学访其所以不逮云尔。

白曰："释氏所论之空，与老氏所言之空，无同异乎？"黑曰："异。释氏即物为空，空物为一。老氏有无两行，空有为异。安得同乎。"白曰："释氏空物，物信空邪？"黑曰："然。空又空，不翅于空矣。"白曰："三仪灵长于宇宙，万品盈生于天地，孰是空哉？"黑曰："空其自性之有，不害因假之体也。今构群材以成大厦，罔专寝之实，积一豪以致合抱，无擅木之体，有生莫俄顷之留，泰山蔑累息之固，兴灭无常，因缘无主，所空在于性理，所难据于事用，吾以为误矣。"白曰："所言实相，空者其如是乎？"黑曰："然。"白曰："浮变之理，交于目前，视听者之所同了邪？解之以登道场，重之以轻异学，诚未见其渊深。"黑曰："斯理若近，求之实远。夫情之所重者虚，事之可重者实。今虚其真实，离其浮伪，爱欲之惑，不得不去。爱去而道场不登者，吾不知所以相晓也。"白曰："今析豪空树，无□垂荫之茂，离材虚室，不损轮奂之美，明无常增其愒荫之情，陈若偏笃其竞辰之虑。贝锦以繁采发辉，和羹以盐梅致旨，齐侯追爽鸠之乐，燕王无延年之术，恐和合之辩，危脆之教，正足恋其嗜好之欲，无以倾其爱竞之惑也。"黑曰："斯固理绝于诸华，坟素莫之及也。"白曰："山高累卑之辞，川树积小之咏，舟壑火传之谈，坚白唐肆之论，盖盈于中国矣，非理之奥，故不举以为教本耳。子固以遗情遗累，虚心为道，而据事剖析者，更由指掌之间乎。"黑曰："周、孔为教，正及一世，不见来生无穷之缘，积善不过子孙之庆，累恶不过余殃之罚，报效止于荣禄，诛责极于穷贱，视听之外，冥然不知，良可悲矣。释迦关无穷之业，拔重关之险，陶方寸之虑，宇宙不足盈其明，设一慈之救，群生不足胜其化，叙地狱则民惧其罪，敷天堂则物欢其福，指泥洹以长归，乘法身以遐览，神变无不周，灵泽靡不覃，先觉翻翔于上世，后悟腾翥而不绍，坎井之局，何以识大方之家乎。"白曰："固能大其言矣，今效神光无径寸之明，验灵变罔纤介之异，勤诚者不睹善救之貌，笃学者弗克陵虚之实，徒称无量之寿，孰见期颐之叟，咨嗟金刚之固，安觌不朽之质。苟于事不符，宜寻立言之指，遗其所寄之说也。且要天堂以就善，曷若服义而蹈道，惧地狱以敕身，孰与从理以端心。礼拜以求免罪，不由祇肃之意，施一以激百倍，弗乘无吝之情。美泥洹之乐，生耽逸之虑，赞法身之妙，肇好奇之心，近欲未弭，远利又兴，虽言菩萨无欲，群生固以有欲矣。甫救交敝之氓，永开利竞之俗，澄神反道，其可得乎？"黑曰："不然。若不示以来生之欲，何以权其当生之滞。物情不能顿至，故积渐以诱之。夺此俄顷，要彼无穷，若弗勤春稼，秋穑何期。端坐井底，而息意庶虑者，长沦于九泉之下矣。"白曰："异哉！何所务之乖也。道在无欲，而以有欲要之，北行求郢，西征索越，方长迷于幽都，永谬滞于昧谷。辽辽闽、楚，其可见乎。所谓积渐者，日损之谓也。当先遗其所轻，然后忘其所重，使利欲日去，淳白自生耳。岂得以少要多，以粗易妙，俯仰之间，非利不动，利之所荡，其有极哉。乃□青眩媚彩之目，土木夸好壮之心，兴糜费之道，单九服之财，树无用之事，割群生之急，致营造之计，成私树之权，务劝化之业，结师党之势，苦节以要厉精之誉，护法以展陵竞之情，悲矣！夫道其安寄乎。是以周、孔敦俗，弗关视听之外，老、庄陶风，谨守性分而已。"黑曰："三游本于仁义，盗跖资于五善，圣迹之敝，岂有内外。且黄、老之家，符章之伪，水祝之诬，不可胜论。子安于彼，骇于此，玩于浊水，违于清渊耳。"白曰："有迹不能不敝，有术不能无伪，此乃圣人所以桎梏也。今所惜在作法于贪，遂以成俗，不正其敝，反以为高耳。至若淫妄之徒，世自近鄙，源流蔑然，因不足论。"黑曰："释氏之教，专救夷俗，便无取于诸华邪？"白曰："曷为其然。为则开端，宜怀属绪，爱物去杀，尚施周人，息心遗荣华之愿，大士布兼济之念，仁义玄一者，何以尚之。惜乎幽旨不亮，末流为累耳。"黑曰："子之论善殆同矣，便事尽于生乎？"白曰："幽冥之理，固不极于人事矣。周、孔疑而不辨，释迦辨而不实，将宜废其显晦之迹，存其所要之旨。请尝言之。夫道之以仁义者，服理以从化，帅之以劝戒者，循利而迁善。故甘辞兴于有欲，而灭于悟理，淡说行于天解，而息于贪伪。是以示来生者，蔽亏于道、释不得已，杜幽暗者，冥符于姬、孔闭其兑。由斯论之，言之者未必远，知之者未必得，不知者未必失，但知六度与五教并行，信顺与慈悲齐立耳。殊涂而同归者，不得守其发轮之辙也。”

论行于世。旧僧谓其贬黜释氏，欲加摈斥。太祖见论赏之，元真中，遂参权要，朝廷大事，皆与议焉。宾客辐凑，门车常有数十两，四方赠赂相系，势倾一时。注《孝经》及《庄子·逍遥篇》、文论，传于世。

又有慧严、慧议道人，并住东安寺，学行精整，为道俗所推。时斗场寺多禅僧，京师为之语曰：“斗场禅师窟，东安谈义林。”

世祖大明四年，于中兴寺设斋。有一异僧，众莫之识，问其名，答言名明慧，从天安寺来，忽然不见。天下无此寺名，乃改中兴曰天安寺。大明中，外国沙门摩诃衍苦节有精理，于京都多出新经，《胜鬘经》尤见重内学。

东夷高句骊国，今治汉之辽东郡。高句骊王高琏，晋安帝义熙九年，遣长史高翼奉表献赭白马。以琏为使持节、都督营州诸军事、征东将军、高句骊王、乐浪公。高祖践阼，诏曰：“使持节、都督营州诸军事、征东将军、高句骊王、乐浪公琏，使持节、督百济诸军事、镇东将军、百济王映，并执义海外，远修贡职。惟新告始，宜荷国休。琏可征东大将军，映可镇东大将军。持节、都督、王、公如故。”三年，加琏散骑常侍，增督平州诸军事。少帝景平二年，琏遣长史马娄等诣阙献方物，遣使慰劳之，曰：“皇帝问使持节、散骑常侍、都督营平二州诸军事、征东大将军、高句骊王、乐浪公，纂戎东服，庸绩继轨，厥惠既彰，款诚亦著，逾辽越海，纳贡本朝。朕以不德，忝承鸿绪，永怀先踪，思覃遗泽。今遣谒者朱邵伯、副谒者王邵子等，宣旨慰劳。其茂康惠政，永隆厥功，式昭往命，称朕意焉。”

先是，鲜卑慕容宝治中山，为索虏所破，东走黄龙。义熙初，宝弟熙为其下冯跋所杀，跋自立为主，自号燕王，以其治黄龙城，故谓之黄龙国。跋死，子弘立，屡为索虏所攻，不能下。太祖世，每岁遣使献方物。元嘉十二年，赐加除授。十五年，复为索虏所攻，弘败走，奔高骊北丰城，表求迎接。太祖遣使王白驹、赵次兴迎之，并令高骊料理资遣，琏不欲使弘南，乃遣将孙漱、高仇等袭杀之。白驹等率所领七千余人掩讨漱等，生禽漱，杀高仇等二人。琏以白驹等专杀，遣使执送之，上以远国，不欲违其意，白驹等下狱，见原。

琏每岁遣使。十六年，太祖欲北讨，诏琏送马，琏献马八百匹。世祖孝建二年，琏遣长史董腾奉表慰国哀再周，并献方物。大明三年，又献肃慎氏楛矢石砮。七年，诏曰："使持节、散骑常侍、督平荣二州诸军事、征东大将军、高句骊王、乐浪公琏，世事忠义，作藩海外，诚系本朝，志剪残险，通译沙表，克宣王猷。宜加褒进，以旌纯节。可车骑大将军、开府仪同三司，持节、常侍、都督、王、公如故。"太宗泰始、后废帝元徽中，贡献不绝。

百济国，本与高骊俱在辽东之东千余里，其后高骊略有辽东，百济略有辽西。百济所治，谓之晋平郡晋平县。

义熙十二年，以百济王馀映为使持节、都督百济诸军事、镇东将军、百济王。高祖践祚，进号镇东大将军。少帝景平二年，映遣长史张威诣阙贡献。元嘉二年，太祖诏之曰："皇帝问使持节、都督百济诸军事、镇东大将军、百济王，累叶忠顺，越海效诚，远王纂戎，聿修先业，慕义既彰，厥怀赤款，浮桴骊水，献琛执贽，故嗣位方任，以藩东服，勉勖所莅，无坠前踪。今遣兼谒者闾丘恩子、兼副谒者丁敬子等，宣旨慰劳，称朕意。"其后，每岁遣使奉表，献方物。七年，百济王馀毗复修贡职，以映爵号授之。二十七年，毗上书献方物。私假台使冯野夫西河太守，表求《易林》、《式占》、腰弩，太祖并与之。毗死，子庆代立。世祖大明元年，遣使求除授，诏许。二年，庆遣使上表曰："臣国累叶，偏受殊恩，文武良辅，世蒙朝爵。行冠军将军右贤王馀纪等十一人，忠勤宜在显进，伏显垂愍，并听赐除。"仍以行冠军将军右贤王馀纪为冠军将军，以行征虏将军左贤王馀昆、行征虏将军馀晕并为征虏将军，以行辅国将军馀都、馀乂并为辅国将军，以行龙骧将军沐衿、馀爵并为龙骧将军，以行宁朔将军馀流、麋贵并为宁朔将军，以行建武将军于西、馀娄并为建武将军。太宗泰始七年，又遣使贡献。

倭国，在高骊东南大海中，世修贡职。高祖永初二年，诏曰："倭赞万里修贡，远诚宜甄，可赐除授。"太祖元嘉二年，赞又遣司马曹达奉表献方物。赞死，弟珍立，遣使贡献。自称使持节、都督倭百济新罗任那秦韩慕韩六国诸军事、安东大将军、倭国王。表求除正，诏除安东将军、倭国王。珍又求除正倭隋等十三人平西、征虏、冠军、辅国将军号，诏并听。二十年，倭国王济遣使奉献，复以为安东将军、倭国王。二十八年，加使持节、都督倭新罗任那加罗秦韩慕韩六国诸军事，安东将军如故。并除所上二十三人军、郡。济死，世子兴遣使贡献。世祖大明六年，诏曰："倭王世子兴，奕世载忠，作藩外海，禀化宁境，恭修贡职。新嗣边业，宜授爵号，可安东将军、倭国王。"兴死，弟武立，自称使持节、都督倭百济新罗任那加罗秦韩慕韩七国诸军事、东安大将军、倭国王。

顺帝升明二年，遣使上表曰："封国偏远，作藩于外，自昔祖祢，躬擐甲胄，跋涉山川，不遑宁处。东征毛人五十五国，西服众夷六十六国，渡平海北九十五国，王道融泰，廓土遐畿，累叶朝宗，不愆于岁。臣虽下愚，忝胤先绪，驱率所统，归崇天极，道遥百济，装治船舫，而句骊无道，图欲见吞，掠抄边隶，虔刘不已，每致稽滞，以失良风。虽曰进路，或通或不。臣亡考济，实忿寇仇，壅塞天路，控弦百万，义声感激，方欲大举，奄丧父兄，使垂成之功，不获一篑。居在谅闇，不动兵甲，是以偃息未捷。至今欲练甲治兵，申父兄之志，义士虎贲，文武效功，白刃交前，亦所不顾。若以帝德覆载，摧此强敌，克靖方难，无替前功。窃自假开府仪同三司，其余咸假授，以劝忠节。"诏除武使持节、都督倭新罗任那加罗秦韩慕韩六国诸军事、安东大将军、倭王。

荆、雍州蛮，槃瓠之后也。分建种落，布在诸郡县。荆州置南蛮、雍州置宁蛮校尉，以领之。世祖初，罢南蛮并大府，而宁蛮如故。蛮民顺附者，一户输谷数斛，其余无杂调，而宋民赋役严苦，贫者不复堪命，多逃亡入蛮。蛮无徭役，强者又不供官税，结党连群，动有数百千人，州郡力弱，则起为盗贼，种类稍多，户口不可知也。所在多深险，居武陵者有雄溪、樠溪、辰溪、酉溪、舞溪，谓之五溪蛮。而宜都、天门、巴东、建平、江北诸郡蛮，所居皆深山重阻，人迹罕至焉。前世以来，屡为民患。

少帝景平二年，宜都蛮帅石宁等一百二十三人诣阙上献。太祖元嘉六年，建平蛮张雍之等五十人，七年，宜都蛮田生等一百一十三人，并诣阙献见。其后，沔中蛮大动，行旅殆绝。天门溇中令宗矫之徭赋过重，蛮不堪命。十八年，蛮田向求等为寇，破溇中，虏略百姓。荆州刺史衡阳王义季遣行参军曹孙念讨破之，获生口五百余人，免矫之官。二十四年，南郡临沮当阳蛮反，缚临沮令傅僧骥。荆州刺史南谯王义宣遣中兵参军王谌讨破之。

先是，雍州刺史刘道产善抚诸蛮，前后不附官者莫不顺服，皆引出平土，多缘沔为居。及道产亡，蛮又反叛。及世祖出为雍州，群蛮断道，击大破之。台遣军主沈庆之连年讨蛮，所向皆平殄，事在《庆之传》。二十八年正月，龙山雉水蛮寇抄涅阳县，南阳太守朱云韶遣军讨之，失利，杀伤三百余人，县诏又遣二千人系之，蛮乃散走。是岁，溠水诸蛮因险为寇，雍州刺史随王诞遣使说之曰："顷威怀所被，覃自遐远，顺化者宠禄，逆命者无遗，此亦尔所知也。圣朝今普天肆眚，许以自新，便宜各还旧居，安堵复业，改过革心，于是乎始。"先是，蛮帅鲁奴子掳龙山，屡为边患。鲁轨在长社，奴子归之，轨言于虏主，以为四山王。轨子爽归国，奴子亦求内附，随王诞又遣军讨沔北诸蛮，袭浊山、如口、蜀松三柴，克之。又围升钱、柏义诸柴，蛮悉力距战，军以具装马夹射，大破之，斩首二百级，获生蛮千口，牛马八十头。

世祖大明中，建平蛮向光侯寇暴峡川，巴东太守王济、荆州刺史朱修之遣军讨之，光侯走清江。清江去巴东千余里。时巴东、建平、宜都、天门四郡蛮为寇，诸郡民户流散，百不存一，太宗、顺帝世尤甚，虽遣攻伐，终不能禁，荆州为之虚敝。

大明中，桂阳蛮反，杀荔令晏珍之，临贺蛮反，杀关建令邢伯兒，振武将军萧冲之讨之，获少费多，抵罪。

豫州蛮，廪君后也。盘瓠及禀君事，并具前史。西阳有巴水、蕲水、希水、赤亭水、西归水，谓之五水蛮，所在并深岨，种落炽盛，历世为盗贼。北接淮、汝，南极江、汉，地方数千里。

元嘉二十八年，西阳蛮杀南川令刘台，并其家口。二十九年，新蔡蛮二千余人破大雷戍，略公私船舫，悉引入湖。有亡命司马黑石在蛮中，共为寇盗。太祖遣太子步兵校尉沈庆之率江、荆、雍、豫诸州军讨之。世祖大明四年，又遣庆之讨西阳蛮，大克获而反。司马黑石徒党三人，其一人名智黑石，号曰“太公”，以为谋主；一人名安阳，号谯王；一人名续之，号梁王。蛮文小罗等讨禽续之，为蛮世财所篡，小罗等相率斩世财父子六人。豫州刺史王玄谟遣殿中将军郭元封慰劳诸蛮，使缚送亡命，蛮乃执智黑石、安阳二人送诣玄谟，世祖使于寿阳斩之。

世宗初即位，四方反叛，及南贼败于鹊尾，西阳蛮田益之、田义之、成邪财、田光兴等起义攻郢州，克之。以益之为辅国将军，都统四山军人，又以蛮户立宋安、光城二郡，以义之为宋安太守，光兴为龙骧将军、光城太守。封益之边城县王，食邑四百一十一户，成邪财阳城县王，食邑三千户，益之征为虎贲中郎将，将军如故。顺帝升明初，又转射声校尉、冠军将军。成邪财死，子婆思袭爵，为辅国将军、武骑常侍。晋熙蛮梅式生亦起义，斩晋熙太守阎湛之、晋安王子勋典签沈光明祖，封高山侯，食所统牛岗、下柴二村三十户。

史臣曰:汉世西译遐通,兼途累万,跨头痛之山,越绳度之险,生行死径,身往魂归。晋氏南移,河、陇夐隔,戎夷梗路,外域天断。若夫大秦、天竺,迥出西溟,二汉衔役,特艰斯路,而商货所资,或出交部,泛海陵波,因风远至。又重峻参差,氏众非一,殊名诡号,种别类殊,山琛水宝,由兹自出,通犀翠羽之珍,蛇珠火布之异,千名万品,并世主之所虚心,故舟舶继路,商使交属。太祖以南琛不至,远命师旅,泉浦之捷,威震沧溟,未名之宝,入充府实。夫四夷孔炽,患深自古、蛮、蜑殊杂,种众特繁,依深傍岨,充积畿甸,咫尺华氓,易兴狡毒,略财据土,岁月滋深。自元嘉将半,寇慝弥广,遂盘结数州,摇乱邦邑。于是命将出师,恣行诛讨,自江汉以北,庐江以南,搜山荡谷,穷兵罄武,系颈囚俘,盖以数百万计。至于孩年耋齿,执讯所遗,将卒申好杀之愤,干戈穷酸惨之用,虽云积怨,为报亦甚。张奂所云:“流血于野,伤和致灾。”斯固仁者之言矣。

宋书卷九八
列传第五八

氐　胡

略阳清水氐　张掖临松卢水胡

略阳清水氐杨氏，秦、汉以来，世居陇右，为豪族。汉献帝建安中，有杨腾者，为部落大帅。腾子驹，勇健多计略，始徙仇池。仇池地方百顷，因以百顷为号，四面斗绝，高平地方二十余里，羊肠蟠道三十六回。山上丰水泉，煮土成盐。驹后有名千万者，魏拜为百顷氐王。千万子孙名飞龙，渐强盛，晋武假征西将军，还居略阳。无子，养外甥令狐氏子为子，名戊搜。晋惠帝元康六年，避齐万年之乱，率部落四千家，还保百顷，自号辅国将军、右贤王。关中□士奔流者多依之，戊搜延纳抚接，欲去者则卫护资遣之。愍帝以为骠骑将军、左贤王。时南阳王保在上邽，又以戊搜子难敌为征南将军。建兴五年，戊搜卒，难敌袭位。与坚头分部曲，难敌号左贤王，屯下辩，坚头号右贤王，屯河池。元帝太兴四年，刘曜伐难敌，与坚头俱奔晋寿，臣于李雄。曜退，复还仇池。

成帝咸和九年，难敌卒，子毅立，自号使持节、龙骧将军、左贤王、下辩公。以坚头子槃为使持节、冠军将军、右贤王、河池公。咸康元年，遣使称蕃于晋，以毅为征南、槃征东将军。三年，毅族兄初袭杀毅，并有其众，自立为仇池公，臣于石虎。后遣使称蕃于穆帝。永和三年，以初为使持节、征南将军、雍州刺史、平羌校尉、仇池公。

初子国为镇东将军、武都太守。十年，改封初天水公。十一年，毅小弟宋奴使姑子梁式王因侍直手刃杀初，子国率左右诛式王及宋奴，复自立。征西将军桓温表国为镇北将军、秦州刺史、平羌校尉，国子安为振威将军、武都太守。十二年，国从父杨俊复杀国自立，安奔苻生。俊遣使归顺。升平三年，以俊为平西将军、平羌校尉、仇池公。四年，俊卒，子世立，复以为冠军将军、平羌校尉、武都太守、仇池公。海西公太和三年，迁征西将军、秦州刺史，以世弟统为宁东将军、武都太守。五年，世卒，统废世子纂自立。纂一名德，聚党杀统，遣使诣简文帝自陈，复以纂为平羌校尉、秦州刺史、仇池公。咸安元年，苻坚遣杨安、苻雅等讨纂，克之，徙其民于关中，空百顷之地，纂后为杨安所杀。

宋奴之死也，二子佛奴、佛狗奔逃关中，苻坚以佛奴为右将军，佛狗为抚夷护军。后以女妻佛奴子定，以定为尚书、领军将军。孝武帝太元八年，苻坚败于淮南，关中扰乱，定尽力奉坚。坚死，乃将家奔陇右，徙治历城，城在西县界，去仇池百二十里。置仓储于百顷，招合夷、晋，得千余家，自号龙骧将军、平羌校尉、仇池公，称蕃于晋孝武帝，孝武帝即以其自号假之。求割天水之西县、武都之上禄为仇池郡，见许。十五年，又以定为辅国将军、秦州刺史，定已自署征西将军。又进持节、都督陇右诸军事、辅国大将军、开府仪同三司，校尉、刺史如故。其年，进平天水略阳郡，遂有秦州之地，自号西王。至十九年，攻陇西虏乞佛乾归，定军败见杀。无子，佛狗子盛先为监国，守仇池，袭位，自号使持节、征西将军、秦州刺史、平羌校尉、仇池公。谥定为武王。分诸四山氐、羌为二十部护军，各为镇戍，不置郡县。安帝隆安三年，遣使称蕃，奉献方物。安帝以盛为辅国将军、平羌校尉、仇池公。元兴三年，桓玄辅晋，进盛平北将军、凉州刺史、西戎校尉。义熙元年，姚兴伐盛，盛惧，遣子难当为质。兴遣将王敏攻城，因梁州别驾吕莹，求救于盛，盛遣军次浕口，敏退。以盛为都督陇右诸军事、征西大将军、开府仪同三司。时益州刺史毛璩讨桓玄所置梁州刺史桓希，败走，汉中空虚，盛遣兄子平南将军抚守汉中。三年，又假盛使持节、北秦州刺史。盛又遣将苻宣行梁州刺史代抚。九年，梁州刺史索邈镇南城，宁乃还。高祖践阼，进盛车骑大将军，加侍中。永初三年，改封武都王，以长子玄为武都王世子，加号前将军，难当为冠军将军，抚为安南将军。盛嗣位三十年，太祖元嘉二年六月，卒，时年六十二，私谥曰惠文王。

玄字黄眉，自号使持节、都督陇右诸军事、征西大将军、开府仪同三司、平羌校尉、秦州刺史、武都王。虽为蕃臣，犹奉义熙之号。善待士，为流、旧所怀。安南将军抚有文武智略，玄不能容，三年，因其子杀人，并诛之。明帝即以玄为使持节、征西将军、平羌校尉、北秦州刺史、武都王。乃改义熙之号，奉元嘉正朔。初，盛谓玄曰："吾年已老，当为晋臣，汝善事宋帝。"故玄奉焉。追赠盛骠骑大将军，余如故。六年六月，玄卒，私谥曰孝昭王。

弟难当废玄子保宗，一名羌奴，而自立，号使持节、都督雍凉诸军事、秦州刺史、平羌校尉、武都王。太祖以为冠军将军、秦州刺史、武都王。九年，进号征西将军，加持节、都督、校尉之号。难当拜保宗为镇南将军，镇宕昌，以次子顺为镇东将军、秦州刺史，守上邽。保宗谋袭难当，事泄，收系之。先是，四方流民有许穆之、郝恢之二人投难当，并改姓为司马。穆之自云名飞龙，恢之自云名康之，云是晋室近戚。康之寻为人所杀。十年，难当以益州刺史刘道济失蜀土人情，以兵力资飞龙，使入蜀为寇，道济击斩之。时梁州刺史甄法护刑法不理，太祖遣刺史萧思话代任。难当因思话未至，法护将军下，举兵袭梁州，破白马，获晋昌太守张范。法护遣参军鲁安期、沈法慧等拒之，并各奔退。难当又遣建忠将军赵进攻葭萌，获晋寿太守范延朗。其年十一月，法护委镇奔洋川，难当遂有汉中之地。以氐苻粟持为梁州刺史，又以其凶悍杀之，以司马赵温代为梁州。十年正月，思话使司马萧讳先驱进讨，所向克捷，遂平梁州，事在《思话传》。四月，难当遣使奉表谢罪，曰：

臣闻生成之德，含气同系，而荣悴殊涂，遭遇异兆，至于恩降自然，诚无答谢。夫以狂圣道隔，犹存克念之诚，况君亲莫二,不期自感者哉。每思自竭,奉遵光训,丹诚未谅,大谤已臻。梁州刺史甄法护诬臣遣司马飞龙扰乱西蜀,诸所谮引,言非一事,长涂万里,无路自明,风尘之声,日有滋甚。与其逆生,宁就清灭,文武同愤,制不自由。遣参军姚道贤赍书诣梁州刺史萧思话,寻续又遣诣台归罪。道贤至西城,为守兵所杀,行李蔽拥,日月莫照。法护恇扰,望风奔逃,臣即回军,秋毫无犯,权留少守,以俟会通。其后数旬,官军寻至,守兵单弱,惧不自免,续遣轻兵,共相迎接。值秦流民,怀土及本,行将既旋,不容禁制,由臣约防无素,以致斯阙。

臣本历代守蕃,世荷殊宠,王化始基,顺天委命,要名期义,不在今日,岂可假托妖妄,毁败成功,如此之形,灼然易见,仰恃圣明,必垂鉴察。但臣微心不达,迹违忠顺,至乃声闻朝廷,劳烦师旅,负辱之深,罪当诛责。远隔遐荒,告谢无地,谨遣兼长史齐亮听命有司,并奉送所授第十一符策,伏待天旨。

太祖以其边裔,下诏曰:“杨难当表如此,悔谢前愆,可特恕宥,并特还章节。”

十二年,难当释保宗,遣镇童亭,保宗奔,索虏主拓跋焘以为都督陇西诸军事、征西大将军、开府仪同三司、平羌校尉、南秦王,遣袭上邽,难当子顺失守退,以为雍州刺史,守下辩。十三年三月,难当自立为大秦王,号年曰建义,立妻为王后,世子为太子,置百官,具拟天朝,然犹奉朝庭,贡献不绝。十七年,其国大旱,多灾异,降大秦王复为武都王。

十八年十月,倾国南寇,规有蜀土,虑汉中军出,遣建忠将军苻冲出东洛以防之。梁州刺史刘道真击斩冲。十一月,难当克葭萌,获晋寿太守申坦,遂围涪城,巴西太守刘道银婴城固守,难当攻之十余日,不克,乃还。十九年正月,太祖遣龙骧将军裴方明、太子左积弩将军刘康祖、后军参军梁坦甲士三千人,又发荆、雍二州兵讨难当,受刘道真节度。五月,方明等至汉中,长驱而进。道真到武兴,攻伪建忠将军苻隆,克之。安西参军韦俊、建武将军姜道盛别向下辩，道真又遣司马夏侯穆季西取白水，难当子雍州刺史顺、建忠将军杨亮拒之，并望风奔走。闰月，方明至兰皋，难当镇北将军苻义德、建节将军苻弘祖万余人列阵拒战，方明击破之，斩弘祖，杀二千余人，义德遁去。天水任愈之率部曲归顺。难当世子抚军大将军和据修城，方明又遣军率愈之攻和，大破之。于是难当将妻子奔索虏，死于虏中。安西参军鲁尚期追难当出寒峡，生禽建节将军杨保炽、安昌侯杨虎头。初，难当遣第二子虎为镇南将军、益州刺史，守阴平。闻父走，逃还，至下辩。方明使子肃之要之，生禽虎，传送京师，斩于建康市。仇池平。

以辅国司马胡崇之为龙骧将军、秦州刺史、平羌校尉，守仇池。索虏拓跋焘遣安西大将军吐奚弼、平北将军拓跋齐等二万人邀崇之。二十年二月，崇之至浊水，去仇池八十里，遇齐等，战败没，余众奔还汉中。

三月，前镇东司马苻达、征西从事中郎任朏等举义，立保宗弟文德为主。拓跋齐闻兵起，遁走，达追击斩齐，因据白崖，分平诸戍。文德自号使持节、都督秦河凉三州诸军事、征西大将军、秦河凉三州牧、平羌校尉、仇池公，遣露板驰告朝廷。太祖诏曰："近者校尉仇池公表虏纵逸，寇窃仇池，将士挫伤，民萌涂炭，眷言西顾，矜慨在怀。杨文德世笃忠顺，诚感家国，纠率义徒，奄殄凶丑，锋旗所向，歼溃无遗，氛祲澄清，蕃境宁一，念功惟事，良有欣嘉。便可遣使慰劳，宣示朝旨，并敕梁州刺史申坦随宜应援。"又诏曰："显录勋效，盖惟国典，施赏务速，无或逾时。杨文德志气果到，文武兼全，乘机潜奋，殊功仍集，告捷归诚，献俘万里，朝无暂土，树难自肃，休烈昭著，朕甚嘉焉。杨氏世祖西劳，方忠累叶，宜绍先绪，膺受宠荣。可使持节、散骑常侍、都督北秦雍二州诸军事、征西大将军、平羌校尉、北秦州刺史，封武都王。"任朏祖父岐，伯父祚，父综，并仕杨氏，为谘议从事中郎。朏有志干，文德以为左司马。

文德既受朝命，进戍茄芦城。二十五年，为索虏所攻，奔于汉中。时世祖镇襄阳，执文德归之于京师，以失守，免官，削爵土。二十七年，王师北讨，起文德为辅国将军，率军自汉中西入，摇动汧、陇。文德宗人杨高率阴平、平武群氐，据唐鲁桥以距文德，文德水陆俱攻，大破之，众并奔散。高遁走奔羌，文德追之至黎卬岭，高单身投羌仇阿弱家，追斩之，阴平、平武悉平。又遣文德伐啖提氐，不克，梁州刺史刘秀之执送荆州，使文德从祖兄头戍茄芦。荆州刺史南郡王义宣反，文德不同，见杀。世祖追赠征虏将军、秦州刺史。

孝建二年，以保宗子元和为征虏将军，以头为辅国将军。元和既杨氏正统，群氐欲相宗推，年小才弱，不能绥御所部，头母妻子弟并为索虏所执，头至诚奉顺，无所顾怀。朝廷既不正元和号位，部落未有定主。雍州刺史王谟上表曰："被敕令臣遣使与杨元和、杨头相闻，并致信饷。即遣中军行参军吕智宗赍书并信等，亦自遣使随智宗。及头语智宗，顷破家为国，母妻子弟并坠没虏中，不顾孝道，陈力边捍，竭忠尽诚，未为朝廷所识。若以元和承统，宜授王爵；若以其年小，未堪大任，则应别有所委。顷来公私纷纭，华、戎交构，皆此之由。臣伏寻头，元嘉以来，实有忠诚于国，弃亲遗爱，诚在可嘉。氐、羌负远，又与虏咫尺，急之则反，缓之则怨。观头使人言语，不敢便望仇池公，所希政在西秦州、假节而已。如臣愚见，蕃捍汉川，使无虏患，头实有力，四千户荒州，殆不足吝。元和小弱，若未可专委，复数年之后，必堪嗣业，用之不难。若才用不称，则应归头。若茄芦不守，汉川亦无立理。"上不许。其后立元和为武都王，治白水，不能自立，复走奔索虏。

元和从弟僧嗣，复自立，还戍茄芦，以为宁朔将军、仇池太守。太宗泰始二年，诏曰："僧嗣远守西疆，世笃忠款，宜加旌显，以甄义概。可冠军将军、北秦州刺史、武都王，太守如故。"三年，加持节、都督北秦雍二州诸军事，进号征西将军、校尉，刺史如故。僧嗣卒，从弟文度复自立。泰豫元年，以为龙骧将军、略阳太守，封武都王。又改龙骧为宁朔将军。后废帝无徽四年，加督北秦州诸军事、平羌校尉、北秦州刺史，将军如故。文度遣弟龙骧将军文弘伐仇池，破戍兵于兰皋。顺帝升明元年，诏曰："茂赏有章，实昭国度，畴庸斯炳，载宣史册。督北秦州诸军事、宁朔将军、平羌校尉、北秦州刺史、武都王文度，门乘辉宠，世荣边邑，忠果既亮，才劲兼彰。龙骧将军杨文弘，肃协成规，躬提桴鼓，申棱百顷，席卷兰皋，功烈之美，并足嘉叹，宜膺爵授，以酬勋绪。文度可使持节、都督北秦雍二州诸军事、征西将军，刺史、校尉悉如故。文弘辅国将军、略阳太守。”其年，虏破茄芦，文度见杀，追赠本官，加散骑常侍。以文弘督北秦州诸军事、平羌校尉、北秦州刺史，袭封武都王，将军如故，退治武兴。

大且渠蒙逊，张掖临松卢水胡人也。匈奴有左且渠、右且渠之官，蒙逊之先为此职，羌之酋豪曰大，故且渠以位为氏，而以大冠之。世居卢水为酋豪。蒙逊高祖晖仲归，曾祖遮，皆雄健勇名。祖祁复延，封狄地王。父法弘袭爵，府氏以为中田护军。

蒙逊代父领部曲，有勇略，多计数，为诸胡所推服。吕光自王于凉州，使蒙逊自领营人配箱直，又以蒙逊叔父罗仇为西平太守。安帝隆安三年春，吕光遣子镇东将军纂率罗仇伐枹罕虏乞佛乾归，为乾归所败，光委罪罗仇，杀之。四月，蒙逊求还葬罗仇，因聚万余人叛光，杀临松护军，屯金山。五月，光挥纂击破蒙逊，将六七人逃山中，家户悉亡散。时蒙逊兄男成将兵西守晋昌，闻蒙逊反，引军还，杀酒泉太守叠滕，推建康太守段业为主。业自号龙骧大将军、凉州牧、建康公，以男成为辅国将军。男成及晋昌太守王德围张掖，克之，业因据张掖。蒙逊率部曲投业，业以蒙逊为镇西将军、临池太守，王德为酒泉太守。寻又以蒙逊领张掖太守。三年四月，业使蒙逊将万人攻光弟子纯于西郡，经旬不克，乃引水灌城，窘急乞降，执之以归。时王德叛业，自称河州刺史，业使蒙逊西讨，德焚城，将部曲走投晋昌太守唐瑶，蒙逊追德至沙头，大破之，虏其妻子部落而还。转西安太守，将军如故。四年五月，蒙逊与男成谋杀业，男成不许，蒙逊反谮男成于业，业杀男成。蒙逊乃谓其部曲曰：“段公无道，枉杀辅国。吾为辅国报仇。”遂举兵攻张掖，杀段业，自称车骑大将军，建号永安元年。

是月，敦煌太守李皓亦起兵，自号冠军大将军、西胡校尉、沙州刺史，太守如故，称庚子元年，与蒙逊相抗。其冬，皓遣唐瑶及鹰扬将军宋繇攻酒泉，获太守大且渠益生，蒙逊从叔也。

吕光死，子纂立，元年，为从弟隆所篡。姚兴攻凉州，隆称臣请降，蒙逊亦遣使诣兴，兴以为镇西将军、沙州刺史、西海侯。二年二月，蒙逊与西平虏秃发傉檀共攻凉州，为隆所破。十月，傉檀复攻隆。三年三月，隆以蒙逊、傉檀交逼，遣弟超诣姚兴求迎。七月，兴遣将齐难迎隆，隆说难发蒙逊，蒙逊惧，遣弟为质，献宝货于难，乃止，以武卫将军王尚行凉州刺史而还。

义熙元年正月，李皓改称大将军、大都督、凉州牧、护羌校尉、凉公。五月，移据酒泉。姚兴假傉檀凉州刺史，代王尚屯姑臧。二年九月，蒙逊袭李皓，至安弥，去城六十里，皓乃觉。引军出战，大败，退还，闭城自守。蒙逊亦归。六年，蒙逊攻破傉檀，傉檀走屯乐都。武威人焦朗入姑臧，自号骠骑大将军，臣于李皓。八年，蒙逊攻焦朗，杀之，据姑臧，自号大都督、大将军、河西王，改称玄始元年，立子正德为世子。

十三年五月，李皓死，子歆立。六月，歆伐蒙逊，至建康，蒙逊拒之，歆退走，追到西支间，蒙逊大败，死者四千余人，乃收余众，增筑建康城，置兵戍而还。

十四年，蒙逊遣使诣晋，奉表称蕃，以蒙逊为凉州刺史。高祖践阼，以歆为使持节、都督高昌敦煌晋昌酒泉西海玉门堪泉七郡诸军事、护羌校尉、征西大将军、酒泉公。

永初元年七月，蒙逊东略浩亹，李歆乘虚攻张掖，蒙逊回军西归，歆退走，追至临泽，斩歆兄弟三人，进攻酒泉，克之。歆弟敦煌太守恂据郡，自称大将军。十月，蒙逊遣世子正德攻恂，不下。三年正月，蒙逊自往，筑长堤引水灌城，数十日，又不下。三月，恂武卫将军宋承、广武将军弘举城降，恂自杀，李氏由是遂亡。于是鄯善王比龙入朝，西域三十六国皆称臣贡献。高祖以蒙逊为使持节、散骑常侍、都督凉州诸军事、镇军大将军、开府仪同三司、凉州刺史、张掖公。

十二月，晋昌太守唐契反，复遣正德攻契。景平元年三月，克之，契奔伊吾。八月，芮芮来抄，蒙逊遣正德距之，正德轻骑进战，军败见杀。乃以次子兴国为世子。是岁，进蒙逊侍中、都督凉秦河沙四州诸军事、骠骑大将军、领护匈奴中郎将、西夷校尉、凉州牧、河西王，开府、持节如故。

太祖元嘉元年，枹罕虏乞佛炽槃出貂渠谷，攻河西白草岭，临松郡皆没，执蒙逊从弟成都、从子日蹄、颇罗等而去。

三年，改骠骑为车骑。世子兴国遣使奉表，请《周易》及子集诸书，太祖并赐之，合四百七十五卷。蒙逊又就司徒王弘求《搜神记》，弘写与之。

六年，蒙逊征枹罕，时乞佛炽槃死矣，子茂蔓大破蒙逊，生禽兴国，杀三千余人。蒙逊赎兴国，送谷三十万斛，竟不遣，蒙逊乃立兴国母弟菩提为世子。朝廷未知也，七年，以兴国为冠军将军、河西王世子。其年夏四月，西虏赫连定为索虏拓跋焘所破，奔上邽。十一月，茂蔓闻定败，将家户及兴国东征，欲移居上邽。八年正月，至南安，定率众御茂蔓，大破之，杀茂蔓，执兴国而还。四月，定避拓跋焘，欲渡河西击蒙逊。五月，率部曲至治城峡口，渡河，济未半，为吐谷浑慕瑰所邀，见获，兴国被创，数日死。

九年，以菩提为冠军将军、河西王世子。十年四月，蒙逊卒，时年六十六，私谥曰武宣王。菩提年幼，蒙逊第三子茂虔时为酒泉太守，众议惟茂虔为主，袭蒙逊位号。十一年，茂虔上表曰："臣闻功以济物为高，非竹帛无以述德，名以当实为美，非谥号无以休终。先臣蒙逊西复凉城，泽憺昆裔，芟夷群暴，清洒沤夏。暨运钟有道，备大宋之宗臣，爵班九伏，享惟永之丕祚，功名昭著，克固贞节。考终由正，而请名之路无阶，懿迹虽弘，而述叙之美有缺。臣子痛感，咸用不安。谨案谥法，克定祸乱曰武，善闻周达曰宣。先臣廓清河外，勋光天府，标榜称迹，实兼斯义。辄上谥为武宣王。若允天听，垂之史笔，则幽显荷荣，始终无恨。"诏曰："使持节、侍中、都督秦河沙凉四州诸军事、车骑大将军、开府仪同三司、领护匈奴中郎将、西夷校尉、凉州牧河西王蒙逊，才兼文武，勋济西服，爰自万里，款诚夙著，方仗忠果，翼宣远略，奄至薨陨，凄悼于怀。便遣使吊祭，并加显谥。嗣子茂虔，纂戎前轨，乃心弥彰，宜蒙宠授，绍兹蕃业。可持节、散骑常侍、都督凉秦河沙四州诸军事、征西大将军、领护匈奴中郎将、西夷校尉、凉州刺史、河西王。”

河西人赵畋善历算。十四年，茂虔奉表献方物，并献《周生子》十三卷，《时务论》十二卷，《三国总略》二十卷，《俗问》十一卷，《十三州志》十卷，《文检》六卷，《四科传》四卷、《敦煌实录》十卷，《凉书》十卷，《汉皇德传》二十五卷，《亡典》七卷，《魏驳》九卷，《谢艾集》八卷，《古今字》二卷，《乘丘先生》三卷，《周髀》一卷，《皇帝王历三合纪》一卷，《赵畋传》并《甲寅元历》一卷，《孔子赞》一卷，合一百五十四卷。茂虔又求晋、赵《起居注》诸杂书数十件，太祖赐之。

十六年闰八月，拓跋焘攻凉州，茂虔兄子万年为虏内应，茂虔见执。茂虔弟安弥县侯无讳先为征西将军、沙州刺史、都督建康以西诸军事、酒泉太守，第六弟武兴县侯仪德为征东将军、秦州刺史、都督丹岭以西诸军事、张掖太守。焘既获茂虔，遣军击仪德，弃城奔无讳。于是无讳、仪德拥家户西就从弟敦煌太守唐兒。焘使将守武威、酒泉、张掖而还。十七年正月，无讳使唐兒守敦煌，自与仪德伐酒泉，三月，克之。攻张掖、临松，得四万余户，还据酒泉。十八年五月，唐兒反，无讳留从弟天周守酒泉，复与仪德讨唐兒。唐兒将万余人出战，大败，执唐兒杀之，复据敦煌。七月，拓跋焘遣军围酒泉。十月，城中饥，万余口皆饿死，天周杀妻以食战士，食尽，城乃陷，执天周至平城，杀之。于时虏兵甚盛，无讳众饥，惧不自立，欲引众西行。十一月，遣弟安周五千人伐鄯善，坚守不下。十九年四月，无讳自率万余家弃敦煌，西就安周，未至，而鄯善王比龙将四千余家走，因据鄯善。初，唐契自晋昌奔伊吾，是年攻高昌，高昌城主阚爽告急。八月，无讳留从子丰周守鄯善，自将家户赴之。未至，而芮芮遣军救高昌，杀唐契，部曲奔无讳。九月，无讳遣将卫寮夜袭高昌，爽奔芮芮，无讳复据高昌。

遣常侍汜俊奉表使京师，献方物。太祖诏曰："往年狡虏纵逸，侵害凉土，西河王茂虔遂至不守，沦陷寇逆，累世著诚，以为矜悼。次弟无讳克绍遗业，保据方隅，外结邻国，内辑民庶，系心阙庭，践修贡职，宜加朝命，以褒笃勋。可持节、散骑常侍、都督凉河沙三州诸军事、征西大将军、领护匈奴中郎将、西夷校尉、凉州刺史、河西王。"

无讳卒，弟安周立。二十一年，诏曰："故征西大将军、河西王无讳弟安周，才略沉到，世笃忠款，统承遗业，民众归怀。虽亡士丧师，孤立异所，而能招率残寡，攘寇自今，宜加荣授，垂轨先烈。可使持节、散骑常侍、都督凉河沙三州诸军事、领西域戊已校尉、凉州刺史、河西王。"世祖大明三年，安周奉献方物。

史臣曰：氐藉世业之资，胡因倔起之众，结根百顷，跨有河西，虽戎夷猾夏，自擅荒服，而财力雄富，颇尚礼文。杨氏兵精地险，境接华汉，伺隙边关，首鼠疆场，遂西入白马，东出黄金，乘晋焘之捷，构围涪之衅，规吞黑水，志倾井络，纪、郢之势方危，樊、邓之心屡骇。天子听朝不怡，有怀辛、李之将，而齐之宣皇，率偏旅数百，定命先驱，推锋直指，势逾风电，云彻席卷，致届南城，逐北追奔，全胜万里，皆敌人裹骨舆尸，越至险而自窜，其余皆膏身山野，委骸川泽。既而裴、刘二将，藉其威声，故使浊水靡旗，兰皋失崄，氐族转徙奔亡，遗烬不灭者若綖，梁土获乂，以迄于今。由此而言，功烈可谓盛矣。

宋书卷九九
列传第五九

二 凶

元凶劭 始兴王浚

元凶劭字休远，文帝长子也。帝即位后生劭，时上犹在谅闇，故秘之。三年闰正月，方云劭生。自前代以来，未有人君即位后皇后生太子，唯殷帝乙既践阼，正妃生纣，至是又有劭焉。体元居正，上甚喜悦。

年六岁，拜为皇太子，中庶子、二率入直永福省。更筑宫，制度严丽。年十二，出居东宫，纳黄门侍郎殷淳女为妃。十三，加元服。好读史传，尤爱弓马，及长，美须眉，大眼方口，长七尺四寸。亲览宫事，延接宾客，意之所欲，上必从之。东宫置兵，与羽林等。十七年，劭拜京陵，大将军彭城王义康、竟陵王诞、尚书桂阳侯义融并从，司空江夏王义恭自江都来会京口。

二十七年，上将北伐，劭与萧思话固谏，不从。索虏至瓜步，京邑震骇，劭出镇石头，总统水军，善于抚御。上登石头城，有忧色，劭曰："不斩江湛、徐湛之，无以谢天下。"上曰："北伐自我意，不关二人也。"

上时务在本业，劝课耕桑，使宫内皆蚕，欲以讽厉天下。有女巫严道育，本吴兴人，自言通灵，能役使鬼物。夫为劫，坐没入奚官。劭姊东阳公主应阁婢王鹦鹉白公主云："道育通灵，有异术。"主乃白上，托云善蚕，求召入，见许。道育既入，自言服食，主及劭并信惑之。始兴王浚素佞事劭，与劭并多过失，虑上知，使道育祈请，欲令过不上闻。道育辄云："自上天陈请，必不泄露。"劭等敬事，号曰天师。后遂为巫蛊，以玉人为上形像，埋于含章殿前。

初，东阳主有奴陈天兴，鹦鹉养以为子，而与之淫通。鹦鹉、天兴及宁州所献黄门庆国并预巫蛊事。劭以天兴补队主。东阳主薨，鹦鹉应出嫁，劭虑言语难密，与浚谋之。时吴兴沈怀远为浚府佐，见待异常，乃嫁鹦鹉与怀远为妾，不以启上，虑后事泄，因临贺公主微言之。上后知天兴领队，遣阉人奚承祖诘让劭曰："临贺公主南第先有一下人欲嫁，又闻此下人养他人奴为儿，而汝用为队主，抽拔何乃速？汝间用主、副，并是奴邪？欲嫁置何处？"劭答曰："南第昔属天兴，求将驱使，臣答曰：'伍那可得，若能击贼者，可入队。'当时盖戏言耳，都不复忆。后天兴道上通辞乞位，追存往为者，不忍食言，呼视见其形容粗健，堪充驱使，脱尔使监礼兼队副。比用人虽取劳旧，亦参用有气干者。谨条牒人名上呈。下人欲嫁者，犹未有处。"时鹦鹉已嫁怀远矣。劭惧，驰书告浚，并使报临贺主："上若问嫁处，当言未有定所。"浚答书曰："奉令，伏深惶怖，启此事多日，今始来问，当是有感发之者，未测源由耳。计临贺故当不应翻覆言语，自生寒热也。此姥由来挟两端，难可孤保，正尔自问临贺，冀得审实也。其若见问，当作依违答之。天兴先署佞人府位，不审监上当无此簿领耳。急宜犍之。殿下已见王未？宜依此具令严自躬上启闻。彼人若为不已，正可保其余命，或是大庆之渐。"凡劭、浚相与书疏类如此，所言皆为名号，谓上为"彼人"，或以为"其人"，以太尉江夏王义恭为"佞人"，东阳主第在西掖门外，故云"南第"，王即鹦鹉姓，躬上启闻者，令道育上天白天神也。

鹦鹉既适怀远，虑与天兴私通事泄，请劭杀之。劭密使人害天兴。庆国谓宣传往来，唯有二人，天兴既死，虑将见及，乃具以其事白上。上惊惋，即遣收鹦鹉，封籍其家，得劭、浚书数百纸，皆咒诅巫蛊之言，得所埋上形像于宫内。道育叛亡，讨捕不得，上大怒，穷治其事，分遣中使入东诸郡搜讨，遂不获。上语责劭、浚，劭、浚惶惧无辞，唯陈谢而已。道育变服为尼，逃匿东宫，浚往京口，又载以自随，或出止民张旿家。

江夏王义恭自盱眙还朝，上以巫蛊告之，曰："常见典籍有此，谓之书传空言，不意遂所亲睹。劭虽所行失道，未必便亡社稷，南面之日，非复我及汝事。汝儿子多，将来遇此不幸尔。"

先是，二十八年，彗星起毕、昴，入太微，扫帝座端门，灭翼、轸。二十九年，荧惑逆行守氐，自十一月霖雨连雪，太阳罕曜。三十年正月，大风飞霰且雷。上忧有窃发，辄加劭兵众，东宫实甲万人。车驾出行，劭入守，使将白直队自随。

其年二月，浚自京口入朝，当镇江陵，复载道育还东宫，欲将西上。有告上云："京口民张旿家有一尼，服食，出入征北内，似是严道育。"上初不信，试使掩录，得其二婢，云："道育随征北还都。"上谓劭、浚已当斥遣道育，而犹与往来，惆怅惋骇。乃使京口以船送道育二婢，须至检核，废劭，赐浚死，以语浚母潘淑妃。淑妃具以告浚。浚驰报劭，劭因是异谋，每夜辄飨将士，或亲自行酒，密与腹心队主陈叔兒、詹叔兒、斋帅张超之、任建之谋之。

道育婢将至，其月二十一日夜，诈上诏云："鲁秀谋反，汝可平明守阙，率众入。"因使超之等集素所畜养兵士二千余人，皆使被甲，召内外幢队主副，豫加部勒，云有所讨。宿召前中庶子、右军长史萧斌，夜呼斌及左卫率袁淑、中舍人殷仲素、左积弩将军王正见，并入宫，告以大事，自起拜斌等，因流涕，众并惊愕，语在《淑传》。明旦未开鼓，劭以朱服加戎服上，乘画轮车，与萧斌同载，卫从如常入朝之仪，守门开，从万春门入。旧制，东宫队不得入城，劭与门卫云："受敕，有所收讨。"令后队速来，张超之等数十人驰入云龙、东中华门及斋阁，拔刃径上合殿。上其夜与尚书仆射徐湛之屏人语，至旦烛犹未灭，直卫兵尚寝。超之手行弑逆，并杀湛之。劭进至合殿中阁，太祖已崩，出坐东堂，萧斌执刀侍直。呼中书舍人顾嘏，嘏震惧不时出，既至，问曰："欲共见废，何不蚤启。"未及答，即于前斩之。

遣人于崇礼闼杀吏部尚书江湛。太祖左细杖主卜天与攻劭于东堂，见杀。又使人从东阁入杀潘淑妃，又杀太祖亲信左右数十人。急召始兴王濬，率众屯中堂。又召太尉江夏王义恭、尚书令何尚之。

劭即伪位，为书曰："徐湛之、江湛弑逆无状，吾勒兵入殿，已无所及，号惋崩衄，肝心破裂。今罪人斯得，元凶克殄，可大赦天下。改元嘉三十年为太初元年。文武并赐位二等，诸科一依丁卯。"初使萧斌作诏，斌辞以不文，乃使侍中王僧绰为之。使改元为太初，劭素与道育所定。斌曰："旧逾年改元。"劭以问僧绰，僧绰曰："晋惠帝即位，便改号。"劭喜而从之。百僚至者裁数十人，劭便遽即位。即位毕，称疾还入永福省，然后迁大行皇帝升太极前殿。是日，以萧斌为散骑常侍、尚书仆射、领军将军，何尚之为司空，前右卫率檀和之戍石头，侍中营道侯义綦为征虏将军、晋陵南下邳二郡太守，镇京城，尚书殷仲景为侍中、中护军。大行皇帝大敛，劭辞疾不敢出。先给诸王及诸处兵仗，悉收还武库。杀徐湛之、江湛亲党新除始兴内史荀赤松、新除尚书左丞臧凝之、山阴令傅僧祐、吴令江徽、前征北行参军诸葛诩、右卫司马江文纲。以殷仲素为黄门侍郎，王正见为左军将军，张超之及诸同逆闻人文子、徐兴祖、詹叔兒、陈叔兒、任建之等，并将校以下，龙骧将军带郡，各赐钱二十万。遣人谓鲁秀曰："徐湛之常欲相危，我已为卿除之矣。"使秀与屯骑校尉庞秀之对掌军队。以侍中王僧绰为吏部尚书，司徒左长史何偃为侍中。成服日，劭登殿临灵，号恸不自持。博访公卿，询求治道，薄赋轻徭，损诸游费。田苑山泽，有可弛者，假与贫民。

三月，遣大使分行四方，分浙以东五郡为会州，省扬州，立司隶校尉，以殷冲补之。以大将军江夏王义恭为太保，司徒南谯王义宣为太尉，卫将军、荆州刺史始兴王濬进号骠骑将军。王僧绰以先预废立，见诛。长沙王瑾、瑾弟楷、临川王烨、桂阳侯觊、新谕侯球，并以宿恨下狱死。礼官希旨，谥太祖不敢尽美称，上谥曰中宗景皇帝。以雍州刺史臧质为丹阳尹，进世祖号征南将军，加散骑常侍，抚军将军南平王铄中军将军，会稽太守随王诞会州刺史。江夏王义恭以太保领大宗师，谘禀之科，依晋扶风王故事。

世祖及南谯王义宣、随王诞诸方镇并举义兵。劭闻义师大起，悉聚诸王及大臣于城内，移江夏王义恭住尚书下舍，义恭诸子住侍中下省。自永初元年以前，相国府入斋、传教、给使，免军户，属南彭城薛县。劭下书，以中流起兵，尝亲率六师，观变江介，悉召下番将吏。加三吴太守军号，置佐领兵。四月，立妻殷氏为皇后。

世祖檄京邑曰：

夫运不常隆，代有莫大之衅。爰自上叶，或因多难以成福，或阶昏虐以兆乱，咸由君臣义合，理悖恩离，故坚冰之遘，每钟浇水，未有以道御世，教化明厚，而当枭镜反噬，难发天属者也。先帝圣德在位，功格区宇，明照万国，道洽无垠，风之所被，荒隅变识，仁之所动，木石开心。而贼劭乘藉冢嫡，夙蒙宠树，正位东朝，礼绝君后，凶慢之情，发于龆龀，猜忍之心，成于几立。贼浚险躁无行，自幼而长，交相倚附，共逞奸回。先旨以王室不造，家难亟结，故含蔽容隐，不彰其衅，训诱启告，冀能革音。何悟狂慝不悛，同恶相济，肇乱巫蛊，终行弑逆，圣躬罹荼毒之痛，社稷有剪坠之哀，四海崩心，人神泣血，生民以来，未闻斯祸。奉讳惊号，肝脑涂地，烦冤腷臆，容身无所。大将军、诸王幽闲穷省，存亡未测。徐仆射、江尚书、袁左率，皆当世标秀，一时忠贞，或正色立朝，或闻逆弗顺，并横分阶闼，悬首都市。宗党夷灭，岂伊一姓，祸毒所流，未知其极。

昔周道告难，齐、晋勤王，汉历中圮，虚、牟立节，异姓末属，犹或亡躯，况幕府职同昔人，义兼臣子，所以枕戈尝胆，苟全视息，志枭元凶，少雪仇耻。今命冠军将军领谘议中直兵柳元景、宁朔将军领中直兵马文恭等，统劲卒三万，风驰径造石头，分趋白下。辅国将军领谘议中直兵宗悫等，勒甲盾二万，征虏将军领司马武昌内史沈庆之等，领壮勇五万，相寻就路。支军别统，或焚舟破釜，步自姑熟，或迅楫芜湖，入据云阳。凡此诸帅，皆英果权奇，智略深赡，名震中土，勋畅遐疆。幕府亲董精悍一十余万，授律枕戈，骆驿继迈。司徒睿哲渊谟，赫然震发，征甲八州，电起荆郢。冠军将军臧质忠烈协举，雷动汉阴。冠军将军朱脩之诚节亮款，悉力请奋。荆、雍百万，稍次近涂，蜀、汉之卒，续已出境。又安东将军诞、平西将军遵考、前抚军将军萧思话、征虏将军鲁爽、前宁朔将军王玄谟，并密信俱到，不契同期，传檄三吴，驰军京邑，远近俱发，扬于万里。楼舰腾川，则沧江雾咽，锐甲赴野，则林薄摧根。谋臣智士，雄夫毅卒，畜志须时，怀愤待用。先圣灵泽，结在民心，逆顺大数，冥发天理。无父之国，天下无之，羽檄既驰，华夷响会。以此众战，谁能抗御，以此义动，何往不捷。况逆丑无亲，人鬼所背，计其同恶，不盈一旅，崇极群小，是与比周，哲人君子，必加积忌。倾海注萤，颓山压卵，商、周之势，曾何足云。

诸君或奕世贞贤，身□皇渥，或勋烈肺腑，休否攸同。拘逼凶势，俯眉寇手，含愤茹戚，不可为心。大军近次，威声已接，便宜因变立功，洗雪滓累；若事有不获，能背逆归顺，亦其次也；如有守迷遂往，党一凶类，刑兹无赦，戮及五宗。赏罚之科，信如日月。原火一燎，异物同灰，幸求多福，无贻后悔。书到宣告，咸使闻知。

劭自谓素习武事，语朝士曰："卿等但助我理文书，勿措意戎陈。若有寇难，吾当自出，唯恐贼虏不敢动尔。"司隶校尉殷冲掌综文符，左卫将军尹弘配衣军旅，萧斌总众事。中外戒严。防守世祖子于侍中下省，南谯王义宣诸子于太仓空屋。劭使浚与世祖书曰："闻弟忽起狂檄，阻兵反噬，缙绅愤叹，义夫激怒。古来陵上内侮，谁不夷灭，弟洞览坟籍，岂不斯具。今主上天纵英圣，灵武宏发，自登宸极，威泽兼宣，人怀甘死之志，物竞舍生之节。弟蒙眷遇，著自少长，东宫之欢，其来如昨，而信惑奸邪，忘兹恩友，此之不义，人鬼同疾。今水步诸军悉已备办，上亲御六师，太保又乘钺临统，吾与乌羊，相寻即道。所以淹霆缓电者，犹冀弟迷而知返耳。故略示怀，言不尽意。主上圣恩，每厚法师，今在殿内住，想弟欲知消息，故及。"

乌羊者，南平王铄；法师，世祖世子小名也。

劭欲杀三镇士庶家口，江夏王义恭、何尚之说之曰：“凡举大事者，不顾家口。且多是驱逼，今忽诛其余累，正足坚彼意耳。”劭谓为然，乃下书一无所问。使褚湛之戍石头，刘思孝镇东府。浚及萧斌劝劭勒水军自上决战，若不尔，则保据梁山。江夏王义恭虑义兵仓卒，船舫陋小，不宜水战，乃进策曰：“贼讳小年未习军旅，远来疲弊，宜以逸待之。今远出梁山，则京都空弱，东军乘虚，容能为患。若分力两赴，则兵散势离。不如养锐待期，坐而观衅。”劭善其义，萧斌厉色曰：“南中郎二十年少，业能建如此大事，岂复可量。三方同恶，势据上流，沈庆之甚练军事，柳元景、宗悫屡尝立功，形势如此，实非小敌。唯宜及人情，尚可决力一战。端坐台城，何由得久，主相咸无战意，此自天也。”劭不纳。疑朝廷旧臣悉不为己用，厚接王罗汉、鲁秀，悉以兵事委之，多赐珍玩美色，以悦其意。罗汉先为南平王铄右军参军，劭以其有将用，故以心膂委焉。或劝劭保石头城者，劭曰：“昔人所以固石头，俟诸侯勤王耳。我若守此，谁当见救。唯应力战决之，不然不克。”日日自出行军，慰劳将士，亲督都水治船舰，焚南岸，驱百姓家悉渡水北。使有司奏立子伟之为皇太子，以褚湛之为后将军、丹阳尹，置佐史，骠骑将军始兴王浚为侍中、中书监、司徒、录尚书六条事，中军将军南平王铄为使持节、都督南兖兖青徐冀五州诸军事、征北将军、开府仪同三司、南兖州刺史，新除左将军、丹阳尹建平王宏为散骑常侍、镇军将军、江州刺史。

庞秀之自石头先众南奔，人情由是大震。以征虏将军营道侯义綦即本号为湘州刺史，辅国将军檀和之为西中郎将、雍州刺史。

十九日，义军至新林，劭登石头烽火楼望之。二十一日，义军至新亭。时鲁秀屯白石，劭召秀与王罗汉共屯朱雀门。萧斌统步军，褚湛之统水军。二十二日，使萧斌率鲁秀、王罗汉等精兵万人攻新亭垒，劭登朱雀门躬自督率，将士怀劭重赏，皆为之力战。将克，而秀敛军遽止，为柳元景等所乘，故大败。劭又率腹心同恶自来攻垒，元景复破之，劭走还朱雀门，萧斌臂为流矢所中。褚湛之携二子与檀和之同共归顺。劭骇惧，走还台城。其夜，鲁秀又南奔。时江夏王义恭谋据石头，会劭已令濬及萧斌备守。劭并焚京都军籍，置立郡县，悉属司隶为民。以前军将军、辅国将军王罗汉为左卫将军，辅国如故，左军王正见为太子左卫率。二十五日，义恭单马南奔，自东掖门出，于冶渚过淮。东掖门队主吴道兴是臧质门人，冶渚军主原稚孙是世祖故史，义恭得免。劭遣骑追讨，骑至冶渚，义恭始得渡淮。义恭佐史义故二千余人，随从南奔，多为追兵所杀。遣濬杀义恭诸子。以輦迎蒋侯神像于宫内，启颡乞恩，拜为大司马，封钟山郡王，食邑万户，加节钺。苏侯为骠骑将军。使南平王铄为祝文，罪状世祖。

加濬使持节、都督南徐会二州诸军事、领太子太傅、南徐州刺史，给班剑二十人，征北将军、南兖州刺史南平王铄进号骠骑将军，与濬并录尚书事。二十七日，临轩拜息伟之为太子，百官皆戎服，劭独衮衣。下书大赦天下，唯世祖、刘义恭、义宣、诞不在原例，余党一无所问。

先遣太保参军庾道、员外散骑侍郎朱和之，又遣殿中将军燕钦东拒诞。五月，世祖所遣参军顾彬之及诞前军，并至曲阿，与道相遇，与战，大破之。劭遣人焚烧都水西装及左尚方，决破柏岗方山埭以绝东军。又悉以上守家之丁巷居者，缘淮竖舶船为楼，多设大弩。又使司隶治中监琅邪郡事羊希栅断班渎、白石诸水口。于时男丁既尽，召妇女亲役。

其月三日，鲁秀等募勇士五百人攻大航，钩得一舶。王罗汉副杨恃德命使复航，罗汉昏酣作伎，闻官军已渡，惊惧放仗归降。缘渚幢队，以次奔散，器仗鼓盖，充塞街衢。是夜，劭闭守六门，于门内凿堑立栅，以露车为楼，城内沸乱，无复纲纪。丹阳尹尹弘、前军将军孟宗嗣等下及将吏，并逾城出奔。劭使詹叔兒烧輦及衮冕服。萧斌闻大航不守，惶窘不知所为，宣令所统，皆使解甲，自石头遣息约诣阙请罪，寻戴白幡来降，即于军门伏诛。

四月，太尉江夏王义恭登朱雀门，总群帅，遣鲁秀、薛安都、程天祚等直趣宣阳门，劭军主徐兴祖、罗训、虞丘要兒等率众来降。劭先遣龙骧将军陈叔兒东讨，事急，召还。是日始入建阳门。遥见官军，所领并弃仗走。劭腹心白直诸同逆先屯阊阖门外，并走还入殿。天祚与安都副谭金因而乘之，即得俱入。安都及军主武念、宋越等相继进，臧质大军从广莫门入，同会太极殿前，即斩太子左卫率王正见。建平、东海等七王并号哭俱出。劭穿西垣入武库井中，队副高禽执之。浚率左右数十人，与南平王铄于西明门出，俱共南奔。于越城遇江夏王义恭，浚下马曰："南中郎今何所作？"义恭曰："四海无统，百司固请，上已俯顺群心，君临万国。"又曰："虎头来得无晚乎？"义恭曰："殊当恨晚。"又曰："故当不死耶？"义恭曰："可诣行阙请罪。"又曰："未审犹能赐一职自效不？"义恭又曰："此未可量。"勒与俱归，于道斩首。

浚字休明，将产之夕，有伏鸟鸣于屋上。元嘉十三年，年八岁，封始兴王。十六年，都督湘州诸军事、后将军、湘州刺史。仍迁使持节、都督南豫豫司雍并五州诸军事、南豫州刺史，将军如故。十七年，为扬州刺史，将军如故，置佐领兵。十九年，罢府。二十一年，加散骑常侍，进号中军将军。

明年，浚上言："所统吴兴郡，衿带重山，地多污泽，泉流归集，疏决迟壅，时雨未过，已至漂没。或方春辍耕，或开秋沉稼，田家徒苦，防遏无方。彼邦奥区，地沃民阜，一岁称稔，则穰被京城，时或水潦，则数郡为灾。顷年以来，俭多丰寡，虽赈赉周给，倾耗国储，公私之弊，方在未已。州民姚峤比通便宜，以为二吴、晋陵、义兴四郡，同注太湖，而松江沪渎壅噎不利，故处处涌溢，浸渍成灾。欲从武康纻溪开漕谷湖，直出海口，一百余里，穿渠浛必无阂滞。自去践行量度，二十许载。去十一年大水，已诣前刺史臣义康欲陈此计，即遣主簿盛昙泰随峤周行，互生疑难，议遂寝息。既事关大利，宜加研尽，登遣议曹从事史虞长孙与吴兴太守孔山士同共履行，准望地势，格评高下，其川源由历，莫不践校，图画形便，详加算考，如所较量，决谓可立。寻四郡同患，非独吴兴，若此浛获通，列邦蒙益。不有暂劳，无由永晏。然兴创事大，图始当难。今欲且开小漕，观试流势，辄差乌程、武康、东迁三县近民，即时营作。若宜更增广，寻更列言。昔郑国敌将，史起卑忠，一开其说，万世为利。峤之所建，虽则刍荛，如或非妄，庶几可立。”从之。功竟不立。

二十三年，给鼓吹一部。二十六年，出为使持节、都督南徐兖二州诸军事、征北将军、开府仪同三司、南徐兖二州刺史，常侍如故。二十八年，遣浚率众城瓜步山，解南兖州。三十年，徙都督荆雍益梁宁南北秦七州诸军事、卫将军、开府仪同三司、荆州刺史、领护南蛮校尉，持节、常侍如故。

浚少好文籍，姿质端妍。母潘淑妃有盛宠。时六宫无主，潘专总内政。浚人才既美，母又至爱，太祖甚留心。建平王宏、侍中王僧绰、中书侍郎蔡兴宗并以文义往复。初，元皇后性忌，以潘氏见幸，遂以恚恨致崩，故劭深疾潘氏及浚。浚虑将来受祸，乃曲意事劭，劭与之遂善。多有过失，屡为上所诘让，忧惧，乃与劭共为巫蛊。及出镇京口，听将扬州文武二千人自随，优游外藩，甚为得意。在外经年，又失南兖，于是复愿还朝。庐陵王绍以疾患解扬州，时江夏王义恭外镇，浚谓州任自然归己，而上以授南谯王义宣，意甚不悦。乃因员外散骑侍郎徐爰求镇江陵，又求助于尚书仆射徐湛之。而尚书令何尚之等咸谓浚太子次弟，不宜远出。上以上流之重，宜有至亲，故以授浚。时浚入朝，遣还京，为行留处分。至京数日，而巫蛊事发，时二十九年七月也。上惋叹弥日，谓潘淑妃曰："太子图富贵，更是一理。虎头复如此，非复思虑所及。汝母子岂可一日无我耶！"浚小名虎头。使左右朱法瑜密责让浚，辞甚哀切，并赐书曰："鹦鹉事想汝已闻，汝亦何至迷惑乃尔。且沈怀远何人，其讵能为汝隐此耶？故使法瑜口宣，投笔惋慨。"浚惭惧，不知所答。浚还京，本暂去，上怒，不听归。其年十二月，中书侍郎蔡兴宗问建平王宏曰："岁无复几，征北何当至？"宏叹息良久曰："年内何必还。"在京以沈怀远为长流参军，每夕辄开便门为微行。上闻，杀其嬖人杨承先。明年正月，荆州事方行。二月，浚还朝，十四日，临轩受拜。其日，藏严道育事发，明旦，浚入谢，上容色非常。其夕，即加诘问，浚唯谢罪而已。潘淑妃抱持浚，泣涕谓曰："汝始咒诅事发，犹冀刻己思愆，何意忽藏严道育耶？上责汝深，至我叩头乞恩，意永不释。今日用活何为，可送药来，当先自取尽，不忍见汝祸败。"浚奋衣而去，曰："天下事寻自当判，愿小宽忧煎，必不上累。"

劭入弑之旦，浚在西州，府舍人朱法瑜奔告浚曰："台内叫唤，宫门皆闭，道上传太子反，未测祸变所至。"浚阳惊曰："今当奈何？法瑜劝入据石头。浚未得劭信，不知事之济不，骚扰未知所为。将军王庆曰："今宫内有变，未知主上安危，预在臣子，当投袂赴难。凭城自守，非臣节也。"浚不听，乃从南门出，径向石头，文武从者千余人。时南平王铄守石头，兵士亦千余人。俄而劭遣张超之驰马召浚，浚屏人问状，即戎服乘马而去。朱法瑜固止浚，浚不从。出至中门，王庆又谏曰："太子反逆，天下怨愤。明公但当坚闭城门，坐食积粟，不过三日，凶党自离。公情事如此，今岂宜去。"浚曰："皇太子令，敢有复言者斩。"既入，见劭，劝杀荀赤松等。劭谓浚曰："潘淑妃遂为乱兵所害。"浚曰："此是下情由来所愿。"其悖逆乃如此。及劭将败，劝劭入海，辇珍宝缯帛下船，与劭书曰："船故未至，今晚期当于此下物令毕，愿速敕谢赐出船舰。尼已入台，愿与之明日决也。臣犹谓车驾应出此，不尔无以镇物情。"人情离散，故行计不果。浚书所云尼，即严道育也。

及劭入井，高禽于井中牵出之，劭问禽曰："天子何在？"禽曰："至尊近在新亭。"将劭至殿前，臧质见之恸哭，劭曰："天地所不覆载，丈人何为见哭？"质因辨其逆状，答曰："先朝当见枉废，不能作狱中囚，问计于萧斌，斌见劝如此。"又语质曰："可得为启，乞远徙不？"质答曰："主上近在航南，自当有处分。"缚劭于马上，防送军门。既至牙下，据鞍顾望，太尉江夏王义恭与诸王皆共临视之。义恭诘劭曰："我背逆归顺，有何大罪，顿杀我家十二儿？"劭答曰："杀诸弟，此事负阿父。"江湛妻庾氏乘车骂之，庞秀之亦加诮让，劭厉声曰:“汝辈复何烦尔!”先杀其四子,谓南平王铄曰:“此何有哉。”乃斩劭于牙下。临刑叹曰:“不图宗室一至于此。”

劭、浚及劭四子伟之、迪之、彬之、其一未有名,浚三子长文、长仁、长道,并枭首大航,暴尸于市。劭妻殷氏赐死于廷尉,临死谓狱丞江恪曰:“汝家骨肉相残害,何以枉杀天下无罪人!”恪曰:“受拜皇后,非罪而何!”殷氏曰:“此权时尔,当以鹦鹉为后也。”浚妻褚氏,丹阳尹湛之女,湛之南奔之始,即见离绝,故免于诛。其余子女妾媵,并于狱赐死。投劭、浚尸首于江,其余同逆及王罗汉等,皆伏诛。张超之闻兵入,逆走至合殿故基,正于御床之所,为乱兵所杀,割肠刳心,脔剖其肉,诸将生啖之,焚其头骨。当时不见传国玺,问劭,云在严道育处,就取得之。道育、鹦鹉并都街鞭杀,于石头四望山下焚其尸,扬灰于江。毁劭东宫所住斋,污潴其处。

封高禽新阳县男,食邑三百户。追赠潘淑妃长宁园夫人,置守冢。伪司隶校尉殷冲、丹阳尹尹弘,并赐死。冲为劭草立符文,又妃叔父也。弘二月二十一日平旦入直,至西掖门,闻宫中有变,率城内御兵至阁道下。及闻劭入,惶怖通启,求受处分,又为劭简配兵士,尽其心力。弘,天水冀人,司州刺史冲弟也,为太祖所委任。元嘉中,历太子左、右卫率,左、右卫将军,□人官爵高下,皆以委之。

史臣曰:甚矣哉!宋氏之家难也。自赫胥以降,立号皇王,统天南面,未闻斯祸。唯荆、莒二国,弃夏即戎,武灵胡服,亦背华典。戕贼之衅,事起肌肤,而因心之重,独止此代。难兴天属,移流床笫,爱敬之道,顿灭一时,生民得无左衽,亦为幸矣。

宋书卷一〇〇
列传第六〇

自　序

昔少皞金天氏有裔子曰昧，为玄冥师，生允格、台骀。台骀能业其官，宣汾、洮，障大泽以处太原，帝颛顼嘉之，封诸汾川。其后四国：沈、姒、蓐、黄。沈子国，今汝南平舆沈亭是也。春秋之时，列于盟会。定公四年，诸侯会召陵伐楚，沈子不会，晋使蔡伐沈，灭之，以沈子嘉归。其后因国为氏。自兹以降，谱谍罔存。秦末有沈逞，征丞相，不就。汉初，逞曾孙保，封竹邑侯。保子遵，自本国迁居九江之寿春，官至齐王太傅、敷德侯。遵子达，骠骑将军。达子乾，尚书令。乾子弘，南阳太守。弘子勖，河内守。勖子奋，御史中丞。奋子恪，将作大匠。恪子谦，尚书、关内侯。谦子靖，济阴太守。靖子戎，字威卿，仕州为从事，说降剧贼尹良，汉光武嘉其功，封为海昏县侯，辞不受。因避地徙居会稽乌程县之余不乡，遂世家焉。顺帝永建元年，分会稽为吴郡，复为吴郡人。灵帝初平五年，分乌程、余杭为永安县，吴孙皓宝鼎二年，分吴郡为吴兴郡，复为郡人，虽邦邑屡改，而筑室不迁。晋武帝平吴后，太康二年，改永安为武康县，史臣七世祖延始居县东乡之博陆里余乌村。王父从官京师，义熙十一年，高祖赐馆于建康都亭里之运巷。

戎子酆，字圣通，零陵太守，致黄龙芝草之瑞。第二子浒，字仲高，安平相。少子景，河间相，演之、庆之、昙、怀文，其后也。浒子鸾，字建光，少有高名，州举茂才，公府辟州别驾从事史。时广陵太守陆稠，鸾之舅也，以义烈政绩，显名汉朝，复以女妻鸾。年二十三，早卒。子直字伯平，州举茂才，亦有清名，年二十八卒。

子仪字仲则，少有至行，兄瑜十岁、仪九岁而父亡，居丧过礼，毁瘠过于成人。外祖会稽盛孝章，汉末名士也，深加忧伤，每抚慰之，曰："汝并黄中冲爽，终成奇器，何为逾制，自取殄灭邪。"三年礼毕，殆至灭性，故兄弟并以孝著。瑜早卒。仪笃学有雄才，以儒素自业。时海内大乱，兵革并起，经术道弛，士少全行，而仪淳深隐默，守道不移，风操贞整，不妄交纳，唯与族子仲山、叔山及吴郡陆公纪友善。州郡礼请，二府交辟，公车征，并不屈，以寿终。

子宪字元礼，左中郎、新都都尉、定阳侯，才志显于吴朝。子矫字仲桓，以节气立名，仕为立武校尉、偏将军，封列侯，建威将军、新都太守。孙皓时，有将帅之称。吴平后，为郁林、长沙太守，并不就。太康末，卒。子陵字景高，太傅东海王越辟为从事。元帝之为镇东将军，命参军事。徐馥作乱，杀吴兴太守袁琇，陵讨平之。子延字思长，桓温安西参军、颍川太守。子贺字子宁，桓冲南中郎参军，围袁真于寿阳，遇疾卒。

子警字世明，惇笃有行业，学通《左氏春秋》。家世富殖，财产累千金，仕郡主簿，后将军谢安命为参军，甚相警重。警内足于财，为东南豪士，无仕进意，谢病归，安固留不止，乃谓警曰："沈参军，卿有独善之志，不亦高乎。"警曰："使君以道御物，前所以怀德而至，既无用佐时，故遂饮啄之愿耳。"还家积载，以素业自娱。前将军、青兖二州刺史王恭镇京口，与警有旧好，复引为参军，手书殷勤，苦相招致，不得已而应之，寻复谢职。子穆夫字彦和，少好学，亦通《左氏春秋》。王恭命为前军主簿，与警书曰："足下既执不拔之志，高卧东南，故屈贤子共事，非以吏职婴之也。"初，钱唐人杜子恭通灵有道术，东土豪家及京邑贵望，并事之为弟子，执在三之敬。警累世事道，亦敬事子恭。子恭死，门徒孙泰、泰弟子恩传其业，警复事之。隆安三年，恩于会稽作乱，自称征东将军，三吴皆响应。穆夫时在会稽，恩以为前部参军、振武将军、余姚令。其年十二月二十八日，恩为刘牢之所破，辅国将军高素于山阴回踵埭执穆夫及伪吴郡太守陆瓌之、吴兴太守丘尪，并见害，函首送京邑，事见《隆安故事》。先是，宗人沈预素无士行，为警所疾，至是警闻穆夫预乱，逃藏将免矣，预以官告，警及穆夫、弟仲夫、任夫、预夫、佩夫并遇害，唯穆夫子渊子、云子、田子、林子、虔子获全。

渊子字敬深，少有志节，随高祖克京城，封繁畤县五等侯。参镇军、车骑中军事，又为道规辅国、征西参军，领宁蜀太守。与刘基共斩蔡猛于大簿，还为太尉参军，从征司马休之，与徐逵之同没。时年三十五。

子正字元直，淹详有器度，美风姿，善容止，好老、庄之学。弱冠，州辟从事。宗人光禄大夫演之称之曰："此宗中千里驹也。"出为始宁、乌伤、娄令，母忧去职，服阕，为随王诞后军、安南行参军。诞镇会稽，复参安东军事。元嘉三十年，元凶弑立，分江东为会州，以诞为刺史。诞将受命，正说司马顾琛曰："国家此祸，开辟未闻，今以江东义锐之众，为天下倡始，若驰一介，四方讵不响应。以此雪朝庭冤耻，大明臣子之节，岂可北面凶逆，使殿下受其伪宠。"琛曰："江东忘战日久，士不习兵。虽云逆顺不同，然强弱又异，当须四方有义举者，然后应之，不为晚也。"正曰："天下若有无父之国，则可矣。苟其不尔，宁可自安仇耻，而责义于余方。今正以杀逆冤丑，义不同戴，举兵之日，岂求必全耶！冯衍有言，大汉之贵臣，将不如荆、齐之贱士乎！况殿下义兼臣子，事实家国者哉。"琛乃与正俱入说诞，诞犹豫未决。会灵阳义兵起，世祖使至，诞乃加正宁朔将军，领军继刘季之。诞入为骠骑大将军，正为中兵参军，迁长水校尉。孝建元年，移青州镇历城，临淄地空，除宁朔将军、齐北海二郡太守，委以全齐之任，未拜。二年，卒，时年四十三。正生好乐，厚自奉养，既终之后，家无余财。

渊子弟云子，元嘉中，为晋安太守。云子子焕，字士蔚，少为驸马都尉、奉朝请。元凶之入弑也，焕时兼中庶子，直坊，逼从入台。劭既自立，以为羽林监，辞不拜，拜员外散骑侍郎，使防南谯王义宣诸子，事在《义宣传》。仍除丞相行参军，员外散骑侍郎，南昌令，有能名。晋平王休祐骠骑中兵记室参军，同僚皆以谄进，焕独不。顷之，记室参军周敬祖等为太宗所责得罪，转焕谘议参军。后废帝元徽中，以为宁远将军、交州刺史。未至镇，病卒，时年四十五。

田子字敬光，云子弟也。从高祖克京城，进平京邑，参镇军军事，封营道县五等侯。义熙五年，高祖北伐鲜卑，田子领偏师，与龙骧将军孟龙符为前锋。慕容超屯临朐以距大军，龙符战没，田子力战破之。及卢循逼京邑，高祖遣田子与建威将军孙季高海道袭广州，加振武将军。循党徐道覆还保始兴，田子复与右将军刘藩同共攻讨。循寻还广州围季高，田子虑季高孤危，谓藩曰："广州城虽险固，本是贼之巢穴，今循还围之，或有内变。且季高众力寡弱，不能持久。若使贼还据此，凶势复振。下官与季高同履艰难，泛沧海，于万死之中，克平广州，岂可坐视危逼，不相拯救。"于是率军南还，比至，贼已收其散卒，还围广州。季高单守危迫，闻田子忽至，大喜。田子乃背水结陈，身率先士卒，一战破之。于是推锋追讨，又破循于苍梧、郁林、宁浦。还至广州，而季高病死。既兵荒之后，山贼竞出，攻没城郭，杀害长吏，田子随宜讨伐，旬日平殄。刺史褚升度至，乃还京师。除太尉参军、振武将军、淮陵内史，赐爵都乡侯。复参世子征虏军事，将军、内史如故。八年，从讨刘毅。十一年，复从讨司马休之，领别军，与征虏将军赵伦之，参征虏军事、振武将军、扶风太守。

十二年，高祖北伐，田子与顺阳太守傅弘之各领别军，从武关入，屯据青泥。姚泓欲自御大军，虑田子袭其后，欲先平田子，然后倾国东出。乃率步军数万，奄至青泥。田子本为疑兵，所领裁数百，欲击之。傅弘之曰："彼众我寡，难可与敌。"田子曰："师贵用奇，不必在众。"弘之犹固执，田子曰："众寡相倾，势不两立。若使贼围既固，人情丧沮，事便去矣。及其未整，薄之必克，所谓先人有夺人之志也。"便独率所领鼓而进。合围数重，田子抚慰士卒曰："诸君捐亲戚，弃坟墓，出矢石之间，正希今日耳。封侯之业，其在此乎！"乃弃粮毁舍，躬勒士卒，前后奋击，所向摧陷。所领江东勇士，便习短兵，鼓噪奔之，贼众一时溃散，所杀万余人，行泓伪乘舆服御。高祖表言曰："参征虏军事、振武将军、扶风太守沈田子，率领劲锐，背城电激，身先士卒，勇冠戎陈，奋寡对众，所向必摧，自辰及未，斩馘千数。泓丧旗弃众，奔还霸西，咸阳空尽，义徒四合，清荡余烬，势在跂踵。"天子慰劳高祖曰："逋寇阻隘，晏安假日，举斧函谷，规延三诛，群师勤王，将离寒暑。公躬秉鈇钺，棱威首涂，戎辂载脂，则郊垒叠卷，崤陕甫践，则潼塞开扃。姚泓窘逼，弃城送死，蓝田偏师，覆之霸川，甲首成林，俘获蔽野，伪首奔迸，华、戎云集，积纪逋寇，旦夕夷殄。"长安既平，高祖燕于文昌殿，举酒赐田子曰："咸阳之平，卿之功也。"即以咸阳相赏。田子谢曰："咸阳之平，此实圣略所振，武臣效节，田子何力之有。"即授咸阳、始平二郡太守。大军既还，桂阳公义真留镇长安，以田子为安西中兵参军、龙骧将军、始平太守。时佛佛来寇，田子与安西司马王镇恶俱出北地御之。初，高祖将还，田子及傅弘之等并以镇恶家在关中，不可保信，屡言之高祖。高祖曰："今留卿文武将士精兵万人。彼若欲为不善，正足自灭耳。勿复多言。"及俱出北地，论者谓镇恶欲尽杀诸南人，以数千人送义真南还，因据关中反叛。田子与弘之谋，矫高祖令诛之，并力破佛佛，安关中，然后南还谢罪。田子宗人沈敬仁骁果有勇力，田子于弘之营内请镇恶计事，使敬仁于坐杀之，率左右数十人自归义真。长史王修收杀田子于长安稿仓门外，是岁义熙十四年正月十五日也。时年三十六。田子初以功应封，因此事寝。高祖表天子，以田子卒发狂易，不深罪也。无子，弟林子以第二子亮为后。

亮字道明，清操好学，善属文。未弱冠，州辟从事。会稽太守孟颛在郡不法，亮纠劾免官，又言灾异，转西曹主簿。时三吴水淹，谷贵民饥，刺史彭城王义康使立议以救民急，亮议以："东土灾荒，民凋谷踊，富民蓄米，日成其价。宜班下所在，隐其虚实，令积蓄之家，听留一年储，余皆勒使粜货，为制平价，此所谓常道行于百世，权宜用于一时也。又缘淮岁丰，邑富地穰，麦既已登，黍粟行就，可析其估赋，仍就交市，三吴饥民，即以贷给，使强壮转运，以赡老弱。且酒有喉唇之利，而非餐饵所资，尤宜禁断，以息游费。”即并施行。

世祖出镇历阳，行参征虏军事，民有盗发冢者，罪所近村民，与符伍遭劫不赴救同坐。亮议曰：

寻发冢之情，事止窃盗，徒以侵亡犯死，故同之严科。夫穿掘之侣，必衔枚以晦其迹；劫掠之党，必欢呼以威其事。故赴凶赫者易，应潜密者难。且山原为无人之乡，丘垄非恒涂所践，至于防救，不得比之村郭。督实效名，理与劫异，则符伍之坐，居宜降矣。又结罚之科，虽有同符伍之限，而无远近之断。

夫冢无村界，当以比近坐之，若不域之以界，则数步之内，与十里之外，便应同罹其责。防民之禁，不可顿去，止非之宪，宜当其律。愚谓相去百步同赴告不时者，一岁刑，自此以外，差不及罚。

又启太祖陈府事曰：“伏见西府兵士，或年几八十，而犹伏隶，或年始七岁，而已从役。衰耗之体，气用湮微，儿弱之躯，肌肤未实，而使伏勤昏稚，骛苦倾晚，于理既薄，为益实轻。书制休老以六十为限，役少以十五为制，若力不周务，故当粗存优减。”诏曰：“前已令卿兄改革，寻值迁回，竟是不施行耶，今更敕西府也。”

时营创城府，功课严促，亮又陈之曰：

经始城宇，莫非造创，基筑既广，夫课又严，不计其劳，苟务其速，以岁月之事，求不日之成。比见役人未明上作，闭鼓乃休，呈课既多，理有不逮。至于息日，拘备关限，方涉暑雨，多有死病，顷日所承，亦颇有逃逸。窃惟此既内藩，事殊外镇，抚莅之宜，无系早晚。若得少宽其工课，稍均其优剧，徒隶既苦，易以悦加，考其卒功，废阙无几。

臣闻不居其职，不谋其事，庖割有主，尸不越樽，岂臣疏小，所当预议。但臣泳恩岁厚，服义累世，苟是所怀，忘其常体。

诏答曰：“启之甚佳。此亦由来常患，比屡敕之，犹复如此，甚为无理。近复令孟休宣旨，想当不同，卿比可密观其优剧也。”始兴王浚临扬州，复为主簿、秣陵令，善擿奸伏，有非必禽。太祖称其能，入为尚书都官郎。

襄阳地接边关,江左来未有皇子重镇。元嘉二十二年,世祖出为抚军将军、雍州刺史。天子甚留心,以旧宛比接二关,咫尺崤、陕,盖襄阳之北捍,且表里强蛮,盘带疆场,以亮为南阳太守,加扬武将军。边蛮畏服,皆纳赋调,有数村狡猾,亮悉诛之。遣吏巡行诸县,孤寡老疾不能自存者,皆就蠲养,耆年老齿,岁时有饩。时儒学崇建,亮开置庠序,训授生徒。民多发冢,并婚嫁违法,皆严为条禁。郡界有古时石堨,芜废岁久,亮签世祖修治之,曰:"施生兴业,首教农亩,立民崇政,训本播穑,故能殷邦康俗,礼节用成。顷北洛侵芜,南宛凋毁,猃狁肆凶,犬夷充疆,远肃烽驿,近虞郊闬,遂使沃衍弗井,巨防莫修,窘力辍耕,阙于分地,凶荒无待,流冗及今。礼化孚内,威禁清外,斯实去盗修畎,昭农绪稼之时,弘图广务,拓土祈年之日。殿下降心育物,振民复古,且方提封榛棘,绥入殊荒。窃见郡境有旧石堨,区野腴润,实为神皋,而芜决稍积,久废其利,凡管所见,谓宜创立。昔文翁守官,起沃成产,伟连抚民,开奥增业,惠昭二邦,庸列两汉。虽郊政图功,不见所绝,联事惟忝,忧同职同。"□□□□□□□□□□□□□□□□□□□□□又修治马人陂,民获其利。

在任四年,迁南谯王义宣司空中兵参军,诏曰:"陕西心膂须才,故授卿此职。"随王诞镇襄阳,复为后军中兵,领义成太守。亮莅官清约,为太祖所嘉,赐以车马服玩,前后累积。每远方贡献绝国勋器,辄班赉焉。又赐书二千卷。二十七年,卒官,时年四十七。所著诗、赋、颂、赞、三言、诔、哀辞、祭告请雨文、乐府、挽歌、连珠、教记、白事、笺、表、签议一百八十九首。

林子字敬士,田子弟也。少有大度,年数岁,随王父在京口,王恭见而奇之,曰:"此儿王子师之流也。"与众人共见遗宝,咸争趋之,林子直去不顾。年十三,遇家祸,时虽逃窜,而哀号昼夜不绝声。王母谓之曰:"汝当忍死强视,何为空自殄绝。"林子曰:"家门酷横,无复假日之心,直以至仇未复,故且苟存耳。"一门既陷妖党,兄弟并应从诛，逃伏草泽，常虑及祸，而沈预家甚强富，志相陷灭。林子与诸兄昼藏夜出，即货所居宅，营墓葬父祖诸叔，凡六丧，俭而有礼。时生业已尽，老弱甚多，东土饥荒，易子而食，外迫国网，内畏强仇，沉伏山草，无所投厝。时孙恩屡出会稽，诸将东讨者相续，刘牢之、高素之徒放纵其下，虏暴纵横，独高祖军政严明，无所侵犯。林子乃自归曰："妖贼扰乱，仆一门悉被驱逼，父祖诸叔，同罹祸难，犹复偷生天壤者，正以仇雠未复，亲老漂寄耳。今日见将军伐恶旌善，是有道之师，谨率老弱，归罪请命。"因流涕哽咽，三军为之感动。高祖甚奇之，谓曰："君既是国家罪人，强仇又在乡里，唯当见随还京，可得无恙。"乃载以别船，遂尽室移京口，高祖分宅给焉。博览众书，留心文义，从高祖克京城，进平都邑。时年十八，身长七尺五寸。沈预虑林子为害，常被甲持戈。至是林子与兄田子还东报仇。五月夏节日至，预正大集会，子弟盈堂，林子兄弟挺身直入，斩预首，男女无长幼悉屠之，以预首祭父、祖墓。仍为本郡所命，毅又板为冠军参军，并不就。林子以家门荼蓼，无复仕心，高祖敦逼，至弥年不起。及高祖为扬州，辟为从事，谓曰："卿何由遂得不仕。顷年相申，欲令万物见卿此心耳。"固辞，不得已，然后就职，领建熙令，封资中县五等侯，时年二十一。

义熙五年，从伐鲜卑，行参镇军军事。大军于临朐交战，贼遣虎班突骑驰军后，林子率精勇东西奋击，皆大破之。慕容超退守广固，复与刘敬宣攻其西隅。广固既平，而卢循奄至。初，循之下也，广固未拔，循潜遣使结林子及宗人叔长。林子即密白高祖，叔长不以闻，反以循旨动林子。叔长素骁果，高祖以超未平，隐之，还至广固，乃诛叔长。谓林子曰："昔魏武在官渡，汝、兖之士，多怀贰心，唯李通独断大义，古今一也。"循至蔡洲，贵游之徒，皆议远徙，唯林子请移家京邑，高祖怪而问之，对曰："耿纯尽室从戎，李典举宗居魏，林子虽才非古人，实受恩深重。"高祖称善久之。林子时领别军于石头，屡战摧寇。循每战无功，乃伪扬声当悉众于白石步上，而设伏于南岸，故大军初起白石，留林子与徐赤将断拒查浦。林子乃进计曰：

“此言妖诈，未必有实，宜深为之防。”高祖曰：“石头城险，且淮栅甚固，留卿在后，足以守之。”大军既去，贼果上。赤将将击之，林子曰：“贼声往白石，而屡来挑战，其情状可知矣。贼养锐待期，而吾众不盈二旅，难以有功。今距守此险，足以自固。若贼伪计不立，大军寻反，君何患焉。”赤将曰：“今贼悉众向白石，留者必皆羸老，以锐卒击之，无不破也。”便鼓噪而出，贼伏兵齐发，赤将军果败，弃军奔北岸，林子率军收赤将散兵，进战，摧破之。徐道覆乃更上锐卒，沿塘数里。林子策之曰：“贼沿塘结阵，战者不过一队。今我据其津而厄其要，彼虽锐师数里，不敢过而东必也。”于是乃断塘而斗。久之，会朱龄石救至，与林子并势，贼乃散走。大军至自白石，杀赤将以殉，以林子参中军军事。

从征刘毅，转参太尉军事。十一年，复从讨司马休之。高祖每征讨，林子辄摧锋居前，虽有营部，至于宵夕，辄敕还内侍。贼党郭亮之招集蛮众，屯据武陵，武陵太守王镇恶出奔，林子率军讨之，斩亮之于七里涧，纳镇恶。武陵既平，复讨鲁轨于石城，轨弃众奔襄阳，复追蹑之。襄阳既定，权留守江陵。

十二年，高祖领平北将军，林子以太尉参军，复参平北军事。其冬，高祖伐羌，复参征西军事，悉署三府中兵，加建武将军，统军为前锋，从汴入河。时襄邑降人董神虎有义兵千余人，高祖欲绥怀初附，即板为太尉参军，加扬武将军，领兵从戎。林子率神虎攻仓垣，克之，神虎伐其功，径还襄邑。林子军次襄邑，即杀神虎而抚其众。时伪建威将军、河北太守薛帛先据解县，林子至，驰往袭之，帛弃军奔关中，林子收其兵粮。伪并州刺史、河东太守尹昭据蒲坂，林子于陕城与冠军檀道济同攻蒲坂，龙骧王镇恶攻潼关。姚泓闻大军至，遣伪东平公姚绍争据潼关。林子谓道济曰：“今蒲坂城坚池深，不可旬日而克，攻之则士卒伤，守之则引日久，不如弃之，还援潼关。且潼关天阻，所谓形胜之地，镇恶孤军，势危力屈。若使姚绍据之，则难图也。及其未至，当并力争之。若潼关事捷，尹昭可不战而复。”道济从之。既至，绍举关右之众，设重围围林子及道济、镇恶等。时悬师深入，粮输艰远，三军疑阻，莫有固志。道济议欲渡河避其锋，或欲弃捐辎重，还赴高祖，林子按剑曰："相公勤王，志清六合，许、洛已平，关右将定，事之济否，所系前锋。今舍已捷之形，弃垂成之业，大军尚远，贼众方盛，虽欲求还，岂可复得！下官受命前驱，誓在尽命，今日之事，自为将军办之。然二三君子，或同业艰难，或荷恩罔极，以此退挠，亦何以见相公旗鼓耶！"塞井焚舍，示无全志，率麾下数百人犯其西北，绍众小靡，乘其乱而薄之，绍乃大溃，俘虏以千数，悉获绍器械资实。时诸将破贼，皆多其首级，而林子献捷书至，每以实闻，高祖问其故，林子曰："夫王者之师，本有征无战，岂可复增张虚获，以自夸诞。国渊以事实见赏，魏尚以盈级受罚，此亦前事之师表，后乘之良辙也。"高祖曰："乃所望于卿也。"

初，绍退走，还保定城，留为武卫将军妃鸾精兵守崄。林子衔枚夜袭，即屠其城，劓鸾而坑其众。高祖赐书曰："频再破贼，庆快无譬。既屡摧破，想不复久耳。"绍复遣抚军将军姚赞将兵屯河上，绝水道。赞垒堑未立，林子邀击，连破之，赞轻骑得脱，众皆奔散。绍又遣长史领军将军姚伯子、宁朔将军安鸾、护军姚默骡、平远将军河东太守唐小方，率众三万，屯据九泉，凭河固险，以绝粮援。高祖以通津阻要，兵粮所急，复遣林子争据河源。林子率太尉行参军严纲、竺灵秀卷甲进讨，累战，大破之，即斩伯子、默骡、小方三级，所俘馘及驴马器械甚多。所虏获三千余人，悉以还绍，使知王师之弘。兵粮兼储，三军鼓行而西矣。□曰："彼去国远斗，其锋不可当。"林子白高祖曰："姚绍气盖关右，而力以势屈，外兵屡败，衰亡协兆，但恐凶命先尽，不得以衅齐斧耳。"寻绍忽死，可谓天诛。于是赞统后事，鸠集余众，复袭林子。林子率师御之，旗鼓未交，一时披溃，赞轻骑遁走。既连战皆捷，士马旌旗甚盛，高祖赐书劝勉，并致缣帛肴浆。

高祖至阌乡，姚泓扫境内之民，屯兵尧柳。时田子自武关北入，屯军蓝田，泓自率大众攻之。高祖虑众寡不敌，遣林子步自秦岭，以相接援。比至，泓已摧破，兄弟复共追讨，泓乃举众奔霸西。田子欲穷追，进取长安，林子止之，曰："往取长安，如指掌耳。复克贼城，便为独平一国，不赏之功也。"田子乃止。复参相国事，总任如前。林子威声远闻，三辅震动，关中豪右，望风请附。西州人李焉等并求立功，孙姐羌杂夷及姚泓亲属，尽相率归林子。高祖以林子绥略有方，频赐书褒美，并令深慰纳之。长安既平，残羌十余万口，西奔陇上，林子追讨至寡妇水，转斗达于槐里，克之，俘获万计。

大军东归，林子领水军于石门，以为声援。还至郡，高祖器其才智，不使出也。故出仕以来，便管军要，自非戎军所指，未尝外典焉。后太祖出镇荆州，议以林子及谢晦为蕃佐，高祖曰："吾不可顿无二人，林子行则晦不宜出。"乃以林子为西中郎中兵参军，领新兴太守。林子思议弘深，有所陈画，高祖未尝不称善。大军还至彭城，林子以行役既久，士有归心，深陈事宜，并言："圣王所以戒慎祗肃，非以崇威立武，实乃经国长民，宜广建蕃屏，崇严宿卫。"高祖深相训纳。俄而谢翼谋反，高祖叹曰："林子之见，何其明也。"太祖进号镇西，随府转，加建威将军、河东太守。时高祖以二虏侵扰，复欲亲戎，林子固谏，高祖答曰："吾辄当不复自行。"

高祖践阼，以佐命功，封汉寿县伯，食邑六百户，因让，不许。傅亮与林子书曰："班爵畴勋，历代常典，封赏之发，简自帝心。主上委寄之怀，实参休否，诚心所期，同国荣戚，政复是卿诸人共弘建内外耳。足下虽存挹退，岂得独为君子邪。"除府谘议参军，将军、太守如故。寻召暂下，以中兵局事副录事参军王华。上以林子清公勤俭，赏赐重叠，皆散于亲故。家无余财，未尝问生产之事，中表孤贫悉归焉。遭母忧，还东葬，乘舆躬幸，信使相望。葬毕，诏曰："军国多务，内外须才，前镇西谘议、建威将军、河东太守沈林子，不得遂其情事，可辅国将军起。"林子固辞，不许，赐墨诏，朔望不复还朝，每军国大事，辄询问焉。时领军将军谢晦任当国政，晦每疾宁，辄摄林子代之。林子居丧至孝，高祖深相忧愍。顷之有疾，上以林子孝性，不欲使哭泣减损，逼与入省，日夕抚慰。敕诸公曰："其至性过人，卿等数慰视之。"小差乃出。上寻不豫，被敕入侍医药，会疾动还外。永初三年，薨，时年四十六。群公知上深相矜重，恐以实启，必有损恸，每见呼问，辄答疾病还家，或有中旨，亦假为其答。高祖寻崩，竟不知也。赐东园秘器，朝服一具，衣一袭，钱二十万，布二百匹。诏曰："故辅国将军沈林子，器怀真审，忠绩允著，才志未遂，伤悼在怀。可追赠征虏将军。"有司率常典也。元嘉二十五年，谥曰怀伯。

林子简泰廉靖，不交接世务，义让之美，著于闺门，虽在戎旅，语不及军事。所著诗、赋、赞、三言、箴、祭文、乐府、表、笺、书记、白事、启事、论、老子一百二十一首。太祖后读林子集，叹息曰："此人作公，应继王太保。"子邵嗣。

邵字道辉，美风姿，涉猎文史。袭爵，驸马都尉、奉朝请。太祖以旧恩召见，入拜，便流涕，太祖亦悲不自胜。会强弩将军缺，上诏录尚书彭城王义康曰："沈邵人身不恶，吾与林子周旋异常，可以补选。"事见宋文帝中诏。于是拜强弩将军。出为钟离太守，在郡有惠政，夹淮人民慕其化，远近莫不投集。郡先无市，时江夏王义恭为南兖州，启太祖置立焉。事见宋文帝中诏。义恭又启太祖曰："盱眙太守刘显真求自解说，邵往莅任有绩，彰于民听，若重授盱眙，足为良二千石。"上不许，曰："其愿还经年，方复作此流迁，必当大罔罔也。"事见宋文帝中诏。上敕州辟邵弟亮，邵以从弟正蚤孤，乞移恩于正，上嘉而许之。在任六年，入为衡阳王义季右军中兵参军。始兴王濬初开后军府，又为中兵。义季在江陵，安西府中兵久缺，启太祖求人，上答曰："称意才难得。沈邵虽未经军事，既是腹心，作钟离郡，及在后军府，房中甚修理，或欲遣之。"其事不果。事见宋文帝中诏。入为通直郎。时上多行幸，还或侵夜，邵启事陈论，即为简出。前后密陈政要，上皆纳用之，深相宠待，晨夕兼侍，每出游，或敕同辇。时车驾祀南郊，特诏邵兼侍中负玺，代真官陪乘。大将军彭城王义康出镇豫章，申谟为中兵参军，掌城防之任，庐陵王绍为江州，以邵为南中郎府录事参军，行府州事，事未行，会谟丁艰，邵代谟为大将军中兵，加宁朔将军。事见宋帝中诏。邵南行，上遂相任委，不复选代，仍兼录事，领城局。后义康被废，邵改为庐陵王绍南中郎参军，将军如故。

义康徙安成，邵复以本号为安成相。在郡以宽和恩信，为南土所怀。郡民王孚有学业，志行见称州里，邵莅任未几，而孚卒，邵赠以孝廉，板教曰："前文学主簿王孚，行洁业淳，弃华息竞，志学修道，老而弥笃。方授右职，不幸暴亡，可假孝廉檄，荐以特牲。缅想延陵，以遂本怀。"邵慰恤孤老，劝课农桑，前后累蒙赏赐。邵疾病，使命累续，遣御医上药，异味远珍，金帛衣裘，相望不绝。元嘉二十六年，卒，时年四十三。上甚相痛悼。

子侃嗣，官至山阳王休祐骠骑中兵参军、南沛郡太守。侃卒，子整应袭爵，齐受禅，国除。

璞字道真，林子少子也。童孺时，神意闲审，有异于众。太祖问林子："闻君小儿器质不凡，甚欲相识。"林子令璞进见，太祖奇璞应对，谓林子曰："此非常儿。"年十许岁，智度便有大成之姿，好学不倦，善属文，时有忆识之功。尤练究万事，经耳过目，人莫能欺之。居家精理，姻族资赖。弱冠，吴兴太守王韶之再命，不就。张邵临郡，又命为主簿，除南平王左常侍。太祖引见，谓曰："吾昔以弱年出蕃，卿家以亲要见辅，今日之授，意在不薄。王家之事，一以相委，勿以国官乖清涂为罔罔也。"

元嘉十七年，始兴王浚为扬州刺史，宠爱殊异，以为主簿。时顺阳范晔为长史，行州事。晔性颇疏，太祖召璞谓曰："神畿之政，既不易理。浚以弱年临州，万物皆属耳目，赏罚得失，特宜详慎。范晔性疏，必多不同。卿腹心所寄，当密以在意。彼虽行事，其实委卿也。"璞以任遇既深，乃夙夜匪懈，其有所怀，辄以密启，每至施行，必从中出。晔正谓圣明留察，故深更恭慎，而莫见其际也。在职八年，神州大治，民无谤黩，璞有力焉。二十二年，范晔坐事诛，于时浚虽曰亲览，州事一以付璞。太祖从容谓始兴王曰："沈璞奉时无纤介之失，在家有孝友之称，学优才赡，文义可观，而沉深守静，不求名誉，甚佳。汝但应委之以事，乃宜引与晤对。"浚既素加赏遇，又敬奉此旨。璞尝作《旧宫赋》，久而未毕，浚与璞疏曰："卿常有速藻，《旧宫》何其淹耶？想行就耳。"璞因事陈答，辞义可观。浚重教曰："卿沉思淹日，尚聊相敦，还白斐然，遂兼纸翰。昔曹植有言，下笔成章，良谓逸才赡藻，夸其辞说，以今况之，方知其信。执省踌躇，三复不已。吾远惭楚元，门盈申、白之宾，近愧梁孝，庭列枚、马之客，欣愿交至，谅唯深矣。薄因末牍，以代一面。”又与主簿顾迈、孔道存书曰：“沈璞淹思逾岁，卿研虑数旬，瑰丽之美，信同在昔。向聊问之，而还答累翰，辞藻艳逸，致慰良多。既欣股肱备此髦楚，还惭子躬无德而称。复裁少字，宣志于璞，聊因尺纸，使卿等具知厥心。”此书真本犹存。浚年既长，璞固求辞事，上虽听许，而意甚不悦。以璞为浚始兴国大农，寻除秣陵令。

时天下殷实，四方辐辏，京邑二县，号为难治。璞以清严制下，端平待物，奸吏敛手，猾民知惧。其间里少年，博徒酒客，或财利争斗，妄相诬引，前后不能判者，璞皆知其名姓，及巧诈缘由，探擿是非，各标证据，或辨甲有以知乙，或验东而西事自显，莫不厌伏，有如神明。以疾去职，太祖厚加存问，赏赐甚厚。浚出为南徐州，谓璞曰：“浚既出蕃，卿故当卧而护之。”与浚诏曰：“沈璞累年主簿，又经国卿，虽未尝为行佐，今故当正参军耶。若尔，正当署余曹，兼房住，不尔便宜行佐正署中兵，恐于选体如不多耳。”事见宋文帝中诏。乃为正佐。

俄迁宣威将军、盱眙太守。时王师北伐，彭、汴无虞。璞以强寇对阵，事未可测，郡首淮隅，道当冲要，乃修城垒，浚重隍，聚材石，积盐米，为不可胜之算。众咸不同，朝旨亦谓为过。俄而贼大越逸，索虏大帅托跋焘自率步骑数十万，陵践六州，京邑为之骚惧，百守千城，莫不奔骇。腹心劝璞还京师，璞曰：“若贼大众，不盻小城，故无所惧。若肉薄来攻，则成禽也。诸军何尝见数十万人聚在一处，而不败者。昆阳、合淝，前事之明验。此是吾报国之秋，诸军封侯之日。”众既见璞神色不异，老幼在焉，人情乃定。收集得二千精手，谓诸将曰：“足矣，但恐贼不过耳。”贼既济淮，诸军将帅毛遐祚、胡崇之、臧证之等，为虏所覆，无不殄尽，唯辅国将军臧质挺身走，收散卒千余人来向城。众谓璞曰：“若不攻则无所事众，若其来也，城中止可容见力耳，地狭人多，鲜不为患。且敌众我寡，人所共知，虽云攻守不同，故当粗量强弱，知难而退，亦用兵之要。若以今众法能退敌完城者，则全功在我，若宜避贼归都，会资舟楫，则更相蹂践，正足为患。今闭门勿受，不亦可乎。”璞叹曰：“不然。贼不能登城，为诸君保之。舟楫之计，固已久息。贼之残害，古今之未有，屠剥之刑，众所共见，其中有福者，不过得驱还北国作奴婢耳。彼虽乌合，宁不惮此耶。所谓‘同舟而济，胡、越不患异心’也。今人多则退速，人少则退迟，吾宁欲专功缓贼乎。”乃命开门纳质。质见城隍阻固，人情辑和，鲑米丰盛，器械山积，大喜，众皆称万岁。及贼至，四面蚁集攻城，璞与质随宜应拒，攻守三旬，殄其太半，焘乃遁走。有议欲追之者，璞曰：“今兵士不多，又非素附，虽固守有余，未可以言战也。但可整舟舻，示若欲渡岸者，以速其走计，不须实行。”咸以为然。

臧质以璞城主，使自上露板。璞性谦虚，推功于质。既不自上，质露板亦不及焉。太祖嘉璞功效，遣中使深相褒美。太祖又别诏曰：“近者险急，老弱殊当忧迫耶？念卿尔时，难为心想。百姓流转已还，此遣部运寻至，委卿量所赡济也。”始兴王浚亦与璞书曰：“狡虏狂凶，自送近服，伪将即毙，酋长伤残，实天威所丧，卿诸人忠勇之效也。吾式遏无素，致境芜民瘠，负乘之愧，允当其责。近乞退谢愆，不蒙垂许，故以报卿。”宣城太守王僧达书与璞曰：“足下何如，想馆舍正安，士马无恙。离析有时，音旨无日，忧咏沉吟，增其劳望。间者獯猃扈横，掠剥边鄙，邮贩绝尘，垌介靡达，瞻江眄淮，眇然千里。吾闻泾阳梗棘，伊滑荐遁，鸟集弦绝，患深自古。承知乃昔寇苦城境，胜胄朝餐，伍甲宵舍，烽眄交警，羽镝骤合。而足下砥兵砺伍，总厉豪彦，师请一奋，氓无贰情。遂能固孤城，覆严对，陷死地，觌生光，古之田、孙，何以尚兹。商驿始通，粗知梗概，崇赞胆智，嘉贺文猛，甚善甚善。吾近以戎暴横斥，规效情命，收龟落簪，星舍京里，既获遄至，胡马卷迹，支离沾德，复继前绪，《行苇》之欢，实协初虑。但乖涂重隔，顾增慨涕，比恒疾卧，忧委兼叠，裁书送想，无敦久怀。”

征还，淮南太守，赏赐丰厚，日夕燕见。朝士有言璞功者，上曰：

"臧质姻戚,又年位在前,盱眙元功,当以归之。沈璞每以谦自牧,唯恐赏之居前,此士燮之意也。"时中书郎缺,尚书令何尚之领吏部,举璞及谢庄、陆展,事不行。事见文帝中诏。凡中诏今悉在台,犹法书典书也。

三十年,元凶弑立,璞乃号泣曰:"一门蒙殊常之恩,而逢若斯之运,悠悠上天,此何人哉!"日夜忧叹,以至动疾。会二凶逼令送老弱还都,璞性笃孝,寻闻尊老应幽执,辄哽咽不自胜,疾遂增笃,不堪远迎,世祖义军至界首,方得致身。先是,琅邪颜竣欲与璞交,不酬其意,竣以致恨。及世祖将至都,方有谗说以璞奉迎之晚,横罹世难,时年三十八。所著赋、颂、赞、祭文、诔、七、吊、四五言诗、笺、表,皆遇乱零失,今所余诗笔杂文凡二十首。璞有子曰阙

伯玉字德润,虔子子也。温恭有行业,能为文章。少除世祖武陵国侍郎,转右常侍,南中郎行参军。自国入府,以文义见知,文章多见世祖集。世祖践祚,除员外散骑郎,不拜。左卫颜竣请为司马。出补句容令,在县有能名。复为江夏王义恭太宰行参军,与奉朝请谢超宗、何法盛校书东宫,复为余姚令,还为卫尉丞。世祖旧臣故佐,普皆升显,伯玉自守私门,朔望未尝问讯。颜师伯、戴法兴等并有蕃邸之旧,一不造问,由是官次不进。上以伯玉容状似画图仲尼像,常呼为孔丘。旧制:车驾出行,卫尉丞直门,常戎服。张永谓伯玉曰:"此职乖卿志。"王景文亦与伯玉有旧,常陪辇出,指伯玉白上:"孔丘奇形容。"上于是特听伯玉直门服玄衣。出为晋安王子勋前军行参军,侍子勋读书。随府转镇军行佐。前废帝时,王景文领选,谓子勋典签沈光祖曰:"邓琬一旦为长史行事,沈伯玉先帝在蕃阙佐,今犹不改,民生定不应佳。"戴法兴闻景文此言,乃转伯玉为参军事。子勋初起兵,转府功曹,及即伪位,以为中书侍郎。初,伯玉为卫尉丞,太宗为卫尉,共事甚美。及子勋败,伯玉下狱,见原,犹以在南无诚,被责,除南台御史,寻转武陵国詹事,又转大农。母老解职。贫薄理尽,闲卧一室,自非吊省亲旧,不尝出门。司徒袁粲、司空褚渊深相知赏,选为永世令,转在永兴,皆有能名。后废帝元徽

三年,卒,时年五十七。伯玉性至孝,奉亲有闻,未尝妄取于人,有物辄散之知故。温雅有风味,和而能辨,与人共事,皆为深交。

弟仲玉,泰始末,为宁朔长史、蜀郡太守。益州刺史刘亮卒,仲玉行府州事。巴西李承明为乱,仲玉遣司马王天生讨平之。废帝诏以为安成王抚军中兵参军,加建威将军。沈攸之请为征西谘议,未拜,卒。

史臣年十三而孤,少颇好学,虽弃日无功,而伏膺不改。常以晋氏一代,竟无全书,年二十许,便有撰述之意。泰始初,征西将军蔡兴宗为启明帝,有敕赐许,自此迄今,年逾二十,所撰之书,凡一百二十卷。条流虽举,而采掇未周,永明初,遇盗失第五帙。建元四年未终,被敕撰国史。永明二年,又忝兼著作郎,撰次起居注。自兹王役,无暇搜撰。五年春,又被敕撰《宋书》。六年二月,毕功,表上之,曰:

臣约言:臣闻大禹刊木,事炳虞书,西伯戡黎,功焕商典。伏惟皇基积峻,帝烈弘深,树德往朝,立勋前代,若不观风唐世,无以见帝妫之美,自非睹乱秦余,何用知汉祖之业。是以掌言未记,爰动天情,曲诏史官,追述大典。臣实庸妄,文史多阙,以兹不才,对扬盛旨,是用夕惕载怀,忘其寝食者也。

臣约顿首死罪:窃惟宋氏南面,承历统天,虽世穷八主,年减百载,而兵车亟动,国道屡屯,垂文简牍,事数繁广。若夫英主启基,名臣建绩,拯世夷难之功,配天光宅之运,亦足以勒铭钟鼎,昭被方策。及虐后暴朝,前王罕二,国衅家祸,旷古未书,又可以式规万叶,作鉴于后。

宋故著作郎何承天始撰《宋书》,草立《纪》、《传》,止于武帝功臣,篇牍未广。其所撰《志》,唯《天文》、《律历》,自此外,悉委奉朝请山谦之。谦之,孝建初,又被诏撰述,寻值病亡,仍使南台侍御史苏宝生续造诸传,元嘉名臣,皆其所撰。宝生被诛,大明中,又命著作郎徐爰踵成前作。爰因何、苏所述,勒为一史,起自义熙之初,讫于大明之末。至于臧质、鲁爽、王僧达诸传，又皆孝武所造。自永光以来，至于禅让，十余年内，阙而不续，一代典文，始末未举。且事属当时，多非实录，又立传之方，取拾乖衷，进由时旨，退傍世情，垂之方来，难以取信。臣今谨更创立，制成新史，始自义熙肇号，终于升明三年。桓玄、谯纵、卢循、马、鲁之徒，身为晋贼，非关后代。吴隐、谢混、郗僧施，义止前朝，不宜滥入宋典。刘毅、何无忌、魏咏之、檀凭之、孟昶、诸葛长民，志在兴复，情非造宋，今并刊除，归之晋籍。

臣远愧南、董，近谢迁、固，以闾阎小才，述一代盛典，属辞比事，望古惭良，鞠躬跼蹐，靦汗亡厝。《本纪》、《列传》，缮写已毕，合《志》、《表》七十卷，臣今谨奏呈。所撰诸《志》，须成续上。谨条目录，诣省拜表奉书以闻。

臣约诚惶诚恐，顿首顿首，死罪死罪。